谢岗年鉴

XIEGANG　NIANJIAN

2016—2020（创刊号）

《谢岗年鉴》编纂委员会　编

方志出版社
Publishing House of Local Records

图书在版编目（CIP）数据

谢岗年鉴 . 2016—2020 /《谢岗年鉴》编纂委员会编 .-- 北京：方志出版社，2021.7
ISBN 978-7-5144-4787-3

Ⅰ . ①谢… Ⅱ . ①谢… Ⅲ . ①乡镇—东莞—2016-2020—年鉴 Ⅳ. ① Z526.55

中国版本图书馆 CIP 数据核字（2021）第 226335 号

谢岗年鉴（2016—2020）

编　　者：《谢岗年鉴》编纂委员会
责任编辑：王海荣

出 版 者：方志出版社
地　　址：北京市朝阳区潘家园东里 9 号（国家方志馆 4 层）
邮　　编：100021
网　　址：http://www.zgfzcb.cn
发　　行：方志出版社图书经销中心
电话（010）67110500
经　　销：各地新华书店

印　　刷：东莞市星河印刷有限公司
开　　本：889×1194　　1/16
印　　张：25.68　　字　数：795 千字
字　　数：802 千字
版　　次：2021 年 7 月第 1 版　　2021 年 7 月第 1 次印刷
印　　数：001 ～ 500 册

ISBN 978-7-5144-4787-3　　定价：220.00 元

《谢岗年鉴（2016—2020）》编纂委员会

主　　任：胡毅峰

副 主 任：李惠勤

执行委员：徐泽文

委　　员：罗满桥　　张伟胜　　吕　琳　　黄景鹏
　　　　　刘俊全　　黄少雄　　刘文锋　　李一龙
　　　　　张桂标　　洪朝峰　　殷伟文　　杨景新
　　　　　刘爱文　　钟方明　　谢润珍　　罗树华

《谢岗年鉴（2016—2020）》编辑部

主　　编：胡毅峰

副 主 编：李惠勤

执行主编：徐泽文

总　　纂：姚少华　　祝远军

编　　辑：陈新建　　谢鸿博　　汪明静　　唐荣勋　　王兴众

图片提供：中共谢岗镇委员会　　谢岗镇人民政府　　谢岗镇全媒体中心

图片拍摄：赵桂芳　　罗冠强　　罗润仪　　罗焕文　　罗雪莹　　吕冬一

《谢岗年鉴（2016—2020）》审查单位、审查人员

审查单位：东莞市人民政府地方志办公室

审查人员：李文蔚　　刘念宇　　李俊玉　　赵书科

编辑说明

一、《谢岗年鉴（2016—2020）》坚持以马克思列宁主义、毛泽东思想、邓小平理论、“三个代表”重要思想、科学发展观、习近平新时代中国特色社会主义思想为指导，坚持辩证唯物主义与历史唯物主义的立场、观点、方法，以“记载历史、传承文明”为编纂宗旨，以“实事求是、与时俱进、特色创新”为编纂方针，力求全面、系统、客观地载录2015—2019年广东省东莞市谢岗镇经济社会发展情况，旨在为各级领导和社会各界了解、研究谢岗镇和科学决策提供重要参考和依据。

二、《谢岗年鉴（2016—2020）》主要记载2015—2019年广东省东莞市谢岗镇的自然、政治、经济、文化与社会各项事业的基本情况、大事要事。正文设特载、大事记、镇情综述、中共谢岗镇委员会、纪检·审计、谢岗镇人民代表大会、谢岗镇人民政府、人民团体·创业协会、法治·军事、城建·环保、交通·邮政·电信、农业·林业·水利、工业、商贸业、财政·税务·银行、经济管理、文化·科技、教育、卫生·体育、社保·民生、行政村（社区）、人物荣誉等类目分类记述。

三、《谢岗年鉴（2016—2020）》采用分类编辑法，主体内容设类目、分目、条目三个层次。条目为基本记述单元。有些条目的内容较多，则分为若干段，段的标题用楷体，以示区别。

四、《谢岗年鉴（2016—2020）》稿件作者署名，在正文条目文末标注撰稿人员。图片说明在图片下方标明，图片拍摄人在编辑部名单中注明。凡未注明拍摄人的均由中共谢岗镇委员会、谢岗镇人民政府、谢岗镇全媒体中心供图。

五、《谢岗年鉴（2016—2020）》的统计数据由各撰稿单位提供。若与统计部门提供的数据不一致，使用时以统计部门公布的数据为准。部分数据合计数或相对数由于单位取舍不同而产生的计算误差，均未做机械调整。

谢岗镇地图

审图号：粤S（2020）11-037号

东莞市自然资源局 制作

◎ 美丽谢岗

2015 年 12 月 21 日，省林业厅召开广东十大最美森林评选情况通报会，揭晓首批广东十大最美森林，银瓶山森林公园成功入选

谢岗镇中心区鸟瞰

谢岗镇银瓶山

银山市级湿地公园一角

谢岗人民公园一角

银山市级湿地公园全景（2019 年 3 月）

谢岗镇黎村美丽幸福村居

谢岗镇南面村文化中心公园

◎ 领导关怀

2015年12月12日，中国工程院院长周济（左四）、东莞市副市长贺宇（左一）以及市经信局、市科技局相关部门领导到谢岗镇调研，谢岗镇委书记贾贵斌（右二）陪同

2017年4月18日，东莞市老干部局组织省人大常委会原副主任李近维，广东省人大财政经济委员会原副主任委员、东莞市原市长叶耀等广东省、东莞市老干部，考察谢岗镇重点项目建设和经济社会发展情况

2016年1月22日，东莞市委书记、市人大常委会主任徐建华（第一排左三），副市长贺宇（左一）一行在谢岗镇委书记、镇人大主席贾贵斌（左三），镇委副书记、镇长胡毅峰（右二）等陪同下，先后到善募康科技有限公司、大连机床创业孵化基地、东莞粤海银瓶合作创新区联合办公室等进行调研，深入考察谢岗镇重点企业和银瓶合作创新区建设发展情况

2016年6月2日，东莞市委书记吕业升（左二）到谢岗镇调研经济社会发展、银瓶合作创新区建设情况

2019 年 11 月 9 日，东莞市委书记梁维东（左二）一行在谢岗镇委书记胡毅峰（左一）等陪同下，到谢岗镇实地调研

2018 年 5 月 31 日，东莞市委副书记、市长肖亚非（前排右二）与碧桂园集团董事局主席杨国强（前排右一）一行到谢岗镇考察调研莞惠城轨银瓶站 TOD 项目

2017 年 10 月 19 日，东莞市委副书记、市长梁维东（右二）带队到谢岗镇调研银瓶合作创新区建设情况

2019 年 5 月 16 日，广东省林业局局长陈俊光（左七）、东莞市副市长刘炜（左八）以及市林业局局长吴淑萍（左六）等相关领导一行，在谢岗镇委书记胡毅峰（右六）及镇委副书记、镇长李惠勤（右五）等陪同下，到谢岗镇开展生态文明建设调研

◎ 党的建设

2017 年 5 月 4 日，谢岗镇举行“不忘初心跟党走”一学一做教育实践暨“青春共进学堂”开班仪式

2018 年 6 月，中共谢岗镇党政支部开展“周一党建活动之夜”主题活动

2019 年 10 月，谢岗镇举行“我和我的祖国”庆祝新中国成立 70 周年百姓宣讲报告会

2019 年 9 月 30 日，银瓶合作创新区“百日攻坚创佳绩”主题党日活动举行。全体党员迎国庆、担使命、攀高峰，登上银瓶山顶

◎ 重点项目

2017 年 11 月 30 日，谢岗镇举行广东东莞粤海银瓶合作创新区基础设施 PPP 粤海大道、29 号路及园区开发项目开工动员大会暨签约仪式

2018 年 12 月 28 日，谢岗镇 55 个投资项目集中签约、动工、竣工。东莞市委常委、常务副市长白涛（左五）及谢岗镇委书记胡毅峰（右四）等领导一起为投资项目培土奠基

2019 年 2 月 19 日，谢岗镇举行广东东莞市推进粤港澳大湾区建设首批重点项目集中动工大会暨东莞银山市级湿地公园项目动工仪式。东莞市委常委杨东来（右四）、谢岗镇委书记胡毅峰（左三）等市、镇有关领导出席活动

2017 年 12 月 1 日，谢岗镇与碧桂园集团就谢岗镇莞惠城轨银瓶站 TOD 碧桂园科技小镇项目签署合作框架协议

2019 年 9 月 20 日，2019 年银瓶合作创新区重点项目“百日会战”启动仪式在粤海装备技术产业园举行

碧桂园智造中心

银山科技园

2019 年 10 月 11 日上午，谢岗镇碧桂园智造创新中心展厅首期正式开放

粤海产业园

华能东莞燃机热电有限公司

◎ 企业成长

2019 年 4 月 18 日，谢岗镇三家企业亮相第十一届中国加工贸易产品博览会

2016 年 9 月 28 日，东莞市谢岗镇高端装备制造行业协会成立大会举行

2017 年 12 月 26 日，谢岗镇举行华能东莞燃机热电一期（2×4725MW）工程开工仪式

谢岗镇“倍增计划”企业——广东润星科技股份有限公司生产车间

◎ 交通畅达

2016 年 3 月 30 日，莞惠城际银瓶站开通运营

东莞市镇际联网路 29 号路二标段（谢岗）

银丰路

花园大道

爱民大道

2019 年，谢岗镇实施村级道路路面升级改造工程

◎ 房产发展

富盈中央财富大街

谢岗镇中熙地产项目现场

谢岗镇天麟·八号公馆项目现场

谢岗镇唐商·翰林府项目现场

◎ 综合治理

2019 年 5 月 23 日，谢岗镇在华润商场一楼开展“安全用妆，点靓生活”化妆品安全科普宣传活动

2018 年 6 月 12 日，谢岗镇公安铁骑大队举行授旗仪式

2019 年，谢岗镇开展反邪教宣传活动

2017 年 8 月 4 日，谢岗镇“公共文明提升全民行动月”活动启动

2019 年 8 月 21 日，谢岗镇开展“我的青春我做主，珍爱生命不沾毒”禁毒宣传进校园主题宣传活动

◎ 文化发展

2019年9月30日，谢岗镇举办《迎国庆、担使命、踏征程》庆祝新中国成立70周年文艺晚会

2018年12月2日，谢岗镇第七届纪念国际志愿者日暨平安谢岗文艺晚会举行

2016年6月21日，五星村曲艺社成立

2016年3月13日，东莞市作家协会谢岗分会成立

2018年，南面村举行第七届敬老节座谈会文艺表演

修缮后的谢岗镇黎村罗氏宗祠

市级非物质文化遗产谢岗烧鹅

市级非物质文化遗产谢岗苏木红团

2018年3月29日，央视《舌尖上的中国》节目摄制组到谢岗镇拍摄特色美食

2016年6月21日，文化惠民演出在谢岗文化广场上演

◎ 教育体育

谢岗镇中心小学

2019 年 6 月 20 日，谢岗振华学校"北京理工大学珠海学院实践教育基地"揭牌仪式举行

2019 年元旦文艺晚会

2018 年 9 月 29 日，东莞市小学英语"三导三学四用式"微课设计与应用专题培训活动举行

2019 年，谢岗镇举行迎春长跑活动

2019 年，谢岗镇举行“党群杯”篮球赛

2019 年，谢岗镇举行足球公益培训活动

2015 年，谢岗中学开展绿色健美大课间活动

卫生保障

东莞市人民医院谢岗院区

2019 年 4 月，东莞市人民医院国家级心血管内科专家团队入驻谢岗镇

2019 年 6 月 17 日，谢岗医院二期项目奠基仪式举行

2019 年 6 月 17 日，谢岗镇启动家庭医生签约服务

2019 年，谢岗镇社区卫生服务中心开展义诊活动

◎ 荣誉

2016 年 8 月 18 日，广东省考核组对谢岗镇巩固国家卫生镇工作进行复审检查，谢岗镇顺利通过“国家卫生镇”省级复审

谢岗中学被评为“全国生态文明教育示范学校”

振华学校被评为“全国青少年校园足球特色学校”

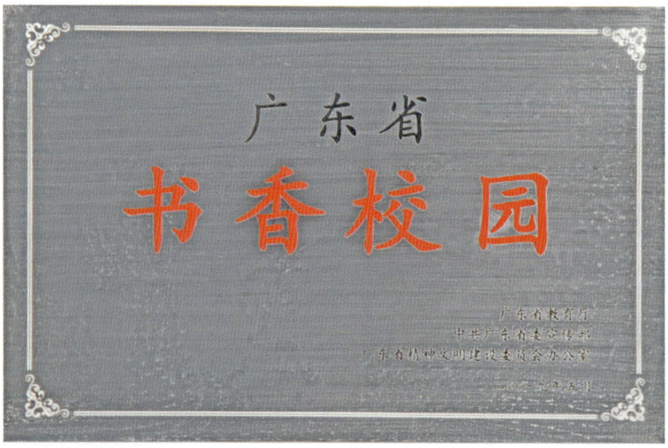

谢岗镇中心小学被评为广东省“书香校园”

2019 年，谢岗镇通过“广东省教育强镇”复评验收

目 录

CONTENTS

特 载

- 在谢岗镇委十三届四次会议上的报告 1
- 在谢岗镇第十七届人民代表大会第十次会议上的政府工作报告 9

大事记

- 2015 年 18
- 2016 年 20
- 2017 年 22
- 2018 年 25
- 2019 年 28

镇情综述

■镇情概览 32

- 境域 32
- 建置沿革 32
- 行政区划 32
- 地质・地貌 33
- 气候 33
- 河流・湖泊 33
- 植被・植物 33
- 动物资源 34
- 旅游资源 34
- 人口 34
- 民族 34
- 语言 34
- 民俗 35

■经济发展 35

- 经济增长 35
- 企业扶持力度加大 35
- 银瓶合作创新区建设 36
- 招商引资 36
- 创新驱动发展战略实施 37
- 村级集体经济壮大 38

■公共事业 38

- 城市规划与配套建设 38
- 基础设施建设 39
- 公共安全管理 40
- 安全生产监管 40
- 文教卫事业发展 41
- 民生保障 42
- 效能建设 42

中共谢岗镇委员会

■党员代表大会 43

- 中国共产党谢岗镇第十二届代表大会第三次会议 43
- 中国共产党谢岗镇第十二届代表大会第四次会议 43
- 中国共产党谢岗镇第十三届代表大会第一次会议 43
- 中国共产党谢岗镇第十三届代表大会第二次会议 43
- 中国共产党谢岗镇第十三届代表大会第三次会议 43

■镇委主要工作 44

- 统揽全局，发挥领导核心作用 44
- 抓好中共十九大精神学习贯彻 44
- 学习贯彻习近平新时代中国特色社会主义思想 44
- 开展“不忘初心、牢记使命”主题教育 45
- 明确主攻方向，全力攻坚 45
- 高标准规划建设银瓶合作创新区 45
- 把改善民生作为一切工作的出发点 45
- 抓好作风建设、党的建设 45
- 全面开展文明创建活动 46

■镇委重要决策 46

- 建设现代化经济体系 46
- 全力拓展城市发展空间 46
- 开展“两学一做”学习教育 47
- 推动谢岗“五位一体”建设 47
- 全面推进依法治镇 47

• 推动党建工作 47
• 从严治党 47
• 全力建设“平安谢岗” 48
• 大力实施乡村振兴战略 48
• 引入市场竞争机制，加强园林绿化养护 48

■组织人事 48

• 组织人事概况 48
• 完善党建工作机制 48
• 领导班子民主生活会 48
• 推进机关企事业单位党组织换届 49
• 基层党组织建设 49
• 标准化建设 49
• 党建活动 49
• 特色培训教育 50
• 中共谢岗镇委党校成立 51
• 理论学习常态化 51
• 领导班子“三严三实”专题教育 51
• 开展驻点联系群众工作 51
• 走访老党员和困难党员 52
• 提高发展党员质量 52
• 开展主题调研 52
• “两新”党组织建设 53
• 开展党群杯篮球赛 53
• 招才引智 53
• 干部交流轮岗 53
• 干部选拔任用 53
• 公开招聘 54
• 领导干部出国（境）管理 54
• “不忘初心、牢记使命”主题教育 54

■宣 传 57

• 宣传概况 57
• 社会主义核心价值观宣传 57
• 专题宣传 57
• 文明创建活动 59
• 宣传工作 60
• 舆论引导 60
• 思想教育学习宣传 60
• 中心组学习教育宣传 61

■统一战线 61

• 概况 61
• 港澳统战工作 61
• 非公经济工作 63
• 民族宗教工作 63
• 党外代表人士工作 63

纪检·审计

■纪检监察 64

• 谢岗镇纪检监察机构概况 64
• 廉政教育 64
• 党风廉政制度建设 64
• 作风建设 65
• 基层违纪线索排查 65
• 纪律案件查处 65

■审计监督 66

• 审计监督概况 66
• 农村财务审计 66
• 镇属企业财务收支审计 66
• 协助财经纪律检查 66
• 高标准基本农田建设专项审计 66
• 扶贫专项资金审计 66
• 审计巡察 67

谢岗镇人民代表大会

■代表大会 68

• 谢岗镇第十六届人民代表大会第七次会议 68
• 谢岗镇第十六届人民代表大会第八次会议 68
• 谢岗镇第十七届人民代表大会第一次会议 68
• 谢岗镇第十七届人民代表大会第二次会议 68
• 谢岗镇第十七届人民代表大会第三次会议 68
• 谢岗镇第十七届人民代表大会第四次会议 69
• 谢岗镇第十七届人民代表大会第五次会议 69
• 谢岗镇第十七届人民代表大会第六次会议 69
• 谢岗镇第十七届人民代表大会第七次会议 69
• 谢岗镇第十七届人民代表大会第八次会议 69
• 谢岗镇第十七届人民代表大会第九次会议 69

■人大工作机构与代表 69

• 人大机构建设 69
• 人大依法履职 70
• 代表工作室 70
• 集中学习培训 70
• 代表议案、建议 70

■监督工作 71

• 视察监督 71
• 评议监督 72

■宣传工作 72

• 宣传报道 72
• 微信公众号 72

谢岗镇人民政府

■镇政府概况……73
·机构改革……73
·镇政府重要活动……73
■镇政府主要工作……74
·扶持企业发展……74
·银瓶合作创新区建设……74
·招商引资……74
·推进高端装备制造、智能制造产业发展……74
·开展国家新型城镇化试点……75
·推进社会各项事业发展……75
·民生保障……75
■镇政府重要施政……75
·融入湾区建设，创新发展全面提速……75
·加快重大项目建设……75
·统筹推进粤海产业园区发展……75
·设立专项资金助力企业倍增……75
·推进村组经济发展……75
·推进全域海绵城市建设……75
·推进城市更新……76
·重大疾病医疗救助……76
·加强资产管理……76
·加强财政审查……76
■综合协调服务……76
·政策研究……76
·办文办会接待……76
·信息工作……76
·保密档案……77
·地方志工作……77
·统计监测……78
·后勤保障……78
·政务公开……78
·督查……79
■政务服务……79
·政务服务概况……79
·政务大厅建设……80
·规范窗口建设……81
·服务模式探索……81
·政务信息公开……82
■网格管理……82
·网格管理中心概况……82
·业务知识竞赛……82
·基础信息采集大走访活动……82
·建筑物建档……83
·开展商铺违规住人检查专项行动……83
■应急管理……84
·应急分局概况……84
·应急预案与排查……84
·安全生产监管执法……84
·危险化学品领域安全生产监督管理……85
·应急救援能力建设……85
·安全生产宣传教育和培训……85
■消 防……85
·消防概况……85
·消防队站建设……85
·消防监督……86
·消防宣传……86
·2016年“3·24”火灾……87
■退役军人事务……87
·概况……87
·建立退役军人服务保障机制……87
·退役军人接收和就业创业……87
·落实各项优抚政策……87
·为军人家庭悬挂光荣牌……87
·统筹推动退役士兵社保接续……88
·助力东莞市争创全国双拥模范城“九连冠”……88
·退役军人应急救助培训……88
■信 访……89
·信访概况……89
·领导干部接访下访……89
·领导包案制度……90
·落实矛盾纠纷排查化解制度……90
·信访宣传……90

人民团体·创业协会

■谢岗镇总工会……91
·工会工作概况……91
·谢岗镇工会第三次代表大会召开……91
·帮扶困难职工……91
·维护职工合法权益……92
·维护职工队伍稳定……92
■谢岗镇团委……92
·共青团谢岗镇委员会概况……92
·青少年素质教育……92
·青少年健康成长教育……93
·开展专题活动……93
·打造志愿服务品牌……93
·团组织建设……94

• 共青团谢岗镇第十五次代表大会......94

■谢岗镇妇女联合会......94
• 妇联概况......94
• 妇女代表大会......94
• 妇女儿童两个规划......94
• 开展最美家庭系列活动......95
• 儿童友好社区创建......96
• 巾帼志愿队伍建设......96
• 平安家庭创建......96
• 妇女干部队伍建设......97
• 村（社区）妇代会建设......97
• 文体活动......98
• 关爱妇女儿童工作......98
• 关爱单亲母亲活动......99
• 创建谢岗镇白玉兰家庭综合服务中心......99

■谢岗镇工商联......100
• 工商联概况......100
• 换届选举......101
• 组织会员学习交流......101
• 慈善扶贫......102
• 走访会员......102

■谢岗镇个体私营企业协会......102
• 协会概况......102
• 活动交流......102
• 慈善活动......103
• 学习培训......103

■东莞市外商投资企业协会谢岗分会......103
• 分会概况......103
• 服务会员......104
• 慈善捐赠活动......104

■东莞市台商投资企业协会谢岗分会......105
• 分会概况......105
• 活动交流......105
• 公益活动......105

■谢岗镇高端装备制造行业协会......106
• 协会概况......106
• 行业发展......106
• 校企合作......106

■谢岗镇青年企业家协会......108
• 协会概况......108
• 活动交流......108
• 服务会员......108

法治·军事

■综合治理......109
• 综合治理概况......109
• 加强社会治安重点地区整治......109
• 维护社会治安......110
• 扫黑除恶专项斗争......111
• 开展校园安全整治......111
• 严重精神障碍患者救治救助......111
• 重大风险评估......112
• 推进铁路护路工作......112
• 开展国家安全工作......113
• 平安文化创建......113

■公 安......114
• 谢岗公安分局概况......114
• 视频监控中心建设......114
• 创新防控管理......114
• 公安信访......115
• 维稳安保......115
• 打击违法犯罪......116
• 打黑除恶......118
• 禁毒......118
• 摩托车整治......119
• 出租屋及外来人口管理......119
• 出入境和户政管理......119
• 共建平安宣教活动......119
• 队伍建设......119

■司法行政......120
• 谢岗司法分局概况......120
• 谢岗镇法学会成立......120
• 法律服务......120
• 法治宣传教育......121
• 人民调解......122
• 法律援助......122
• 社区矫正与安置帮教......123

■军 事......123
• 军事概况......123
• 基本建设......123
• 民兵整组......123
• 军事训练......123
• 征兵工作......124
• 拥军工作......124
• 人民防空......124

城建·环保

■城乡规划.. 125

• 规划概况 125
• 镇总体规划编制 125
• 镇近期规划编制 126
• 镇国土空间规划编制 126
• 镇“三旧”改造专项规划编制 126
• 镇工业保护线专项规划编制 126
• 镇城市更新专项规划编制 127
• 镇海绵城市专项规划编制 127
• 镇控制性详细规划编制 127
• 银瓶站 TOD 综合开发规划编制 127
• 镇核心区总体概念规划和生态基础设施规划编制 128
• 村庄建设规划编制 128
• 规划实施管理 128
• 重大公共设施项目用地选址 128
• 城市更新 128
• 商住用地供应 128

■城市管理.. 129

• 城市管理概况 129
• 查处违法建筑 129
• 环卫管理 130
• 垃圾填埋场管理和垃圾无害化处理..............131
• 整治城市“六乱” 132
• 燃气安全管理 134
• 市政设施管理 135
• 创新城管工作方式 136
• 城市精细化管理 136

■住房规划建设 138

• 住房规划建设概况 138
• 建筑工程管理 138
• 建筑工程创优 138
• 下放事项业务办理 138
• 完善镇招投标监管机制 138
• 严格招投标监管 138
• 农房建设管理 139
• 重点工程建设 139

■房屋管理.. 142

• 房屋管理概况 142
• 业务管理 142
• 房产交易登记 142
• 抵押登记 143
• 便民服务 143

■供 电.. 144

• 供电服务概况 144
• 协调电网大会战 144
• 安全生产管理 145
• 供电规划管理 145
• 营销管理与客户服务 145
• 配网运维 146
• 企业综合管理 146

■供 水.. 147

• 供水概况 147
• 水质检测 147
• 供水安全管理 147
• 供水应急管理 148
• 供水设施 148
• 窗口服务 148

■环境保护.. 149

• 环境保护概况 149
• 环境保护宣传 149
• 推进环保三大战役 149
• “散乱污”企业整治 149
• 环保基础设施建设 150

交通·邮政·电信

■交通路网建设 151

• 交通路网建设概况 151
• 完成工程项目 151
• 动工项目 151
• 计划项目 151
• 市属工程项目 152

■交通运输管理 152

• 交通运输概况 152
• 交通行业管理 152
• 交通执法监管 153
• 交通安全生产 153
• 交通队伍建设 153

■交通安全管理 154

• 道路交通安全概况 154
• 涉酒驾驶违法行为整治 154
• 学校周边秩序和校车交通违法行为整治......154
• 预防重特大道路交通事故专项行动..............154
• 道路交通安全隐患消除 155
• 深化交警勤务管理 155
• 道路交通安全宣传教育 155

■邮 政.. 155

• 邮政概况 155

- “三点一箱”投递网络建设……155
- 叠加便民服务……155
- 企业文化建设……156
- 寄递能力提升……156

■电 信……156
- 电信概况……156
- 信息基础设施建设……156
- 有线通信……157
- 无线通信……157

农业·林业·水利

■农 业……158
- 农业概况……158
- 农村土地承包经营权确权……158
- 农业普查……158
- 申报产业发展资金……158
- 农用地统筹……159
- 高标准农田建设……159
- 田间窝棚整治……159
- 银瓶湖生态体验园……159
- 海绵城市……159
- 加强生猪屠宰管理……159
- 农民专业合作社……160
- 强农惠农……160
- 农产品“三品认证”……160
- 农资安全监管……160
- 南面镇级农业产业园……161
- 国家菜果茶标准化项目……161
- 银峰荔枝专业合作社入选首批国家示范社……161
- 扶持水利移民村和革命老区村建设……161

■种植业、养殖业……161
- 种植业……161
- 养殖业……162

■林 业……162
- 林业概况……162
- 林木保护……162
- 林业执法……163
- 植树造林……163
- 创建省级森林小镇……164

■农业技术……164
- 农技中心概况……164
- 农产品质量检测监督……164
- 预防动物疫病……165
- 严把肉产品质量关……166
- 水产品抽检……167
- 完善农业产业园相关工作……167
- 农业科技下乡……167

■水 务……168
- 水务概况……168
- 水利工程建设……168
- 三防工作……168
- 水政监察……168
- 推行河长制……169
- 污水处理设施建设……170
- 微管网建设……170
- 水域滩涂养殖证办证……170

■特色农产品——谢岗银瓶红荔枝……170
- 打造特色品牌……170
- 品牌宣传……171
- 销售推介活动……172
- 专题活动……172
- 主要推介活动简述……172

工 业

■工业综述……174
- 工业发展概况……174
- 申报高端装备专业镇……174
- 搭建产业协同创新平台……174
- 培育高新技术产业……174
- 实施倍增计划……175
- 经济运行监测……177
- 完善企业扶持政策……177
- 技改投资“机器换人”……178
- 走访服务企业……178
- 名牌培育……179
- 开展企业素质培训……179
- 招商工作机制……179
- 银瓶合作创新区申报……179
- 推动“两普”项目建设……180
- 基础设施建设……180
- 招商引资……180
- 推动“两普”项目建设……180
- 基础设施建设……180
- 招商引资……181
- 推进 PPP 基础设施项目……182
- 推动产业项目落地……182
- 推进其他重大项目……183

■工业行业……184
- 电子信息制造业……184
- 电气机械及设备制造业……184
- 纺织服装鞋帽制造业……184

- 食品饮料加工制造业……184
- 造纸及纸制品业……184
- 玩具及文体用品制造业……184
- 家具制造业……184
- 化工制品制造业……184
- 包装印刷业……184
- 高端装备及机械制造业……184

■企业管理……184
- 企业综治调解……184
- 清理无证照经营……185
- 开展专项打假行动……185

■节能工作……186
- 节能考核……186
- 节能宣传……187
- 整治淘汰落后产能企业……187
- 节能专项监察……187

■重点工业企业选介……188
- 广东润星科技有限公司……188
- 东莞富美康电器科技有限公司……188
- 东莞市宇豪塑胶科技有限公司……188
- 东莞合志精密科技有限公司……188
- 广东港重绿建科技有限公司……189

商贸业

■国内贸易……190
- 商贸流通业概况……190
- 私营商业……190
- 商事登记改革……191
- 经贸信息服务和应用……192
- 农贸市场简介……192
- 农贸市场整治……192
- 大型商场简介……192

■对外经济贸易……193
- 对外经济概况……193
- 对外经济新签、增资项目……193

■供销合作商业……196
- 谢岗镇供销社概况……196
- 经营发展……196
- 谢岗供销社商场……196
- 雅苑小区改造项目……196
- 饮用水经营管理……197
- 废旧物资回收……197
- 再生资源管理……197
- 平价商店经营管理……198
- 开拓经营新项目……198
- 为农服务……198
- 加强安全管理……199
- 开展文明创建活动……199

■粮食管理……200
- 粮食管理概况……200
- 储备粮储存……200
- 安全管理……200
- 实施“粮安工程”……201

■旅游业……201
- 旅游概况……201
- 推进旅游重点项目建设……201
- 乡村旅游……201
- 旅游管理……202

■东莞市银瓶山森林公园谢岗景区……202
- 银瓶山森林公园概况……202
- 景区配套设施建设……202
- 配合创建国家森林城市……203
- 景区景观提升……203
- 森林防火……203
- 景区“三防”……204

财政·税务·银行

■财 政……205
- 财政概况……205
- 公共财政收支……205
- 财政预算编制与执行……205
- 土地统筹资金拨付审核……206
- 国库支付制度改革……206
- 票据管理……206
- 会计管理……206
- 打击非法集资……207
- 资产管理……207
- 财政监督……207
- 财政投资审核……208
- 政府采购……209

■东莞市谢岗镇国库支付中心……210
- 国库支付中心概况……210
- 强化资金管理……210

■税 务……210
- 税务机构……210
- 税务概况……210
- 强化税收征管……211
- 全面实施营改增……212
- 加强税收宣传……212

• 开展纳税信用等级评定 213
• 落实税收优惠政策 213
• 税收执法检查 213
• 便民服务 214

■中国工商银行谢岗支行 215
• 工商银行谢岗支行概况 215
• 存贷款业务 215
• 为企业融资服务 215
• 中小企业融资平台建设 216

■中国农业银行东莞谢岗支行 216
• 中国农业银行谢岗支行概况 216
• 存贷款业务 217
• 服务“三农” 217
• 服务企业 217

■东莞农商银行谢岗支行 217
• 东莞农商银行谢岗支行概况 217
• 存贷款业务 218
• 服务“三农” 218
• 加强公益宣传，提供“暖心”服务 219
• 为企业融资服务 219
• 中小企业融资平台建设 219

■中国建设银行谢岗支行 220
• 中国建设银行谢岗支行概况 220
• 存贷款业务 220
• 为企业融资服务 220
• 便民服务 221

■中国银行谢岗支行 221
• 中国银行谢岗支行概况 221
• 存贷款业务 222
• 提升精准化金融服务 222
• 推动普惠金融 222

■东莞银行谢岗支行 222
• 东莞银行谢岗支行概况 222
• 存贷款业务 223
• 践行社会责任 223

■广发银行谢岗支行 224
• 广发银行谢岗支行概况 224
• 存贷款业务 224
• 特色金融服务 224
• 开展党建共建活动 224

经济管理

■工商行政管理 225
• 工商管理概况 225
• 工商登记制度改革 225
• 优化政策，服务企业 228
• 法律“直通车”服务 229
• 强化数据分析，提供参考服务 229
• 监管执法 229
• 消费维权服务 233
• 信息调研工作 233

■土地管理 233
• 土地管理概况 233
• 落实东莞市土地管理台账 234
• 土地利用总体规划修编 235
• 盘活存量土地和闲置土地 235
• 地籍调查 236
• 违法用地查处 236
• 高标准基本农田建设 237
• 不动产登记 237
• 农村集体土地所有权登记发证 237
• 国土宣传 237

■土地储备 238
• 土地储备中心概况 238
• 土地储备管理 238

■质量技术监督 239
• 质量技术监督概况 239
• 特种设备监管 239
• 计量管理 240
• 质监法治宣传 241

■物价管理 241
• 物价管理概况 241
• 学校收费管理 241
• 涉企收费管理 241
• 收费综合年审 241
• 平价考核 241
• 市场价格监管 241
• 推进价格诚信建设 242

■资产管理 242
• 资产管理概况 242
• 镇属资产管理 243
• 镇属企业会计及合同管理 245
• 清产核资 246
• 农村集体资产总量 246
• 村级预算编制 246
• 农村集体资产管理 246
• 农村集体资产增资减债 249
• 村组资金统筹和多元化投资探索 249
• 农村集体资产清查核实 250

■食品药品监督管理 250
- 食品药品监督概况 250
- 监管体制优化 250
- 食品药品卫生宣传 251
- 食品流通与餐饮服务管理 252
- 食品药品安全执法检查 253
- 示范食堂创建和“明厨亮灶”工作 255
- 卫生监督 256
- 农贸市场快检室建设 256
- 农贸市场文明创建活动 256

文化·科技

■综 述 257
- 文广中心概况 257
- 举办各类文艺活动 257
- 歌曲创作 257
- 村综合文化服务中心建设 258
- 规范村级读书活动 258
- 文化惠民工程 259
- 开展美术采风、展览活动 259
- 历史文化发掘 259
- 摄制《史海钩沉谢岗行》纪录片 260
- 文物修缮 260
- 非物质文化遗产 261
- 创办《银瓶文艺》 262

■全媒体融合 262
- 全媒体中心概况 262
- 媒体运作模式与管理改革 262
- 新闻报道 263
- 跟踪报道 265
- 《银瓶通讯》 265
- “活力银瓶”公众号及网站、抖音 266

■广播电视网络 266
- 广东广电网络东莞谢岗分公司概况 266
- 优化网络 266
- 开展优质服务 268
- 网络安全建设 268

■文化市场执法 268
- 文化市场执法概况 268
- 执法宣传 268
- 娱乐场所整治 269
- 出版物市场监管 269
- 网吧市场监管 270
- 文物监管保护 271
- 广播电视市场管理 271

■科 技 272
- 科技工作概况 272
- 科技政策宣讲与培训 272
- 培育高新技术企业 272
- 专利申请 272
- 促进企业提高研发能力 272
- 科普工作 273
- 科学技术协会换届 274

教 育

■综 述 275
- 概况 275
- 教育事业发展规划 275
- 教育经费投入 275
- 在建三项扩容工程 275
- 两评合一复评 275
- 改善办学条件 276
- 公办民办学校管理一体化 276
- 教育改革 276
- 教学研究 276
- 信息化建设 276
- 教师队伍建设 277
- 教师招聘及职称评定 277
- 名教师、教学能手评选 277
- 教育督导 277
- 教育科研 277
- 素质教育 277
- 幼儿教育快速发展 278
- 义务教育优质发展 278
- 成人教育务实发展 278
- 社区教育有序发展 278
- 谢岗镇人民政府教育机构职能调整 279

■学前教育 279
- 学前教育概况 279
- 公办园和普惠幼儿园 279

■中小学教育 279
- 中小学教育概况 279
- 打造特色学校 279
- 中高考 280

■谢岗镇中心小学 280
- 中心小学概况 280
- 教师队伍建设 281
- 德育教育 281
- 教学管理 281
- 教育信息平台建设 282
- 提升校园文化品牌 282

■谢岗小学 283
- 谢岗小学概况 283

• 素质教育 283
• 教育科研 283
• 名师培养 284

■黎村小学 285
• 黎村小学概况 285
• 打造平安校园 285
• 德育教育 286
• 教学管理与教研 287
• 改善教学设施与教学环境 287
• 主要荣誉 287

■谢岗中学 289
• 谢岗中学概况 289
• 教师队伍建设 289
• 德育教育 289
• 教学改革 290
• 教研成果 291
• 中考 292
• 打造特色教育名片 292
• 大课间体育活动 293
• 特色教育获奖情况 293

■东莞市谢岗华翔学校 294
• 华翔学校概况 294
• 德育工作 294
• 教学工作 294
• 主要荣誉 294
• 特色教育 294

■东莞市谢岗振华学校 295
• 学校概况 295
• 学校荣誉 295
• 完善教学设施与教学环境 295
• 安全教育管理 295
• 教学教研 296

■谢岗镇成人文化技术学校 297
• 成人文化技术学校概况 297
• 宣传交流 297
• 教学管理 298
• 农村社区教育 298
• 职工教育 298

卫生·体育

■医疗卫生综述 299
• 医疗卫生机构 299
• 医疗队伍 299
• 国家卫生镇复审 299
• 促进健康素养活动 299
• 传染病疫情防控 300
• 医政工作 300
• 医疗安全管理 300
• 无偿献血活动 300
• 医联体建设 300
• 计生工作 300
• 卫生监督 301
• 爱国卫生运动 301

■社区卫生服务 302
• 社区卫生服务概况 302
• 社卫服务机构标准化建设 302
• 队伍建设 303
• 医联体建设 303
• 基本医疗 303
• 中医馆建设 304
• 家庭医生签约服务 304
• 国家基本公共卫生服务 304
• 疾病预防控制 305
• 计划生育服务 305

■谢岗医院 306
• 谢岗医院概况 306
• 新院区建设 306
• 队伍建设 306
• 引进先进医疗设备 307
• 信息化建设 307
• 实施“医药分开” 307
• 构建分级诊疗体系 307
• 医疗服务管理 307
• 送医送药下乡及义诊活动 308
• 医疗技术建设与科教兴医 308
• 妇幼健康服务 308

■体 育 309
• 体育概况 309
• 体育设施建设 309
• 社会体育指导员服务站、点管理 310
• 群众性体育活动 310
• 企事业单位员工体育活动 312
• 学校体育 312
• 青少年体育 313
• 竞技体育 314

社保·民生

■人力资源管理 315
• 人力资源概况 315
• 劳动就业 315
• 职业技能培训 315
• 人才服务 316

· 创新劳动关系协调机制 316
· 创建和谐劳动示范区 316
· 劳动合同签订 317
· 劳动信访 317
· 劳动仲裁 317

■社会保障 317

· 社保工作概况 317
· 社保扩面征缴工作 317
· 行风建设 318
· 规范村（社区）农（居）民养老保险缴费 318
· 社保宣传 319
· 社保卡激活换发和推广应用 320
· 监察执法 320
· 医疗保险基金安全 321
· 退休人员社会化管理服务 321
· 社保服务 321

■新莞人服务管理 321

· 谢岗镇新莞人服务管理中心概况 321
· 出租屋服务管理 322
· 关爱新莞人 322
· 新莞人积分制入户、入学资格审核 322
· 推进出租屋租住人员人身意外保险 323
· 协助税务分局开展出租屋减税降费及代开发票业务 323

■敬老养老 323

· 敬老院概况 323
· 尊老服务 323

■社会事务 324

· 社会事务概况 324
· 社会救助 324
· 基层政权建设 324
· 社会福利 325
· 区划地名 325
· 社会工作 325
· 老龄工作 326
· 社会组织管理 326
· 婚姻登记 326
· 残疾人联合会 326
· 残疾人康复就业服务 326
· 残疾人社会保障 326
· 市内扶贫 327

■市外扶贫 327

· 市外扶贫概况 327
· 产业发展扶贫 327
· 劳动力就业扶贫 328
· 社会保障扶贫 328
· 教育文化扶贫 328
· 基础设施建设 328
· 帮扶发展特色产业 328
· 援疆工作 329
· 东西部扶贫协作 329

行政村（社区）

■谢岗村 330

· 谢岗村概况 330
· 经济发展 330
· “两违”整治 330
· 安全生产 330
· 社会治安综合管理 331
· 环境卫生管理 331
· 基础设施建设 331
· 村务公开 331
· 民生福利 332
· 文体活动 332

■谢山村 332

· 谢山村概况 332
· 党风政风建设 333
· 集体经济管理 333
· 消防安全 333
· 宜居社区建设 333
· 治安管理 333
· 便民服务 333

■大厚村 334

· 大厚村概况 334
· 经济发展 334
· 社会治安综合管理 334
· 村务公开 335
· 民生福利 335
· 文体活动 335

■大龙村 336

· 大龙村概况 336
· 经济发展 336
· 安全生产 336
· 社会治安综合管理 336
· 帮扶资金利用 336
· 村务公开 337
· 民生福利 337
· 环境卫生 337
· 文体活动 337

■南面村 338

· 南面村概况 338
· 经济发展 338
· 生态资源 339
· 党建工作 339
· 安全生产 339
· 社会治安管理 340
· 社会保障 340

- 计划生育 340
- 基础建设 340
- 环境卫生 341
- 文体活动 341

■五星村 342

- 五星村概况 342
- 经济发展 343
- 社会治安综合管理 343
- 安全生产管理 343
- 水库移民村建设 343
- 村务公开 343
- 文体活动 344
- 民生福利 344

■泰园社区 345

- 泰园社区概况 345
- 经济发展 345
- 党建工作 345
- 安全生产管理 345
- 社会治安综合管理 346
- 村务公开 346
- 计划生育 346
- 妇女儿童工作 346
- 民生福利 347

■曹乐村 347

- 曹乐村概况 347
- 经济发展 348
- 社会治安综合管理 348
- 安全生产管理 348
- 新莞人服务管理 349
- 村务公开 349
- 基础设施建设 349
- 建立综合服务管理中心服务平台 349
- 环境卫生管理 349
- 计划生育 349
- 民生福利 349
- 文体活动 349

■稔子园村 351

- 稔子园村概况 351
- 经济发展 351
- 基础设施建设 351
- 社会治安综合管理 351
- 安全生产管理 351
- 环境卫生管理 351
- 民生福利 351
- 文体活动 351

■黎 村 352

- 黎村概况 352
- 经济发展 353
- 安全生产管理 353
- 社会治安综合管理 353
- 环境卫生管理 354
- 村务公开 354
- 民生福利 354
- 文体活动 354
- 基础设施建设 354

■窑山村 355

- 窑山村概况 355
- 经济发展 355
- 社会治安综合管理 355
- 村务公开 355
- 民生福利 355
- 文体活动 356

■赵林村 357

- 赵林村概况 357
- 经济发展 357
- 整治违章建筑 357
- 社会治安综合管理 357
- 环境卫生管理 357
- 农业工作 357
- 民生福利 357
- 文体活动 357

人物荣誉

■人物简介 359

- 2019 年在任领导简介 359
- 省政府以上表彰及“五一劳动奖章”获得者简介 361

■先进单位名录 362

- 2015—2019 年谢岗镇获国家级荣誉单位一览表 362
- 2015—2019 年谢岗镇获省级荣誉单位一览表 362
- 2015—2019 年谢岗镇获市级三等奖以上荣誉单位一览表 363

■先进个人名录 368

- 2015—2019 年谢岗镇获省以上机关表彰的先进个人一览表 368
- 2015—2019 年获市委、市政府表彰及“三等功”获得者一览表 369

特载

在谢岗镇委十三届四次会议上的报告

谢岗镇委书记 胡毅峰

（2020 年 1 月 15 日）

一、2019 年谢岗各项工作取得新成效

2019 年是中华人民共和国成立 70 周年，是全面建成小康社会、实现第一个百年奋斗目标的关键之年，也是银瓶合作创新区（谢岗镇）高质量加快发展的关键之年。一年来，在党中央、省委和市委的坚强领导下，谢岗镇坚持以习近平新时代中国特色社会主义思想为指导，全面贯彻党的十九大和十九届二中、三中、四中全会精神，深入学习贯彻习近平总书记对广东重要讲话和重要指示批示精神，贯彻落实中央和省委、市委各项决策部署，围绕镇委"一三五"发展思路，以及建设"湾区智造新城、品质生态谢岗"的战略目标，牢牢把握"四区"叠加机遇，按"1+1+8"工作部署，以党建为统领推动中心工作，以粤港澳大湾区建设为"纲"，推动银瓶合作创新区高质量加快发展，融入粤港澳大湾区的步伐坚定有力。

在这关键的一年里，银瓶合作创新区（谢岗镇）作为市参与粤港澳大湾区建设和对外开放的战略平台，越来越受到市委、市政府的重视和支持，市委主要领导连续两年调研谢岗，为谢岗加快高质量发展进一步指明了方向，我们备受鼓舞，倍加努力，成绩显著。预计 2019 年谢岗镇生产总值同比增长 8%，固定资产投资同比增长 67.8%，规模以上工业增加值增长 8.7%，社会消费品零售总额增长 8.8%，进出口总额增长 9.5%，一般公共预算收入增长 27.7%。谢岗镇各项工作比上一年又有较大的进步。

一年来，我们主要抓了以下工作。

（一）深入开展"不忘初心、牢记使命"主题教育，党的建设全面深化

2019 年，谢岗镇党建工作紧抓主题教育推动中心工作这个重点，在党建创新、使命担当、组织力提升上实现突破，在思想政治、执行力、创新区发展、民生事业、党风廉政等建设上有成效。"初心使命"教育扎实开展。将学习教育贯彻始终，开展 1 小时读书班、主题党日、班子带头讲党课、中层干部"示范领学"等学习活动，全体党员干部深刻理解习近平新时代中国特色社会主义思想丰富内涵，增强"四个意识"，坚定"四个自信"，坚决做到"两个维护"。开展"湾区背景下银瓶合作创新区如何承载深莞惠合作"等 19 个专题调研。建立和动态更新"一台账两清单"，为群众解决难题 245 个。意识形态工作稳步推进。严格落实意识形态工作责任制，定期开展专题学习和分析研判。党建形式实现创新。推进南粤党员先锋工程，开展关联党支部"党建 + 争上游"共建等特色党

建活动，支部党员围绕工作建言献策，建立多部门联合执法制度。打造“党建+城市更新”等品牌，开展系列主题党日活动。开展网格中心和入格部门联合共建活动，建立镇村（社区）多部门工作人员联合巡查的“大综管”工作机制。基层组织不断夯实。深入实施“头雁工程”，开展基层党组织书记扩大轮训，选派中层干部担任村第一书记，配齐24名村（社区）后备干部，建立驻村班子、组织办、党政办干部列席村“两联席”会议机制，提升村干部战斗力。抓好“解决发展党员违规违纪问题”省级试点工作，出台处理办法。实施“标准化、新标杆”双标工程，撤销3个软弱涣散党组织，启动“两新”党建“双同步”排查，开展“两新”党建活动，组织力进一步提升。队伍建设不断加强。镇委党校开展25场“党建学习讲堂”。坚持正确选人用人导向，提拔干部35名，交流轮岗16名。开展公务员职务与职级套转、机构改革等工作。作风建设不断深入。严格落实中央“八项规定”精神，保持纠正“四风”高压态势。扎实开展驻点联系群众工作。建立常态化谈心谈话机制。完成中央巡视反馈意见整改11项、省委巡视反馈意见整改5项，市委第一巡察组反馈22个问题的立行立改。

（二）积极争取试点政策，改革发展活力不断释放

我们积极争取各项工作试点，作为推动谢岗高质量发展的关键一招，力争先行先试加快发展。成为全市“拓空间”工作、国土空间规划、水污染治理、海绵城市建设、美丽幸福村居连片改造奖励项目、省级解决发展党员违规违纪问题等试点镇。谢岗镇在“拓空间”、生态建设、治污治水工作等方面得以抢时间发展、高标准谋划、高标准建设。深化准入改革，积极优化营商环境，市场主体突破1万家。

（三）积极融入湾区建设，银瓶合作创新区发展全面提速

制定《粤港澳大湾区发展规划纲要》实施方案、三年行动计划和年度工作要点。粤海产业园取得新突破。粤海产业园启动了7个项目，总投资约41.5亿元。已有6家企业入驻，其中2家企业已投产。36万平方米厂房正加紧建设。道路项目加速建设。抓紧推进总投资64亿元的道路项目。爱民大道建成通车，粤海大道和29号路部分通车，康民路正在施工，省道357莞惠公路谢岗段完成总工程量的85%。投资7.18亿元升级完善镇内道路，22条村级道路正进行概算财审。招商引资提标提质。参加“湾区都市、品质东莞”北京价值投资分享交流会和省国资企业专题推介会等招商活动。去年新引进22个项目，投资约105亿元，其中产业项目15个，投资约63亿元。打造303亩市镇联合招商基地。项目建设如火如荼。粤海二期和碧桂园智造创新中心等15个市重大项目加紧建设。政企合作全面深化。完善市一级议事协调机制，成立粤海银瓶合作创新区建设总指挥部和现场指挥部，细化完善合作机制。开展产城融合系统开发总体研究，高标准谋划产业园区发展。

（四）全力打造生态特色，优美生态环境逐步彰显

突出生态特色，高标准谋划、高标准建设生态，将生态打造成为谢岗亮丽名片。海绵城市全域建设。全域推进工程项目，落实海绵城市建设技术标准。规划建设“百里碧道”，“一园三渠”即将动工。生态公园多点开花。市级银山湿地公园建成开园。银瓶湖湿地公园建设有序推进。美丽幸福村居特色连片示范区建设进展顺利，各村（社区）村级公园建设抓紧开展。农村人居环境持续改善。大力开展“三清三拆三整治”行动，有序推进厕所革命、垃圾分类、田间窝棚整治。开展美丽幸福村居建设，黎村入选市十大美丽幸福村居。

（五）科学规划引领发展，城市品质持续提升

加快城市建设，提升城市管理水平，增强城市经济和综合承载能力。规划体系加快完善。以新发展理念开展28项规划编制，科学配比各类用地，推动产城融合发展。完成发展总体规划、海绵城市专项规划、生态基础设施规划等21项专项规划编制。开展国土空间规划、新兴产业培育规划等专项规划编制，银瓶合作创新区规划体系加速完善。治污治水有力推进。建立联合执法机制，严厉打击企业违法偷排行为，提前超额完成“散乱污”企业整治任务，谢岗镇生态环境执法工作在全市各镇街排名前列。推进雨污分流建设，管网建设考评全市排名靠前。把“河长制”工作落到实处，推进“清四乱”常态化。开展内河涌整治，谢岗和赵林截洪渠消除黑臭。3座分散式污水处理站建成投入使用。精细化管理水平提升。以“行走谢岗”为抓手，推行班子“包街”制，提升城市精细化管理水平。超额完成市下达的“两违”治理任务。综合整治广梅汕、莞惠城际铁路的沿线环境。筹备组建镇环卫队伍，对66万平方米范围管养保洁。城市精细化管理排名跃居全市第八。

（六）深入推进"拓空间"试点，发展空间不断优化拓展

牢牢把握"拓空间"试点片区机遇，成立镇指挥部，以经营城市理念全面推进"拓空间"工作。全力优化拓展产业发展空间。推进893亩镇村老旧工业园区改造提升，花园工业区改造升级完成产业规划和空间布局研究。推进618亩土地和9.3万平方米厂房收储。TOD规划通过专家评审。规划建设300亩MO新型产业用地。全力优化拓展公共生活空间。成功推出曹乐商住地块，计划在3年内推出1000亩商住用地。推进市镇合作收储金满湖530亩商住土地，推进花园工业区人才房以及曹乐连片出租屋改造。6个城市更新单元进入拆赔方案酝酿阶段。公租房、安置区等项目加速建设。全力优化拓展山水生态空间。充分发挥谢岗生态资源优势，以更高标准、更大范围建设生态，把生态打造成为谢岗最大的亮点和竞争力。湿地公园、百里碧道、河渠整治、治污治水等生态建设全面推进。

（七）全力补齐民生短板，群众获得感、幸福感不断提升

坚持以人民为中心，补齐教育、医疗等公共服务短板。推动教育扩容提质。通过东莞市推进教育现代化先进镇和广东省教育强镇复评验收。曹乐校区等3所公办学校加快建设，推进公办高中、高职院校落地谢岗，洽谈引进2所国际化K12学校。优化医疗服务供给。市镇医联体二期完成地下室建设。深化社区卫生机构标准化建设，推动公立医疗机构薪酬制度改革，完成家庭医生签约目标任务。公共服务日趋完善。党建公园建成投入使用。4000平方米的新政务服务中心加紧建设，推进"一站式"服务。完成公交资源整合工作。人才保障扎实推进。设立村民车间，举办技能人才培训，建立产业人才长期培养机制。制定创业奖励办法和人才引进奖励办法，2019年共引进1名博士、8名硕士。乡村振兴取得成效。引进品牌集团打造投资4.3亿元的南面休闲旅游区项目。通过市文明镇复评验收，6个村获评"市文明村"。推动村组集体经济提质增效，村组两级总资产35.1亿元，同比增长17.3%。打好精准脱贫攻坚战。完成扶贫协作昭通、精准扶贫韶关南雄、对口支援新疆50团等市内外扶贫工作。扎牢民生保障网，关心关爱特殊群体。

（八）全力建设"平安谢岗"，和谐稳定基础进一步夯实

全力推进平安谢岗建设，共建共治共享社会治理格局逐步形成。提升公共治安水平。深化"扫黑除恶"专项斗争，累计侦破涉恶刑事案件58宗，打掉涉黑恶团伙7个，群众安全感不断增强。重拳打击违法犯罪行为，强化矛盾纠纷排查，依法处理群体事件和突发事件，社会大局保持和谐稳定。深入推进"智网工程"建设。建设网格化社会治理体系，推动更多事项入格。深入推进"二标四实"基础信息采集。加强网格员队伍业务培训，提高预警和处置能力。全力抓好安全稳定工作。强化监管和预防，落实监管检查全覆盖，推进国家食品安全示范城市创建，确保生产安全、食品安全、消防安全，整体形势保持平稳。

一年来，镇委坚持党的领导，精心谋划，科学决策，总揽全局，协调各方。加强对人大、政协工作的领导，落实党政主要负责人法治建设工作职责，推进党委依法执政能力建设。认真贯彻落实统一战线工作条例，做好民族、宗教等工作。切实抓好党管武装，加强民兵队伍战斗力。工会、共青团、妇联等群团组织工作扎实推进。

过去一年的成绩，是全镇干部群众面对复杂多变的形势，依然保持高昂斗志，攻坚克难，努力奋斗出来的，难能可贵，鼓舞人心。但我们也要清醒地认识到，银瓶合作创新区高质量发展仍面临不少困难和挑战。产业基础需要进一步夯实，亟须引进重大项目，形成产业集聚；城市建设仍需加快推进，公共服务仍需加速完善；城市精细化管理水平仍需进一步提高，农村人居环境仍需下大力气整治；环境治理还需进一步攻坚克难，水污染治理任务依然艰巨；加快工程建设、确保工程质量的能力水平仍需进一步提升。我们必须高度重视这些问题，切实增强高质量加快发展的责任感和紧迫感，抓住主要矛盾，有针对性地下大力气加以解决。

二、深入学习贯彻党的十九届四中全会精神，准确把握新时代建设"湾区智造新城、品质生态谢岗"的新形势、新要求

党的十九届四中全会明确了坚持和完善中国特色社会主义制度、推进国家治理体系和治理能力现代化的总体要求、总体目标和重点任务，是我们今后一段时期工作的基本遵循。

（一）深刻认识领会党的十九届四中全会精神的重大意义

这次全会是在中华人民共和国成立70周年，向全面建成小康社会、实现第一个百年奋斗目标迈进的关键时期召开的一次重要会议。全会从党和国家事业发展的全局和

长远出发，准确把握我国国家制度和国家治理体系的演进方向和规律，深刻回答了“坚持和巩固什么、完善和发展什么”这个重大政治问题，既阐明了必须牢牢坚持的重大制度和原则，又部署了推进制度建设的重大任务和举措，是完善和发展我国国家制度和治理体系的纲领性文件，对推动各方面制度更加成熟、更加定型，把我国制度优势更好转化为国家治理效能必将产生重大而深远的影响。同时，这次全会在加强党的领导、推动经济高质量发展、增进民生福祉、推动生态文明建设等方面都提出了更严的标准和更高的要求，全镇上下要更加紧密地团结在以习近平同志为核心的党中央周围，增强“四个意识”，坚定“四个自信”，做到“两个维护”，深入贯彻落实党的十九届四中全会精神，围绕推进治理体系和治理能力现代化，聚焦重点领域和关键环节，确保全会各项决策部署在谢岗不折不扣落到实处。同时，结合谢岗实际，要认真思考、谋划和推进治理体系和治理能力建设工作，更好地把制度优势转化为治理效能。

（二）深刻认识理解中央经济工作会议以及省委、市委全会精神实质

中央经济工作会议明确指出我国经济稳中向好、长期向好的基本趋势没有改变，全面部署了2020年经济工作的重点。省委十二届九次全会对全省在新的历史起点上推进治理体系和治理能力现代化、支持深圳建设中国特色社会主义先行示范区、加快构建区域发展新格局等作出全面部署。市委十四届十次全会提出要深化“1+1+6”工作思路，持续推进“六大工程”，努力把东莞打造成广东高质量发展的名片。中央和省委、市委的各项工作部署，具有极强的战略性、针对性和指导性，为我们下步的工作提供了行动指南。我们要认真学习、深刻领会、全面把握，切实把思想和行动统一到习近平总书记重要讲话精神上来，准确把握中央经济工作大政方针，认真贯彻省委、市委决策部署，结合谢岗实际，以新发展理念，紧扣全面建成小康社会的目标，守正创新、担当作为，扎实做好各项工作。

（三）深刻认识把握“四区”叠加的重大发展机遇

当前，我市正面临粤港澳大湾区建设、深圳建设中国特色社会主义先行示范区和我市建设省制造业供给侧结构性改革创新实验区“三区”叠加的重大发展机遇期，谢岗正面临包括银瓶合作创新区在内的“四区”叠加的重大历史机遇，是有史以来谢岗最好的发展时期。我们有省级经济开发区等重大平台优势，有先行先试政策优势，有较多连片产城用地的发展空间优势，有优美生态本底优势，我们还是大湾区核心区的投资成本洼地，正成为众多优质企业投资兴业的热土。

当前，银瓶合作创新区建设全面提速，谢岗镇连续两年固定资产投资保持高速增长，增速在全市排名前列，2019年投资达35亿元，但总量在全市排名还比较靠后。经过初步核算，2020年我们有望完成固定资产投资60.7亿元的目标，其中制造业27亿元占44.5%，基础设施14亿元占23%，其他服务业10.7亿元占17.6%，房地产9亿元占14.8%，产业投入接近一半，这将进一步夯实谢岗发展基础。今天的投入就是明天的产出，我们要力争更多的固定资产投入，争取连续多年投资总量都在全市的中上游，谢岗就有机会赶上发展，摆脱落后局面。这就要求全体党员干部牢牢把握机遇，坚定高质量加快发展的决心和信心，增强加快发展的责任感和紧迫感，“万众一心加油干，越是艰险越向前”。要坚持不懈提升能力，在思想上深入学习习近平新时代中国特色社会主义思想、党的十九届四中全会精神，将学习成果转化成推动高质量发展的行动；深刻把握“四区”叠加形势的要求，做好科学谋划、全盘部署、列出精准的项目建设时间表、路径图；在执行上紧跟上级和镇委部署，不断提高治理能力现代化水平，高标准、快节奏地推进各项工作。

三、高举习近平新时代中国特色社会主义思想伟大旗帜，加快打造“湾区智造新城、品质生态谢岗”

2020年是决胜全面建成小康社会，我国实现“两个一百年”奋斗目标的历史交汇点，也是银瓶合作创新区高质量发展承前启后的一年。全镇工作的总体要求是：高举习近平新时代中国特色社会主义思想伟大旗帜，全面贯彻党的十九大、十九届历次全会以及中央经济工作会议精神，全面贯彻落实习近平总书记对广东重要讲话和重要指示批示精神，深入落实省委十二届九次全会和市委十四届十次全会精神，按照镇委“坚持一个统领，突出三个特色，实现五个突破”的发展思路，牢牢把握“四区”叠加重大历史机遇，全力做好“做强实体经济、优化拓展空间、打造生态特色、提升公共服务、完善基层治理、提升工程质量速度、加强党的建设”七方面工作，推动“湾区智造新城、品质生态谢岗”建设迈上新台阶。

镇委考虑，今年经济增长的预期目标为7%，固定资产投资增长43%，实际执行时努力争取更好结果。

（一）做强实体经济，激发产业发展新活力

当前，我们正处于爬坡越坎的关键时期，推动经济高质量加快发展的关键在产业，产业强则谢岗强。我们要坚持稳字当头，推动产业集聚发展，向中高端升级。

深化政企合作。健全粤海银瓶合作创新区建设总指挥部和现场指挥部议事制度，强化政企双方议事决策机制和常态化沟通协调机制，补充完善合作协议。借助市一级决策平台研究制定创新政策，协调解决项目落地建设过程中存在的问题，推动粤海产业园已出让土地加快投资建设。建立政企联合招商工作机制，发挥政企合资的粤莞银创公司作用，参与具体项目开发和园区服务运营。

推动产业集聚。实施精准招商战略，加快完成全镇新兴产业培育发展规划，明确产业发展定位，为招商引资工作提供导向。强化市镇联合招商工作，用好连片土地招引龙头企业，整备1~2块500亩以上连片产业用地用于承接重大项目，瞄准5G高新技术产业进行科学布局，围绕高端装备制造、电子电气、机器人等重点产业，引进领军型企业，完善产业链条，培育形成优势产业集群。做好在建产业项目跟踪服务，争取早日投产达效。

大力扶持企业。按照中央“六稳”要求，落实各项惠企政策，研究制定更多优惠举措。做好对存量企业的服务，减少企业运营成本，坚定企业扎根谢岗的发展信心。持续深化暖企行动，通过走访调研、贴身帮扶、动态跟踪管理等多种举措，为企业排忧解难。加快申报广东省高新技术产业开发区，制定高新技术企业扶持政策，增强高新技术企业集聚效应。通过奖补措施引导私有厂房产业升级。

（二）优化拓展空间，培育城市发展新动能

紧抓全市“拓空间”试点片区发展契机，大力优化与拓展城市发展空间，进一步增强城市经济和综合承载能力。

完善系列规划。坚持以新发展理念开展各项规划修编，完善银瓶合作创新区规划体系，突出规划的战略引领和空间管控作用。抓紧编制全镇“十四五”规划纲要。完成“国土空间规划”，科学布局产业、生活、生态空间，腾挪用地规模和指标，集中连片开发土地，提高土地集约利用效益。完善控规修编，实现全覆盖。

力推城市更新。加快完成《谢岗镇城市更新专项规划（2018—2022）》的修编工作，推动赵林旧村等多个城市更新项目完成单一主体招标，启动拆迁和建设。推动更多旧村项目完成单元划定工作。改造升级花园工业区等一批老旧工业区，鼓励各村（社区）实施“工改工”工作。盘活闲置用地，支持企业自改，提高容积率。严厉打击“二手房东”。采用灵活多样的方式收储土地。加快TOD开发建设，推动商会大厦、MO、谢山村城市更新等引爆点项目取得重大进展。

加快道路建设。实行现场指挥、倒排工期、挂图作战，督导施工单位加快进度，加快粤海大道、S357升级等在建道路提前完工。发挥攻坚克难、敢啃硬骨头的奋斗精神，突破征地拆迁等难点问题，加快大黎路、谢岗大道、镇内旧路升级等44条道路动工建设。强化统筹协调，加强与市铁路部门、相邻镇的沟通协调，推动29号路涉铁标段和博深高速谢岗互通工程取得实质性进展。力争2~3年内完善全镇道路建设，深度融入大湾区“一小时交通圈”。

（三）打造生态特色，厚植绿水青山新优势

坚持“良好的生态环境就是最普惠的民生福祉”理念，构建谢岗南有森林公园、生态旅游区，北有湿地公园，“百里碧道”生态绿廊穿城而过的优美生态格局，打造山水辉映、产城融合的生态智慧新城。

建设精品生态工程。把生态智慧新城这张蓝图干到底，把海绵城市理念真正落实到城市建设各个环节。基本完成百里碧道“一园三渠”建设，打造带状湿地城市绿廊。力争建成银瓶湖湿地公园一期。建设银瓶山森林公园三期。发展生态旅游，启动银瓶山南面休闲旅游区项目建设。完成美丽幸福村居特色连片示范区建设。以政府主导、社会资本融入、还利于民的模式创建南面森林小镇，把生态优势转化为经济和发展优势。

打赢治污治水攻坚战。高标准谋划水污染治理工作，突出精准治污、科学治污。加快完成银瓶合作创新区水系规划并有步骤实施水利工程建设。压实河长责任，全力推动5条主干截洪渠稳定达到V类水目标。加快建成截污管网的验收通水，并完成截污管网“最后一千米”建设，全面实施雨污分流改造工程，从源头上解决水污染顽疾。严明生态环境保护责任制度，完善治理机制，进一步加强部门联动综合执法，严格落实企业主体责任，大力整治“散乱污”企业，严防反弹，严厉打击各类环境违法行为。

狠抓城市精细化管理。坚持以人为本，以“绣花”功夫推进城市精细化管理。严格监督考核惩罚，发挥镇环卫所作用，以考核和竞争倒逼承包企业提升环卫、绿化服务质量。发挥多部门工作人员组成的“大综管”队伍作用，推进城市精细化管理。铁腕整治“两违”，坚决完成违法建设治理目标。完成“厕所革命”提升改造任务。综合整治谢岗辖区内铁路沿线环境。大力整治农村人居环境，明晰镇村管理界限和管理内容，实施“见缝插绿、见缝造景”。开展“洁净谢岗、共建共享、全民行动”活动，让文明城市创建成为市民自觉行为，进一步营造干净、有序、安全的城市环境。

（四）提升公共服务，满足人民群众新期待

坚持以人民为中心，聚焦群众最关心最直接的利益问题，提升公共服务质量，满足群众日益增长的需求。

夯实基础教育根基。以基础教育为主、高职教育为辅，发展人民群众满意的教育事业。加快编制“十四五”教育规划和教育三年行动计划，科学布局和规划建设一批基础教育学校，在城市更新项目预留足够空间配套建设学校。加快落实普通高中和高职院校建设工作。完善人才引进和培育机制，面向全国引进优秀校长和学科骨干老师，深入推进实施“三名工程”，提升师资质量。探索集团化办学、公民办学校结对帮扶等方式，建立“教联体”。

提升医疗服务水平。加快市镇医联体二期建设，提高与市人民医院的协作水平，打造更多品牌科室，推动医联体成功创建二甲医院。推进医疗信息化建设，构建现代化医疗服务体系。大力推进医养结合。深化社区卫生机构标准化建设，促进优质医疗资源向基层下沉，引导附近居民就近就医，实现基层首诊全覆盖，优化医疗资源配置。

实施乡村振兴战略。推动乡村振兴取得重大进展，高质量全面建成小康社会。把乡村振兴与城市建设、产业建设、生态建设、农村人居环境整治和农村集体资产管理结合起来，开展村企融资性租赁业务、村直接参股优质企业、村企合作发展，拓宽村组集体增收渠道。探索镇村利益共享，支持村组集体实施“工改工”，盘活产业空间发展优质项目。广泛开展“好家风”建设，建立村民道德评议组织，推动社会主义核心价值观进农村、进家庭。制定保护环境卫生、保护生态等系列乡规民约，深入推动精神文明创建工作，创建“广东省文明镇”。

（五）完善基层治理，构建共建共治新格局

基层治理是推进国家治理体系和治理能力现代化的重要内容，我们要加强和创新基层治理，充分发挥社会治理各主体的智慧力量，构建人人有责、人人尽责、人人享有的社会治理共同体。

大力建设平安谢岗。推进扫黑除恶专项斗争，强化线索摸排，深挖“保护伞”，彻底铲除黑恶势力滋生的土壤。落实安全生产监督检查全覆盖，开展重点行业和重点领域的安全生产大排查大整治行动。坚持和发展新时代“枫桥经验”，以法治思维和法治方式化解社会矛盾纠纷。健全社会治安防控体系，推进科技护城墙建设，提高预测预警各类风险能力。

创新基层协同共治模式。坚持以自治为基础、以法治为保障、以德治为引领，推动党领导下的“三治”联动融合。各村（社区）加大投入，推动互联网、大数据、人工智能等技术在乡村治理中的土地、资产、合同等方面管理应用，提高乡村治理水平和效率。推动各村（社区）因地制宜创建各具特色的社区协商模式。推进社区综合服务中心建设。加强智网工程建设，制定完善考核机制，开展专业化培训，提升网格员履职能力和水平。

提高治理能力现代化水平。深化行政审批制度改革，以标准化建设促进行政审批规范化，效率提速，服务提效。厘清部门职责，着眼解决权责界定不清、职能交叉重叠、管理权限分散、容易缺位或扯皮的问题。优化跨部门议事协调机制，杜绝“函来函往”的现象，实现信息共享和工作联动。强化制度执行力，增强制度意识，自觉尊崇制度，坚决维护制度，严格执行制度，提高现代化治理能力，确保党的大政方针和省委市委各项决策部署在谢岗落地生根、开花结果。

四、开展“工程质量速度提升年”行动，推动银瓶合作创新区建设迈上新台阶

当前，谢岗镇正处于高质量加快发展时期，固定资产投资增长迅猛，财政投资项目多。确保工程质量和进度，特别是确保政府和集体投资的工程按质按量按进度实施，杜绝偷工减料，延误工期，成为当前谢岗镇的一个重要问题。镇委决定把今年定为“工程质量速度提升年”，这是“执行力建设年”的深

化和集中。接下来，要始终坚持“保质量、提速度、争一流”这一主线，提升队伍素质，建立健全机制，强化督导问责，促使施工单位不能、不敢、不想降低工程质量和速度，确保各项工程项目按时保质建成，打造新时代谢岗“品质工程”。

（一）在队伍素质上下功夫

开展“党建+工程建设”教育学习活动，增强责任意识，紧紧抓住保障工程质量、加快工程建设两大关键，以攻坚克难的韧性和勇气解决各项建设难题。干部职工要提高业务水平，要深入学习国家、省市有关工程建设的法律法规，要熟悉技术规范，及时掌握新技术、新工艺，不断提高自身的专业水平。要提升管理能力，提高协调和处理各种矛盾问题的能力，强化执行，提升效率。强化全流程管理，优化项目设计、审核、监督等过程，确保项目实现高标准高效率建设，做好工程前置管理，依法依规压缩工程建设前期工作时间，为工程项目的建设打下良好的基础。督促施工单位按合同施工，确保质量和进度，对执行不力的施工单位，按合同约定进行处罚。建立工程建设黑名单制度，严格考核，把不达标的设计、施工、监理单位列入镇招标黑名单。

（二）在健全机制上下功夫

完善审批联动机制。我们要及时贯彻落实市有关改革举措，积极承接市下放的审批权限，大力推行建设工程项目审批“一窗受理、容缺受理、并联审批”等机制，提高审批效率。严格筛选优质施工单位，确保后期施工质量。完善快速处置问题机制。针对一些管线迁移、较小变更等可现场快速处理的问题，实行分管领导现场办公，先建设，后完善手续，确保工程不因一些小问题卡停，创造“谢岗速度”。完善责任分工机制。实行镇领导包项目定专班机制，建立工程项目责任清单和工作台账，按照定责任、定任务、定时限“三定”要求，将任务落实到人、责任落实到位、时间落实到点。完善协调服务机制。强化主动服务、靠前服务意识，对于重大项目落地建设过程中遇到的问题，按照“一事一议”的原则，现场办公，多方联动及时解决难题，确保工程质量和进度。完善“样板引路”机制。各个工程项目在整体施工前做出“试验段”和“样板间”，在“样板”阶段及时发现和解决施工难点。以验收通过的“试验段”和“样板间”为项目建设标准，提高施工效率，保障质量标准。建立工程建设进度媒体公开机制，让群众参与工程进度监督。

（三）在廉政问责上下功夫

建立工程合同履约检查机制。由住建、财政、纪检、督查等部门抽调人员，形成一个人才项目库，由纪检和组织部门随机抽取人员，组成联合检查组，开展工程合同履约检查工作，确保施工单位按合同施工，不敢偷工减料。加强对工程管理人员的廉政监督，对于项目建设过程中执行不力、履职不到位，在项目质量监管中失职渎职、弄虚作假的干部，依法依规追责问责。把项目建设作为干部考核的重要指标，坚持在项目建设工作中发现和使用人才，通过从严考核、廉政问责，激励先进、鞭策后进，形成想干事、能干事、干成事的良好工作氛围。

五、推动全面从严治党向纵深发展，为谢岗高质量加快发展提供坚强政治保证

我们要全面贯彻新时代党的建设总要求，加强政治建设，为谢岗改革发展提供坚强保证。

（一）强化理论武装，坚定政治信仰，全面加强党的政治建设

把加强党的政治建设摆在更加突出的位置，旗帜鲜明地讲政治，增强“四个意识”，坚定“四个自信”，做到“两个维护”，始终同以习近平同志为核心的党中央保持高度一致。加强政治理论学习，把“不忘初心、牢记使命”作为全体党员、干部的终身课题，形成长效机制。把学习宣传贯彻党的十九届四中全会精神作为当前和今后一段时期的头等政治任务落实好，依托镇委党校，办好“党建学习讲堂”，补足精神之钙，筑牢信仰之基，用习近平新时代中国特色社会主义思想武装头脑，指导工作。坚持党管宣传、党管意识形态，聚焦关键领域开展排查管控，全面掌握风险隐患，牢牢把意识形态工作扛在肩上、抓在手上，站好忠诚哨、守好责任岗。

（二）坚持固本强基，深化创优达标，全面加强基层党组织建设

要深入推进基层组织建设“三年行动计划”，以“基层党建全面进步全面过硬”为主题，完成软弱涣散基层党组织整顿工作，开展基层党组织达标创优评定。抓好机关事业单位党组织调整重组工作，优化党组织设置，理顺党组织架构和管理体制。用活用好“党建组织员”队伍，深化服务型党组织建设。扩大“两新”党组织覆盖面，提高“两新”组织党建质量。继续推进部门关联党支部结对“党建+争上游”特色党建活动，推动重点难点工作，在镇属机关党组织中形成比学赶超、争当先进的良好氛围，努力使每个基层党组织都成为坚强战斗堡垒。

（三）坚持政治过硬，锻造高强本领，全面加强干部队伍建设

谢岗高质量加快发展，需要一支政治过硬、本领高强的干部队伍。我们要对全体干部职工的思想教育和业务能力加强培训，以打造“思进型、创业型、实干型、廉洁型”干部队伍为主线，开展“党建＋中心工作”活动，组织赴外学习考察，提升干部的能力。坚持好干部标准，突出政治标准，把信念坚定、勤政务实、敢于担当、清正廉洁的干部选出来、用起来，形成优秀年轻干部不断涌现的生动局面。加强村级后备干部队伍建设，对村级后备干部实行民主评议动态管理。加大干部交流轮岗力度，进行多岗位锻炼培养，进一步开阔视野，增加工作技能和经验，激发干部工作热情。

（四）坚持正风肃纪，深化标本兼治，全面加强党风廉政建设

坚定不移推进反腐败斗争，持之以恒抓好作风建设、纪律建设。严查违反中央“八项规定”问题，防止“四风”问题反弹和隐形变异，加大明察暗访工作力度，畅通群众信访举报渠道。深化标本兼治，严肃查处“两违”、工程招投标、项目建设、水污染治理、农村集体资产管理和环保等领域的不正之风和腐败问题，保持严惩腐败高压态势。从严落实日常监督管理机制，分管班子成员要与部门负责人开展谈心谈话，充分发挥谈话提醒警示作用，及时发现和防范廉政风险，着力增强党员干部的法律意识、政治意识和纪律意识。落实党风廉政建设主体责任，完善监督责任清单，进一步规范监督检查工作运行机制，建立领导干部廉政档案。

谢岗面临着“四区”叠加的重大机遇，谢岗的高质量发展已经走上了快车道，这是我们干事创业、改变谢岗面貌的最好时机。让我们高举习近平新时代中国特色社会主义伟大旗帜，按照省委、市委的工作部署，不忘初心、牢记使命，不负韶华、只争朝夕，接续奋斗，推动“湾区智造新城、品质生态谢岗”建设迈上新台阶，为湾区明珠东莞的闪耀，绽放谢岗的光芒！

名词解释：

1.“四区”叠加：粤港澳大湾区建设、深圳建设中国特色社会主义先行示范区、东莞市建设省制造业供给侧结构性改革创新实验区、银瓶合作创新区。

2.村“两联席”会议：村领导班子联席会议和党群联席会议。

3.双标工程：为打造一批基层党建工作新标杆、新品牌，带动东莞市基层党建工作水平整体提升，东莞决定在全市基层党组织中实施以推广标准化、建设新标杆为主要内容的“双标工程”。

4.“拓空间”：为切实拓展与优化城市发展空间，加快东莞高质量发展，2019年东莞市政府出台一号文件聚焦“拓空间”。具体的目标：以增容提效为重点，优化拓展产业发展空间；以现代宜居为重点，优化拓展公共生活空间；以均衡优质为重点，优化拓展山水生态空间。

5.增强“四个意识”：增强政治意识、大局意识、核心意识、看齐意识。

6.坚定“四个自信”：坚定坚持中国特色社会主义的道路自信、理论自信、制度自信和文化自信。

7.坚决做到“两个维护”：坚决维护习近平总书记党中央的核心、全党的核心地位，坚决维护党中央权威和集中统一领导。

8.“枫桥经验”：20世纪60年代初，浙江省诸暨县枫桥镇干部群众创造了“发动和依靠群众，坚持矛盾不上交，就地解决，实现捕人少，治安好”的“枫桥经验”，为此，1963年毛泽东同志亲笔批示“要各地仿效，经过试点，推广去做”。“枫桥经验”由此成为全国政法战线一个脍炙人口的典型。之后，“枫桥经验”得到不断发展，形成了具有鲜明时代特色的“党政动手，依靠群众，预防纠纷，化解矛盾，维护稳定，促进发展”的枫桥新经验，成为新时期把党的群众路线坚持好、贯彻好的典范。

9.“一园三渠”：谢岗镇“一园三渠”水生态环境提升工程主要包括三条截洪渠水生态环境提升，以及莞惠城际银瓶站站前滨水公园建设。其中，三条截洪渠水生态环境提升实施总长4.3千米、总面积107.95公顷（含水体面积21.59公顷），包括谢岗村截洪渠堤防改造、黎村截洪渠自然生态景观改善、大厚村截洪渠滨水游憩设施建设。银瓶站站前滨水公园总面积15.56公顷（含水体面积3.11公顷），为新老城区的连接纽带，服务新老城区。

政府工作报告

——2020年5月20日在谢岗镇第十七届人民代表大会第十次会议上

谢岗镇人民政府镇长　李惠勤

2019年工作回顾

过去一年，在市委、市政府和镇委的正确领导下，镇政府坚持以习近平新时代中国特色社会主义思想为指导，全面贯彻党的十九大和十九届二中、三中、四中全会精神，坚决落实习近平总书记对广东重要讲话和重要指示批示精神，认真落实市委“1+1+6”和镇委“1+1+8”工作部署，牢牢把握“四区”叠加的机遇，以高执行力狠抓产业建设、城市建设、生态建设、民生建设等各项工作，积极融入粤港澳大湾区建设，经济社会发展保持稳中有进、进中向好的良好态势。2019年，生产总值破百亿元大关，达104.2亿元，同比增长9%，增速全市第六；固定资产投资总额35.3亿元，同比增长67.8%，增速全市第一；规模以上工业增加值50.1亿元，同比增长8.7%，增速全市第七。谢岗镇（银瓶合作创新区）成为市参与粤港澳大湾区建设和对外开放的战略平台、市首批“拓空间”试点片区、市国土空间规划试点。水污染治理、环保责任制考核、城市精细化管理、城管执法等工作均排名全市前列。获得市2019年度镇街领导班子工作考评第三名的历史最佳成绩，荣获“优秀等次”、“综合排名进步奖”、三项“单打冠军”。全镇各项工作取得新进展，呈现新亮点。过去一年，我们主要做了以下工作：

一、着力推动经济高质量发展，新区建设进一步加速

招商引资不断突破。积极“走出去”，参加“湾区都市 品质东莞”北京推介会、第5届广东国际机器人及智能装备博览会、省国资企业专题推介会等活动，不断提高银瓶合作创新区知名度，吸引更多优质企业和项目资源。积极“引进来”，招引总投资105亿元共22个项目，包括鑫和精密电子、晨光乳业等15个产业项目，总投资63亿元。推动银山科技园内303亩连片地块成为市镇联合招商基地。项目建设稳步推进。通过开展“百日会战”、专题研讨会、挂点督导企业等方式，全力保障重大产业项目建设进度，全年在建产业项目从年初的6个提高至11个，总投资额达95.25亿元，2019年完成投资19亿元，占全年投资计划的111%。粤海产业园一期18万平方米厂房已建成，入驻6家企业中已投产2家。2019年11月东环科宇四栋厂房完成封顶。完成电子电气互连、碧桂园智造创新中心、连接器生产等5个产业用地共304亩出让。产业项目建设不断推进，形成了看得见、感受得到的发展热潮。政企合作持续深化。积极贯彻落实市委、市政府主要领导和粤海集团高层的会议精神，成立了市一级银瓶合作创新区总指挥部和现场指挥部，进一步完善政企双方协调决策机制。推动政企合作粤莞银创公司进入正式运营阶段，参与园区工业项目一级开发以及配套设施等项目建设。对企服务成效显著。实施领导对企挂点服务长效机制，帮助企业解决生产经营问题。用好“非公经济50条”等系列惠企政策，落实扶持非公经济发展专项资金共1163万元，帮助企业减轻负担。倍增计划有效落实。修订倍增计划贷款贴息政策，向28家倍增企业拨付贷款贴息专项资金1202.3万元。推动镇级倍增计划企业实现技改投资达2.65亿元，全镇国家高新技术企业达77家。市、镇倍增计划试点企业达50家，全年实现产值94.5亿元，同比增长10.1%。3家企业获得市级倍增企业认定，26家企业获得市级协同倍增企业认定。

二、着力优化和拓展城市空间，城市品质进一步提升

规划编制全面完善。坚持规

划引领，全面填补规划空白，打通发展瓶颈，在国土空间、土地利用、生态建设等方面开展了28项规划编制，已完成发展总体规划、海绵城市专项规划等共21项规划，正在加快完善新兴产业培育规划和产业发展规划。路网体系加快健全。全力破解征地拆迁、建设技术难题，打通爱民大道全路段、粤海大道曹乐段；打开29号路、S357莞惠路等多条道路施工面。完成银丰路延长线的绿化升级。“拓空间”稳步推进。全面铺开各类城市更新项目，激活镇村发展动力。正在升级改造4个老旧工业区，总面积893亩，其中花园工业区已完成产业规划编制等系列前期工作，横岭、朗福、冠任等工业区正在明确改造方向。有序推进8个旧村3752亩城市更新，启动7个城市更新单元建设，其中5个旧村6个更新单元完成前期服务商招引，水塔山项目正在招引前期服务商，6个城市更新单元进入拆赔方案酝酿阶段。承载能力明显提升。大力发展房地产业，切实解决近几年无房可卖的窘境，全年有八号公馆、玖赋公馆、星汇翠峰、唐商翰林居等4个房地产项目开发建设，可售约1000套房、近11万平方米。提前做好谋划，稳步储备和推出商住地块，确保合理开发，全年收储、统筹整备了金满湖、朗惠、银瓶湖等976.45亩商住地块，其中，与市土地储备中心合作收储528亩金满湖地块。着力保障人才等居住用房，启动了曹乐统租民房项目，设计了花园工业区人才公寓，稔子园安置区、公租房等保障用房均顺利建设。谢岗的城市味道更加浓厚，产城进一步融合发展。

三、着力拓展绿色发展空间，生态魅力进一步展现

污水管网基本全覆盖。建成截污主干管网26.98千米并实现通水，建成截污次支管网122.2千米。在工业区、小区、民房等全面铺开雨污分流改造工程，已完成立管、埋管共300多千米，小区民房覆盖率约86%。3座总投资约2803万元分散式污水处理站投入使用。环境治理保持高压态势。深入实施专项执法、联合执法，2019年共检查企业1432家，查处违法行为90宗，共罚款816万元。加强“散乱污”企业整治力度，提前三个月完成市下达的523家“散乱污”整治任务。石马河旗岭国考断面水质顺利达标。建全“镇、村”两级河长制组织体系，全年巡河湖1322人次，整改问题165处。生态特色加快构建。加快海绵城市试点建设，所有工程建设、城市更新、治污治水等项目中，落实海绵城市建设技术标准。对照省“万里碧道”建设指引，高标准规划31.7千米“百里碧道”，分阶段推进建设，“一园三渠”工程即将动工。投资8300万元、占地面积1582亩的银山市级湿地公园正式建成开园。人民公园已完成一期建设。对各村最高补贴300万元建设“一村一公园”，黎村窑贝塘公园、谢岗村文体公园、曹乐村芙蓉小公园已经建成。综合整治提升镇内5条截洪渠，已全面消除黑臭，启动赵林截洪渠等多条截洪渠生态廊道景观工程建设。城市管理更加精细化。制定领导包街巡查制度，大力开展“党建+行走谢岗”“洁净谢岗”“点睛亮景”专项行动，推进“厕所革命”和垃圾分类工作，提升环卫绿化水平。筹建镇环卫所，接管镇中心区及莞惠路、谢常路两条主干道66万平方米区域环卫保洁工作。铁腕整治“两违”60万平方米，提前超额完成市下达的任务。实施城市夜景亮化工程，对城市建筑外立面进行改造提升，打造精致城市形象。

四、着力加强社会治理水平，社会大局进一步稳定

治安体系更加扎实。全市命案“零发”四个镇街之一。全年共排查处置各类不稳定因素、矛盾纠纷185起，共办理信访案件173宗，同比下降17.62%，有效处理群众诉求。强化劳动保障监察执法，严肃查处欠薪违法行为，全年共排查隐患企业175家，处理欠薪企业42家次，追回工资1557万元。妥善完成“6·30”专案维稳工作。开展扫黑除恶专项斗争、“飓风2019”、“盗抢骗”、黄赌毒等打击整治行动，共打掉7个涉恶团伙，侦破刑事案件311宗。持续打击泥头车偷倒等违法行为。安全形势稳中向好。落实安全生产属地属事责任，全年累计检查企业1.35万家次，整改各类事故隐患1.06万项。保障消防安全形势稳定，妥善处理火灾事故14起，整改火灾隐患6810处。强化食品安全监管，全年共核发食品经营许可证632个，查办食品行政违法案件123宗。全年无发生较大以上生产安全、消防安全和食品安全事故。获得2019年市安全生产责任制和消防安全工作考核优秀。智网工程深入推进。探索建立镇、村（社区）、部门“大综管”工作机制，提高社会治理水平。全面推进建筑物、单位场所、出租屋等基础信息建档工作。全年累计完成巡查任务约12.9万条。组织多部门、村（社区）开展夜间错峰专项巡查整治行动，加强对人流密集地区巡检，确保隐患及时发现、及时处置、及时整改。

五、着力加大民生保障力度，群众幸福感进一步增强

教育事业扩容提质。顺利通过广东省教育强镇和东莞市推进教育现代化先进镇复评验收。总投资2亿元占地面积7.5万平方米的中心小学曹乐校区、黎村小学扩建、中心幼儿园扩建等3个项目正在建设，将在两年内投入使用。实验中学、完全中学等6个学校项目正在开展前期工作。医疗水平日益提升。顺利通过国家卫生镇复审和市级健康促进区评估，全面铺开创建省健康促进区工作。谢岗医院积极创建二甲医院，投资1.1亿元的谢岗医院二期已动工建设。社区卫生服务机构标准化建设完成率达100%。推行家庭医生签约服务，全年到社区卫生服务中心首诊患者同比增加20%，有效降低人均医疗费用。精神文明工作持续推进。通过市文明镇复评验收。大龙村、黎村成功创建“市文明标兵村”，文广中心创建“市文明单位”，窑山村、谢山村、五星村、赵林村等4个村成功创建“市文明村”，实现市文明村（社区）全覆盖。文体事业全面发展。中心小学被教育厅评为省书香校园。举办谢岗镇“党群杯”篮球赛、“迎新春”长跑等体育活动，镇女子篮球队荣获迎篮球世界杯·战马2019东莞市篮球联赛（丙级）冠军。修缮莞中旧址“罗氏宗祠”。举办迎国庆登山、大型文艺晚会、《我和我的祖国》快闪等活动，营造中华人民共和国成立70周年良好氛围。乡村振兴取得成效。黎村、大厚、大龙、南面、窑山等5个村完成美丽幸福村居建设并全部通过验收，黎村美丽幸福村居获评市十大美丽幸福村居、市亮点村居。正在开展6.3平方千米南面大龙美丽幸福村居特色连片示范项目建设。镇内5个欠发达村集体经济发展总体向好，村组两级总资产11.2亿元，同比增长18.8%，村组两级经营总收入同比增长9.1%。社会保障更加有力。落实低保、残疾人、失能老人等困难群众的保障工作，发放各类救助约787万元，抚恤定补金100%兑现，发放老人生果金416万元。落实市镇两级就业创业政策，全年发放各类就业创业补贴约173万元。圆满完成征兵工作，大学生兵源占比达92.3%。双拥创建不断加强。脱贫攻坚成果不断巩固。扎实做好对口支援新疆50团、扶贫协作昭通镇雄、精准扶贫韶关南雄的工作，切实落实财政帮扶资金425万元。审计、统计、计生、民族、宗教等工作取得新进展。

六、着力加强政府自身建设，行政服务效能进一步提高

作风建设不断加强。扎实开展“不忘初心、牢记使命”主题教育，深入基层一线开展调查研究，查摆180个具体问题，制定280条整改措施。严格落实党风廉政建设责任制和“一岗双责”，抓好上级巡视组反馈意见落实，完成中央、省委、市委巡视反馈意见整改工作。依法行政扎实推进。深入推进法治政府建设，健全法律顾问体系，严格执行规范性文件合法性审查、集体讨论决定等制度，做好镇重点项目的法律风险防控，全年累计提供公共法律援助服务近600次。行政效能逐步提升。落实“执行力建设年”部署要求，办好“湾区智造新城、品质生态谢岗”30项行动计划和12件民生实事，推动督查工作常态化，全年155项重点工作完成率达90%。提高政务服务水平，全年政务服务中心累计咨询业务5067件，办件量4156件，办结率100%。

各位代表，过去一年，我们化挑战为机遇、变压力为动力，锐意进取、攻坚克难，保持了经济社会稳中向好的发展势头，取得的成绩来之不易。这是镇委正确领导的结果，是我们认真贯彻落实中央、省、市决策部署的结果，是全镇广大干部群众团结一心、拼搏实干的结果。在这里，我代表镇人民政府，向全镇广大干部群众，向所有关心和支持谢岗发展的各界人士，表示崇高的敬意和衷心的感谢！

总的来看，2019年全镇发展实现了规模、质量和效益的稳步提升。但仍存在一些突出问题：一是发展动能仍需进一步激发。企业多为中小规模，质量还不够高，缺乏优质大型的龙头企业，没有摆脱对一些特定企业的依赖。一些项目推进和建设的总体进度不够快，需要时间释放产能。在中美贸易摩擦等压力下，企业转型能力、抗风险能力还不够强，现有重点企业产值和效益有所下降，仍需加快动能转换。二是城市品质仍需进一步提升。基础设施建设还需要加快，征地拆迁难题还要大力突破，确保各项目顺利建设。“两违”现象仍需加强遏制，城市更新仍需加快推进，TOD建设仍需努力推进。三是环境治理仍需进一步加强。虽然陈屋边、平塘两个断面已达标，但仍有部分内河涌存在水质不达标的情况。环境监管和执法已有较大突破，但对违法偷排偷倒行为仍要加大执法监管力度。精细化管理力度还不够强，管理机制还需继续创新，环境“脏乱差”现象亟须改善。四是民生短板仍需进一步补齐。城市配套还不够完善，教育、医疗等公共服务质量和水平需要继续提升，仍需进一步适配优质企业、高端人才的需求。执行力建设仍需进一步提升。个别干部攻坚克难的锐气、超前创新的思维还不够。在提高政府服务水平、干部业务水平等方面还需要下更多功夫。对于这些问题，我们一定要高度重视，采取更加有力的措施加以解决。

各位代表，今年极不寻常，突如其来的新冠肺炎疫情给经济社会发展带来前所未有的冲击。疫情发生后，在市委、市政府的坚强领导下，我们迅速落实上级决策部署，充分发挥党委政府主体责任，严格按照“坚定信心、同舟共济、科学防治、精准施策”总要求，全力保障人民群众的生命安全。

我们全面动员部署，力战疫情防控阻击战。迅速成立镇疫情防控指挥部和工作领导小组，镇主要领导靠前指挥、经常性牵头研究部署、带队检查，明确“通过扎实有效的防控工作，全力防止本地传播疫情”的目标，提出四个工作常态，镇领导班子、各部门、村（社区）等全体公职人员取消假期，调动并组织所有党员干部、村（社区）干部、网格员、安全员等力量，落实疫情防控工作责任。同时，迅速制发了近 30 套疫情防控工作方案和 21 份防疫指引，及时为防疫工作提供明确清晰的方向，确保疫情平稳可控。及时安排人员下沉一线。发动了全镇 88% 财政供养人员共 2400 名党员干部，建立多支专职服务队，及时下沉到防疫一线，全面开展人员管控、交通管制、网格化排查、居家隔离和复工复产等各方面工作。根据形势变化，对这些队伍进行了 9 次人员调整，确保适应最新要求。率先实行网格化排查。将全镇划为 51 个网格，以网格为单位，由村（社区）党工委书记统一调度下沉的各方力量，对网格内主体实施地毯式、拉网式排查。对重点疫区来莞人员，由公安、卫健、商务等部门一起落实健康管理，科学有序地做好精准防控工作。党建引领推动联合检疫。发挥党员先锋模范作用，成立党员先锋队，设立 5 个联合检疫点，执勤党员佩戴党徽，亮明身份，严密排查来往车辆人员，用实际行动诠释责任和担当。有力实行居家隔离服务。组建 17 支居家观察人员党员服务队，“一对一”跟踪服务居家留观人员，落实“六个一”贴心服务，把工作做得“有密度、有力度、有温度”。迅速落实疫情防控常态化。有序推进全面复工复产复学，组建镇疾控中心，健全村（社区）卫健办，将相关的管理事项纳入“智网工程”，建立常态化疫情防控巡查工作机制，作为传染病防控常态化工作队伍，不断巩固疫情防控持续向好态势。

我们提前谋划部署，力保经济局势稳定。提前出台企业节后复工复产指引和防疫工作方案，并及时调整工作基调，坚持“一手抓防控，一手抓生产”，强化“外防输入、内防反弹”，积极推动企业复工复产、满工满产。以战时状态建立经济运行监测调度体系。迅速建立由镇领导班子和部门、村（社区）人员组成的复工服务队，2 月初起，每天下沉到重点企业、规下企业进行指导和服务，确保企业落实复工指引要求，按要求复工、员工安全返岗。成立镇经济运行监测调度指挥部，落实市指挥部各项要求和部署，切实加强经济运行监测调度，确保经济平稳健康运行。“暖企”行动助力政企共克时艰。提前部署，减轻企业因疫情、推迟复工所产生的经营压力，在企业复工前发布《关于适度减免企业租金的倡议书》，由镇带头、村落实，并号召国企、私人为企业减免物业租金，实现镇、村、国企、私人“四级”联动减免 2000 万元租金。系列“惠企”政策精准扶持。出台《谢岗镇人民政府关于支持企业共克时艰打赢疫情防控阻击战的若干措施》、“非公经济 50 条”等政策，通过政策宣讲会、宣传报道、座谈会等方式，全面推广并提供贷款贴息、减税降税、促消费等优惠，做到各项工作部署、最新精神、政策文件落实到位、宣传到位。搭建政企银融资平台。动员辖区银行机构，为 65 家企业（个体户）发放贷款 2.79 亿元，为 47 家中小微企业（个体户）与银行达成授信意向 2.94 亿元，为 4 个重点项目企业争取 12.2 亿元贷款。落实各项贴心服务。落实“点对点”专车接送、网络招聘、交通补贴、就业补贴、社保退费和延期缴费等服务措施，并退还企业各类社保费 2660.6 万元，有效为企业减轻负担。

在这场阻击战中，谢岗镇广大党员干部、医务工作者、网格员、志愿者等，众志成城、冲锋在前，在关键时期用实际行动展现出责任和担当，为疫情防控做出了重大贡献。市民群众理解支持，积极配合防疫工作。在全镇上下的共同努力下，实现了“通过扎实有效的防控工作，全力防止本地发生传播疫情”的目标。在此，我谨代表镇委、镇政府向广大党员、干部、群众表示衷心的感谢！

我们满怀憧憬，力争创新区实

现新发展。在奋战疫情防控阻击战的同时，加快推进经济社会稳步发展成为我们当前又一重大任务。受到新冠疫情影响，谢岗镇一季度多项主要经济数据不尽理想，一季度地区生产总值20.7亿元、规上工业增加值9.4亿元、社会消费品零售总额4.4亿元，分别下降8.7%、17.9%、19.3%，但社会基本面仍保持平稳，没有出现企业大面积关停倒闭的情况，甚至有些生产防疫物资、建筑材料的企业，呈现逆势增长。虽然一季度形势严峻，但我们有信心完成全年经济发展目标任务，其中，今年将有16家企业投产、增产，预计增加20亿元产值，特别是华能在今年5月底投产，预计今年可实现产值12亿元、税收1亿元。同时我们坚持扩大固定资产投资，镇委将今年定为“工程质量速度提升年”，今明两年共投资261.27亿元，建设122个固定资产投资项目，今年一季度已完成投资7.5亿元，同比增长68.2%，增速排名全市第二。产业项目的投产、固投项目的建设，是我们应对风险挑战、扭转不利影响的有力保障，将为我们经济社会高质量发展再添新动力。

2020年工作安排

今年是全面建成小康社会和“十三五”规划收官之年，也是三大攻坚战的决胜之年，做好今年工作，意义重大。当前，国际疫情持续蔓延，外部环境不稳定不确定因素显著增多，经济下行风险加剧，谢岗镇经济发展面临的困难和挑战前所未有。但机遇与挑战并存，我们要准确把握当前所处的重要战略时期，看到粤港澳大湾区、深圳建设中国特色社会主义先行示范区、我市建设省制造业供给侧结构性改革创新试验区和银瓶合作创新区“四区”叠加的重大机遇，看到银瓶合作创新区在市重大平台建设中厚植的优势，坚定信心，保持定力，乘势而上，加快银瓶合作创新区高质量发展。

今年政府工作的总体要求是：高举习近平新时代中国特色社会主义思想伟大旗帜，全面贯彻党的十九大和十九届历次全会和中央经济工作会议精神，紧扣高水平全面建成小康社会目标任务，坚持稳中求进工作总基调，坚持新发展理念，坚持以镇委“一三五”发展思路为统领，以战时状态统筹推进疫情防控和经济社会发展，全力奋战固定资产扩容提质增速，打好“招产业、稳企业、拓空间、优生态、保平安、惠民生、强服务”发展组合拳，确保高水平全面建成小康社会和“十三五”规划圆满收官，推动“湾区智造新城、品质生态谢岗”建设不断迈上新台阶。

今年谢岗镇经济社会发展的主要预期目标为：生产总值增长7%，实际执行时争取更好结果；规模以上工业增加值增长7.5%；固定资产投资总额增长43%；社会消费品零售总额增长9%。今年着力做好以下7个方面工作：

一、聚焦重点项目引领带动，筑牢经济发展基础

全力奋战固定资产投资目标。按照“提前完工一批、提前开工一批、新谋划建设一批”原则，全面推动固定资产扩容提质增速，在项目建设方面，用好疫情期间国家加大投资的契机，各牵头班子、相关部门、村（社区）通力协作，密切与上级对接，做好项目前期工作，推动项目尽快动工建设，打造出高水平全面建成小康社会的“谢岗速度”和“谢岗品质”。同时，根据发展最新形势，积极争取债券等上级政策，继续谋划一批固定资产投资项目。

积极引进龙头项目。加快完成新区产业规划，优化产业布局，为招商引资工作提供导向作用。下好招商“一盘棋”，以专业化、精准化招商为抓手，聚焦深圳、香港等重点城市，紧盯高端装备、先进制造、5G信息等新兴行业领军企业，着力招引5个投资亿元以上的优质项目，力争引入1个投资总额超20亿元的龙头企业。加强驻点招商、资源引商，积极组织专题拜访、开展招商推介会和项目推介活动，提升银瓶合作创新区的竞争力和吸引力。完善招商引资、信息收集、督查考核机制，强化项目库建设，全力做好303亩市镇联合招商基地和500亩连片地块的招商工作。

突破重大项目建设。加大镇领导班子挂点重大项目服务力度，健全项目建设的协调、约谈机制，全力破解瓶颈制约，加快项目开工，早日投产达效。强化招商、路网、水务等部门统筹协同力度，做好项目用工、用地、资金等要素保障，实行重大项目“马上就办”。年内确保18个市重大项目完成投资目标，完成5宗地块共327亩的出让工作，今明两年内建成约130万平方米厂房。

完善政企协调机制。充分发挥粤海银瓶合作创新区市一级总指挥部、市一级协调工作小组作用，完善政企双方议事决策机制和常态化沟通协调机制，进一步完善补充协议，细化具体条款，推动政企深入合作。借助市一级决策平台，密切

沟通协调市对口部门，加快解决路网建设、重大项目推进的问题，推动粤海产业园已出让土地落实投资建设。建立健全政企联合招商工作机制，推动粤莞银创公司参与具体项目开发和园区服务运营。

二、聚焦创新动能培育，推动企业提质增效

加强经济运行监测调度指挥。充分发挥镇经济运行监测调度指挥部的作用，以战时状态密切关注经济发展态势和企业生产经营状况，健全工作机制，做到精准施策。全面准确把握重点联系、重点服务及重点扶持三类企业的经营状况，着力落实扶企、惠企、暖企政策。

全力化解企业经营风险。想方设法降低疫情对经济的冲击，做好、做优、做精扶持企业服务。精准落实市“助企撑企15条”“助企复工10条”等系列政策，推动市、镇扶持“非公经济50条”落地见效，用好1800万元镇扶持企业专项资金，全力为企业减负，提升企业信心。推动倍增政策全面升级，加快“倍增计划”扩容提质，支持更多企业做大做强。继续开展“暖企行动”，强化企业用工、金融等服务保障，落实“一企一策”解决困难，协助产业链上下游关联企业稳工稳产。针对外资企业的经营压力，加强分析研判，在拓展国内市场、转型升级等方面下大力气“输血输氧”，协助解决资金问题。

培育更多创新动能。深入实施创新驱动发展战略，支持企业加大技改，取得一批重大创新成果。鼓励企业加快转型升级，培育优势产业集群，形成产业配套新优势。实施科技企业和高新企业培育工程，力争全镇国家高新企业达80家以上。发挥银瓶合作创新区平台优势，将5G产业纳入谢岗镇未来发展规划，加快制定谢岗镇5G产业发展行动计划方案。开展粤海银瓶合作创新区和粤海装备产业园省级知识产权能力提升工程，健全园区知识产权管理和服务体系。加快银瓶合作创新区申报广东省高新技术产业开发区，推动高端装备制造产业发展。

三、聚焦“拓空间”试点建设，不断提升环境承载力

加快完善规划编制。探索高质量发展路径图，加快完成“十四五”规划和各类专项规划，为全镇发展提供前瞻性、系统性的指引，引领城市提档加速。以《东莞粤海银瓶合作创新区发展总体规划（2015—2030年）》为基础，加快完成产业发展规划和新兴产业培育规划，进一步科学谋划产业发展布局。利用市国土空间规划试点契机，高水平完成谢岗镇国土空间规划，实现“多规合一”。结合粤港澳大湾区的发展重点，加快完善TOD综合开发规划、东部银瓶湖片区城市设计等工作。

强化基础路网建设。加快建设总投资约54亿元的道路项目，严格倒排工期，推动道路保质按时完工，实现交通基础设施互联互通。强化与相邻镇的交流对接，密切协调市部门，推动跨市、跨镇道路建设。开建谢岗大道等35条道路，力争粤海大道在今年7月全线贯通。完成省道357莞惠公路、谢岗南路、银湖工业区内道路、银瓶山大道的道路升级改造。持续推进29号路、博深高速谢岗互通立交、环城路二期等道路建设。全面实施22条镇村道路升级改造，力争明年春节完工。提高道路沿线绿化美化水平，加快谢常路、谢岗南路等升级改造工程。优化调整公交线网，大力改善公共出行体系，提升公交服务水平。加快整治主要道路的交通拥堵节点，提高道路通行能力，打造畅通谢岗。

提升城市经营水平。加快城市更新步伐，完成《谢岗镇城市更新专项规划（2018—2022）》修编工作。加快推进6个更新单元片区规划设计。继续活化升级老旧工业区，采取多种形式对893亩老旧工业园改造提升。按计划推出TOD朗惠、银瓶湖2个商住地块，争取6月份推出市场。做好金满湖商住地块的规划和周边设施建设，争取打造精品住宅小区。抓紧建成唐商翰林居、八号公馆、玖赋公馆等房地产项目。提前做好未来三年供地计划，明确商住地块的推出时间、市场总估值、总面积，优化土地战略布局。

四、聚焦提升城市品质，打造美丽生态环境

纵深推进水污染治理。加快补齐截污管网，加强与中电建沟通配合，把管网建设的关键节点打通建好，确保管网建设的进度和管网通水率。强力推进雨污分流工作，采取更有力的措施，推进全镇所有住宅区、企业、餐饮业等自主实施雨污分流改造工作，年内完成全镇雨污分流改造。发挥镇河长办的统筹作用，严格实施河长制，加强巡河巡湖力度。深入综合整治所有河涌、截洪渠、黑臭水体，加快推进截洪渠的生态修复，把河涌整治纳入网格化管理事项。开展国考断面水质攻坚行动，配合市做好石马河流域“大兵团”作战，确保水质达标，力争2020年水污染治理工作全市优秀排名。

严厉打击企业偷排。切实抓好“散乱污”企业、涉水企业整治工作。

加快建立涉水企业监控系统，有针对性在重点涉水企业的进水口、排水口安装在线监控，实时监测污水量，杜绝偷排行为。针对巡查发现的问题，建立问题清单，整合环保、公安、水务、网格等力量，开展联合执法，协同打击企业偷排，坚决做到“发现一起、查处一起、整治一起”。

加快构建优美生态空间。继续推进全域海绵城市建设，所有工程项目建设坚持海绵城市理念，通过建碧道、治河渠、治污水、建公园，努力构建优美宜居环境。加快“百里碧道”建设，今年动工并完成“一园三渠”工程，打造“品质生态谢岗”城市绿心、景观走廊。抓好银瓶湖湿地公园一期建设。同步开展银山湿地公园景观提升。年内完成人民公园二期建设，启动三期规划建设。充分挖掘谢岗的生态发展潜力，加快启动罗中山公园、铁路公园等生态公园建设。继续推进“一村一公园”项目建设。确保全镇全部村（社区）达到干净整洁村以上标准，并着手创建1~2个特色精品村。打造生态旅游重镇，依托优质旅游产业平台力量，加快建设银瓶山森林公园南面大龙休闲小镇旅游策划项目，将其打造成为莞惠深地区休闲度假新标杆。力争年内基本建成6.3平方千米美丽幸福村居连片示范建设项目，建成东部生态乡村振兴的典范。

全面精细化管理城市。创新改革城市管理新机制，健全镇环卫所管理制度，充分发挥镇环卫队伍作用，与现有承包公司形成良性竞争，共同整治城市环境顽疾。大力落实领导包街责任制，继续深入开展“洁净城市”“行走谢岗”等行动，实施“门前三包”、清六乱、垃圾分类、固废处理、厕所革命等专项整治，营造干净整洁有序的城市环境。加快建设镇建筑垃圾处理场、厨余垃圾处理场。完成18座公厕改造，实现全镇公共机构生活垃圾分类全覆盖。大力整治背街小巷，规划建设一批街头小景，彻底改善城市面貌。综合整治广梅汕铁路、莞惠城际轨道（谢岗段）沿线景观，打造靓丽的城市形象风景线。继续保持“两违”整治高压态势，力争提前超额完成41万平方米任务目标。继续加强建筑外立面改造、关键节点景观改造，实施夜景亮化工程。

五、聚焦加强平安谢岗建设，维护社会和谐稳定

全面强化治安管理。持续深入开展扫黑除恶专项斗争，健全遏制黑恶势力的长效机制。用好铁骑队、机动队、村辅警等巡防力量，进一步提高见警率和管控率，全面织密辖区巡逻防控网络。重拳打击“两抢一盗”、枪爆、电信诈骗、金融诈骗等违法犯罪行为，打造科技护城墙，实现“全镇刑事立案率下降、破案率上升”目标。完善“二标四实”长效机制，构建“中心+网格+信息化”的社会治安防控体系，加强社区警务工作，扩大治安监控覆盖面，努力打造治安视频防控“天网”。

全面加强公共安全和应急管理。树立安全生产理念，充分发挥安全员监督管理作用，全面压实各市场主体、生产经营单位安全生产责任。深入开展重点行业、重点领域、重点场所安全隐患排查整治，维护高速公路、危险化学品等事故监测预警系统的有效运行。优化应急管理体系，进一步加强应急指挥中心、应急队伍、消防队伍建设，提高面对突发事件的应急处理能力。加强安全知识宣传教育，全面提升市民处突能力。加强食品药品安全监管，深入开展食品安全联合执法行动，推进“明厨亮灶+互联网”建设，保障人民群众身体健康和生命安全。

全面强化法治建设。深入推进依法治镇，加快建设法治政府。设立个人调解室，加强热点领域不稳定因素排查化解、社会预警和应急处置，坚决制止恶性群体性案件发生。加强公共法律服务实体平台规范建设，深入推进示范性公共法律服务工作站（室）建设工作，扩大“12348”法律服务热线平台使用覆盖面。积极打造法律援助惠民工程，落实“七五”普法活动，结合一村（社区）一法律顾问，推进守法普法工作，为群众提供可靠的法律服务。

全面提升基层治理现代化水平。强化网格体系建设，建立“大综管”制度，升级网格化管理平台，整合网格、城管、环保等部门力量，统一平台调度，做到精准精细巡查、高效规范管理。打破信息壁垒，充分利用大数据的支撑作用，实现部门间数据资源共享。完善智网工程的工作制度和人员调配，加强队伍建设，完善考核、晋升等制度，全面提升工作水平和工作积极性。借鉴学习市内、外“智慧城市”管理经验，推动互联网、大数据、人工智能技术在基层治理中的应用，切实提高基层治理能力和水平。

六、聚焦增进民生福祉，努力补齐民生短板

提升教育医疗服务水平。完善和创新公共服务供给，办好十件民生实事，不断提升人民群众获得感。编制教育三年行动计划、“十四五”教育规划和《谢岗镇基础教育设施专项规划（2020—2035年）》。推

动教育扩容提质，中心小学曹乐校区今年9月投入使用，加快推进黎村小学扩建工程，确保明年9月投入使用。争取已规划好的初中、高中、高职学院早日动工，加快高职院校选址，继续推进华鸣实验学校、市中小学德育基地的建设。完善中心小学集团化办学，快速提升中心小学曹乐校区的办学水平。发挥教育管理中心作用，加强教学改革创新和师资队伍培训，提高教师专业化水平。加快市人民医院谢岗院区二期建设，确保明年投入使用。持续提升医疗卫生机构服务能力，开展“优质服务基层行”活动，促进更多优质的医疗资源下沉到基层和社区。

切实抓好社会保障。全力保障居民住房，加快花园工业区人才公寓、曹乐统租民房改造、稔子园安置区、南面安居房、新区公租房等项目建设。积极做好社保扩面征缴工作，提高参保覆盖面。不断完善医疗保障体系建设，持续强化医疗保障基金监管。加大对困难群体、弱势群体的帮扶力度。落实技能培训、素质提升、创业补贴等措施，解决好高校毕业生、残疾人、弱势群体等重点群体的就业，促进更高质量更充分就业。扩大家庭医生签约宣传力度，发挥家庭医生作为居民健康“守门人”的作用。

全面加强精神文明建设。全力推进“广东省文明镇”创建工作，推进新时代文明实践中心建设。办好40场百姓宣讲活动，举办第十六届读书节，丰富市民文化生活。继续做好《银瓶文艺》的出版发行工作。建成市文化馆谢岗分馆，筹建村级支馆、企业（小区）基层文化服务点，完成村级综合性基层文化中心的建设，打通文化惠民“最后一千米”。继续发挥好青少年活动基地、少年宫和各村综合服务中心站点的作用。推动镇内规上企业积极创建“友善企业”。

坚决打赢脱贫攻坚战。高质量完成谢岗镇3个对口帮扶地区的扶贫工作，确保实现全面脱贫目标。做好镇内5个欠发达村的扶贫工作，落实各项扶贫资金，进一步壮大村级集体经济，为全面打赢脱贫攻坚战再发力。

七、聚焦强化作风建设，提升治理服务效能

持续加强政治建设。深入学习习近平新时代中国特色社会主义思想，树牢“四个意识”，坚定“四个自信”，坚决做到“两个维护”，在思想上政治上行动上同以习近平同志为核心的党中央保持高度一致，推动中央、省、市各项决策部署落地见效。巩固深化“不忘初心、牢记使命”主题教育成果，从严从实加强政府系统党的建设，落实意识形态工作责任制，确保政治素养合格、能力作风全面过硬。

大力提升行政服务效能。推动新政务服务中心加快投入使用，推行“一站式”服务，优化窗口人员配置，尽早实现“只进一扇门、办完所有事”。加大数据共享力度，配合推进政务服务全市通办、跨镇通办、湾区通办，促进政务服务一体化。扩大“莞家政务”、“粤商通”和“粤省事”平台的覆盖范围，不断提升政务服务水平。切实加大督查力度，重点加强对项目建设、路网建设、生态环境、城市精细化管理等工作的专项督查，确保全年目标任务圆满保质完成。

打造高素质的干部队伍。把握银瓶合作创新区作为市参与粤港澳大湾区建设的重大战略平台的机遇，理清工作思路，解决存在问题，狠抓工作落实，为实现“湾区智造新城，品质生态谢岗”凝心聚力。认真抓好干部队伍建设，全面提升干部的工作本领，切实把推进治理体系和治理能力现代化的要求落到实处。增强防范化解风险的意识，健全重大风险发现、监管、化解、处置机制，守住稳定底线。

树立廉洁公正良好形象。认真贯彻落实中央“八项规定”精神，严查“四风问题”，坚决防止“四风”反弹回潮。结合“两学一做”学习教育、纪律教育月活动，大力整治腐败问题，持之以恒正风肃纪。严格落实党风廉政“一岗双责”，强化权力运行的约束和监督，做到干部清正、政府清廉、政治清明。保持对从严惩治不正之风和腐败问题的高压态势，推进党风廉政建设不断取得新成效。

发展时不我待，实干成就未来。让我们更加紧密地团结在以习近平同志为核心的党中央周围，高举习近平新时代中国特色社会主义思想伟大旗帜，在镇委的坚强领导下，万众一心加油干，越是艰难越向前，只争朝夕、不负韶华，为实现高水平全面建成小康社会、打造“湾区智造新城、品质生态谢岗”的目标做出新的更大的贡献！

名词注解：

1.镇委“1+1+8”工作部署：第一个“1”是指坚定不移加强党的领导和党的建设。第二个“1”是以高质量加快银瓶合作创新区和粤海产业园建设为重点，着力打造“湾区智造新城、品质生态谢岗”,积极参与大湾区建设。“8”是着重实施“八大工程”，分别是突出生态特色、提升城市品质、拓展发展空间、提高产业质量、强化基层治理、增进民生福祉、全面深化改革、强化政企合作。

2.固定资产投资：是以货币形式表现的，在一定时期内完成的建造和购置固定资产的工作量以及与此有关的费用的总称。政府固定资产投资包括城市基础设施、公共服务设施建设和房地产开发等领域的建设投资。

3.TOD：Transit—Oriented—Development，即以公共交通为导向的开发。

4.国考断面：全称是“国家地表水考核断面”，指广东省水污染防治目标责任书中，国家对省地表水水质考核的断面，是环保部门对地表水环境监测的一种形式。

5.“万里碧道”：以水为主线，统筹山、水、林、田、湖、草等各种生态要素，打造“清水绿岸、鱼翔浅底、水草丰美、白鹭成群”的生态廊道，进而推动河湖综合治理、沿线休闲游憩设施建设、产业结构转型、宜居城乡建设和区域协调发展，探索出一条经济社会与生态环境协调发展的新路径。

6.智网工程：把辖区分成一个个网格，依托统一的信息系统，通过网格员每日巡查反馈工商信息、城市管理、公共安全等情况，实现精准执法、精准管理。

7.城市经营：体现“先规划后建设”，把城市资产（包括土地、建筑、基础设施、环境等）通过市场运作获取收益，并投到城市发展的重点领域，实现“以城建城、以城养城、以城兴城”的城市自我增值、自我发展的市场化道路。如在推进土地收储的同时，统筹考虑土地如何经营、附加值如何提升，最大程度发挥收储土地的经济效益和社会效益。

8.“一站式”服务：依托基层公共服务综合平台和网上办事大厅，整合部门分设的办事窗口和审批服务系统，建设政府综合服务窗口和网上统一申办受理平台，公民或企业只要进入政府综合办公点或政府门户网站，即可解决需要政府办理的所有有关事项。

大事记

2015 年

1 月 27 日，东莞市农民工工资支付检查组到谢岗镇，开展农民工工资支付情况专项检查，确保农民工工资及时发放到位。

2 月 13 日，中国共产党谢岗镇第十二届党员代表大会第三次会议召开，决定 2015 年为“项目建设年”，以粤海产业园为平台，推进重大产业项目、城市基础设施项目等落地建设，掀起粤海产业园建设、谢岗新型城镇化建设热潮。

2 月 14 日，深圳华侨城股份有限公司欢乐谷总经理言丹率队到谢岗镇调研生态文化旅游规划发展工作，并为修改镇生态旅游开发出谋划策。东莞市规划局有关领导，谢岗镇委书记、镇人大主席贾贵斌，镇委副书记、镇长胡毅峰等领导会见调研组一行。

2 月 15 日，谢岗镇第十六届人民代表大会第七次会议召开。会议听取和审议《谢岗镇人民政府工作报告》《谢岗镇财政预决算报告》《谢岗镇人大主席团工作报告》等报告，提名和选举镇人民政府副镇长一名。

4 月 1 日，广东省安全生产应急救援指挥中心主任章元龙、东莞市安监分局局长李建武一行在谢岗镇领导及镇安监分局人员的陪同下，对谢岗镇危化企业的应急救援工作进行检查督导。

4 月 23 日，东莞市文艺创作沙龙活动走进谢岗镇。市音乐家协会副主席申明鹤及市美术、书法创作人员到谢岗镇开展采风创作活动，镇文广中心负责人及美术、书法作者约 60 人参加活动。

4 月 28 日，谢岗中学举行“广东省环境教育基地”揭牌仪式。谢岗中学是广东省获此称号的 8 个单位之一，是谢岗镇首个获此称号的单位。

4 月 29 日，世界莞商联合会会长莫浩棠率领广东鸿发、大中投资集团有限公司等近 20 家企业组团到谢岗镇，开展“政商联动 共谋发展”考察活动。镇委书记、镇人大主席贾贵斌，镇委副书记、镇长胡毅峰等接待考察团一行。

4 月 30 日，谢岗镇设立 1000 万元资助奖励专项资金，连续实施 5 年，重点奖励在技术创新、技术改造等 10 个方面取得突破的企业。

是月，东莞粤海银瓶合作创新区发展总体规划通过专家评审，标志着谢岗镇银瓶创新区建设发展取得阶段性成果。

5 月 3 日，谢岗镇团委联合镇志愿服务总队在谢岗中学举办庆祝五四青年节暨第二届“台光杯”青年志愿者运动会。

5 月 7 日，谢岗镇召开创建“广东省生态乡镇”动员会，镇委副书记、镇长胡毅峰等领导参加会议，对创建工作进行部署。

5 月 9 日，东莞东部义乌小商品批发城项目启动。义乌市人大常委会副主任及谢岗镇领导、镇三大商会负责人、商会代表出席签约授牌仪式。

6 月 26 日，谢岗镇综治办、司法分局、公安分局等单位在谢岗广场开展禁毒和“平安铁路线”宣传，向市民和企业员工派发宣传单。

6 月 30 日，东莞市委常委、常务副市长张科一行在镇委书记、镇人大主席贾贵斌等领导陪同下，到城际轨道谢岗站实地考察，了解谢岗站建设情况。

7 月 1 日，东莞市人民医院—谢岗医院医疗联合体揭牌仪式举行。东莞市卫生和计划生育局党组书记、局长金行中，镇委书记、镇人大主席贾贵斌，镇委副书记、镇长胡毅峰等领导、市人民医院院长及社会各界嘉宾出席挂牌仪式。

7 月 6 日，谢岗中学中考成绩取得历史性突破。700 分以上学生有 15 人，达到东莞中学分数线学生7人，比上年多5人，达到七大校（东莞中学、东莞实验中学、东莞高级中学、东莞第一中学、东莞光明中学、东莞高级中学、东莞虎门中学）分数线学生33人，比上年多12人，上东莞中学率增加150%，七大校上线率比上年增加57.1%。600分以上学生有103人，学校高分段人数比上年有较大幅度增加。

7月18日，香港东莞谢岗同乡会第二届会董就职典礼在香港黄大仙龙翔道新光中心举行，来自东莞、香港两地的800多名乡亲欢聚一堂，共话乡情。典礼上，东莞润星机械科技有限公司董事长陈铭当选为香港东莞谢岗同乡会第二届会长。

7月24日，广东省发改委副主任吴道闻带领调研组到谢岗镇，实地考察华能热电联产项目地块以及部分企业锅炉生产情况，并协调市发改局、华能广东分公司、谢岗镇政府三方解决项目发展难题，加快推进华能项目早日建成投产。

8月31日，谢岗镇委副书记、镇长胡毅峰和镇领导班子成员带领督导组，分别前往挂钩村（社区）进行消防安全生产大检查，重点检查商铺内违规住人等消防安全隐患。

9月6日，广东省政府常务会议召开，审议并原则通过《广东东莞粤海银瓶合作创新区发展总体规划（2015—2030年）》，并部署推动东莞粤海银瓶合作创新区建设有关工作。

9月11日，谢岗镇召开“3+2+2”（打击涉毒、涉黑恶、涉盗抢三项，打击涉赌、涉食药假两项，整治水塔山涉黄、打击入厂盗窃两项）专项打击整治行动决战冲刺大会。

9月28日，东莞市副市长贺宇率市发改、经信、科技等部门负责人到谢岗镇调研东莞粤海银瓶合作创新区工作，并要求谢岗镇明确主攻方向和突破点，加强政企合作创新，做好粤海“大文章”。

10月1日，位于谢岗镇中心区的东莞东部义乌小商品城举行开业庆典仪式，镇委书记、镇人大主席贾贵斌，镇委副书记、镇长胡毅峰等镇领导班子成员以及各相关单位、部门负责人，各相关村（社区）两委干部，广东省小商品协会党支部书记司马超、常务副会长陈维炳，东莞市工商业联合会常委、谢岗镇工商业联合会主席谢树安，谢岗镇个体私营企业协会会长陈惠森，新地商贸城董事长、东部义乌商品城有限公司董事长谢锡洪，董事、总经理蔡志明以及工商代表、河南商会会员等参加开业仪式。

10月13—19日，为2015年谢岗镇全民终身学习活动周。其间，开展一系列全民学习活动。

11月11日，东莞市文广新局副调研员周汉标、华南师范大学规划所所长崔健等人受邀到谢岗镇，考察调研谢岗镇历史文化、旅游资源等，为谢岗镇历史文化旅游开发把脉献策。

11月12—13日，谢岗镇食品药品监管分局举办餐饮服务食品安全管理员暨继续教育培训班。全镇各类型餐饮单位的130名食品安全管理员参加培训学习。

11月24日，谢岗镇委书记、镇人大主席贾贵斌接受《东莞日报》专访，就重大项目开发建设和生态旅游资源规划等作重点介绍。

12月7日，谢岗镇召开地方志编纂工作动员大会，动员部署《东莞市谢岗镇志》编纂工作。会议邀请市志办专家对全镇各部门单位、社区（村）编修人员进行业务培训。

12月8日，由东莞市体育局、东莞报业传媒集团共同主办的2015年“稻香杯”东莞市羽毛球联赛，经过两个多月的激烈角逐，在市体育中心闭幕。谢岗镇羽毛球代表队获丙级组冠军。

12月12日，中国工程院院长周济、东莞市副市长贺宇以及市经信局、市科技局相关部门领导到谢岗镇调研。

12月21日，广东省林业厅召开广东十大最美森林评选情况通报会，揭晓首批广东十大最美森林，谢岗镇银瓶山森林公园入选。

是年，谢岗镇通过用活用好基础设施建设资金、统筹发展优质项目建设资金、激发各欠发达村主观能动性等帮扶举措，加快全镇低保困难户和欠发达村脱贫奔康步伐。结对帮扶的有正常劳动能力低保户90户，其中72户达到脱贫标准，脱贫率80%；在结对帮扶的74户低保户中，有63户达到脱贫水平，脱贫率约85%。

是年，随着粤海产业园项目的开发建设，谢岗镇村组收取土地征收补偿款约13亿元，同时村组两级总资产达22.6亿元，资产负债率6.5%，比全市的15.6%低9.1个百分点，资产负债率同比减少4.1个百分点，整体减债率居全市第一。2015年村组两级经营总收入达1.5亿元，同比增长41.8%；村组经营纯收入达1.2亿元，同比增长69%，经营总收入、经营纯收入增长率居全市第一。

2016 年

1 月 22 日，东莞市委书记、市人大常委会主任徐建华，副市长贺宇一行在镇委书记、镇人大主席贾贵斌，镇委副书记、镇长胡毅峰等陪同下，先后到谢岗镇善募康科技有限公司、大连机床创业孵化基地、东莞粤海银瓶合作创新区联合办公室进行调研。

1 月 26 日，谢岗镇委书记、镇人大主席贾贵斌，镇委副书记、镇长胡毅峰率队赴东莞军分区开展春节拥军慰问活动。

1 月 28 日，谢岗镇召开 2015 年工作总结大会。镇委书记、镇人大主席贾贵斌在会上要求各级各部门，在新的一年里要提振精神、争创一流，通过抓好经济第一要务、抓好粤海项目建设、抓好城镇配套建设、抓好社会民生实事、抓好党风廉政建设，全速推进银瓶合作创新区建设。

是日，谢岗镇缔艺家整体家居创意园项目在黎村工业园奠基开建。镇委书记、镇人大主席贾贵斌，镇委副书记、镇长胡毅峰等领导及相关部门负责人出席奠基仪式。

1 月 29 日，中国共产党谢岗镇第十二届党员代表大会第四次会议召开。会议听取 2015 年党委工作报告，提出“十三五”时期奋斗目标，研究部署 2016 年主要任务，号召全镇党员干部抢抓机遇，加快推进银瓶合作创新区建设，努力实现“十三五”时期经济社会发展的良好开局。

2 月 1 日，东莞市副市长喻丽君一行在镇委书记、镇人大主席贾贵斌，镇委副书记、镇长胡毅峰等陪同下慰问谢岗镇困难户。

是日，谢岗镇曹乐消防站挂牌成立。该站配备 8 名专职消防队员、2 台消防车，主要承担和辅助镇西部曹乐、稔子园、赵林、谢岗等村消防工作。

是日，谢岗镇委书记、镇人大主席贾贵斌，镇委副书记、镇长胡毅峰等领导班子成员慰问驻赤山部队官兵。

2 月 2 日，谢岗镇第十六届人民代表大会第八次会议在镇政府召开。会议听取和审议《谢岗镇人民政府工作报告》《谢岗镇人大主席团工作报告》，审查财政预算结算报告。

2 月 6 日，谢岗镇委书记、镇人大主席贾贵斌，镇委副书记、镇长胡毅峰等领导班子成员，到公安、交通、交警、医院等部门慰问春节值班留守工作人员。

2 月 16 日，谢岗镇召开 2016 年开年工作动员大会，部署新一年各项工作。镇委书记、镇人大主席贾贵斌主持会议并讲话。

2 月 23 日，谢岗镇组织召开 2016 年工作座谈会，动员全镇干部职工积极投入到新一年的各项工作中。镇委书记、镇人大主席贾贵斌作强调讲话。

是月，谢岗中学被评为 2015 年“全国生态文明教育示范学校”。

3 月 1 日，广东省供销合作联社合作指导处处长程朝广一行，在东莞市供销合作联社相关负责人陪同下，到谢岗供销社调研，实地查看镇供销社领办的花卉农民专业合作社。

3 月 13 日，东莞市作家协会谢岗分会成立。

3 月 30 日，东莞市委常委、市委组织部部长白涛在镇委书记、镇人大主席贾贵斌等陪同下，到谢岗镇调研党组织建设、“软弱涣散”党组织整顿以及企业创新发展等工作。

是日，谢岗镇莞惠城际轨道交通正式开通运营，谢岗镇银瓶站启用。该线路总长 54 千米，从常平东站始发，途经樟木头东、银瓶、沥林北、仲恺、惠环、龙丰、西湖东、云山站，到达终点惠州市小金口站。

4 月 14 日，谢岗镇召开第二季度防范重特大生产安全事故工作会议，传达省、市第二季度防范重特大生产安全事故工作会议精神，并通报镇第一季度安全生产工作情况，部署下一阶段工作。

5 月 11 日，广东省环保厅和东莞市环保局专家到谢岗中学，指导该校创建国际生态学校工作。

5 月 13 日，东莞市委常委王检养一行在镇委书记、镇人大主席贾贵斌等领导陪同下，到谢岗镇调研银瓶合作创新区发展，并实地考察多个重点项目建设情况。

5 月 16 日，广东省旅游局党组副书记、机关党委书记、副局长张振林一行在镇委副书记、镇长胡毅峰等陪同下，到谢岗镇考察银瓶山森林公园谢岗景区规划建设情况，并就银瓶山申报创建国家旅游景区相关事宜提出意见和建议。

5 月 26 日，“2015 中国机械工业百强企业、汽车工业三十强企业信息发布会暨机械工业发展战略研讨会”在东莞市会展国际酒店会议厅召开。会议对东莞市谢岗镇粤海银瓶合作创新区予以重点推介。镇委副书记、镇长胡毅峰等参加发布会。

是日，入选 2015 年“中国机械工业百强、汽车工业三十强企业”的 50 多家企业组团到谢岗镇进行商务考察。考察过程中，镇委副书记、镇长胡毅峰详细介绍谢岗镇投资优势。

是月，谢岗镇为进一步提升银丰一路通行功能，将投入近2200万元，按照30号路建设标准对银丰一路680多米的道路进行改造升级。改造后，该路段将拥有双向六车道和人行道，不仅能够完善市政设施，城市景观也将进一步得到提升。

6月2日，东莞市委书记吕业升一行在镇委书记贾贵斌、镇长胡毅峰的陪同下，到谢岗镇调研经济社会发展情况、银瓶合作创新区建设情况。

6月9日，谢岗镇与粤海投资有限公司签订《银瓶合作创新区基础设施PPP项目合同协议书》，标志着银瓶合作创新区基础设施PPP项目进入实质性实施阶段，并力争29号路、粤海大道、谢岗大道、大黎路、爱民大道于年内动工建设。

6月15日，谢岗镇为进一步提升莞惠城轨银瓶站周边地区的绿化景观水平，于2015年12月启动30号路增加工程——铁路公园项目，对30号路两侧占地1200平方米的闲置土地进行平整升级，着力打造休闲景观公园。经过半年多的紧张施工，该工程全部完工。

6月21日，广东省农业科学院果树研究所专家到谢岗镇为龙眼种植户讲解龙眼标准化生产栽培技术，并进行现场指导。

6月23日，谢岗镇委书记、镇人大主席贾贵斌深入东莞亚太表业有限公司走访调研，了解企业的生产经营状况，协调解决企业经营发展所遇到的相关难题，促进企业稳定发展。

6月30日，谢岗镇委书记、镇人大主席贾贵斌，镇委副书记、镇长胡毅峰等领导走访慰问部分老党员和生活困难党员。

7月7日，广东省妇联发展部部长高穗生一行，在市妇联副主席安玉红陪同下到谢岗镇，考察环山石峡龙眼专业合作社创建省级巾帼示范基地情况，并对合作社在创新创优、示范辐射、带动增收等方面彰显的创建成效给予肯定。

7月18日，谢岗镇召开文明市场创建整治提升工作动员会，即日起，谢岗镇启动文明市场创建整治提升行动，以市场整治为抓手，补短板促提升，为推进全镇文明创建工作加分助力。

7月26日，在建军节来临之际，镇委书记、镇人大主席贾贵斌，镇委副书记、镇长胡毅峰等赴东莞军分区开展建军节拥军慰问活动。

8月1日，东莞市副市长杨晓棠一行在镇委书记、镇人大主席贾贵斌，镇委副书记、镇长胡毅峰等陪同下，深入五星村地质灾害隐患点和大厚村地质灾害隐患点，督导台风“妮妲”防御工作，实地检查人员转移和防御情况，并要求镇村两级迅速行动，确保台风来临前做好人员撤离、巡查旧房老屋及工棚等工作，全力保障人民生命财产安全。

8月5日，谢岗镇组织召开精神文明建设“补短板 促提升”工作推进会议，总结分析前一阶段工作情况，研究部署下一阶段工作重点。镇委书记、镇人大主席贾贵斌在会上强调，各级各部门要加大责任落实，构筑文明创建常抓机制，不断开创谢岗精神文明创建的新局面，为全市发展大局和谢岗镇跨越式发展做出新贡献。

8月16日，东莞市委副书记姚康率队到谢岗镇开展粤海银瓶合作创新区调研座谈活动。姚康在活动中强调，谢岗要明确产业发展定位，优化园区规划；加强换位思考，进一步探索和创新合作模式。镇委书记、镇人大主席贾贵斌，镇委副书记、镇长胡毅峰等陪同调研。

是日，东莞市副市长杨晓棠到谢岗镇督导检查企业安全生产及消防安全隐患点工作。镇委副书记、镇长胡毅峰等陪同检查。

8月18日，广东省考核组对谢岗镇巩固国家卫生镇工作进行复审检查。经过听取汇报、审阅资料以及实地检查，省考核组宣布谢岗镇顺利通过“国家卫生镇”省级复审。镇委书记、镇人大主席贾贵斌，镇委副书记、镇长胡毅峰等参加复审工作通报会议。

8月24日，位于谢岗镇赵林村面积137.58公顷，总投资近1000万元的高标准基本农田建设项目通过市检查验收。

8月28日，中国共产党谢岗镇第十三届党员代表大会第一次会议召开。会议通过镇委工作报告等多个决议，并选举产生中共谢岗镇第十三届委员会、纪律检查委员会成员。

9月12日，谢岗镇南面村举行“广东省巾帼创业示范基地”揭牌仪式。该基地由南面村环山石峡龙眼专业合作社创建，是谢岗镇首个获得该荣誉的基地，也是东莞市唯一一个被省妇联及省农业厅授予省级巾帼创业示范基地称号的单位。

9月18日，东莞市副市长杨晓棠一行在镇委书记贾贵斌、镇长胡毅峰陪同下，调研谢岗经济社会发展情况，并勉励谢岗要抓住银瓶合作创新区项目发展契机，认真谋划发展，切实推动谢岗转型跨越式发展。

9月20日，谢岗镇政协工作办公室揭牌成立，东莞市政协副主席张玉其和谢岗镇领导出席揭牌仪式。

9月26日，谢岗镇举办“智网工程”首期入格事项培训班，全面推进全镇以网格化为基础、信息化为支撑的社会服务管理工作，进一步提高部门业务骨干和村（社区）网格管理员的业务技能。

9月28日，谢岗镇高端装备行业协会成立，选举产生第一届理事会，广东润星科技股份有限公司董事长周文元当选会长。

10月1日，谢岗镇实施“营业执照、组织机构代码证、税务登记证、社会保险登记证、统计登记证”的“五证合一、一照一码”登记制度。

10月8日，东莞市副市长杨晓棠一行在镇委书记贾贵斌、镇长胡毅峰陪同下，督导检查谢岗镇人口和计划生育工作。

10月10日，广东省政协副主席唐豪率领省政协调研组一行，在市政协副主席邓流文、镇委书记贾贵斌陪同下，调研谢岗镇粤海产业园建设发展情况。

10月21日，东莞市副市长张少康在镇委书记贾贵斌、镇长胡毅峰陪同下，督导谢岗镇防御台风“海马”、飞灰填埋场选址工作。

是月，广东润星科技股份有限公司登陆新三板挂牌交易，成为谢岗镇首家新三板挂牌企业。

11月21日，东莞市委常委、市委组织部部长白涛在镇委书记贾贵斌、镇长胡毅峰陪同下，到市第189选区、谢岗镇第13选区谢岗中心小学选举大会主会场，考察了解人大代表选举前期准备工作。

11月29日，谢岗镇第十七届人民代表大会第一次会议召开。会议听取和审议镇政府工作报告、2016年财政预算执行情况报告和镇人大主席团工作报告，选举产生新一届镇人民政府镇长、副镇长及镇人大主席、副主席。

是月，谢岗镇“荔枝柴烧鹅制作技艺”“银瓶小传说”“苏木红团制作”“黎村谭公诞”项目被列入东莞市第四批非物质文化遗产项目目录。

12月2日，东莞市统计协会谢岗分会成立大会暨首届会员大会召开，大会选举产生第一届会长及理事会。

12月8日，谢岗镇召开申报“东莞市推进教育现代化先进镇”验收总结会。市督导验收组通过三天的认真评估，认为谢岗镇达到“东莞市推进教育现代化先进镇”各项标准要求，同意推荐其为“东莞市推进教育现代化先进镇”。

是月，谢岗镇加快完成市人民医院谢岗院区新院工程收尾工作，筹备新院区落成开业搬迁工作。

是年，谢岗镇编制“十三五”规划和谢岗镇高端产业园区总体规划及其他一系列规划。

2017年

1月3日，谢岗镇召开全镇安全生产工作会议，部署岁末年初及两会期间安全生产重点工作内容。镇委书记贾贵斌、镇长胡毅峰等参加会议。

1月5日，东莞市外商投资企业协会谢岗分会第三次会员代表大会暨第四届监理事会就职典礼在璜玛酒店举行。

1月9日，东莞市人民医院谢岗新院区进入试运营阶段。镇委书记贾贵斌、镇长胡毅峰等考察了解新院区运营情况。

1月13日，谢岗镇委书记贾贵斌、镇长胡毅峰等到东莞军分区开展春节前拥军慰问活动。

1月16日，谢岗镇委副书记、镇长胡毅峰等到谢岗村“一对一”结对帮扶对象家中，送去镇委、镇政府的关心和新春祝福。

1月18日，谢岗镇举行东莞市人民医院谢岗院区新院落成启用仪式。市委常委、宣传部部长杨晓棠，市卫计局局长叶向阳，市政法委、市教育局等相关部门领导，镇委书记贾贵斌，镇委副书记、镇长胡毅峰等参加落成启用仪式。

1月19日，谢岗镇委书记贾贵斌，镇委副书记、镇长胡毅峰等到中国人民解放军某部开展春节慰问活动。

2月12日，谢岗镇举行2017年“春风行动”大型公益招聘会。

2月14日，东莞市副市长、市公安局局长杨东来，市政府副秘书长温颂钧等率调研组一行，在镇委副书记、镇长胡毅峰等陪同下，调研谢岗镇公安工作，重点了解基层治安防控情况。

2月22日，谢岗镇召开安全生产和消防安全工作会议，镇委副书记、镇长胡毅峰等参加会议。

2月27日，谢岗镇召开重点企业规模与效益倍增计划工作座谈会。镇委书记贾贵斌，镇委副书记、镇长胡毅峰等参加座谈。

3月7日，谢岗镇黎村、窑山村、南面村、大龙村、大厚村、五星村、谢岗村、谢山村8个村庄入选全国首批绿色村庄。

3月13日，谢岗镇召开政法公安工作会议，传达市委政法工作会议及全市公安工作会议精神，并对2017年全镇政法、公安工作进行部署。镇委书记贾贵斌等参加会议。

3月17日，谢岗镇召开第十七届人民代表大会第二次会议。会议审议通过《谢岗镇人民政府工作报告》，审查和批准《谢岗镇2016年预算执行情况和2017年预算草案的报告》。

3月30日，谢岗镇印发《谢岗镇重点企业规模与效益倍增计划方案》，在全镇重点企业、高科技企业中遴选30家试点企业和5家后备企业，在扶持资金、企业服务、人才服务3个方面实施服务倍增，扶持培育企业发展，力争3～5年推动试点企业实现规模与效益的倍增。

是月，谢岗镇印发《谢岗镇扶持企业发展实施方案（试行）》。确定未来5年每年投入1000万元，设立20个专项资助，分别从创新驱动、产品创优、人才等3个发展专项，全方位扶持企业发展。

4月5日，谢岗镇在璜玛酒店召开政企交流座谈会，黄埔海关凤岗办事处党组书记、主任贺韶辉，镇委书记贾贵斌，镇委副书记、镇长胡毅峰等镇领导班子成员，以及善募康公司董事长金珍佑和相关职能部门负责人参加座谈。

4月17日，谢岗镇召开村级换届选举工作动员会，安排部署全镇村（社区）两委换届选举工作。

4月18日，广东省人大常委会原副主任李近维，省人大财政经济委员会原副主任委员、东莞市原市长叶耀等，在镇委书记贾贵斌，镇委副书记、镇长胡毅峰等陪同下，考察谢岗镇各重点项目建设和经济社会发展情况。

4月19日，东莞市知识产权宣讲团队到谢岗镇开展知识产权应用助力“倍增计划”宣讲会议，为80多名企业代表讲解企业知识产权知识，进一步提升企业知识产权管理水平，增强企业竞争力。

4月20日，东莞市委常委、市委宣传部部长杨晓棠率队到谢岗镇，检查督导学习贯彻中共中央总书记习近平4月4日对广东作出的重要批示精神，以及村级换届选举和水污染治理等情况。

是月，东莞市公益普惠性幼儿园最新名单公布，其中谢岗镇谢岗村幼儿园、同心幼儿园、金太阳幼儿园等10所集体办、民办幼儿园被认定为市公益普惠性幼儿园。

5月4日，谢岗镇举行“不忘初心跟党走”一学一做教育实践暨“青春共进学堂”开班仪式。团市委组织部部长姚惠发参加开班仪式。

5月16日，谢岗镇公布30家镇级倍增试点企业名单，加上市级倍增试点企业广东润星科技股份有限公司，全镇共有31家试点企业，合力推动企业规模与效益倍增。

5月17日，谢岗镇谢山、谢岗、五星等11个村召开村（居）委会提名选举大会，完成选举任务。

5月25日，谢岗镇11个村（社区）完成村（居）民代表和小组长的推选工作，共推选出村民代表662名。

6月1日，谢岗镇11个村（社区）分别召开村民（股东）代表大会，推选产生新一届村经联社理事会、监事会成员。

6月26日，谢岗镇开展第30个国际禁毒日大型主题宣传活动。镇委副书记、镇长胡毅峰等镇领导到场指导。

6月28日，东莞副市长、市公安局局长杨东来一行到谢岗镇开展七一走访慰问活动。

6月29日，谢岗镇共青团第十五次代表大会召开，会议全面回顾过去5年谢岗镇团委工作，明确未来5年的工作目标和任务，选举产生共青团谢岗镇第十五届委员会。镇委书记贾贵斌、团市委副书记何俊聪及群团代表出席大会。

7月3日，谢岗镇召开“广东扶贫济困日暨东莞慈善日”活动动员会议。镇委副书记、镇长胡毅峰等参加会议。

7月6日，东莞市委常委林辉一行在镇委书记贾贵斌，镇委副书记、镇长胡毅峰等陪同下，调研谢岗镇经济社会发展情况。

7月18日，谢岗镇举行“2017年非物质文化遗产市级项目授牌仪式”，并向“银瓶山传说”“荔枝柴烧鹅制作技艺”“苏木红团制作技艺”“黎村谭公诞”4个市级非遗项目传承人授牌。

7月27日，东莞市副市长喻丽君一行，到谢岗镇督导检查截污次支管网建设进度。

7月30日，总长度12.2千米，投资4530万元的谢岗镇截污次支管网工程（2015—2017年）（西部一区）动工。

8月3日，谢岗镇召开全镇领导干部会议，宣布东莞市委对谢岗镇主要领导调整决定，镇委书记贾贵斌调任沙田镇党委书记，由镇委副书记、镇长胡毅峰主持谢岗全面工作。

8月4日，谢岗镇举行“公共文明提升全民行动月”活动仪式。镇委副书记、镇长胡毅峰等镇领导班子成员参加启动仪式。

8月7日，谢岗镇召开经济形势分析、重点工作推进、安全生产、社会维稳工作会议，总结上半年工作情况，部署下半年各项重点工作。

8月18日，谢岗镇举行谢岗镇截污次支管网工程（东部片区）建设项目动工仪式。

8月31日，谢岗镇委副书记、镇长胡毅峰与镇领导班子成员，分别深入各驻点村（社区）开展“一村一策”镇村统筹发展主题调研活动。

9月5日，谢岗镇委副书记、镇长胡毅峰率队到谢岗振华学校、谢岗中学、黎村小学等公办、民办学校开展教师节走访慰问活动。

9月6日，谢岗镇结合“一村一策”调研活动举办专题培训班，镇委副书记、镇长胡毅峰等参加培训学习。

9月13日，谢岗镇委副书记、镇长胡毅峰出席人大召开的评议工作恳谈会。

9月21日，谢岗镇召开领导干部会议，宣布东莞市委对谢岗镇主要领导调整任免的决定。由胡毅峰任镇委书记，苏东任党委副书记并主持镇政府全面工作。

10月18日，谢岗镇第11选区召开补选镇第十七届人民代表大会代表选举大会，投票补选苏东为镇第十七届人大代表。

是日，谢岗镇召开“一村一策”专题调研工作总结会。要求全面摸清家底，明确今后发展方向，加快镇村统筹发展，激发村集体经济发展活力。

是日，广东省经济和信息化委员会党组成员、省中小企业局局长姚德洪，东莞市经信局党组成员、市中小企业局局长郑文志一行在镇委副书记苏东等陪同下，对谢岗镇开展重大项目跟踪督导。

10月19日，东莞市委副书记、市长梁维东带队到谢岗镇调研银瓶合作创新区发展建设情况。镇委书记胡毅峰、镇委副书记苏东陪同调研。

是日，东莞市委常委、市委宣传部部长杨晓棠，市委常委黄少文率队到谢岗镇调研重大项目建设情况，镇委书记胡毅峰、副书记苏东等陪同调研。

10月23日，谢岗镇第十七届人民代表大会第三次会议召开，听取、审议和通过《谢岗镇2017年上半年经济运行情况报告》和《谢岗镇2017年上半年财政预算执行情况报告》。

10月26日，东莞市市质监局局长胡炽海带队在镇委书记胡毅峰、镇委副书记苏东等陪同下，督查谢岗镇企业特种设备安全生产工作。

10月31日，东莞市副市长喻丽君一行在镇委书记胡毅峰、镇委副书记苏东等的陪同下，调研了解谢岗院区建设情况。

11月1日，东莞市政府党组成员、市社会服务管理“智网工程”领导小组副组长邓志广，市政务服务办副主任谭永康一行在镇委书记胡毅峰、副书记苏东等陪同下，调研谢岗镇“智网工程”建设。

11月6日，谢岗镇召开领导班子扩大会议，学习贯彻落实广东省市厅级主要领导干部学习贯彻中共十九大精神专题研讨班电视电话会议报告精神，以及市委书记、市人大常委会主任吕业升在传达贯彻中共十九大精神大会上的讲话精神。

11月17日，谢岗镇召开科学技术协会第三届代表大会。会议审议通过《谢岗镇科协第二届委员会工作报告》，选举产生新一届镇科协主席、副主席、秘书长、常委会委员及25名委员会委员。

11月20日，谢岗镇召开深入学习贯彻中共十九大精神大会，并就有关学习宣传贯彻工作进行部署。镇委书记胡毅峰、镇委副书记苏东等参加会议。

11月24日，东莞市副市长李德喜一行在镇委书记胡毅峰等陪同下，调研谢岗镇经济社会发展情况。

11月29日，谢岗镇工会第三次代表大会召开，听取和审议镇工会第二届委员会工作报告、财务工作报告，选举产生镇工会第三届委员会委员和经审委员会委员。

11月30日，谢岗镇举行银瓶合作创新区基础设施PPP项目粤海大道、29号路及园区开发项目开工动员大会暨签约仪式。镇委书记胡毅峰、镇人大主席罗树华等镇领导班子成员，粤海集团总经理蔡勇，粤海集团副总经理兼置业国际董事长张辉，以及镇相关单位部门、签约项目企业代表、施工单位相关负责人等出席动工仪式。

12月1日，谢岗镇与碧桂园集团签订莞惠城轨银瓶站TOD碧桂园科技小镇框架协议。镇委书记胡毅峰、镇委副书记苏东等镇领导班子成员出席签约仪式。

12月9日，东莞市东南部卫生填埋场项目涉及征地的谢岗镇曹乐村的黄曹、新围、芙蓉3个村小组的151户代表签名同意征地。

12月26日，谢岗镇召开环境执法监管“亮剑”百日行动工作会议，贯彻落实全市环境保护工作会议精神，布置全镇环境执法监管“亮剑”百日行动相关工作。

12月27日，东莞市委常委、副市长张冠梓一行在镇人大主席罗树华等陪同下，开展市内帮扶工作督导。

12月28日，莞惠城际铁路常平东—道滘段正式开通运营，谢岗市民可乘轻轨直达市区。

是日，东莞副市长李德喜率由市安监局、市公安消防局等部门人员组成的市督导组，在镇委书记胡毅峰等陪同下，督导检查谢岗镇消防安全生产工作。

是年，据统计，谢岗镇自2015年积极推动企业实施创新驱动战略以来，至2017年共获各种授权专利360多件，其中授权发明专利30件。

2018年

1月15日，南雄市委常委、政法委书记张英宏一行，到谢岗镇就进一步开展市外结对帮扶工作进行交流探讨，研究精准帮扶具体措施，进一步推动精准扶贫工作取得新成效。

1月23日，在东莞市召开的2017年度全市工作总结大会上，谢岗镇获镇街领导班子年度工作考评二等奖，综合排名居全市第17位。

是日，东莞市2017年度工作总结大会在市会议大厦召开。谢岗镇的市级倍增试点企业广东润星科技有限公司获“2017年度东莞市规模效益成长性排名前20名企业”称号、“2017年度税收突出贡献奖”。

2月4日，谢岗镇第十七届人民代表大会第四次会议召开。大会总结回顾了2017年谢岗经济、社会、民生等各项工作发展情况，明确2018年各项工作任务。镇委书记胡毅峰主持大会，镇委副书记苏东代表谢岗镇人民政府向大会作《谢岗镇人民政府工作报告》。

2月5日，中国共产党谢岗镇第十三届党员代表大会第二次会议召开。大会全面总结谢岗镇委上一年的工作，研究部署2018年各项重点工作。镇委副书记苏东主持会议，镇委书记胡毅峰代表镇委作工作报告。

2月6日，谢岗镇召开2017年度工作总结大会，动员全镇上下围绕镇委、镇政府的中心工作，全力以赴推进美丽谢岗建设。镇委书记胡毅峰、镇委副书记苏东等领导班子成员、镇政府副职以上干部、各单位负责人、各村（社区）两委干部、获奖企业代表，相关部门工作人员280人参加会议。

是日，东莞市委常委杨东来一行在镇委书记胡毅峰、镇委副书记苏东等陪同下，到谢岗镇开展岁末年初安全生产大检查。

2月24日，《东莞市谢岗镇志》经过编写人员多年的辛勤笔耕，终于出版面世。《东莞市谢岗镇志》采用中篇体格局，由概述、大事记、专志、附录四部分组成，共23编，计120余万字。该志上溯于谢岗各项事业发端，下至2015年，较全面、客观、翔实记载了谢岗镇自然、经济、政治、社会和民俗风情、人物等各方面的历史变化。

2月26日，由谢岗镇委书记胡毅峰、镇委副书记苏东等镇领导班子成员，以及相关单位部门负责人、各村（社区）党工委书记等40多人组成的学习交流团一行，在茶山镇委书记黎寿康等领导陪同下，到茶山镇粟边村考察学习推进“一村一品牌”项目建设的先进经验和做法。

2月27日，谢岗镇委书记胡毅峰、镇委副书记苏东等镇领导班子成员，以及有关单位部门负责人、各村（社区）党工委书记等组成的考察团，到松山湖埔心排渠现场了解埔心排渠原位生态修复的技术特点、治理效果等。

2月28日，谢岗镇委书记胡毅峰、镇委副书记苏东等镇领导班子成员，以及相关单位、部门、各村（社区）党工委书记一行，在东坑镇委书记张耀洪等陪同下，考察了解“工改工”、社会公共服务、镇村统筹发展等方面的成效。

3月2日，国家发展改革委网站公布2018年《中国开发区审核公告目录》，东莞有4个开发区进入新版目录，其中，谢岗镇东莞粤海产业园入选“省级开发区”名录。

3月6日，广东省护路办主任李镁根率省市督导检查组一行到谢岗镇开展铁路护路联防工作督导检查。

3月16日，谢岗镇委书记胡毅峰、镇委副书记苏东等镇领导班子成员，以及相关单位部门负责人、各村（社区）党工委书记等50人组成的谢岗镇党政考察团，到沙田镇开展考察学习活动，详细了解沙田镇经济社会各方面的发展情况。

3月19日，谢岗镇成立以镇委书记胡毅峰为组长的银瓶合作创新区海绵城市建设工作领导小组，下设7个工作小组，全面推进海绵城市建设各项工作。

是日，由谢岗镇文广中心创作的原创歌曲《梦里中国》先后获东莞市第二届群众音乐舞蹈花会音乐专场的金奖、创作奖，以及2017年度全省群众文艺作品音乐类一等奖等多个奖项。

3月20日，东莞市委副书记、代市长肖亚非一行在市政府秘书长吴志刚、副秘书长陈庆松和市经信局、市国土局、市规划局等部门领导及镇领导胡毅峰、苏东等陪同下，先后到粤海产业园、莞惠城轨银瓶站TOD综合开发项目、崖山等地调研考察，实地了解银瓶合作创新区建设发展情况。

是日，广东省纪委、省监委驻环境保护厅纪检监察组副厅级纪检员、监察专员宋现坤一行在东莞市政府副秘书长张春扬，以及镇领导的陪同下，到谢岗镇卫生填埋场一期工程建设现场，检查项目进度。

3月24日，2018年广东省医学会学术直通车——脊柱外科学东莞行暨第二届广东省医学会脊柱感染学组年会在东莞市人民医院谢岗院区举行，来自省市的脊柱外科专家、学者以及基层医院医生护士等200多人参加年会。

4月4日，谢岗镇召开全镇领导干部会议，传达学习全国两会精神、中共中央总书记习近平参加广东代表团审议时的重要讲话精神以及省市贯彻会精神、省委书记李希到莞调研讲话精神。镇委书记胡毅峰、镇委副书记苏东等镇领导班子成员、镇政府副职以上干部、各单位负责人、各村（社区）两委干部、村集体经济组织理事共306人参加会议。

4月8日，东莞市委常委、常务副市长白涛率市调研组一行，在镇委书记胡毅峰、镇委副书记苏东等镇领导陪同下，调研银瓶合作创新区建设发展情况，协调解决发展中遇到的困难和问题。

是日，统计显示，2017年谢岗镇监管部门办证率为60.15%，在全市排名第三位。其中，安监分局完成办证率88.89%，商务局完成办证率88.89%，卫生监督所完成办证率74.42%，食药监分局办证率完成68.26%。

4月12日，东莞军分区政委、政治工作处处长一行，在镇委书记胡毅峰、镇委副书记苏东等陪同下，对镇武装部办公室、装备器材室建设和管理、档案资料室，以及征兵宣传等方面的工作进行检查调研。

4月16日，谢岗镇委书记胡毅峰、镇委副书记苏东率谢岗镇党政代表团到深圳开展考察调研活动，先后实地考察学习华润置地城市更新、华侨城湿地公园等建设项目的先进经验，切实为银瓶合作创新区发展注入新理念、新思维。

4月28日，谢岗镇委书记胡毅峰、副书记苏东等镇领导班子成员，以及各村（社区）党工委书记、相关单位部门负责人等，赴东城开展交流学习活动。交流团通过现场观摩、交流座谈，学习东城“三旧”改造、城市更新等方面的先进经验和做法，为推进“三旧”改造项目、落实城市更新部署夯实根基。

是月，银瓶山森林公园获评广东省四星级森林公园。

5月15日，谢岗镇第十七届人民代表大会第五次会议召开，并完成各项议程。经过大会选举，苏东当选谢岗镇人民政府镇长。

5月25日，谢岗镇委副书记、镇长苏东等一行，与惠州仲恺高新区委副书记、区管委会主任张莉兰等，到潼湖一号桥附近进行实地调研，了解河涌水质整治情况，研究下一步整治工作措施。

5月28日，谢岗镇委书记胡毅峰、镇长苏东等镇领导分别率环保、工商、安监等10个职能部门，出动65人次对赵林、曹乐、大厚等村集中开展“散乱污”整治联合执法行动。

5月31日，东莞市委副书记、市长肖亚非与碧桂园集团董事局主席杨国强一行，在镇委书记胡毅峰，镇委副书记、镇长苏东等陪同下，到惠城轨银瓶站TOD项目选址地进行实地调研，详细了解该项目的发展定位、区位优势等情况。

是日，广东省东江流域管理局纪委书记、副局长石教智带队到谢岗镇开展“清漂”行动督查和调研跨界河湖问题。

是月，谢岗中学因突出的办学理念和特色环境教育，被《环境教育》杂志社和中国环境文化教育专家委员会评为2018年“全国生态文明教育特色学校”。

6月4日，谢岗镇为推进“两学一做”学习教育制度化常态化，创新党内组织生活形式，从该月起，谢岗镇各党组织全面开展“周一党建活动之夜”主题活动。

6月6日，东莞市副市长刘炜一行在镇委书记胡毅峰等陪同下，到东莞市东南部卫生填埋场（一期）工程建设现场，详细了解项目概况、进展，以及需要协调解决的问题等。

6月19日，谢岗镇委书记胡毅峰，镇委副书记、镇长苏东等镇领导班子成员，以及各有关单位部门负责人、各村（社区）党工委书记等，在长安镇委书记何绍田等镇领导陪同下，先后前往长安镇三八河、人民涌、茅洲河试验段等地实地参观考察，并听取该镇河涌整治、黑臭水体治理的工作情况介绍。

6月25日，东莞市副市长刘炜一行在镇委书记胡毅峰，镇委副书记、镇长苏东等陪同下，先后到东莞市新奥燃气谢岗门站、粤海工业智造产业中心项目和嘉鑫化工进行安全生产大检查。

6月26日，东莞市委副书记、市长肖亚非，副市长喻丽君一行，在镇委书记胡毅峰，镇委副书记、镇长苏东等的陪同下，先后到凹坑生活垃圾填埋场渗滤液收集调节池和东莞市东南部卫生填埋场，检查市镇两级环保设施建设情况。

6月28日，中央电视台财经频道《第一时间》对谢岗镇荔枝销售模式进行全面报道。在谢岗镇迎来荔枝大丰收期间，为避免大量上市、滞销导致"果贱伤农"，镇委、镇政府开展"党员+农户+客户"传党恩卖荔枝送乡情活动，还通过"互联网+"电商模式帮助果农销售荔枝。

是月，统计数据显示，谢岗镇实际利用外资7509万美元，完成全年目标的325.2%，提前超额完成全年目标任务。

7月19日，谢岗镇委书记胡毅峰，镇委副书记、镇长苏东等镇领导班子成员，以及各有关单位部门负责人、各村（社区）党工委书记等组成的考察团，在佛山禅城区和顺德区等有关领导的陪同下，学习佛山市在党建、乡村建设等方面的经验、做法，助推谢岗镇强化党建引领，促进全镇经济社会高质量发展。

7月20日，深圳外商投资企业考察团东莞行之"走进粤海产业园"专场活动到谢岗镇，并通过听取介绍、实地参观等方式，详细了解银瓶合作创新区发展优势和粤海装备技术产业园的发展经验等。

8月3日，谢岗镇召开贯彻市委十四届六次全会精神，加强党的建设暨扫黑除恶工作推进会议。会议传达了东莞市"深入推进扫黑除恶专项斗争工作会议"精神，总结了上半年全镇专项斗争工作情况，并对下一阶段工作进行动员部署。

8月4日，北京大学建筑与景观设计学院院长俞孔坚带领"土人设计"团队到谢岗镇调研海绵城市建设，通过实地考察、听取介绍等方式，详细了解镇海绵城市建设规划，并就如何又好又快推进工作落实，加快建设美丽谢岗等给出可行性建议和意见。

8月8日，谢岗镇委书记胡毅峰率镇领导班子成员及部分市、镇人大代表，分别在曹乐、黎村、大厚、泰园社区的人大代表工作室，与镇选民代表进行座谈，详细了解群众最关心的热点、难点问题。

8月16日，谢岗镇举办商标品牌发展战略知识讲座，进一步提升镇内企业的商标品牌意识。市工商局商广科人员及谢岗工商分局相关人员，镇规上企业、重点企业代表共300人参加讲座。

8月17日，新疆生产建设兵团第六师党委常委、副师长王宏伟一行在第三师图木舒克市副市长、市援疆工作队副队长宁康等市相关领导，镇委副书记、镇长苏东等陪同下，实地考察了粤海产业园、华能热电联产、粤海大道等项目，详细了解谢岗镇重点项目建设发展情况。

8月28日，东莞市观鸟协会在谢岗镇成立。当天下午，协会在谢岗中学举行首届会议。

8月29日，东莞军分区副司令员带领督导组一行在镇委书记胡毅峰等陪同下，通过观摩民兵应急排行军点验、随机抽考、查阅资料等方式，检查谢岗镇民兵队伍整组情况。

8月30日，谢岗镇第十七届人民代表大会第六次会议召开。会议审议和听取了《谢岗镇2018年上半年经济运行情况报告》等报告。会议由镇委书记胡毅峰主持，镇委副书记、镇长苏东代表镇委、镇政府向大会作《谢岗镇2018年上半年经济运行情况报告》。

8月30日，谢岗镇人大组织市镇两级人大代表开展水污染治理情况视察活动。活动中，镇委书记胡毅峰等到大厚截洪渠，详细了解内河涌整治情况。

是月，谢岗镇罗翠铃、何易非被北京大学录取。

9月16日，台风"山竹"过境，全镇设12个应急庇护中心。至17日凌晨1点，安全转移群众2960人，其中转移到各庇护点1409人。

9月19日，应急管理部监管三司处长刘伟、广东省安全监管局调研员陈清一行，在东莞市安监局有关人员及镇领导等人的陪同下，到谢岗镇危险化学品企业调研非药品类易制毒化学品监管工作，切实从源头控制好易制毒化学品。

9月26日，谢岗镇委副书记、镇长苏东及镇招商局、商务局相关负责人一行四人赴韩国开展为期五天的招商引资活动，推介谢岗镇营商环境，宣传最新企业扶持政策，增强企业海外高层对投资谢岗的信心，争取新的投资资源。

是日，东莞市"诵经典华章，唱中国梦想"中华经典诵读比赛总决赛在东莞电视台演播厅举行，谢岗镇中心小学经典诵读节目《祖国啊，我亲爱的祖国》在比赛中脱颖而出，获特等奖。

9月28日，松山湖材料实验室理事长王恩哥一行到谢岗镇考察投资环境。镇委书记胡毅峰等陪同考察。

9月30日，东莞市副市长刘炜、

市政府副秘书长赖健伟一行到谢岗镇，就安全生产、重大项目建设和计划生育工作开展督导，并提出相关工作要求。刘炜一行在镇委书记胡毅峰等陪同下，到东莞市恒源液化石油气有限公司，实地考察企业安全生产工作落实情况。

10月15日，谢岗镇举行中共谢岗镇委党校揭牌仪式。镇委书记胡毅峰，镇委副书记、镇长苏东等镇领导班子成员，以及各村（社区）党工委书记、主任，经贸、农办等11个党支部全体党员约300人参加揭牌仪式。

10月22—23日，谢岗镇委副书记、镇长苏东率队到云南省昭通市镇雄县林口彝族苗族乡开展扶贫协作对接活动，落实镇镇结对、村村结对、村企结对等工作，全力协助昭通镇雄县林口乡打赢精准脱贫攻坚战。

10月25日，由广东省贸促会主办的“2018广东21世纪海上丝绸之路国际博览会”在东莞拉开帷幕。谢岗镇东莞汇新电器科技有限公司携新产品纳米技术发热服和风扇衣亮相海丝博览会。

11月1日，谢岗镇委书记胡毅峰及党政办、招商局、路网办等相关负责人，与粤海置业投资（国际）有限公司党委成员、党员干部、职工一起举行“政企同舟共济 决胜百日会战”主题登山拓展活动。

11月9日，由碧桂园、万科等10家房企组成的考察团到谢岗镇，就近期出让地块进行考察。镇委书记胡毅峰，镇委副书记、镇长苏东等，与碧桂园集团等房地产企业代表进行座谈交流。

11月22日，谢岗镇召开污水处理厂截污主干管网工程竣工验收会。验收组通过听取汇报、审查资料，以及现场查看等方式，一致通过该工程竣工验收。

11月22日，谢岗镇举行谢岗镇商标品牌指导站揭牌仪式。

11月23日，新疆生产建设兵团南疆办副主任、第三师50团第一书记陈治权一行到谢岗镇开展援疆对接交流活动，进一步加强两地互动沟通，推动结对帮扶工作出新成效。镇委副书记、镇长苏东等陪同考察。

11月28—30日，谢岗镇民兵应急分队在东莞军分区举行的全市民兵应急分队军事比武中，取得第八名。

11月28日，谢岗镇委书记胡毅峰带领镇领导班子成员，及各村（社区）党工委书记、主任，各相关部门、粤海置业公司负责人赴凤岗镇，就“三旧改造”、产城融合、精细化管理、产业升级等城市更新工作展开交流学习。

11月29日，谢岗镇委书记胡毅峰等一行赴南雄市帽子峰镇、澜河镇调研新时期精准扶贫精准脱贫工作，通过实地考察扶贫项目、走访慰问贫困户等形式，深入了解扶贫工作开展情况。

12月4日，东莞日报社党委书记、社长、总编辑曾平治带队到谢岗镇开展重大项目建设“百日攻坚”——全媒体基层行大型采访暨大调研活动，就谢岗镇的重大项目建设“百日攻坚”大会战重点工作举措及成效进行采访。

12月6日，在谢岗镇委书记胡毅峰，镇委副书记、镇长苏东等陪同下，市人大常委会副主任李满堂率部分在东莞的全国、省人大代表到谢岗镇开展集中视察活动，了解银瓶合作创新区建设发展情况，并就如何加快创新区发展建言献策。

12月12日，东莞军分区副司令员带队到谢岗镇，对谢岗镇2018年的武装工作进行年终考核。镇委书记胡毅峰，镇委副书记、镇长苏东等接待考评组一行。

12月24日，谢岗镇举行《习近平新时代中国特色社会主义思想三十讲》专题宣讲会，邀请市委宣讲团成员、东莞理工学院党委副书记吕琦元作专题授课。镇委书记胡毅峰，镇委副书记、镇长苏东等镇领导班子成员参加宣讲会。

12月28日，东莞市委常委、常务副市长白涛一行在镇委书记、胡毅峰，镇委副书记、镇长苏东等陪同下，到赣深高铁镇南面村施工段现场，听取关于谢岗段征地拆迁工作情况的汇报。

是日，谢岗镇在粤海大道主会场和多个分会场同时举行2018年项目签约、动工、竣工仪式，共有55个项目集中签约、动工、竣工，总投资约182亿元。市委常委、常务副市长白涛，镇委书记胡毅峰，镇委副书记、镇长苏东等镇领导班子全体成员，以及市镇相关部门负责人、各村（社区）两委干部等参加主会场举行的活动。

是日，东莞市食品小作坊集中加工中心建设联合验收组对谢岗镇食品小作坊集中加工中心开展验收，经实地考评，谢岗镇食品小作坊集中加工中心通过验收。

2019年

1月2日，谢岗镇委书记胡毅峰，镇委副书记、镇长苏东率谢岗考察团一行，赴深圳福田水围社区、深圳湾科技园、华润万象城，以及东莞民盈国贸中心，实地考察学习社会治理、产城融合、TOD综合开发等方面的先进经验，为银瓶合作创新区发展注入新理念、新思维。

1月9日，东莞市城市更新政策（东部片区）宣讲会在谢岗镇举行。

1月10日，东莞市副市长喻丽君一行在镇委副书记、镇长苏东等陪同下，专题调研东南部卫生填埋场环保安全管理情况。

1月11日，谢岗镇在旧医院门诊大楼前举行水塔山城市更新项目清拆现场会，加快推动水塔山城市更新项目建设，以此带动全镇城市更新工作的开展。

1月14日，东莞市副市长黎军在镇委书记胡毅峰及镇有关部门负责人陪同下，调研全域旅游发展和产业项目建设情况。

1月15日，广东、湖南两省生态文明教育交流会在国际生态学校谢岗中学召开。湖南省生态学校联盟30多名校长和专家参加交流会。

1月16日，东莞市第十六届人民代表大会第五次会议开幕，银山市级湿地公园、银瓶湖市级湿地公园入选东莞市“2019年十件实事”。

1月22日，中国共产党谢岗镇第十三届党员代表大会第三次会议召开。大会总结了上一年镇委工作，提出2019年工作要求和目标，号召全镇干部群众牢牢把握粤港澳大湾区建设重大历史机遇，凝心聚力，扎实工作，奋力建设“湾区智造新城、品质生态谢岗”，努力推动高质量发展，开创新时代谢岗工作新局面。

1月23日，谢岗镇第十七届人民代表大会第七次会议召开。会议审议通过镇政府工作报告、镇人大主席团工作报告，审查和批准《谢岗镇2018年预算执行情况和2019年预算草案》，以及银瓶合作创新区海绵城市专项规划等报告。

1月25日，东莞市副市长刘炜一行在镇委书记胡毅峰等陪同下，到谢岗镇开展春节慰问活动，向困难党员、低保家庭和困难外来务工人员，送上党和政府的关怀与慰问。

1月31日，谢岗镇组织开展以“洁净城市、喜迎新春”为主题的全民大清洁活动。镇委副书记、镇长苏东等镇领导班子成员参加活动。

2月19日，东莞市举办推进粤港澳大湾区建设首批重点项目集中动工大会。谢岗镇设东莞银山市级湿地公园项目动工仪式分会场，市委常委杨东来、镇委书记胡毅峰及市、镇有关单位部门负责人，各村（社区）党工委书记等参加动工仪式。

2月26日，东莞军分区司令员一行在镇委书记胡毅峰陪同下，到谢岗镇调研基层武装工作。

2月27日，谢岗镇召开全面加强执行力建设大会。大会对2018年度全镇各单位工作情况予以通报，对2018年度优秀贡献企业、优秀镇属单位予以表彰。大会制定落实30项重点工作，细化执行130项目标任务，加快推进“湾区智造新城、品质生态谢岗”建设。

4月18日，第十一届中国加工贸易产品博览会在广东现代国际展览中心开幕。谢岗镇东莞俊亿实业有限公司、东莞汇新电器科技有限公司、东莞菌怕怕科技实业有限公司亮相该届博览会。

4月23日，谢岗镇第十七届人民代表大会第八次会议召开。大会选举李惠勤为谢岗镇人民政府镇长，钟方明为谢岗镇人民政府副镇长。

是月，东莞市人民医院国家级心血管内科专家郭素峡带领团队入驻谢岗，帮扶谢岗院区心血管专科和胸痛中心建设，并全天候应诊。

5月5日，东莞市政府发布《关于拓展优化城市发展空间加快推动高质量发展的若干意见》，谢岗镇被批准为市首批“拓空间”试点镇。

5月6日，东莞市农村商业银行谢岗支行新业务大楼开工仪式在花园工业区举行。新业务大楼总投资约2亿元，拟建两栋业务大楼，建成后将为谢岗市民提供更加优质高效的金融服务。镇委副书记、镇长李惠勤以及东莞农村商业银行相关负责人等出席开工仪式。

5月7日，东莞市委常委、副市长张冠梓一行在镇委书记胡毅峰，镇委副书记、镇长李惠勤等陪同下，到谢岗镇就乡村振兴工作进行调研指导。

5月16日，广东省林业局局长陈俊光、省林业局国有林场和种苗管理处处长米明福、省林业局办公室主任郑永光，东莞市副市长刘炜、市林业局局长吴淑萍等，在镇委书记胡毅峰，镇委副书记、镇长李惠勤等陪同下，到谢岗镇开展生态文明建设调研。

5月28日，谢岗镇召开实施乡村振兴战略工作推进会，会议发布《2019年谢岗镇实施乡村振兴战略行动方案》等4个文件，为全域推进乡村振兴工作提供政策指引。

是月，谢岗镇中心小学获评广东省“书香校园”。

6月3日，云南省镇雄县委书记翟玉龙，县委常委、副县长张伟华一行在镇领导胡毅峰等相关部门负责人陪同下，先后到粤海高端装备产业园智造中心、华能热电联产项目、银瓶合作创新区展示厅等地进行实地考察，详细了解粤海产业园规划建设情况，以及银瓶合作创新区的发展定位、当前建设发展等情况。

6月14日，广东省第一强制隔离戒毒所联合谢岗镇关工委、镇禁毒办在谢岗中学举办以“健康人生 绿色无毒”为主题的禁毒宣传活动。

6月17日，东莞市人民医院谢岗院区二期项目举行奠基仪式。镇委书记胡毅峰出席奠基仪式。

6月25日，中国机械工业联合会四届六次会员大会暨全国机械工业先进集体劳动模范表彰大会在北京召开。谢岗镇的广东润星科技有限公司获“全国机械工业先进集体”称号，研发经理祝烽获“全国机械工业劳动模范”称号。

7月4日，谢岗镇委副书记、镇长李惠勤一行先后到黎村小学、谢岗小学、振华学校、华翔学校、中心幼儿园、中心小学巡视调研，了解教育教学现状及存在问题，鼓励引进优质师资，大力推进公民办教育协调发展。

7月9—12日，谢岗镇委副书记、镇长李惠勤率谢岗镇党政代表团前往新疆生产建设兵团第三师图木舒克市50团开展援疆对接交流活动。

7月18日，谢岗镇广东粤海装备技术产业园粤鲲智能制造项目一期，分别通过东莞市住建、规划、消防、电梯、环保等相关部门验收。首批已建园区高标准厂房全部完成竣工验收。

7月31日下午，谢岗镇召开2019年镇长约请人大代表座谈会，镇委副书记、镇长李惠勤与人大代表面对面座谈，听取代表们对政府工作的意见建议，协调部门解决群众关心的热点难点问题。

8月9日，谢岗镇第十七届人民代表大会第九次会议召开。会议听取和审议谢岗镇2019年上半年经济运行情况报告、谢岗镇人民代表大会主席团2019年上半年工作报告，审查谢岗镇2019年上半年财政预算执行情况报告等。

8月22日，谢岗镇青年企业家协会举行第一届理事会、监事会就职典礼仪式。

8月26日，谢岗镇召开建设广东省制造业供给侧结构性改革创新实验区暨“拓空间”工作动员部署会议，动员全镇上下全力推动拓展优化空间工作，助力东莞加快推进广东省制造业供给侧结构性改革创新实验区建设，全力建设“湾区智造新城、品质生态谢岗”。

8月29日，谢岗镇委副书记、镇长李惠勤率队对镇内部分基础设施建设工程和重大项目建设进行实地督查。

9月10日，东莞台商投资协会谢岗分会举行第八、九届会长交接典礼。东莞市台港澳事务局副调研员谢春、东莞市台商投资企业协会会长蔡俊宏，镇委书记胡毅峰，镇委副书记、镇长李惠勤参加交接典礼。

9月12日，东莞市副市长刘炜一行在镇委书记胡毅峰，镇委副书记、镇长李惠勤等镇领导陪同下，先后到银瓶站TOD综合开发区、银瓶合作创新区展厅和粤海智造中心展厅，详细了解银瓶站TOD用地规划、银瓶合作创新区当前发展优势、未来发展思路、重点项目发展，及粤海产业园的产业定位、发展方向、重大项目进展等情况。

是日，谢岗镇召开“不忘初心、牢记使命”主题教育工作会议，对全镇开展“不忘初心、牢记使命”主题教育进行动员部署。

9月19日，谢岗镇委书记胡毅峰，镇委副书记、镇长李惠勤等一行到东莞善募康科技有限公司进行实地走访，详细了解企业发展情况，并对该企业现场颁发240万元奖励支票，全力支持企业做大做强。

9月20日，2019年广东东莞粤海银瓶合作创新区重点项目“百日会战”启动仪式在粤海装备技术产业园举行，镇委书记胡毅峰，镇委副书记、镇长李惠勤等镇领导，以及粤海置业投资（国际）有限公司董事长谭骥和公司相关负责人、镇有关单位部门负责人、重点项目建设单位代表等参加启动仪式。

9月25日，“壮丽70年 南粤谱新篇”——庆祝中华人民共和国成立70周年广东发展成就图片展在镇党建主题公园展出，展览持续到10月8日。

9月30日，谢岗镇举行烈士纪念日公祭活动，向谢岗村的谢耀伦革命烈士墓敬献花圈。

是日，谢岗镇在谢岗广场举办“迎国庆 担使命 踏征程”庆祝中华人民共和国成立70周年大型文艺晚会活动，镇委书记胡毅峰，镇委副书记、镇长李惠勤等领导班子成员，以及全镇各单位、村（社区）党员、退休老党员，各商会、企业代表等共900多人一起观看演出。

10月9日，谢岗镇召开“厕所革命”工作推进会，提升城市精细化管理水平。

10月15日，南雄市委常委、宣传部部长温春花率南雄市党政代表团一行，到谢岗镇就进一步做好市外结对帮扶工作进行探讨交流，镇委书记胡毅峰，镇委副书记、镇长李惠勤等参加座谈。

10月25日，谢岗镇开展“亮身份、亮职责、亮承诺”主题党日活动。镇委书记胡毅峰率队实地调研督查民生项目，认真检视问题，抓好整改落实，全力推动项目建设进度。

是月，谢岗镇黎村入选东莞“十大美丽幸福村居”。

11月9日，东莞市委书记梁维东一行在镇委书记胡毅峰及镇委副书记、镇长李惠勤等陪同下，到谢岗镇实地调研银瓶合作创新区建设、城市配套建设情况。

11月9—12日，“湾区都市、品质东莞”价值投资分享交流会在北京举行。东莞市委书记梁维东、东莞市市长肖亚非一行参加推介会，镇委书记胡毅峰、镇长李惠勤代表银瓶合作创新区作专题推介。

11月21日，谢岗镇工业信息科技局和中国移动东莞分公司举行基于5G智慧镇街应用的战略合作协议签约仪式，为谢岗镇加快5G产业发展、提速谢岗数字化建设进程、培育新的经济增长点、加快覆盖5G信号建设打好基础。

11月27日，2019国际智能制造产业高峰论坛在深圳国际会展中心新馆举行。粤海置业投资（国际）有限公司作为唯一协办单位亮相，分享了粤海产业园的新发展理念，以及如何探索产业招商新模式新思路等内容。

12月1日，广东省国资企业专题推介会在东莞迎宾馆举行，镇长李惠勤代表粤海银瓶合作创新区作主题推介。

12月10日，谢岗镇委书记胡毅峰率队检查粤海大道施工进度，要求各有关单位合力攻坚，确保工程质量和施工进度稳步推进。

是日，东莞市工信局组织近20家市装备企业到谢岗镇，考察银瓶合作创新区投资环境，寻求合作空间。

是日，谢岗镇举办2019年公文写作培训班，邀请市人大常委会党组副书记、常务副主任潘新潮以“公众演讲技巧及讲稿写作技巧”为主题授课，进一步提高政府机关工作人员行文水平。镇委书记胡毅峰等领导班子成员，政府副职以上中层干部、单位负责人、村（社区）两委干部、人大代表、党代表、村（社区）材料员等共300人参加培训。

12月25日，谢岗镇委书记胡毅峰等一行赴南雄市帽子峰镇、澜河镇调研新时期精准扶贫精准脱贫工作，通过实地考察扶贫项目、座谈交流等形式，深入了解扶贫工作开展情况。

12月30日，谢岗镇举行银瓶合作创新区（谢岗镇）“拓空间”2019年新项目集中签约仪式。涉及22个项目，总投资约105亿元。镇委书记胡毅峰，镇委副书记、镇长李惠勤等镇领导班子全体成员，相关单位部门、各村（社区）、各商会、银行、粤海置业、项目单位等相关负责人共220人参加签约仪式。

12月31日，经东莞市推进教育现代化先进镇暨广东省教育强镇复评督导验收评估组的复评验收，谢岗镇达到东莞市推进教育现代化先进镇复评和广东省教育强镇复评验收要求。

是日，“乡村振兴 美丽同行”2020黎村环窑贝塘亲水绿道建成启用暨迎新健康徒步活动在黎村村窑贝广场举行。镇委书记胡毅峰及黎村村两委干部、村民等500余人参加活动。

镇情综述

镇情概览

【境域】 谢岗镇地处东莞市东部，与惠州市惠阳区沥林镇毗邻，是东莞市的东大门。谢岗镇中心位于北纬22° 57'，东经114° 12'。东起黎村，西至曹乐村，东西长22.5千米；南起南面村，北至曹乐村格塘自然村，南北宽4.6千米，总面积103平方千米。

谢岗镇南与清溪镇接壤，西与常平镇相邻，西南与樟木头镇相接，北与桥头镇相邻。谢岗镇东距惠州30千米；南距深圳60千米；西北距莞城42千米，距广州105千米；毗邻港澳地区，京九铁路、广梅汕铁路和省道357线横贯镇区。

【建置沿革】 最早在谢岗区域建村的是谢禾山村，于北宋宣和二年（1120）立村，属广州中都督府东莞县管辖。元朝，属广州路总管府东莞县。明朝，属广州府东莞县归城乡。清初，属广州府东莞县归城乡第五都。清乾隆十九年（1754），属东莞县京山司第五都。1913年，属广东省粤海道东莞县第三区。1925年，谢岗境域分属粤中行政区东莞县第三区大同乡和金橘乡。1936年，谢岗境域分属第一行政督察区东莞县第三区大同乡和金橘乡。抗日战争期间，谢岗境域分属第四行政督察区东莞县第三区大同乡和金橘乡。1945年，谢岗境域分属第一行政督察区东莞县第三区大同乡和金橘乡。1949年年底，谢岗属珠江区专员公署东莞县第七区。1950年8月，黎村从惠阳县划归东莞县管辖。1953年1月，谢岗分属粤中行政区东莞县第五、七区。同年7月，谢岗境内的6个乡分别从第五、七区划出，与第六区的5个乡和第五区的4个乡（包括曹乐）组成新九区。1956年2月，属惠阳专区东莞县。1957年12月谢岗设为大乡，属桥头区管辖。1958年10月，属樟木头人民公社管辖。1961年6月从樟木头人民公社分出，成立谢岗人民公社，属佛山专区东莞县管辖。1983年9月撤销人民公社体制，成立谢岗区，下设10个乡和谢岗墟镇。1985年9月，谢岗区属东莞市。1986年11月，谢岗区改称谢岗镇。至2019年年底，仍隶属东莞市。

【行政区划】 1948年，谢岗区域的大同乡下设15个保，金橘乡设30个保。1950年12月，谢岗境内设黎村、南面、大山、谢岗、赵林、曹乐6个乡。1953年7月，谢岗境内的6个乡分别从第五、七区划出，与第六区的5个乡和第五区的4个乡（包括曹乐）组成新九区。1958年10月，谢岗境域设谢岗、赵曹、大厚、大龙、南面、黎村6个生产大队，属樟木头人民公社管辖。1959年10月，撤销大厚、大龙、南面生产大队，设立谢岗农场、赵曹农场，另设崖山农场，属广东省农业厅管理。1961年6月，谢岗人民公社成立，撤销谢岗农场、赵曹农场。下设黎村、谢岗、赵林、横岭、黄曹冚、吓角、格塘、稔子园8个生产大队，生产大队下设生产小队。1962年谢山与谢岗分开，与大厚合并为1个生产大队，称大山生产大队。同年年底，崖山农场撤销，设立南面生产大队、大龙生产大队、大厚生产大队。1963年，横岭、黄曹冚、吓角、稔子园、格塘村5个生产大队合并设立曹乐生产大队。1972年5月，龙川县枫树坝水库移民迁入谢岗公社，组建五星生产大队。1976年谢山与大厚分开，分别设立谢山生产大队、大厚生产大队。1983年，生产大队改设为乡，谢岗区下辖曹乐、赵林、谢岗、五星、谢山、大厚、大龙、黎村、南面9个乡。1984年年初，撤销谢山乡，与墟镇合并，设谢岗墟镇人民政府。1986年11月，谢岗撤区建镇，下辖乡改设为管理区。同时，窑山从南面分出，独立设置为管理区。1993年，稔子园从曹乐管理区分出，设立稔子园管理区。1999年8月，管理区改设为村（居）民委员会，下设村民小组。2003年7月，墟镇居民委员会改称泰园社区居民委员会，村民小组改称居民小组。至2019年年底，全镇共设11个村民委员会和1个社区居民委员会，辖79个居民小组。

【地质·地貌】 谢岗地质构造上，位于罗浮山断裂带南部边缘的博罗大断裂西南部。出露地层有下古生界震旦系、中生代三叠系、侏罗系、下第三系、上第三系及第四系。地势南高北低，莞惠公路（莞城—惠州）以南多山丘，莞惠公路以北为埔田区，主要为湖泊、鱼塘、河涌、稻田，北部与潼湖接壤。

谢岗镇属于平原丘陵区，丘陵山地占全镇面积的40%，平原占60%。全镇呈东西长条形，为“倒靴状”。南部山丘海拔200~600米，坡度30°左右。银瓶嘴山脉横亘谢岗镇南面村，主峰银瓶嘴海拔898米，为东莞第一峰。南部丘陵山区群山连绵，海拔500米以上的山峰有马坑山顶（海拔700米）、蝉坑顶（海拔537米）。480~500米的山峰有双美髻山、长山顶等。观音坐莲海拔480米，形状似观音端坐于莲花之上，故得名。

北部平原埔田区海拔最高的山峰是黎村崖山，海拔206米。崖山为广东三大独山之一，素称“小罗浮”，山形如展翅欲飞的崖鹰。其余平原埔田海拔6~12米，湖泊、鱼塘、水库、山塘星罗棋布，是鱼米之乡。广梅汕铁路和京九铁路由东往西横穿镇区，在谢岗境内长达15.8千米。

2000年以来，在谢岗镇大龙村竹头角山发现新石器时期遗址和“春秋遗存”，在大龙村榕树岭发现商朝时期墓地，在大厚村打鼓岭发现战国遗址。在大龙村和大厚村先秦墓葬群出土的文物中，有石锛和殷商时期的陶壶和陶片。专家推断，远在六千多年前的新石器时代晚期，谢岗一带便有人类居住，过着游猎的生活，以后逐步进入农耕时代。这些都得益于谢岗得天独厚的自然条件。

【气候】 谢岗镇属于亚热带季风气候，长夏无冬，光照充足，热量充沛，气候温暖，温度变化幅度小，雨量充沛，干湿季明显。年平均气温为21℃~22℃。冬春两季平均气温为16℃，夏秋两季平均气温为24℃，最高达38℃。4—10月的月平均气温在22℃以上。1月最冷，月平均气温为13.5℃，7月最热，月平均气温为28℃。受地形影响，东南部丘陵山区秋冬时节气温比埔田区低1℃~2℃，夏季比埔田区低2℃~3℃，每年2—3月会出现低温阴雨天气，称为“倒春寒”，对农业生产有一定的影响。9月中旬以后，北方冷空气南下，谢岗出现“寒露风”。“寒露风”每年出现一次，天数3~6天。年无霜期长达350天。

2019年，降雨131天，录得总降雨量累计达到1729.9毫米，石鼓水库录得总降雨量为2141.1毫米，乐园二排站录得总降雨量为2072.3毫米。汛期，全镇水务工程运行良好，水库均在防限水位以下。全镇12座水库蓄水总量258.23万立方米，占正常蓄水总量的62.1%。全镇11座排站累计开机3368台次，累计运行时间1985小时，累计排水量3000万立方米。

【河流·湖泊】 谢岗境内没有大的河流，大部分河涌是新中国成立后因防洪需要而人工筑成的防洪洪沟。流经谢岗的河流，主要有石马河，发源于深圳大脑壳山，流经东莞塘厦、樟木头，经过谢岗镇曹乐、稔子园、赵林等地折向西，经山地，从桥头新开河注入东江，在谢岗境内约10千米。潼湖河，又名谢岗水，在陈屋边从东南汇入，流经谢岗的黎村、大厚、谢岗、赵林等地，然后从桥头注入东江，流域面积521平方千米，其中在谢岗境内约68平方千米。九栋溪，发源于谢岗南面村上九栋，流经上九栋、下九栋一带，长约10千米，宽4米，为溪涧，水清澈，河床多石，流域面积近10平方千米。木棉河，自南往东北流，经南面、窑山至黎村，长约11千米，宽3~4米，流域面积约11平方千米。大厚河，从南面经大龙流入大厚，然后注入黎村窑贝塘，长约13千米，宽3米多，流域面积约13平方千米。龙牙陂河，发源于樟木头丰门，流经樟木头裕丰村，注入谢岗龙牙陂水塘，然后经谢岗村和赵林村流入潼湖河，长约16千米，宽5米，流域面积23平方千米。谢岗镇湖泊、水塘集中在北部的埔田区，因地势低洼且位于石马河流域，逐渐形成连片水域。至2019年，谢岗北部水塘面积共约1200公顷，面积较大的水塘有麻湖塘、窑贝塘等。

【植被·植物】 2019年，东莞地带性森林植被类型为南亚季风常绿阔叶林，组成种类多样而富于热带性，主要由壳斗科、樟科、山茶科、大戟科、桃金娘科、杜英科、山矾科、梧桐科等种类组成，其中大多数是热带亚热带分布种，较常见的有樟树、阴香、铁冬青、假柿树、鸭脚木、蒲桃等。谢岗植被主要分为常绿针叶林、针阔叶混交林、典型常绿阔叶林、季风常绿阔叶林、常绿灌丛等。谢岗野生植物资源主要集中于莞惠公路以南的丘陵山地，尤其是银瓶山一带。2019年，银瓶山有野生维管植物1500余种，几乎囊括了华南地区的主要植物物种。国家级保护和省级保护植物16种。野生药用植物有200多种。

谢岗人工栽培植物主要集中于莞惠公路一带。人工栽培树木主要有松树、杉树、桉树、相思树、木棉树、红豆树、漆树、樟树、大叶榕等。主要分布于南面、窑山、五星等村，以及莞惠公路以南的丘陵地区。种植的主要农作物有水稻、花生、甘蔗、豆类、薯类、瓜类及蔬菜等。栽植的果树有荔枝、龙眼、橙、柑橘、木瓜、杧果、黄皮、乌榄等。栽培的花卉主要有兰花、荷花、菊花、万年青、玫瑰、美人蕉、夹竹桃、仙人掌、夜来香、吊钟花等。栽培的竹类主要有大头竹、黄竹、泥竹、簕竹、白眉竹、观音竹、毛竹等。

【动物资源】 2019年，位于谢岗镇的银瓶山自然保护区成为林业系统市级示范保护区，被列入《广东建设自然保护区示范省实施方案》。据银瓶山自然保护区人员调查，共记录到保护区内有陆生脊椎动物182种，其中两栖类2目5科15种，爬行类3目9科38种，鸟类12目36科105种，哺乳类6目13科24种，其中国家重点保护物种20种，包括国家一级重点保护物种1种，即双带蚺（蟒蛇）；国家二级重点保护物种19种，即虎纹蛙、三线闭壳龟、大壁虎、黑鸢、蛇雕、凤头鹰、赤腹鹰、松雀鹰、日本松雀鹰、苍鹰、普通鹰、红隼、褐翅鸦、小鸦鹃、领角鸮、短耳鸮、仙八色鸫、小灵猫、中华穿山甲。此外，还对蝶类进行了调查，共记录到42种。养殖动物有水产类30余种，家禽、家畜类10余种。

【旅游资源】 谢岗镇拥有东莞市海拔最高的山脉——银瓶嘴山。2000年以来被划为东莞市银瓶山森林公园谢岗景区，2018—2019年该景区接待游客290万人次。位于谢岗镇黎村北的崖山，是广东三大独山之一，素有“小罗浮”之称，被东莞市人民政府定为市级文物保护单位。镇内还有打鼓岭遗址、榕树岭遗址、竹头角遗址、金满湖遗址、观音坐莲村落遗址和黎村古民居、谢岗村古民居建筑群，其中谢岗村古民居建筑群因建在山冈上，中间高，四周低，四面环水，村落布局以“八卦”之学说立村，故又称八卦村。2019年，全镇有不可移动文物点23个，其中11个被纳入东莞市文物保护体系名录，有古建筑2056间（处、座），其中古民居2008间、庙宇祠堂37座、门楼炮楼11处，古井24口，古树25棵。其间，谢岗镇还努力推进银山、银瓶湖两大湿地公园建设，推进南面、大龙休闲小镇旅游和谢岗镇乡村旅游业开发。拥有各类旅游饭店10余家，其中星级酒店主要有璜玛酒店、凯信酒店，酒店以品质优、价格惠而闻名，依托莞惠城际轨道交通，以及旅游资源、绿化设施等优势，满足休闲、亲子、商务等各种需求。谢岗美食品种丰富、样式繁多，有碌鹅、腊肠、肉丸等地道美食，还有胜润百货、润升购物商场、华声电器商场及东部义乌购物商场等旅游购物场所。

【人口】 2015年，谢岗镇户籍人口2.14万人，外来暂住人口5.82万人。2016年户籍人口2.18万人，常住人口9.76万人。2017年户籍人口2.24万人，常住人口9.81万人。2018年户籍人口2.3万人，常住人口9.82万人。2019年，谢岗镇户籍人口2.48万人，外来暂住人口10.71万人；按外来暂住人口来源地分析，广东（除东莞市外）、湖南、广西、湖北、四川、江西等省区在谢岗镇人数最多，占外来暂住人口总数的60%。2019年，户籍人口出生 386人，出生率16.2‰；死亡人口109人，死亡率4.57‰；人口自然增长率0.1‰。

【民族】 20世纪80年代前，谢岗地区民众均为汉族。之后，随着人口迁移，其他民族人口有所增加。至2000年，少数民族24个，人口4829人，占全镇总人口的5.9%。2019年，谢岗镇常住人口中有少数民族 13个，人口989人。其中户籍人口165人，有13个民族，约占少数民族总人口的16.68 %。常住少数民族人数最多的是壮族75人； 其次是土家族24人；再次是苗族16人、 回族12人、瑶族9人、朝鲜族7人、畲族5人。外来少数民族人员主要来自广西壮族自治区，占45.70%；湖南省，占比20.62%；再次是贵州省和湖北省，分别为6.17%和5.97 %；其余省市共占21.54%。

【语言】 谢岗境内绝大部分人讲粤语，少部分人讲客家话。60年代，东莞多次推广普通话，学校教学统一使用普通话。二十世纪七八十年代，随着广播、收音机以及电视的普及，村民大部分通过广播、电视逐渐听懂、会讲普通话。之后，随着改革开放的深入，谢岗经济的发展，外来务工人员增多，人们普遍使用普通话。到2019年，境内年轻人100%会讲普通话，仅有少数60岁以上老人听不懂普通话。但平时人们交往仍以粤语为主。讲粤语的有谢岗、赵林、曹乐、稔子园、谢山、大厚、黎村和泰园社区，五星、大龙、南面、窑山等村讲客家话，也通行粤语。

【民俗】 谢岗镇历史源远流长，传统文化积淀深厚，民俗活动众多。如中秋习俗、卖懒习俗等均为代表性民俗。谢岗中秋习俗，从农历八月初一开始，有外婆探中秋、小孩“耍碌柚”（柚子皮灯）、添油灯、赏月聚会、合家团圆，其主要表现在“探”“耍”“赏”“吃”4个方面。卖懒习俗是指大年三十这天，家家户户的儿童出门，在大街小巷、村庄郊野“卖懒”，祈求新春到来，寒冷的冬天与懒惰一去不返，让孩童从小养成勤奋的良好习惯。另有舞狮子、舞麒麟、演大戏（粤剧）、玩杂耍、“点灯”和“游会”等习俗。每年正月，各村均举行“游会”，村里的男女打扮一新，新婚男青年抬着村中庙宇所供奉的神像、香案等出游，还有的人扮演古装戏剧中的角色，红男绿女，长长的队伍中旗幡招展，人们沿着村中大路巡游，场面壮观。“游会”往往持续两三天。“游会”期间，到广州、石龙等地聘请戏班演出几场木偶戏和粤剧，招待亲友。

经济发展

【经济增长】 2015年，谢岗镇面对不断加大的经济下行压力，强化招商引资，对企业给予积极扶持，保持经济稳定增长。全镇实现生产总值67.5亿元，比上年增长10.0%，增速全市排名第七；规模以上工业增加值27.9亿元，比上年增长12.2%，增速全市排名第二；实现各项税收总额9.4亿元，比上年增长12.3%；镇本级财政收入5.0亿元，比上年增长14.3%；固定资产投资15.4亿元，比上年增长30.7%，增速全市排名第二。

2016年，全镇实现生产总值73.2亿元，比上年增长7.6%；规模以上工业增加值29.9亿元，比上年增长11.3%，增速全市排名第五；固定资产投资总额18.3亿元，比上年增长18.5%，增速全市排名第八；合同利用外资2.9亿美元，比上年增长473.8%，增速全市排名第四；实际利用外资0.9亿美元，比上年增长29.5%，增速全市排名第四；协议引进内资57.2亿元，比上年增长255.3%，增速全市排名第四；实际引进内资17.2亿元，比上年增长312.8%，增速全市排名第二。

2017年，全镇实现生产总值83.5亿元，比上年增长10%；规模以上工业增加值33.5亿元，按可比价计算比上年增长12.5%；其中，先进制造业增加值、高技术制造业增加值分别比上年增长24.1%、48.3%，分别占规上工业增加值的40.3%、53.7%；镇本级财政收入7.9亿元，比上年增长29.8%；各项税收总额10亿元，比上年增长11%；社会消费品零售总额14.8亿元，比上年增长7.5%；进出口总额71.9亿元，比上年增长20.9%；出口总额55.9亿元，比上年增长21.1%；全镇实有市场主体9101户，比上年增长13.6%。是年，谢岗镇获评东莞市镇街领导班子2017年度工作考评二等奖，排全市第十七位，首次进入前二十。获得“全国综合减灾示范社区”“退休人员社会化管理服务站省级示范点”“国家卫生镇”“绿色村庄创建”等4项“单打冠军”。

2018年，全镇实现生产总值90.5亿元，比上年增长5.3%；镇本级财政收入19.7亿元，比上年增长148.7%；各项税收总额16.4亿元，比上年增长64%，增速全市排名第一；固定资产投资总额21亿元，比上年增长38.5%，增速全市排名第二；社会消费品零售总额16.3亿元，比上年增长10.5%。实际利用外资5.2亿元，比上年增长259.1%，增速全市排名第三。村组两级纯收入1.9亿元，比上年增长21.4%，增速全市排名第七。人民币存款余额98.8亿元，比上年增长26%，增速全市排名第一。是年，谢岗镇成为全市7个水污染治理示范镇试点之一、全市唯一全域海绵城市试点的建制镇，入选全市第二批3个美丽幸福村居连片建设项目之一。《2018年全国综合实力千强镇》中，谢岗排名195位，上升104位，全市上升最快。

2019年，全镇生产总值破百亿元大关，达104.2亿元，比上年增长9%，增速全市排名第六；固定资产投资总额35.3亿元，比上年增长67.8%，增速全市排名第一；规模以上工业增加值50.1亿元，比上年增长8.7%，增速全市排名第七。是年，谢岗镇（银瓶合作创新区）成为东莞市参与粤港澳大湾区建设和对外开放的战略平台、东莞市首批“拓空间”试点片区、东莞市国土空间规划试点。水污染治理、环保责任制考核、城市精细化管理、城管执法等工作均排名全市前列。获得市2019年度镇街领导班子工作考评第三名的历史最佳成绩，获“优秀等次”“综合排名进步奖”。

【企业扶持力度加大】 2015年，谢岗镇采用专人跟进、专项督导等方式，做好企业服务，推动台光电子、南风塑料、合志五金等 8 家企业申报办理“机器换人”专项资金。简化办事手续，提高政府服务效率。对产值超 2 亿元 11 家企业实施镇领导班子成员一对一挂点服务，落实企业大走访。实施“10 个 100 万”奖励措施，资助奖励 71 家企业。推动小微企业上规模。采取企业产值与能耗匹配法、企业成本倒推法，强化企业数据监测，推动小微企业成为规上企业，全年新增 9 家规上企业。

2016 年，落实企业扶持政策，深入开展走访服务企业活动，镇领导班子成员落实挂点服务企业责任，协助善募康、润星、亿环等企业增资扩产，推动企业做强做大。

2017 年，用好用活次发达镇扶持资金池政策。发挥东莞市扶持谢岗镇 8000 万元资金最大效用，分别安排 7400 万元用于华能项目、600 万元为倍增计划企业的贷款进行贴息，有效减轻企业负担。做好 2018 年申报工作，分别用于倍增计划企业贷款贴息、伊佰实业 LED 封装项目、东南部卫生填埋场建设等。

2018 年，着力加强企业扶持力度。镇委、镇政府拿出 2200 万元奖励企业、个人，其中，对在科技创新、技术改造等方面取得较大成效的 70 家企业及 27 名个人奖励 1000 万元，比上年增长 225%；对 27 家倍增企业拨付贷款贴息专项资金 1195 万元，比上年增长 196%，每家倍增企业的贴息金额由 100 万元上调至 200 万元。举办银企交流对接会，为企业拓宽融资渠道。建立政银企对接长效机制，搭建沟通合作平台，镇属资产公司、谢岗商会共同出资 1000 万元，成立政商银管理公司，由农商行给予管理公司 1 亿元授信额度，帮助符合条件的企业解决融资难题。全镇“四上”企业新增 68 家，其中规上工业企业新增 52 家。为 25 家倍增企业 69 名员工子女提供公办学校学位。

2019 年，实施领导对企业挂点服务长效机制，帮助企业解决生产经营问题。用好“非公经济 50 条”等系列惠企政策，落实扶持非公经济发展专项资金共 1163 万元，帮助企业减轻负担。

【银瓶合作创新区建设】 2015 年，谢岗镇银瓶合作创新区规划工作取得重大突破。由广东省产业发展研究院制定的《广东东莞粤海银瓶合作创新区发展总体规划》，经过一年多的不断修改完善和逐级上报审批，2015 年 9 月 6 日通过省政府审批。开展银瓶合作创新区水系规划调整、环境保护规划、土地利用规划中期评估、控规调整等工作，为项目建设打下规划基础。

2016 年，以银瓶合作创新区为主体，会同周边镇区的工业园区，申报国家开发区。同时，利用中机联发布会、智博会等平台，做好银瓶合作创新区宣传推介，推动亿环增资建设科技产业园建设。

2017 年成立银瓶合作创新区（粤海产业园）建设协调组、道路建设项目组、产业项目建设组等 3 个专职小组，积极沟通协调粤海集团。与粤海集团成立双方工作领导小组，确定“合作开发、自持另租、直接出售”3 种园区工业用地方式，明确按 4∶6 比例出资成立园区开发公司推进园区建设。

2018 年，加快创新区规划建设，完成《银瓶合作创新区海绵城市专项规划》。是年，银瓶合作创新区被纳入国家开发区目录（省级开发区）。政企双方按 4∶6 比例共同出资 5 亿元，注册成立“东莞市粤莞银创投资有限公司”。

2019 年，推动银山科技园内 20.2 公顷连片地块成为市镇联合招商基地。通过开展“百日会战”、专题研讨会、挂点督导企业等方式，全力保障重大产业项目建设进度，全年在建产业项目从年初的 6 个提高至 11 个，总投资额 95.25 亿元，全年完成投资 19 亿元，占全年投资计划的 111%。粤海产业园一期 18 万平方米厂房已建成，入驻的 6 家企业中已投产 2 家。11 月，东环科宇四栋厂房完成封顶。完成电子电气互连、碧桂园智造创新中心、连接器生产等 5 个产业用地 20.27 公顷出让。成立市一级银瓶合作创新区总指挥部和现场指挥部，推动东莞市粤莞银创投资有限公司进入运营阶段，参与园区工业项目一级开发以及配套设施等项目建设。

【招商引资】 2015 年，谢岗镇与东莞市相关部门和粤海集团联合招商，多次前往上海、苏州、大连、广州、深圳等地开展招商引资活动，成功引进华能东莞谢岗燃气热电联产项目。大力推进银山科技园规划建设，实施同步设计、同步征地、同步招商。

2016 年，引进安麦节能设备生产项目，促成唯美新型装饰瓷板、福凯半导体等多个优质项目落户谢岗。

2017 年，引进唯美陶瓷、深圳电子电气互连产业园等 8 个超亿元项目，累计总投资 56.3 亿元，签订北大医疗产业园、深圳创新产业园等项目框架协议。

2018 年，出台《谢岗镇统筹开发工业用地实施办法》《谢岗镇新引进租赁厂房类项目认定奖励暂行办法》，鼓励村组引进优质项目。

引进碧桂园智造创新园等7个总投资36.7亿元的产业项目，联合粤海置业开展厂房招商工作，粤鲲一期和智造产业中心一期等18万平方米厂房已收尾，有4个项目签约，共租赁5万平方米。12月底举行55个项目签约、动工、竣工仪式，总投资额182亿元，其中产业项目26个，总投资123亿元。

2019年，组织企业参加“湾区都市 品质东莞”北京推介会、第5届广东国际机器人及智能装备博览会、广东省国资企业专题推介会等活动，不断提高银瓶合作创新区的知名度，吸引更多优质企业和项目资源。全年招商引资22个项目，总投资105亿元，其中有鑫和精密电子、晨光乳业等15个大型产业项目，总投资63亿元。

【创新驱动发展战略实施】 2015年，谢岗镇积极对接东莞制造2025，全面推进高端装备制造、智能制造产业发展。成立高端装备制造行业协会，成功申报高端装备专业镇。工业投资12.3亿元，比上年增长22.3%。推动高新技术产业发展，全镇新增8家国家高新技术企业、14家高新技术培育企业。大力实施“机器换人”，申报项目19个，新增设备仪器733台（套），完成技改投资3.56亿元，比上年增长275%。搭建产业协同创新平台，联合华中科技大学制造工程研究院开展创新发展项目；推动南风管材、首之宝等成功获得国家高新技术企业认定。是年，积极推进产业项目建设，普洛斯电商物流园项目地块和粤海工业智造产业中心项目完成用地出让，土地成交额2亿多元。普洛斯电商项目完成投资1700万元；泰诚项目主体工程完成95%，华能热电联产项目完成前期工作，注册成立项目公司。

2016年，挖掘经济增长潜力，促进成长型中小企业规模发展，全年新增规模以上企业16家。大力实施创新驱动发展，促进企业加大投入提高研发能力，全年投入2.14亿元，比上年增长20.2%，全年申请专利432件，同比增长45.5%，推动9家企业建立研发机构，新增10家国家高新技术企业，做好高企培育入库工作，推动18家企业进入省培育库。推动企业借助股权融资发展壮大，润星机械、广东四象成功挂牌新三板。

2017年，围绕市政府2017年一号文件，实施重点企业规模与效益倍增，按照“选好选优、培优培强”的原则，选取1家市级倍增企业、30家镇级倍增企业、5家后备企业，共36家存量优势企业进行重点培育。全年36家企业主营业务收入49.6亿元，比上年增长26.1%，24家为国家高新技术企业，占67%。艾利精密、普莱斯新材料、四象智能、台容电子等4家镇级倍增企业提前倍增。市级倍增企业润星科技成为谢岗镇首家主营业务收入、产值分别超10亿元的民营企业，获评全市“2017年度规模效益成长性排名前二十工业企业”“2017年度税收突出贡献奖”。是年，加快重大项目建设。其中海普仓储项目开展4栋仓库工程桩基础工程，粤鲲智能制造项目完成主体工程量的80%，华能热电项目完成桩基础工程量的81%，粤海工业智造产业中心项目完成主体工程量的40%，润星增资扩产项目完成主体工程量的45%。推动企业加大研发投入。开展各类研发活动和研发项目，全镇110家规上企业中，41家企业完成自建研发机构备案，研发经费（R&D）投入2.3亿元，占地区生产总值的2.75%。鼓励企业研发和申请专利。各类专利申请量共634件，比上年增长51%。各类专利授权量共409件，比上年增长50.9%，其中，授权发明专利30件，比上年增长114.3%；实用新型授权量332件，比上年增长71.1%。推动高新技术企业认定。积极推动符合条件的企业申报国家、省高新技术企业，新增34家国家高新技术企业，57家企业申报省高新技术培育企业。加快推动加工贸易稳步发展。全镇一般贸易额41.1亿元，比上年增长49%。外企内销总额45.8亿元，比上年增长47.7%。善募康全年产值35.6亿元，同比增长87.7%，成为谢岗镇首家产值超30亿元企业。

2018年，落实市“高质量倍增十条”，全力推动企业倍增，市级倍增企业增至2家，镇级倍增计划40家，形成“2+40”组成模式，新增市级协同倍增企业22家，27家企业实现增长，倍增计划企业共实现产值52.3亿元，比上年增长6.7%。推动镇级倍增计划企业实现技改投资1.8亿元，专利申请总数比上年增长31%，授权专利总数比上年增长61.9%；研发经费投入2.62亿元，占地区生产总值的2.9%。28家企业通过国家高新技术企业认定，比上年增长53.8%。积极发挥重大项目服务保障工作专责领导小组牵引作用，促进各重大项目加快建设。华能热电联产、粤海工业智造中心、粤鲲智能制造、润星增资扩产、东环科宇科技中心、中心小学曹乐校区6个在建市重大项目进展顺利；电子电气互连产业园、碧桂园智造创新园等项目完成用地预审、立项审批，并开展“招拍挂”前期工作；

福凯半导体和金恒晟新材料项目签订投资协议。

2019年，修订倍增计划贷款贴息政策，向28家倍增企业拨付贷款贴息专项资金1202.3万元。推动镇级倍增计划企业实现技改投资2.65亿元，全镇国家高新技术企业77家。市镇倍增计划试点企业50家，全年实现产值94.5亿元，比上年增长10.1%。3家企业获得市级倍增企业认定，26家企业获得市级协同倍增企业认定。

【村级集体经济壮大】 2015年，谢岗镇农村集体经济加速发展，经营总收入1.5亿元，比上年增长44.3%，增速全市排名第一；村组经营纯收入1.2亿元，比上年增加72.3%，增速全市排名第一，村组负债率9.9%，比全市平均低7.8个百分点。

2017年，村组两级集体总资产为27.3亿元，比上年增长8.3%；村组两级经营总收入1.98亿元，比上年增长8.3%，村组两级经营纯收入1.6亿元，比上年增长7.3%。推动村组多元化投资，实现参股镇属厂房项目、购买理财产品等投资共17.26亿元，全年产生收益8890万元，占村组两级经营总收入的44.9%。

2018年，着力实施乡村振兴战略。制定乡村振兴战略实施意见和工作方案，明确41项重点工作任务，加强组织保障。完善土地和税收镇村组利益共享机制，保障村组集体收益。村组集体收入稳定增长，村组两级经营性总收入2.31亿元，比上年增长16.8%。

2019年，村组两级集体总资产35.1亿元，比上年增长17.3%。

公共事业

【城市规划与配套建设】 2015年，谢岗镇银瓶合作创新区发展总体规划通过省政府批准，银瓶合作创新区上升为省级发展战略，纳入国家新型城镇化试点。开展土地收储工作，规划266.67公顷的银山科技园和533.33公顷的银瓶湖湿地公园。银瓶山森林公园入选“广东十大最美森林”。推进城市核心区规划建设，开展银瓶站前广场、文体中心、镇中心广场、粮所片区、水塔山片区等146.2公顷镇中心地块城市空间设计。开展城市规划修编，抓好东部片区、镇中心区片区、银山科技园等控规修编工作，以科学规划引领城市和产业升级。推动重点配套项目建设。投入约1亿元，大力推进银丰一路、污水处理厂二期、消防大楼、赵林堤围、大厚堤围等基础配套工程建设。统筹北部近533.33公顷的水体资源，启动银瓶湿地生态体验园建设；统筹南部银瓶山和南面村36平方千米的山体森林资源，建设生态旅游休闲基地。

2016年，推进基础配套建设。抓好东部、镇中心区、银山科技园等片区的控规修编工作，以科学的规划引领城市和产业升级。重点推进城市基础配套建设，银丰一路、污水处理厂二期扩建及配套管网工程、黎村小学一期、消防大楼等一批基础设施项目完成建设，投入使用。启动稔子园110千伏变电站建设。动工建设银瓶湖生态湿地示范园一期项目。银瓶站前广场、文体中心等项目完成立项。开展镇中心幼儿园项目立项、用地审批、方案设计等前期工作。抓好安置区、公租房规划建设。完成集中安置区、公租房、邻里中心的选址和规划设计。争取到市财政4亿元支持建设公租房，开展报东莞市审批相关手续。

2017年，完成镇总体规划、近期建设规划和工业保护线规划编制。全力建设截污次支管网，全年累计完成33.43千米，完成率127.1%。启动莞惠城轨银瓶站TOD综合开发项目，基本建成银瓶站站前广场人行天桥，与碧桂园集团签订框架协议，共同规划开发。规划水塔山片区、嘉鑫工业区、冠任工业区、第三工业区等城市更新项目，通过更新改造，保留产业发展用地，盘活土地资源，推动产城融合发展。规划建设总面积183.13公顷的银山湿地公园、银瓶湖湿地公园2个市级湿地公园完成总体规划方案，并通过市林业局评审，并进一步完善规划设计。推动美丽幸福村居建设，窑山、大龙、大厚3个村基本建成，黎村、谢岗2个村正在建设中。规划建设“微管网”，以镇中心区23万平方米区域为试点，完成工作计划书编制。推动镇人民公园项目建设，完成一、二期设计和招标。完成银瓶合作创新区水系综合规划，获市水务局批复同意，规划建设总投资达10亿元。启动海绵城市专项规划编制工作。推动房地产发展，启动5公顷星汇翠峰、2.13公顷曹乐骏雅苑2个商住项目建设，基本完成1.67公顷眼口商住地块前期工作，通过法律手段，着手解决广场南路、杏花村、金满湖等有历史遗留问题地块。

2018年，加快专项规划修编，加快旧村改造，在8个旧村划定总面积250.13公顷的禁建和控建区域，其中4个旧村更新项目推进顺利。水塔山城市更新项目纳入全市30个城市更新重点推介项目，明确单一主体招商的改造模式，并于春节前完成镇属物业清拆。加快推进冠任5.87公顷、嘉鑫13.33公顷2个“工改工”项目。以司法途径盘活杏花村和金满湖3块历史问题用地共34公顷，其中与市土地收储中心以起拍价3.96亿元，司法拍得金满湖地块23.73公顷。成功推出眼口2个共3.6公顷商住地块，切实解决谢岗多年无房可卖的窘境。加快统筹规划镇全域旅游发展。南面村被纳入全市13个村（社区）建设生态宜居美丽乡村示范点。大力推进美丽幸福村居建设，镇里为每个村（社区）安排最高达300万元的奖励。黎村、大厚、大龙、南面、窑山5个村完成美丽幸福村居建设并全部通过验收，黎村美丽幸福村居项目入选为市亮点村居。推动黎村、大厚、大龙、南面4个村6.3平方千米美丽幸福村居建设，成功申报为市第二批3个美丽幸福村居连片建设示范项目之一。启动全镇域海绵城市建设。成立以镇委书记为组长的工作领导小组，出台《谢岗镇海绵城市规划技术指引》等8份政策技术文件导则，从组织、政策层面推动全镇海绵城市建设。制定全镇微管网建设方案，成立指挥部，统筹推进全镇微管网建设。

2019年，坚持规划引领，全面填补规划空白，打通发展瓶颈，在国土空间、土地利用、生态建设等方面开展28项规划编制，完成发展总体规划、海绵城市专项规划等21项规划。

【基础设施建设】 2015年，谢岗镇有序推进基础设施PPP项目建设。30号路建成验收通车，银瓶合作创新区基础设施PPP项目实施方案11月5日获市政府批复，确定8个道路建设子项目47.5亿元的建设规模；开展29号路、谢岗大道、大黎路、粤海大道等子项目的前期工作。是年，开展省生态乡镇创建，拒批污染企业41家。扎实推进石马河污染整治，投入1.78亿元，启动30.83千米截污次支管网建设，接通截污主干管网，推进谢岗污水处理厂二期扩建及配套管网建设，开展黎村截洪渠内河涌整治。投入2038万元，启动3.2千米的中小河流治理。全力推进重污染企业整改。超额完成黄标车淘汰任务。完成银瓶山登峰步道等二期工程建设，进一步完善森林公园设施。投入375万元启动谢山村宜居社区项目建设。

2016年6月，银瓶合作创新区路网基础设施PPP项目签约，成为全市第一个签约项目。其中29号路初步设计方案通过市交通局评审，上跨京九铁路方案获得广铁集团批复，开展施工图设计；大黎路、谢岗大道等开展前期工作。

2017年，建成谢常路及延长线银丰路段，打通断头路。总投资22.6亿元的29号路、粤海大道动工建设。加快推动大黎路、谢岗大道等道路前期工作。全面提升城市精细化管理水平。强化环卫统筹，投入2000多万元，实行全镇环卫外包服务，实现村（社区）环卫支出零负担。新增生活垃圾运往焚烧厂处理，实现100%生活垃圾无害化处理。实施凹坑填埋场雨污分流、覆膜及沼气导排工程，减少环境污染。完成8家“两高一低”企业提升改造，年减少废水排放量12.22万吨。

2018年，粤海大道、29号路、爱民大道动工建设，谢岗大道、大黎路等6条道路正在加紧前期工作，莞惠公路谢岗段路面大修工程进展顺利。出台《谢岗镇农村公路投资建设、维护管养暂行规定》，投入5亿元进行全镇村级道路升级。建成稔子园村、东惠广场、华泰工业园区3个总长6.7千米的微管网建设试点工程。全面加快截污管网建设，全年累计建成3个批次80.86千米的次支管网，完成验收72.59千米，移交通水70.3千米，移交率95%。全面开展河涌专项整治。黎村、谢岗、赵林3条截洪渠完成消除黑臭和清淤工作。对全镇5条截洪渠、谢岗涌、赵曹排洪渠进行保洁，保洁水面面积约186万平方米，保洁河堤面积约127万平方米。摸排登记河涌两岸各6米范围内的违章建筑。全面强化环境监管。制发《谢岗镇集中整治“散乱污”企业专项行动方案》，整治“散乱污”企业223家。完成挥发性有机物整治任务，规范转移各类危险废物8708吨。全面推进污染治理工程建设，启动总投资2802.2万元的3个分散式污水处理站建设。东南部卫生填埋场建设一期工程试运营，安全填埋飞灰螯合物约14万吨。落实市存量垃圾综合治理要求，完成凹坑生活垃圾填埋场封场整治工程。

2019年，路网体系加快健全。全力破解征地拆迁、建设技术难题，打通爱民大道全路段、粤海大道曹乐段；打开29号路、S357莞惠路等多条道路施工面。完成银丰路延长线的绿化升级。全面铺开各类城市更新项目，激活镇村发展动力。升级改造4个老旧工业区，总面积59.53公顷，其中花园工业区完成产业规划编制等系列前期工作。有序推进8个旧村250.13公顷城市更新，启动7个城市更新单元建设，其中5个旧村6个更新单元完成前期服务商招引，水塔山项目正在招引前期服务商，6个城市更新单元进入拆赔方案酝酿阶段。大力发展房地产业，切实解决无房可卖的窘境，全年有八号公馆、玖赋公馆、星汇翠峰、唐商翰林居等4个房地产项目开发建设，可售1000套房、近11万平方米。全年收储、统筹整备金满湖、朗惠、银瓶湖等65.1公顷商住地块，其中，与市土地储备中心合作收储35.2公顷金满湖地块。着力保障人才等居住用房，启动曹乐统租民房项目，花园工业区人才公寓，稔子园安置区、公租房等保障用房建设。建成截污主干管网26.98千米并实现通水，建成截污次支管网122.2千米。在工业区、小区、民房等全面铺开雨污分流改造工程，完成立管、埋管300多千米，小区民房覆盖率约86%。3座总投资约2803万元分散式污水处理站投入使用。是年，环境治理保持高压态势。深入实施专项执法、联合执法，全年检查企业1432家，查处违法行为90宗，罚款816万元。加强“散乱污”企业整治力度，提前3个月完成市下达的523家“散乱污”整治任务。健全镇村两级河长制组织体系，全年巡河湖1322人次，整改问题165处。加快海绵城市试点建设，对照省“万里碧道”建设指引，高标准规划31.7千米“百里碧道”，分阶段推进建设，“一园三渠”工程动工。投资8300万元、占地面积105.47公顷的银山市级湿地公园正式建成开园。人民公园完成一期建设。对各村最高补贴300万元建设“一村一公园”，黎村窑贝塘公园、谢岗村文体公园、曹乐村芙蓉小公园已经建成。综合整治提升镇内5条截洪渠，已全面消除黑臭，启动赵林截洪渠等多条截洪渠生态廊道景观工程建设。城市管理更加精细化。制定领导包街巡查制度，大力开展“党建+行走谢岗”“洁净谢岗”“点睛亮景”专项行动，推进“厕所革命”和垃圾分类工作，提升环卫绿化水平。筹建镇环卫所，接管镇中心区及莞惠路、谢常路两条主干道66万平方米区域环卫保洁工作。铁腕整治“两违”（违法占地、违法建设行为）60万平方米，实施城市夜景亮化工程，对城市建筑外立面进行改造提升，打造精致城市形象。

【公共安全管理】 2015年，谢岗镇开展“3+2+2”专项整治行动，严厉打击各类违法犯罪，全镇刑事案件比上年下降11.6%，破案绝对数上升33.7%。积极推进信访法治化建设，加强矛盾纠纷化解，强化劳资关系维稳工作，严厉查处企业欠薪行为，处理欠薪企业47家次，追回工资1500多万元。

2016年，开展各类专项整治行动，实现24小时不间断巡逻，有效稳控社会面治安。全面铺开平安建设，抓好“以案说防”“一呼百应”等群防群治工作，深入推进智网工程建设，划分64个基础网格，对应配置网格管理员实行网格化管理。严厉打击各类违法犯罪，有效净化了社会环境。加强对劳资纠纷等不稳定因素的排查化解，处理欠薪企业55家，涉及金额1689万元，积极应对钨珍公司、联驭公司停产事件。

2017年，开展“飓风2017”专项行动，严厉打击各类违法犯罪活动，全年违法犯罪警情下降35.78%，成功打掉1处邪教窝点，侦破1起涉案面值10亿多元的虚开发票案。持续深入治理信访问题，制定《谢岗镇维护社会稳定工作方案》，布置重点问题排查化解行动等十大行动，妥善处置群体性事件和突发事件。有效净化社会环境，社会大局保持和谐稳定。加强社会治理创新。完善“智网工程”建设，入格事项增至8个部门20大类83项，建成镇村两级指挥调度平台，充实一批网格人员。扎实开展“以案说防”和“一呼百应”工作。加强对劳资纠纷、欠薪逃匿等引发的不稳定因素的排查化解，处理欠薪企业63家，为群众追回工资1930万元。

2018年，深入开展“扫黑除恶”专项斗争，落实300万元专项经费，共侦破涉黑恶刑事案件16宗，查处涉黑恶行政案件2宗，打掉涉恶团伙8个。全面铺开“平安细胞”建设工作，组建公安铁骑队，全年“两抢”警情数比上年下降71.4%，立刑事案件比上年下降7.1%。发挥综治中心、平安建设促进会等矛盾纠纷化解平台的积极作用，落实领导包案6宗，办理信访案件210宗，处理欠薪企业43家次，追回工资1825.7万元。

2019年，谢岗镇是全市命案“零发”4个镇街之一。全年排查处置各类不稳定因素、矛盾纠纷185起，办理信访案件173宗，比上年下降17.62%，有效处理群众诉求。强化劳动保障监察执法，严肃查处欠薪违法行为，全年排查隐患企业175家，处理欠薪企业42家次，追回工资1557万元。妥善完成“6·30”专案维稳工作。开展扫黑除恶专项斗争、“飓风2019”、“盗抢骗”、黄赌毒等打击整治行动，共打掉7个涉恶团伙，侦破刑事案件311宗。

【安全生产监管】 2015年，谢岗镇开展安全生产大检查，深化打非治违和专项整治，对危险化学品生产经营单位等进行地毯式检查，整改消除隐患1688处，责令“三停”20家，全年未发生重特大安全事故。严厉查处食品药品违法案件，全镇食品药品安全得到进一步保障。加强城市综合管理，强化镇村联动严控违法建筑，成立专门巡查队伍实行24小时全天巡查，落实各村属地管理责任，坚决制止抢建抢种行为，拆除违建60宗。

2016年，严格落实安全生产一岗双责制，深入开展危险化学品和易燃易爆物品安全、消防安全隐患大排查、“三小”场所和出租屋安全、建筑施工安全等领域的专项整治行动，整改消除隐患1013处，责令“三停”14家。

2017年，查处城市“六乱”行为3658宗。开展消防、安全生产各项专项整治，排查整改各类安全隐患2071处，未发生较大及以上安全事故。常态化整治泥头车，查处泥头车违规违法行为110次，查扣车辆94台。遏制违建行为，拆除违建26宗，拆除面积4080平方米。查办食品药品违法案件21宗，新增1家农贸市场快检室。创新安全生产管理，对全镇生产经营单位，实行三级量化动态管理。

2018年，全力整治城市“六乱”，推动垃圾强制分类试点，加强城市精细化管理。投入300多万元配齐消防急用设备，充实镇村安全工作队伍。建成黎村消防安全示范街和“三小”场所体验点。开展直排式燃气热水器的专项整治行动，整治有安全隐患的热水器1456台。

2019年，落实安全生产属地属事责任，全年累计检查企业1.35万家次，整改各类事故隐患1.06万项。保障消防安全形势稳定，妥善处理火灾事故14起，整改火灾隐患6810处。强化食品安全监管，全年核发食品经营许可证652个，查办食品行政违法案件123宗。全年没有发生较大以上生产安全、消防安全和食品安全事故。获得2019年市安全生产责任制和消防安全工作考核优秀。智网工程深入推进。探索建立镇、村（社区）、部门“大综管”工作机制，提高社会治理水平。全面推进建筑物、单位场所、出租屋等基础信息建档工作。全年累计完成巡查任务12.9万个。组织多部门、村（社区）开展夜间错峰专项巡查整治行动，加强对人流密集地区巡检，确保隐患及时发现、及时处置、及时整改。

【文教卫事业发展】 2015年，谢岗镇落实文化惠民工程，下乡演出26场，播放公益电影192场，观众7万人次。启动全镇历史文化挖掘，梳理谢岗镇人文历史传承脉络，启动村史展览室建设，稔子园村史展览室率先建成开放。《银瓶通讯》报创刊发行，谢岗电视新闻实现每日播出。开展《东莞市谢岗镇志》编纂工作。积极创建东莞市推进教育现代化先进镇，突出特色学校建设，谢岗中学获全国生态文明教育示范学校称号。投入3600多万元扩建黎村小学，完成综合楼、饭堂工程建设。挂牌成立市人民医院谢岗院区，市人民医院50多名专家进驻坐诊。医院新院区完成主体工程建设，并开展装修工程。新社卫大院投入使用。全镇医疗卫生服务水平得到进一步提升。

2016年，成功创建“东莞市推进教育现代化先进镇”，建成黎村小学综合楼、食堂并投入使用。谢岗中学中考成绩在山区片名列前茅，获评国际生态学校。东莞市人民医院谢岗新院区建成投入使用，成为山区片管理一流、医技一流、设备一流、环境一流、交通便利一流的医院。

2017年，开展黎村小学改造二期工程规划建设工作。《谢岗镇志》正式出版。成立镇全媒体中心，抓好镇电视台、《银瓶通讯》报、“活力银瓶”微信公众号、便民谢岗等平台建设。原创歌曲《梦里中国》获市第二届群众音乐舞蹈花会比赛金奖。谢岗中学、谢岗振华中学均被广东省评为“校园足球推广学校”，谢岗中学获评“全国青少年校园足球特色学校”。谢岗小学、谢岗振华学校通过“东莞市依法治校示范校”评估验收。华翔学校成功创建市一级学校。

2018年，建成谢岗镇首个爱国主义教育基地。率先在全市实现“东莞市依法治校示范校”全覆盖。谢岗中学获评2018年“全国生态文明特色教育学校”，振华学校获评2018年“全国青少年校园足球特色学校”。谢岗历史文化专题片《银瓶山下有人家》受到社会各界高度关注和好评，原创歌曲《梦里中国》获“2017年广东省群众文艺作品评选”一等奖。举办篮球赛、足球赛等体育活动。组建9个村级醒狮、麒麟队。成功创建3个健康村、6所无烟学校以及4个健康促进单位，启动创建广东省健康促进区工作。谢岗医院二期扩建工程完成立项、规划选址、工程设计方案等前期工作。谢岗人民公园、公租房、谢岗中心小学曹乐校区等总投资26.2亿元的10个民生项目全面动工建设。投入535万元，完成银湖工业园区市政设施升级改造工程；投入403万元，推进中心幼儿园改造工程。

2019年，顺利通过广东省教

育强镇和东莞市推进教育现代化先进镇复评验收。总投资2亿元占地面积7.5万平方米的中心小学曹乐校区、黎村小学扩建、中心幼儿园扩建等3个项目启动建设。实验中学、完全中学等6个学校项目开展前期工作。顺利通过国家卫生镇复审和市级健康促进区评估，全面铺开创建省健康促进区工作。谢岗医院积极创建二甲医院，投资1.1亿元的谢岗医院二期动工建设。社区卫生服务机构标准化建设完成率达100%。推行家庭医生签约服务，全年到社卫首诊患者比上年增加20%，有效降低人均医疗费用。举办谢岗镇“党群杯”篮球赛、“迎新春”长跑等体育活动，镇女子篮球队获迎篮球世界杯·战马2019东莞市篮球联赛（丙级）冠军。举办迎国庆登山、大型文艺晚会、《我和我的祖国》快闪等活动，营造中华人民共和国成立70周年良好氛围。乡村振兴取得成效。黎村、大厚、大龙、南面、窑山等5个村完成美丽幸福村居建设并全部通过验收，黎村美丽幸福村居获评市十大美丽幸福村居、市亮点村居。正在开展6.3平方千米南面大龙美丽幸福村居特色连片示范项目建设。镇内5个欠发达村集体经济发展总体向好，村组两级总资产11.2亿元，比上年增长18.8%，村组两级经营总收入比上年增长9.1%。

【民生保障】 2015年，谢岗镇创新重大疾病医疗救助，实施《谢岗镇农（居）民医疗救助暂行办法》，让重大疾病患者尤其是困难家庭患者得到更快更好的医疗救助。做好就业和保障服务，发放各项就业补贴285万元，投入各类保障补助资金，发放优抚、优待金。

2016年，落实《谢岗镇农（居）民医疗救助暂行办法》，全年投入224万元为群众提供重大疾病医疗救助。做好就业和保障服务，发放各项就业补贴254.6万元，投入各类保障补助资金426.8万元，发放优抚金、优待金196万元。

2017年，发放各项就业补贴179万元。投入各类保障补助资金920.6万元。发放优抚、优待金219.5万元。社保扩面征缴扎实推进，社会养老和医疗保险待遇水平稳步提升。

2018年，做好劳动就业服务，全年条件准入类人才入户177人，随迁287人，比上年增长608%。落实市镇两级就业惠民政策，发放补贴资金192万元。稳步推进社保扩面征缴。改善老年人基本生活，全年投入410万元，为全镇3500名60岁以上老年人发放生果金，补贴标准由每人每月50元提高到100元。打好精准扶贫攻坚战，全年投入400万元，帮扶新疆生产建设兵团50团、云南昭通、韶关南雄做好各项基础建设，对口帮扶南雄实现131户贫困户脱贫，脱贫率96%。镇内5个欠发达村集体经济发展总体向好，实现2018年村组两级经营性纯收入增长5%目标，20户低保户脱贫，脱贫率95%。

2019年，落实低保、残疾人、失能老人等困难群众的保障工作，发放各类救助金约787万元，抚恤定补金100%兑现，发放老人生果金416万元。落实市镇两级就业创业政策，全年发放各类就业创业补贴约173万元。扎实做好对口支援新疆50团、扶贫协作昭通镇雄、精准扶贫韶关南雄的工作，切实落实财政帮扶资金425万元。

【效能建设】 2017年，谢岗镇加快出台自建房建设导则、管理办法。完成镇村两级政务服务中心建设，推动17个部门共262项公共服务事项进驻，全年受理各类行政审批和审核服务事项3207件，“一门式一网式”改革持续深入推动。推动简政强镇，顺利接收交通、人力资源、文化执法等8个市直属单位，承接市下放777项事权，补充一批人员到各单位并进行培训。

2018年，加快推进政务服务体系建设，协调各部门实现行政审批标准化，服务事项增至26个部门573项。12345热线全年有效受理群众诉求360宗。严格落实各项法律法规，推动依法行政。深入贯彻“七五”普法工作规划纲要精神，按照“谁执法，谁普法”的责任要求，组织开展全镇普法工作。建设高素质法制机构队伍，增加2名法律专业专职工作人员。进一步升级改造公共法律服务中心，落实“一村（社区）一法律顾问”制度，强化法律援助和社区矫正工作，积极开展矛盾纠纷排查调处，做好人民调解派驻派出所工作。

2019年，深入基层一线开展调查研究，查摆180个具体问题，制定280条整改措施。深入推进法治政府建设，健全法律顾问体系，严格执行规范性文件合法性审查、集体讨论决定等制度，做好镇重点项目的法律风险防控，全年累计提供公共法律援助服务近600次。行政效能逐步提升。落实“执行力建设年”部署要求，办好“湾区智造新城、品质生态谢岗”30项行动计划和12件民生实事，推动督查工作常态化，全年155项重点工作完成率达90%。提高政务服务水平，全年政务服务中心累计咨询业务5067件，办件量4156件，办结率100%。

中共谢岗镇委员会

党的代表大会

【中国共产党谢岗镇第十二届代表大会第三次会议】 中国共产党谢岗镇第十二届代表大会第三次会议于2015年2月13日上午召开，出席代表113名。大会总结了2014年镇委工作，提出2015年工作要求和总体目标，表决通过镇委工作报告等相关报告，并对镇党委、镇纪委班子成员和干部的工作进行民主评议。

【中国共产党谢岗镇第十二届代表大会第四次会议】 中国共产党谢岗镇第十二届代表大会第四次会议于2016年1月29日召开，出席代表123名。大会经过充分讨论酝酿，批准2015年镇党委的工作报告和镇纪委的工作报告，对届中补选的5名党代表进行表决确认。此次会议，实事求是地总结了谢岗镇2015年的各项工作，对2016年工作提出具体目标和要求。

【中国共产党谢岗镇第十三届代表大会第一次会议】 中国共产党谢岗镇第十三届代表大会第一次会议于2016年8月28日召开，出席代表123名。大会议题：听取和审议中共谢岗镇第十二届委员会的工作报告，选举中共谢岗镇第十三届委员会。大会讨论和通过了贾贵斌代表第十二届委员会所作的《创新驱动发展 加快新区建设 奋力建设高端制造名镇、现代生态新城》报告，并通过相应决议。会议选举产生中共谢岗镇第十三届委员会和第九届纪律检查委员会。

【中国共产党谢岗镇第十三届代表大会第二次会议】 中国共产党谢岗镇第十三届代表大会第二次会议于2018年2月5日召开，应出席代表123名，因事、因病请假6名，实到会117名。大会主要任务：对镇党委班子和镇纪委班子成员的工作进行民主评议；听取和审查镇委工作报告，审查镇纪委工作报告，审查《中共谢岗镇委关于持续深入学习宣传贯彻党的十九大精神推动习近平新时代中国特色社会主义思想在谢岗大地生根结果(讨论稿)》，确定2018年谢岗镇经济社会发展的战略目标、任务和措施；并对届中补选的8名谢岗镇第十三届党代表进行确认。

此次大会，实事求是地总结了谢岗镇2017年的各项工作，对2018年工作提出具体目标和要求。

【中国共产党谢岗镇第十三届代表大会第三次会议】 中国共产党

2016年8月，中国共产党谢岗镇第十三次代表大会选出新一届委员会

2016 年 8 月 28 日，中国共产党谢岗镇第十三次代表大会召开

谢岗镇第十三届代表大会第三次会议于 2019 年 1 月 22 日上午召开。大会全面总结了 2018 年镇委各项工作，分析形势，找准问题，部署 2019 年工作。会议决定开展“执行力建设年”“平安稳定建设年”“项目建设年”“城市精细化管理建设年”四个建设年专项行动，努力在新时代实现高质量发展，为全市实现“四个走在前列”排头兵做出应有贡献。

附：2015— 2019 年中共谢岗镇委员会领导名录

书记：

贾贵斌（任至 2017 年 7 月）

胡毅峰（2017 年 9 月任）

副书记：

胡毅峰（任至 2017 年 9 月）

罗树华（任至 2016 年 8 月）

罗满桥（2016 年 8 月任）

谢伟平（2016 年 8 月任）

委员：

王居乐（任至 2016 年 8 月）

罗满桥（任至 2016 年 8 月）

黄北强（任至 2016 年 8 月）

黄润波（任至 2019 年 8 月）

何智斌（任至 2016 年 8 月）

李学畴（任至 2016 年 8 月）

黎志庆（任至 2016 年 8 月）

黄景鹏（2019 年 8 月任）

黄少雄（2011 年 8 月任）

吕　琳（2011 年 8 月任）

刘俊全（2014 年 5 月任）

刘文锋（2016 年 8 月任）

李一龙（2016 年 8 月任）

张桂标（2016 年 8 月任）

洪朝峰（2016 年 8 月任）

徐泽文（2016 年 8 月任）

镇委主要工作

【统揽全局，发挥领导核心作用】 2015—2016 年，谢岗镇委团结带领全镇上下，以银瓶合作创新区建设为突破口，作出推进转型跨越发展的一系列决策部署，特别是确立高端装备制造的产业发展思路，搭建“一城、一园、一湖、一山”的新型城镇建设大格局，提出争创一流、争当“单打冠军”的工作要求，落实稳定增长、招商引资、征地拆迁、项目建设、环境治理、农村发展、民生保障、文化挖掘、作风建设等各项工作部署。

2017—2019 年，中共谢岗镇委坚持以习近平新时代中国特色社会主义思想为指导，全面贯彻中共十九大和十九届二中、三中、四中全会精神，深入学习贯彻习近平总书记对广东重要讲话和重要指示批示精神，贯彻落实中央和省委、市委各项决策部署，围绕镇委“一三五”发展思路，以及建设“湾区智造新城、品质生态谢岗”的战略目标，牢牢把握“四区”叠加机遇，按“1+1+8”工作部署，以党建为统领推动中心工作，以粤港澳大湾区建设为“纲”，推动银瓶合作创新区高质量加快发展，融入粤港澳大湾区的步伐坚定有力。

【抓好中共十九大精神学习贯彻】 2017 年，谢岗镇委出台系列方案文件，召开学习宣传贯彻大会，邀请专家讲课，加强新闻报道，在全镇掀起学习热潮。镇领导班子坚持带头学、读原著、学原文、悟原理，坚持以中共十九大精神和东莞市委部署统领全镇发展，提出谢岗镇贯彻中共十九大精神“坚持一个统领、突出三个特色、实现五个突破”的发展思路。在贯彻新发展理念、建设现代化经济体系，在建设美丽谢岗，在保障和改善民生，在乡村振兴，在生态文明建设等五方面实现突破，成为全镇上下加快发展的共识。

【学习贯彻习近平新时代中国特色社会主义思想】 2018 年，谢岗镇把学习贯彻习近平新时代中国特色社会主义思想和中共十九大精神作为头等大事和首要政治任务。出台系列方案文件，部署学习要求，第一时间召开学习宣传贯彻大会，传达习近平总书记参加广东代表团审议以及视察广东的重要讲话精神，镇领导班子坚持带头学原文、带头讲党课，在带学督学中起到表率作用，邀请专家讲课，加强新闻报道，迅速在全镇掀起学习热潮，推动习近平新时代中国特色社会主义思想和中共十九大精神在谢岗家喻户晓、深入人心。

【开展“不忘初心、牢记使命”主题教育】 2019年，谢岗镇深入开展“不忘初心、牢记使命”主题教育，镇委以紧抓主题教育和推动中心工作为重点，开展1小时读书班、主题党日、班子带头讲党课、中层干部“示范领学”等学习活动，使全体党员干部深刻理解习近平新时代中国特色社会主义思想的丰富内涵，增强“四个意识”，坚定“四个自信”，坚决做到“两个维护”。促使全体党员干部在党建创新、使命担当、组织力提升上实现突破，在思想政治、执行力、创新发展、民生事业、党风廉政等建设上有成效。

【明确主攻方向，全力攻坚】 2015—2019年，谢岗镇委把加快推动粤海产业园和重大项目建设作为主攻方向，全力攻坚，破解难题，并取得突破。主攻重大项目落地建设，破解征地拆迁难题，全面加快普洛斯电商物流园、粤海工业智造产业中心项目建设。落实企业扶持政策，深入开展走访服务企业活动，镇领导班子成员落实挂点服务企业责任，协助善募康、润星、亿环等企业增资扩产，推动企业做强做大。深入开展“倍增计划”，落实“高质量倍增十条”新政，推动倍增计划试点企业加大技改投资。落实市“非公经济50条”，大力扶持民营、外资企业发展，加大扶持企业力度，对企业、个人进行奖励补助。出台《谢岗镇统筹开发工业用地实施办法》《谢岗镇新引进租赁厂房类项目认定奖励暂行办法》，推动产业升级。

【高标准规划建设银瓶合作创新区】 2015—2019年，谢岗镇委坚持高起点，把城市配套建设作为工作的突出重点，把环境治理作为管理的有效手段，全面提升城市品质。一方面，全力抓好配套项目建设；另一方面，全力抓好城市综合治理。通过整治一批环境突出问题，全面优化全镇人居环境。同时，开展城市总体规划调整、土地利用总体规划调整、水系建设规划、产业规划、基础设施专项规划、环境保护规划等，并以银瓶合作创新区为主体，会同周边镇区的工业园区，申报国家开发区。开展“一村一策”和“新时代•新征程•新谢岗”大调研活动，在深化镇村统筹发展、开展土地统筹等8个方面进行专题调研，进一步明确新时代谢岗改革发展的思路举措。完成《银瓶合作创新区海绵城市专项规划》，出台《谢岗镇海绵城市规划技术指引》等8份技术导则。充分发挥谢岗生态资源优势，以更高标准、更大范围推进生态建设，把生态打造成为谢岗最大的亮点和竞争力。全面推进湿地公园、百里碧道、河渠整治、治污治水等生态建设。

【把改善民生作为一切工作的出发点】 2015—2019年，谢岗镇委不断创新措施，想方设法提升群众幸福指数。深入开展“3+2+2”治安专项整治行动、安全生产和消防安全隐患排查整治行动、征地拆迁和劳资纠纷排查整治行动，整治一批在治安、安全等方面的突出问题和隐患，着力建设稳定谢岗、平安谢岗。抓好“以案说防”“一呼百应”等群防群治工作，深入推进智网工程建设，划分64个基础网格，对应配置网格管理员实行网格化管理。办好各项惠民实事。在医疗卫生方面，推动市人民医院与谢岗医院联合办院，组建医联体，成立市人民医院谢岗院区，并且在加快谢岗院区新院区装修工程建设的同时，对项目进行扩充提升，从“二甲”标准提升为“三甲”标准，功能从综合性延伸到养老领域，大大提升谢岗及周边地区的医疗卫生水平。在文化教育方面，深入开展文化挖掘工作，通过普查摸底，传承谢岗优秀传统，铸造核心价值观。深入推进教育事业发展，全面提升学校软硬件设施，为东部地区学生提供一个良好的就学环境，同时全力推进市教育现代化先进镇创建工作。在民生保障方面，落实各项就业补贴和发放各类保障补助资金等，为群众提供重大疾病医疗救助。

【抓好作风建设、党的建设】 2015—2019年，谢岗镇委结合“三严三实”专题教育活动、驻点联系群众活动，深入抓好作风建设、党的建设。多次召开领导班子会议、学习研讨会和全镇专题整改会议，多次开展领导班子成员、中层干部和村（社区）党工委书记谈话谈心，深入整治不严不实问题，统一思想，提振信心，化解矛盾，特别是着力解决历史遗留、征地拆迁、违法建筑等热点难点问题。

2018年，出台《中共谢岗镇

委关于贯彻落实新时代党的建设总要求不断提高党的建设质量的意见》等“1+5”文件，系统提出加强党的建设的整体思路。制定《谢岗镇加强党的基层组织建设三年行动计划实施方案（2018—2020年）》“1+10”系列文件和《谢岗镇2018年党建工作计划》，以“规范化建设年”为主题，对78项党建具体工作任务的规定动作进行清单式管理。主动策划部署，打造“党建+中心工作”“周一党建之夜活动”“四个统一标准化建设”系列活动品牌，开展“党建+生态文明”知识竞赛、“党建+卖荔枝送乡情”等党建活动。实施“头雁工程”，派驻村（社区）第一书记和工作组，强化村（社区）党工委核心作用。通过党建引领，提升全镇党员干部干事创业的精气神和执行力。同时，开展镇内巡察工作。全面加强作风建设，开展创建“党员先锋岗”活动，引导机关党员当先锋，不断提高责任意识、办事效率和服务质量。坚持驻点联系群众常态化、制度化，切实打通影响群众切身利益的“最后一千米”。

2019年，推进南粤党员先锋工程，开展关联党支部“党建+争上游”共建等特色党建活动，支部党员围绕工作建言献策，建立多部门联合执法制度。打造“党建+城市更新”等品牌，开展系列主题党日活动。开展网格中心和入格部门联合共建活动，建立镇村（社区）多部门工作人员联合巡查的“大综管”工作机制。开展驻点联系群众活动。制定详细工作方案，要求全镇领导班子成员及300多名机关干部坚持每周到12个驻点村（社区）开展驻点联系群众活动。走访群众和个体工商户、企业，收集意见和问题，并及时研究对策，解决问题。2019年，开展“湾区背景下银瓶合作创新区如何承载深莞惠合作”等19个专题调研。建立和动态更新“一台账两清单”，为群众解决难题245个。

【全面开展文明创建活动】 2015—2019年，谢岗镇委深入贯彻落实文明创建“四大提升工程”和“十项整治行动”部署，强化巡查督导，着力补短板促提升，形成镇村联动、条块结合、齐抓共管的良好局面。集中整治牛皮癣、户外广告、环境卫生、农贸市场，城市环境得到进一步美化。实施核心价值观融入提升工程，全镇新增核心价值观等户外公益广告1400多块。通过“小手拉大手”、志愿者活动等，促进市民素质的整体提升。

2015年，村组经营纯收入增速、村组两级总资产增速均在全市排名第一；成功争创“生态环境教育”和“退管服务”两项全市“单打冠军”；获得广东省高端装备专业镇称号。

2016年，成功创建“东莞市推进教育现代化先进镇”，谢岗中学中考成绩在山区片名列前茅，成功获评国际生态学校。

2017年，谢岗镇获东莞市镇街领导班子2017年度工作考评二等奖，排全市第17位。获得“全国综合减灾示范社区”“退休人员社会化管理服务站省级示范点”“国家卫生镇”“绿色村庄创建”等4项“单打冠军”。

2018年，谢岗镇成为全市7个水污染治理示范镇试点之一、全市唯一全域海绵城市试点的建制镇，入选全市3个美丽幸福村居连片建设示范项目。

2019年，谢岗镇通过东莞市推进教育现代化先进镇和广东省教育强镇复评验收。通过市文明镇复评验收，有6个村获评“市文明村”。

镇委重要决策

【建设现代化经济体系】 2016—2018年，谢岗镇委大力推动项目建设，集中签约、开工、竣工一大批项目。实施企业倍增计划，出台《谢岗镇倍增计划试点企业贷款贴息专项资金管理暂行办法》。推动创新驱动发展，引导企业加大科技投入，推动企业机器换人。加大扶持企业力度，完善出台《谢岗镇集体厂房租赁工作指引》《谢岗镇统筹开发工业用地实施办法》《谢岗镇新引进租赁厂房类项目认定奖励暂行办法》，坚决淘汰落后产能，为引进优质企业腾出空间。

【全力拓展城市发展空间】 2017—2019年，谢岗镇委大力推进路网建设，加快推进粤海产业园道路建设，S357改造升级，并出台《谢岗镇农村公路投资建设、维护管养暂行规定》。大力推进城市更新，成立城市更新局，开展全镇城市更新专项规划，推进赵林村等8个旧村250.13公顷城市更新项目。推动水塔山城市更新项目纳入全市30个重点推介项目，启动了公共物业清拆。推进冠任等老旧工业区“工改工”，拓展产业空间。切实抓好城市经营工作。成功推出两块商住地块，加快房地产发展，满足群众的住房需求。通过司法途径解决历史遗留土地问题，盘活3块商住用地共34公顷。收储土地和物业，完成银瓶站TOD范围内10.2公顷地块收储工作，推动城市品质提升。

【开展“两学一做”学习教育活动】 2016年4月28日，谢岗镇委制定《关于在全镇党员中开展“学党章党规、学系列讲话，做合格党员”学习教育的实施方案》。要求全镇党员迅速开展“学党章党规、学系列讲话，做合格党员”学习教育（简称“两学一做”学习教育）活动，树立和加强政治意识、大局意识、核心意识、看齐意识，坚定正确的政治方向；树立清风正气，严守政治纪律；进一步强化宗旨观念，勇于担当作为。着力解决一些党员理想信念模糊动摇、党的意识淡化、宗旨观念淡薄、精神不振、道德行为不端等问题。学习中坚持学用结合，知行合一；坚持问题导向，注重实效；坚持领导带头，以上率下；坚持从实际出发，分类指导，增强学习教育的针对性和实效性。要求全镇党员自觉践行党章要求，努力做“讲政治、有信念，讲规矩、有纪律，讲道德、有品行，讲奉献、有作为”的合格党员。

【推动谢岗“五位一体”建设】 2018年2月5日，在中国共产党谢岗镇第十三届党员代表大会第二次会议上通过“走特色发展之路，全力推动谢岗镇‘五位一体’建设实现突破”的发展思路，把谢岗建设成为生态、宜居、宜业、产城融合的美丽小镇。

【全面推进依法治镇】 2018年9月，谢岗镇委制定《谢岗镇维护社会稳定工作方案》。要求从七个方面入手，确保全面依法治镇工作任务落到实处。学习中共中央总书记习近平在中央全面依法治国委员会第一次会议上的重要讲话精神，加强领导干部法律知识的学习培训，完善学法考核机制。加强《中华人民共和国宪法》的学习教育培训和宣传力度。加强行政执法队伍建设，规范行政执法行为。落实“谁执法，谁普法”责任制，扎实推进“七五”普法工作。强化依法治理工作，运用法治思维和法治方法解决社会矛盾纠纷，维护社会稳定。强化“扫黑除恶”工作，营造“扫黑除恶”浓厚氛围。

2018年9月20日，谢岗镇委召开党委（扩大）会议

【推动党建工作】 2018年，谢岗镇委出台《中共谢岗镇委关于贯彻落实新时代党的建设总要求不断提高党的建设质量的意见》等“1+5”文件，系统提出加强党的建设的整体思路。制定《谢岗镇加强党的基层组织建设三年行动计划实施方案（2018—2020年）》“1+10”系列文件和《谢岗镇2018年党建工作计划》，以“规范化建设年”为主题，对78项党建具体工作任务的规定动作进行清单式管理。

【从严治党】 2018年，谢岗镇委

2020年1月15日，谢岗镇召开“不忘初心、牢记使命”主题教育总结会议

制定《关于谢岗镇加强干部职工队伍作风建设相关意见》，加强对领导干部的教育疏导和管理监督。推进谈心谈话工作常态化、制度化，突出抓好“关键少数”，坚持以上率下，抓好干部队伍建设，带动全面从严治党向纵深发展。

【全力建设“平安谢岗”】 2019年，谢岗镇委推进平安谢岗建设，共建共治共享社会治理格局逐步形成。提升公共治安水平。深化“扫黑除恶”专项斗争，累计侦破涉恶刑事案件58宗，打掉涉黑恶团伙7个，群众安全感不断增强。重拳打击违法犯罪行为，强化矛盾纠纷排查，依法处理群体事件和突发事件，社会大局保持和谐稳定。深入推进“智网工程”建设。建设网格化社会治理体系，推动更多事项入格。深入推进“二标四实”基础信息采集。加强网格员队伍业务培训，提高预警和处置能力。全力抓好安全稳定工作。强化监管和预防，落实监管检查全覆盖，推进国家食品安全示范城市创建，确保生产安全、食品安全、消防安全，整体形势保持平稳。

【大力实施乡村振兴战略】 2018年9月20日，谢岗镇委召开党委（扩大）会议，第一时间传达贯彻全市乡村振兴工作推进会精神，并就如何加快推进谢岗镇乡村振兴工作进行动员部署。要求全镇各级各部门提高政治站位，提高责任意识和主人翁意识，齐心协力，认真按照全市乡村振兴工作要求，推进谢岗乡村振兴工作。同时，谢岗镇结合实际，初步制定《谢岗镇推进乡村振兴战略工作方案》，并成立实施乡村振兴战略领导小组，加强对乡村振兴工作的统筹领导。根据推进乡村振兴战略实施意见，谢岗镇将重点抓好加强乡村振兴规划引领、发展高端精品农业、推动集体经济提质增效、建设生态宜居美丽乡村、提升乡风文明水平、提升乡村治理水平、加强乡村人才支撑、全面深化农村改革、推动次发达镇村加快发展等九大方面工作，共41项具体工作任务。

【引入市场竞争机制，加强园林绿化养护】 2018年7月2日，中共谢岗镇委第26次（扩大）会议决定，继续采取绿化养护服务外包方式，按照公开招投标流程，确定谢岗镇园林绿化养护服务单位，并根据全镇绿化分布情况，引入市场竞争机制，将园林绿化养护划分为两个片区，按两个标段招投标，分别由两家园林绿化养护公司负责两个片区的绿化养护工作，促使谢岗镇园林绿化养护质量及效果有对比、有竞争、有提升。

（供稿：谢岗镇党政办公室）

组织人事

【组织人事概况】 2015—2019年，谢岗镇组织人事办公室充分发挥基层党组织推动发展、服务群众、凝聚人心、促进和谐的作用，积极推进基层党组织建设及党员教育管理。开展“不忘初心、牢记使命”主题教育，通过“周一党建活动之夜”、固定主题党日活动和党建学习讲堂以及“党员先锋岗”活动，全面加强执行力建设和提高选人用人质量等。营造共建共治共享社会治理格局，提升各级党组织的组织力和全体党员的综合素质。

【完善党建工作机制】 2015—2019年，针对谢岗镇党建工作力量薄弱、人手紧缺的问题，为加强对党建工作的统一领导，做好统筹协调，镇委成立加强党建工作领导小组，由镇委书记任组长，下设办公室，从相关部门抽调精干的人员充实力量，专职负责全镇党建工作的统筹指导，形成了责任明确、领导有力、运转有序、保障到位的党建工作领导体制和运行机制。2018年，又从新招聘的机关工作人员中挑选4名综合素质强、作风过硬的人员补充到组织人事部门，工作效能大大提升。同时制定《谢岗镇关于建立基层党建经费保障机制的实施方案》，每年，向各村（社区）拨付党建经费2万元，向每个机关事业单位党组织拨付党建经费5000元，保障各党组织各项活动的开展。

【领导班子民主生活会】 2015—2019年，谢岗镇每年都召开领导班子民主生活会，镇领导班子成员围绕会议主题，认真开展党性分析和对照检查，并提出整改意见，谋求谢岗镇更好更快发展。2018年2月6日，2017年度谢岗镇领导班子专题民主生活会召开，镇领导班子成员围绕会议主题，认真开展批评与自我批评，并提出改正意见。8月22日上午，谢岗镇召开巡视整改专题民主生活会，各班子成员在严肃和谐的氛围中吐露心声、碰撞思想、讨论问题，真正亮了丑、揭了短、红了脸、出了汗、有辣味，真正在思想上受到教育、灵魂上受到触动、认识上得到提高，达到预期效果，也为用好批评和自我批评这个武器解决党内问题积累了经验、提供了借鉴。

【推进机关企事业单位党组织换届】 2018年，谢岗镇以加强基层党组织建设为统领，以“两学一做”学习教育常态化制度化建设为动力，严格执行《中国共产党章程》《中国共产党基层组织选举工作暂行条例》的规定，尊重和保障党员、职工的民主权利，巩固党的执政基础，严格执行基层党组织按期换届制度，建立换届工作台账，对所属基层党组织换届情况进行梳理，全面掌握所属基层党组织换届情况，提醒各机关企事业单位党组织做好换届准备工作，做好调查摸底，制定工作方案，推荐和确定候选人，于5月初，在统一安排下，圆满完成机关党支部、谢岗医院党支部、镇属企业党支部等33个党组织换届选举工作。

【基层党组织建设】 2015—2019年，谢岗镇根据市委文件精神，对软弱涣散党组织进行整顿，镇党委严格按照要求，认真组织，精心安排，提出整顿措施，制定实施方案，对全镇软弱涣散基层党组织的整顿工作从指导思想、工作目标、工作方法和步骤等方面作出具体要求，专门成立整顿领导小组，落实工作责任。

2018年，在全镇12个村（社区）开展“五强”党组织书记评选，通过民主推荐、组织考察、讨论推荐、确定名单等程序，评选出黎村党工委书记罗炜强、泰园社区党工委书记谢杰毅为“五强”党组织书记。是年，谢岗镇实施“头雁工程”，不断创新党组织带头人队伍选拔培养、教育培训、监督管理和激励保障机制等措施，不断加大农村基层党组织建设的力度，全年对2名党工委书记进行调整，进一步增强村基层党组织领导力。同时，按规定开展支部换届，选出扎实肯干的支部书记推动支部标准化建设，共调整支部书记30人。

2019年1月15日，召开2018年度村（社区）党工委书记抓党建工作述职评议会，各村（社区）党工委书记就2018年度围绕贯彻落实全国全省全市全镇组织工作会议精神、全市全镇加强基层党组织建设工作会议精神和《谢岗镇贯彻落实〈广东省加强党的基层组织建设三年行动计划（2018—2020年）〉的实施方案》，以“规范化建设”为主题，以提升组织力为重点，突出政治功能，提高基层党建工作质量，紧扣党建主题，就抓农村基层党建工作情况逐一述职。通过对基层党建工作的述职测评，进一步推动基层党组织建设全面进步，为实现基层经济社会健康发展提供强大动力。

【标准化建设】 2018年，谢岗镇在各级党组织中开展标准化建设。首先制定《关于基层党组织“四个统一”标准化建设实施方案》，编制《基层党支部标准化工作手册》，全面推进“四个统一”标准化建设（统一党建活动室、统一党务公开栏、统一党建档案、统一驻点联系工作室），研究制定《关于开展基层党组织标准化建设示范点创建工作的实施方案》，选取大龙村、地税分局、润星科技公司党支部作为村（社区）、机关事业单位、“两新”组织党组织的标准化工作试点单位，于10月完成试点创建和验收，12月前全面推广到全镇各级党组织。

2019年，根据市基层党建“双标工程”有关要求，结合谢岗镇基层党建工作实际，推选黎村为全市55个农村“双标工程”示范点建设对象之一和镇“双标工程”试点。黎村立足实际，着眼满足党组织活动阵地和服务群众平台的需求，建设高标准的党群服务中心（党员活动室）。统一村级组织活动场所标识、制度，规范门牌设置，规范室内上墙制度包括议事规则、行为规范、便民服务、党内生活等基本制度，力求各项规章制度更加科学合理，切实提升村级党群服务中心服务水平。之后，谢岗镇对照黎村党群服务中心建设的经验做法，出台设计方案，以点带面，精心组织，在全镇各村（社区）高标准建设党群服务中心，更好地服务群众，方便群众，提高活动室的使用率，树立新标杆、新品牌。

【党建活动】 2018年，以“党建+”方式引领党建工作与中心工作互促共融。以“党建+”促荔枝产销两旺。开展“党员+农户+客户”传党恩卖荔枝送乡情活动，采取“建议自购”“动员购买”“企业助销”等模式，推动党员干部主动深入基层，加大“银瓶红”的推介力度，搭建“党员+农户+客户”的渠道，促进谢岗镇荔枝品牌的打造与传播。全年通过党员自购和助销途径推销出荔枝50万公斤，中央电视台财经频道专题报道“党建+”促荔枝产销活动。以“党建+”促水污染综合治理。将“周一党建活动之夜”与每月15日“固定主题党日”活动相结合，举办“环保齐参与，党员我先行”主题党日活动，采取进企业宣传发动和巡河的方式，将全镇40多个党支部和1700多名党员安排到辖区内各大中型企业与企业管理人员座谈，到5条内河涌、排污口进行巡查，派发5000多份《携手治理环境，共建美丽谢岗——致全镇企业主的一封信》《常见的环境违法行为和法律责任》《谢岗镇创建水污染治理示范镇将从这五方面发力》等宣传资料，引导企业遵守环保法律法规，完善污染防治设施建设，合法排放，杜绝污染环境行为，助力成功创建水污染治理示范镇。以“党建+”促环保治理。以创建“市水污染治理示范镇”为契机，结合蓝天保卫战、固废物整治、净土防御战三大行动，实行党员干部带头包干、带队巡查、组织集中整治等方式，全年巡查涉水涉气企业140家，其中51家完成整改，继续整改77家，直接引退12家。同时，从15个职能部门抽调专职人员开展“散乱污”整治行动，38家“散乱污”企业已搬迁，另外停水停电并责令限期搬迁28家。以“党建+”促海绵城市试点。邀请“土人设计”团队到谢岗镇调研海绵城市建设，为谢岗海绵城市建设建言献策。同时，大力推进内河涌整治、入河排污口整治、消除黑臭水体等工作，按照“先截污，后清淤，再修复”的整治要求，制定“一河一策”整治方案，其中赵林截洪渠完成清淤和治堤，黎村完成消除黑臭水体目标任务，另外编制4条截洪渠的消除黑臭实施方案。以“党建+”促城市更新。组织各级党支部书记参加城市更新专题培训班，让他们进一步了解城市更新的理念和做法、单一改造主体挂牌招商政策及操作规范。编印系列城市更新材料，组织党员利用“周一党建活动之夜”平台，到村民家中派发宣传资料，与村民面对面解释城市更新最新的政策以及好处，让广大村民支持镇府城市更新工作。以“党建+”促“两违”整治。从机关单位选派12名干部到村（社区）挂任党工委第一书记，并派驻12个专项工作组，每周至少2次到村（社区）开展“两违”整治工作。全年共开展联合执法行动26次，组织拆违现场会4次，拆除违法建筑38宗，依法对违法建筑实施停水停电25宗，暂扣搅浆机、焊机、切割机等施工工具60余件，拆除面积15613平方米。其中，7月6日，对位于谢岗镇杏花村花园小区内的超高违法建筑进行强制拆除，共6层3个单元87套房，拆除建筑面积计1.12万平方米。截至8月31日，累计治理违法建设面积11.2万平方米。以“党建+”促学“生态文明”浓厚氛围。9月，组织全镇党组织先后开展“不忘初心 砥砺前行党建+”生态文明知识考学与竞赛活动，通过汇集中共十九大精神、党务党史和党纪党规、海绵城市、城市更新、水污染治理等900多条题库，全镇42个党支部组成的代表队参加竞赛，在全镇掀起学习生态文明知识的热潮。以“党建+”促“两新”组织建设提升。强化“两新”党员党性教育，相继开展习总书记系列重要讲话精神、“重温入党誓词”、送党课进企业等主题党日活动，引导“两新”党建在企业发展和“倍增”过程中发挥先锋模范作用，累计培训“两新”党组织党员200多人次；规范“阳光雨党群服务中心”运作，投入1.2万元增设硬件设施，开展形式多样的“党建引领、企校共建”活动，“两新”党组织向民办学校捐书400多册。同时，开展“两新”党组织“先锋行动”，开展2期“送党课进企业”活动，组织5次党性教育观影活动。

【特色培训教育】 2015年，谢岗镇利用远程教育终端站点学习平台开展特色培训教育。1—5月，共组织4场收看学习贯彻中共十九届四中全会和中共广东省委十一届四次全会精神专题讲座的远程教育学习课程，全镇1400多名党员干部参加远程视频教育学习。

2018年，积极打造“党建学习讲堂”品牌，每月开展专题培训，邀请市委党校教授祁建民、市国土局张映强以及苏州、新加坡等地专家到谢岗镇就海绵城市、城市更新、TOD综合利用、产业转型升级、创新发展驱动等进行培训教育，累计开展培训13期，参加党员干部

2016年，谢岗镇举行“两学一做”学习教育专题党课报告会

3500多人次；印发宣传画册2000多份。创新开展“周一党建活动之夜”主题活动。印发《中共谢岗镇委关于组织开展“周一党建活动之夜”工作的实施方案》，各党支部固定每周一晚上从8点开始，利用一个半小时，开展理论学习、纪律教育、调研考察、党内关爱、联系群众、服务社区（志愿服务）等主题活动，并与每月15日的“固定主题党日”衔接，累计举行18期主题活动。举办国家安全教育、“苏州新型城镇化与城乡建设治理专题培训班”、“城市更新专题培训班”等创新发展理念培训教育，累计培训镇领导、中层干部、村（社区）两委干部2500人次，切实改变干部中创新意识不强、工作眼界狭窄、思路不宽的问题。

2019年3月3日至4月19日，谢岗镇在杭州连续举行5期“生态文明建设暨乡村振兴工程专题培训班”。培训采取课堂教学与实地教学相结合方式，突出实地教学，依次到桐庐县荻浦村、环溪村，安吉县余村、鲁家村，德清县莫干山裸心谷等现场教学点学习。通过访谈教学、体验式教学等多种方式，注重强化党员干部先锋模范带头作用，充分发挥党员先进人物的引领和示范作用。是年，继续打造“党建学习讲堂”品牌，每月开展专题培训，先后邀请东莞军分区副司令员，东莞市委宣讲团成员、东莞市委党校教授查日升，市委宣讲团成员、东莞市委党校经济学副教授何清分别以长征精神的时代启示、粤港澳大湾区发展规划纲要和2019年广东经济形势为主题，为镇机关和村（社区）两委干部授课。全年开展23期，参加培训党员干部6000多人次。继续打造“周一党建之夜活动”品牌。结合中心工作，开展“党建引领 强化执行”弘扬雷锋精神、“国家安全”和“党员行走谢岗 合力净水洁城”、“保平安彰显初心 消隐患践行使命”、“党群携手同心 共‘绣’美丽谢岗”等主题活动。全年举办40期。

【中共谢岗镇委党校成立】 2018年10月15日，为开辟谢岗镇党员教育培训新阵地，搭建基层党员干部学习的新平台，谢岗镇举行中共谢岗镇委党校揭牌仪式，党校校长由镇委书记胡毅峰担任，副校长由镇委副书记谢伟平、镇委委员刘文锋担任。镇党校成立后，制订详细的干部培训计划，并坚持政治建校、质量立校、特色强校、从严治校理念，把党校办成谢岗镇加强党员干部党性锻炼的大熔炉、提高思想理论素养的主阵地。

【理论学习常态化】 2018—2019年，坚持理论学习常态化，定期研究党建工作。严格执行第一学习议题制度，每周召开的党委会都设置党建专题，以党委理论中心组学习为抓手，全面提升领导班子建设水平。其中2018年举行中心组学习16次，召开镇委党建专题会议35次，解决党建工作问题48个。

2019年，把学习教育贯穿于主题教育全过程。开展示范领学活动，强化领导班子带头学。通过开展镇领导班子成员示范领学活动，由各领导班子在党委（扩大）会议上分别领学，分专题原文学习，使各个领导班子既当好“指挥官”，又做好“示范员”。举行“一小时读书班”，强化领导干部带头学。以党支部为单位，采取集体学习的方式，每天下午5时至6时，利用一个小时的时间，由党支部书记或者组织委员召集，安排2~3名中层以上领导干部作为“领学员”，带领全体党员分专题分类别认真学习习近平新时代中国特色社会主义思想和相关论述。建立学时登记制度，强化党员带头学。建立学时登记卡，由党员开展自学登记，确保每一位党员把指定学习内容和书目通读一遍。从全镇各行业领域遴选10名优秀党员组建一支“不忘初心、牢记使命”主题教育“领学宣传队”，在镇委党校开展“不忘初心、牢记使命”主题教育领学带学活动，带领参会人员一起读原著、学原文、悟原理，营造良好的学习氛围。

【领导班子“三严三实”专题教育】 2015—2019年，谢岗镇在“三严三实”专题教育活动中，以加强思想教育、提升党性修养为重点，抓理论武装，抓学以致用，抓途径创新，抓制度落实，镇委书记带头讲党课，其他班子成员在分管部门或联系单位讲党课，根据学习时间与内容，组织“严以修身”“严以律己”“严以用权”专题研讨会，使领导班子成员加深对“三严三实”的理解。根据市委《关于“三严三实”专题教育中开展“为官不严、为官不实、为官不为”问题专项整改工作方案》要求，2015年对各单位负责人进行“为官不严、为官不实、为官不为”专项民主评议及年中考核，进一步改进镇领导干部工作作风。上半年组织4名党政领导干部参加年度轮训，订阅234本第四批全国干部学习培训教材发放给领导班子成员学习，购置18套“三严三实”专题教育学习读本给领导干部，助力开展“三严三实”专题教育。

【开展驻点联系群众工作】 2015年，谢岗镇制定详细工作方案，要求全镇12个驻点300多名机关干部坚持每周到驻点村开展直接联系群众活动，从党费中拨付12万元到各村（社区）用于联系群众工作。全年累计联系群众2800多人次，

2017 年，谢岗镇举办“两学一做”活动领导干部专题培训班

面对面解决群众、集体困难 120 多个，发放民情联系卡 3000 多张，记录驻点日记 300 多篇，征集到意见建议 80 多条。

2017 年，开展“一村一策”大调研活动。通过听取村委会、村民意见以及社会各界对统筹镇村发展的意见建议，研究发展思路，解决实际问题，切实打通服务群众“最后一千米”。全年召开座谈会 30 多场次，现场考察 50 余次以及入户调研 100 多户次，收集治安、民生福利、教育医疗、征地补偿等意见建议 300 多条。

2018 年，制定印发《关于进一步加强镇领导班子成员驻村（社区）工作的意见》，适时对各驻点团队进行调整，坚持常态化走访，每周二或周五由镇领导班子带头到驻点村（社区）走访。全年走访群众 4430 户，建立镇村两级问题台账 569 条，转交相关部门办理完毕 523 条，切实打通影响群众切身利益的“最后一千米”。

2019 年，深入开展驻点联系群众工作。制定印发《关于做好 2019 年驻点联系工作的通知》，根据工作实际对各驻点团队进行调整，坚持常态化走访，每周二或周五镇领导班子带头到驻点村（社区）走访，全年走访群众 4990 户，建立镇村两级问题台账 350 条，已办理完毕 319 条。

【走访老党员和困难党员】 2015—2019 年，谢岗镇加强与老党员、困难党员的走访联系。每年都开展 3 次走访慰问活动。春节前，镇领导班子开展节前走访慰问结对帮扶低保家庭、老党员和老干部活动。2018 年分别前往南面、大厚、黎村等村（社区）走访慰问老党员、老干部，累计走访 52 人次。七一期间，镇委主要领导及各党（总）支部有关领导开展走访慰问老党员和困难党员活动，关心询问他们的生活状况，并为他们送上党组织的温暖与关怀。中秋前夕，由组织部门对老干部进行走访慰问，向他们送上镇委、镇政府的关怀并希望老干部继续发挥先锋模范带头作用，发挥余热，继续为谢岗镇发展提出宝贵意见和建议。2019 年，开展“一对一”结对帮扶送温暖慰问活动，镇领导班子成员及帮扶干部共走访慰问 76 户结对帮扶对象。走访中，各帮扶干部详细了解困难群众的生产生活情况，鼓励大家坚定信心，努力克服困难，通过自身劳动和智慧不断改善生活条件，把日子越过越好。七一期间，谢岗镇全体领导班子集中组织开展一次广泛走访慰问老党员驻点主题活动，驻点领导或党组织书记带队，通过实地走访、召开座谈会等形式，对全镇 162 名 70 岁以上老党员进行走访慰问，关心他们的思想和生活，倾听他们的意见建议。

【提高发展党员质量】 2015—2019 年，谢岗镇为保证质量，有计划地发展党员。根据上年入党积极分子库的分布情况制订发展党员计划，从数量上加以限制，质量上加以严格规定，避免党员素质下降。在规范程序、严格把关基础上，重点严把“入口关”“考察关”“民主关”“透明关”，并在党员发展过程中，明确责任人，责任到位、任务到位、压力到位，保证党员发展工作的严肃性。是年，组织 60 多名入党人员参加市委党校“周日党课”。

2018 年吸收预备党员 49 名，预备党员转正 50 名。

2019 年，为进一步强化发展党员工作责任，组织办对 2014 年 5 月以来发展党员坚持政治标准、履行入党手续等有关情况进行全面自查。同时，为进一步做好全镇的发展党员工作，于 5 月 10 日下午举行“发展党员工作细则解读与实务”培训班，对全镇从事党员发展与管理工作的骨干力量进行培训。

【开展主题调研】 2018 年，谢岗镇结合“两学一做”学习教育活动，开展“一村一策”和“新时代·新征程·新谢岗”大调研活动，全年召开座谈会 30 多场次，现场考察

50余次，入户调研400多户，收集意见建议300多条，畅通镇村统筹发展渠道，为各村量身定做特色发展路径。其中对曹乐村银山科技园及系列民生项目、南面村森林小镇、谢山村TOD项目、谢岗村“八卦村”旅游项目等，以党建工作为统领，提出“一村一更新、一村一提升”工作策略，共梳理45项建设提升项目。同时采取“以奖代补”方式，对各村（社区）村容村貌和基础设施项目给予最高不超过300万元的奖励，黎村的窑贝塘环湖绿道美丽乡村项目和谢岗村文体公园项目建设，得到群众高度评价。

【“两新”党组织建设】 2015—2019年，谢岗镇组织办加强“两新”党组织建设工作。抓组织覆盖，弥补“两新”组织党建“空白点”。

2018年，坚持把拓宽党的组织覆盖作为“两新”党建基础工程来抓，开展“亮身份、找组织、强党性”流动党员宣传工作。广泛利用“春风行动”“政策宣讲”等契机，下企业进工厂，特别是申报“倍增计划”但还未成立党支部的企业，通过派发小袋子、派发小册子、志愿服务等形式，开展流动党员宣传工作，使一些“隐性党员”主动“亮身份”。同时，采取单独组建、联合组建、同业共建等方式确保“两新”党组织全覆盖。在工业园区、社区、楼宇、市场等领域加大党组织组建力度。召开集中推进“两新”领域党组织覆盖工作推进会，与各村（社区）、商务局、工信科局、房管所联动开展党员排查工作。经过摸查，新增有流动党员的企业44家。并逐步将不具备单建条件企业党员按“就近原则”纳入村（社区）“两新”联合党支部管理。

2019年，新组建社会组织党组织1个，为志愿者协会党支部，撤销软弱涣散非公企业党组织1个，为台光党支部，实现“两新”党组织应建尽建，不断提高高质量组建率。抓理论学习常态化，全面提高“两新”组织党员的政治理论水平。与机关党支部和村（社区）党工委“联学联做”。以落实“党建学习讲堂”“周一党建之夜活动”“固定主题党日”等为抓手，扎实推进辖区“两新”组织“两学一做”学习教育常态化、制度化。同时，打造“学党史、传党恩、跟党走”党史讲堂主题教育品牌。先后举办“学党史、传党恩、跟党走”党史讲堂9期。做好“阳光雨”党群服务中心工作，打造更优更强党员群众“8小时以外的家”。首先规范中心运作方式，开展“阳光雨”特色主题活动。坚持把开展党内生活与开展服务活动有机结合起来。是年，“阳光雨”党群服务中心开展对联义卖、无偿献血、亲子运动会、书法比赛、积分入学政策解读、社保医保政策解读、百姓宣讲等各类活动30次，服务党员群众1500人次。同时，利用媒体、党建网站、微信公众号等宣传阵地，大力宣传“阳光雨”党群服务中心的服务宗旨、服务项目和服务方式，加深党员和群众对中心的了解，促进广泛参与共建。以新媒体手段扩大全镇“两新”党建影响力。截至2019年年底，镇“阳光雨”党群服务中心微信公众号，共发表文章42篇，阅读量6000人次，切实做到宣传有重点、效果有保障，加快推动全民知晓、支持及参与镇“两新”党建工作。

【开展党群杯篮球赛】 2018—2019年，谢岗镇为促进党群沟通交流，不断提升党群干群凝聚力，形成和谐融洽的党群干群关系，活跃年轻党员的精神生活，组织相关部门与体委联合举办“心连心 强体魄”谢岗镇党群杯篮球赛，两届篮球赛共有65支代表队950多名队员参加。

【招才引智】 2018年，谢岗镇针对谢岗和银瓶合作创新区开发建设需要大量建设、规划、工程造价、投融资等专业性人才的实际，研究出台《谢岗镇引进高层次专业人才薪酬方案》和《谢岗镇新引进高层次人才享受生活补贴暂行规定》，对引进的或原聘人员中具有中高级职称的高层次专业技术人员发放生活补贴，采取评与聘相结合的方式，统一年薪规范15万～30万元，统筹建设人才公寓，大大提高了各类人才的积极性。全年引进工程、投融资、水污染治理等各类人才13人。

【干部交流轮岗】 2016—2019年，为充分调动干部的积极性和创造性，为经济社会发展提供人才保障，谢岗镇把干部轮岗交流作为提高干部素质、加强干部队伍建设的一项重要措施。本着科学合理配置、优化队伍结构的原则，加大干部培养力度，对中层干部进行轮岗交流，并通过民主推荐、测评、考察等程序，提拔年轻干部。通过轮岗交流，进行岗位锻炼培养，开拓干部的视野，增加干部的工作技能和经验，激发干部的工作热情，提高干部的综合素质，为镇各项事业发展提供人才保障和智力支持。其中2016年交流轮岗、任职干部7人。2018年，对9名中层干部进行轮岗交流，提拔9名年轻干部。2019年，交流轮岗16名。

【干部选拔任用】 2015年2月13日，谢岗镇为加强对干部选拔任用工作的民主监督，在中国共产党谢岗镇第十二届党员代表大会第三次会议上，专门召开2014年度干部选拔任用工作“一报告两评议”会议。全镇123名党代表、列席会议的各单位负责人参加评议大会。会议总结2014年度干部选拔任用工作情况，参会人员分别对2014年度选人用人工作和新选拔任用的1名领导干部进行民主评议。

2016年，共提拔干部3人。

2018年，不断加强和规范干部选拔任用工作，进一步突出政治标准提升选人用人公信度，建设政治过硬本领高强的干部队伍，并通过民主推荐、民主测评等环节，实行“一报告两评议”，选拔1名干部担任领导职务。

2019年，根据《中共东莞市委组织部关于进一步规范干部选拔任用纪实工作的通知》，将干部任用提名情况、民主推荐、民主测评等环节落实到监督制度中，实行“一报告两评议”，按市里要求完成涉改单位8人的职务任免工作。同时，为树立选拔任用鲜明导向，激励干部担当作为，在一线提拔干部35名。

【公开招聘】 2016年，谢岗镇组织开展面向大学生村官招聘基层事业单位工作人员，有6名大学生村官符合报考条件，经笔试、面试环节，通过聘用程序。

为进一步充实镇机关单位工作人员队伍，组织人事办公室分别于2017年11月、2018年6月组织开展面向社会公开招聘第二批及第三批工作人员的工作，按照“公开、平等、竞争、择优”的原则，共招聘政治坚定、综合素质高的年轻的工作人员106人。为不断充实专业人才队伍，为城市更新局及住建局招聘一批政治素质好、业务能力强的专业型人才。为进一步充实基层党建工作力量，提升基层党建工作水平，建立一支党建组织员队伍派驻基层，共14人，12个村（社区）党工委各配置1名，2个“阳光雨”党群服务中心各配置1名。

2019年，继续加大“招才引智”力度，全年完成公务员招录、事业单位工作人员招聘及第四批聘用工作人员的招录工作，共招录公务员5名、事业编制人员14名、聘用工作人员81名。同时，为使新进人员了解乡镇政府机关行政工作的职能特点，掌握开展工作所必备的知识技能，提高履行岗位职责的能力，以镇委党校为平台，对2017年9月以来通过公开招录的工作人员进行6期任职培训，共培训人员1500人次。其间，先后制定出台《谢岗镇关于进一步加强联系与服务高层次人才工作的实施意见》《谢岗镇领导干部联系高层次人才制度实施方案》等联系人才规划和相关规定，每名镇领导班子成员联系2名高层次人才，坚持每季度走访联系人才1次。其中1—7月引进博士1人，硕士8人，高级职称专业技术人才9人。

【领导干部出国（境）管理】 2019年，谢岗镇针对领导干部因旅游等原因出国（境）数量增多的实际，从强化政治审查、强化程序审批、强化证件管理、强化纪律监督4个方面严格规范领导干部因私出国（境）行为，加强领导干部因私出国（境）管理。明确规定党员干部因私出国（境）天数，原则上出国天数不超过15天，出境天数不超过7天，外出时间与年休假并行。严格控制出国（境）地区、出国（境）路线和出国（境）时间，不得擅自变更。对发现的新问题及时上报，切实做到防控结合、严格监督。

【“不忘初心、牢记使命”主题教育】 2019年9月，谢岗镇党委按照中央、省、市关于在全党开展“不忘初心、牢记使命”主题教育会议的部署要求，紧扣深学笃行以习近平新时代中国特色社会主义思想为主线，通过“周一党建之夜活动”、固定主题党日活动和党建学习讲堂等方式，与实施粤港澳大湾区战略、建设省制造业供给侧结构性改革创新实验区、生态环境治理、城市精细化管理、扫黑除恶、平安谢岗等中心工作相结合，武装广大党员干部头脑，结合“我和我的祖国”宣讲会、七一系列庆祝纪念活动，对主题教育进行预热升温。根据“执行力建设年”专项建设，开展“党员先锋岗”活动，施行评优奖先，激励广大党员干部以先进为标杆，不忘初心，拼搏实干，争做新时代楷模。本着“能做的先做起来，能改的先改起来”的工作思路，重点围绕发展党员工作中是否存在“带病入党”、弄虚作假、违规发展近亲属入党、违规“异地入党”和“人情入党”等问题，对发展党员工作情况进行全面摸底，形成问题核查清单，建立工作台账，提出整改措施，开展“一对一”整改。购置重点学习用书，编发主题教育读书袋，向全镇党员发放《习近平关于“不忘初心、牢记使命”重要论述摘编》《习近平新时代中国特色社会主义思想学习纲要》等规定书目，同时将中共中央总书记习近平在“不忘初心、牢记使命”主题教育工作会议、中央政治局第十五次集体学习和中央和国家机关党的建设工作会议上，以及在内蒙古考察并指导主题教育时的重要讲话精神，对广东重要讲话和重要指示批示精神等重要讲话、文章编印成册，发放给全体党员，为学习教育全覆盖提供坚实保障。制定《谢岗镇开展“不忘初心、牢记使命”主题教育实施方

2015—2019年谢岗镇党组织、党员情况表

表1

年份	党组织（个）			党员总数（人）			性别（人）	
	党委	党总支	党支部	合计	正式党员	预备党员	男	女
2015	2	0	88	1607	1558	49	1200	407
2016	2	1	91	1689	1638	51	1244	445
2017	2	2	89	1725	1678	47	1264	461
2018	2	2	100	1778	1728	50	1288	490
2019	2	2	97	1831	1778	53	1314	517

2015—2019年谢岗镇党员年龄、文化程度情况表

表2　　单位：人

年份	年　龄					文化程度				
	35岁及以下	36～45岁	46～54岁	55～59岁	60岁以上	研究生	本科	专科	高中、中专	初中及以下
2015	699	378	197	60	273	16	477	447	394	273
2016	691	430	233	55	280	19	543	465	393	269
2017	677	460	252	50	286	22	589	467	385	262
2018	655	507	256	67	293	24	617	483	397	257
2019	650	543	285	76	277	23	678	495	405	230

案》及工作安排日程表。按照前期准备、学习教育、调查研究、检视问题、整改落实、组织领导、解决问题实效等环节，注意细化量化分解成具体内容标准，制定相关方案，明确操作流程，为各级党组织开展主题教育提供具体指导。

镇党委成立主题教育领导小组，设立办公室，加强对主题教育的指导，统筹推进全镇各级党组织开展主题教育。建立巡回指导组，采取巡回指导、随机抽查、调研访谈等方式，对各党组织开展主题教育情况进行督促指导，发现典型，总结经验，提出工作建议，明确整改方向，并将有关情况及时向领导小组反映，确保主题教育质量。镇委书记是全镇主题教育第一责任人，抓部署、抓指导、抓调度、抓示范，村（社区）党工委书记、各级党组织书记履行具体落实责任的职责，一级抓一级、一级带一级，确保主题教育高质量开展。

在“不忘初心、牢记使命”主题教育中，开展示范领学活动，强化领导班子带头学。通过开展镇领导班子成员示范领学活动，由各领导班子在党委（扩大）会议上分别领学，分专题原文学习中共中央总书记习近平关于新时代中国特色社会主义思想的相关论述，使各个领导班子既当好“指挥官”，又做好“示范员”，做到先学一步、学深一层。举行“一小时读书班”，强化领导干部带头学，以党支部为单位，采取集体学习的方式，每天下午5时至6时，由党支部书记或者组织委员召集，安排2～3名中层以上领导干部作为“领学员”，带领全体党员分专题分类别认真学习习近平新时代中国特色社会主义思想和相关论述，促进主题教育学习不断往深里走、往心里走、往实里走。建立学时登记制度，强化党员带头，建立学时登记卡，由党员开展自学登记，确保每一位党员把指定学习内容和书目通读一遍。从全镇各行业领域遴选10名优秀党员组建一支“不忘初心、牢记使命”主题教育“领学宣传队”，在镇委党校开展“不忘初心、牢记使命”主题教

育领学带学活动，带领参会人员一起读原著、学原文、悟原理，营造良好的学习氛围。其间，还把调查研究贯穿于主题教育全过程，建立调研机制，深入基层查摆问题。开展“新角色、新体验”调查研究主题活动。镇委主题教育领导小组办公室拟出 19 道调研题目，镇领导班子成员随机抽签确定考题，并要求镇领导班子在规定时间内深入学校、医院、行政办事中心、服务窗口、各村（社区）、内河涌、截洪渠、城市街道、背街里巷等社会各个角落通过“现场看”“具体办”“跟踪问”等调研方式，查找谢岗镇在党的建设、作风建设、城市管理、民生福祉等各个领域工作中存在的问题，增强边学边改的针对性和实效性，真正把情况摸清楚，把症结分析透，拿出破解难题的实招、硬招，转作风、强担当、抓落实。开展“不忘初心、牢记使命”主题教育专题调查研究。以镇领导班子成员为主体，通过深入分管部门、驻村（社区）、联系的企业，向基层党员干部、村党组织负责人、个体工商户、企业经营者、服务对象、分管单位、部门负责人，普通党员群众等开展走访调研。通过座谈交流、实地考察、问卷调查、个别谈话等调研方式到基层一线去，到群众中去，深入条件艰苦、情况复杂、问题突出的地方和单位，真正把情况摸清楚，形成调研成果报告。在学习调研基础上，带头到分管部门或者基层单位讲党课。召开党委（扩大）会议进行专题研究，推动把调研成果转化为解决问题的具体行动、转化为改进工作的办法措施。

把检视问题贯穿在主题教育的全过程，对照党中央决策部署和党章党规，对照初心使命，查摆自身不足，查找工作短板，深刻检视剖析，建立检视问题的长效机制，形成深刻剖析，既找出病灶，点准“穴位”，又分析病因，指明方向。抓好“三项落实”，开展“找差距、抓落实”专项整治。引导全镇党员领导干部以正视问题的自觉、刀刃向内的勇气，真刀真枪地解决当前在思想认识上的八个方面突出问题和影响谢岗镇高质量发展的突出问题，通过“认真开展自查”“做好整治落实”“接受群众监督”等具体措施，做到整治问题没理清的不放过、整治措施不落实的不放过、整治效果不明显的不放过、群众评价不满意的不放过，确保专项整治取得显著成效。专项整治共查摆细化 180 个具体问题，制定 280 条整改措施。开展“找差距、抓落实”主题党日活动。以支部为单位，根据全镇中心工作以及督查的重点工作，明确在生产调研、重点项目督查、水污染治理、食品安全、安全生产等方面开展工作调研与督查，切实检视问题，抓好整改落实。将全镇分为 2 个工作组和 13 个片区，由工作组和各村（社区）党工委牵头，联合全镇各机关企业事业党组织、“两新”党组织等约 600 名党员代表开展活动。开展检视问题和建立整改落实清单。镇领导班子成员发挥“头雁效应”，聚焦党的政治建设、思想建设、作风建设存在的突出问题，联系各部门、各单位发生的重大事件、典型案例和信访积案，结合落实四项重点措施中查摆的问题，对照认领市委主题教育指导组等反馈的意见和问题，巡视巡察、环保督察、扫黑除恶督导等反馈的尚未解决的问题，群众反映强烈的突出问题，落实民生实事、重大民生工程过程中存在的问题等，形成领导班子成员检视问题和整改落实清单，并根据推进情况进行动态更新。

坚持解决突出问题实效导向，定实整改落实措施。把整改落实贯穿于主题教育的全过程，建立整改落实长效机制，即知即改、应改尽改。认真贯彻落实中共中央主题教育领导小组《关于在“不忘初心、牢记使命”主题教育中开展专项整治的通知》、各专项整治实施方案，东莞市委主题教育领导小组制定的各专项整治工作方案及有关通知精神，对照检视问题和整改落实清单，实行整改落实销号制度。针对黎村小学改扩建工程、中心小学曹乐校区等建设工程进度较慢的问题，谢岗镇组成督导组对这些民生工程进行专项督导，要求各相关单位要切实提高政治站位、站稳人民立场，加大工作力度，直面问题与难点，争时间、抢速度，周密部署，加快推进，早日让人民群众享受实惠。针对碧桂园智造创新中心、华能热电联产项目等产业项目进度较慢的问题，谢岗镇主要领导率领有关单位负责人到项目现场，听取项目有关负责人介绍工程建设进展情况，要求各相关部门要加强沟通协调，主动与建设施工单位对接，进一步加大工作力度，为项目建设做好监督、指导、服务，使重点工程项目尽早投入使用，确保项目建设发挥最大的经济效益和社会效益。同时，做实基层党支部检视整改，聚焦主题主线，认真检视反思，坚持边学边查边改，并结合专项整治深入整顿软弱涣散党支部，通过开展主题教育推动基层党组织全面进步全面过硬。

（供稿：谢岗镇组织人事办公室）

附：2015—2019年谢岗镇组织人事办公室领导名录

主持全面工作：

何智斌（2015年1月至2016年8月）

刘文锋（2016年8月至2017年12月）

赖瑞嫦（2017年12月至2019年2月）

罗军红（2019年2月任）

宣传

【宣传概况】 2015—2019年，谢岗镇宣传工作紧紧围绕市委、市政府和镇委、镇政府中心工作，深入开展社会主义核心价值观等重大主题宣传活动，对镇委、镇政府的重点工作和重点项目及进展动态及时宣传。尤其加强对谢岗镇在产业聚集和升级、城市建设、公共服务、镇村统筹发展、生态建设等方面的规划建设情况的宣传，全面展示谢岗镇的良好形象。特别是自2016年自全市基层精神文明建设“补短板——促提升”动员部署会议后，谢岗镇深入贯彻落实省委、市委关于精神文明建设系列工作部署，迅速行动，周密安排，狠抓落实，全面推进文明创建和环境整治，并取得较大成效。

【社会主义核心价值观宣传】 2015—2019年，谢岗镇把开展社会主义核心价值观建设作为宣传的中心工作之一，围绕“三个倡导”基本内容，注重宣传教育、示范引领、实践养成相统一，不断拓宽价值观建设工作领域，不断提升广大人民群众价值追求，坚持运用行之有效的传统方法和不断创新新方法，使社会主义核心价值观融入人们的生产生活和精神世界。主要做法：运用传统方法，抓好宣传教育和示范引领，稳步推进。2015年，制作灯柱广告89个，张贴宣传海报810张，制作公益展板30块、宣传栏19个、相关内容的文化墙900多平方米，统一布置镇区9个候车亭内的36幅公益宣传画。在国税分局、泰园社区、谢岗中学、东惠广场和龙亿企业全镇5个示范点，按照做好“图说我们的价值观”发布工作要求进行规划布置。镇中心广场LED显示屏和镇广播站每天在主要时段播放专题宣传片，具体讲述社会主义核心价值观内容。镇广播站还制作《培育和践行社会主义核心价值观》系列新闻报道，对示范点创建单位、村（社区）、企业、学校的创建情况进行全面的报道，提高活动的影响力，倡导全民参与。在广盛雅家具厂和代代红家具厂以及镇中心广场等地以晚会形式举行活动10场，收到良好的效果。与时俱进，不断创新，把社会主义核心价值观宣传工作落细、落小、落实。以开展“十项行动”为抓手，运用丰富多样的载体形式，面向重点群体、重点领域和基层，持续深化社会主义核心价值观教育实践。通过不断将精神文明建设各项工作向纵深推进，社会主义核心价值观不断深入人心，文明言行变被迫为主动，文明氛围不断增强。积极推进社会主义核心价值观公园项目建设。由宣传办牵头的社会主义核心价值观主题公园项目入选东莞市乡村振兴重点项目库。该工程占地面积8.21万平方米，预计2020年建成。

2018年，谢岗镇举办党建学习讲堂（十七）

【专题宣传】 2015年，谢岗镇配合庆祝中国人民抗日战争暨世界反法西斯战争胜利70周年活动，拨出专项经费6万元，制作、购买、播放、张贴有关视频、海报、宣传单张、图册等广泛宣传。有线电视台在每晚黄金时间播出6次有关缅怀革命先烈、铭记历史宣传片，让广大外来务工人员了解广东的革命史、抗日战争史、建设史和改革开放史。8月3日，组织中国好人明奇斌及谢岗明辉胶袋厂全体员工到

2017 年，谢岗镇开展社会主义核心价值观宣传

谢岗村谢耀伦革命烈士墓开展“铭记历史，圆梦南粤”的教育活动。

2016年，开展精神文明建设“补短板 促提升”专题宣传活动，镇里成立由镇委书记为组长，镇长、镇委副书记任常务副组长，班子成员任副组长的工作领导小组，各村（社区）相应成立村级领导小组，制定印发《关于加强谢岗镇文明创建“补短板 促提升”整治和督导的通知》。为动员全民参与该整治活动，加大宣传力度，设计制作1万个宣传文明行为的环保袋和扇子，拟定《致全体市民的一封信》和《致全体商户的一封信》，在企业张贴倡议书和核心价值观宣传海报；在人流密集处悬挂宣传标语，制作专题片和设置专栏，每天在电视上播两次；利用报纸、电视、微信公众号、文化下乡、千场电影等进行形式多样宣传。全年出动志愿者2000多人次，走访企业1000多家，派发相关宣传品3万多份；播放专题片和专栏节目1000多次。同时，为推动整治工作取得成效，加强督导，狠抓落实。制定《关于加强文明创建“补短板 促提升”驻村督导工作的通知》，要求各班子成员每天听取驻村及相关部门工作情况汇报，每周必须安排3次以上到各自联系驻点村开展督促指导工作，每周向镇主要领导报告一次巡查整治总体情况，并严格考核问责，对工作成效不佳的进行通报批评和追责。镇党政办督导组在全镇设3个督导小组，每天最少4次进行巡查督导，发现问题立即通知相关职能部门和村（社区）负责人及时处置整改，通过强化督导，确保精神文明建设各项工作落到实处。

2017年，在文明专题宣传与整治行动中，共出动工作人员9.12万人次，发放门前三包责任牌、签订责任书4508个（份），投入各类志愿服务总人次7990人次，各类志愿服务总时数71800小时。其间，针对飞灰处理填埋场选址工作，制作宣传光盘（视频）、展板、小册子（单张）2万多份，在镇有线电视台、镇政府大堂、公共场所以及曹乐村等地播放、派发。

2018年，通过实地调研，将谢岗村谢耀伦烈士墓作为爱国主义教育基地。充分利用宣传栏这一载体有效宣传谢耀伦烈士的事迹、《中华人民共和国英雄烈士保护法》等内容，使之成为集革命传统教育、历史人文教育和社会主义核心价值观教育于一体的爱国主义教育基地。全镇建成谢岗镇中心小学未成

泰园社区宣传栏（摄于2019年）

年人素质拓展基地和南面村未成年人素质拓展基地，这两个基地为全镇学生的暑期课外活动和社会实践提供更多场所。其中，谢岗镇中心小学未成年人素质拓展基地依托谢岗镇中心小学已有资源，有绘画室、书法室、舞蹈室、电子琴室、电脑室、象棋室、室内篮球场、图书室，开设诗歌朗诵、游泳、篮球、魔方、象棋、舞蹈、田径、足球、乒乓球、硬笔书法等 23 个特色班。同年，还积极推进“友善企业”创建工作。经对全镇企业进行全面摸底、仔细研究和精心筛选，确定以东莞市大兴化工有限公司、东莞汇川金属家具制造有限公司和广东电网有限责任公司东莞谢岗供电分局 3 个具有一定规模、经济效益好、企业文化氛围浓厚的企业为示范点，率先进行“友善企业”的建设。各友善企业示范点均设有党建宣传栏、党团活动室、图书室等，加强企业员工的思想道德建设；组织企业员工共同参与编制《关爱员工制度》和《员工守则》；开展以“爱岗位、爱企业、爱国家”为主题的岗位实践活动。8 月，在全市各镇（街道、园区）文明创建工作督导检查排名中，谢岗镇综合得分 97.62 分，全市排第 14 名，其中谢岗镇财政分局、旅游局、经信局保持好成绩。另外，配合其他部门开展专项工作宣传活动。其中配合公安、安监、环保、食药监、社保、民政等部门做好社会宣传，在扫黑除恶专项斗争、谢岗镇全民国家安全教育日、“6·26”国际禁毒日和谢岗镇铁路护路联防等宣传活动中做好紧密配合，让广大群众了解并积极参与。尤其在扫黑除恶专项斗争的宣传和发动工作中，通过谢岗新闻、插播公益广告、广场 LED 屏幕、《银瓶通讯》报、“活力银瓶”微信公众号、阳光网谢岗分网、阳光台 APP、新广屏等媒体平台，持续报道，全面推送镇委、镇政府扫黑除恶的政策法律、打击重点和举报方式。利用“活力银瓶”微信公众号推送信息 48 条次，阅读量约 2.3 万次，积极营造全镇共同参与扫黑、支持除恶的氛围。

【文明创建活动】 2015 年，谢岗镇深入推动群众性精神文明建设，开展创建省文明镇活动。对参加省文明村创建活动的稔子园村、获得市文明标兵村称号的泰园社区和南面村、获得市文明村称号的大厚村进行复查，复查内容包括日常工作、经济工作、干部队伍建设、居住环境以及相关设施、丰富村民文化娱乐活动、加治安管理及食品安全监督、搞好民生工程等方面。

2016 年，以建设一个“示范村”、一条“示范街”、一个“主题公园”为抓手，以点带面，带动文明创建向纵深发展。一个“示范村”以黎村为试点，整合该村罗氏祠堂、东莞中学旧址等人文历史资源，着力打造爱国主义教育基地，使其成为培育和践行社会主义核心价值观的主阵地；一个“示范街”主要以 30 号路作为全镇范围内开展主干道路“穿衣戴帽”工程的启动街道，结合精神文明建设、社会主义核心价值观宣传工作，对主干道路两旁建筑物、绿化等进行升级改造，着力打造文明城市的示范街道，展示城市形象；一个“主题公园”主要是结合谢岗人民公园的建设，将文明建设、社会主义核心价值宣传要素融入其中，着力将其打造成镇级社会主义核心价值观主题公园。通过一批示范工程带动，点面结合，全面提升全镇文明城市形象和品位。

2017 年，根据中共中央总书记习近平对广东工作“四个坚持”“三个支撑”“两个走在前列”重要批示，发动全镇各单位、部门、村（社区）开展宣传活动，共制作宣传栏、宣传横幅等 160 多个。针对村（社区）换届工作，在镇有线电视台、镇中心广场 LED 显示屏、主干道路、各村显著位置开展相关宣传，教育村民依法选举、正确行使选举权、履行选举义务。为配合全市截污次支管网改造、建设工作，打赢治水攻坚战，根据全市的统一安排，开

2019 年，谢岗镇举办“学身边好人、讲好人故事”宣讲活动

展相关重点宣传工作。

2019 年，开展推选党员先锋岗、“每月员工之星”等诚信人物作为学习标杆等活动。制定《谢岗镇“东莞好人”评选宣传方案》，并将方案发给各部门和各村（社区）。通过认真审核、严格把关，推选谢岗镇大兴化工有限公司董事长何晓明为谢岗镇“东莞好人”，并且他当选 2019 年“东莞好人”、第七届东莞市“道德模范”，入选 2019 年第二季度“广东好人榜”，还被推选为市“诚实之星”。同年，开展“洁净谢岗、共建共享”全民教育实践活动，制作城市精细化管理的相关宣传资料，主要有一套宣传片（1 条主宣传片和 4 条公益短片）、一套宣传海报（1 张主宣传海报和 4 张分类海报）、活动宣传大使银瓶妹妹动漫 IP、一期《银瓶通讯》报纸特刊、一封公开信和承诺书等。通过系列党群实践活动和社会教育，达到全方位的教育实践。

【宣传工作】 2015—2019 年，谢岗镇精心做好宣传工作，并通过主流媒体，推出介绍谢岗镇经济、文化、社会各项事业发展的专刊、专版、专题节目等，及时正面报道谢岗镇在各项事业建设中取得的成绩。2019 年 2 月，对接东莞电视台和《东莞日报》对谢岗镇委书记胡毅峰进行《学习贯彻习近平总书记视察广东重要讲话精神“一把手”权威访谈》；5 月，对接东莞电视台对谢岗镇镇长李惠勤、谢岗镇委副书记罗满桥、委员张桂标进行“拓空间”试点专访。其间，《南方日报》《南方都市报》《信息时报》《东莞日报》，相继对谢岗镇经济社会发展进行了专题报道。是年，还对接市委宣传部邀请的《风物中国志》团队，到谢岗镇调研采访；与粤海集团联合委托清华大学设计团队完成银瓶合作创新区品牌形象设计。

【舆论引导】 2015—2019 年，谢岗镇为方便领导干部及时了解社会新闻媒体关注热点，宣传办从 2014 年 4 月开始，创建《谢岗镇舆情动态》简报。每天工作人员对各大媒体新闻报道进行搜索，从中找出与谢岗相关的媒体关注报道，并以短信形式发送给镇领导班子成员。同时，选取社会上的热点关注和舆情导读，形成纸质简报发到各办公室。在报道宣传中，坚持以正面宣传为主，做好重大事件报告与新闻记者采访协调和服务，增强舆论引导能力，营造和谐健康的网络舆论环境。

【思想教育学习宣传】 2018 年，组织开展学习中共十九大精神，《习近平谈治国理政》第一卷、第二卷和中共中央总书记习近平在参加十三届全国人大一次会议广东代表团审议时的重要讲话精神的宣传。组织镇电视台、《银瓶通讯》报、“活力银瓶”微信公众号等媒体在重要版面、重要时段、首页首屏开辟专题专栏，对全镇传达学习的具体举措和实际行动、党员干部群众学习贯彻的典型实际和良好风貌进行宣传报道。在公园广场、单位学校、商业街区、企业厂区、社区农村通过宣传栏、电子显示屏、微信、QQ 等各种载体广泛刊播宣传标语和宣传画，营造浓厚的社会宣传氛围，实现社会宣传的全覆盖。通过举办多场不同层次的宣讲活动，深化中共十九大精神、社会主义核心价值观和习近平总书记系列讲话精神的宣传教育，传播正能量，弘扬主旋律。5 月 29 日，邀请东莞市委党校教授孙霄汉作“伟大复兴的思想武器——《习近平谈治国理政》（第二卷）”学习专题讲座。6 月 13 日，邀请东莞市经济和信息化局党组成员、副局长张宇晴作《深刻领会习近平总书记重要讲话精神，为实现“四个走在全国前列”贡献力量》专题报告。开展中共十九大精神“百场宣讲进基层”活动，邀请市委外宣办、市政府新闻办常务副主任闵斌为企业、村（社区）、学校做多场宣讲活动。成立谢岗镇《习近平谈治国理政》（第二卷）

党建公园（摄于 2019 年）

和中共中央总书记习近平讲话精神宣讲队伍，在全镇12个村（社区）开展24场宣活动。7月10日至9月5日，组织全镇各村（社区）开展12场“学讲话、讲故事、谈感受”百姓宣讲活动，现场听讲干部群众500余人，通过电视、微信公众号收看报道的群众有8000多人次。向全镇各党支部发放《习近平谈治国理政》(第一卷、第二卷)、《习近平总书记重要讲话精神基层学习宣讲提纲》、《理论热点名词100例》等学习读本和资料，通过个人自学、学习讨论、专题组织生活会、书记党课、知识竞答和邀请市委宣讲团讲师到谢岗镇授课等多种方式，在全镇掀起学习宣传热潮，引导全镇党员干部群众深刻领会习近平新时代中国特色社会主义思想的精髓要义和精神实质。

2019年，开展“我和我的祖国”百姓宣讲报告会40场次。4月3日，邀请市委党校校务委员、教授查日升作《粤港澳大湾区发展规划纲要》专题报告；8月21日，邀请东莞理工学院马克思主义学院教授、副院长银锋作《新时代改革开放与中国特色社会主义——深入学习贯彻习近平总书记视察广东重要讲话精神》专题报告；10月12日，邀请市委党校校务委员、教授查日升作《习近平新时代中国特色社会主义思想学习纲要》报告等。组织观看国防教育影片《照相师》《守边人》。以党支部为单位大力推广“学习强国”学习平台，号召全镇党员职工坚持每天上线学习。设立户外公益广告1000多处，内容包括社会主义核心价值观、习近平总书记系列讲话、指示及大湾区规划纲要等，实现辖区范围的全覆盖。组织庆祝中华人民共和国成立70周年系列活动，布置国旗1084面、灯笼1000个、主题景观1处和图片展1处。组织镇电视台、“活力银瓶”微信公众号等媒体对谢岗镇传达学习的具体举措进行宣传报道，在公园广场、单位学校、村（社区）通过宣传栏、电子显示屏等各种载体刊播宣传标语和宣传画，营造浓厚的社会宣传氛围，实现社会宣传全覆盖。

【中心组学习教育宣传】 2018—2019年，谢岗镇按照市委工作部署并结合工作实际，制定《谢岗镇党委理论学习中心组学习实施方案（草案）》和中心组学习计划，做到每月集中专题学习一次。研究制订谢岗镇党委中心组意识形态专题学习计划，定期召开镇党政班子联席会议，专题研究意识形态领域情况，按要求落实每年不少于两次进行意识形态专题学习和研究。及时学习领会中央、省委、市委的重大决策部署，特别是把学习贯彻习近平新时代中国特色社会主义思想、中共十九大精神和习近平在参加十三届全国人大一次会议广东代表团审议时的重要讲话精神作为中心组学习的重中之重。坚持和完善党委中心组理论学习制度，严格执行学习考勤、学习交流，做到学习有资料、过程有记录，确保学习的常态化、规范化。两年间，共组织开展22期小组学习和8场全镇领导干部的集中学习。另外，通过镇领导班子联席会议、“周一党建活动之夜”和“两学一做”学习教育活动等，举办多期学习活动，全面深化全镇党员干部的理想信念和意识形态教育。

（撰稿：林建东）

附：2015—2017年谢岗镇宣传办公室领导名录

主任：

刘长江（任至2017年12月）

2017—2019年谢岗镇宣传教育文体局领导名录

局长：

许建雪（2017年12月任）

副局长：

卓朝僯（2017年12月任）

统一战线

【概况】 2015—2019年，中共谢岗镇委统一战线工作办公室（简称谢岗统战办）和社会事务局合署办公，设专职、兼职干部各1名负责日常工作；各村（居）委会均设有1名兼职统战干部，负责基层统战工作。镇统战工作经费纳入每年财政预算，实行专款专用，确保工作经费落实。谢岗镇委、镇政府高度重视统战工作，把统战工作纳入党委、政府重要议事日程，并建立定期汇报机制。其间，谢岗统战办建立健全统战工作机制，开展各项统战工作。

【港澳统战工作】 2015年，谢岗统战办指导香港东莞谢岗同乡会做好换届工作。换届前，镇党委领导在领导班子联席会议上就同乡会换届的前期筹备、活动议程、经费等有关问题作专题讨论。镇委书记贾贵斌、镇长胡毅峰和统战委员与香港东莞谢岗同乡会第二届筹委会成员座谈，商讨换届工作有关事宜。

2019 年 9 月，香港东莞谢岗妇女会成员回乡联谊

2019 年，香港东莞谢岗同乡会青年会成员回乡考察

7 月 18 日，香港东莞谢岗同乡会在香港举行第二届会董就职典礼，镇委书记贾贵斌、镇长胡毅峰率全镇领导班子成员出席典礼活动。活动当天，来自香港、谢岗两地的 800 多名乡亲共聚一堂，畅叙乡情。至 12 月，香港东莞谢岗同乡会会员人数从 450 人增至 700 人。为推进香港东莞谢岗同乡会的会务发展，谢岗统战办协助其成立 10 个村级分会，全镇村级分会覆盖率达 100%。11 月 15 日，谢岗统战办协助香港东莞谢岗同乡会在谢岗举行青年会、妇女会、义工队就职典礼。活动当天，350 名旅港乡亲以及镇侨联工作人员出席活动。协助香港东莞谢岗同乡会完善会务建设，在镇内选址作为同乡会的会所，供同乡会无偿使用。组织旅港乡亲联谊活动。6 月 28 日，邀请 140 多名旅港乡亲回乡参加啖荔联谊活动。成立澳门东莞谢岗联谊小组，统筹澳门谢岗乡亲的联谊工作。

2016 年 1 月，香港东莞谢岗同乡会在谢岗镇召开会议，同乡会会长陈铭、常务副会长谢洪、各村级分会的正副会长，以及谢岗统战办、社会事务局负责人出席会议。8—9 月，谢岗统战办邀请各分会会长、乡亲回乡座谈，开展联谊活动。

2017 年 2 月 24 日，镇党委委员黄少雄及统战办人员赴港，拜会香港东莞谢岗同乡会主要成员及骨干，并进行座谈。7 月 6 日，邀请香港东莞谢岗同乡会的主要成员 10 多人回乡座谈。12 月 2 日，香港东莞谢岗同乡会会员、医师李文光率队到谢岗同乡会为 50 多名老年人提供免费义诊服务，赠医赠药。

2018 年 3 月，谢岗统战办及侨联工作人员赴港参加香港东莞谢岗同乡会在香港元朗举办的同乡会春茗活动。9 月，谢岗镇主要领导和社会事务局全体人员到香港参加香港东莞谢岗同乡会第三届会董就职典礼。10 月，同乡会会长及第三届会董主要成员回乡拜访镇主要领导。会后，镇委书记带领会董成员参观广东东莞粤海银瓶合作创新区展示区。定期邀请青年会和妇女会成员回乡参观。

2019 年，多次联合香港东莞谢岗同乡会组织举办活动，加深与港澳同胞感情。

【非公经济工作】 2015年，谢岗镇通过“千干扶千企”平台为企业发展排忧解难，并由镇领导班子成员挂点服务。9月10—11日，镇领导班子成员分别带队深入挂点服务企业进行走访调研，了解企业的生产情况，对挂点服务企业发展中遇到的困难作出深度剖析和回应。为调动非公经济人士参与公益事业的积极性，在谢岗统战办倡导宣传下，镇内非公经济人士积极参与2015年广东扶贫济困日暨东莞慈善日的系列活动。

2016年9月，组织21名非公有制企业代表参加2016年东莞市世界莞商大会，并邀请代表到谢岗医院、赛麦有限公司走访参观。鼓励非公有制经济人士积极参与公益事业，在谢岗统战办倡导宣传下，谢岗镇非公有制经济人士参与2016年广东扶贫济困日暨东莞慈善日系列活动，谢岗商会、台商协会、外商协会的会员企业都踊跃捐款。

2017年，东莞市谢岗镇工商业联合会党支部成立，支部书记由镇党委委员、统战委员黄少雄担任，支部成员由谢岗商会党员组成。出台《谢岗镇开展领导班子走访服务企业方案》，由镇领导班子成员挂点服务企业，为企业发展排忧解难。9—10月，镇领导班子成员深入企业开展走访活动，进一步了解企业生产经营状况，帮助企业排忧解难。组织镇非公有制经济人士参与2017年广东扶贫济困日暨东莞慈善日的系列活动，谢岗商会、台商协会、外商协会的会员企业都踊跃捐款。畅通参政议政渠道。在召开地方经济或重大建设项目研讨会时，主动邀请非公经济代表人士参加讨论，相互交流，为发挥来自不同领域非公经济代表人士的自身优势搭建平台，起到集思广益、共谋发展的目的。9月14日，东莞市政协副主席、致公党东莞市委员会主委陈树良带队到谢岗镇调研座谈。

2018年11月，全镇非公有制经济工作会议召开，贯彻落实省民营企业座谈会精神，落实市镇相关扶持政策。进一步深化行政审批体制改革，不断完善“窗口式办公”“一站式服务”等，让广大企业家在谢岗安心、放心、舒心地扎根发展。

【民族宗教工作】 2015—2019年，谢岗统战办对镇内民间信仰活动场所进行摸底调查，保障各项宗教活动依法依规进行。经摸查，全镇有1处民间信仰活动场所，为黎村的谭公古庙。联合各村（社区）对全镇少数民族群众情况进行排查摸底，及时掌握辖区内少数民族群众的分布情况。坚持以教育、引导为主的原则解决少数民族的问题纠纷，对生活困难的少数民族同胞给予关心和帮助。定期与民族宗教代表座谈，了解辖区内少数民族群众和信教人士的生活。

2017年6月28日，谢岗统战办人员拜访民宗界人士东莞市谢岗镇诚顺人力资源公司负责人李子波，赞扬其多年为解决在谢岗发生的有关彝族人劳务纠纷、刑事案做出的贡献。利用公告栏、网络、电视等平台，宣传民族宗教的法律法规，营造全民打击违法传教活动、促进民族团结进步的良好氛围。加强对宗教工作的支持和管理，经常与位于镇中心的基督教堂联系，支持其开展合法活动。建立宗教活动场所定期排查制度，对辖区内的宗教活动场所进行定期走访，了解宗教活动的开展情况。确保镇内宗教聚会点的安全，维护宗教场所正常秩序。组织基层宗教工作人员开展业务培训，提高宗教工作人员的业务水平。

【党外代表人士工作】 2015—2019年，谢岗统战办完善党外代表人士信息库，及时把有关人员信息录入党外代表人士信息管理系统。把握党外代表人士队伍建设的总体要求，注重党外代表人士的培养教育和选拔任用。畅通参政议政渠道。在召开地方经济或重大建设项目研讨会时，邀请党外代表人士参加讨论，相互交流，共谋发展。

（撰稿：李启文）

附：2019年谢岗镇统战办公室领导名录

主任：

林金明（2019年1月任）

纪检·审计

纪检监察

【谢岗镇纪检监察机构概况】2014年以来，谢岗镇纪委、监察室、审计办公室合署办公，实行“一套人马、三块牌子”管理。2019年，东莞市监察委员会派出谢岗镇监察组，与镇纪委合署办公，实行“一套工作机构、两个机构名称”，进一步推动全镇党风廉政建设和反腐败工作扎实开展。在上级纪委和镇委的领导下，谢岗镇纪委依据党章党规党纪及相关法律，聚焦监督执纪等职能，推进全面从严治党向纵深发展，为全镇经济社会稳定发展提供有力的纪律保障。

【廉政教育】 2015—2019年，根据有关文件精神，谢岗镇纪委以党员领导干部为重点，面向全镇党员开展纪律教育学习月活动。制定《谢岗镇关于开展纪律教育学习月活动的工作方案》，发挥专题教育的作用，提高党员领导干部的纪法意识。5年间，征订4000多册反腐倡廉教育学习资料，切实提高党员干部的党性觉悟和思想素质。举办换届风气监督专题培训班，开展谈心提醒教育活动，组织开展法纪测试活动，参观2个廉政教育基地，举行党员、干部党章知识测试，组织全镇党员干部观看8部警示教育专题片，5次邀请专家到谢岗镇开展讲座。以开展纪律教育学习活动为契机，通过一系列活动，增强党员干部立党为公、执政为民的意识，把全心全意为人民服务的根本宗旨落实到全体党员干部的实际行动中。2012年3月建成银瓶山廉政文化长廊，2018年、2019年进行翻新，加强廉政文化基地建设，深入推进党风廉政建设。

【党风廉政制度建设】 谢岗镇纪委加强管党治党的政治意识，建立健全党风廉政建设体制机制。制定出台《谢岗镇党风廉政建设党委主体责任和纪委监督责任清单》，组织镇委书记与全体班子成员、村（社区）党工委书记、分管领导与部门负责人签订党风廉政建设责任书，明确党风廉政建设职责，强化管党治党的责任和担当。制定出台《谢岗镇纪委派出监察组监督检查职责任务及流程要点（试行）》，进一步规范监督检查职责任务及流程要点。制定出台《谢岗镇整治为官不为、吃拿卡要工作方案》，督促党员领导干部担当作为，履职尽责。制定《谢岗镇开展党风廉政建设责任制约谈暨谈话提醒方案》，建

2018年9月，组织干部参观反腐倡廉与预防职务犯罪教育基地

立健全党风廉政建设责任制谈话机制，抓早抓小，防微杜渐，党员干部486人接受谈话。

【作风建设】 谢岗镇纪委贯彻落实中央“八项规定”精神，持之以恒正风肃纪，切实强化预防和打击力度，防止“四风”反弹和隐形变异，着力增强党员领导干部的法纪意识，把全面从严治党向纵深推进。

2015年，开展纪律作风督查活动，切实增强相关部门和人员的责任意识和纪律意识。

2017年，谢岗镇纪委联合镇组织办开展两次机关纪律作风突击检查活动。

2018年牵头对全镇38个党组织开展巡察工作。4月27日，镇纪委印发《关于严肃办公纪律和严禁在办公室摆放和使用“工夫茶具”等物品的通知》，督查组对政府各单位办公纪律开展2次专项督查。

2019年，紧盯“高档定制白酒”“天价烟”等敏感问题，开展自查摸排工作。每一季度开展对2个单位的日常监督，完成对4个单位的日常监督工作。

2015—2019年，向谢岗镇党员领导干部发送廉政信息5500多条，确保在关键节点监督提醒。加强明察暗访工作，镇纪委对镇内酒店、饭店、农庄等重点场所开展13次明察暗访工作。向各部门转发违反中央“八项规定”精神典型案例的通报，依托“周一党建活动之夜”平台传达关于违反中央“八项规定”精神问题的通报，切实强化法纪意识。

【基层违纪线索排查】 2015年，谢岗镇纪委全面排查基层党员、干部违纪违法线索，查处发生在群众身边的不正之风和腐败案件。紧盯征地拆迁、违法占用土地和违法建设中出现的违纪问题，每个月定期向市纪委上报城管分局、城建办等执法单位和各村（社区）党员、干部的违纪线索。

2016年，深入推进农村基层党员、干部违纪违法线索排查工作，召开“谢岗镇农村基层党员干部违纪违法线索排查工作部署会”。

2017年，全面排查村级选举农村基层党员、干部违纪违法线索工作。建立违法违纪线索定期报送机制。城管分局、国土分局、公安分局、交警大队等执法部门、村（社区）在工作中发现的问题，收集到的违法违纪线索移交镇纪委。

2018年，完善违法违纪线索定期报送机制。2016—2018年，共印制纪检监察宣传手册4800份、宣传海报100份。

2019年，针对审计发现的问题线索，开展对5个欠发达村扶贫领域存在问题的初步核查工作。镇纪委与南雄市纪委监委联合制定《东莞市谢岗镇纪委与南雄市纪委监委对口扶贫领域监督对接机制实施方案》，加强对市外对口扶贫领域的监督。

【纪律案件查处】 2015—2019年，谢岗镇纪委聚焦主责主业，推进全面从严治党，开展审查调查，深化运用监督执纪“四种形态”。以市纪委下达的重点工作任务为抓手，全力做好重点领域监督工作，坚持以人民为中心的发展思想，紧盯发生在群众身边的不正之风。配合打好脱贫攻坚战，加大对扶贫资金的监管。至2019年，镇纪委共处置线索139宗，其中信访举报52宗，审计发现20宗，公检法机关移送10宗，其他57宗。立案28宗，处分28人。

（撰稿：廖妙君）

银瓶山廉政文化长廊

审计监督

【审计监督概况】 2015—2017 年，谢岗镇审计办先后开展农村审计、镇属企业及镇属单位财务收支审计、农村（社区）干部任期经济责任审计等。

2018 年，审计办把加强审计整改作为提高审计质量和监督成效的有力抓手，多举措促进审计整改。明确制度促整改，落实“主审负责制”和“整改销号制”，实时掌握问题整改情况。审计专报促整改，将审计中发现的共性或典型问题通过专报向镇委、镇政府报告，引起领导高度重视。跟踪落实整改情况，并督促被审计单位上报未回收的整改报告。

2019 年，与纪检监察、财政等相关职能部门，参与监督镇工程建设、土地问题等重点工作，及时回复部门转来有关问题的来函，出具并提供专业的审计意见。同时，加强审计宣传，每到审计项目开展审计驻场之后，做到及时撰写审计信息，报送镇及上级部门，及时掌握审计实时情况。两年间，先后开展扶贫领域专项资金、任期经济责任审计、基层经济组织财务收支、任期经济责任审计等 120 个。

【农村财务审计】 2015 年，谢岗镇审计办对赵林村 7 个经济合作社开展财务收支审计，审计金额 4543.12 万元。审计过程中，针对被审计单位在农村集体资产管理中存在的问题提出整改意见和建议 14 条，向镇委、镇政府提交审计报告 7 篇。

2016 年，对全镇 12 个村（社区）领导干部任期经济责任进行审计。在审计过程中，着重关注被审计单位在农村集体资产管理中关于股东分红、公务接待、津贴补贴、工程管理、固定资产、应收款项等问题，向镇委、镇政府提交审计报告 12 篇。

2017 年，对谢岗村 10 个经济联合分社开展财务收支审计，审计金额 27105.64 万元。在审计过程中，针对被审计单位在农村集体资产管理中存在的问题提出审计整改意见和建议 15 条，向镇委、镇政府提交审计报告 10 篇。

2018 年，根据市农资办工作部署，11 月 1 日起开展对大厚村委会辖下 5 个分社、赵林村委会辖下 7 个分社、曹乐村委会辖下 6 个分社、五星村委会辖下 4 个分社，共 22 个分社的常规财务收支进行审计。

2019 年，对全镇 12 个村（社区）及辖下 77 个分社的财务收支进行审计，出具审计报告 49 份，中介机构出具正式审计报告 40 份。审计总金额 26.96 亿元。同时，针对审计提出的问题进行跟踪督促整改。

【镇属企业财务收支审计】 2016 年，谢岗镇审计办分别对保安公司、振兴物业投资公司和谢岗小学等 3 个单位 2011 年以来的财务收支进行审计。审计金额 3669.07 万元。针对审计过程中发现的问题，提出审计意见和建议 13 条。

【协助财经纪律检查】 2015—2019 年，谢岗镇审计办配合市纪检部门对谢岗镇开展 2 宗违纪案件调查和“清风行”活动及多起财经纪律检查，有效促进纪律检查工作的开展，发挥审计监督作用。

【高标准基本农田建设专项审计】 2017 年，对全镇“十二五”期间实施的高标准基本农田项目立项进行专项审计。审计金额 1802.61 万元，审计内容包括项目立项、规划设计、工程发包、施工管理、工程验收、项目资金管理使用和账务处理情况等方面。通过对项目相关经济活动的审查和评价，促进被审计单位加强建设工程管理和建设资金管理，促进有关工程建设制度法规和财经法规有效贯彻执行，保障建设工程质量，提高资金使用效率和效果。

【扶贫专项资金审计】 2018 年，谢岗镇审计办对谢岗镇大龙、窑山、

2019 年，谢岗审计办对黎村财务收支情况进行审计

2018 年，谢岗镇开展专项审计巡察

南面、黎村、五星等 5 个欠发达村 2013 年 1 月至 2017 年 12 月扶贫领域财政资金使用情况进行审计，审计金额 5500.17 万元。着重关注扶贫领域专项资金项目程序规范性、资金支付合理性和资金使用结果的有效性，关注领导干部对扶贫领域专项资金的管理和使用情况，提出合理化审计建议。共发出 5 份审计报告，针对审计出具问题进行跟踪督促整改。

2019 年 8 月 5—9 日，派出审计人员前往南雄市澜河镇白云村委会、澜河村委会开展市外扶贫资金专项审计。审计重点是两个相对贫困村 2016—2018 年到村引导资金的相关使用情况，审计金额 300 万元，审计查出问题 2 个，提出整改建议 2 条。已督促被审单位完成审计整改。

【审计巡察】 2018 年，谢岗镇审计办开展两次专项审计巡察，以镇审计办工作人员为骨干组成巡察工作组，其中党建巡察组于 3 月 6 日起对全镇 38 个党组织开展政治巡察，对各级党组织有关强化党的领导情况、加强党的建设情况、落实全面从严治党情况、维护党的“六大纪律”等方面进行“问诊把脉”；财经巡察组于 6 月 14 日起对全镇 15 个单位、部门和村社区开展财经巡察，重点关注工程项目招投标、土地监管、资金财务管理、政府采购、违反中央“八项规定”精神等问题，并对巡察中发现问题督促整改。

（撰稿：杨楚瑶　王卓琼）

附：2015—2019 年中共谢岗镇纪律检查委员会领导名录

纪委书记：

王居乐（任至 2016 年 7 月）

洪朝峰（2016 年 8 月任）

纪委副书记：

莫转兴(2012 年 6 月至 2016 年 8 月)

许建雪（2016 年 8 月任至 2019 年 3 月）

纪委副书记、监察室主任：

莫转兴（2014 年 2 月任至 2016 年 8 月）

刘长江（2019 年 3 月任）

监察室副主任：

朱力震 （2015 年 8 月任）

纪委副书记、审计办主任：

刘德胜（2016 年 8 月任）

审计办副主任：

刘　皓(2017 年 4 月至 2018 年 1 月)

谢岗镇人民代表大会

代表大会

【谢岗镇第十六届人民代表大会第七次会议】 谢岗镇第十六届人民代表大会第七次会议于2015年2月15日召开。会期半天，应出席会议代表52人，实际出席会议代表51人。大会听取和审议《谢岗镇人民政府工作报告》《谢岗镇人民代表大会主席团工作报告》，审查《谢岗镇2014年预算执行情况及2015年预算草案的报告》。同时，大会补选刘文锋为镇人民政府副镇长。

【谢岗镇第十六届人民代表大会第八次会议】 谢岗镇第十六届人民代表大会第八次会议于2016年2月2日召开。会期半天，应出席会议代表52人，实际出席会议代表47人。大会听取和审议《谢岗镇人民政府工作报告》《谢岗镇人民代表大会主席团工作报告》，审查《谢岗镇2015年预算执行情况及2016年预算草案的报告》。

【谢岗镇第十七届人民代表大会第一次会议】 谢岗镇第十七届人民代表大会第一次会议于2016年11月29—30日召开。会期2天，应出席会议代表52人，实际出席会议代表52人。大会听取和审议《谢岗镇人民政府工作报告》《谢岗镇人大主席团工作报告》，审查《谢岗镇2016年1—10月财政预算执行情况》。大会选举罗树华为镇人大主席，谢润珍为镇人大副主席；选举胡毅峰为镇长，黄润波、林锦彪、赵灿文、杨景新为副镇长。

2015年2月15日，谢岗镇第十六届人民代表大会第七次会议召开

【谢岗镇第十七届人民代表大会第二次会议】 谢岗镇第十七届人民代表大会第二次会议于2017年3月17日召开。会期半天，应出席会议代表52人，实际出席会议代表52人。大会听取和审议《谢岗镇人民政府工作报告》，审查《谢岗镇（银瓶合作创新区）国民经济和社会发展第十三个五年规划纲要》《2016年财政预算执行情况和2017年预算草案的报告》《东莞市谢岗镇总体规划修改（2016—2020）》。

【谢岗镇第十七届人民代表大会第三次会议】 谢岗镇第十七届人民代表大会第三次会议于2017年10月23日召开。会期半天，应出席会议代表51人，实际出席会议代表49人。大会听取和审议《谢岗镇2017年上半年财政预算执行情况报告》，审查《谢岗镇2017年上半年经济运行情况报告》。大会接受胡毅峰辞去谢岗镇人民政府镇

2019 年 8 月 9 日，谢岗镇第十七届人民代表大会第九次会议召开

长职务的请求。

【谢岗镇第十七届人民代表大会第四次会议】 谢岗镇第十七届人民代表大会第四次会议于 2018 年 2 月 4 日召开。会期 1 天，应出席会议代表 50 人，实际出席会议代表 47 人。大会听取和审议《谢岗镇人民政府工作报告》《谢岗镇人民代表大会主席团工作报告》，审查《谢岗镇 2017 年预算执行情况和 2018 年预算草案的报告》《谢岗镇近期建设规划（2017—2020 年）报告》。大会接受黄润波辞去谢岗镇人民政府副镇长职务的请求，接受朱赵球辞去谢岗镇第十七届人大代表职务的请求，并补选刘爱文为谢岗镇人民政府副镇长。

【谢岗镇第十七届人民代表大会第五次会议】 谢岗镇第十七届人民代表大会第五次会议于 2018 年 5 月 15 日召开。会期半天，应出席会议代表 52 人，实际出席会议代表 49 人。大会选举苏东为谢岗镇人民政府镇长。

【谢岗镇第十七届人民代表大会第六次会议】 谢岗镇第十七届人民代表大会第六次会议于 2018 年 8 月 30 日召开。会期半天，应出席会议代表 52 人，实际出席会议代表 47 人。大会听取和审议《谢岗镇 2018 年上半年经济运行情况报告》《谢岗镇人民代表大会主席团 2018 年上半年工作报告》，审查《谢岗镇 2018 年上半年财政预算执行情况报告》。大会接受林雪青、罗志通辞去谢岗镇第十七届人大代表职务的请求。

【谢岗镇第十七届人民代表大会第七次会议】 谢岗镇第十七届人民代表大会第七次会议于 2019 年 4 月 22 日召开。会期 1 天，应出席会议代表 52 人，实际出席会议代表 50 人。大会听取和审议《谢岗镇人民政府工作报告》《谢岗镇人民代表大会主席团工作报告》，审查《谢岗镇 2018 年预算执行情况和 2019 年预算草案的报告》《银瓶创新区海绵城市专项规划、政策体系及技术指引报告》。

【谢岗镇第十七届人民代表大会第八次会议】 谢岗镇第十七届人民代表大会第八次会议于 2019 年 4 月 23 日召开。会期半天，应出席会议代表 52 人，实际出席会议代表 50 人。大会接受苏东辞去谢岗镇人民政府镇长职务的请求，接受林锦彪辞去谢岗镇人民政府副镇长职务的请求，并补选李惠勤为谢岗镇人民政府镇长、钟方明为谢岗镇人民政府副镇长。

【谢岗镇第十七届人民代表大会第九次会议】 谢岗镇第十七届人民代表大会第九次会议于 2019 年 8 月 9 日召开。会期半天，应出席会议代表 52 人，实际出席会议代表 52 人。会议听取和审议《谢岗镇 2019 年上半年经济运行情况报告》《谢岗镇人民代表大会主席团 2019 年上半年人大主席团报告》，审查《谢岗镇 2019 上半年财政预算执行情况报告》。

人大工作机构与代表

【人大机构建设】 2014 年，谢岗镇人大为丰富人大代表在人代会闭会期间的活动和人大代表更好地了解民意，反映民声，密切代表与各部门的联系，增强代表依法履职的能力，设置 3 个人大代表工作室。2018 年 2 月，组建镇人大代表 5 个专业小组，分别为农村农业专业小组、城建环资专业小组、教科文卫专业小组、财政经济专业小组、法制内司专业小组，专业小组根据小组工作职责在闭会期间开展相关活动。同年，镇人大在原有 3 个人大代表工作室基础上，增设第四个人大代表工作室。4月24日，镇人大举行黎村人大代表工作室揭牌仪式。

【人大依法履职】 2015—2019年，谢岗镇人大以扎实推进社会主义民主法治建设为目标，履行宪法和法律赋予的职责，不断开拓创新，强化监督职能，较好地完成各项工作任务。同时，镇人大还不断健全完善人大相关工作制度。制定主席团成员联系代表制度和人大代表联系选民制度，为深入开展“推进县乡人大工作年”工作，全面推进人大工作规范化、制度化、常态化发展打下基础。不断提升代表履职能力。组织全体代表参加各种宣讲报告会和主题教育培训，提升镇人大代表综合素质和履职能力，更好地发挥代表作用。

【代表工作室】 2014年，谢岗镇人大为丰富人大代表在人代会闭会期间的活动，让人大代表更好地了解民意、反映民声，增强代表依法履职的能力，分别在泰园社区、曹乐村和大厚村设置3个人大代表工作室。2018年4月24日，黎村人大代表工作室成立。

2015—2019年，4个人大代表工作室组织人大代表开展学习、走访等活动200余次，走访联系群众300余人。

【集中学习培训】 2017年4月，邀请市人大选举联络人事任免工作委员会副主任袁俊凯为镇人大代表做辅导讲座；12月，邀请市人大选联工委主任孙爱平为镇人大代表阐述中共十九大报告中关于人大工作的主要精神，并讲解关于人大工作“三个走在前列”的内容和要求。

2018年10月，组织全体人大代表赴江西瑞金开展“不忘初心、牢记使命”的履职能力提升专题培训；11月，邀请市人大常委会办公室副主任孙晓锋就如何依法加强预算审查监督为主题进行授课。

2019年4月，组织全体人大代表参加《粤港澳大湾区发展规划纲要》宣讲报告会；8月，组织全体人大代表赴厦门开展“不忘初心、牢记使命”的履职能力提升专题培训；10月，以“坚定信念守初心，履职尽责担使命”为主题，组织全体代表集中学习专题党课。

【代表议案、建议】 2015年，在市十五届人大五次会议上，谢岗镇代表团向大会提交了《关于推进法治政府建设的议案》和《关于大力推进银瓶创新区城市基础设施路网建设的建议》。同年，在镇十六届人大七次会议上，人大代表依法向大会提出建议、批评和意见17件，主要涉及工程建设、征地拆迁、社会管理等方面。

2016年，在市十五届人大七次会议上，谢岗镇代表团向大会提交了《关于统一开展垃圾填埋场综合整治的议案》《关于增加银瓶创新区城镇建设用地规模的建议》《关于协助镇街建立电子商务协会的建议》《关于加强民办学校教师队伍建设的建议》。同年，在镇十六届人大八次会议上，人大代表依法向大会提出建议、批评和意见24件，主要涉及工程建设、科教文卫、城市管理等方面。

2017年，在市十六届人大一次会议上，谢岗镇代表团向大会提交了《关于支持银瓶创新区开展水污染治理和水生态建设的议案》和《关于莞惠公路（S357）谢岗段改线的建议》。同年，在镇十七届人大二次会议上，人大代表依法向大会提出建议、批评和意见17件，主要涉及规划建设、交通安全、城市管理等方面。

2019年，谢岗镇镇长约请人大代表座谈会举行

2018年，在市十六届人大三次会议上，谢岗镇代表团向大会提交了《关于支持银瓶创新区工业大道东截污主干管网选址改迁的建议》《关于建立跨市协作机制，大力整治泥头车违法行为的建议》《关于支持银瓶创新区开展海绵城市和生态文明建设的建议》。同年，在镇十七届人大四次会议上，人大代表依法向大会提出建议、批评和意见31件，主要涉及城市规划建设、交

通安全、科教文卫等方面。

2019年，在市十六届人大五次会议上，谢岗镇代表团向大会提交了《关于支持银瓶创新区开展海绵城市和生态文明建设的建议》《关于加快落实X239线谢常路及延长线（谢岗段）升级改造工程项目资金和动工的建议》《关于明确全市工业垃圾和建筑垃圾处理方式和场所的建议》《关于加强工业固体废物处置设施建设的建议》。同年，在镇十七届人大七次会议上，人大代表依法向大会提出建议、批评和意见34件，主要涉及规划建设、城市品质提升、交通安全等方面。

监督工作

【视察监督】 2015年，开展视察调研监督活动4次。6月4日，组织人大代表督查城管分局开展的骑单车巡查督导城市管理工作；8月18日，组织人大代表视察东莞市大兴化工有限公司、东莞市首资宝电器有限公司、东莞市润星机械有限公司，近距离了解镇高新技术企业在实施创新驱动发展战略有关情况；9月23日，组织人大代表对全镇贯彻实施《中华人民共和国食品安全法》情况进行执法检查，助力镇食品安全监管工作深入开展；10月21日，组织人大代表赴市中级人民法院参加对一宗绑架案件的审判活动。

2017年，开展视察调研监督活动4次。7月12日，组织谢岗镇的市、镇两级人大代表到东莞市人民医院谢岗院区开展视察活动，了解新院区运作情况，并向医院提出工作意见和建议，督促提高诊疗水平；3月1日，配合市人大常委会副主任何跃沛一行调研镇基层人大工作，并就如何进一步提高镇基层人大工作提出相关意见和建议；3月9日，配合市人大常委会委员、农村工委主任李雄华一行，调研镇农产品质量安全监管工作，进一步保障人民群众“菜篮子”安全；10月23日，组织谢岗镇的市、镇人大代表视察银瓶合作创新区项目建设情况，深切感受谢岗镇在招商引资、经济发展、民生工程建设等方面取得的成绩。

2018年，开展视察调研监督活动8次。4月17日，组织人大代表到国税、地税分局开展督查活动，在进一步丰富代表活动内容的同时，也密切代表与各部门的联系，不断增强人大代表依法履职的能力；6月12日，组织城建环资代表专业小组和法制内司代表专业小组对谢岗镇实施《中华人民共和国大气污染防治法》情况进行检查，实地视察镇东莞志成工艺制品有限公司的挥发性有机物监管情况和粤海工业智造产业中心项目建设工地扬尘处理情况；6月22日，组织科教文卫代表专业小组成员就谢岗镇实施《中华人民共和国义务教育法》的情况开展专题调研活动，实地调研镇振华学校和中心小学的办学教学设施、教学环境；7月13日，组织谢岗镇市、镇人大代表及各村（社区）两委干部约90人赴东城参观旧城改造、城市更新项目活动，为推进镇城市更新工作打下基础；8月30日，组织谢岗镇全体市、镇人大代表视察水污染治理工作情况，助力镇打赢水污染治理攻坚战；9月28日，组织法制内司代表专业小组人员到谢岗镇公安分局开展视察调研活动，进一步了解谢岗镇公安工作有关情况；12月6日，配合东莞市全国、省人大代表及市人大常委会副主任李满堂、陈锡江、何跃沛、黄耀成一行视察银瓶合作创新区有关项目开展情况，为加快和推动银瓶合作创新区发展建言献策；12月11日，配合市人大常委会常务副主任潘新潮、市政府副市长喻丽君一行视察关于对《加快推进水污染治理持续改善我市生态环境的议案》办理情况，推动市水污染治理工作深入发展。

2019年，开展视察调研监督活动8次。3月14日，组织镇部分市、镇人大代表，先后深入美利龙餐厨具（东莞）有限公司和广东润星科技有限公司开展实地调研座谈活动，了解企业有关运作情况；4月30日，组织法制内司代表专业小组成员听取镇扫黑除恶专项斗争开展情况报告，推动扫黑除恶专项斗争向纵深发展；5月29日，组织教科文卫代表专业小组，对镇基层综合性文化服务中心完成情况开展督导活动，了解和掌握中心全覆盖建设工作的完成情况；6月28日，组织农村农业代表专业小组对镇三防物资仓库、大坑水库加固工程、银湖排站等地防汛工作开展情况进行视察调研，确保全镇防汛工作扎实开展；7月19日，组织城建环资代表专业小组，对镇涉水涉气企业运营情况开展督查活动，实地抽查东莞威麦皮具有限公司和东莞六合铝制品有限公司，现场听取介绍和对经处理排放的水体进行取样监测；春秋两季新学期开学伊始，教科文卫代表专业小组成员会同镇宣教文体局、公安分局、消防大队、交警大队等相关部门，对辖区内6所学校开学情况和校园安全工作情况进行视察，为形成各部门齐抓共管的学校安全管理形成合力；10月30日，组织全体人大代表参观粤海工业智造产业中心和碧桂园智造创新中心，视察粤海银瓶合作创新区公租房项目和东莞银山市级湿地公园项目；12月25日，组织城建环资代表专业小组成员视察城市精细化管理工作，为镇城市精细化管理工作添砖加瓦。

【评议监督】 2015—2019年，镇人大先后组织代表对镇公安分局、社区卫生服务中心等部门开展人大评议工作。通过动员、自评、助评、恳谈和整改5个步骤，发放调查问卷，整理归纳建议和意见，并反馈给被评议单位，被评议单位针对评议问题逐个进行整改。镇人大组织代表对被评议单位的整改情况进行跟踪、检查、监督，务必使人大评议工作取得实效。同时，还组织人大代表参与“市民评机关”活动。2015年，组织代表对公安分局和社区卫生服务中心开展评议活动，通过评议，纠正和解决了一些群众反映强烈的问题，促进有关部门的行风建设，各单位干部依法行政、服务群众的意识得到增强，部门工作作风有了明显转变。2017年，对国土分局和交通分局开展评议活动，通过评议，促进被评议单位建立起一套政风行风建设的长效机制。2018年，对环保分局和消防大队开展评议活动，采取评议小组自行下村走访、村（社区）公布评议热线、开展座谈会等方式，收集代表意见建议，并由人大办整理反馈给被评议单位并督促其整改落实，通过宣传动员、自评、助评和整改等阶段的评议，使得评议工作取得预期的成效。2019年，对谢岗医院和住房规划建设局进行评议，听取被评议部门负责人关于对科、股室设置，人员配备，工作职能和日常工作如何开展等方面的介绍，与会人员围绕受评单位在医风医德、规划报建、依法行政、工作作风、工作效率、为民服务以及人民群众普遍关注的热点、难点问题等方面进行深入交流座谈。会后，被评议单位根据代表所提意见建议对各自部门有关情况进行整改，并完成整改报告的撰写。

宣传工作

【宣传报道】 2015—2019年，积极组织参加“东莞人大新闻奖”评选活动。联合镇文化广播电视服务中心、党委宣传办，先后选送了《人大代表为百亿投资项目踢进了“制胜球”》《人大代表为公安办证大厅添“地气”》《人大评议让“烦人的转诊”画上休止符》《“听民意、汇民智、聚民心” 白涛高票当选谢岗镇市人大代表》《谢岗镇圆满完成人大换届选举工作》《人大代表助力环保项目顺利落地》《人大代表积极履行代表职责、加强人大工作监督推进水污染治理工程》《人大代表助攻偷排企业园区变身“治水先锋”》《东莞有一座“海绵城市”吸纳人大谏言 炼出生态文明》等作品，其中《人大代表助力环保项目顺利落地》获第26届“东莞人大新闻奖”一等奖，《东莞有一座“海绵城市” 吸纳人大谏言 炼出生态文明》获第27届“东莞人大新闻奖”三等奖。

【微信公众号】 2018年8月开通“谢岗人大”微信公众号，至2019年共发布微信推文55篇，精心报道人大活动及创新工作，不断提升人大形象，累计阅读量超过19945次。

（撰稿：钟美）

附：2015—2019年谢岗镇人民代表大会领导名录

人大主席：

贾贵斌（兼）（任至2016年11月）

罗树华（2016年12月任）

人大副主席：

罗满桥（任至2016年11月）

赵灿文（任至2016年11月）

谢润珍（2016年12月任）

2015—2019年谢岗镇人大办领导名录

人大办主任：

赖瑞嫦（任至2017年4月）

叶玉昆（2017年12月任）

人大办副主任：

谢秀玲（2017年12月任）

谢岗镇人民政府

镇政府概况

【机构改革】 谢岗最早作为独立行政区是1957年12月设立的谢岗大乡，1961年6月成立谢岗人民公社，1983年9月成立谢岗区，1986年11月，谢岗区改称谢岗镇。至2015年年底，全镇设11个村民委员会和1个社区居民委员会，内设行政机构有党政办公室、社会事务办公室、规划建设办公室、宣传科教办公室、组织人事办公室、农林水务办公室、人大办公室、商务办公室、计划生育办公室、审计办公室、监察办公室、经济贸易办公室以及武装部、总工会、共青团、妇联等群团组织。另有镇属事业单位农业技术服务中心、文化广播电视服务中心、会计核算中心、谢岗社会保障分局、谢岗镇水利管理所、房管所、计划生育服务所、城监中队、对外贸易办、安全环保办等。市直属单位有公安分局、司法分局、交警支队、消防支队、工商分局、国税分局、地税分局、粮食管理所、供销合作社等。之后，随着东莞市机构改革，谢岗镇行政事业单位随即进行相应调整，部分单位或撤销，或合并，或增设，还有部分市直属单位下放事权，归属谢岗镇管理。

至2019年年底，全镇共有内设机构27个，分别是党政办（统计办）、监察室（纪委）、审计办、组织办、党建办（督查室）、政法办、信访办、人大办、资产办、拆迁办、农林水务局、宣传教育文体局、工业信息科技局、创新驱动办、社会事务局、住房规划建设局、路网组、商务局、招商局、卫生健康局、旅游办、扶贫办、统战办、总工会、团委、妇联、武装部；有派驻机构、事业单位40个，分别是司法分局、财政分局、人社分局、生态环境分局、交通分局、医保分局、应急管理分局、城市管理和综合执法分局（公用事业服务中心）、文化广电旅游体育分局、自然资源分局、房地产管理所、市场监督管理分局、食药监站、流动党员管理服务中心、残疾人康复就业服务中心、土地储备中心、农技中心、林业站、文广中心、体委、全媒体中心、新莞人中心、网格中心、政务服务中心、水务工程建设运营中心、社卫中心、退役军人服务中心、国库支付中心、招投标服务所、规划管理所、卫生监督所、粮所、谢岗医院、自来水厂、谢岗中学、中心小学、黎村小学、谢岗小学、谢岗敬老院、成人学校；有市属单位21个，分别是公安分局、税务分局、邮政分局、电信分局、供电分局、交警大队、消防大队、公路养护所、银瓶山管理处、供销社、医药公司、广电网络、农商行、东莞银行、建设银行、工商银行、农业银行、广发银行、中国银行、人保办事处、人寿办事处。

【镇政府重要活动】 2015年5月7日，在镇政府大楼二楼会议室召开谢岗镇创建广东省生态乡镇动员大会，主要是部署谢岗镇创建广东省生态乡镇的各项工作任务，动员全镇上下统一思想、抓好落实，确保有效、顺利完成创建任务。镇委副书记、镇长胡毅峰，镇委委员李学畴，党政办、环保分局、城管分局、城建办、农林水务办等成员单位负责人和各村（社区）书记等约60人参加了此次动员大会。

2015年7月30日，由镇委书记、镇人大主席贾贵斌，镇委副书记、镇长胡毅峰带领的扶贫考察组一行，赴韶关南雄开展扶贫考察活动。进一步巩固党群关系，密切联系群众，促进扶贫双到工作更加走向深入，切实完成帮扶任务、提高帮扶成效。

2016年1月22日，市委书记、市人大常委会主任徐建华，副市长贺宇一行在镇委书记、镇人大主席贾贵斌，镇委副书记、镇长胡毅峰等陪同下，先后到谢岗镇善募康科技有限公司、大连机床创业孵化基地、东莞粤海银瓶合作创新区联合办公室进行调研，深入考察重点企业和银瓶合作创新区建设发展情况，并要求谢岗镇抓住机遇，把握和巩固良好的发展势头，全力以赴做好粤海“大文章”。

2017 年 9 月，谢岗镇以“迎创文国考，促工作提升”为主题，举办“爱莞爱家”大清扫活动，镇政府各单位各部门数十名干部职工穿上志愿者服装，拿起扫把、铁夹等清洁用具，在花园大道两旁打扫人行道，清理卫生死角，将藏匿在绿化带里的杂物、垃圾、枯枝、枯叶等，逐一清理出来。

2018 年 12 月 28 日，谢岗镇作为东莞市四个重大平台之一，按照市委、市政府“坚持一个统领、突出三个特色、实现五个突破”发展思路，加快银瓶合作创新区重大平台建设。举办 2018 年项目集中签约、动工、竣工仪式，集中签约、动工、竣工项目共计 55 个，总投资额约 182 亿元。其中，产业项目 26 个，总投资约 123 亿元；基础设施项目 10 个，总投资约 34 亿元；城市配套项目 12 个，总投资约 19 亿元；公共服务项目 7 个，总投资 6 亿元。

2019 年，谢岗镇组织开展以“洁净城市、喜迎新春”为主题的全民大清洁活动，进一步确保整洁优美的城市形象，让广大市民群众过一个干净卫生、喜庆祥和的新春佳节。镇委副书记、镇长苏东，镇人大主席罗树华等镇领导班子成员，以及镇政府各部门人员等，兵分多路，在镇中心区各主次道路、人行道、步行街、内街小巷等公共区域进行全覆盖大清洁。

是年，在谢岗广场举行 2019 年“春风行动”现场招聘会。此次进场招聘的企业近 60 家，提供约 3000 个工作岗位，近 200 人现场达成就业意向。年内，还紧紧围绕“湾区智造新城、品质生态谢岗”总体目标，严格落实城市精细化管理工作，不断改善和提升人居环境，提高广大市民群众满意度和幸福指数，巩固“国家卫生镇”称号。

附：2015—2019 年谢岗镇人民政府领导名录

镇长：

胡毅峰（任至 2017 年 9 月）

苏　东（2018 年 5 月至 2019 年 2 月）

李惠勤（2019 年 4 月任）

副镇长：

黄润波（2016 年 11 月至 2018 年 2 月）

谢伟平（任至 2016 年 8 月）

罗佑发（任至 2016 年 6 月）

林锦彪（任至 2019 年 2 月）

刘文锋（2015 年 2 月至 2016 年 11 月）

翟敏莹（2016 年 8 月至 2017 年 8 月，挂职）

赵灿文（2016 年 11 月任）

杨景新（2016 年 11 月任）

刘爱文（2018 年 2 月任）

钟方明（2019 年 4 月任）

镇政府主要工作

【扶持企业发展】 2015—2019 年，谢岗镇政府采用专人跟进、专项督导等方式，做好企业服务，对产值超 2 亿元的 11 家企业实施镇领导班子成员一对一挂点服务。协助善募康、润星、亿环等企业增资扩产，推动企业做强做大。举办银企交流对接会，为企业拓宽融资渠道，成立政商银管理公司，帮助企业解决融资难题。

【银瓶合作创新区建设】 2015—2019 年，谢岗镇政府以银瓶合作创新区为主体，会同周边镇区的工业园区，申报国家开发区。成立银瓶合作创新区（粤海产业园）建设协调组、道路建设项目组、产业项目建设组等专职小组，与粤海集团合作成立工作领导小组，明确按 4∶6 比例出资成立园区开发公司推进园区建设，注册成立“东莞市粤莞银创投资有限公司”，推动银山科技园内 20.2 公顷连片地块成为市镇联合招商基地。

【招商引资】 2015—2019 年，出台《谢岗镇统筹开发工业用地实施办法》《谢岗镇新引进租赁厂房类项目认定奖励暂行办法》，鼓励村组引进优质项目。组织企业单位参加“湾区都市、品质东莞”北京推介会、第 5 届广东国际机器人及智能装备博览会、广东省国资企业专题推介会等活动，提高银瓶合作创新区知名度，吸引更多优质企业和项目资源。

【推进高端装备制造、智能制造产业发展】 2015—2019 年，成立高端装备制造行业协会，谢岗镇政府申报高端装备专业镇。推动高新技术产业发展，大力实施“机器换人”，联合华中科技大学制造工程研究院开展“创新”发展项目，促进企业加大投入提高研发能力，按照“选好选优、培优培强”原则，培育24家优势企业成为国家高新技术企业，57家企业申报省高新技术培育企业。其中市级倍增企业润星科技成为谢岗镇首家主营业务收入、产值分别超10亿元的民营企业，获全市“2017年度规模效益成长性排名前二十工业企业”称号、“2017年度税收突出贡献奖”。

【开展国家新型城镇化试点】2015—2019年，谢岗镇促进银瓶山森林公园入选“广东十大最美森林”。推进城市核心区规划建设和城市规划修编，以科学规划引领城市和产业升级。启动银瓶湿地生态体验园建设，统筹南部银瓶山和南面村36平方千米的山体森林资源，建设生态旅游休闲基地。大力推进美丽幸福村居建设，为每个村（社区）安排最高达300万元的奖励。南面村被纳入全市13个村（社区）建设生态宜居美丽乡村示范点，黎村、大厚、大龙、南面、窑山5个村完成美丽幸福村居建设并全部通过验收，黎村美丽幸福村居获评市十大美丽幸福村居、市亮点村居。

【推进社会各项事业发展】2015—2019年，谢岗镇启动历史文化挖掘，梳理人文历史传承脉络，启动村史展览室建设，稔子园村史展览室率先建成开放。《银瓶通讯》报创刊发行，谢岗电视新闻实现每日播出。原创歌曲《梦里中国》获“2017年广东省群众文艺作品评选”一等奖。举办迎国庆登山、大型文艺晚会和篮球赛、足球赛等文体活动。

创建东莞市推进教育现代化先进镇，突出特色学校建设，谢岗中学获评全国生态文明教育示范学校。创建“东莞市推进教育现代化先进镇”，通过广东省教育强镇和东莞市推进教育现代化先进镇复评验收。谢岗中学中考成绩在山区片名列前茅，获评国际生态学校。谢岗中学、振华中学均被评为“校园足球推广学校”，谢岗中学获评“全国青少年校园足球特色学校”、2018年“全国生态文明特色教育学校”，振华学校获评2018年“全国青少年校园足球特色学校”。

东莞市人民医院谢岗新院区建成投入使用，成为山区片管理一流、医技一流、设备一流、环境一流、交通便利一流的医院。通过国家卫生镇复审和市级健康促进区评估，全面铺开创建省健康促进区工作。推行家庭医生签约服务，有效降低人均医疗费用。

【民生保障】2015—2019年，谢岗镇创新重大疾病医疗救助，实施《谢岗镇农（居）民医疗救助暂行办法》，让重大疾病患者尤其是困难家庭患者得到更快更好的医疗救助。做好就业和保障服务，发放各项就业补贴和各类保障补助资金，发放优抚、优待金。做好劳动就业服务，落实市镇两级就业惠民政策。打好精准扶贫攻坚战，镇内5个欠发达村集体经济发展总体向好，实现村组两级经营性纯收入增长5%目标，20户低保户脱贫，脱贫率达95%。

镇政府重要施政

【融入湾区建设，创新发展全面提速】2019年1月，谢岗镇制定《粤港澳大湾区发展规划纲要》实施方案、三年行动计划和年度工作要点。紧抓发展机遇，着力争政策、争试点，融入粤港澳大湾区建设，推动银瓶合作创新区发展全面提速。

【加快重大项目建设】2018年，谢岗镇成立重大项目服务保障工作专责领导小组，进一步加强对镇重大项目的领导，集中力量，全面整合资源，加大协调力度，促进各重大项目加快建设。

【统筹推进粤海产业园区发展】2017年，谢岗镇加强与粤海集团沟通，双方成立日常事务议事决策领导小组；出台《粤海产业园工业用地出让工作指引》；成立园区开发公司。坚持合作共赢、实力优先原则，力求引进更多有实力的合作伙伴。

【设立专项资金助力企业倍增】2018年4月，谢岗镇印发《谢岗镇“倍增计划”试点企业贷款贴息专项资金管理暂行办法》，镇政府设立1000万元专项资金，符合相关条件的市镇倍增试点企业及后备企业可享受最高100万元的贷款贴息补贴。

【推进村组经济发展】2017年11月20日，谢岗镇出台《关于印发村组多元化投资指导意见的通知》，鼓励村组开展多元化投资，充分发挥集体资金的使用效益，提高农村集体收入。

【推进全域海绵城市建设】2018年，谢岗镇成立银瓶合作创新区海绵城市建设工作领导小组，统筹推进全域海绵城市建设工作。完成《银瓶创新区海绵城市专项规划》，出台《谢岗镇海绵城市规划技术指引》等8份技术导则。引进华侨城投资20亿元建设占地557.53公顷的银瓶湖湿地公园。投资1.24亿元占地105.47公顷的银山湿地公园动工建设。

【推进城市更新】 2018年，谢岗镇出台《谢岗镇农村公路投资建设、维护管养暂行规定》，大力推进城市更新。成立城市更新局，开展全镇城市更新专项规划，推进赵林村等8个旧村250.13公顷城市更新项目，推动水塔山城市更新项目纳入全市30个重点推介项目，启动公共物业清拆。

【重大疾病医疗救助】 2015年，谢岗镇出台《谢岗镇农（居）民医疗救助暂行办法》，创新重大疾病医疗救助，由镇政府统筹重大疾病医疗救助基金发放，重大疾病患者最高可申请补贴11万元，新办法为患者提供更好更快的服务。

【加强资产管理】 2019年11月5日，谢岗镇出台《谢岗镇镇属资产管理办法》，完善资产管理的制度内容，加强镇属资产的管理，维护其安全、完整和有效使用，优化镇属资产的使用，促进镇属资产优化配置，提高镇属资产价值。

【加强财政审查】 2015年，谢岗镇成立财审中心，出台《谢岗镇财政投资评审暂行办法》及《谢岗镇财政投资建设项目评审送审资料要求》。加强财政审查工作，完善工程审核和镇村集体资产及经济合同管理等。明确要求所有农村集体资产交易必须通过交易平台交易，村（社区）建设项目特别是涉及土地售赁和工程建设的项目须上报镇领导班子联席会议审议后，按程序统一招投标、统一支付工程款，杜绝腐败行为。

（供稿：谢岗镇党政办公室）

综合协调服务

【政策研究】 2015—2019年，谢岗镇党政办围绕镇委、镇政府工作大局、领导决策思路和经济社会发展中的重点问题，出思路、出点子、出策略，撰写了党代会、人代会、工作动员会、经济形势分析会等重要会议文稿及领导讲话稿，每年起草重要文稿100多篇。

2017年，在谢岗镇“一村一策”镇村统筹发展调研活动中，党政办协助制定实施方案，收集汇总各村意见建议，并最终形成一份总的调研报告，为引导各村走独具特色的发展之路提供决策参考。

2018年，参与“新时代 新征程 新谢岗”调研活动并撰写调研报告。配合上级部门到谢岗考察调研，协助搜集提供相关材料。研究制定中央巡视组、省委巡视组反馈意见整改落实工作方案，及时上报整改落实情况动态信息和总结报告。

2019年，草拟制发镇委、镇委办、镇政府、镇政府办及党政办公室名义的文件630件，完成6份党内规范性文件制定。

【办文办会接待】 2015—2019年，谢岗镇政办严格按照制度办事，按程序办事，保证办公室及时、有序、高效运转。党政办分别处理市文件约3500份、3000份、6000份、5300份、4200份，镇文件约860份、840份、1250份、940份、1400份。其间，不断规范收办文流程，做到文件及时登记、呈批、转发，并对办结文件进行扫描存档，完善收办文的归档工作，每月底定期进行文件整理、分类和保存，切实做到文件有始有终、可查可找。

在会务方面，从严从细做好会务筹备各项工作，确保各类会议圆满成功召开，会务组织能力逐年提升。2015年承办各类大型会务21次；2017年承办各类大型会务29次，其中配合宣传贯彻中共十九大精神和推进市东南部卫生填埋场项目建设，先后承办召开5场大会，宣传中共十九大精神以及环保项目的科学性和安全性，分批次组织400余名干部、群众实地考察南城垃圾焚烧厂以及惠阳、龙岗飞灰填埋场，让广大干部群众近距离接触环保项目，转变观念，将学习贯彻中共十九大精神与推动东南部卫生填埋场建设有机结合起来，有效打消了大多数群众的顾虑，推动项目加快建设。2019年，组织承办党代会、人代会、总结大会等各类大型会务共57次，承办召开班子会议63次，讨论的议题1300多项。为镇委、镇政府宣传贯彻上级有关精神，顺利开展各项工作发挥了应有作用。

在公务接待方面，对每次的公务接待活动，均按照规定制定周密科学的接待方案，确保细致全面完成接待任务。2019年，接待省、市领导24批次。

【信息工作】 2015年，谢岗镇党政办加强信息报送工作，报送数量、质量逐年提升。报送信息30多篇，市采用10篇，获评2015年全市信息工作先进单位。

2016年，报送信息首获省领导

批示 1 次，获评 2016 年全市信息工作先进单位。

2017 年，报送信息 40 多篇次，获市主要领导批示 1 次，获评 2017 年度全市信息工作先进单位。

2018 年，报送信息 29 篇次。

2019 年，报送信息 50 篇次，被市委办信息综合室采用及《工作交流》刊发 15 篇，累计编纂印发《谢岗镇工作交流》3 期。其间，邀请市相关业务骨干进行授课，培训内容涉及写作技巧、公文格式、办文流程、公章管理、会务、督查、保密、信息等，培训人员 364 人次，通过培训切实提升全镇办公室系统人员业务水平，强化信息整合报送质量。同时，组织人员到市直部门跟班学习。每年选派年轻干部到市府办、宣传部、政研室等部门跟班学习，学习回来后及时与办公室其他同事分享交流学习心得体会。进一步提高信息撰稿能力和质量。

【保密档案】 2015—2019 年，谢岗镇党政办贯彻落实保密自查工作，督促政法办、信访办、社会事务局等重点涉密部门定期对单位所有办公电脑进行涉密自查，推进保密工作长效机制建设，切实筑牢保密防线。强化重点涉密人员管理，组织涉密人员签订保密承诺书，坚持重点涉密人员持证上岗，组织党政办、武装部、社会事务局保密员参加市保密局举办的培训。完善涉密人员登记制度，严格遵守保密制度。加强涉密文件的日常管理，严格落实涉密文件收发、呈批、阅办、保管、清退等环节的保密管理和制度。全面深化宣传教育，通过镇政府微信公众号“活力银瓶”、微博“生态谢岗”、广播电视站、镇中心广场 LED 屏等载体做好日常保密宣传教育。2015 年，加强档案管理建设，争取经费 35 万元，用于档案达标升级工作。推进信息化管理，聘请万维网络公司对综合档案室档案管理平台进行升级，构建以镇综合档案室为核心的全镇性虚拟档案管理平台。是年 9 月，印发《谢岗镇机关单位档案工作达标升级目标管理实施方案》，统筹推进粤海办等 10 个单位创建省特级或省一级目标管理。至 2016 年 6 月，完成 2014 年全镇档案整理、归档、数字化工作。11 月，完成粤海办等 7 个单位创建档案验收工作；配合市档案局完成对朱炳然个人捐赠档案的清点工作。

2017 年 6 月，完成 2015 年全镇档案整理、归档、数字化工作。11 月，完成谢岗镇人民政府档案复检验收工作以及 2016 年全镇档案整理、归档、数字化工作；配合市档案局完成涉密档案的解密工作，获批 2017 年度全市党内规范性文件备案工作先进单位。

2018 年，完成 1994—2008 年的档案移交工作，并做好 1994—2014 年的档案数字化工作。2018 年，完成 12 个村（社区）及谢岗医院的档案复查工作，并获评 2018 年度全市保密工作先进单位。

2019 年，做好日常档案管理工作，获评 2019 年度全市保密工作先进单位及 2019 年度全市党内法规制度建设工作先进单位。

【地方志工作】 《东莞市谢岗镇志》编纂 2015 年，谢岗镇党政办根据镇委、镇政府工作部署安排，筹备启动地方志编纂工作。通过强化组织领导，成立由镇委书记任组长、镇长任副组长、所有班子成员为委员的地方志编纂工作领导小组，并设办公室，安排专职人员负责。同时，召开地方志编纂动员大会，对地方志编纂工作进行全面部署，有效推动工作开展。其间，办公室人员加强业务学习，多次拜访市志办领导和专家。邀请市志办专家驻镇协助开展工作、指导，组织各单位部门、村（社区）专职人员进行材料搜集和撰写。之后，办公室又配合驻镇专家、编写人员深入各村（社区）走访、调查，核实史料，指导编写。至 2016 年春，仅用 9 个月的时间即顺利完成《东莞市谢岗镇志》初稿撰写。在此基础上，办公室组织各单位撰写人员、老干部和知情人对志稿进行反复核对、修改，最终于 2017 年年底完成印刷出版。该书由方志出版社出版。

完成《东莞年鉴》供稿 2015—2019 年，谢岗镇党政办根据东莞市委、市政府关于编纂《东莞年鉴》工作要求，每年组织办公室人员进行材料收集，突出谢岗镇特色和谢岗镇年度重点工作，完成撰写《东莞年鉴》稿件 5 篇，总计字数 10 万余字，图片 20 幅。

完成《全粤村情》普查及供稿 2016 年 5 月，谢岗镇党政办根据省、市关于开展自然村落历史人文普查文件精神，启动全镇 43 个自然村落的历史人文普查工作，并召开专门会议进行布置，邀请市志办专家到会讲解普查知识、要点及相关要求，办公室密切配合专业人员开展实地调查、走访。至 2017 年年底，顺利完成普查任务，总计字数 20 余万字。之后，又精心组织撰稿，拍摄相关图片，最终完成《全粤村情（东莞卷·谢岗）》10 万字的撰稿任务，提供图片 110 幅。该书由广东省人民政府地方志办公室主编，华南理工学院出版社出版。

资料年报 2015—2019 年，谢岗镇党政办根据东莞市委、市政府关于提供地方志资料年报工作要求，每年组织办公室人员进行材料收集和撰写，相继完成谢岗概况、大事记的撰写和专题资料、相关人物资料的收集，提供图片资料近百幅。

【统计监测】 2015—2019年，谢岗镇统计办认真做好各类统计月报、季报、年报的数据搜集、整理和报送工作。完成一体化住户调查、人口变动抽样调查、研发创新统计调查等上级下达的各类统计抽样调查任务。撰写各类经济运行分析报告，为上级和镇委、镇政府科学决策提供可靠依据，发挥决策参谋作用。认真组织开展全镇第四次全国经济普查工作。组建成立谢岗镇第四次全国经济普查领导小组，加大宣传力度，发动企业积极配合经济普查工作。同时，积极做好经济普查、清查和年度量化考核工作，加强对村（社区）两委工作量化考核和行政事业单位工作绩效考核评价，制定量化评比方法，设定工作考评硬指标，完善考核机制，提高对村（社区）两委、行政事业单位工作考核的科学性和准确性。其间，加大经济监测力度。围绕谢岗镇实施的“倍增计划”，开展年度统计执法检查。

2015年，走访企业15家，指导企业如实、规范填报统计数据，做到应统尽统、不瞒报、不漏报。定期召集经贸、商务、重大项目、工商、税务等部门专题研究分析经济运行形势，研究制定对策，供领导参考。开展“守合同重信用企业”公示申报，提高企业诚信意识，推进企业信用体系建设。

积极组织人员参加市统计局举办的业务培训，组织开展统计专业技术资格考试和统计人员继续教育培训。其中2017年组织“四上”（规模以上工业法人单位、有资质的建筑业和有开发经营活动的全部房地产开发经营业法人单位、限额以上批发零售和住宿餐饮业法人单位、规模以上服务业法人单位）企业法人代表和统计人员进行培训，进一步提高企业对统计法的认识。

2019年，全面强化统计队伍建设，并获得东莞市统计业务技能知识竞赛一等奖。按照市统计协会要求，成立东莞市谢岗银瓶统计员活动中心。成立谢岗统计协会，发挥统计协会交流平台作用。组织会员参加登山健身、观看教育影片等活动，以统计协会为平台搭建企业与企业、企业与政府之间沟通交流的桥梁，加强会员之间的联系，提高会员的业务水平，营造团结向上的氛围。2019年，获评2019年度全市统计工作先进单位。

【后勤保障】 2015—2019年，谢岗镇党政办加强镇政府大院管理，规范后勤保洁等保障工作。制定《清洁员工作制度》和《服务员工作制度》，实行指纹打卡上班制度，对专业岗位进行培训，对楼层卫生实行日日检查、时时整改，确保大楼卫生干净整洁，并设专人保养大院绿化植物。加强镇政府大院的安保管理，实行工作人员佩戴工作证和来访人员出入登记制度，规范管理入院车辆，安装自动感应道闸、停车场门禁感应系统，合理规划车位用途，有效管理车辆进出镇政府大院，确保镇政府大院的各项安全。本着厉行节约的原则，加强对镇政府食堂的管理，对每日采购清单进行管控，每月分析，避免发生超支浪费现象。加强厨师业务水平，定期组织厨师学习，参加市接待办举行的全市接待系统菜式报送交流活动，到兄弟镇街学习交流，并定期推出新品菜式，提高饭堂服务质量。在公务车辆管理方面。以全国实行公车改革为契机，制定《谢岗镇全面推进公务用车制度改革实施方案》及《谢岗镇车改单位公务交通补贴管理办法》等系列配套文件，经镇领导班子联席会议同意后迅速贯彻落实，并及时做好封存公务车辆的拍卖，顺利完成上级布置的车改工作任务，进一步规范党政系统公务用车行为。

【政务公开】 2015—2019年，谢岗镇党政办根据东莞市信息公开目录，谢岗镇政府通过官网，及时、全面录入谢岗镇的机构介绍、领导信息、通知公告、规划计划、人事任免、财政预算决算、业务动态等信息。

2015年，根据市网建办的统一部署，由党政办牵头，组织12个村（社区）通过整合已有办公资源，在不增加办公人员的情况下建立了12个“网上办事大厅村居办事点”，为群众提供个人申报申办事项的网上办理、网上查询和网上咨询服务办事终端，实现全镇所有村（社区）网上办事大厅全覆盖。

2017年，录入公开信息1600多条。其间，积极办好12345政府服务热线，以群众满意为工作落脚点，不断强化服务意识，做到第一时间接收工单、第一时间处理、第一时间上报办理和答复。至是年年底，办公室按时按质处理工单668件，及时解决群众反映的问题。

（供稿：谢岗镇党政办公室）

附：2015—2019年谢岗镇党政办领导名录

主任：

谢伟平（任至2017年4月）

主任：

熊海林（2017年4月任）

【督查】 督查概况 2017年11月，谢岗镇督查室成立，为镇党政办内设机构，获评2018年度全市督查工作先进单位。2019年7月，与镇党建办合署办公。督查室主要工作职责：严格督查落实市委、市政府下达重点工作的督查，及时跟踪事项进展情况，积极配合市委办督查室、市政府办督查室开展各项季度、月度和专项督查；细致分类督办，督查室紧紧围绕每年镇委、镇政府的工作部署，抓好领导批示件、重要文件和会议精神的贯彻落实情况，细化分工、明确责任，每年对镇党委（扩大）会议决定事项、镇主要目标任务和镇民生实事开展督查，并对重大项目建设、“拓空间”项目建设、海绵城市建设、水污染治理示范镇建设、硬任务落实情况、违法建设治理任务等专项工作进行督查督办；督办建议提案办理，跟踪督办市、镇人民代表大会建议办理情况，确保镇承办建议提案如期办理。多形式开展督查督办，纳入督查的事项，实行月月督查，月月书面汇总，月月向领导反馈情况。每月请镇主要领导召开督查推进会，协调解决项目存在问题，并落实解决方案，推进各项工作落实。不定期开展实地督查，到项目现场了解进展情况，发现问题，协调解决问题。开展暗访督查工作，发现问题，及时督促整改。

督查工作 2018年，督查室完善督查工作制度，制定《谢岗镇督查工作管理制度》，并经镇委、镇政府同意于2018年7月11日印发，使督查工作更加规范、严谨。督查室全力贯彻落实上级督查工作部署，积极配合市委办督查室、市府办督查室开展督查工作，至2019年已办理市文件115件。同时，督查室紧紧围绕镇委、镇政府工作部署，发挥督查职能作用，至2019年，已督办谢岗镇党委（扩大）会议决定事项259项、谢岗镇主要目标任务255项、谢岗镇民生实事12项，对重大项目、城市基础设施和公共服务、社会治理能力、党的建设和廉洁高效政府建设等方面进行督办。此外，督查室还围绕领导指示批示、关注的热点等进行专项督查，已督办重大项目建设情况20项、海绵城市建设情况7项、水污染治理示范镇建设情况34项、“新时代·新征程·新谢岗”主题调研落实进度24项、谢岗镇2019年硬任务29项、2019年7月8日市教育局赴谢岗调研座谈会决定事项4项、谢岗镇落实《东莞市人民政府关于拓展优化城市发展空间加快推动高质量发展的若干意见》任务65项、2019年银瓶合作创新区“百日会战”重点工作任务31项、各监管部门市场协调监管工作共20项、各村（社区）智网网格工作情况14项等，定期按月对各责任单位进行督查，分析存在问题及原因，研究对策措施，提出下一步工作要求，每月向领导反馈情况。2019年，督查室开展主题为“谢岗镇优化审批流程，减少内耗，提高效率”专题督查调研。督查室加强对建议提案进行办理，至2019年，办理市建议提案4宗，督查镇人大代表建议办理情况共65项。为推动谢岗镇各项重点工作顺利开展，协调推进进展缓慢事项，至2019年，发出督办函43份，开展实地督查、督查协调推进会和暗访督查共13次。

2018—2019年，督查室被评为全市督查工作先进单位，在2019年市委、市政府重点工作督查考评中排名全市第一。

（供稿：谢岗镇督查室）

附：2017—2019年谢岗镇督查室领导名录

主任：

黄炳荣（2017年11月至2019年7月）

朱灿林（2019年7月任）

政务服务

【政务服务概况】 2017年3月，谢岗镇政务服务中心在镇委、镇政府的统筹下成立，主要负责有关政务服务改革事项，承担政务公开、信息公开工作；承担政务服务办事大厅（综合服务中心）及网上办事大厅镇街办事站的具体综合管理工作；负责进驻办事大厅窗口及人员的日常管理；指导村（社区）公共服务平台建设及开展相关工作。2017年，进驻镇政务服务中心共17个部门262项服务事项，大厅内8个办事窗口，包括房管业务窗口和综合业务窗口。办事大厅内有排队取号机、自助手机充电站、自助查询终端、不动产自助查档机、交通好易自助办理机等，便于广大市民的查阅、查询。当年，政务服务中心窗口共接受群众咨询4000余人次，受理服务事项2582件，办结通过2582件，其中即办件911件，所有事项承诺时限内按时办结率均

2017 年，群众在谢岗镇政务服务中心办理业务

2019 年 12 月 16 日，办事群众参与政务服务评价

为 100%。

2018 年，进驻中心服务事项增加至 26 个部门 576 项窗口服务事项。此外，政务大厅设立 24 小时自助查询服务区，为群众提供 24 小时自助办理交通违章、不动产自助查询、社保自助查询、居民身份证自助办证、出入境自助办证等服务，办事大厅上增设了“街电”、手机充电站、阅报栏、便民药箱、老花镜、自助饮用咖啡机等设施，切实推进便民利民服务。至 2018 年 10 月，镇政务服务中心窗口共接受群众咨询 5000 余人次，受理服务事项 3047 件，按时办结率为 99%，其中即办件 882 件。

2019 年，按照《东莞市实体政务大厅管理规范（暂行）》要求，政务大厅的名称由“综合服务中心”统一更名为“政务服务中心”。2019 年，镇政务服务中心共接受群众咨询业务 5067 件，受理服务事项 4156 件，办结通过 4156 件，所有事项承诺时限内按时办结率均为 100%。

【政务大厅建设】 2017 年，镇政务服务中心致力于做好办事大厅建设工作。3 月 24 日，市验收小组一行 4 人对镇政务服务中心进行验收，强调在业务办理过程中，不仅要为办事群众提供一个整洁舒适的办事环境，更要努力实现数据多传输，群众和企业办事少跑路，真正落实“最多跑一次”，提高办事群众满意度。

2018 年 7 月 18 日，镇委、镇政府同意将原精奇厂改建为谢岗镇新政务服务中心综合办事大厅，提出“一站式”服务新目标，整合未进驻的市场监管、公安、税务、人社等部门进驻新中心，政务中心作为责任单位加紧筹建新厅。新中心距离谢岗镇中心 1.5 千米，占地面积 3 万平方米，改造面积 3668 平方米，计划设计窗口位置 70 个，后台审核卡位 38 个，室外设置约 400 个停车位，方便办事群众停车办事。

2019 年，谢岗镇政务服务中心新综合办事大厅的改造工作被列入“2019 年镇政府十件民生实事”，同年 7 月完成招投标工作，中标单位于 8 月进场施工。12 月 10 日，镇委书记胡毅峰对新中心推进情况进行考察和督导，对镇政务服务中心新办事大厅建设推进情况予以肯定，并现场要求项目责任及施工单位切实做到精益求精、强化工程质量，全力以赴加快建设进度。12 月 20 日，镇委副书记、镇长李惠勤考察镇政务服务中心新办事大厅施工

2017 年 3 月 24 日，市验收小组对谢岗镇政务服务中心进行验收

现场，并对办事大厅如何更好地提高办事大厅空间使用率、提升生态停车场及绿化升级等方面提出具体要求。

【规范窗口建设】 2017 年，镇政务服务中心为规范窗口建设，在大厅上悬挂《大厅管理规定》《中心工作人员守则》《收费标准》，自觉接受群众日常监督，形成了良好的工作格局。制定《谢岗镇政务服务中心管理制度》，优化绩效考核机制、窗口公开行政审批事项的法定依据、办公电话和承诺时限等。

2018 年，镇政务服务心制定《谢岗镇政务服务中心管理制度》，中心窗口工作人员严格遵守各规章制度和工作纪律，统一着装，佩证上岗，以良好的精神状态和微笑服务迎接办事群众。窗口工作人员严格实行“六公开”制度（即公开服务内容、公开申报材料 、公开办事程序、公开收费标准、公开收费依据、公开办结时限），提高透明度和效率，自觉接受监督。

2019 年，为形成良好的办事窗口格局，进一步提升政务服务水平，推动一体化在线政务服务平台服务能力提升有效落实，开展“好差评”工作。12 月 16 日，“好差评”系统上线后，镇政务服务中心按《广东省政务服务“好差评”系统接入规范》下载了窗口对应的静态评价二维码，为每个窗口设置“好差评”桌牌，积极引导服务办事群众参与政务“好差评”，实现统一取号办理，做到“一事一评”。

【服务模式探索】 2017 年，镇政务服务中心推进政务服务改革，探索“一门一网式”服务模式，实行综合窗口收件。对内加强与各部门的协调沟通，对外公开梳理好“最多跑一次”事项清单，全面推行“即来即办”。采取“信任在先 + 现场核验”“网上受理（预审）+ 现场办结”等模式，努力实现企业和群众“最多跑一次”。

2018 年，按照“先易后难”“成熟一项实施一项”原则，梳理出企业和市民办事量较大或关注度较高的办事事项，进一步优化部门审批运转流程和对外服务流程，依托市统一网上申办受理平台和市镇两级实体平台，实行“综合受理”“联合审批”等措施，提高工作效率。7 月 19 日，《东莞日报》报道镇政务服务中心采用综合窗口受理所有入驻业务，办事“只进一扇门”，办证从 25 个工作日缩短至 20 分钟，有效解决了有的窗口业务量少而冷冷清清、有的窗口业务量多排长队的“冷热不均”问题。

2019 年，镇政务服务中心深化落实“一门、一网、一窗、一次”政务服务模式改革，围绕“湾区智造新城、品质生态谢岗”建设目标，

2018 年 7 月 19 日，《东莞日报》宣传谢岗镇政务服务中心

进一步从服务流程、服务方式、服务质量、群众满意度等方面优化政务服务改革。9月25日，镇政务服务中心加强“粤商通”和“粤省事”的宣传推广工作，切实提高“粤商通”和“粤省事”的知晓率和应用率。

【政务信息公开】 2017年，镇政务服务中心推进政务信息公开化和透明化。建立解读机制，推进政策解读工作。严格执行“谁起草、谁解读、谁负责”的原则，政策解读材料与政策文件同步在政府网站发布。是年，在网站解读省、市、镇文件100余件，包括“倍增计划”、广深科技创新走廊、中小企业扶持方案等。谢岗镇信息公开依申请受理1宗、答复数（办结数）1宗、行政复议0宗、行政诉讼5宗。

2018年，镇政务服务中心印发《关于进一步规范镇政府网站信息发布管理工作的通知》，规范政务信息公开的内容和程序，并由专职人员负责做好政务信息公开工作，主动及时规范更新指南、目录等相关衔接内容，提高信息的时效性和准确性，打造更加及时、准确、有效的政府信息发布平台。至2018年10月，共发布稿件740条。

（撰稿：戴徽）

附：2017—2019年谢岗镇政务服务中心办公室领导名录

主任：

熊海林（2017年3月至2017年11月）

谢振明（2017年12月至2019年7月）

罗杰斌（2019年8月任）

副主任：

刘慧芳（2017年12月任）

网格管理

【网格管理中心概况】 2017年11月1日，谢岗镇“智网工程”指挥调度中心揭牌，市政府党组成员、市社会服务管理“智网工程”领导小组副组长邓志广率队到镇调研指导。网格管理中心面积450平方米，内设指挥调度大厅、会议室、工作人员办公区等多个功能区域。2019年6月，与新莞人服务管理中心合并，更名为谢岗镇网格管理中心。网格管理中心围绕镇委、镇政府建设社会服务管理“智网工程”总体思路，以网格化管理、社会化服务为方向，以保障和改善民生为宗旨，运用信息化手段，重构基层社会治理模式。让人民群众办事更加便利、生活得到改善，把“智网工程”打造成人民群众满意的民心工程。

【业务知识竞赛】 为考核网格管理员的业务水平和自身综合能力，2018年5月31日上午，镇网格管理中心进行“智网工程”业务知识竞赛，由各村调度员和网格员代表24人参加。知识竞赛分为笔试、机试和汇报3个环节，由网格管理中心根据调度员和网格员实际工作中所涉及的知识内容进行出题。每个环节都在“公平、公正、公开”的原则下进行。通过该竞赛活动，达到以赛促学、以赛促练，努力提高自身业务技能水平，着力打造一支素质高、技能强的网格员队伍的目的。2019年，定期对网格员开展智网工程培训和考核，进一步提升全镇网格管理员的业务技能和综合素质，全面推动社会治理网格化、信息化、精细化、法治化建设。

【基础信息采集大走访活动】 2018年，为推动“二标四实”基础信息采集工作，全面提升社会治理现代化水平和智慧城市建设水平，谢岗镇政府于7月12日召开部署全镇“二标四实”基础信息采集工作会议。网格管理中心认真谋划，细化任务，明确责任，严格按照时间节点抓好各项工作措施落实，开展以“入户听民声，服务暖民心”为主题的入户大走访活动。网格员在走访中先后开展防火、防盗、防诈骗等多种安全宣传，介绍政府便民利民举措，为群众解决一些实际困难，并核对、采集有关道路（街巷）和门楼号牌名称、人口、房屋、单位

2017年11月1日，谢岗镇“智网工程”指挥调度中心揭牌

2018 年，谢岗镇举办“智网工程”业务知识竞赛

的情况，为群众出行、快递投寄、办理证照等提供准确的标准地址。实现部门之间数据共享，群众办事不再需要提供大堆的证明材料，让数据多跑路，群众少跑腿。利用大数据分析、统筹各个区域的公共资源，让有限的资源最大化地满足每个市民的需求。2018 年，全面完成基础信息的采集和录入，并建立完整、准确、动态更新的基础信息数据库。

2018 年 7 月 12 日，谢岗镇“二标四实”基础信息采集工作入户大走访活动动员部署大会召开

【建筑物建档】 2018 年，谢岗镇智网工程完成建筑建档 1.78 万间，出租屋 2539 间，单位场所（含厂房、“三小”场所）4313 间。商改后续任务正式入格以来，工商推送 2428 条商改任务，完成 2073 条。全镇网格管理员巡查中发现 977 条检查不合格的任务，整改后合格的有 895 条。发现存在无证无照经营、“三小”场所违规住人、未设置逃生应急设施等线索事项 394 条，整改后合格的有 368 条。

2019 年，全镇智网工程累计完成建筑建档 1.86 万间，出租屋 2584 栋，单位场所（含厂房、“三小”场所）4750 间。商改后续任务正式入格以来，工商推送 5124 条商改任务，完成 4621 条。是年，将数字城管入格“智网工程”，重点采集范围为暴露垃圾、道路不洁、非法小广告、店外经营和施工废料等。全镇网格员每人每天至少在微信工作群上反映 2 个问题图片，由城管分局进行统计并分派到对应村（社区）或各股室中队进行处置。从 6 月至 12 月共上报案件 2.3 万条。

【开展商铺违规住人检查专项行动】 2018 年，谢岗镇智网工程中心建立健全“三小”场所、出租屋、分租式厂房档案台账，做到一户一档。在开展商铺违规住人专项行动中，加强社区消防安全工作，针对存在严重隐患和经责令限期改正逾期不改的场所，联合有关执法部门加大执法力度，采取有力手段督促安全隐患的整改，对拒不整改的，依法予以查封、取缔、停租。其中，在谢岗村发现个别商铺店主使用不符合规格的隔墙，甚至用木墙在店里分隔出房间住人，房间里没有设置防火门、逃生口和灭火器等消防安全设施，易燃物品随处摆放，部分商店还存在乱堆放货品阻塞消防通道现象，居住环境十分恶劣，存在严重的消防安全隐患。工作人员当场指出隐患问题并对店主进行了批评教育，并要求店主必须按照标准，限期落实整改，否则采取停水、停电等措施，杜绝店铺内出现违规住人的现象。网格管理员在谢山村发现第五工业区一家工厂存在消防隐患，立即上报镇指挥调度中心，并联系镇消防大队、公安分局等执法人员赶赴现场。该厂车间外面堆满了可燃、易燃的泡棉、塑料制品，只留下一条狭窄的人行通道。货物上方有临时简易锌铁棚，耐火等级达不到消防要求。消防部门当即进行查封。查封后10个工作日，该厂自行搬迁。

2019年8月2日，由公安、消防、网格管理中心工作人员组成的整治队伍分成多个整治小组，同时开展整治行动。整治行动根据前期排查摸底情况，重点巡查出租屋、“三小”场所六类问题隐患，包括出租屋疏散楼梯是否搭建有人留宿的值班室、疏散通道是否存在堵塞、场所建筑内部是否有电动车充电或停放，“三小”场所是否违规住人、场所建筑内部是否有电动自行车充电或停放、二层及二层以上的是否有安全疏散楼梯等。共下发38份整改通知书。加强线索上报。针对单位场所和出租屋开展隐患整治，严格依法整治消防安全隐患、无证经营和超范围经营等违法行为。网格员一旦发现问题马上上报相关执法部门，联合执法部门上门执法。全年网格管理员发现存在无证无照经营、“三小”场所违规住人、未设置逃生应急设施等线索事项1754条，整改后合格的有1207条。

（撰稿：吴蒋鹏）

附：2017—2019年谢岗镇网格管理中心领导名录

副主任：

谢达顺（2017年11月任）
赖灿培（2019年6月任）
吕冬一（2019年11月任）

应急管理

【应急分局概况】 东莞市应急管理局谢岗分局（以下简称谢岗镇应急管理分局）前身是东莞市安全生产监督管理局谢岗分局，经机构改革于2019年2月20日正式挂牌成立。主要职责：负责辖区内的应急管理工作。统筹应急预案体系建设，指导综合防灾减灾救灾工作。组织指导协调安全生产类、自然灾害类等突发事件应急救援。指挥协调、统筹建设应急救援力量。指导协调森林火灾、水旱、冰冻、台风、地震和地质灾害等防治工作，负责自然灾害综合监测预警工作，组织协调灾害救助工作。指导协调、监督检查安全生产工作、负责危险化学品、烟花爆竹及工矿商贸安全监管工作。组织指导生产安全事故调查处理，监督事故查处和责任追究落实情况，组织开展自然灾害类突发事件的调查评估。承担镇人民政府和市应急管理局交办的其他任务。

【应急预案与排查】 2015—2019年，完善应急体系建设。谢岗镇党政办每年在全镇开展突发事件风险隐患排查和整改工作，并通过重复排查核实和分析评估，落实隐患排查工作的整改。2015年，排查出风险隐患16个，其中森林火险隐患1个，建筑施工隐患5个，消防安全隐患2个，特种设备隐患4个，社会治安隐患3个。是年，党政办还对全镇应急预案进行梳理、查漏补缺及完善更新，完成《谢岗镇突发公共事件总体应急预案》和20份专项应急预案的汇编。之后，各部门、企事业单位及村（社区）结合自身实际制定应急预案，至2019年，全镇共有部门预案26份、企事业单位预案36份、单项活动预案2份、村（社区）预案33份。不断扩大应急预案的覆盖面，不断提升应急预案的质量水平。同时，按照“横向到边，纵向到底”要求，做好2场大型应急演练，分别是东南片区大面积停电应急联合演练和东莞市城镇燃气管道事故应急救援抢险演练。

【安全生产监管执法】 2019年，谢岗镇应急管理分局在全镇范围内组织开展粉尘涉爆企业、有限空间企业、锂电池行业、危险化学品行业等多个重点行业领域的安全生产专项整治行动，动员各方力量加强联合执法，着力消除各类事故隐患。谢岗镇应急管理分局全年出动检查人员2151人次，检查企业756家次，发现事故隐患1541处。责令改正、限期改正、停止违法行为533起，责令停产、停业、停止建设82家，行政处罚64次，已立案处罚企业

23家，罚款97.65万元。

【危险化学品领域安全生产监督管理】 2019年，谢岗镇应急管理分局按照省、市危险化学品安全综合治理实施方案的整体工作部署，对危险化学品企业、加油站专项整治进行回头看，全年共组织检查危险化学品企业168家次，出动执法检查人数504人次，排查安全隐患116处，按期整改隐患116处，整改率100%，责令停产、停业1家。同时，持续开展打击“四黑”专项整治行动，一方面，对未经依法许可的、已被责令停产停工或转产关闭企业，闲置厂房及装置设施、化工集中区及周边及偏远地带进行重点排查，切实打击违法生产和租赁行为；另一方面，针对化工生产特点，对用电用水用气异常的企业、场所进行突击检查、暗查暗访。2019年，组织开展成品油市场综合整治行动40多次，出动执法人员521人次，检查车辆146车次，检查油库油站36间次，查处“黑油”点3个，查扣“黑油”车辆4台，查扣“黑油”约5吨。暂未发现违法行为。

【应急救援能力建设】 谢岗镇应急管理分局组织协调统筹全镇应急救援资源现状和分布情况，有效整合利用镇应急救援资源，提高应对安全生产事故应急救援能力。镇专职安全生产救援队包括危险化学品应急救援队伍、建筑施工抢险救援队、三防专业抢险队、镇属抢险队（镇专职消防队、巡警大队特警预备队、镇突发重大动物疫情控制队伍和林业工作站护林队）。

【安全生产宣传教育和培训】 2019年，谢岗镇应急管理分局举办20多场安全生产培训班，对村（社区）安全办人员进行培训，培训内容包括安全生产法律责任与风险防范、事故隐患排查治理、危险化学品、烟花爆竹检查、日常巡查等业务知识，进一步提高村（社区）安全办人员的业务水平。举办了“谢岗镇企业主要负责人和安全管理人员大讲堂”等活动，切实提高企业负责人和安全管理人员的安全生产意识和安全管理水平。同时，通过电视、微信公众号、中心广场LED显示屏和派发安全生产资料等方式加强安全生产知识宣传。6月，是第18个全国“安全生产月”，谢岗镇应急管理分局认真组织开展以“防风险、除隐患、遏事故”为主题的一系列安全生产月活动，镇委副书记罗满桥出席启动会并作动员讲话。安全生产月活动期间，镇相关行业负责人开展宣讲43场，企业主要负责人开展宣讲41场，邀请专家学者举办专题讲座18场，组织安全诊断活动7场，安全生产志愿服务宣讲团宣讲20场。安全生产月期间，共开展灭火逃生演练活动、校园安全演练活动、燃气应急演练活动等多类型应急预案演练78场次，参与演练1.1万人次。

（撰稿：杨明龙）

附：2019年谢岗镇应急管理分局领导名录

局长：

汤仲坚（2019年2月任）

消　防

【消防概况】 2015年，东莞市公安消防支队谢岗大队担负辖区防火、监督、代管专职消防队职能，办公地点在谢岗镇花园工业区B区（旧永恒厂厂房内）。2019年，改称东莞市消防救援支队谢岗大队（简称谢岗消防大队），于1月9日正式挂牌成立。谢岗消防大队着眼“全灾种”“大应急”任务需要，严抓执勤训练、灭火救援、交通行车等方面的安全工作，确保辖区人民群众的生命财产安全。至2019年，共接警出动700宗，出动车辆2134辆，出动警力9047人，抢救被困人员115人，疏散被困人员80人，抢救财产价值810万元。火灾97宗，其中工厂火灾28宗，住宅火灾11宗，商铺火灾2宗，交通工具19宗，垃圾废弃物10宗，其他火灾27宗。其间，大队先后获全市“进步突出大队”、“宣传工作先进单位”、“财务工作先进单位”、“集中教育整训先进单位”、东莞市首届“我最喜爱的十大最美逆行者”评选的“优秀组织单位”等称号，并获全市政府专职队冬训比武竞赛“优秀组织奖”；有1人立个人二等功1次，4人立个人三等功10次，8人受到总队、支队表彰9次，1人被支队评选为“最美逆行者”。

【消防队站建设】 2015年，为完善消防基础设施，镇委、镇政府在银湖工业区内新建消防中心站，项目占地面积1.16万平方米，建筑面积5290平方米，总投资2000多万元，设有办公楼、消防楼、消防车

谢岗消防救援大队驻地外景（2019年）

库、水泵房、训练塔、宿舍、厨房等，于2016年5月投入使用。至2019年，谢岗消防大队有一线执勤队员83人、7辆执勤车辆。2019年谢岗镇编制完成《东莞市谢岗镇消防专项规划（2020—2035）》，规划2020年在窑山建设一个二级消防分站，逐年补齐消火栓欠账，进一步夯实公共消防设施基础建设，完善谢岗镇灭火救援和火灾防控体系。

【消防监督】 2015—2019年，谢岗消防大队结合辖区实际，制定详细方案，细化整治措施，明确工作要求，深入动员部署，定期督导检查，全力抓好社会面火灾防控工作不放松，深入推进“三小”（小档口、小作坊、小娱乐场所）场所、出租屋和电动车专项整治、电气火灾综合治理、高层建筑消防安全综合治理等专项整治行动。5年间检查单位9089家，出动1.82万人次，发现火灾隐患5994处，督促整改火灾隐患5799处，下发责令改正通知书2312份，下发行政处罚决定书245份，下发临时查封决定书109份，责令“三停”（停产、停业、停止施工）69家，罚款194.8万元，拘留16人，有效增强社会火灾防控水平。

【消防宣传】 2015—2019年，谢岗消防大队创新消防宣传方式，贯彻落实抓好宣传工作，每周定时向市消防救援支队提供消防宣传素材，同时与镇全媒体中心沟通协调，设置“火焰蓝”消防救援频道，通过微信公众号、微博、抖音、电视新闻等多种媒介平台开展宣传工作，每天在镇全媒体公众号上推送消防公益广告、逃生自救等消防知识，并及时报道消防工作开展情况，曝光隐患突出单位。在“5•1”“10•1”“11•9”等重要时间节点和重大活动期间，通过举办消防宣传活动，设计制作一批精美小礼品，开展器材装备展示、火灾扑救体验、组织人员疏散等为主要内容的大型系列活动，掀起消防安全宣传热潮，积极贯彻“预防为主，防消结合”的方针。通过开放消防站接受工厂企业、学校等人员参观，发放防火宣传单、自制宣传板报、制作悬挂宣传横幅等方式，扎实普及教育消防宣传知识，提高群众、企业员工学习检查消除火灾隐患、组织扑救初起火灾、组织人员疏散逃生、消防宣传教育培训的“四个能力”。结合社会热点开展设计，其中包括暑期儿童返校消防安全、基层网格员检查要点、消防员抢险救援、夏季大练兵等内容进行策划重大宣传报道，提炼撰写新闻稿件，及时发现、分析和预判新闻导向，评估新闻宣传效果。5年间，大队对辖区内的重点单位及学校开展演练600余次，培训人员30万余人，邀请单位到队参加156家。

2015—2019年谢岗镇发生火灾事故情况表

表3

年份	发生火灾数（起）	经济损失折款（万元）	年份	发生火灾数（起）	经济损失折款（万元）
2015	25	70	2018	14	4
2016	30	27	2019	14	6.41
2017	14	11			

2019 年 11 月 27 日，消防人员在救火

【2016 年“3·24”火灾】 2016 年 3 月 24 日凌晨 1 时 18 分，谢岗镇曹乐村一摩托车维修店发生火灾事故。经过扑救，火灾于凌晨 1 时 50 分扑灭，此次火灾大队成功抢救 6 名被困人员（一对夫妻，4 名小孩）。据查，摩托车维修店内有经营区域和生活区域，设置有阁楼，阁楼设置有居住场所，且与经营区域未进行防火、防烟分隔，维修店店内堆放可燃物较多，起火原因为店内一台摩托车过火。因救援及时没造成较大经济损失。

（撰稿：徐娇）

附：2015—2019 年谢岗镇消防救援大队领导名录

大队长：

陈东岩（任至 2017 年 11 月）

刘卫军（2017 年 11 月任）

政治教导员：

邓子庆 （2015 年 5 月任）

副大队长：

王领（任至 2016 年 6 月）

蔡创生（2016 年 6 月任）

退役军人服务

【概况】 2019 年 5 月 23 日，谢岗镇退役军人服务中心挂牌成立，并围绕市退役军人服务工作总体要求，坚持以人民为中心，认真履行自身职责，构建退役军人工作新局面。年内，根据市部署建立退役军人服务保障机制和就业创业、落实各项优抚政策，对退役军人进行应急救助培训，配合东莞市创建全国双拥模范城“九连冠”工作，开展系列拥军活动等。

【建立退役军人服务保障机制】 2019 年，谢岗镇退役军人服务中心根据东莞市部署，按照“有机构、有编制、有人员、有经费、有保障”的“五有”标准，建立谢岗镇退役军人服务中心，负责全镇退役军人各项服务工作。同时推进村退役军人服务机构建设，在各村建立村（社区）退役军人服务站，村（社区）党工委书记为站长，落实专门干部负责退役军人事务工作。通过镇级服务中心和村级服务站开展退役军人专题“大走访”活动，全面了解服务对象需求，普及相关政策，健全镇退役军人工作网络，提升退役军人服务保障水平。

【退役军人接收和就业创业】 2019 年，谢岗镇退役军人服务中心全部完成退役军人接收报到，并根据《关于促进新时代退役军人就业创业工作的意见》，于 10 月 14—18 日，组织自主就业退役士兵参加东莞市退役军人全员适应性培训，做到“即退即训、全员参加”。10 月 29 日，开展退役军人全员适应性培训活动，通过座谈会和实地参观形式，帮助退役军人了解谢岗镇的发展状况，激发退役军人扎根地方、服务家乡的斗志与决心。是年，谢岗镇城管分局优先招聘多名退役军人，解决退役军人就业问题。

【落实各项优抚政策】 2019 年，谢岗镇退役军人服务中心认真贯彻落实各项优抚政策，确保符合抚恤定补、优待金补助不漏一人。共为重点优抚对象和 60 周岁农村户籍退伍老兵等优抚对象发放抚恤定补金 75.27 万元，发放春节物价补贴 10.99 万元；为退役军人发放临时价格补贴。为 2018 年退役的士兵发放一次性补助金；为义务兵及部分重点优抚对象发放优待金。在军转干部子女入学、家属安置方面，认真贯彻落实上级有关政策规定，完成上级下达的安置任务。为确保谢岗镇享受国家定期抚恤补助优抚对象数据的真实性、准确性，年内共核查优抚对象 54 名，顺利完成 2019 年优抚对象的数据核查任务。

【为军人家庭悬挂光荣牌】 2019 年，谢岗镇退役军人服务中心为

2019 年 5 月 23 日，谢岗镇退役军人服务中心揭牌

贯彻落实中央关于为烈属、军属和退役军人等家庭悬挂光荣牌的决策部署，体现党和政府对烈属、军属和退役军人的关心关爱，对光荣之家进行荣誉褒扬。谢岗镇按照要求做好退役军人、现役军人家属光荣牌悬挂工作，全年悬挂家庭完成率 100%。

【统筹推动退役士兵社保接续】 2019 年，谢岗镇退役军人服务中心为切实做好部分退役士兵社保补缴工作，围绕“应告知尽告知”“应申请尽申请”“应受理尽受理”工作目标，通过查找历史资料、士兵档案，逐一告知办理或上门办理，设立财政和社保专户，依法合理解决部分退役士兵的社保接续问题。

【助力东莞市争创全国双拥模范城“九连冠”】 2019 年，谢岗镇退役军人服务中心积极配合东莞市开展的争创全国双拥模范城“九连冠”工作，开展拥军活动，尤其在春节、建军节前夕，大力组织开展拥军优属活动，分别赴东莞军分区、驻赤山某部队及消防大队开展慰问，赠送慰问金及各类慰问品折款 21.94 万元。开展走访慰问活动，在春节、建军节、中秋节等节日前后，镇领导班子成员带队开展走访慰问优抚对象、退役军人及现役军人家庭，关心其家庭生活情况，帮助他们解决生活、医疗、住房等实际困难，把党和政府的温暖送到他们的心坎上。9 月 29 日，谢岗镇退役军人服务中心会同社会事务局人员开展“关爱功臣，送医送药”活动，为全镇 60 周岁农村户籍老兵、重点优抚对象、参战人员及退役军人送去“关爱功臣小药箱”，充分体现了党和政府对优抚对象的关爱之情。开展军民共建活动，与驻赤山某部共同签署军民共建公约。鼓励谢岗商会报名参与“双百拥军行”活动，推动共建工作再上新的台阶。开展革命先烈纪念活动，举行烈士纪念日公祭，向革命烈士墓敬献花圈，缅怀先烈。清明节组织中小学生开展烈士墓祭扫和网上祭奠活动，以弘扬爱国主义精神。召开建军节座谈会，强化宣传教育，营造良好双拥氛围。在医院、公共停车场、车站、景区等公共场所完善拥军优属标识，在媒体上通过微信公众号、电视、政府门户网、官方微博等平台宣传镇的双拥工作动态、先进典型事迹以及国防教育知识，营造双拥工作良好氛围，助力“九连冠”争创工作。

【退役军人应急救助培训】 2019 年 11 月 12 日，谢岗镇退役军人服务中心为各村（社区）负责退役军

2019 年 9 月 30 日，谢岗镇举行烈士公祭仪式

2015—2019年谢岗镇军人立功受奖情况表

表4

姓 名	出生年月	立功受奖情况	现役/退役	入伍时间	退役时间
阙俊成	1996年6月	二等功	退役	2010年12月	2016年12月
张千里	1982年4月	三等功	退役	2000年9月	2017年7月
罗智聪	1990年9月	三等功	退役	2012年12月	2017年12月
林华维	1993年11月	三等功	退役	2010年12月	2018年12月
张天宝	1996年9月	三等功	现役	2015年9月	
朱力宇	1980年2月	三等功	退役	1998年12月	2015年7月

说明：填表日期为2020年9月18日

人事务的专职人员开展退役军人应急救助培训，传达学习《广东省退役军人应急救助资金管理暂行办法》《广东省退役军人应急救助资金使用操作规程》等文件精神，为专职人员解答业务操作难题，确保专职人员熟悉操作程序，把党和政府的温暖送到困难退役军人手中。

（撰稿人：李赞芬）

附：2019年谢岗镇退役军人服务中心领导名录

主任：

黄炳荣（2019年7月任）

副主任：

朱肇华（2019年7月任）

信 访

【信访概况】 2015—2019年，谢岗镇信访总量846件次，全部办结，办结率100%。信访案件主要涉及城乡建设、环境保护、劳动和社会保障、农村农业、政法、国土资源等方面，其中较为突出的是城乡建设、环境保护、劳动和社会保障等方面。

【领导干部接访下访】 2015—2019年，谢岗镇信访办按照东莞市信访局的工作部署和《谢岗镇领导干部定期接待群众来访工作实施办法》的要求，每月15日安排镇领导轮流在综治中心接访大厅定点接待群众来访。5年间参加接访下访领导

2015年7月1日，在镇文化广场宣传《广东省信访条例》

166 人次，接访探访群众共 72 批 597 人次。

【领导包案制度】 2015—2019 年，谢岗镇信访办对涉及面广、时间跨度大、容易升级激化的疑难复杂问题，实行镇领导包案。由包案镇领导按照“四包”（包掌握情况、包思想教育、包解决化解、包息诉罢访）要求，一包到底。5 年间共落实领导包案 23 宗。

【落实矛盾纠纷排查化解制度】 2015—2019 年，谢岗镇信访办制定信访隐患排查及化解工作方案，加大矛盾纠纷的排查力度和密度，将排查工作日常化，盯住重点线索、重点领域、重点环节；每月对排查出的隐患进行收集，建立台账资料，并要求各村（社区）、各单位按照“属地管理、分级负责，谁主管、谁负责”的原则，落实责任领导和责任单位，依法、及时、就地解决问题；及时总结汇报，在每月 5 日前，将上月信访案件分门别类后报镇主要领导。

【信访宣传】 2015—2019 年，谢岗镇信访办进一步引导群众依法、理性、有序、文明信访，引导群众依法逐级走访，提高群众依法信访和理性维权意识。按照上级文件精神，深入开展国务院发布的《信访条例》、《广东省信访条例》学习及宣传活动，并制定方案、精心组织实施。在镇综治中心和广场悬挂宣传横幅，营造社会氛围；按省、市统一部署，每年 7 月上旬，联合政法办、司法分局、人社分局、城管分局等部门在镇文化广场摆摊设点，宣传《信访条例》《广东省信访条例》。活动过程中共派发宣传资料及礼品 6000 多份，接受群众咨询 500 余人次，活动还邀请电视台进行拍摄报道，通过新闻报道、微信公众号等方式宣传信访普法宣传活动，在全镇范围内营造良好宣传氛围，力争做到家喻户晓、人人皆知。

（撰稿：谢润欢）

附：2015—2019 年谢岗镇信访办公室领导名录

主任：

朱彦章（任至 2017 年 12 月）

黄焕强（2017 年 12 月至 2019 年 7 月）

谢国华 （2019 年 7 月任）

副主任：

袁忠坚（2019 年 7 月任）

2019 年 8 月 15 日晚，谢岗镇在谢岗广场开展《信访条例》和《广东省信访条例》普法宣传活动

人民团体·创业协会

谢岗镇总工会

【工会工作概况】 2015—2019年，全镇各级工会组织坚持以职工为本，立足工会实际，扎实推进固本强基。深化社会主义劳动竞赛，实施“工会培优计划”，对获得国家职业资格证书的优秀职工发放补贴，激励更多职工提升技能，发挥职工在企业生产中的积极作用。在依法维权、帮扶困难职工、着力提高企业人员素质、改善用工环境、促进企业转型升级等方面，积极发挥作用。夯实工会建设基础，坚持不懈地抓好基层工会创建工作。抓好服务发展、服务社会、服务基层、服务职工的各项工作。镇村（社区）上下联动，积极配合，按照“边组建，边巩固，边发挥”的原则，以非公企业为重点，加强基层工会组织和队伍建设，促使工会组织队伍不断扩大，确保工会总数稳中有升，提高基层工会活力。加强工会自身建设，推进工会工作改革，积极探索和推动工会工作理念、工作机制、工作方式不断创新。加强工会法人资格登记管理，开展工会经费税务代收与工会财务大检查，使工会经费收支管理合法、完整。大力推进职工服务中心建设，弘扬劳模和劳动精神，使劳模评选工作建立在深厚的群众基础之上，2016年、2017年连续两年镇工会与镇妇联经过筛选，上报东莞市三恩电子有限公司工会主席徐英花、旗利得电子（东莞）有限公司文员杨娟、东莞市培基箱包制品有限公司工会主席张雪红、东莞创富眼镜有限公司文员苏丽，最终获得“东莞市优秀女工称号”。同时，谢岗镇善募康科技有限公司付金金获广东省“五一劳动奖章”，为谢岗镇企业树立了农民工劳动模范。积极开展文体活动，丰富职工文化生活。2018年举办首届“工会杯”羽毛球比赛，组织职工开展五一劳动文艺会演评选、参观红色教育基地和观影活动。

2018年，谢岗镇总工会创建东莞市谢岗先锋号职工服务中心

【谢岗镇工会第三次代表大会召开】 2017年11月29日，谢岗镇工会第三次代表大会召开。会议听取和审议了镇工会第二届委员会工作报告、财务工作报告，会议选举产生谢岗镇总工会第三届委员会委员25名，经费审查委员会委员5名。

【帮扶困难职工】 2015—2019年，谢岗镇总工会把帮扶困难职工作为维护社会稳定、促进社会和谐的大事抓，全面掌握全镇困难职工的生产、生活状况，实行电子档案动态

谢岗镇工会第三次代表大会合影留念（2017 年 11 月 29 日）

管理。严格执行帮扶专项资金使用，合理发放帮扶资金，务求落实到位。在落实“春节送温暖”“金秋助学”等系列活动中，为困难职工及子女提供就学帮扶。大力推进职工服务中心建设，加大关爱帮扶工作力度，维护女职工合法权益，2016 年组织企业女职工参加“两癌”健康筛查和健康讲座，提高女职工健康意识和自我保护意识。2017 年开展金秋助学，帮助困难职工子女就学。

【维护职工合法权益】 2015—2019 年，谢岗镇总工会坚持统筹兼顾，加强调研，促进工会各项事业健康发展。年年开展元旦送温暖、春节走访企业、夏季送清凉、中秋慰问企业员工、工伤探视等活动，让职工感受到工会组织的关怀。巩固提升集体协商，发挥村（社区）工联会作用，签订劳动集体协商合同和工资集体协商协议，以扩大职工参与、规范协商程序、强化履约监督为抓手，培育选树重点企业、重点行业集体协商典型，提升集体协商质量。开展法律法规宣传讲座，提高工会干部理论水平和依法决策，增强职工遵纪守法、依法维权的自觉性和民主参与、民主监督的意识。举办职工劳动技能知识培训，增强安全生产管理意识，提高员工业务水平及隐患排查能力。

【维护职工队伍稳定】 2015—2019 年，谢岗镇总工会高度重视劳动关系预警预判，充分利用“12351”热线、工会微博、“工情在线”、网络舆情日报等信息渠道，加强对重点行业、重点企业、重点群体的劳动舆情了解，排查影响劳动关系和谐稳定的苗头，及时联系有关部门进行解决，将劳资纠纷化解在萌芽状态。充分发挥企业工会在调处劳资纠纷中的“第一道防线”作用，使劳资矛盾和纠纷早发现、早报告、早处理。

（撰稿：王丽华）

附：2015—2019 年谢岗镇总工会领导名录

主席：

赵灿文（2017 年 12 月任）

专职副主席：

罗卫国（2017 年 12 月任）

副主席：

罗焕森（2014 年 10 月任）

黄少威（2017 年 12 月任）

谢岗镇团委

【共青团谢岗镇委员会概况】 2015—2019 年，共青团谢岗镇委员会（简称谢岗镇团委）坚持以务实为根本，以创新为灵魂，以活动为载体，品牌为抓手，求真务实，有步骤、有层次、有重点、有针对性地推进团的各项工作，团结带领全镇广大团员青年为建设“湾区智造新城、品质生态谢岗”贡献力量。5 年间，谢岗镇团委相继开展了青少年素质和成长教育，开展“五四专题”“青年志愿者”“大学生暑期社会实践”“展翅计划”“圆梦计划”“公益骑行”等系列活动和志愿者服务，并取得一系列成绩，主要有网络新媒体作品《谢岗第六届志愿者晚会回顾》获“2017 年东莞共青团最具影响力推文奖”；微信公众号“谢岗团委”先后跻身进入广东共青团微信排行榜之基层团委公众号前 50 名，分别位列第 41 名、第 10 名。2018 年通过“谢岗团委”微信公众号，发布推文 87 篇，全年阅读总量超 3 万次，篇均阅读量 351 次，“谢岗”“志愿”“青年”成为年度热词。年底，谢岗镇团委结合农副产品“银瓶红”荔枝，创作形象公仔“荔枝宝宝”及其微信表情包、2019 年台历、手绘地图等周边产品，建立网络文明志愿者和文明建设宣传员志愿服务队伍，开展镇级主题志愿服务 36 场；至 2019 上半年，谢岗镇 16 名志愿者先后获评市级四、五星优秀志愿者称号。

【青少年素质教育】 2015—2019 年，谢岗镇团委开办“全镇粤港澳大湾区青年团干部专题培训班”、“青春的榜样”优秀青年交流分享沙龙，采取“抓培训”“搞竞赛”等多种形式，注重学习的针对性和实际效果，提高团干部理论联系实际的能力；深化对团员青年的思想教育，充分利用广播、专栏、网站、媒体、公众号等宣传阵地，向团员青年宣传党的理论、路线、方针、政策和国内外时事，报道镇团委工作动态，宣传典型，树立新风。努力培育广大青年的道德品质，以重要纪念日、重大活动为契机，以开展18岁成人仪式、升国旗仪式为载体，深入开展社会主义荣辱观教育、“爱国、守法、诚信、知礼”现代公民教育主题团日、新团员入团宣誓仪式等活动。5年来，通过与教育、司法部门联动，在中小学增加法治、思想道德教育课，加强对青少年的法治教育。不断加强日常行为规范教育，开展清明扫墓、“读书月”活动、现代小公民主题教育、未成年人思想道德建设讲座及建队节等活动，全面深化少先队体验教育活动。

【青少年健康成长教育】 2015—2019年，谢岗镇团委举办家庭教育专题讲座，营造良好的家庭环境。2018年9月16日，在蓝天公益大讲堂上，镇团委邀请广东省国家心理咨询师考评员、东莞市心理咨询师协会理事、东莞市家庭教育讲师团优秀讲师钟玮作题为《运用有效沟通，化解矛盾冲突》讲座，从“孩子的脾气从何而来？”“孩子为什么不听话？”“怎么才能和孩子好好沟通？”等方面教授家长如何更好地处理亲子沟通问题。举办亲子交流拓展活动，增强家庭交流与协助。2018年8月5日，谢岗镇团委联合谢岗镇志愿者协会，以“关注•融入•成长”为主题，在谢岗中心小学体育馆举办谢岗镇“爱心汇聚小鸟巢”亲子活动，通过不同形式的趣味拓展互动活动，进一步促进家长与青少年子女之间的感情，增强家庭融合感。在提升青少年综合素质的同时，着重培养青少年独立思考问题、解决问题的能力和团队精神。

【开展专题活动】 2015—2019年，谢岗镇团委紧紧围绕镇委、镇政府中心工作，广泛深入开展“五四专题”“青年志愿者”“大学生暑期社会实践”“展翅计划”“圆梦计划”“公益骑行”等活动，为“湾区智造新城、品质生态谢岗”做出贡献。镇团委于每年“五四”期间，在全镇开展各种主题团日活动、包括文艺晚会、青春“映像”专题电影日活动、新团员入团宣誓仪式暨“五四”表彰大会、校园歌舞大赛、“追寻足迹 触动美丽”随手拍、青年篮球赛、素质拓展、“共话发展”青年交流、科技进步月、“大手拉小手•共暖南雄心”南雄公益行、青年运动会、励志专题电影、花艺培训、青年交友等品牌项目活动。2019年，以中国共产党成立70周年、五四运动100周年契机，特别制定了纪念五四运动100周年系列活动方案，组织开展了“我和我的祖国千人快闪活动”“青春心向党筑梦新时代”青春文创集市，组织全镇各级团组织收听收看纪念五四运动100周年大会、全镇中小学五四运动100周年手抄报征集活动、“青春的榜样”优秀团青交流分享沙龙、全镇粤港澳大湾区青年团干部专题培训班等系列活动。深化“大学生暑期实践”活动，以暑期大学生创业实践活动为平台，不断创设条件，通过发挥大学生思维活跃的特点，除组织岗位锻炼、工商模拟市场等传统项目外，还新增“三人篮球赛”、“荧光夜跑”、“大手拉小手”课外辅导、“美女厨房”、“趣味知识竞赛”、“吉尼斯素质拓展”、微电影拍摄等当代大学生需求的多元化活动。至2019年共有2500名大学生参加活动，提供400多个实习锻炼岗位，让大学生通过创业实践活动，接触社会，磨炼意志，改变就业和择业观念，增强社会适应能力，提高综合素质。深化“圆梦计划”“展翅计划”“青年文明号”活动，其中圆梦计划项目，共吸引2000多人咨询和申报此项目，资助264名新生代产业工人完成自我增值梦想；积极开展“展翅计划”大学生就业创业能力提升行动，开发72个实习岗位，引导近百名大学生到实习岗位实习；开展争创“青年文明号”活动，有15家窗口单位被授予“东莞市青年文明号”称号。

【打造志愿服务品牌】 2015—2019年，谢岗镇团委以促进社会公德建设为目标，以公益服务为手段，不断深化镇青年志愿者行动，打造志愿服务品牌。至2019年，谢岗志愿者协会有38支专项志愿服务队，打造“扶困助学”、“3•5学雷锋专题”、“缅怀革命先烈”、“爱我银瓶”环保宣传、“相伴夕阳红”敬老服务、“益生缘”公益相亲、“家长义工服务”、“志愿者专题晚会”、“青年志愿者运动会”、“关爱新莞人子女”、“清洁环保志愿服务活动”、“助力文明城市创建”、“志愿者多元培训班”等品牌项目。全镇建立志愿服务站22个，开展各项志愿服务活动5202个，参加过志愿活动人数累计8986人，近3

年累计志愿服务时长达22万小时。同时，积极开展广东扶贫济困日暨东莞慈善日募捐活动、新生代农民工“圆梦计划”活动、青春暖流活动、植树节、结对帮扶空巢老人、文明城市测评、交通协管、法律援助、消防安全宣传、环保宣传等一系列志愿服务活动，有300多户外来务工人员家庭参与到团委举办的关爱外来务工子女活动当中来，持续召集志愿者走访探问当中较为困难的家庭，5年共筹集资金5.7万元，结对帮扶空巢老人23名，资助贫困学生150余名。

【团组织建设】 2015—2019年，谢岗镇坚持党建带团建，强力实施团建基础工程，落实组织格局创新工作，团的自身建设全面加强。进一步加强团员队伍建设，严格发展团员工作程序，将优秀青年吸收到团的队伍中来，团员素质得到进一步提升。实行团员建档管理，使组织管理更加科学规范。完成全镇村（社区）、单位团组织换届选举，在村（社区）中全面实行公推直选，使一批素质高、能力强的青年被选进团干部队伍中来，增强了基层团组织的战斗力。

【共青团谢岗镇第十五次代表大会】 2017年6月29日，共青团谢岗镇第十五次代表大会在镇政府附楼召开，96名团员代表参加会议。大会回顾了过去五年谢岗镇共青团工作，审议并通过共青团谢岗镇第十四届委员会工作报告。按照会议议程，与会团员代表依法选举出新一届共青团谢岗镇委员，并在共青团谢岗镇第十五届委员会第一次全体会议上，选举出新一届团委书记、副书记。

（撰稿：黄佩娟）

附：2017—2019年共青团谢岗镇委员会领导名录

书记：

杨景新（2017年6月任）

副书记：

冯婕（2017年6月任）

陈淑霞（2017年6月任）

税超（2017年6月任）

2017年6月29日，共青团谢岗镇第十五次代表大会召开

谢岗镇妇女联合会

【妇联概况】 2015—2019年，谢岗镇妇女联合会大力推进男女平等基本国策的贯彻，团结引导广大妇女充分发扬自尊、自信、自立、自强精神，结合实际充分发挥妇联职能作用，积极做好妇女儿童工作，共同实现“谢岗绿色崛起”。2016年，镇妇联积极打造集资讯发布、社交互动、网上服务于一体的“银瓶巾帼”官方微博、官方微信公众号以及“谢岗镇巾帼创业就业服务中心”“谢岗白玉兰家庭服务中心”等官方微信公众号，设立规模较大的QQ群、微信群等通过单独建或联合建等方式，建设“网上妇女之家”，镇村妇联上下联动，整合优化妇联系统网络及新媒体资源，共建“莞邑姐妹朋友圈”20个，朋友圈总人数2973人，建QQ群1个。全镇各妇联组织互联互通，形成覆盖广泛的妇联新媒体矩阵。

【妇女代表大会】 2015年5月21日，谢岗镇妇女第七次代表大会在镇政府附楼会议室召开，来自全镇各行各业、各条战线的妇女代表出席大会，应到正式代表55名，实到55名。大会依照法定程序，选举产生谢岗镇妇女联合会第七届执行委员、委员会主席和副主席。在镇妇联第七届第一次执委会议上，吕琳当选镇妇联主席，赖瑞嫦、黄艳雅当选镇妇联副主席。大会还表决通过了工作报告决议。

【妇女儿童两个规划】 2015—2019年，谢岗镇妇联深入推动妇女儿童两个规划实施。五年来镇妇女儿童工作成效明显，全镇各职能部门积极贯彻落实2011—2020年广东省妇女发展规划和东莞市儿童

2015 年 5 月 21 日，谢岗镇妇女第七次代表大会召开

发展规划定量指标数据表，全镇妇女儿童工作取得明显成效。规划中期监测情况：从数据表反映镇儿童规划中期监测情况为在市规划确定的定量指标中，需要镇街填报指标数 173 个，在市镇规划确定的规划目标中，谢岗镇提前达标指标数 30 个，预期可达标指标数 135 个，较好地提前完成了大部分规划目标。主要工作成效：妇女儿童健康与生存环境进一步优化、妇女儿童教育事业取得新进展、妇女参与经济发展的能力进一步增强、妇女参政议政的程度进一步提高、妇女儿童合法权益得到有效保护。

【开展最美家庭系列活动】 2015—2019 年，谢岗镇妇联开展寻找最美家庭系列活动。扩大宣传氛围，将寻找“最美家庭”宣传落到每一个村（社区）的“妇女之家”。同时，镇村妇联干部走村入户宣传，发放“谢岗镇寻找最美家庭行动宣言”倡议书，共发放宣传材料 750 余张。在全镇 12 个村（社区）“妇女之家”设立宣传栏、“好家风好家训”展示台、“最美家庭”光荣榜。组织举办“夸夸我的好儿媳、好婆婆”“讲讲我的幸福之家”宣讲会、分享会、互评会等，激励妇女和家庭寻找身边典型，引导群众学身边榜样。

2015 年 4 月 12 日，在窑山村、曹乐村、大厚村妇女之家举办主题为“讲讲我的幸福之家”家庭故事分享会、“家和万事兴•共筑中国梦”家风故事会，共 50 名妇女群众参加活动。结合当地特色，创新活动形式。镇妇联深入了解群众的感受，使系列活动开展更符合群众需求，更加贴近妇女实际，更加有助于家庭和睦、社会和谐。通过创新活动载体，丰富活动内涵，把活动与优秀家庭角色评选、家庭教育等工作结合起来，使文明家风建设向广度和深度拓展。

2016 年，举办“最美家庭”事迹展播主题晚会以及“最美家庭”故事分享茶话会、“家满天下，情暖银瓶”最美家庭宣传、“相伴相爱”最美家庭故事分享会等主题活动 10 场次，受益家庭 1355 个，形成“最美家庭”辐射带动效应。在 12 个村（社区）设立“最美家庭”光荣榜，举办“议家规家训、晒家庭幸福生活”等活动，展现多姿多彩的家庭幸福生活。举办“童你在一起”暑期亲子手工制作活动、“与我同行”关爱儿童志愿者交流小组、“缤纷童年”亲子彩砂画小组、“粤说粤好”粤语兴趣小组、“我和妈妈有个约会”母亲节游园活动、“美女厨房”等家庭文化主题活动 45 场。

2018 年，配合“文明家庭”创建活动，在条件成熟的 3 个美丽村（社区）创建“家风家训”展示栏，开拓妇联宣传渠道，营造“文明家庭”创建氛围。其中有谢岗村的“八德教育展示墙”和“处事正道五方歌”、大厚村的“黄姓祖训 48 字家庭文明宣传栏”，建立黎村窑贝塘家风家训实践基地。谢岗镇图书馆建立了谢岗镇最美家庭展示走廊等。同时，在黎村创建“家风家训建设室”，在活动室开展“家风家训书法训练营”、“弟子规诵读”、好家风好家训故事分享会等系列活动。

2019 年，在全镇范围内寻找最美家庭，村（社区）推荐优秀家庭 59 户，其中黎村的罗钦强等 6 个家庭获得东莞市“最美家庭”称号，大厚村的蔡淑芳等 3 个家庭获得“文明家庭”称号，泰园社区的林建东家庭获得东莞市“书香家庭”称号。开展家风家训学习助成长活动。镇妇联以树家庭文明风貌、做家庭文明成员、学家庭文明美德、创家庭文明建设为内容，以村（社区）为单位，做好“最美家庭”“书香家庭”“文明家庭”的宣传和普及。5 月，黎村举办阅览《傅雷家书》、窑山村举办诵读《弟子规》的家风家训学习月活动，受惠群众 2000 余人次。9 月开展“弘扬家国情 礼赞新时代”家风家训主题宣传月活动，邀请家庭教育讲师团讲师分别到谢岗村、黎村、谢山村开展“梦想启航——好家庭好家风巡

2018 年春节期间，谢岗镇妇联开展文化主题活动

讲活动”，200 多名家长受惠。是年，镇妇联还开展“好好与孩子说话”亲子沟通讲座，在白玉兰活动小组室开展“沟通的艺术”工作坊、“以父为名，感恩常在”社区手工制作等各色亲子活动。全年组织开展各类亲子活动 30 余场次，受惠儿童家长约 1000 人次。全年共开展各类活动 26 场次，同时在各村（社区）积极开展“绿色家庭”评选活动。

【儿童友好社区创建】 2015 年，谢岗镇妇联为进一步推动全镇儿童友好社区规范化建设，不断加强社区服务儿童的功能，镇妇联分别在谢岗、大龙、窑山、黎村 4 个村创建儿童友好社区，为儿童管理、教育等提供机制保障。是年，全镇创建儿童友好社区覆盖率达到 58.3%。

2016 年，大力推动大厚村、南面村、稔子园村、五星村和谢山村申报创建儿童友好社区，围绕创建要求，不断完善 5 个村的儿童工作机制，改善儿童成长环境。9 月，全镇所有创建儿童友好社区的村（社区）均已接受市妇联的考核，创建率 100%。

【巾帼志愿队伍建设】 2015—2019 年，谢岗镇妇联不断加强和完善巾帼志愿队伍，其中包括完善巾帼志愿服务体系、应用系统、整合服务资源、规范工作制度等。下发《关于进一步加强巾帼志愿服务工作的意见》，积极指导各村（社区）设立固定的服务点，每年有不少于 3 个稳定的志愿服务项目，每年至少发展 10 名巾帼志愿者，每年组织 1～2 次富有实效的大型巾帼志愿服务活动。至 2019 年，共建立巾帼志愿服务队 14 支，在网登记的巾帼志愿者人数 458 人，服务时长 8.64 万小时，开展志愿服务活动 165 场次，志愿服务项目 23 个，巾帼志愿服务培训班 6 期。开展巾帼志愿者培训活动 14 场次，培训志愿者 200 多人。2018 年 1 月、8 月，组织 50 多名巾帼志愿者开展“欢乐 2018 亲子志愿者趣味运动会”活动。12 月，对 2018 年度表现杰出的 20 名志愿者颁发“最美志愿者”证书，肯定巾帼志愿者为妇女儿童事业做出的努力与贡献。

【平安家庭创建】 2015 年，谢岗镇妇联围绕和谐家庭平安建设的热点、难点和焦点，突出做好“家”的文章，让“平安家庭”的影响力渗透到千家万户。把开展“平安家庭”创建活动列入重要议事日程中，制定《谢岗镇平安家庭创建工作方案》和《谢岗镇“平安家庭”创建工作考核评价标准》，创建组织架构《谢岗镇妇联平安家庭创建活动领导小组》，依托“妇女之家”、新莞人妇女学校广泛发动和组织群众参与创建专项活动，成功让创建活动家喻户晓，营造浓厚的创建氛围。充分发挥镇村（社区）妇代会联系家庭的特点，围绕创建目标，创新工作方式，统一安排镇村开展家庭文化进村（居）活动，妇女维权流动服务站活动等，推进“平安家庭”，丰富创建工作内涵。截至

2018 年，谢岗镇妇联开展志愿者趣味运动会

10月底，镇妇联共开展平安家庭主题小组活动18场次、安全知识普及活动14场次。

2016年3月，联合谢岗镇白玉兰家庭服务中心和谢岗镇司法分局在谢岗广场开展系列“和谐家庭 依法同行”反家庭暴力法普法宣传活动。主要宣传和普及《中华人民共和国反家庭暴力法》，让居民充分认识家庭暴力的危害，了解家庭暴力的施暴形式、遭受家庭暴力如何维护自身权益等知识。共派发宣传资料1200份，受益群众520人。联合谢岗镇公安分局，举办“以案说防社区行”宣传讲座，受益家庭成员达1520人。活动期间共派发宣传单张、小册2330份。

2017年，在12个村（社区）开展形式多样的教育讲座60场次。讲座以深化“平安家庭”建设活动为主题，着力提高家庭防拐、防盗窃、防抢劫、防欺诈等防拐骗安全教育、“平安家庭”创建讲座等20场，创建“平安家庭”工作坊18场次，开展“反家暴”宣传讲座10场次，受益群众5000人。

2018年，积极开展家庭、感情、邻里矛盾纠纷化解工作，12个村（社区）妇联主席、网格员联合村治保、出租屋管理员，用走访方式对辖区开展家庭纠纷排查，掌握实情，妇联主席有针对性地进行问题疏导与调解。全镇妇联接到来访来电38宗，其中涉及家暴案件9宗，配偶外遇案件4宗，家庭纠纷案件8宗，劳动纠纷咨询12宗，其他纠纷5宗。经调解处理37宗，向综治维稳部门上报1宗，从大局上稳定了“平安家庭”创建工作。

2019年，为进一步推进东莞市平安家庭创建活动，镇妇联在全镇设立谢岗镇妇联流动服务站，提供法律、心理、家庭教育等咨询服务。同时，充分发挥志愿者的力量，把妇联流动服务站建设成为妇联宣传政策的新阵地、传递信息的新纽带、联系和服务妇女群众的新窗口。积极开展“建设法治东莞·巾帼在行动”活动，依托扎根于村（社区）的12个“妇女之家”、13个“儿童活动中心”、3个白玉兰家庭服务中心（室）发放《守护花开 东莞市妇女儿童维权案例评析》书籍、反家暴宣传册、“三防”宣传折页、“大手拉小手”——儿童成长防护计划、家暴目睹儿项目、处理家庭暴力案件联动机制等宣传单张、宣传品共5000份；通过新媒体，利用“11·25”国际反家暴日、“12·4”国家宪法日等重要节点，大力弘扬宪法精神，开展权益保护宣传工作。与多个部门共同推进“平安家庭”建设项目（2017—2020年），大力开展“平安家庭”进机关、进社区、进学校、进企业活动。全年共开展平安家庭知识讲座52场，“四自”（自尊、自信、自立、自强）精神讲座12场，“平安家庭”工作坊10期，生命体验馆教学活动4期，儿童心理健康小组14期，跟进心理健康问题家庭个案17个。

【妇女干部队伍建设】 2015年，谢岗镇妇联举办6期基层妇联干部业务培训班，培训内容涉及免费婚检、免费孕期检查、“两癌”筛查、妇女创业资金小额贷款等业务流程和相关条件、维权业务、家庭教育等，切实提高广大妇女干部的综合素质和业务能力。

2016年5月，举办村（社区）妇联执委培训班，邀请市妇联副主席安玉红授课，详细讲解执委职能以及如何开展好妇联有关工作。8月，举办全镇妇女微信公众号培训班，以微信公众平台编辑、排版及经营的相关知识为培训内容，有效提升妇女群体间的凝聚力与社区参与感，有助于把妇联工作触角延伸到更广阔的领域。

2017年，全镇12个村（社区）妇联组织成立了家事调解委员会。6月26日，举办12个村（社区）家事调解委员会成员业务培训班，提高妇女干部服务妇女群众的能力。是年，各村（社区）进行两委换届选举，共有16名女性进入村（社区）两委，占22%。

2019年4月，镇妇联组织村（社区）妇联主席和妇联干部参加司法系统举办的为期两天的“有话好好说”人民案件调解技巧培训。6月，组织全镇20名妇联主席、家庭教育骨干和白玉兰家庭服务中心社工前往东莞职业技术学院参加市妇联组织的妇女干部培训，提升其政治意识、大局意识、服务意识以及创新服务妇女的综合能力。9月，组织妇联干部以及各村（社区）妇联主席、副主席32人参加2019年谢岗镇基层妇联组织建设培训班。10月18日，在白玉兰家庭服务中心开展“夫妻共同财产的认定与分割”讲座，镇人大副主席、妇联协管领导谢润珍、妇联副主席吴妙韵以及各村（社区）党员、群众代表、巾帼志愿者50人参加。12月，组织各村（社区）妇联主席15人到横沥镇阳光粤港“妇女之家”、黄江镇家庭文明建设试点之一长龙社区白玉兰家庭服务室参观学习。

【村（社区）妇代会建设】 2015年，谢岗镇妇联为加强服务型基层妇联组织建设，更好地发挥村（社区）妇联组织联系凝聚妇女群众的作用，10月27日和28日，镇妇联在泰园社区和南面村两个试点村（社区）分别召开妇女第一次代表大会，选举产生第一届村（社区）妇联执行委员会。按照相关选举章程，泰园社区和南面村通过选举产生妇联第一届执行委员会委员分别为8人和5人，其中妇联主席1人，副主席2人。至2016年1月，全镇12个村（社区）全面完成妇联改建工作，组建率达到100%，产生村（社区）妇联主席12人，妇联副主席24人，执委69人，平均年龄35岁，本科以上学历20人，大专学历28人。

2017年，全镇12个村（社区）顺利完成妇联组织换届选举工作，每个村（社区）妇联执委增加至15人。至此，村一级执委共180人，其中中共党员61人，35岁以下91人，本科及以上学历49人，非东莞籍执委19人，各村（社区）妇女干部队伍年龄结构趋于年轻化、合理化。

【文体活动】 2015年3月8日，谢岗镇妇联联合镇文联、计生协会、体委在文化广场举办“巾帼赞歌”谢岗镇各界妇女庆三八文艺会演，来自全镇各行各业的妇女同胞参加。晚会节目由各村（社区）妇联自编自排自演，晚会主题鲜明，热情歌颂谢岗镇广大女性同胞在全镇经济社会发展中起到的巨大作用，充分展示全镇妇女敢于奉献、勇于创新的精神风貌。

2016年，举办纪念三八妇女节暨“最美家庭”事迹展播主题晚会。

2018年3月18日，组织“巾帼骑行，低碳环保也很OK”女子骑行活动，来自各行业100多名巾帼骑行手绕东莞银瓶湖市级湿地公园，全程9.09千米。举办“全镇女子拔河比赛”，以12个村（社区）为单位开展角逐。10月，联合邮政局举办首届谢岗镇广场舞大赛，15支妇女代表队参与角逐，谢岗村巾帼健身队获得一等奖。

2019年，在三八节期间，组织开展“时代女性半边天，风采飞扬献教育”，通过跳绳、投篮、拔河等活动展示女职工团结协作的团队精神。开展“谢岗，因您而美丽”三八妇女节游园会。开展“巾帼展风采 法治我践行”三八维权周宣传咨询活动。该活动还邀请镇政法办、扫黑除恶办、司法分局、谢岗医院等单位一起联合开展。当天，接受群众咨询50人次，派发《中华人民共和国家庭暴力法》《中华人民共和国婚姻法》等宣传资料500多份。5月，联合镇云间彩虹舞蹈队举办文明家风建设文艺会演活动，通过家庭活动小品、广场舞蹈表演、相声等活动传达新时代对文明家风建设的追求，吸引近400名群众参加。

【关爱妇女儿童工作】 2015年，谢岗镇妇联为激励广大女工弘扬“四自”精神，积极投身改革发展实践，进一步促进广大女工热爱谢岗、融入谢岗、建设谢岗，镇妇联开展关爱女工系列活动。3月24日，镇妇联组织走访相关企业、谢岗医院，看望慰问企业女工和女医务工作者，为奋战在一线的妇女送上党和政府及妇联“娘家人”的关心和问候。活动中，镇妇联共送上慰问品40份、女性健康和就业指导读本等宣传资料100份。3月15日，谢岗镇曹乐妇代会联合曹乐社区综合服务中心开展“您辛苦啦”关爱环卫女工活动，为曹乐村30名女环卫工人送上慰问品和祝福。在开展评选优秀女工活动中，为深入挖掘外来女工爱岗敬业积极向上的感人事迹，培树先进典型，传递正能量，激励广大女工创先争优，奋发有为，立足岗位，建功立业，镇妇联联合镇总工会在全镇范围内开展“优秀女工”评选活动，最终推选出培基箱包厂的张雪红和创富眼镜厂的苏丽两人作为镇优秀女工代表。为女工送健康。镇妇联联合镇总工会，组织企业女工参加免费妇科检查，关爱女工健康。

2016年5月25日，镇妇联开展关爱困境儿童交流活动，为20名困境儿童送上慰问品和慰问金。6月1日，在粤信宝幼儿园开展“有梦、有爱、有幸福”——儿童节亲子义卖募捐活动。9月13日，开展

2015年，谢岗镇妇联领导到幼儿园开展慰问活动

“中秋暖人心 玉兰送关怀”困难家庭探访慰问活动，为10户困难家庭送去月饼、葡萄等慰问品价值约5500元。组织“爱心父母”牵手困境儿童见面会。2016年新增结对“爱心父母”和困境儿童11对。10月，招募100对亲子家庭在谢岗镇南面村文化广场开展“为爱出发”谢岗白玉兰“益”周年亲子徒步活动。

2017年，开展多种形式的关爱女工活动。其中有三八健康知识进企业、“7•29”女工自我修炼与成长、“8•4精准说防”服务活动、“8•9四自精神”宣讲等，为上千名女工和企业的发展、家庭和谐提供帮助。

2018年，加强对重疾妇女儿童的关爱。全镇有遭遇重大疾病的妇女、儿童29人，为遭遇重大疾病的妇女申请东莞市困难妇女重大疾病救助金，成功申请5.5万元，受惠6名妇女。筹集社会爱心资金1.5万元，为遭受重大疾病的8名妇女、儿童进行爱心慰问。全年走访慰问困境妇女、儿童50人，送出慰问金5万元，慰问品价值2万元。

2019年3月，开展三八节女性健康知识讲座。4月，联合谢岗医院、市人民医院举办以“给点爱•就绽放”关爱女性健康行活动。活动期间深入工厂、村（社区），受到妇女群众的喜爱，全年开展12场健康讲座，受惠群众500多人。是年，镇妇联对镇内困境儿童情况开展全面摸排，分别登记造册，动态掌握困境儿童的数量、学习状况、家庭状况、监护情况和发展需求。在新春之际，镇妇联携手台商协会慰问困境妇女，组织镇书法协会会员为困境妇女家庭写春联，在新春前及时将祝福送至困境妇女家庭。在儿童节、中秋节及元旦期间走访慰问困境妇女儿童，全年共走访慰问妇女儿童113户，发放慰问金慰问品共计7.9万元。同时，加强宣传，获取社会支持，让社会热心单位加入到妇联扶困救助队列中。其中窑山一玩具厂捐赠玩具一批、东莞银行谢岗分行及优娜健身中心捐赠慰问金1.1万元，均用于困境妇儿的帮扶。全年协助7名困境妇女儿童申请市妇女儿童福利基金的困难救助，获得救助金4.4万元。邀请镇书法协会捐献书法作品参加书法公益义卖活动，募集善款1500元，捐赠市妇儿基金会。发动爱心人士参加市妇联举办的爱心公益亲子徒步活动，为市妇儿基金会募集善款。是年，白玉兰家庭服务中心启动“情暖童心•相伴成长”、黎村启动“我有个小小心愿”活动项目，通过组织困境儿童参加公益服务项目、亲子互动成长小组、野外拓展训练等，扩大他们的交往范围、改变消极认知，重塑积极正向家庭社会功能。五星村巾帼志愿队为孤寡妇女儿童“上门送温暖”、谢岗村组织村内残障妇女儿童开展“一花一世界”园艺疗愈项目，以贴合村民的服务方式，让特殊妇儿有了集体的归属感与融入感，增强参与项目的热情，提升生活的获得感与幸福感。

【关爱单亲母亲活动】 2015年，谢岗镇妇联开展“浴火凤凰——再创生命奇迹”关爱单亲母亲系列活动。为使单亲母亲更加积极乐观地面对生活，感受“娘家人”的温暖，镇妇联于4月至11月期间，利用妇女学校、妇女之家、白玉兰家庭服务室等阵地开展5期“浴火凤凰——再创生命奇迹”关爱单亲母亲系列活动，采取培训、教育讲座、游戏互动、慰问互助等多种形式，为单亲母亲提供困难帮扶、创业就业、子女教育、心理咨询、法律维权等多方面的服务和帮助，把关爱送到单亲母亲身边。镇妇联于4月19日和26日，分别开展了主题为《爱由肯定自己开始》《幸福快乐的利器——恩》关爱单亲母亲专场培训活动，活动中共有34名阳光妈妈参加，镇妇联通过该活动，实现单亲母亲信息的动态管理，逐步壮大“康乃馨”互助小组，完善帮扶模式，争取实施的各类惠及妇女儿童的民生项目向单亲母亲家庭倾斜，利用各类资源，切实为单亲母亲办实事。

2016年，开展《让孩子品学兼优，我们父母能做些什么》《做个智慧的女性》《做合格家长，育健康幼儿》《家庭矛盾（婆媳关系）处理》等家庭教育讲座42场，其中，关爱儿童成长教育类25场，关注女性健康类15场，关爱单亲母亲类2场，受益家庭成员5650人。

【创建谢岗镇白玉兰家庭综合服务中心】 2015年，谢岗镇妇联积极推动建立谢岗镇白玉兰家庭服务中心，并通过充分调研，形成《谢岗镇成立妇联白玉兰家庭服务中心的情况调研报告》。4月7日，向镇政府提交关于筹建谢岗镇白玉兰家庭服务中心的请示。5月中下旬，获镇政府同意。随之，镇妇联参考东莞市白玉兰家庭服务中心模式，在谢岗镇社区卫生服务综合大楼三楼妇女婚育学校筹建以妇女、儿童和家庭为主要服务对象的谢岗镇妇联白玉兰家庭服务中心，与社区各组织形成联动服务模式。截至10月底，共举办大型“玉兰进万家”谢岗白玉兰宣传活动3场次，受益家庭320个。

2016年，开展摄影技能培训、相框制作以及实践活动12场，受益家庭500户。

2018 年，谢岗镇妇联开展"传承年俗手艺 谱写巾帼芳华"谢岗镇巾帼年墟活动

2017 年，开展花卉、微景观技能培训、成品制作、多肉组盆培训、户外宣传销售等服务，以增强谢岗镇 80 名单亲、困难、无业家庭妇女就业能力，增加经济收入。同时，在谢岗小学一块空置土地上开荒，搭建"巾帼种植园"，与嘉应州乌鱼花艺店、镇东供花木场合作开展相关培训与销售体验活动。是年，白玉兰服务中心分别开展"爱心 3+1"爱心妈妈助力成长项目计划、"美天家多 Fun"家庭故事分享项目计划和"暑期消消乐"儿童消防项目计划，项目开展极大地凝聚了社区、家庭间的力量，促进成员间的相互学习和成长。是年，镇妇联深入各村(社区)，积极挖掘、培养巾帼创业示范基地，推荐谢岗镇东供花卉培养基地，申报省、市级巾帼创业示范基地。发动广大的农村妇女积极投身现代农业发展，推动妇女创业带动就业和精准扶贫工作。依托镇妇女创业就业服务中心，拓宽妇女就业渠道。并通过各村（社区）劳动就业服务站、镇人力资源分局、镇人才市场，开展各类创业就业宣传活动，成功为 10 名妇女实现再就业。

2018 年 2 月 3 日，在谢岗广场举办"传承年俗手艺•谱写巾帼芳华"巾帼年墟活动，通过设置 19 个摊位，划分年味小吃制作区、年货销售区、春联区、亲子体验区等 4 个功能区域，12 个村（社区）50 多名巾帼能手参与美食制作。通过活动，现场评选出 20 名巾帼巧手，大大地激发妇女们创造活力。是年，启动"妙手生花"——妇女生计项目。针对有提升就业技能意向的妇女，特别是弱势女性，开展花卉、微景观技能培训、成品制作、多肉组盆培训、户外宣传销售等服务，增强她们的就业能力。举办园艺知识学习小组、"花花世界"宣传体验计划之"妙手生花"户外宣传活动。创新开展农副食品自制自销助推困境妇女生计项目，招募、培训一批困境妇女，使她们掌握自制柠檬膏、辣酱、萝卜丁的制作技巧。

2019 年，从教育、培训入手，促进妇女能力素质的提升，推动女性创业。6 月、9 月举办"一镇一品"粤菜师傅、中式面点、育婴培训班等系列活动，全年各级妇联组织累计开展妇女创业就业、劳动技能培训 3 期，培训创业妇女 150 余人。此外，以白玉兰服务中心为服务点，以"妙手生花""巧手巾帼""织梦成真"妇女生计项目为抓手，开展各类技能培训活动 16 期，为 100 余名困境妇女提升妇女创业技能。培训妇女 350 余人次。

（撰稿：赵丽香）

附：2015—2019 年谢岗镇妇女联合会领导名录

主席：

吕　琳（2015 年任）

专职副主席：

赖瑞嫦（2015 年任）

副主席：

黄艳雅（2015 年任）

吴妙韵（2017 年 12 月任）

谢岗镇工商联

【工商联概况】 谢岗商会成立于 2004 年 9 月 23 日。至 2019 年已经是第四届，共有会员 165 名。2015 年 10 月，挂牌成立谢岗镇工商业联合会，实行两套班子、一套人马办公。谢岗工商联成立以来，充分发挥自身优势，认真履行各项职能，积极参政议政、建言献策，为会员提供信息、管理、咨询等服务，开展工商专业培训，维护会员的合法权益，反映会员的意见和建议，鼓励、引导非公有制经济快速发展，

2016 年，东莞市谢岗镇工商业联合会（商会）第四届执委会就职典礼暨成立十二周年誌（志）庆举行

为谢岗镇非公有制经济发展提出意见和建议，也为镇委、镇政府正确决策提供科学依据。同时，工商联还秉成团结、互助的理念，与镇政府单位部门沟通。组织执委会成员拜访会员企业，深入了解会员的经营情况及会员对会务工作的建议。

2015—2019 年，连续 5 年获评为优秀镇（街）工商联。

【换届选举】 2016 年 10 月 31 日，谢岗镇工商业联合会召开第四届执委会换届选举会，依法依规选举产生谢岗工商联第四届执委会成员 54 人，东莞首资宝电器制造有限公司董事长谢树安当选谢岗镇工商联第四届主席兼会长。

【组织会员学习交流】 2015—2019 年，谢岗镇工商联为加强会员之间的活动交流，每年组织一次团体游，增进会员之间的友谊，促进交流。2015 年 3 月 18 日，东莞市谢岗商会、外商投资企业协会谢岗分会、台商投资企业协会谢岗分会全体会员在璜玛酒店举办三大商会联合春节晚宴。5 月 13 日，谢岗商会建立“军民共建室”。10 月 27 日，谢岗商会联合谢岗个私协会两会会员 43 人前往泰国普吉岛进行交流联谊活动。11 月 9 日，谢岗商会在璜玛酒店召开座谈会，就爱尔兰移民投资房地产等内容进行交流探讨。2016 年 6 月 21 日，谢岗个私协会、商会法律知识及营改增讲座在璜玛酒店二楼会议室举行，来自谢岗的近 50 家个体私营企业代表参会学习，讲座旨在向个体私营企业宣讲各类法律风险防控知识和营改增最新政策，为企业答疑解惑。

2017 年 7 月 24 日，谢岗镇工商联组织副会长以上人员参加汕尾红海湾、彭拜故乡之旅，先后参观了妈祖公园、南海观世音、红海湾游水、彭拜故居和红场。

2018 年 3 月 23 日，谢岗镇工商联主席谢树安带领会员一行 10 人到市会展国际酒店参加“新疆兵团第六师五家渠市招商引资推介会”，与广大企业共同探讨投资发展大业。5 月 14 日，组织 60 名会员进行为期 5 天的巴厘豪华游，让会员了解当地文化，促进不同行业领域的交流。10 月 31 日，厦门大学高级管理人员工商管理硕士、伟乐科技财务总监王毅，为商会会员及谢岗个私协会会员 100 余名企业家进行授课，重点围绕“中国财税改革的新趋势，企业家面临的风险及对策”，详细讲解中美税收结构及增长分析、财税改革的新趋势、企业家面临的风险及相关对策。通过讲座，对企业家解决当前的财务状况问题提供了新思路、新方向。

2019 年，谢岗镇工商联为谢岗中心小学捐赠爱心图书

2019年2月21日，谢岗工商联、谢岗台商协会、谢岗外商协会、谢岗高端装备协会联合举办谢岗四大商（协会）新春团拜会，会上各会员互相交流，促进商会之间的合作与互动。6月18日，谢岗工商联、谢岗个体私营企业协会组织两会会员到台湾地区考察，让会员们了解台湾当地的文化。

【慈善扶贫】 2015—2019年，谢岗工商联积极参与“光彩事业”、公益慈善事业和“万企帮万村”精准扶贫活动，支持谢岗教育事业发展。同时，勇于承担社会责任和义务，通过多种形式帮扶有困难的群众，还引导更多社会企业和爱心人士支持慈善事业。至2019年，共参与扶贫济困活动2次，募得善款6.35万元；参与拥军活动3次，送上慰问金3万元；前往韶关南雄、云南、新疆对口扶贫15次，捐款55.25万元；慰问困难户、敬老院老人及为重病患者进行筹款9次，捐款16.83万元。

【走访会员】 2015—2019年，谢岗工商联多次组织执委会成员走访会员企业，强化与会员之间的沟通交流，全力帮助会员企业解决在发展中遇到的实际困难，助推会员企业不断发展壮大，为谢岗镇经济社会发展贡献应有的力量。5年间，共实地走访78家会员企业，帮助解决6个问题。2017年12月27日，世界莞商联合会副会长、广东银瓶投资股份有限公司总裁尹创铸，秘书长黄为国，理事、东莞市沙田兆康酒店有限公司董事长王振勇走访谢岗镇的优秀莞企，与企业相互认识，加强沟通，充分发挥商会协调作用，为企业打造互利共赢的交流平台。活动让谢岗莞企与谢岗商会加深彼此的了解，增强联系，为发展壮大谢岗商会队伍奠定了良好基础。2018年4月3日，谢岗镇工商联主席谢树安带领班子成员参观会员企业单位，了解企业经营情况和诉求，充分发挥商会的平台优势，共赢发展。

（撰稿：刘月琴）

附：2015—2019年东莞市谢岗工商联执委会领导名录

主席（会长）：

谢树安（2015年任）

荣誉会长：

罗华（2015年任）

永远名誉会长：

罗进宁（2015年任）

常务副主席：

何金池（2015年任）

副主席：

罗逸康、周文元、陈惠森、熊强、罗志峰、刘成勇、何晓明、温金海、邱贵宏（2015年任）

副会长兼秘书长：

吴广场（2015年任）

副会长：

谢淦枝、温桂波、蔡双儿、谢建洪、梁耀明、张见胜、罗浩成、吴跃辉、林希龙、庄成羽、徐奕望、张子辉、谢宏卫、杨岭、陈爱文、邱守樟、幸水缘、林子军、吴志洲、梁向健、蒋国平、鄢尤泽、许育豪（2015年任）

2018年，谢岗镇工商联领导走访会员企业单位

谢岗镇个体私营企业协会

【协会概况】 2014年12月30日，东莞市谢岗镇个体私营企业协会成立，在璜玛酒店举行东莞市谢岗个体私营企业协会成立大会暨第一届理事会就职仪式，选举产生第一届理事会成员。协会服务宗旨：宣传政策，信息服务，法律咨询，交流经验，业务培训，协助管理。至2019年12月，协会共有会员企业87家。

【活动交流】 谢岗镇个体私营企业协会为加强协会会员之间的交流，每年都组织一次团体游，以增进会员间的友谊，促进交流。2017年，组织会员到越南考察个体私营经济发展情况；2019年，组织会员

2019年，谢岗镇个体私营企业协会成员到谢岗镇敬老院开展慰问活动

考察个体私营经济发展情况。

【慈善活动】 谢岗镇个体私营企业协会成立后，致力于慈善活动，每年“6·30”广东扶贫济困日捐款，向市个体私营企业协会捐款1万元，用于贫困地区，向关工委捐款1万元，用于退休老干部及老人的活动经费，2018年6月19日谢岗助农购荔枝活动中，会员向农户预定荔枝达3000公斤，其他活动还有给学校捐书捐款、慰问敬老院老人等。

【学习培训】 2015—2019年，谢岗个体私营企业协会积极组织会员单位人员开展学习培训活动，并通过省自身、诵经典、学模范等形式，教育党员和协会会员要恪尽职守，做好本职工作；发扬艰苦朴素的精神，发挥党员先锋模范作用。5年间，共开展各类学习、培训、讲座活动近10次。其中2016年10月11日，个体私营企业协会党支部3名党员参加东莞市市场监督局谢岗分局党总支在镇图书馆举办的道德讲座。2018年10月31日，邀请厦门大学高级管理人员工商管理硕士、伟乐科技财务总监王毅，为个体私营协会及谢岗商会100余名企业家讲授《中国财税改革的新趋势，企业家面临的风险及对策》。参加学习的各企业人员，认为讲座为其解决当前的财务状况提供了新思路、新方法。

（撰稿：朱玉玲）

2018年10月31日，谢岗镇工商联、谢岗个体私营企业协会举办财税知识讲座

附：2015—2019年谢岗镇个体私营企业协会领导名录

会长：

陈惠森（2015年任）

常务副会长：

温金海（2015年任）

副会长兼秘书长：

邱贵宏（2015年任）

副会长兼副秘书长：

赵永强（2015年任）

副会长：

罗浩成 罗志峰 吴广场
谢惠森 林锦辉 张见胜
林子军 周国敏 蔡双儿
徐奕望 谢淦枝 罗冠力
胡德青 罗幼鹏 徐灿洪
曾宏捷 陈金品 温桂波
庄成羽 蔡志明 吴观兴
陈嘉仪 谢树峰 文世奇
谢根裕 丁华祥 庄世宏

东莞市外商投资企业协会谢岗分会

【分会概况】 2009年5月13日，东莞市外商投资企业协会谢岗分会（简称谢岗分会，下同）从政府主导转向外商自主的非营利性社会团体，由谢岗镇外商投资企业以及从事外商投资服务工作的机构自愿组成。至2019年年底，共有会员企业50多家，位于谢岗镇振兴工业区管理大楼二楼。协会宗旨：“服

务立足政企、沟通创造未来”；努力为会员和投资者服务，维护会员的合法权益，发挥外商在经济建设中的作用，推动谢岗镇经济持续性的发展。

【服务会员】 谢岗分会加强与职能部门的联系，为会员企业排忧解难，服务会员。通过多种形式加强与政府部门的交流与联系，组织会员企业学习了解相关政策，并反映企业关注的问题和意见。2019 年 5 月 22 日，会长罗逸康组织协会监事、理事拜访谢岗税务分局领导，学习最新税务政策信息以及落实减税降费相关宣传。加强与会员沟通，及时反映企业意见。通过定期走访会员企业活动，加强与会员的沟通，了解和分析企业所面临的困难，并通过协会向相关部门反映情况，寻求解决办法。组织开展形式多样的联谊活动。2019 年 11 月 4 日，协会组织会员企业员工参加东部产业园片区“东部好声音”歌唱比赛；11 月 14 日，协会与市协会、山区片友会共同举办山区片高尔夫球联谊赛，加强协会会员与友会间的交流，增进友谊。

【慈善捐赠活动】 谢岗分会成立后，积极响应东莞市开展的“广东扶贫济困日暨东莞慈善日”活动，组织会员企业积极捐款，共筹得慈善款 8 万元，全部捐赠给广东扶贫济困日活动。

（撰稿：谢洁敏）

2017 年 1 月 5 日，东莞市外商投资企业协会谢岗分会第四届监理事会就职典礼举行

2019 年 5 月 22 日，东莞市外商投资企业协会谢岗分会会员企业人员到谢岗税务分局开展学习交流活动

2019 年 11 月 14 日，东莞市外商投资企业协会谢岗分会参加山区片高尔夫球联谊赛

附：2015—2019 年东莞市外商投资企业协会谢岗分会领导名录

会长：

罗逸康（2015 年任）

名誉会长：

廖壮福、谢满深、陈应杰、周文元（2015 年任）

监事长：

郭正福（2015 年任）

副会长兼秘书长：

黄展超（2015 年任）

副会长兼财务总监：

廖智斌（2015 年任）

副会长：

许富华、冯国成、黄自良、麦志豪、李光正、傅锴桦、彭伟基、陈绍恒、梁启安、李辉（2015 年任）

东莞市台商投资企业协会谢岗分会

【分会概况】东莞市台商投资企业协会谢岗分会（简称谢岗台商分会，下同）成立于1999年9月15日，位于谢岗镇赵林村燕东工业园二路3号佑晟公司内。东莞市台商投资企业协会宗旨：团结和联络在东莞市投资的台商企业及台湾技术、管理人员，加强联系，增进交流，促进两岸经济交流和友好合作，协助台资企业及各镇区分会密切与东莞市各有关部门，团体之间联系，维护会员的合法权益，反映企业、会员的意见和要求，促进经济发展。至2019年，谢岗台商分会已连续换届8次，陈显达、王三郎、谢桂霞、游辉彬、林志龙先后任会长。有协会会员企业43家。

【活动交流】谢岗台商分会逢双月举办会员大会，单月开理监事会。不定期举办各类讲座，带给企业最新的政策法规，当场解答企业提出问题，起到良好效果。

【公益活动】谢岗台商分会自成立以来每年坚持慈善公益活动，慰问敬老院老人，走访贫困家庭，助学困难优秀学生等。

（撰稿：林燕如）

附：2019年东莞市台商投资企业协会谢岗分会领导名录

会长：
林志龙（2019年任）
辅导会长：
游辉彬（2019年任）
秘书长：
李楷奕（2019年任）
监事长：
刘蕴莹（2019年任）
财务长：
苏宗威（2019年任）
名誉副会长：
王明来　李明顺
陈文捷　詹风秋（2019年任）
副会长：
陈进春　罗仕文　陈信宏
张彩虹（2019年任）

2019年，东莞市台商投资企业协会谢岗分会成员开展交流活动

2019年，东莞市台商投资企业协会谢岗分会成员慰问贫困家庭儿童

2019年，东莞市台商投资企业协会谢岗分会成员慰问敬老院老人

谢岗镇高端装备制造行业协会

2016 年，谢岗镇高端装备制造行业协会成立大会暨第一届执委会就职典礼举行

【协会概况】 2016 年，谢岗镇高端装备行业协会成立大会暨第一届执委会就职典礼举行，广东润星机械董事长周文元当选会长。

该协会由广东润星科技股份有限公司、广东劲胜智能集团、广东长盈精密股份有限公司、广东赛麦机械等多家企业发起，至 2019 年有 86 个会员单位，总市值超过 8000 亿元人民币，客户涵盖智能制造全产业链所涉及的国际、国内一流品牌企业。协会以“商汇智造名市，共享银瓶绿舟”为目标，携手合作，积极打造集工业机器人、自动控制以及智能数控机床研发设计、生产、销售、应用、服务于一体的国家高新技术企业联合服务平台，协会会员单位所提供的产品及服务广泛用于手机、通信、电子、汽车零部件、智能设备、家电（卫浴、灯饰、锁具、电动工具）等领域。协会为中国企业升级转型和企业及高职院校加强校企合作、产教融合培育更多的智能制造高级技术人才，共同推进企业走向智能制造。

【行业发展】 谢岗镇高端装备制造行业协会成立后，充分发挥其在政府与企业间的桥梁和纽带作用，搭建政企互动平台；加大力度推动企业携手合作，推动产业集聚发展。组织会员单位到日本 FANUC 公司考察交流，对可能的合作项目开展深入探讨，并在智能化技术与机床数控系统采购事宜等方面作进一步交流和洽谈，达成新的共识。组织会员单位开展财务、金融、法律及企业管理座谈讲座，并聘请专业的财务、金融、法律及企业管理作为协会的专业顾问。2017 年，高端装备制造业成为谢岗镇的支柱产业。2018 年，协会各会员单位积极打造中国智能制造 3C 通信产业链粤港澳大湾区制造名镇，基本形成一个完整的智能制造产业链。至 2019 年，协会共有 5 万多台智能数控加工设备，形成一个完善的智能制造高端装备产业链。其中润星机械，先后被认定为国家级高新技术企业、广东省著名商标、广东省名牌产品。广东长盈精密股份有限公司是一家研发、生产、销售智能终端手机零组件，新能源汽车零组件，工业机器人及自动化系统集成的规模化制造企业，有员工 3.5 万名，业务遍及全球。广东劲胜智能集团主营业务有消费电子产品精密结构件业务、高端装备制造业务、智能制造服务业务等三大板块。

【校企合作】 2017 年，谢岗镇高端装备制造行业协会加强与全国各大职业院校合作，共建培养人才平台。以智能科技发展为导向，实行产教融合、师徒制教学实践模式进行校企合作，使企业、职业教育、高级人才力推中国“智能制造”“工业 4.0”战略进程的步伐。通过专业教学体系过程将教学、学习、考核、测评、就业、资讯技术服务等功能模块式进行整合，为学生、企

长盈精密股份有限公司机械制造车间（摄于 2019 年）

业提供一站式服务。从学生入学到实践、就业采用数据库信息化跟进学生的学习进度，及时发现学生的不足，使学生能够更快更精准地掌握专业知识和技能；通过智能物联网及时得到各用人单位的用人要求、需求、技术要点反馈，实时调整教学内容，使人才培养能够精准地对接就业岗位；通过就业学生在线和在学学生网络视频互动沟通，分享有针对性的技术服务与团体智慧技能，整个智能制造教学模式构建了集职业院校、学生、企业于一体的合作平台，为精准培养高技能人才、零对接企业奠定了坚实的基础。至2019年，先后与华南理工大学、广东电子工业研究院、东莞理工学院、电子科技大学等多所院校开展校企合作，进行产品多元化、创新及专利技术开发、人才就业合作等。

（撰稿：林锦辉）

自动化系统生产线 （摄于2019年）

粤海智造中心 （摄于2019年）

2017年，谢岗镇高端装备制造行业协会领导到华中科技大学考察交流

附：2016—2019年谢岗镇高端装备制造行业协会领导名录

会长：

周文元（2016年任）

常务副会长：

熊　强（2016年任）

监事长：

杨大剑（2016年任）

副会长：

曾海鹏　罗志峰　贾庆华

何国泉　陈金梅　陈金品

艾新庭　吴贵才　祁光华

张军冠（2016年任）

谢岗镇青年企业家协会

【协会概况】 2019年8月22日，谢岗镇青年企业家协会成立，在璜玛酒店举行第一届成立大会暨第一届理事会、监事会成员就职仪式，选举产生第一届理事会成员。至12月31日，协会共有会员企业80家。协会服务宗旨是：携手同行，共创共赢。

【活动交流】 谢岗镇青年企业家协会成立以来，组织会员参加各种交流活动，以增进会员间的友谊。2019年11月30日，协会10余名代表在会长谢淦枝带领下参加东莞市青年企业家协会组织开展的第二届篮球联赛。

【服务会员】 谢岗镇青年企业家协会每月定期走访1～2家会员，了解会员的需求，加强会员之间的交流，促进企业之间的合作。10月15—17日，在广州市创之融孵化器有限公司支持下，由共青团东莞市谢岗镇委员会、广东省人力资源管理协会就业创业促进分会联合主办，大创板商学院、广东职涯书院承办的“赋能青创·助力湾区”青年企业家培训班开办，谢岗镇有31家企业的人员参加培训，其课题是产品开发与用户思维，股权设计，企业薪资和激励体制，还参观了创投小镇和大学城智汇谷。

（撰稿：朱玉玲）

附：谢岗镇青年企业家协会领导名录

会长：

谢淦枝（2019年任）

常务副会长：

庞　劲　陈志锋（2019年任）

副会长兼秘书长：

刘锦顺（2019年任）

副会长兼副秘书长：

刘智凯　温振杰（2019年任）

副会长：

何韵馨　张思珍　谢根裕

黄锐冲　许浩贤　谢耀权

赵煜权（2019年任）

2019年8月22日，谢岗镇青年企业家协会成立

2019年10月15日，谢岗镇青年企业家协会成员参加培训

2019年11月，谢岗镇青年企业家协会代表参加篮球联赛

法治·军事

综合治理

2019 年 4 月，谢岗镇委政法办开展“国家安全”和“反邪教”宣传教育主题党日活动

【综合治理概况】 2015—2019 年，谢岗镇委政法办全面贯彻中央和省、市的各项决策部署，坚持以抓好各项安保工作为核心，深入开展扫黑除恶专项斗争，全面推进平安创建、邪教防控、严重精神障碍患者排查救治、铁路护路等各项工作，加强和创新社会治理，维护全镇社会大局平安和谐，社会治安水平得到明显提高。同时强化政法队伍建设，定期组织政法队伍参加业务培训，提高政法队伍的政治素质和业务能力。

【加强社会治安重点地区整治】 2015 年，谢岗镇委政法办落实每半年开展一次社会治安重点地区和突出治安问题集中排查整治工作。确定泰园社区水塔山和银湖工业区为治安重点地区进行集中整治，通过人防技防物防相结合，建立“天地人”立体防控体系（即天眼系统监控、路面加强巡逻提高见警率、出租屋租住人员实名登记），加大社会整治工作力度，落实“一个乱点、一名领导、一套方案、一抓到底”的工作措施，消除一批安全隐患，有力震慑违法犯罪活动。在加强打击力度的同时，开展法治宣传教育，鼓励广大群众报告违法犯罪线索，营造浓厚的氛围。是年，以上两个地区均取得明显的整治效果，发案率明显下降，群众安全感明显增强。

2016 年，深入组织开展社会治安重点地区集中整治行动。通过摸排，确定花园工业区和第五工业区为治安重点地区，先后组织公安、工商、文化执法等职能部门及相关村（社区），对重点治安地区进行 4 次大规模的整治；通过加强巡逻防控、强化租住人口管理、完善硬件设施、严打各类违法犯罪等，集中力量对治安重点地区开展清查整治，重点地区的社会治安得到了明显的改善。

2017 年，制定《华泰工业区巡逻工作方案》《曹乐新市场巡逻整治工作方案》，由警务区警长组织开展日常巡逻工作，提高路面见警率。针对重点治安地区周边出租屋、商铺林立的特点，经常性开展统一清查行动。整治工作小组定期组织成员召开警情研判会议，对一阶段内警情发生的特点进行研判分析。配合“三访三评”“三打两建”等工作的实施，开展线索排查工作。是年，治安重点地区实现了“两降一升”（违法警情下降、刑事立案数下降、破案数上升）总体目标。

2018 年，确立银湖商业城和赵林金川工业区为治安重点地区进行集中整治，成立整治工作小组，结合实际制定针对性、操作性强的排查整治方案；结合“飓风 2018”、社会治安防控体系建设等系列专项行动，采取集中清查整顿、日常巡查、重点检查、巡逻伏击防控、专案侦查等手段深入摸排各类违法犯罪线索；积极整合各方面的资源和力量，进一步完善各部门之间的协同合作，不断推进和完善“一呼百应”工作机制，广泛发动群众主动参与治安防范工作；推动“以案说防”社区行、入万家等系列宣传活动，将防盗、防抢、防诈骗、防拐卖等知识印制成宣传册向群众进行宣传，提高群众自我防范意识。

2019 年，确立水塔山和谢山市场周边为社会治安重点地区。结合“平安谢岗”创建活动，邀请群众代表和社会事务、团委、妇联、村（社区）干部等社会各界人士，共商社区治安防范工作，形成齐抓共管的良好格局；采取着装和便衣、机动和固定相结合，合理部署重点整治区域的治安岗亭等措施，提高路面巡逻密度，全方位打防管理。落实警务区警长、户管员的治安责任，分人分片落实出租屋治安管理责任，做好居住证办理、信息采集登记等基础工作，实现“打防管控措施明显增强、群众满意度明显提升”预期目标，维护社会治安。

【维护社会治安】 2015 年，谢岗镇委政法办牵头，各部门紧密配合，制定有效措施，强化重点领域的治理，尤其加强重大节假日期间的治理工作，严格遵守值班制度，加强巡逻执法；落实“六联工作机制”(联调、联防、联勤、联治、联创、联管)，不断拓展职能。为群众提供法律咨询 320 人次；收到企业预警信息 358 条，主动监控企业 413 家，涉及劳动者 3 万人次，处理欠薪企业 42 家，涉及劳动者 3454 人次，追回工资 1270 万元。坚持“属地管理、分级负责”“谁主管、谁负责”原则，排查各类突出矛盾纠纷，排查出各类社会矛盾纠纷及不稳定因素 11 宗（全部为劳资纠纷案件），其中化解 10 宗，有效稳控 1 宗；调解案件 152 件（其中劳资纠纷 106 件，合同纠纷 4 件，人身损害纠纷 5 件，其他纠纷 37 件），涉及人数 362 人，全部调解成功，调解成功率 100%。

2016 年，切实做好春节、全国和省市两会、“东莞国际马拉松赛”、“5•1”、G20 峰会等时期的安保工作。及时掌握社会面的热点问题和可能引发事端的苗头。全年调解案件 101 件，涉及群众 267 人，调解案件涉及的合同金额 300 万元。劳资纠纷方面，主动监察企业 245 家，涉及劳动者 22150 人次，处理欠薪企业 43 家次，涉及劳动者 3144 人次，涉及金额 1302.3 万元，有效维护社会稳定。确立“创新搭建‘互联网＋驻点联系群众’新平台”和“统筹农村集体征地赔偿款实现全镇统筹发展”市镇共建项目，组织职能部门结合实际，制定专项工作方案，明确任务分工，深入开展基层社会治理改革创新优秀项目创建活动。

2017 年，做好全国和全省两会、农村换届选举、中共十九大、香港回归 20 周年等时期的安保工作。组织人员深入辖区掌握社会动态，及时化解矛盾。充分发挥平安建设促进会等矛盾纠纷化解平台的积极作用，全年调解各类案件 123 件，调解成功率 99%，涉及当事人 320 人，协议所涉及的金额为 520.5 万元。劳资纠纷方面，主动监察企业 258 家，涉及劳动者 2.12 万人次，处理欠薪企业 60 家次，涉及劳动者 5795 人次，追回工资 1819.8 万元。

2018 年，做好全国和全省两会、劳动节、建军节和国庆节等时期的安保工作。加强企业风险预警系统建设，掌握欠薪隐患企业的实况，及时生成汇总报表上交镇领导小组，防止企业欠薪逃匿等事件的发生。制定出台专项行动工作方案，布置重点问题排查化解、重点案件化解等专项行动，对涉劳资纠纷、涉征地拆迁、涉农村问题、涉医患纠纷、涉房地产问题等重点领域全面细致地开展排查，落实化解措施，力争将矛盾隐患化解在萌芽，处置在基层。人民调解方面，共调解案件 53 件，涉及当事人 134 人，协议所涉金额为 230 万元。劳资纠纷方面，监察企业 125 家，涉及劳动者 1.1 万人次，处理欠薪企业 32 家次，涉及劳动者 3640 人次，追回工资 1247.2 万元。

2019 年，健全《谢岗镇矛盾纠纷化解联调联动工作机制》《谢岗镇维稳工作机制》，制定《谢岗镇维护社会稳定联席会议制度》，明确规范班子成员与部门负责人在综治方面的相关职责，推动形成齐抓共管的局面。严格落实值班制度，畅通信息报送机制，按照“一日一研判、一日一调度、一事一处理、一日一报告”和“谁主管、谁负责”的原则，全力做好国庆安保“百日攻坚”工作。配合镇委、镇政府做好“6•20”专案投资受损人的相关工作，按照要求成立化解处置工作专班，加强应急管理，确保一旦出现情况能够及时投入处置。综治中心全年参与调解案件 122 件，涉及当事人 452 人次，调解成功率 100%，调解涉及金额约 630 万元。劳资纠纷方面，主动监察企业 143 家次，涉及劳动者 1.17 万人次；处理欠薪企业 33 家，涉及劳动者

3840人次，追回工资1338万元，确保社会大局平安。

【扫黑除恶专项斗争】 2018年，谢岗镇委政法办严格按照镇委、镇政府的工作部署和主要领导的指示精神，坚持“有黑扫黑、无黑除恶、无恶治乱”的工作原则，立足“打早打小、除恶务尽”，狠抓部署、梳理、摸排、打击等工作措施落实，形成了对黑恶势力的持续高压态势。谢岗镇扫黑除恶专项工作领导小组共召开扫黑除恶专项斗争专题会议20次，部署推进专项工作，在加大打击力度的同时，深入宣传扫黑除恶专项斗争工作，共制作流动宣传展板120套，分别在各市民广场、公园、活动中心、大型购物中心、学校和企业进行巡回展示。组织系列现场宣讲活动120余场次，派发宣传资料3.2万余张，参与群众5.6万人次；制作扫黑除恶标语、横幅320条，印制宣传海报6000张、宣传单张17.5万张；在“活力银瓶”“银瓶卫士”“平安谢岗”等微信公众号上高频率推送专题宣传信息50余条（次）；积极协调移动、联通、电信等运营商发送手机短信4.3万条（次），全面宣传扫黑除恶专项斗争的目的、意义、举报方式、有奖举报等内容。在2018年上半年市公安局组织的群众安全感和对公安工作满意度第三方测评中，谢岗镇综合排名为全市第四名，其中谢岗镇群众对扫黑除恶的知晓率名列全市第一名，营造了“扫黑除恶全民参与、平安谢岗你我共建”的浓厚社会氛围。

2019年，制定详细的工作方案，出台一系列的工作措施，深入推进扫黑除恶专项斗争。4月15日开始，镇委书记胡毅峰牵头，在全镇中小学校开展校园巡展暨万人签名活动，同时通过市场监管、工信科局、村（社区）等单位协调，在全镇商铺、企业的LED屏播放平安和扫黑除恶宣传信息，进一步扩大宣传效果。5月初，镇委书记胡毅峰召开政法暨扫黑除恶专项斗争会议，部署全镇扫黑除恶专项斗争工作。6月4日，镇委副书记、镇长李惠勤到综治中心进行调研，对政法、扫黑除恶、维稳等工作提出了工作意见；镇领导小组不定期对扫黑除恶专项斗争（包括LED屏幕宣传、横幅悬挂、台账资料完成情况等）进行检查督导。

2019年4月，谢岗镇开展“扫黑除恶 平安谢岗”宣传活动

【开展校园安全整治】2015—2019年，谢岗镇委政法办严抓校园及周边治安重点整治工作，多次协调职能部门开展联合行动，强化中小学、幼儿园及周边地区环境的专项整治，认真排查学校安全工作的薄弱环节和事故隐患，加强重点部位的防范，确保全镇中小学、幼儿园的安全。对查出的各种安全问题，进行限期整改，严防事故发生。同时，配足配强门卫保安人员，健全门卫检查、登记制度，坚决防止无关人员、车辆及一些不法人员进入中小学和幼儿园，危害少年儿童的安全。

【严重精神障碍患者救治救助】2016年，谢岗镇委政法办深入开展严重精神障碍患者救治救助工作，共排查在册患者392名，接受排查登记信息280名，失联失访112名。其后，市卫生和计生局安排精神病专科医生对268名患者进行了复评，诊断出零级精神障碍患者225人，其中三级及以上严重精神障碍患者共17人，既往三级及以上患者8人。同时，加强对疑似患者全面排查工作，共排查出疑似精神障碍患者18人。

2017年，在继续开展排查工作基础上，对2016年在册在管的患者进行身份核实，与153名患者的监护人和协助监护人签订《严重精神障碍患者监护协议》共170份。

2018年7月，对全国精神患者系统中谢岗镇在册在管的239人患者进行排查确诊，其中三级以上患者23人；分别和180人患者的监护人、协助监护人签订监护协议 212 份，并根据文件规定申请监护补助 44 万元；与东莞中国人民财产保险公司签订《东莞市谢岗镇 2018—2019 年度严重精神障碍患者监护责任补偿保险框架协议》，为广大市民和监护人、协助监护人提供保障。

2019 年，开展肇事肇祸等重性精神障碍患者专项摸排登记工作，共排查出三级以上肇事肇祸等精神障碍患者 26 人。在加强排查的同时，做好严重精神障碍患者救治救助工作，国庆期间已核发 2018 年监护补助金 51.3 万元。

【重大风险评估】 2015 年，谢岗镇委政法办落实重大风险评估工作，全年开展社会稳定风险评估排查 4 次，完成银瓶合作创新区建设项目风险评估工作；加强重大节假日期间的维稳工作，通过严格遵守值班制度、加强巡逻执法和不稳定因素排查，确保节假日的社会稳定；深入摸底排查是否存在境外非法组织或非法人员在谢岗镇进行渗透破坏活动；督促职能部门与出租屋业主、村（居）委会及运输行业从业人员签订《出租屋治安管理责任书（一）》《出租屋治安管理责任书（二）》《东莞市交通运输从业人员反恐责任书》。

2016 年，重点围绕劳资纠纷、征地拆迁、涉农问题、医患纠纷、涉房地产问题等方面开展风险评估。自开展企业风险预警以来，共收到成员单位上报的企业预警信息 33 宗，处理 31 宗，处理率 93.9%，其中风险等级为高危的预警信息 18 宗（处理 17 宗，有效处理率 94.4%）。

2017 年，在做好风险评估工作的同时，进一步完善企业风险预警系统建设，共收到预警信息 88 宗，欠薪案件信息 79 宗，风险级别为高危的案件信息 24 宗，并及时生成汇总报表交到镇领导小组进行处理，有效防止企业欠薪逃逸的重大危害事件的发生。

2018 年，重点围绕热点、难点和涉及民生工程方面开展维稳风险评估，共收到欠薪案件信息 41 宗，高危信息 20 宗，均落实了人员跟踪处理。

2019 年，成立了相关专项行动领导小组，严格落实值班制度，畅通信息报送机制，并要求各综治委成员单位报送国庆特别防护期联络员名单，加强部门沟通联动，将矛盾排查在早、化解在小；以“坚持总体国家安全观，着力防范化解重大风险，喜迎中华人民共和国成立 70 周年”为主题，组织人民防线办、综治委成员单位负责人、12 个村（社区）治保主任、民兵营长以及保密员共 70 人到东莞展览馆参观国家安全教育专题展览，同时结合“党建 +”，组织全镇 101 个党支部开展专题党建活动。

【推进铁路护路工作】 2015 年，谢岗镇委政法办严格落实铁路、公路联防责任制，责任落实到人，各派出所、沿线村委会密切配合铁路部门开展整治工作；加强对联防队伍的管理和建设，强化沿线治安管理，以确保铁路运输的安全畅通；开展铁路、公路联防工作，落实各项措施，采取“定人、定时、定位、定责”四定办法，防止涉路治安刑事案件的发生；深入推进创建平安铁路线活动，统筹协调各方力量，集中人力物力对重点区域进行整治，以点带面，着力解决影响涉路及周边安全稳定问题；广泛开展爱路护路宣传教育，共开展集中宣传活动 3 次，派发宣传资料 6000 份，宣传作业本 1200 本，宣传品 500 份，悬挂宣传横幅 72 条，开展铁路法治教育课 18 课时，出黑板报 12 期，受教育群众 1 .5 万多人次。

2016 年，强化铁路护路工作，积极创建“平安铁路线”，落实各项措施，“点、线、面”结合，建立铁路治安防控网。

2017 年，压实各项措施，打牢铁路治安防控网，同时督促铁路派出所、卫生计生办做好铁路沿线精神障碍患者的 DNA 采集工作。

2018 年，经市委政法委和镇委、镇政府投入专项资金，整改了铁路防护栏漏洞；协调公安分局、相关村委会和铁路派出所加强联动，不

2019 年 12 月，谢岗镇举办“扫黑除恶创平安 志愿服务新时代”文艺晚会

断加大铁路沿线治安巡查力度，制定铁路沿线安全隐患排查表，做到每周一报，及时发现、及时处置、及时上报。进一步加强铁路护路宣传工作，共开展铁路护路宣传活动3次，悬挂宣传横幅72条，电视、LED屏播放宣传560次。

2019年，镇政府投入专项资金，整改了银湖工业区跨线桥铁路防护栏漏洞，强化了铁路沿线的防护措施。在3月和6月分别开展为期一个月的铁路护路宣传月活动，悬挂宣传横幅120条，电视、LED屏播放宣传360次。

【开展国家安全工作】 2015—2019年，谢岗镇委政法办配合市国安局开展国家安全工作，共上报各类专报、简报等信息20余份。在重点抓好当前社会治安热点、难点问题排查的同时，认真开展宣传教育工作，共开展30余次宣传活动，悬挂宣传横幅526条，派发宣传资料11.3万份，取得了良好的宣传效果。

【平安文化创建】 2015年，谢岗镇委政法办以"平安谢岗"建设为核心，全面铺开了平安村（居）、平安市场、平安校园、平安家庭、平安边界、平安铁路线等平安细胞建设工作，筹备成立东莞市谢岗镇平安建设促进会，明确牵头单位、协调单位、责任领导，迅速推开平安细胞创建工作。经过一年的努力，全镇平安村（居）覆盖率达100%，其中五星村、大龙村、南面村、窑山村4个村委会通过了市考评组的检查验收。同时在镇电视台、广场LED屏、政府微博长期跟踪报道平安创建工作，经常性播放宣传口号，累计播放宣传口号150条，宣传视频54个；印制72条平安创建的宣传横幅悬挂到各主要道路、人员密集的场所、工厂企业等地方；组织志愿者到人员密集的广场、街道派发宣传单张和小册子，派发环保袋500个、宣传资料8000多份；在各村（社区）、企业、学校制作36个平安建设宣传栏，广泛宣传平安建设的成效。年内，结合"12·4"宪法日、"6·26"国际禁毒日宣传活动，在镇文化广场举办大型宣传咨询活动，共派发宣传袋300个，宣传礼品600多份，宣传单张4000多张，营造了共创共建共享平安谢岗的良好社会氛围。

2016年，围绕社会反映强烈、群众特别关心的重点问题、重点领域、重点行业、重点区域，全面铺开"平安细胞"建设工作。在加强建设中，进一步强化社会治安整治，充分组织和动员各级力量，巩固平安村（居）、平安校园、平安文化市场、平安铁路线、平安医院等已创建完成的平安细胞，加大监管力度，不断提升社会治安综合治理工作社会化水平。同时加强与宣传办、文广中心等部门合作，利用新兴媒体，扩大宣传覆盖面，大力开展平安宣传。

2017年，根据创建工作任务制定工作方案和每月工作进度表等文件，在全面铺开"平安细胞"建设工作的同时，进一步巩固已创建完成的平安细胞；创建"谢岗平安快车"微信公众号，实行动态信息收集，增强工作的预见性和主动性；通过短信传递，微信、微博传播，扩大平安宣传覆盖面，全面提高社会各界参与平安建设工作的积极性，确保全镇社会和谐稳定。

2018年，结合"人人友善 人人平安"平安文化主题，通过开展平安村（居）、平安校园、平安医院、平安家庭等平安文化建设，全力培育平安文化；为巩固平安文化宣传阵地，在文化广场建设平安文化公园，大力营造了平安友善城市浓厚氛围；在"活力银瓶""银瓶卫士""平安谢岗"等微信公众号、政务微博等自媒体上高频率推送专题宣传信息，强化平安文化宣传力度。

2019年3月，开展为期一个月的平安文化宣传月活动，通过悬挂横幅、协调商铺企业利用LED屏宣传、派发宣传单张等形式全方位开展平安文化宣传；3月14日印发《谢岗镇2019年平安文化建设工作方案》《谢岗镇2019年推进平安文化建设实施细则》，落实各项工作措施，助力谢岗"平安年"建设，

2018年12月，谢岗镇开展平安文化宣传活动

全面提升群众安全感，创建参与率。在企业平安文化方面，制定出台《谢岗镇企业平安文化建设实施方案》《谢岗镇企业平安文化建设专项工作督导实施方案》《谢岗镇创建企业平安文化试点工作任务分解表》等，选定赛麦设备、亚太表业、大兴化工、伊伯光电四家企业作为试点，并完成创建任务。在平安校园建设方面，印发《谢岗镇2019年"平安校园"验收标准》，联合宣教文体局、公安分局等部门多次进入校园开展平安文化反邪教、扫黑除恶等宣传活动，派发《致广大市民的一封信》《致家长的一封信》，培养家长学生良好的社会意识。在平安村（居）建设方面，于8月20日下发《2019年谢岗镇创建平安村（居）考核验收标准》到各村（社区），进一步压实工作责任，明确任务目标。同时在全镇商铺、企业的LED屏播放平安宣传信息，进一步扩大宣传效果。

（撰稿：张默君）

附：2015—2019年中共谢岗镇委政法办公室领导名录

主任：

罗树华（任至2016年8月）

罗满桥（2016年8月任）

专职副主任：

罗海森（任至2018年9月）

蔡迈声（2019年7月任）

副主任：

王　俊

谢国华（2017年12月任）

公　安

【谢岗镇公安分局概况】2015年，谢岗镇公安分局内设9个科室，至2019年内设机构保持不变。

2015—2019年，谢岗镇公安分局以提升人民群众安全感和满意度为总要求，以公安工作在全市争先进为目标，坚持"严打开路、防范跟进、夯实基础、共创平安"的工作思路，严厉打击各类违法犯罪，进一步提升打防管控一体化能力，努力为谢岗镇经济社会发展创造更加和谐稳定的治安环境。5年间，谢岗镇公安分局共接报违法犯罪警情1.12万起，立刑事案件4633起，破获刑事案件1238起，受理治安案件5096起，查处治安案件1298起。

【视频监控中心建设】谢岗镇于2014年10月，投资1360.8万元打造的高清视频监控中心建成投入试运行。同时，初步组建一支视频监控专业队伍，负责对视频设备进行24小时监测；拟定《视频监控值班管理规定》《视频监控系统保密制度》等规章制度，确保视频监控系统运行高效。其间，谢岗镇公安分局不断完善平台功能，注重实时指挥、实时应用、视频研判，着力加强实时监控、巡防联动、人机互动等措施的研究，逐渐形成"视频+信息"合成作战模式，不断提高视频应用水平。

【创新防控管理】2015—2019年，谢岗镇公安分局不断创新管理模式，提升人民群众安全感。尤其是针对涉粤海项目、涉企问题、涉劳资纠纷等重点难点问题，全方位加强管理。5年间，先后协助镇有关部门妥善处置各类不稳定因素事件105起，其中涉劳资关系纠纷16起，涉死亡不稳定因素15起，涉火灾事故10起，涉严重暴力犯罪案事件2起，涉执法问题纠纷4起，其他不稳定因素58起，确保全镇社会大局稳定。其间，还强化路面巡逻防控。科学安排巡逻队伍，将车巡、步巡与携犬巡逻，着装巡逻与便衣伏击有机结合，实现24小时不间断巡逻，把警力最大限度摆上街面，提高街面见警率、管事率、盘查率。同时，按照"全面覆盖，重点突出，等级控制"的思路，坚持"多警联动、专群结合、人防技防结合"原则，划分防控区域，由

2018年，谢岗镇举行公安铁骑大队授旗仪式

巡警大队负责镇中心区、各派出所负责辖区、各村（社区）警务室负责村庄，落实开展全方位巡逻；在谢岗窑山收费站处设置市际固定治安卡点，在朗福鞋厂和曹乐门楼牌处设置机动治安卡点，构建覆盖全镇社会面的巡逻防控网络。5年间，巡逻队伍共出动警力1.93万人次，出动辅警5.32万人次，出动警犬5864头次；接110报警台指挥到案发现场8172次，协助派出所处理案件880起，协助交警处理交通事故2453起，解决群众求助事项1379起；盘查可疑车辆3.17万辆，盘查可疑人员1.85万人，抓获各类违法犯罪嫌疑人319名。强化重点地区和突出问题整治。根据前期的摸底排查，先后将涉黄警情多发的水塔山周边、涉企警情多发的银湖工业区、盗窃电动自行车案件多发的润升百货商场和扒窃案件多发的泰园市场列为重点地区。采取强力措施，全面梳理发案时间段、特点性、地源性，提升打防结合、全面加强巡逻防控，有效震慑违法犯罪。

【公安信访】 2015年，谢岗镇公安分局深入开展集中清理涉法涉诉信访积案活动，尤其是在重大活动、节日和会议期间，切实将工作重点放在信访问题上，做到领导包案不放松、疏导控制不放松、解决问题不放松，努力将信访矛盾化解在基层。全年接待群众来访来信31件次，办结28件次，办结率90.32%。

【维稳安保】 2015—2019年，谢岗镇公安分局采取一系列措施开展武装巡逻及防控暴恐工作。每日安排民警对人流密集的广场、公园、医院、党政机关、易燃易爆从业单位、加油站等重点单位、部位进行武装巡逻，以起到震慑违法犯罪的作用。安排专门警力在学校、幼儿园上下学期间，定点驻守在学校门口，全力保障广大师生的生命安全。实地检查指导工厂、企业开展内部治安保卫工作。成立分局机动队，由10名民警、20名辅警队员组成。机动队每天安排2名民警、10名辅警携带武器警械装备全天候在广场待命，接到命令后必须3分钟内到达现场处置，实现武装巡逻力量“屯警街面、动中备勤、一招制敌”的常态化勤务模式。提升接处警快速反应能力。要求各派出所科学安排值班警力，值班民警在接到处警指令必须佩戴武器装备在5分钟内赶赴现场处置。治安大队联同派出所在日常工作中，加强对辖区加油站销售散装汽油的安全管理，严格执行实地检查及领导审批工作，从源头上堵塞违法犯罪分子可乘之机。开展缉枪治爆工作。由治安大队牵头，紧密结合社会治安重点地区整治行动工作进度，加大缉枪治爆排查管理工作，务求全面收缴社会面上存在的管制刀具、仿真枪等违禁物品，切实维护好辖区社会治安稳定。同时，积极做好重要节日的维稳安保。特别是在“苏杯赛”、抗日战争胜利70周年纪念活动和中共十八届五中全会期间，强化社会面治安防控，并成功实现“五个坚决防止”（坚决防止发生暴力恐怖活动，坚决防止发生危害国家安全的重大事件，坚决防止发生大规模群体性事件，坚决防止发生重大治安灾害事故，坚决防止有害信息在互联网、手机短信中大面积传播扩散）工作目标。

2016年，不定期开展公共安全风险隐患拉网式排查和整治，全年组织开展治安大检查行动9次，检查各类行业场所8622间次，落实隐患整改715间次。同时，加强排查化解矛盾纠纷。结合公安基层基础信息采集的工作要求，对谢岗辖区各类矛盾纠纷及隐患进行滚动式排查梳理，排查到社区、村、居民，横到边纵到底，做到底数清、情况明，妥善处置钨珍厂因倒闭拖欠供应商货款、联驭厂因倒闭拖欠供应商货款及员工薪酬等群体性事件。围绕全国两会、“莞马赛”、G20峰会等安保工作要求，加强民爆物品、枪支弹药、危险化学物品日常

2015—2019年谢岗镇公安分局查处刑事、社会治安案件情况表

表5

年份	刑事立案（起）	刑事破案（起）	抓获刑事案件作案人员（人）	治安案件受理（起）	治安案件查处（起）	治安案件查处违法人员（人）
2015	989	238	183	722	195	232
2016	876	248	147	755	240	335
2017	869	239	194	728	231	377
2018	806	202	166	1068	223	436
2019	1093	311	226	1823	409	546
合计	4633	1238	916	5096	1298	1926

2019年6月，谢岗镇公安分局举行"猫眼"小视频建设集中签约仪式

监管，实现"五个坚决防止发生"的工作目标，确保了各重要节点及重大活动期间社会辖区大局稳定。

2017年，深入开展不稳定因素滚动摸排及化解处置工作，全年妥善处置村委会换届选举不稳定因素1起、涉劳资纠纷事件4起、涉农村土地问题2起、涉故意伤害案件1起、涉医疗纠纷1起、涉非正常死亡事件21起。强化重大活动安保工作。严格按照上级要求，抓紧抓牢全国两会、"一带一路"国际合作高峰论坛、村委会换届选举、香港回归20周年、金砖国家领导人第九次会晤、国庆中秋节日安保等重大活动安保工作，提前谋划、精心部署，圆满完成各项安保工作任务。全面开展公共安全风险隐患排查整治，以危爆物品、实名登记、特行管理为重点，共组织开展治安大检查行动12次，检查各类行业场所1.11万家次，落实治安隐患整改951家次。10月19日，联合工商、经贸、安监等部门，对燕东工业区嘉鑫顺达运输公司非法储存大量柴油进行整治，安全转移柴油3吨多。8月29日，集中开展声势浩大的打击"黑油"专项整治行动，共组织联合大检查行动7次，捣毁"黑油"存储窝点3个，侦破刑事案件1起，抓获犯罪嫌疑人2人，查扣油罐车1辆，缴获成品油8000余升。

2018年，开展公共安全隐患排查治理行动，尤其加强对危爆物品的安全隐患排查治理，共出动警力380人次，检查涉枪涉危爆单位97间次，检查涉危爆从业人员183人次。其间，还加强对大型群众性活动安全管理，全年举办大型群众性活动2场。

2019年，深入开展矛盾纠纷大排查大化解行动，确保化解在萌芽状态、解决在初始阶段，防止发生滋事。全年共排查发现及妥善处置各类不稳定因素、矛盾纠纷46起，没有发生聚集事件。深入开展"万警进万家"主题活动，由谢岗镇公安分局领导带领中层干部、社区民警走访工厂企业，通报辖区治安状况，听取工厂企业意见建议，围绕不稳定因素苗头、影响生产秩序违法犯罪行为，主动介入、靠前处置，为高效服务企业发展提供有力保障。全年走访工厂企业986家，收集意见建议1456条，排查化解不稳定因素26起，为企业解决实际困难103起。联合应急管理、消防、环保等部门定期开展联合检查，主动帮助企业完善内部安全防范及排查消除安全隐患；开展入企宣传活动103场次，派发各类宣传资料3.8万余份。充分发挥公安机关"刀把子"作用，对妨碍工厂企业发展的各类案事件和员工反映强烈的"盗抢骗"违法犯罪活动，坚持露头就打、高压严打，推动营商环境持续优化。5月9日，打掉一个利用垃圾清运的工作便利长期向企业实施敲诈勒索的犯罪团伙，抓获犯罪嫌疑人7人，破案42起，冻结、扣押涉案资产9.47万元。全年组织开展治安大检查行动20次，集中对娱乐服务场所、寄递物流业、出租屋、小商铺、小作坊、"黑油"等开展全面、地毯式检查。落实对55家易制毒单位、30家易制爆单位和2个反恐重点单位的常态监管检查工作，累计检查易制毒单位220家次、易制爆单位120家次、各类行业场所6860余家次，发现整改安全隐患725处，查处1个非法经营"黑油"窝点，抓获犯罪嫌疑人1人，查扣非法改装流动加油车3辆、加油设备3套、柴油1900升。

【打击违法犯罪】 2015年，谢岗镇公安分局多措并举，综合施策，严厉打击各类违法犯罪。全年立刑事案件788起，破147起，破案率18.7%。抓获各类刑事犯罪嫌疑人111人；摧毁各类犯罪团伙5个，抓获团伙成员30人，破获团伙案件77起；抓获在逃人员33人，协助外地公安机关抓获在逃人员8人。办理逮捕97人，移送起诉74人。

2018年6月，谢岗镇公安分局铁骑大队进行治安巡逻

受理治安案件332起；查处治安案件94起，查处率28.31%。查处各类违法人员88人，其中行政拘留36人。是年，重点推进“3+2+2”专项行动（即打击涉毒、涉黑恶、涉盗抢三项，打击涉赌、涉食药假两项，整治水塔山涉黄、打击入厂盗窃两项），并采取一系列行之有效的措施。截至10月23日，共侦破涉盗抢刑事案件122起，刑事拘留58人，提请逮捕50人，移送起诉37人；侦破涉毒刑事案件3起，刑事拘留3人，查处涉毒治安件50起，查获吸毒人员71人，行政拘留71人，并处强制戒毒15人、社区戒毒17人；侦破涉赌刑事案件2起，刑事拘留8人，查处涉赌治安案件55起，治安处罚80人；涉黑恶方面，打掉涉恶团伙1个，抓获4名涉黑在逃嫌疑人，公诉15人，判决17人；食药假方面，侦破涉食药案件3起，刑拘3人，破制售假案件1起，逮捕1人。同时，着力加强命案防范打击工作。一方面根据警情实时调整警力，加强巡逻防控，确保重点区域在防在控，全力压缩命案发案空间；另一方面坚持命案必破工作机制，强化刑嫌调控和阵地控制，加大信息判研力度，增强现代科学技术在侦破命案工作中的实际应用。全年发生2起命案，均于一周内破案，破案率100%。

2016年，构建“以专班为龙头，全方位支持”的专项打击模式，全面推进“飓风2016”专项行动。全年查处吸毒人员96人，强戒吸毒27人，强制入所执行19人，刑拘和逮捕犯罪嫌疑人2人；在打击涉盗抢方面，逮捕40人，起诉27人，完成起诉10起以上个案犯罪嫌疑人16人，抓获网上逃犯2人；在打击涉电诈骗方面，刑拘16人，逮捕6人，破案20起，起诉案件20起，起诉跨区域系列案1起；在打击涉金融犯罪方面，破获涉众型犯罪案件1起，逮捕4人。此外，积极开展宣传和舆论导向工作，广东电视台、《今日关注》、《南方日报》、《东莞日报》等媒体报道了分局取得的战果，为专项行动营造良好的舆论氛围。

2017年，结合“飓风2017”等系列专项行动开展，提早抓谋划、提早抓部署、提早抓推进，确保取得整体实效。全镇发生违法犯罪警情1359起，比上年下降35.78%；刑事立案714起，比上年下降2.72%。全年刑事破案170起，比上年上升1.19%；刑事拘留174人，比上年上升42.62%；逮捕127人，比上年上升40.16%；移送起诉126人，比上年上升6.78%。查处涉黄案件4起，刑事拘留6人、逮捕6人，起诉4人，行政处罚16人（拘留14人），收容教育1人；查处涉赌案件30起，刑事拘留41人、行政处罚122人（行政拘留35人）；查处涉毒案件47起，刑事拘留11人、强制隔离戒毒22人、行政拘留65人。全年接“两抢”违法犯罪警情110起，比上年下降24.14%；立案106起，比上年下降18.46%；破案26起，比上年下降55.93%；刑拘20人，比上年下降45.95%。在打击金融领域犯罪方面，在东莞市公安局经侦、网监、技侦支队的指导支持下，成功侦破“4·10”虚开增值税专用发票案，抓获犯罪嫌疑人21人，涉案虚开增值税专用发票面值高达10亿多元人民币。

2018年，深入开展“飓风2018”专项行动，全年接110违法犯罪警情2801起，比上年上升4.01%；立刑事案件746起，比上年下降14.05%；破刑事案件158起，比上年下降45.7%；发命案2起，破2起；受理治安案件939起，比上年上升37.08%；查处治安案件189起，比上年下降14.09%；刑事拘留171人，比上年下降7.57%；逮捕131人，与上年持平；行政拘留160人，比上年下降18.78%。侦破非法买卖枪支弹药案1起，起诉犯罪嫌疑人2人，缴获枪支1把。组织开展排查整治行动11场次，召开专题教育培训活动5场次。破获电信网络诈骗27起，刑拘8人，逮捕8人，起诉案件11起。破获“两抢一盗”犯罪53起，刑拘65人，逮捕65人。破涉黄案件4起、涉赌案件7起，逮捕涉黄犯罪嫌疑人11人、涉赌犯罪嫌疑人7人。破获食品、药品、环境违法犯罪3起，刑拘2人，逮捕2人。抓获网上在逃人员19人。在开展护航金融“利剑行动”方面，逮捕涉传销犯罪嫌疑人2人。

2019年，准确把握违法犯罪的新变化，持续开展扫黑除恶专项斗争、“飓风2019”、打击“盗抢骗”、禁毒、打击“黄赌”等打击整治专项行动，深入研究分析违法犯罪活动规律特点，不断提升精准化科学化打击能力水平。全年共接警情16192起，比上年上升100.15%，其中接违法犯罪警情2321起，比上年上升42.31%。立刑事案件731起，比上年上升53.57%，其中命案零发案，立“两抢”案件9起，同比下降65.38%；打掉各类犯罪团伙26个（含涉恶团伙5个），破刑事案件184起，比上年上升43.75%；刑事拘留159人，比上年上升15.22%；逮捕132人，比上年上升28.16%；移送起诉132人，比上年上升23.36%。受理行政案件1278起，比上年上升69.5%；查处行政案件247起，比上年上升73.94%；行政处罚319人，比上年上升18.59%。

【扫黑除恶】 2015年，谢岗镇公安分局成立“涉黑恶”专项行动小组，在侦查员、情报人员、技侦人员的共同努力下，在大量案情梳理、提审、调查、分析等工作基础上，至2015年7月，陆续在全国多地将陈某等4名“涉黑”在逃嫌疑人成功抓获。是年，在“涉黑恶”专项斗争中，获全市第六名，并获集体三等功一次。

2017年，谢岗镇召开扫黑除恶专项斗争行动部署会议15场次，组织开展专题宣传活动45场次，摸排线索17条，核查涉黑恶举报线索36条，侦破涉恶刑事案件16起，查处涉恶行政案件2起，打掉涉恶团伙8个，抓获涉恶违法犯罪嫌疑人112人，其中刑事拘留54人、逮捕28人、起诉19人、行政拘留11人。是年，以朗某、李某等人被抢劫案以及郭某某等人敲诈勒索案为重点，全力推进破案攻坚。成功打掉郭某某等人敲诈勒索犯罪团伙，抓获犯罪嫌疑人5人；侦破“8·29”谢岗镇坑口水库赌博案，刑拘10人，网上追逃1人。

【禁毒】 2015年，谢岗镇公安分局加大毒品违法犯罪打击力度，共侦破涉毒刑事案件3起，刑事拘留3人，查处涉毒治安件50起，查获吸毒人员71人，行政拘留71人，并处强制戒毒15人，社区戒毒17人。同时加大宣传教育，以增强广大人民群众参与禁毒意识为重点，全年组织不同规模的宣传活动30多场次，发放宣传材料2万余份，展出展板500多块。深入落实易制毒化学品管控，对辖区内24家使用易制毒化学品企业开展经常性检查，规范企业在生产、运输、购买、使用等，防止易制毒化学品流失。其间，还加强对吸毒人员摸底登记和2个娱乐场所的整治，进一步夯实禁毒基础工作。

2016年，针对水塔山片区出租屋涉黄活动、个别村庄村民聚赌等问题，认真梳理线索，联合多部门、多警种力量进行集中打击整治，查处涉黄案件7起、涉赌案件31起，刑事拘留8人，治安处罚51人；会同邮政主管部门对51个物流寄递企业严格落实收寄实名、收寄验视、X光过机安检“三个100%”要求，确保各类违禁品发现得了、管控得住。

2018年，侦破涉毒刑事案件4起，刑拘4人，逮捕3人；查处吸毒行政案件39起，行政拘留60人、强制隔离戒毒17人。同时，对辖区105名在册列管吸毒人员全部管控到位，分类定级率达100%。在青少年毒品预防教育“6·27”工程方面，组织法制副校长、警长深入辖区3所中学、6所小学开展5轮次青少年毒品预防法治教育。组织辖区44家易制毒企业法人代表、财务人员、管理人员召开专门工作

2017年9月，东莞市公安局谢岗分局缉毒工作站挂牌成立

会议4次。

【摩托车整治】 2015年，谢岗镇公安分局坚持将“治摩”工作作为重点工作来抓，持续开展多轮专项整治行动，加大综合治理工作力度。全年出动执法人员1万多人次，查扣二轮摩托车1394辆、三轮（摩托）车142辆、电动车191辆，查处电动自行车、三轮车销售店铺6家，查处非法销售窝点4个，行政拘留11人。巩固了谢岗镇“治摩、禁电”工作成果，消除了交通安全隐患，创造良好的道路交通安全环境。2016年，密集开展“治摩”工作，查扣违法摩托车927辆，处理8人。

【出租屋及外来人口管理】2015年，谢岗镇公安分局强化出租屋和实有人口管理。联合消防大队等部门开展出租屋消防、治安等隐患整治行动2次，消除消防隐患32处、其他隐患3处。以试点方式安装居住证门禁应用系统16套，通过“宣传发动、上门办证”等措施为租住人员办理加载门禁功能居住证570张。在实有人口管理方面，受大环境影响，各行各业经营环境不景气，部分工厂、企业经营状况不佳而出现裁员或停产现象，境内流动人口流动性有所增加。是年年底，全镇流动人口总数为5.24万人。全年实发居住证6123人。

2018年，采集出租屋信息3046条、实有单位信息5516条、实有人口信息16.97万条；授权出租屋3044家，授权单位5329家。是年，在全市基础信息采集工作中排名第六名。

2019年，查处出租屋不按规定登记承租人信息264条。

【出入境和户政管理】2015年，谢岗镇公安分局出入境、户政等窗口单位为方便群众办事，提高效率，投入13.6万元配备一站式签注机、高清扫描仪和摄像头等设备，同时不断增强服务意识，将各项便民为民措施落实到实际工作中，主动为群众排忧解难，自觉接受群众监督。2015年，受理单程（定居香港）45人次，外国人办理签证、加注872人次；办理往来香港、澳门通行证15984人次。办理二代证换领25574人，办理出生入户1245人，死亡注销698人，市外迁入501人，迁出市外51人，市内迁入84人，市内迁出95人，所内移居445人，变更年龄、姓名及农转非117人。

【共建平安宣教活动】2015—2019年，谢岗镇公安分局积极组织策划各类型共建平安宣教活动。通过深入村（社区）、走家串户，了解掌握群众关注的问题，策划一批紧跟民意指向、贴合群众需求的主题活动，举办“以案说防社区行”曲艺（谢岗）活动，创作《为平安护航》《心向平安》等原创歌曲，充分展现谢岗“说防”特色，全方位、多角度向不同群体开展“说防教育”。5年间，通过组织“以案说防社区行”大型主题宣传活动、“以案说防校园行”活动、“以案说防入万家（送防上门）”活动，以及举办特色宣传活动。在打造农村山林宣教亮点方面，配合粤海项目规划区山林、鱼塘征地工作，预防因征地、拆迁引发赔偿、就业等社会矛盾纠纷，或广大种植户、养殖户利用赔偿款参与赌博、非法集资等问题，制定针对性对策，把安全防范、法律常识和违法犯罪典型案例送到乡村农户，让广大种植户、养殖户树立起安全意识、守法意识，提升安全防范能力。创立“平安合伙人”特色品牌。充分发动厂企员工、出租屋二手房东、商铺业主、寄递员、环卫清洁员等群体共同参与“以案说防”工作。“平安合伙人”的主要职责是在日常工作、生活过程中宣讲治安防范知识，收集和报告各类情报信息、案事件线索等，扩大“以案说防”工作社会影响力和群众参与度。

【队伍建设】 2015—2019年，谢岗镇公安分局以开展评先创优、纪律教育学习及推进“四项建设”（即公安部提出的基础信息化、警务实战化、执法规范化、队伍正规化）为抓手，扎实推进队伍建设工作，筑牢公安工作长远根基。深入开展

2017年，谢岗镇公安分局开展技能演练活动

评先树优工作。全镇 2015 年有 3 人立个人三等功，24 人获嘉奖；谢岗镇公安分局警卫基层基础工作小组立集体三等功，打击整治电信诈骗及银行卡犯罪工作专班和打击整治“两抢一盗”违法犯罪工作专班集体嘉奖。2019 年，有 2 个集体、12 名个人立功受奖。开展纪律教育学习月活动。以“守纪律、讲规矩、作表率”为主题，深入开展宗旨教育、纪律教育、党内法规教育、作风教育和保密教育，引导党员、民警夯实廉洁从警的思想基础，认真解决存在的突出问题，强化组织观念，弘扬优良作风，保持清廉本色，为圆满完成各项公安工作任务，实现“让东莞更平安、让群众更满意”提供坚强有力的思想政治和纪律作风保障。全面深化基础信息化工作。通过建立考核、联动、补盲三项机制，树立信息化导向，以情报信息引领公安工作；通过构建公安和社会两大信息采集格局，建立起立体化信息采集网络。以《谢岗公安分局警务实战化建设实施方案》为标准细分至各职能单位部门，并确定各项任务的牵头单位，形成纵向一级抓一级，层层抓落实，横向各单位全面结合岗位实际重点推进的工作格局。稳步推进执法规范化建设。分局成立以分管副局长为组长、法制室主任为副组长的执法规范化建设专责小组，通过采取牢固树立法治意识、不断完善执法办案制度、加强执法办案审核监督、努力提升执法主体素质、坚决落实办案场所“四个一律”、发挥法制员作用等六项措施，深入推进执法规范化建设。持续加强队伍正规化建设。设立队伍正规化建设专责小组，充分发挥管理职能，狠抓工作落实，为队伍正规化建设夯实坚实基础。通过成立分局工会、举办民警集体生日活动、改善伙食实行自助餐、慰问患重病民警等从优待警举措的落实，不断增强全体民警的职业认同感、归属感和自豪感。

（撰稿：邱建玉）

附：2015—2019 年谢岗镇公安分局领导名录

局长：

黎志庆（任至 2016 年 8 月）

李一龙（2016 年 8 月任）

政委：

谢委进（任至 2017 年 5 月）

罗灿明（2017 年 5 月任）

副局长：

罗子健（任至 2019 年 4 月）

杨国耀（任至 2019 年 4 月）

廖金祥（2019 年 4 月任）

罗永忠（2019 年 4 月任）

钟　凯（2019 年 4 月任）

司法行政

【谢岗镇司法分局概况】 谢岗镇司法分局为东莞市司法局的派出机构，行政上受谢岗镇委、镇政府领导和管理，业务上受东莞市司法局指导和监督。在谢岗镇委、镇政府领导下，负责组织和开展司法行政工作，行使司法行政职权，履行法治宣传教育、人民调解、社区矫正、安置帮教、法律服务、法律援助等职能，发挥化解民间纠纷，维护社会稳定，保障市场经济发展，推进基层依法综合治理工作进程的作用。办公室设在谢岗镇综治中心二楼，谢岗镇法律服务所、法律援助办事处、法学会、人民调解委员会、公共法律服务中心、社区矫正中心均设在司法分局。2019 年，机构改革，镇法制办职能移交至谢岗镇司法分局，同年 11 月，谢岗镇成立全面依法治镇委员会办公室（简称依法治镇办）设在司法分局。至 2019 年年底，谢岗镇司法分局共有 13 名工作人员。

【谢岗镇法学会成立】 2016 年 2 月 26 日，谢岗镇举行法学会选举大会，选举产生谢岗镇法学会第一届理事 11 人，谢岗镇委副书记罗树华当选为会长。法学会是法学界、法律界的全国性群众团体、学术团体和政法战线的重要组成部分，是党和政府联系和团结广大法学工作者、法律工作者的桥梁和纽带，是加强社会主义民主法治建设，推进依法治国、建设社会主义法治国家的重要力量。谢岗镇法学会的成立填补了谢岗镇法学研究的空白，开创了谢岗法学会和法学研究工作的新局面，将进一步推动谢岗民主法治建设和依法治镇的进程。

【法律服务】 2015 年，谢岗镇司法分局部署公共法律服务平台建设工作，在法律服务所、12 个村（社区）建立 13 个公共法律服务实体平台。

2018 年 4 月，完成公共法律服务中心升级改造，并正式投入运行。谢岗镇公共法律服务中心设在一楼临街位置，与综治信访维稳中心一起办公，近距离为群众免费提供法律咨询、法律援助、人民调解等多项司法行政业务，同时“12348 广东法网”实体平台也受理业务。至 2019 年，5 年间处理来电来访 2000 件，法律咨询 2550 人次，代写法律文书 390 件，代理诉讼 18 件，提出法律建议 607 条，合同见

2015—2019 年谢岗镇法律服务情况表

表 6

年份	处理来电来访（件）	法律咨询（人次）	代写法律文书（件）	代理诉讼（件）	提出法律建议（条）	合同见证（宗）
2015	382	502	69	3	80	132
2016	385	482	70	4	105	139
2017	415	476	76	3	110	173
2018	398	490	85	5	132	231
2019	420	600	90	3	180	206
合计	2000	2550	390	18	607	881

证 881 宗。

【法治宣传教育】 2015—2019 年，谢岗镇司法分局充分发挥法治宣传教育在维护社会和谐稳定中的作用，常态化、规范化开展法治宣传工作，按照“谁执法谁普法”普法责任制的要求，充分发挥职能表率作用，采用法治宣讲、法律咨询、以案说法、派发宣传单、普法视频等多种方式不断夯实法治阵地建设，进一步提高广大人民群众法律素养，潜移默化推动宪法法治意识入脑入心。

2015 年，派发普法宣传挂图 12 期、法治挂图 400 余幅、各类普法宣传扇子等资料 2 万余册。为扩大送法上门活动影响力，专门制作谢岗法治宣传简讯，报送镇领导班子成员，并联系谢岗电视台宣传“送法上门”活动的开展情况。积极组织或参与“3·15”消费者权益日、农民工法律援助宣传、6 月安全生产月宣传、“6·26”国际禁毒日、9 月法律援助宣传月等法治宣传活动；全年开展“送法进村居”培训以及现场法律咨询活动 60 场。

2016 年，派发各类宣传资料 1.8 万册，组织一村（社区）一法律顾问律师共开展法治宣传培训 46 场次，培训内容涉及经济合同法律风险、劳动合同法律法规、人民调解法、婚姻家庭法律法规等与村（居）民生活息息相关的法律法规。10 月 14 日，联合供电分局邀请曹乐村法律顾问、律师谢圣平为谢岗电力分局 50 名职工开展电力法专题法律培训。11 月 28 日，在谢岗镇育贤湖公园创建“谢岗法治主题公园”，通过谢岗镇法治专栏、法典故事、法言警句等形式向群众宣传法律知识。

2017 年，派发宣传资料 3 万余册，开展法治宣传活动 25 场次，通过向群众派发宣传资料、现场提供法律援助咨询的方式，有效提高群众的法律意识。开展“百名法学家百场报告会”专项法治宣讲活动，提升党员领导干部的法治意识。9 月 1 日，邀请东莞市中级人民法院法官程春华讲授主题为“法治思维和法治方式”的法治宣讲报告会。12 月 4 日晚，在谢岗广场举办主题为“学习贯彻党的十九大精神维护宪法权威”宪法日暨全国法治宣传日宣传活动。创建谢岗普法微信公众号，完善谢岗司法微博，完善法治公园的创建以及普法宣传栏的管理，及时将新颁布的法律法规及典型案例及时向社会公众推送，营造全民学法的氛围。

2018 年，派发宣传资料 3 万余册，重点宣传 2018 年宪法修正案、婚姻法、劳动合同法、工伤保险条

2019 年 4 月 15 日晚，谢岗镇开展“4·15”国家安全日宣传活动

例、法律援助条例等常用法律法规；4月17日晚，联合国安办、政法办、综治办、公安分局、团委等部门在谢岗广场开展国家安全日暨扫黑除恶专项斗争法治宣传活动，活动现场有近1000名群众参与，向群众派发宣传纪念品、环保购物袋和《中华人民共和国国家安全法》《扫黑除恶漫画》等宣传资料。司法分局共派发《务工与法手册》《以案释法》《普法读本》《广东省法律援助条例》《中华人民共和国劳动合同法》等宣传资料3000余册；10月15日，邀请东莞理工学院法社学院院长、教授强昌文为谢岗镇领导班子成员、党员干部、村两委干部共约300余人作主题为“长治久安的制度安排——2018年宪法修正案及其意义的”的“双百”法治宣讲；11月27日，联合镇政法办、公安分局、人力资源分局、法学会、网格管理中心等部门在银湖工业区银湖商业街举办首场“宪法宣传周”法治宣传活动，进一步提高广大人民群众对宪法的认识。12月4日，组织镇领导班子干部、副主任以上干部、全体公务员、村两委干部于“12·4”国家宪法日暨宪法宣传周举办宪法宣誓活动。

2019年，组织和参与各类法治宣传活动43场次，重点宣传2018年宪法修正案、婚姻法、劳动合同法、工伤保险条例、法律援助条例等常用法律法规，派发宣传资料3万余册，受教育人数近2万人次。8月，举办“以案释法”专题讲座。9月，组织普法成员单位领导干部及工作人员参加旁听庭审活动，近50人参加了旁听。12月26日，举办2019年领导干部法治专题培训班，增强领导干部法律素质，提高依法执政、依法行政、依法决策的能力和水平。

【人民调解】 2015年，谢岗镇有基层人民调解委员会30个，调解员289名。镇人民调解委员会以村（社区）人民调解委员会为基础，及时发现问题，依法调解，妥善处理和疏导矛盾纠纷，减少诉讼，防止矛盾激化，深入推进基层依法治理，全力服务法治东莞建设。至2019年，5年间，谢岗镇司法分局共处理调解案件707件，调解成功率100%。

【法律援助】 2015年，谢岗镇司法分局牢固树立“法律援助为民解忧”的工作理念，强化“法律援助是政府责任”的责任意识，竭尽所能做好法律援助工作，充分保障受援人的合法权益，确保法律援助实

2015—2019年谢岗镇人民调解工作情况表

表7

年份	发生纠纷（件）	调解纠纷（件）	其中				调解成功（件）	调解率（%）	挽回经济损失（万元）
			劳动争议（件）	合同纠纷（件）	人身损害赔偿（件）	其他（件）			
2015	160	160	107	7	11	35	160	100	702
2016	145	145	97	9	12	27	145	100	249
2017	150	150	95	9	15	31	150	100	586
2018	92	92	56	7	14	15	92	100	651
2019	160	160	127	6	6	21	160	100	796.8
合计	707	707	482	38	58	129	707	100	2984.8

2015—2019年谢岗镇法律援助情况表

表8

年份	受理援助（件）	代书（件）	法律咨询（人次）	挽回经济损失（万元）
2015	82	28	502	210
2016	115	3	482	100
2017	149	21	476	2200
2018	75	6	462	150
2019	137	7	1000	420

实在在惠及困难群众、弱势群体。至2019年，5年间共受理援助案件558起，其中群体性案件8起，涉及受援人1240人；代书法律文书65件，法律顾问律师提供各类法律咨询2446人次，参与人民调解2起，起草合同2件，组织开展法治讲座31场次，挽回经济损失3080万元。2018年7月，办理的朗福鞋厂14名工人集体劳动争议案，为其追讨100万元赔偿金，14名工人自发送“法律援助，情暖人间；公正廉洁，正义使者”的锦旗；《两年四度法律援助 农民工终获赔偿》《巧用逐步推进法 化解劳务关系安全生产事故赔偿案》两个案例被东莞市法学会评为2018年度东莞市中立法律服务社典型案例。2019年，办理的“广东省东莞市法律援助处对千名员工追索经济补偿金提供法律援助案”，被选入司法部主办的中国法律服务网案例库，作为经典案例予以推广。

【社区矫正与安置帮教】 2015—2019年，谢岗镇司法分局切实做好社区矫正和安置帮教工作，预防和减少重新违法犯罪，并通过信息化监管、实地走访、教育、访谈等方式，及时、全面掌握社区矫正对象的情况，确保社区矫正对象在控在管，确保监管、教育切实有效；深入了解刑释解教人员的生产、生活情况，及时帮助解决其遇到的困难，激发其对生活和前途的信心。截至2019年，累计接收社区矫正对象82人，期满解除矫正68人，在管社区矫正对象14人，在册刑释解教人员19人。5年间没有发生一起脱管、漏管和重新犯罪情况。

（撰稿：翁新）

附：2017—2019年谢岗镇司法分局领导名录

局长：

蔡迈声（2017年任）

2019年谢岗镇依法治镇办公室领导名录

主任：

罗满桥（2019年任）

副主任：

蔡迈声（2019年任）

2017—2019年谢岗镇法学会领导名录

会长：

罗满桥（2017年任）

副会长兼秘书长：

蔡迈声（2017年任）

军事

【军事概况】 2015—2019年，谢岗镇武装部围绕加强民兵预备役体系作战能力、执行任务能力建设，按照“平时服务，急时应急，战时应战”的要求，结合东莞市后备力量组织建设现状，以“编实建强”为目标，通过落实编组任务，压缩组织规模，调整建设分类，优化结构布局，提升编组力量，为全面提高民兵预备役部队随行多样化军事任务能力奠定坚实的组织基础。严格落实征兵各项规章制度，做到阳光征兵树形象、廉洁征兵保质量，圆满完成各年征兵工作任务。狠抓民兵训练和教育，为军分区组织的民兵训练和比赛奠定基础。

【基本建设】 2015—2019年，谢岗镇武装部严格按照军分区完善“三室一站”（武装部办公室、国防教育室、战备武装器材室；兵役登记站）要求，悬挂各种图表，提高武装工作的硬件实力。至2019年，镇武装部和民兵营建设，均按照军分区相关规定达到要求。其中把民兵营“青年民兵之家”建设作为重点，使民兵有自己的娱乐场所。至2019年，各村民兵营“青年民兵之家”拥有多功能文化室，配备有电脑、卡拉OK音响、乒乓球桌、台球桌、各类图书等，不仅丰富了民兵的业余生活，还对提高民兵的综合素质提供了有力保障。其间，还狠抓民兵的政治学习和教育。经常组织开展各种生动活泼的政治学习活动，充分利用《解放军报》《国防报》《战士报》《广东武装》《国防》《民兵生活》等报刊，对民兵进行政治理论和党的路线、方针政策教育，及时了解国内外重大新闻和事件，提高民兵的政治思想觉悟和随时为战斗服务的意识。

【民兵整组】 2015—2019年，谢岗镇武装部根据军分区民兵整组的有关要求，科学编组、合理安排民兵整组工作不断提升民兵队伍的纯洁性、稳定性。至2019年，通过整组，把思想好、作风正的优秀青年纳入民兵队伍，进一步提高队伍的纯洁性和稳定性。整组后按要求对基干民兵进行集结点验，到达率100%。

【军事训练】 2015—2019年，谢岗镇武装部不断提升民兵队伍军事素质，重点抓好基干民兵的军事训练和考核。2018年3月，组织专武干部参加军分区进行的军事培训，5月进行了轻舟分队的集训，11月挑选民兵集中训练。通过培训，不断增强民兵的组织纪律性、吃苦精神和军事技能。2018 年，在军分区组织的民兵比武中获得前十名的成绩，队列获得第二名，个人全能获第二名，3 千米跑第四名。其间，把训练成效与年终考核挂钩，规定民兵训练成绩纳入各村（社区）年终考核内容，使各村民兵营和广大民兵预备役人员训练有压力，真正做到学有成效。

【征兵工作】 2015—2019 年，谢岗镇武装部坚持落实征兵工作制度，高标准完成历年征兵任务。每年征兵期间都及时召开征兵工作会议，加大宣传力度，采取宣传车、电视媒体、横幅、标语、黑板报等多种形式，广泛深入做好宣传发动工作，激发适龄青年踊跃报名参军，全镇适龄青年报名率达 80% 以上。同时，严格把好年龄、文化、身体、政审关，

【拥军工作】 2015—2019 年，谢岗镇武装部每逢建军节和春节等重大节日期间，和相关部门组队到驻地部队慰问，加深军地感情，为部队官兵解决实际困难，安排军属子女读书等。2018 年建军节，镇党委书记带领镇全体班子成员，到军分区开展军民座谈会，在东莞市统一组织下到甘肃酒泉慰问演习的某旅官兵，同时还对谢岗消防大队、广州军区房管局谢岗办事处进行慰问。

【人民防空】 2015—2019 年，谢岗镇武装部按照市人防办要求，在每个村都至少安装一台防空警报设施，在镇中心人口密集的地方设有多台。同时，对防空警报设施进行定期维护和保养，确保一旦发生突发事件，能够迅速全方位传达。至 2019 年，谢岗镇共有若干个固定防空警报设施和多媒体警报设施，人防设施覆盖率 100%，所有防空警报设施都处于良好状态。

（撰稿：谢嘉仪）

城建・环保

城乡规划

【规划概况】 2001年12月，谢岗镇规划管理所成立，负责协助镇政府组织编制辖区内城乡规划，承担规划实施及管理工作。2017年11月，谢岗镇规划管理所加挂谢岗镇城市更新局牌子，负责城市更新相关工作。

2015—2019年，谢岗镇依法组织编制《东莞市谢岗镇总体规划（2016—2020年）》《东莞市谢岗镇近期建设规划（2017—2020年）》《东莞市谢岗镇燕东桥片区控制性详细规划》《东莞市谢岗镇东部片区控制性详细规划》，调整已批控制性详细规划，开展国土空间规划前期工作；编制《东莞市谢岗镇“三旧”改造专项规划（2015—2020）》《谢岗镇工业保护线专项规划》《东莞市谢岗镇城市更新专项规划（2018—2022年）》《银瓶合作创新区海绵城市专项规划》《东莞谢岗莞惠城际线银瓶站TOD综合开发规划》《谢岗镇镇域乡村建设规划研究》《谢岗镇大龙村村庄建设规划》《谢岗镇南面村村庄建设规划》；组织编制指导生态先行、高质量建设的《东莞市谢岗镇生态基础设施规划》《东莞市谢岗镇核心区总体概念规划》。在规划实施管理工作中，完成办理各项规划业务521宗；在8个村划定禁建和控建区域，划定10个更新单元，其中6个更新单元已招引前期服务商；完成商住地块出让3宗，地块面积合计6.602公顷，总出让价11.4354亿元。

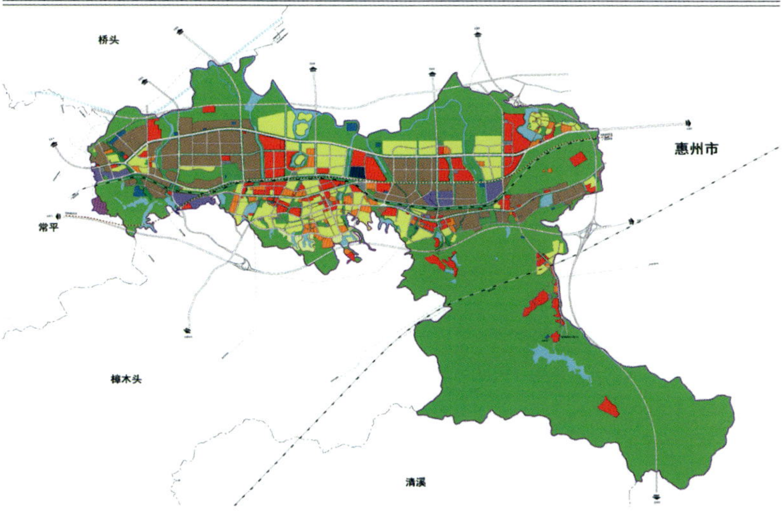

2017年，谢岗镇编制的《东莞市谢岗镇总体规划（2016—2020年）》

【镇总体规划编制】 2015年，谢岗镇完成第二次总体规划修编《东莞市谢岗镇总体规划修改（2014—2020）》。该规划始编于2002年，规划年限2002—2020年，城镇定位为绿色环保型工业城镇、莞惠经济走廊上重要的工贸型城镇、东莞地方性旅游休闲度假中心和生态城镇。2015年，省政府审议通过《广东东莞粤海银瓶合作创新区发展总体规划》，谢岗镇全域纳入粤海银瓶合作创新区，成为省重大区域发展平台、东莞市国家新型城镇化综合试点。根据《东莞市城市总体规划（2016—2030年）》，谢岗镇位于东北组团，规划定位为广东省产城融合发展示范区、深莞惠一体化发展合作区、东莞重要的现代制造基地。为适应产业转型升级，谢岗镇调整、优化城市的空间结构，建立与完善相应的交通、公共服务及市政支撑体系。

2016年，谢岗镇开展第三次总体规划修编，规划年限2016—2020年，规划城市性质为莞惠走廊上以新型工业生产、商贸旅游和生态休闲为主的工业商贸新城和生态休闲名镇。2017年，完成《东莞市谢岗镇总体规划（2016—2020年）》，并通过市规划委员会专家评审和市规划局技术审查，获市政府批复同意实施。

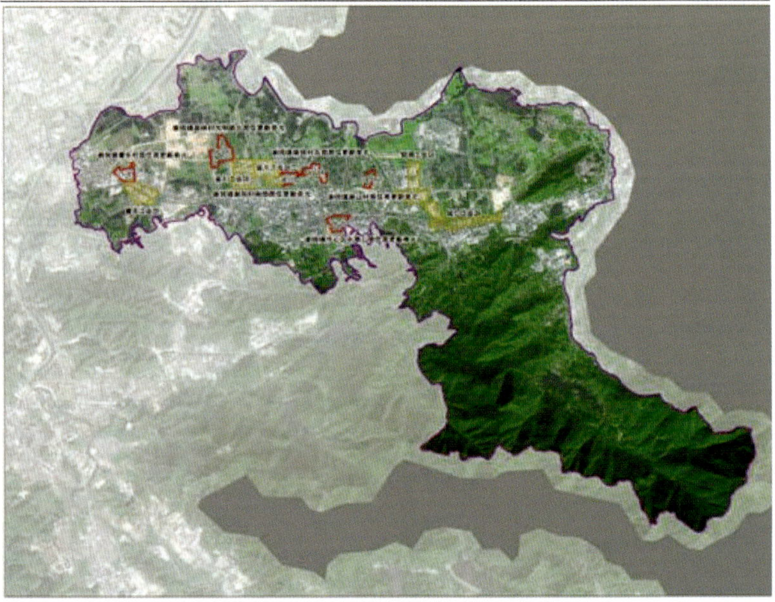

2018年，谢岗镇编制的《东莞市谢岗镇城市更新专项规划（2018—2022年）》

【镇近期规划编制】 2017年，谢岗镇开展“十三五”近期建设规划编制。为贯彻中央、省城镇化工作会议和城市工作会议精神，按照省、市绘就规划一张蓝图工作部署，建立“以城市总体规划为统领，近期建设规划为核心，控制性详细规划为抓手”的城乡规划管理体系，在新一轮总规指导下，编制《东莞市谢岗镇近期建设规划（2017—2020年）》，进一步明确近期的建设用地安排，确定近期和2017年度的重点建设项目，合理安排空间布局和建设时序。该规划方案于2018年2月经谢岗镇第十七届人民代表大会第四次会议通过，于同年12月通过市规划委员会专家评审和市规划局技术审查。

【镇国土空间规划编制】 2019年，谢岗镇作为东莞市国土空间规划试点镇，开展国土空间规划编制工作。同年7月，东莞市拓空间总指挥部将银瓶合作创新区纳入东莞市“拓空间”试点片区。谢岗镇于9月启动国土空间规划编制，并牵头推进东部产业园片区统一招标工作，落实设计单位。至年底，完成现场调研、部门座谈、资料收集以及数据处理等前期工作，并就谢岗镇发展中存在的问题提出发展策略和空间布局思路。

【镇“三旧”改造专项规划编制】 2015年2月，谢岗镇开展编制《东莞市谢岗镇“三旧”改造专项规划（2015—2020）》工作，确定重点改造片区为中心片区和厚龙门户区，确定谢岗镇为“工改工”区域。同时，按照市“三旧”改造工作部署，在将“三旧”改造项目纳入专项规划后，实施常态化管理。

【镇工业保护线专项规划编制】 2017年，谢岗镇开展工业保护线划定工作。按照市局《东莞市工业保护线划定工作方案》要求，为保护和利用好制造业发展空间，谢岗镇划定产业保障区面积2181.28公顷，工业保护线面积1236.27公顷，其中工业红线面积1129.43公顷，工业蓝线面积106.84公顷。2018年，《谢岗镇工业保护线专项规划》成

2019年11月 谢岗镇召开国土空间规划汇报会

果通过市规划委员会专家评审和市规划局技术审查。

【镇城市更新专项规划编制】 2018年，谢岗镇开展城市更新专项规划修编及年度更新单元划定工作。根据市城市更新局要求，谢岗镇开展城市更新专项规划修编，总体考虑产业、居住、商业等比例和布局以及公共设施的配套建设。2019年，完成《东莞市谢岗镇城市更新专项规划（2018—2022年）》编制。

【镇海绵城市专项规划编制】 2018年，谢岗镇开展海绵城市政策体系编制工作。根据《东莞市海绵城市试点区建设工作方案》，谢岗镇作为全市唯一全镇域纳入海绵城市建设试点，编制完成《银瓶合作创新区海绵城市专项规划》《谢岗镇海绵城市建设政策文件》《谢岗镇建设项目海绵城市规划技术指引》等7份文件。其中《银瓶合作创新区海绵城市专项规划》于2018年10月通过专家评审，2019年通过镇人民政府审议。

【镇控制性详细规划编制】 2015年，谢岗镇组织编制燕东桥片区和东部片区控制性详细规划，当年完成《东莞市谢岗镇燕东桥片区控制性详细规划》的修编，并通过市规划委员会专家评审和市规划局技术审查。

2015—2019年，谢岗镇结合镇总体规划，逐步推进控规调整工作，落实镇总体规划中的功能指引及强制性内容等安排，多次对已批《东莞市谢岗镇城市中心区控制性详细规划》《东莞市谢岗镇银湖片区控制性详细规划》《东莞市谢岗镇乐园片区控制性详细规划》《东莞市谢岗镇黎村片区控制性详细规划》《东莞市谢岗镇金川片区控制性详细规划》进行调整。2019年，

2015年，谢岗镇编制的《东莞市谢岗镇燕东桥片区控制性详细规划》

组织编制TOD片区控制性详细规划。

【银瓶站TOD综合开发规划编制】 2018年1月，谢岗镇开展银瓶站TOD综合开发规划编制工作。根据市轨道办TOD开发小组工作要求，划定TOD协调区、控制区、核心区范围，规划银瓶站TOD范围（控制区）为312.17公顷，北至粤海大道，东至渤海电子公司东侧市政路，南至镇生活区北缘，西至广场路。银瓶站TOD规划定位为集生态宜居、公共服务、医疗养生、康体休闲、交通枢纽等功能于一体的新城区。2019年12月，《东莞谢岗莞惠城际线银瓶站TOD综合开发规划》通过专家评审和市TOD领导小组专题会议审批。

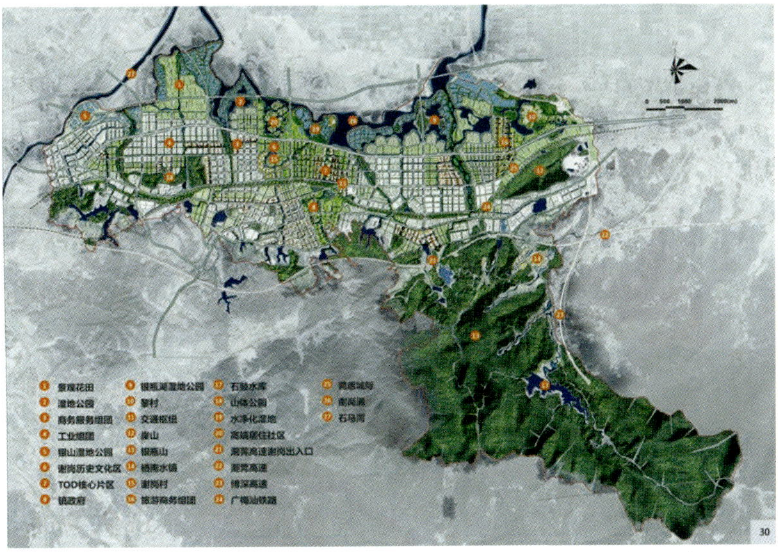

2018年8月，编制的《东莞市谢岗镇核心区总体概念规划》

【镇核心区总体概念规划和生态基础设施规划编制】 2018年8月，谢岗镇开展镇核心区总体概念规划和生态基础设施规划工作。规划以生态先行为原则，坚持高品质设计、高质量建设的发展理念，全面将谢岗打造成东莞的生态名镇、产业重镇，通过研究谢岗镇核心区的总体定位、发展方向、控建总体结构、城市功能定位和分区等，编制完成《东莞市谢岗镇核心区总体概念规划》《东莞市谢岗镇生态基础设施规划》。

【村庄建设规划编制】 2018年10月，谢岗镇开展镇域乡村建设规划和村庄建设规划编制工作。至2019年，编制完成《谢岗镇镇域乡村建设规划研究》《谢岗镇大龙村村庄建设规划》《谢岗镇南面村村庄建设规划》。

【规划实施管理】 2015—2019年，谢岗镇依法依规委托承接市局的规划"一书两证"事务，负责规划实施管理工作。2015年，完成办理建设用地规划批准书4宗、建设工程设计方案（建筑类）审查3宗、建设工程规划许可证15本、年度用地批次报批10宗。2016年，完成办理建设用地规划批准书3宗、建设项目选址意见书1宗、建设用地规划许可证3宗、建设工程设计方案（建筑类）审查3宗、建设工程规划许可证33本、年度用地批次报批7宗。2017年，完成办理建设用地规划批准书6宗、建设用地规划许可证18宗、建设工程设计方案（建筑类）审查4宗、建设工程规划许可证33本、规划核实14宗、年度用地批次报批12宗。2018年，完成办理建设用地规划条件12宗、建设项目选址意见书2宗、建设用地规划许可证6宗、建设工程设计方案（建筑类）审查5宗、建设工程规划许可证38本、规划核实6宗、年度用地批次报批13宗。2019年，完成办理建设用地规划条件9宗、建设项目选址意见书7宗、建设用地规划许可证13宗、建设工程设计方案（建筑类）审查13宗、建设工程规划许可证165本、规划核实41宗、年度用地批次报批15宗。

2019年1月11日，水塔山城市更新项目清拆现场会召开

【重大公共设施项目用地选址】 2016年，完成谢岗镇粤海大道、东莞市镇际联网路29号路、大黎路等项目选址。2017年，完成谢岗镇环城路一期、谢岗大道等项目选址，完成谢岗医院扩建工程选址评估。2018年，完成谢岗镇中心小学曹乐校区、东莞粤海银瓶合作创新区公租房等项目选址，完成东莞市东南部卫生填埋场、谢岗镇人民公园、黎村小学等项目选址评估。2019年，完成大黎路、康民路、环城路二期、黎村小学改扩建、谢岗大道、新府街、新政一巷新府街等项目选址，完成220千伏赵林输变电工程、谢岗镇污水处理厂提标及扩建工程、谢岗镇黎村2018—01地块等项目选址评估。

【城市更新】 2015—2019年，谢岗镇以"政府统筹、规划管控、成片改造、计划实施"为基本原则，全方位提升城市品质。2018年，通过对资源现状排查评估，在8个村划定禁建和控建区域，总面积250.13公顷，其中禁建区域总面积194.13公顷；启动水塔山、曹乐吓角村、赵林旧村、谢岗村东部、谢岗村南部和谢山旧村等6个更新单元；完成曹乐吓角村、赵林旧村、谢岗村东部和谢山旧村等4个重点更新单元招引前期服务商。2019年，推进谢岗村西部、谢岗村北部、黎村、曹乐格塘村等4个更新单元；完成谢岗村南部和黎村更新单元招引前期服务商；明确水塔山项目采用政府采购模式招引前期服务商；推动冠任工业区改造，开展单元划定和城市设计工作；黎村工改工项目控规调整；花园工业区试点项目产业规划及一期单元划定；以政府主导模式开展朗惠片区、谢岗中学片区、金满湖片区单元划定等工作。

【商住用地供应】 2018年5月，谢岗镇推出谢岗村眼口商住地块，地块面积1.65万平方米，容积率2.4，计容建筑面积3.95万平方米，由中熙地产公司以出让价 3.48 亿元竞得；2018 年 12 月谢岗镇推出谢岗村眼口商住地块，地块面积 1.93 万平方米，容积率 2.4，计容建筑面积 4.63 万平方米，配建 10%，由天麟地产公司以出让价 2.84 亿元竞得；2019 年 12 月谢岗镇推出曹乐村商住地块，地块面积 3.03 万平方米，容积率 2.2，计容建筑面积 6.66 万平方米，镇政府回购 5% 计容建筑面积，由唐商投资联合体以出让价 5.12 亿元竞得。

（撰稿：游涴媛）

附：2015—2019 年谢岗镇规划管理所（城市更新局）领导名录

所长：

莫根胜（任至 2017 年 4 月）

陈志斌（2017 年 4 月任，试用期一年；2017 年 11 月兼任谢岗镇城市更新局局长）

副所长：

陈志斌（2012 年 12 月至 2017 年 4 月）

朱想杰（2018 年 3 月任）

城市管理

【城市管理概况】 2015—2019 年，谢岗镇城管执法分局以转变城管理念、创新城管工作为出发点，坚持依法行政、依法管理，不断提升城市管理工作效能，为优化谢岗镇城市环境做出积极贡献。其间，还紧紧围绕全年工作目标，以通过全国卫生文明镇复审工作为契机，以基层文明建设"补短板、促提升"整治行动为目标，坚持以人为本、执法为民，不断完善措施，扎实推进各项工作，进一步提升谢岗镇的城市形象，为谢岗镇的经济发展、社会建设提供强而有力的保障。

【查处违法建筑】 2015 年，谢岗镇城管执法分局按照《东莞市查控在建违法建筑工作行动方案》要求，开展违法建筑专项整治行动。积极落实网格化管理，对全镇分东部、西部进行网格化巡查监管，责任到人，加强日常巡查跟进的同时还加强周末和节假日的巡查和监管，逐步完善预防偷建抢建的工作机制。加强重点区域的巡查和监管，为确保谢岗镇粤海项目顺利开发，加强对赵林、大厚、黎村等村的巡查，错峰上班，针对村民偷建抢建的，第一时间予以制止。加强快速拆除机制的落实，与相关部门进行沟通和协调，初步形成快速反应机制，一旦发现偷建抢建的苗头，迅速行动，采取停水停电、拆除施工设备等手段，将在建违法建筑遏制在萌芽状态。联合属地村委会和相关部门，严格禁止偷运建筑材料车辆进入违建区域，多管齐下，预防违建。全年查处在建违法建筑 85 宗，其中民房拆旧建新 43 宗，民房加层 8 宗，宅基地新建民房 25 宗，侵占集体土地 1 宗，厂房 4 宗，搭建铁棚 4 宗，发出停工通知书 85 份，停水停电 13 次，暂扣物品 20 多批次。同时，通过耐心细致教育和劝导，自行拆除民房 1 宗，自拆面积 100 平方米；强制拆除民房 2 宗，面积 50 平方米，强制拆除违法搭建建筑 2 宗，面积 233 平方米。其间，城管执法分局还配合国土部门对违法用地进行集中整治，拆除违法用地上构筑物（简易竹棚、水棚）4 宗，拆除面积 5523 平方米。

2016 年，加大在建违法建筑巡查力度，实行全镇网格化管理，严密监控特殊区域如粤海项目红线范围内的偷建抢建，落实"每日一报、每周一表、每月一会"制度，确保违法建筑在挖基础的萌芽状态即被发现并制止；进一步健全部门联合反应机制和快速拆除机制，组建镇违法用地、违法建筑整治工作微信群，一有发现，城管、国土、城建、各村（社区）等相关部门立即联合，拆除施工设备，停水停电，确保违法建筑"零增长"；对占用集体土地、抢建博赔、社会影响恶劣的典型违法建筑，联合镇相关部门现场强拆。全年查处违建 75 宗，其中民房 57 宗（拆旧建新 22 宗、加层 9 宗、新建 26 宗），高层住宅楼 1 宗，简易厂房 3 宗，违法搭建 14 宗。全年拆除违建 50 宗，拆除面积 4754 平方米，立案处罚补办产权案件 2 宗，处罚金额 64.34 万元。与属地村委会开展联合行动 11 次，暂扣搅拌机、搅浆机等施工工具 9 台，严厉打击违法偷建抢建行为。

2017 年，按照《东莞市违法用地、违法建设联合执法实施方案》要求，切实开展在建违法建筑整治。加大巡查监管力度，严密监控特殊区域，并严格落实日常巡查记录制度，做到每日一报，确保违法建筑在挖基础的萌芽状态即被发现并制止；加强与相关部门、村（社区）联动，适时组织联合执法，对刚开始挖基础或动工建设的违建行为进行迅速采取制止行动，做到早发现、早制止。全年联合村委会开展行动 80 余次，暂扣电箱、翻斗车、电焊机、搅浆机、割木机、搅拌机等施工工具共 70 余件，拆除违建 9 宗，拆除面积1922平方米。

2018年，重拳打击，坚决遏制新增违建。联合相关部门、属地村委会开展联合执法行动33次，组织拆违现场会4次，对违法建筑实施停水停电25宗，暂扣搅浆机、焊机、切割机等施工工具70余件，拆除违法建筑151宗，治理违法建设面积25.64万平方米，其中“三旧”改造3.14万平方米，征收房屋9.98万平方米，补办手续3.22万平方米，拆除违法建筑9.3万平方米。针对河道控制区违建整治，城管执法分局牵头联合农林水务局、环保分局、工商分局组成工作组对河道控制区违法建筑开展调查摸底，联合属地村（社区）整治河道控制区内违法建筑5宗，拆除面积244平方米。是年，开展存量建筑普查工作。6月21日，城管执法分局牵头召开谢岗镇存量信息普查工作推进会，对存量建筑信息普查作出具体部署，并利用网格化管理方式，形成“横向到边，纵向到底，不留死角”全覆盖普查格局。年内，完成航拍采集相关数据、制作影像图，完成各村（社区）公告、入户普查队伍的业务培训及入户调查登记和数据系统录入，全年完成普查宗数1.53万宗，系统录入1.49万宗。另外，还狠抓大气污染防控，重点加强拆除违建扬尘控制，要求施工单位在拆除违建中实行围挡洒水、物料堆放覆盖、土方开挖湿法作业等扬尘管控措施，共检查违法建筑拆除工程50个，发现存在问题工程2个（均未洒水压尘），整改2个。

2019年，根据《东莞市违法建设治理攻坚方案（2018—2020年）》要求，市政府下达谢岗镇2019年违法建设治理任务38万平方米。谢岗镇结合实际，制定印发《谢岗镇违法建设治理攻坚方案（2019—2020年）》，进一步压实属事部门及属地村（社区）责任，确保按时按量完成任务。年内，与住建、国土及属地村委会开展联合执法行动17次，对违法建筑实施停水停电6宗，暂扣搅浆机、焊机、切割机等施工工具50余件，拆除违法建筑191宗，拆除面积11.7万平方米，通过拆除违建、“三旧”改造、房屋征收、保留使用、补办手续等治理方式，截至9月底，全镇治理违法建设面积44.82万平方米，完成任务数的118%。是年，向12个村（社区）派驻“两违”综合治理工作组，加强“两违”整治工作的统筹、实施和长效管理，优化整合执法资源，建立部门联合执法机制，推动执法重心下移，实行网格化巡查，对偷建抢建采取强制措施。完善“天上看、地上查、群众报、视频探”四位一体的综合监管体系，切实加强从源头上防控。强化监督考评，压实属地管理责任。

【环卫管理】 2015年，谢岗镇城管执法分局按照“统一领导、分级管理”原则，制定网格化监督管理制度。从环卫工人到承包单位管理人员到村（社区）级环卫管理员再到城管执法分局环卫监督员，分级定人定岗定责，明确责任，层层抓落实。以中心区为突破口，以点带面，充分调动村（社区）级环卫监督作用，将监督责任落到实处，确保网格化监管制度落实。在此基础上，制定明细表格记录每天实际情况，并拍照记录存档，实行按规定进行扣分，并督促承包单位立即整改。同时要求环卫作业承包单位落实环卫保洁岗位责任制，安排专人全天巡回保洁。特别是加强对广场路、中心广场、育贤湖公园“三个一”精品工程重点区域的巡查，发现问题，及时督促环卫作业承包单位快速处理。是年，在全市整治环境卫生大检查工作排名中，谢岗镇第一至第三季度排名分别为第九名、第九名、第七名，均在全市前十名内，得到了市检查组的肯定。

2016年，按照《东莞市城乡环境卫生整治工作行动方案》要求，开展环境卫生专项整治。建立每日检查制度。与村（社区）联合考评环卫、绿化保洁作业情况，按照评分不同权重检查环卫清扫保洁作业情况、绿化保洁作业情况，督促环卫、绿化保洁公司提高日常保洁力度，城管执法分局采取每天早上分组对环卫绿化作业巡查考评，确保落到实处；成立“门前三包”动员小组，派发公开信和承诺书并现场进行教育动员，自8月8日起，全镇各村（社区）与商户签订“门前三包”责任书3600余份，悬挂“门前三包”责任牌3600余个，实现全镇商户100%全覆盖。责成环卫保洁承包单位更换翻新环卫设施。4月、6月，投入9.8万元对14座垃圾转运站、8座公厕内墙重新粉刷，更换残旧损坏瓷砖和厕盘，并将压缩箱体表面打磨喷涂油漆翻新，对残旧水管和冲水开关进行更换。加强“牛皮癣”整治。成立12个村（社区）工作组，对乱张贴“牛皮癣”开展统一清理。同时，城管执法分局组织环卫承包公司开展“牛皮癣”清理工作，安排专职人员，对临街建筑立面及公共设施上的“牛皮癣”使用高压水枪机进行清洗，全年清理“牛皮癣”1.06万处。另外，加强对制“癣”行为的源头管控，联合镇公安分局在日常巡查中收集“城市牛皮癣”号码，拍照取证，共计停机处理232宗，立案处理3宗。同时建立小广告发布栏10处，引导群众从正规渠道发布广告信息，抵制、举报乱张贴违法行为。

2017年，完善监督考评机制，通过城管执法分局、村（社区）联合考评方式，进一步完善环卫、绿化保洁作业考评机制，督促环卫、绿化承包公司提高日常保洁力度。完成新一轮全镇环卫统筹招标。谢岗镇与市园林公司签订的环卫保洁合同于2017年6月届满，为持续做好环卫保洁工作，从2月开始，城管执法分局开展新一轮环卫招标前期准备工作，通过与各村（社区）核查面积、现场丈量、协助镇财审中心核定环卫保洁总面积等，委托预算公司编制环卫项目预算，并委托招标代理公司编制招标文书，于7月下旬完成招标工作。多次组织市园林公司以及新中标单位家宝公司共同协调，如期完成新旧两家环卫承包公司工作交接，使道路清扫保洁、垃圾运输保持常态化。

2018年，针对入夏以来气温高，垃圾容易产生污染以及夏季降水量大，杂草区容易滋生蚊虫等问题，城管执法分局组织环卫工人对辖区内的垃圾桶、果皮箱进行集中清洗，对公路两旁杂草进行铲除并清理路基，对镇内河涌组织开展水域水面保洁工作，推动全镇水域水面垃圾清理保洁实现常态化管理。为确保辖区内的下水道在雨季和汛期能排水通畅，开展排水井口排查，清理沙井口内积存的垃圾和淤泥及井口周边的垃圾、树叶等杂物，防止堵塞排水井口。为进一步提高道路保洁水平，抑制道路扬尘，严格督促落实环卫、绿化承包公司的环卫作业、垃圾收运密闭化日常监管工作。采取道路机械化清扫、高压冲洗、洒水等方式，加大道路清扫、冲洗及洒水频次。联合属地村（社区）不定期开展集中整治行动，遏制露天焚烧和露天烧烤的违法违规行为。全年开展露天焚烧巡查270多次，查处公共场所露天焚烧行为40余起，查处露天烧烤15宗（已全部整改完毕）。是年，为进一步完善全镇环卫绿化监督考评机制，提高社会参与度，体现监督考评的科学性、客观性，城管执法分局编制《谢岗镇环卫保洁、绿化管养作业情况监督考核方案》，增加“两代表一委员”（镇党代表、镇人大代表、镇政协委员）监督考核机制，集中到现场对环卫保洁、绿化管养作业开展专项检查考评，并按相关考核评分表的检查内容评分，确保考核结果更加客观科学、公平公正。

【垃圾填埋场管理和垃圾无害化处理】 2015年，谢岗镇城管执法分局针对谢岗镇乐园大道沿线、黎村大道沿线、环城路等公路两旁空地上频频发生乱倾倒建筑垃圾的行为，从4月开始联合交通、交警、公安、拆迁办等部门组成联合整治小组，于每日19：00至次日7：00采取蹲点设卡与巡查相结合工作方式，对重点地段进行严密巡查监控，效果显著，自开展专项整治行动以来，共查处违法倾倒建筑垃圾7宗，其中立案处理3宗。加强垃圾填埋场管理，对进场车辆人员、垃圾量实行登记制度，禁止无关外来人员、车辆进入场内，每周核查一次站场内视频监控，堵塞管理漏洞。针对垃圾场沼气自燃现象，制定垃圾场突发事件应急预案，明确职责，落实责任，及时有效处理突发事件。

2016年，开展垃圾填埋场安全隐患治理。一方面制定应急预案，落实责任人和救援流程，遇突发事故时实行统一管理、分级负责，及时有效开展应急救援工作；另一方面实施填埋场北面垃圾堆体坡度平整工程，将约8米高垃圾堆体斜坡从中间处勾挖成梯田状，降低堆填高度到4米，覆盖泥土压实后种植树木和草皮，有效保护斜坡，消除滑坡隐患。针对爱民路、银湖工业区、工业大道等地频频发生乱倾倒行为，联合公安等部门组成整治小组，开展专项整治行动，在莞樟路、谢常路等进入谢岗镇的交通要道设置关卡，对过往可疑车辆进行检查，杜绝非法运输生活垃圾车辆进入谢岗镇。行动期间查扣违法倾倒车辆9台。同时，完成泰园社区8号、9号垃圾转运站升级改造，增设垃圾渗滤液收集池，8号站改用压缩垃圾箱体，改变以往吊斗式箱体，减少二次污染。

2017年，扎实推进生活垃圾无害化处理。加强凹坑垃圾填埋场整治。为做好无害化处理垃圾渗滤液收集工作，保证车载式渗滤液设备正常运转，协调供电分局，接通专用电缆至渗滤液处置现场，停用柴油发电处理渗滤液，减少渗滤液处理成本。为防止淤泥、垃圾进入渗滤液收集池，委托施工单位实施垃圾渗滤液收集池内清淤及其附属工程。同时，安装污水应急池排水管，妥善清理因雨水冲刷垃圾堆体引起流入下方周边闲置地、水面的垃圾。至11月3日，累计处置垃圾渗滤液1.98万立方米，达标排放

1.52万立方米。对全镇每天新产生的约160吨生活垃圾，全部运往横沥环保热电厂焚烧处理。采用“分筛技术”对凹坑生活垃圾填埋场开展综合治理工作。其间，积极推进飞灰填埋场项目建设。配合做好征地拆迁工作。城管执法分局牵头联合林业、国土等部门加大对曹乐村鸡头山的巡查力度，每天将巡查情况拍照、登记、上报，抢建博赔得到有效遏制。协调市城管委对项目的指导，制定项目实施方案，草拟项目公司协议和章程，参加项目协调会，协助东实集团完成地形测绘、地块工程勘探等相关工作，为加快推进项目建设做好前期准备。配合做好宣传发动。协助制作项目专题宣传短片，组织曹乐村村民、村两委干部和相关部门负责人到位于深圳龙岗区的飞灰填埋场参观考察，详细了解该厂的运营和管理情况，感受飞灰填埋场的现场环境和周边环境，城管执法分局内部组织干部职工集中学习飞灰填埋场知识，加大宣传力度，逐步消除群众疑虑。是年，针对在镇辖区内偷倒垃圾违法行为呈现多发趋势，从5月起，城管执法分局开展乱倾倒垃圾专项整治行动，由城管执法分局领导轮流带队通宵巡查伏击，并采取联合设卡检查、联合执法行动等方式，重拳打击乱倾倒垃圾违法行为。全年开展夜间伏击专项行动25次，联合交警、交通、公安等相关部门开展联合执法16次，出动执法车辆110车次，出动执法人员320人次，联合交警查扣车辆56辆，立案查处14宗，清理建筑垃圾、生活垃圾5200余立方米，出动清理车辆450余车次。

2018年，为做好全镇生活垃圾收运及处理监管工作，镇环卫承包公司所有环卫作业机动车辆全部完成GPS安装，并安排专人随机抽查跟踪垃圾收集运输车辆，监督环卫承包公司的垃圾运输收集情况。为进一步推进垃圾监督工作科学化、精细化、常态化，城管执法分局制定《关于核查谢岗镇外运焚烧垃圾数量监督方案》，建立完善的清运垃圾核实监督机制。是年，联合交通、交警、公安、国土等部门开展打击垃圾非法转移倾倒的专项整治行动，通过设点伏击和机动巡查相结合方式，对非法运输车辆进行查扣处理。全年开展联合执法行动300余次，出动执法人员3000人次，出动执法车辆1600车次，联合查扣违规泥头车131台，罚款6.59万元。在垃圾填埋场综合整治方面，在凹坑生活垃圾填埋场下方建容量为2000立方米的渗滤液收集池，并经东莞市聚德环保科技有限公司的集装箱式渗滤液处理后，达标排放到市政管网。截至10月，累计处理渗滤液总量2.63万立方米，达标排放总量1.99万立方米。同时，制定凹坑垃圾填埋场覆土覆膜、雨污分流、沼气导排、渗滤液收集和处理方案，并按工程招投标程序在市公共资源交易中心公开招标，施工单位已于4月上旬进场施工。其间，城管执法分局还以点带面，推动垃圾强制分类试点，在做好杏花村生活垃圾分类试点基础上，增加东惠广场作为镇生活垃圾分类试点。通过生活垃圾分类，将有机垃圾与工业废物分离，让餐厨垃圾这一类有机垃圾进入生态循环回归土地，让工业废物进入工业循环，达到垃圾减量化、资源化、无害化。

2019年，联合交通、交警、公安、国土等部门在全镇开展24小时打击垃圾非法转移倾倒的专项整治行动，通过设点伏击和机动巡查相结合方式，对非法运输车辆进行查处，扎实做好建筑垃圾、生活垃圾、餐厨垃圾的产生、转移、处理处置全过程管理。全年开展联合执法行动285次，出动执法人员3880人次，出动执法车辆1200车次，联合查扣违规泥头车、农用车121辆次，立案49宗，罚款4.49万元。同时，统筹加快建筑垃圾安置点设置。一方面在全镇范围内选址建设工业垃圾临时处置点，收集堆放工厂产生的工业垃圾以及被偷倒的工业垃圾。另一方面在崖山废旧石场选址建设建筑垃圾临时处置点，并对垃圾实行分类堆放，循环利用，设专人负责，解决工业垃圾和建筑垃圾混合生活垃圾等问题。

【整治城市“六乱”】 2015年，谢岗镇城管执法分局加强对镇中心区内各路段占道经营、乱摆卖及噪音扰民行为的治理。以泰园街、市场周边、公园街、广场及周边、润升路口为重点路段，重点整治，联合交通、交警、公安、泰园社区、泰园市场等部门单位开展8次城市“六乱”（乱搭乱建、乱停乱放、乱摆摊、乱拉挂、乱堆挖、乱张贴）专项整治行动，共出动人员300余人次，发出责令整改通知书94份，查扣无证照摆卖工具50余件，立案查处各类违法行为36宗。针对邮政分局后面路段群众多次投诉手机店的噪音扰民问题，组织相关手机店铺负责人召开生活噪音整治会议，责令各店铺落实整改，降低噪音排放，签订14份不排放生活噪音保证书，该路段噪音扰民问题得到改善。为配合市政府关于《东莞市道路路域环境综合整治实施方案》的通知要求，改善路域环境，城管执法分局联合交通分局开展两次路域专项整治行动，针对道路两旁的违法违章建筑物（构筑物）、广告牌、广告标语、乱堆乱放、摆摊设点、占道经营、加水洗车等违法行为进行治理。此外，城管执法分局加强对路域环境治理的日常巡查监管，全年累计出动执法人员165人次，出动执法车辆48车次，教育纠正、查处道路两旁城市“六乱”82宗，违法广告标牌（含横幅）42宗，通过整治路容路貌得到较大改观。

2016年，结合谢岗镇基层文明建设“补短板、促提升”百日行动方案，城管执法分局抽调13名工作人员参加各村（社区）整治行动组，全年整治商铺占道经营4434余起，拆除过街条幅350条，清理乱堆放2260处，清理垃圾3687吨，清理卫生死角4310处，清理垃圾集聚点1701处，立案查处各类违法行为为55宗，罚没金额1.86万元，其中无证商贩乱摆卖33宗、占用城市道路7宗、违法张挂、张贴3宗、擅自倾倒建筑垃圾9宗、违法遗撒泄漏2宗、未办理审批手续进行施工1宗。是年，开展户外广告专项整治行动。首先成立专项行动工作组，排查摸底全镇违章户外广告情况，向违章户发出《关于拆除违章户外广告的通知》263份，要求户主自行拆除，随后组织全镇各村（社区）开展强拆行动，全年拆除违章户外广告1051块，拆除面积共2.17万平方米。

2017年，结合全市文明城市创建工作，以营造文明、整洁、优美的市容环境为目标，强力整治城市“六乱”现象。针对镇中心区、银湖工业区等重点区域，开展城市“六乱”专项整治工作。采取处罚与教育相结合的办法，灵活运用说服教育、劝导示范等非强制行政手段，有效解决城市“六乱”现象。通过组建“牛皮癣”专职清理队伍、设立小广告宣传栏、严厉处罚乱张贴、开通“牛皮癣”投诉建议微信群等“清癣”“疏癣”“打癣”“防癣”措施，有效治理城市“牛皮癣”。自8月以来，共处理和纠正乱摆卖、乱堆放、占道经营等违法行为3812宗，发出告知书2032份、责令整改通知书715份，与村（社区）联合开展整治行动30余次，清理卫生死角4608处，清理内街内巷堆放物品农用车56辆，清理“牛皮癣”3.16万处，上报“牛皮癣”停机号码761个，立案查处乱摆卖29宗、乱张贴17宗。全年排查户外广告设施46宗、面积845平方米；排查隐患12宗，面积360平方米；拆除2宗、面积60平方米；查处整改10宗，面积200平方米；发出安全生产通知书46份，避免户外广告安全事故发生。对区内主要出入口、主次干道、公共场所及其各类户外广告特别是大型T牌广告进行拉网式排查，对广告的设置地点、设置单位、安全状况等统一登记造册，建立台账，并通知要求各村（社区）全面排查辖区范围内户外广告牌。

2018年，城管执法分局以国家卫生城镇及全国文明城市的标准来开展城市“六乱”相关工作，逐步形成高压严管的日常化工作机制。每天派出20人次对镇中心区、泰园市场周边以及主干道周边等重点区域进行监管，主要街道实行常态化巡查，重点路口蹲点值守，对各类占道经营、流动小贩乱摆卖、“牛皮癣”等城市“六乱”违法行为进行高强度的执法监管，通过采取强有力的措施，镇中心区街道的整洁度、美观度得到较大的改善。全年联合村（社区）开展城市“六乱”整治行动25次，出动1900多人次，发出各类告知书560余份、限期责令整改通知书264份，立案查处城市“六乱”43宗，其中无证照经营29宗，违法乱张贴9宗，未经批准挖掘道路2宗，擅自占用城市道路3宗，罚款1.82万元，查扣暂扣物品120余件，批评教育整改商户70家，清理“牛皮癣”7273处，采取电话停机251宗，清理卫生死角461处，清理垃圾集聚点403处。同时，为确保当地农民有序售卖农产品，在不影响镇容镇貌和交通安全下，采取“疏堵结合”方法，在镇中心区内选择合适地段允许其限时限地经营，积极引导乱摆卖流动商贩到规定摆卖点摆卖，缓解流动商贩与执法人员矛盾冲突，达到和谐共赢局面。是年，城管执法分局对辖区内各类户外广告、城市道路、桥梁等市政设施进行安全管理，对广告的设置地点、设置单位、安全状况等统一登记造册，建立台账。下发《关于开展户外广告牌和在建违法建设安全隐患排查的通知》，要求各村（社区）全面排查辖区内户外广告牌，重点检查广告牌是否牢固安全、焊接处及螺栓连接是否牢固、广告牌是否存在掉落等安全隐患。全年发现户外广告安全隐患36处，发出整改通知书21份，拆除违章宣传横幅63条，拆除危险广告牌10块。

2019年，对辖区内各类户外广

告、城市道路、桥梁等市政设施进行安全管理，对广告的设置地点、单位、安全状况等登记造册，并要求各村（社区）全面排查辖区内户外广告牌，及时登记反馈。全年发现户外广告安全隐患46处，拆除或修复隐患广告牌46块；维修人行道和路面1000多平方米，更换和维修排水井盖173个，增设和维修广场公园娱乐设施12套。此外，城管执法分局强化辖区内城市桥梁养护管理，委托第三方专业检测机构完成6座城市桥梁（光明北路桥、赵林革命桥、银湖1~4桥）的检测，下一步将根据桥梁检测结果，进一步完善城市桥梁的养护与管理，并尽快开展3座跨铁路桥的检测工作，确保城市桥梁的使用安全。

【燃气安全管理】 2015年，谢岗镇城管执法分局严格按照“全覆盖、零容忍、严执法、重实效”的总体要求，开展餐饮场所燃气安全治理专项检查行动，共组织检查466人次，检查餐饮场所（含单位食堂）254家，其中餐饮场所16家，工厂企业7家，单位食堂和学校幼儿园食堂5家，石油气销售企业的5个送气站和1个储备站，检查整改安全隐患135处。在强化燃气安全基础上，推动燃气安全宣传。6月，参加由镇安委会组织举行的“安全生产宣传服务咨询日”活动，派发燃气宣传资料500份，宣传燃气安全生产工作。7月，组织东莞市新奥天然气公司和东莞市市恒源液化石油公司开展应急预案演练活动，结合企业自身特点，有针对性地开展企业员工岗位练兵活动。9月，联合镇教育办在各小学开展“进学校、进家庭”燃气安全宣传活动，通过派发燃气安全宣传手册介绍家用燃气的实际操作、图文讲解、案例剖析，深入浅出地向小学生介绍基本用气常识，通过小学生将燃气安全手册带回家，进一步向各个家庭，特别是外来家庭宣传安全用气的重要性，纠正不规范用气、违章用气现象，排除用气隐患。同时，定期在镇广播电视上播放燃气安全使用公益广告宣传片，普及日常群众家庭燃气安全知识。

2016年，加强对燃气储备站和门店的检查，每月定期检查不少于2次、随机抽查不少于8次，全年开展4次大型燃气安全隐患排查专项行动，检查用气大户企业和大型餐饮场所47家，发出整改通知书27份，将检查资料分类分册登记管理，每月定期回访复查，防止企业隐患问题死灰复燃。同时，加强燃气安全宣传工作。在6月16日举行的“安全生产宣传服务咨询日”活动中，派发燃气宣传资料500份。组织东莞市新奥天然气公司谢岗分公司举办天然气安全知识座谈会，邀请用气企业安全负责人、餐饮场所负责人等参会，组织东莞市恒源液化石油公司开展应急预案演练活动等。是年，还加强燃气执法工作。联合各村委会对无证燃气经营户进行调查走访，并对违规经营户进行耐心宣传教育，要求无证经营户限期整改，对拒不整改的无证经营户开展执法行动。全年开展燃气类执法行动65次，出动执法人员90多人次，查处非法经营燃气12宗，暂扣各类钢瓶200个。

2017年，在全镇开展5次燃气安全隐患排查专项行动，共检查用气量较大的企业和大型餐饮场所85家，发出整改通知书49份，对检查存在的问题进行分类登记，建立台账，每月定期回访复查，防止企业隐患问题死灰复燃。同时，加大“黑气”打击力度。在镇广播电视上和镇政府微信公众号公布打击“黑气”举报奖励电话，经查证属实的，最高奖励5000元，发动群众积极举报无证照经营“黑气”行为。全年联合各村（社区）重点打击隐藏在各村（社区）农贸市场周边、出租屋内经营“黑气”的违法行为，共出动人员380人次，查处“黑气”经营点19处，暂扣过期钢瓶550多个。在燃气安全宣传普及方面，邀请东莞市新奥天然气公司安全办主任到谢岗镇参加安全生产咨询日活动，向22家天然气工商户开展燃气安全事故警示教育活动讲座，组织东莞市新奥燃气公司谢岗分公司开展天然气事故应急演练活动，还通过向企业、群众派发安全用气倡议书，普及安全用气、黑气辨识等知识。

2018年，积极推进天然气管网建设，相继完成银湖工业区、振兴工业区、桐昌纸业公司（煤改气用户）和金海工业区等天然气管道的铺设。同时，与东莞市新奥燃气公司沟通协调，加快规划审批进程，力争年内天然气管道通达全镇所有有用气需求的工业园区。年内，开展5次燃气安全隐患排查专项行动，共检查98家用气场所，其中工厂企业65家，餐饮场所23家，供应站4家，储配站1家，燃气门站3家，大型商业综合体2家，发出整改通知67份，已完成整改58家。专项检查之后，城管执法分局将检查资料分类分册登记管理，每月定期回访复查，确保隐患问题彻底消除不留死角。同时，加大打击“黑气”力度，重点打击隐藏在各村（社区）农贸市场周边、出租屋内经营“黑气”的违法行为，联合各村（社区）出动360多人次，依法查处29处“黑气”窝点，暂扣过期钢瓶380个。对燃气经营企业实行常态化管理，定期对燃气餐饮场所、使用燃气的企业、液化石油气储配站和供应站进行全面检查，其中储配站和5个供应站每个月最少检查2次，完成备案的用气企业每月最少检查1次，并有专人将检查资料分类分册登记管理，每月定期在镇广播电视上播放燃气安全广告宣传片。

2019年，共开展7次燃气安全隐患排查专项行动，检查用气场所176家次，发出整改通知67份，完成整改63家次，每月检查燃气经营企业不少于2次，完成备案用气企业不少于1次，并建立检查台账，每月定期回访复查，协助企业建立长效安全机制。同时，加大打击“黑气”力度。全年出动340多人次，依法查处16处“黑气”窝点，暂扣过期钢瓶513个。开展直排式热水器专项整治行动。各村（社区）逐一对出租屋入室进屋检查和宣传教育，发现问题立即整改或拆除，全年检查出租屋、“三小”场所1086户，警示教育900户，拆缴直排式和重大隐患非直排式燃气热水器349台、电热棒223支。年内，为提高安全生产意识，联合新奥燃气有限公司、恒源燃气有限公司组织开展3次应急演练活动，切实提高燃气从业人员的综合素质和应急处理能力。在镇党建主题公园、小区、广场、市场等场所开展燃气安全宣传咨询活动，派发用气宣传单700多份，邀请专业安全讲师为企业员工开展安全生产讲座，观看2019年上半年典型事故案例，提高职工的安全意识，将安全生产工作责任落实到位。

【市政设施管理】 2015年，制定和完善日常市政巡查制度，做好市政设施巡查日志记录，通过分类管理，把市政设施分为广场公园设施、市政排水设施、道路及其附属设施三大类，并通过细化工作内容，使日常市政巡查更加合理化。全年更换或修改沙井60多个，修补花池、人行道200多米，疏通清理下水道40多处，处理投诉15宗。其间，积极协助企业申领排水许可证，严格按照市水务局和镇相关文件规定、要求，严把关口，实事求是，规范和明确申请审批流程。全镇有2家企业拿到排水许可证。在广场公园设施管理维护方面，除加强广场公园市政设施巡查外，及时对损坏设施进行登记和妥善处置，确保群众游园安全。配合市体育局，在镇中心广场和育贤湖公园增设15套健身设施。在桥梁检测和维护方面，针对赤山跨京九铁路桥的安全隐患问题，城管执法分局召集相关部门召开现场协调会，决定由移动、电信、联通、广播电视、铁通等单位开展整治工作，先后对跨铁路桥上脚架进行检修，加固并重新上漆，清除废旧管线，修补桥面及更换破损护栏，彻底解决安全隐患问题。在绿化、路灯养护管理方面，城管执法分局绿化监督巡查组对承包绿化养护工作的东莞园林绿化工程有限公司进行日常监督，每月按照日常评分进行考核，总体园林绿化管养效果良好，达到合同标准。同时，城管执法分局对承包路灯管养工作的东莞市升信公司进行巡查考核，确保路灯设施正常运作，督促承包公司及时更换和修复破损的路灯设施，确保道路照明情况良好。全年共维修路灯照明76组、路灯线路32组。

2016年，积极开展道路设施专项整治行动。加强路灯养护监管，督促养护单位对灯杆损坏、生锈、脱漆位置进行修复，喷漆翻新，更换破损灯罩及灯具，统一编号后实行数字化管理，落实24小时值班制度，做到日常管理中不留死角。修剪遮挡路灯的市政绿化树木，确保道路照明情况良好，满足群众出行和行车照明的需求。加强市政设施巡查和养护。完善市政设施巡查制度，做好日常巡查日志，确保市政设施得到及时保养和维护。全年维修花池400多米、人行道250多平方米，更换和维修排水井盖80多个。

2017年，加强路灯管养工作。全年共维修路灯照明76组、路灯线路32组，保持98%以上的路灯亮灯率。完善市政设施巡查制度，做好日常巡查日志。全年维修花池275平方米，修复人行道、路面900平方米，更换、维修排水井盖70个，增设和维修广场公园娱乐设施30套。消除桥梁安全隐患。在黎村、大龙、银湖3座跨铁路桥增设7个限高龙门架，并设置相应警示标牌，保证桥梁通行安全。

2018年，维修人行道和路面300多平方米，更换和维修排水井盖40多个，增设和维修广场公园娱乐设施共16套，委托第三方检查机构完成6座城市桥梁（光明北路桥、赵林革命桥、银湖1~4桥）的检查。是年，按照市有关城市品质三年提升计划部署，城管执法分局对谢岗中心广场、广场中路、育贤湖公园夜景进行升级改造，通过增设夜间照明设施、夜景灯饰等照明，把镇中心广场和周边街道打造成一个夜景新景点。同时，开展助力加快推进一村一提升活动。会同镇住建局重点针对一村一策开展“新时代·新征程·新谢岗”主题调研活动，推动谢山村、大厚村、南面村、曹乐村、窖山村一村一提升项目建设。

2019年，根据全市统一部署，谢岗镇计划完成新建、改造27座公厕，其中新建13座公厕，升级改造14座公厕。实际完成人民公园一期和银山湿地公园公厕3座，正在施工中的3座，其他已完成预算编制和施工图的设计。是年，谢岗镇实施亮化美化工程，推进城市品质提升。完成中心广场公园升级改造。按照城市品质提升及创建省园林城镇的要求，结合镇党建公园建设，投入700多万元，对中心广场公园重新铺装彩色透水砖，改造给排水系统，增加人性化设施，全面更新公园基础设施；结合彩色林建设要求，打造多层次、多树种、多色彩的城市绿化景观；搭建党建宣传长廊，打造集思想教育、党建科普、休闲健身于一体的中心广场公园。合力推进彩色林建设。一方面投资2500万元推进东莞银山市级湿地公园的建设，另一方面投入35万元对黎村小学校区实施园林绿化景观提升工程，提升绿地服务半径和服务质量。此外，投资2090万元对辖区内爱民大道、粤海大道主干道沿线配套建设园林绿化，选取凤凰木、火焰木等增色添亮品种，增强道路节点的层次及色彩。统筹村级绿化管养。全镇园林绿化养护划分为两个片区，分别由两家有专业资质的绿化养护公司进行绿化管养。将南面村、大龙村、大厚村、五星村、谢岗村、稔子园村、曹乐村的绿化纳入统筹，提高了园林景观设计水平和规范了绿化作业，统一绿化养护标准，有效补齐村级以往自行绿化养护管理的短板。

【创新城管工作方式】 2015—2019年，谢岗镇城管执法分局根据《谢岗镇骑单车巡查督导城市管理工作方案》，每周四下午组织人大办、宣传办、工商分局以及泰园社区、泰园市场代表，市、镇人大代表和市民代表等，骑自行车深入镇中心区各主干道、大街小巷，实地巡查督导环境卫生、城市管理工作，现场提出城市管理存在的问题，并加以整改，逐步提升城市管理水平。同时，为做好投诉处理工作，采取安排专人负责市政府12345热线投诉的接收、转办、回复，做到件件有跟踪落实；针对周末投诉较多的情况，安排专人负责接听投诉电话，并将投诉情况立即反馈给值班人员，由值班人员现场处理；针对3次及以上的投诉事件按照公文呈批模式逐级督查，解决投诉热点和难点问题。其中2015年接电话投诉72宗，完成回复72宗；阳光热线投诉13宗，处理13宗；12345热线投诉39宗，处理39宗。

【城市精细化管理】 2019年，谢岗镇城管执法分局以“城市精细化管理”为核心，狠抓城乡环境整治。成立谢岗镇城市管理委员会，由镇委书记胡毅峰担任主任，镇委副书记、镇长李惠勤担任常务副主任，相关镇领导班子成员为副主任。城市管理委员会成立以来，相继召开一系列全镇城市精细化管理工作会议，其中5月15日、6月14日、6月18日、6月21日、6月24日、9月6日密集召开城市精细化管理专题工作会议。7月4日，镇委书记胡毅峰到城管执法分局现场调研，研究解决城市管理中的实际问题，强化对城管执法分局及各村（社区）城市管理工作的监督指导。城管执法分局采取明确职责，主动作为，狠抓环卫保洁监督考评机制、违建治理、“门前三包”责任落实、工地施工乱象治理、“厕所革命”、“洁净谢岗”、打造城市精细化管理示范区、城管队伍执行力建设以及舆论宣传等举措，不断提高执行力。同时，积极探索党建工作引领作用，研究制定镇级领导包街包片区工作责任制，把镇中心区划分为七大片区，明确镇领导班子包中心区街道及所驻村示范街道；城管执法分局班子成员以及泰园社区两委干部包中心区各大片区；城管执法分局、泰园社区、管养单位责任人包镇中心区各大片区的内街小巷，全力排查全镇环境卫生、城市秩序和市政设施存在问题，层层压实工作责任，分别于6月19日、8月12日，由镇主要领导带头发动全镇党员群众1000人参与“党群携手同心共‘绣’美丽谢岗党建+城市精细化管理”系列活动之——行走谢岗活动，走进镇中心区的大街小巷以及各驻点村，以步行巡查方式，现场检查街道市容管理、环卫保洁、园林绿化、市政设施管理、户外广告管理、施工工地管理6个方面的城市管理工作落实情况，做到登记在册，立行立改。据统计，活动当日党员共行走摸排商铺3084个，派发宣传单张3000余份，发现“门前三包”“城市六乱”等问题614处，现场整改436处。8月27日下午，在镇委副书记、镇长李惠勤等镇领导班子成员带领下，各党组织党员1800人走进村（社区），共同参与“洁净谢岗 共建共享 全民行动”主题党日活动，把镇城市精细化管理推向纵深。其间，还制定《“行走谢岗”10项专项行动工作方案》，紧抓“六乱”整治、环境卫生、整治“两违”建设等10项重点工作，建立镇、村（社区）两级行走机制，以步行巡查督导方式，不分时段、不打招呼、不需陪同、直奔一线开展全镇域行走，形成快速响应、快速整治、快速反馈的即时整改机制。城管执法分局每天派精干力量对镇中心区、市场周边以及主干道周边等重点区域进行精细化巡查监管，尤其对各类占道经营、流动小贩乱摆卖、乱搭建等城市“六乱”违法行为进行重点执法。全年联合村（社区）开展各类城市精细化管理专项行动整治行动120次，出动2973人次，发出各类停止违法行为告知书1500余份、传单张3500余份、责令限期整改通知书120余份，立案查处“城市六乱”及其他案件75宗，罚款金额3万余元，查扣、暂扣物品350余件，清拆雨棚450个，拆除违规广告250余个。

根据《东莞市城市精细化管理暂行办法（试行）》要求，谢岗镇城管执法分局从市容市貌、环境卫生、园林绿化、市政及公共设施、户外广告、施工工地及渣土管理等六方面入手，致力于查摆问题，尽快补齐短板，特别在环卫保洁方面，城管执法分局强化督导检查。特别是从8月起，将12个村（社区）划分为5个区域，由城管执法分局领导班子分别带领城管工作人员及家宝公司相关负责人以步行方式进行实地督导检查，要求检查人员严格对照环卫承包合同作业标准和要求，重点检查各村（社区）清扫保洁是否到位、垃圾清运是否及时、牛皮癣清理是否干净等，现场拍照存档，分类建立工作台账，作为对承包公司的处罚依据，倒逼环卫承包公司落实主体责任。同时成立城管执法分局督查组，由城管执法分局局长直接分管调配，明确督查内容、工作职责、工作流程，继续加强对环卫保洁、绿化管养、城管协管等城管领域巡查，做到工作不打折扣，标准不降低，发现承包公司落实不到位的，拍照留存，作为对承包公司的罚款依据，逐步建立第三方承包公司常态化监管机制，并牵头与环卫承包公司、各村（社区）沟通协调，统筹解决村（社区）背街里巷等薄弱区域环卫保洁问题，结合全市洁净东莞指数测评排名，与家宝公司协调签订补充协议，进一步完善监督考评机制。另外，参照治安员管理做法，突击清点环卫现场作业人数，要求家宝公司将整个谢岗项目部的所有环卫工作人员建档造册，花名册附上每个工人照片提交给城管执法分局，由城管执法分局督查组人员不定时现场清点环卫工人人数，根据缺少人数按照合同条款进行处罚，确保家宝公司一线作业人员足额到位。

在开展“洁净城市活动日”方面，出台《“洁净谢岗”专项行动方案》。以乡村全域干净、有序、安全为目标，通过开展“洁净谢岗”专项行动，实现全域环境的“净化、绿化、美化”。每月10日定期开展“洁净城市活动日”活动。组织镇政府部门单位100多人，各村（社区）两委干部职工240人，对镇中心区以及各村主次道路、人行道、内街小巷进行全面清理。试点开展定时定点上门收集垃圾。镇中心区及各村示范街率先实行，环卫工人摇铃上门收集生活垃圾，引导市民形成良好行为习惯。优化垃圾桶（果皮箱）设置，将垃圾桶设在第一排商铺的后面，做好硬底化和排水措施；或是利用绿化围挡，在绿化带和商铺之间摆放垃圾桶；在道路两旁设放置点，建设土建围挡将垃圾桶“藏”起来，方便市民投放生活垃圾。提升党建公园等重点区域的环卫保洁，创新物业管理模式，针对镇内主要公园、重大公共设施等项目，实行专人专项保洁机制，以镇党建公园为试点，采用电动巡回保洁、人工普扫、垃圾定时清运、公厕专人保洁等措施，进一步提高公园环卫保洁、市政设施、绿化养护等精细化管理水平。自3月开展“洁净城市活动日”活动以来，共清理垃圾19.5吨，清理“牛皮癣”5600处。是年，谢岗镇在第一季度城市精细化管理考评中全市排第九名，第二季度提升到第五名，第三季度排全市第八名。

（撰稿：陈建辉 廖嘉敏）

附：2015—2019年谢岗镇城管执法分局领导名录

局长：

罗卫国（任至2017年12月）

朱锦强（2017年12月任）

副局长：

朱锦强（任至2017年12月）

朱润强（2019年7月任）

赵志强（2019年7月任）

谢照安（2019年7月任）

住房规划建设

【住房规划建设概况】 2017年6月，谢岗镇实施简政强镇机构改革方案，规划建设办更名为“住房规划建设局”（简称谢岗镇住建局）。谢岗镇住建局内部设立建设工程招投标管理组、质量监督组、安全监督组、建筑市场管理组、建设技术管理组、综合办公室、农民住房建设管理组等15个工作组（室），承接市住房和城乡建设局下放（委托）职责权限事项；负责全镇建筑行业、造价信息的管理工作；负责全镇工程的质量、安全管理、招投标监管工作；负责全镇住房保障、住房公积金管理等工作。

2015—2019年，大力推进谢岗镇重大项目建设，着力打造海绵城市、美丽幸福村居等建设。

【建筑工程管理】 2015—2019年，谢岗镇住建局监督的在建工程共133项，面积共322.1万平方米。加强对管网工程的监督，2018—2019年，监督市政管网工程81.7千米、截污次支管网276.71千米。狠抓建筑工程质量安全，及时查处和报送违法建设案件，5年累计发出工程质量责令整改通知书83份，发出建设安全生产、文明施工不良行为责令改正通知书378份，发出建设安全生产、文明施工不良行为扣分通知书94份。

【建筑工程创优】 2015—2019年，谢岗镇住建局坚持做好城市建设，提升城市品质。2019年，东莞市十件民生实事之一东莞银山市级湿地公园建设如期完成，并对市民开放；美丽幸福村居连片入选市级示范试点，黎村获评“东莞市十大美丽幸福村居”；东莞市谢岗医院一期获评绿色建筑一星级运行评价标识，医院二期项目取得节能标识；谢岗镇中心小学曹乐校区获评东莞市2019年度建设工程标准化工地，并通过东莞市2019年度“安全生产，文明施工”示范工地初评；东莞粤海银瓶合作创新区公租房项目获广东省建设工程优质结构奖，并获评广东省房屋市政工程安全生产文明施工示范工地、广东省建设工程项目施工安全生产标准化工地、东莞市房屋市政工程安全生产文明施工示范工地、东莞市房屋市政工程安全生产文明施工示范工地，并通过东莞市建设工程优质奖初评。

【下放事项业务办理】 2015—2019年，谢岗镇住建局依法承接东莞市住房和城乡建设局下放的事权，其中办结建筑工程施工许可证13宗，建筑工程施工许可证变更2宗，办理东莞市建设工程保证施工安全措施备案1宗，办理施工、监理承接业务登记3宗，办理房屋安全鉴定报告告知14宗，办理房屋建筑工程和市政基础设施工程施工图设计文件审查备案39宗。

【完善镇招投标监管机制】 谢岗镇住建局根据国家、广东省、东莞市招投标法律法规及方针政策的变化，持续完善招投标监管机制，于2018年8月申请废止旧的镇招投标管理制度《谢岗镇财政性资金投资建设工程招投标暂行办法》；于2019年3月出台新的镇招投标管理制度《谢岗镇财政投资建设项目管理暂行办法》；2020年5月完成《谢岗镇财政投资建设项目管理暂行办法》的修订，出台《谢岗镇财政投资建设项目管理暂行办法（2020年修订）》。

【严格招投标监管】 谢岗镇住建局贯彻执行国家、广东省、东莞市有关工程招投标的方针政策和法律法规，履行市住建局下放投资金额3000万元以下的房屋建筑和市政基础设施工程施工、监理招投标监督事权，以及使用集体经济组织资金，并且该资金占控股或者主导地

谢岗医院新园（2019年）

谢岗医院新园俯瞰（2019年）

人民公园组图（2019 年）

位的工程建设项目的招投标监督，实施招标申请备案审批、招投标过程监督以及招标投标情况备案审批等。

2015—2019 年，完成财政性投资建设房建市政工程项目招投标 192 项，总招标控制价金额 20.76 亿元，总合同金额 18.77 亿元，总体平均下浮 9.60%，节省资金 1.99 亿元。

【农房建设管理】 2015 年，谢岗镇全面停止报建工作，开展农民自建房整顿，做好既有房屋（在建房屋、旧房危房、削坡建房）的安全综合整治工作。

2018 年 4 月《谢岗镇农民住房建设管理办法》和《东莞市谢岗镇农民住房建设导则》颁布实施，对符合文件要求，并能提供宅基地土地使用证或宅基地权属来源证明，经村（居）委会核实权属及四邻界线，不影响村（居）委会公共设施规划的区域，可以申请建设农民住房。

2018—2019 年，全镇完成审批农房建设 791 宗。

【重点工程建设】 谢岗医院新院区一期　谢岗医院新院区位于谢岗镇谢山村，莞惠城际轨道银瓶站斜对面，为集综合医疗和养老保健功能于一体的多功能区域综合性医院，成为辐射周边镇街、博罗、惠州等地区的区域性医疗品牌，为东部片区的中心医院。项目规划用地面积 4.16 万平方米，规划总建筑面积 6.36 万平方米，容积率 1.4，绿化率 35%，高度 62.70 米。一期建有门诊楼、急诊楼与医技楼、住院楼和配套用房，已建成投产，二期在建有住院楼和污水处理站等，计划 2021 年 4 月竣工验收。

美丽幸福村居建设　2011 年以来，谢岗镇以改善镇村整体面貌为目标，以村居环境综合治理为抓手，着力于活化闲置用地开展美丽村居建设工作，市、镇、村三级资金累计总投入 2481.86 万元。先后组织 4 个批次 8 个村（社区）开展美丽幸福村居建设工作。至 2018 年 9 月，全镇 12 个村（社区）中有五星村、泰园社区、谢山村、窑山村、大龙村、谢岗村、大厚村、黎村 8 个村（社区）完成美丽幸福村居及文明创建工作，建成率达 67%，并全部通过市宜居办的综合验收。建成后的村居，环境基础设施完善，道路整修畅通，市容卫生整洁，环境优美，

2019 年，实施美丽幸福村居工程（组图）

大大增强了村民的获得感和幸福感。其中，黎村入选市亮点村居——东莞市 2019 年十大美丽幸福村居名录。

中心小学曹乐校区 该工程选址于谢岗镇曹乐村，总投资约 1.1 亿元，规划用地面积 3.01 万平方米，总建筑面积 2.92 万平方米。拟建教学楼、宿舍楼、体育馆、地下室，另配室外运动场，包括 1 个规格 200 米（环形六道）的田径场、2 个篮球场、1 个五人制足球场、2 个排球场及电力设施等。至 2019 年，已完成总工程量的 88%，预计 2020 年 7 月交付使用。

谢岗镇黎村小学 黎村小学改扩建工程总投资为 8625.84 万元，包括新建教学楼、体育馆、宿舍楼、连廊、变配电房，以及旧建筑物外墙改造工程对教师宿舍、食堂、综合楼外墙进行改造。至 2019 年，主体工程已完成 30%，预计 2021 年 3 月竣工验收。

东莞粤海银瓶合作创新区公租房项目 项目规划用地面积 2.89 万平方米，总建筑面积 10.39 万平方米，概算总投资 4.13 亿元，建设 6 栋住宅楼、1 栋宿舍楼和 1 栋公共服务中心，可容纳 1580 户 3500 人。至 2019 年，主体结构已封顶，正施工二次结构 、水电安装、装饰装修。

谢岗镇人民公园 位于谢岗镇五星村和谢岗村，规划用地面积 26.34 万平方米，分三期建设。项目一期建设社会主义核心价值观主题公园，建有环山道、登山道、休闲平台、厕所、景石；二期建设体育公园，建有入口广场、停车场、体育场、儿童老人运动区、军训营地、拓展营；三期建设文体公园，总建筑面积 3.72 万平方米，建有篮球馆、文化馆、展览馆、图书馆、婚姻登记处。至 2019 年，一期已建成并对外开放，二期建设稳步推进中，计划 2020 年年底建成，三期正在开展项目前期工作，计划 2022 年建成。

东莞银山市级湿地公园 位于谢岗镇西北部，紧邻石马河，是低洼河漫滩涂地，总面积 105.06 公顷，湿地率 65.86%。项目以“生态修复、水质净化、海绵城市、小鸟天堂”为建设目标，计划建成为恢复自然生态、湿地保育涵养、科普教育基地和市民休闲旅游的市级湿地公园，总投资 8500 万元，2019 年

东莞银山市级湿地公园组图（2019 年）

2 月开工，预计 2020 年 1 月完工。

银山湿地公园包含湿地保育区、湿地净化区、湿地游览区和湿地观赏区，以景观建设带动生态保育，以生态修复实施生景再造，以水质净化实现环境提升，打造鸟岛、观鸟屋、展览馆、亭、台、水榭景观。蜿蜒曲折的水系和丰富的植物群落，是鸟类的栖息天堂，更是东莞市的观鸟圣地，营造“花开红树乱莺啼，草长平湖白鹭飞”的美景。湿地公园融入“海绵城市”设计理念，是谢岗镇“海绵城市”建设示范项目之一，充分发挥“渗滞蓄净用排”的海绵作用，公园在下雨时吸水、蓄水、渗水、净水，需要时将蓄存的水释放并加以利用，实现雨水在公园中自由迁移，对降低城市内涝、充分利用水资源起到很好的作用。

（撰稿：许奕婷）

附：2015—2017 年谢岗镇住房规划建设办公室领导名录

主任：

莫根胜（2014 年 10 月至 2017 年 7 月）

张桂标（2017 年 4 月至 2017 年 12 月）

副主任：

何美仲（2017 年 4 月至 2017 年 12 月，试用期一年）

罗广安（2012 年 11 月至 2017 年 12 月）

2017—2019 年谢岗镇住房规划建设局领导名录

局 长：

张桂标（2017 年 12 月至 2019 年 7 月）

何美仲（2019 年 7 月任，试用期一年）

副局长：

何美仲（2017 年 12 月至 2019 年 7 月）

罗广安（2017 年 12 月任）

朱彦章（2017 年 12 月任）

黄志光（2017 年 12 月任）

房屋管理

【房屋管理概况】 2015—2019年，谢岗镇房地产管理所以作风建设为抓手，紧紧围绕服务项目建设年这个主题，振奋精神，全力以赴，深入践行“三严三实”，积极改进工作作风，强化服务意识，切实提高办事效率，不断提高业务能力和服务水平。

【业务管理】 2015年，谢岗镇房地产管理所受理业务1198宗，办结1198宗。其中商品房合同备案8宗，比上年同期（22宗）减少63.63%；销售金额474.61万元，比上年同期（823.26万元）减少42.35%；建筑面积929.77平方米，比上年同期（1953.53平方米）减少52.41%；建筑均价5104.6元/平方米，比上年同期（4214.22元/平方米）上升21.13%；套内均价5883.87元/平方米，比上年同期（4840.78元/平方米）上升21.55%。是年，还办理13宗非住宅房屋租赁备案登记；办理房屋变更登记8宗；商品房按揭10宗；按揭注销15宗；抵押注销81宗；其他房产登记业务30宗；住房信息查询287宗；查封119宗，解封11宗；办理积分入学94户、积分入户12户。

截至2016年10月12日，谢岗房管所共受理业务810宗，办结810宗。其中商品房合同备案17宗，比上年同期（8宗）增加112.5%；销售金额847.16万元，比上年同期（474.61万元）增加78.67%；建筑面积2446.92平方米，比上年同期（929.77平方米）增加163.17%；建筑均价3462.14元/平方米，比上年同期（5104.6元/平方米）下降32.18%；套内均价3840.70元/平方米，比上年同期（5883.87元/平方米）下降34.72%。是年，房屋变更登记10宗；商品房按揭16宗；按揭注销12宗；抵押注销76宗；其他房产登记业务51宗；住房信息查询368宗；查封30宗，解封3宗；办理积分入学86户、积分入户11户。

截至2017年11月10日，谢岗镇房管所共受理业务1153宗，提前办结1143宗，提前办结率为99.13%。合同备案15宗，其他登记业务23宗；住房信息查询725宗；查封25宗，解封5宗；办理积分入学89户、积分入户1户。

截至2018年10月，谢岗镇房管所共受理业务1132宗，办结1132宗，其中房产信息查档1020宗，赠予5宗；继承1宗；房屋变更登记2户；更正116宗；按揭注销5宗；物业服务企业招投标1宗；产籍号分配1宗；抵押注销37宗；合同备案26宗；合同补录64宗；按揭补录34宗；法院拍卖1宗；查封33宗；解封63宗；办理积分入学68户、积分入户5户；限购查询5宗；住房保障申请对象房产查询9宗；其他登记22宗。

截至2019年10月12日，谢岗镇不动产登记窗口共受理房管业务1578宗，均在规定时限内办结。其中查档918宗；一次性或分期付款转移登记46宗；银行按揭商品房办证及一般抵押权登记31宗；转让、互换或赠予转移登记57宗；商品房房屋更正登记5宗；离婚析产转移登记3宗；依据法律文书办理商品房转移登记10宗；商品房抵押权更正登记3宗；查封登记14宗；解封登记9宗；轮候预查封5宗；续封登记3宗；不动产权利注销登记（房屋注销）2宗；一般抵押权注销登记92宗；最高额抵押权注销登记12宗；按揭注销登记14宗；商品房抵押权登记92宗；商品房抵押权登记（多个不动产单元）12宗；商品房抵押权变更登记1宗；房地一体抵押权首次登记2宗；房地一体抵押权变更登记1宗；房地一体更正登记1宗；房地一体抵遗失补发登记1宗；房地一体转移登记26宗；积分入学审核136宗；住房保障查询3宗；商品房买卖合同备案46宗；商品房按揭7宗。

【房产交易登记】 2015年，谢岗镇房产管理所登记业务比上年明显增加，特别是一手商品房交易登记明显增多，主要是永江国际公馆住宅小区的业主陆续办领房产证。全年一手房交易登记247宗，其中住宅222宗，比上年同期（71宗）增长212.68%；总建筑面积1.75万平方米，比上年同期（6278.38平方米）增长178.8%；总套内面积1.39万平方米，比上年同期（5275.47平方米）增长163.5%；销售金额1.08亿元，比上年同期（2648.67万元）增长307.63%；建筑均价6183.75元/平方米，比上年同期（4218.72元/平方米）增长46.58%；套内均价7749.58元/平方米，比上年同期（5020.73元/平方米）增长54.35%。商铺25宗，面积3272.66平方米，销售金额7117.66万元，建筑均价2.48万元/平方米。商品房一手交易业务同比大幅度增长，主要原因是永江国际公馆业主陆续办理产权登记，再是没有新开发的商品房源。

谢岗镇二手房交易不活跃，全年交易54宗，比上年同期（51宗）基本持平；交易金额1614.03万元，比上年同期（1224.09万元）增加

31.86%；交易面积 9700 平方米，比上年同期（1.15 万平方米）减少 15.65%；交易均价 1646.97 元 / 平方米，比上年同期（1064.43 元 / 平方米）增长 54.73%。

2016 年，一手房交易登记 27 宗，总建筑面积 1944.15 平方米，总套内面积 1581.79 平方米，建筑均价 4800.33 元 / 平方米，套内均价 5900 元 / 平方米。没有新开发的商品房源，一手交易登记业务大幅度回落。

2017 年，一手房办证登记 45 宗，登记面积 3748.15 平方米；二手房交易 53 宗，登记面积 4612.38 平方米；房屋变更登记 7 户；按揭注销 25 宗。

2018 年，一手房办证登记 396 宗；二手房交易 42 宗。一手房办证登记比上年同期大幅度增加，是宝秦花园历史遗留问题得以解决所致。

2019 年，一手房办证登记 94 宗，二手房交易 79 宗，比上年增加 88.10%。

【抵押登记】 2015 年，谢岗镇抵押登记增多，主要是永江国际公馆业主在办理房屋产权证时办理按揭转抵押业务。全年办理抵押登记 209 宗，比上年同期（103 宗）增长 102.91%；抵押房产面积 13.43 万平方米，比上年同期（19.93 万平方米）减少 32.61%；抵押金额 3.6 8 亿元，比上年同期（2.47 亿元）增长 48.99%；评估金额 4 .93 亿元，比上年同期（3.38 亿元）增长 45.86%。

2016 年，抵押登记 68 宗，抵押房产面积 7.1 万平方米，抵押金额 1.36 亿元，评估金额 1.75 亿元。2017 年，抵押登记 46 宗，抵押金额 2.09 亿元；抵押注销 94 宗。2018 年，抵押登记 20 宗。

【便民服务】 2015—2019 年，谢岗镇房管所强化服务意识，落实为民便民措施。要求全体工作人员第一时间落实有关惠民措施，对前来咨询办事的群众做到热情服务，耐心答问，坚决杜绝“门难进，脸难看，事难办”现象。以群众满意为目标，促进工作作风转变。严格落实政务公开、一次性告知、限时办结等工作制度，并设置“满意度评价器”和“意见征集箱”方便群众进行监督。对抵押权注销登记业务实现当天内办结，大大提高工作效率。与此同时，加强房产登记风险防范工作，确保房产登记安全。其间，房管所采取召开工作周例会议，派人到市房产管理局培训，到兄弟镇（街）所学习等方式，提高理论水平和业务能力，在办理业务过程中严格执行实物查档查验和相关证件查验；明确职责，严格执行收件受理和初审分离的审查工作，在提交市房产管理局审批之前，进行交叉审查；严格执行房产登记申请人及领证人照相登记制度，以确保房产登记安全。其间，为提高工作人员业务水平，采用新媒体形式，建立微信工作学习群，定期推送相关学习资料，充实“八小时外”学习时间。建立每周五下午培训学习机制，集中教育学习新文件新政策，更新业务知识，熟悉系统操作流程，增强业务人员自身素质和教育引导，做到窗口人员业务“一口清、一口准”。针对新招聘人员，采取“一对一结对帮扶”、多岗位轮训等方式，帮助新人员尽快上岗到位，以均匀分配业务量，加快工作效率。另外，按照市出台的解决不动产历史遗留问题的相关政策，妥当处理宝泰花园 428 户不动产登记问题。对该楼盘 428 户业主按申请办理，发出不动产证。于 2019 年，妥善解决泰康花园的历史发证问题。向谢岗镇房地产物业管理服务公司发出《关于协助推进解决历史问题楼盘不动产办理的通知》，敦促其属下开发管理的泰康花园、金满湖港利花园开展权调工作，聘请有资质的测绘公司进行房屋测量，并协助提供数字化成果、权籍调查报告及《房屋基本信息调查表》。针对宝泰花园历史问题，制定《关于宝泰花园（杏花村）不动产登记问题维稳预案》，对宝泰花园（杏花村）压超红线部分和少报多建部分约 200 户业主进行全面梳理，切实摸清业主的基本信息。同时做好重点业主动态管控，将苗头隐患化解在萌芽状态。在节假日期间加强监管，有针对性地组织精干力量对辖区 5 个小区开展集中错时夜查、消防安全检查等专项行动，针对违规住人、消防设施损坏、安全出口上锁、疏散通道堵塞等消防安全问题开展全面巡查。

（撰稿：蔡敏妮）

附：2015—2019 年谢岗镇房管所领导名录

所长：

何立威（任至 2017 年 11 月）

朱伟权（2017 年 11 月至 2019 年 1 月）

叶海清（2019 年 1 月任）

副所长：

罗成龙（任至 2017 年 11 月）

谢杰琦（2017 年 11 月任）

供电

【供电服务概况】 2015—2019年，谢岗镇供电服务中心运用抓领先、补短板、强基础的工作方法和从严动真工作要求，推进高质量发展，提升供电服务水平和业务团队战斗力。至2019年，谢岗供电区域电网保持稳定运行，5年间完成供电量52.645亿千瓦时，完成售电量52.08亿千瓦时。

【协调电网大会战】 2015年，工信科局（经贸办）为贯彻落实电网“大会战”工作目标和部署，切实做好谢岗镇110千伏稔子园输变电站、220千伏赵林输变电站、110千伏黎村变电站筹建，科学谋划布置，提升办事效率，加强各部门之间沟通协调，召开一系列研讨会议，对输变电站的选址及线路走向进行研究，做好各项前期筹备和分析预判，全力以赴加快电网建设步伐，确保完成全年“大会战”目标任务。同时，协调800千伏特高压线路建设。为支持国家电网建设，同时减少对谢岗镇沿线土地利用的影响，细致而严谨地进行调研。向沿线村委会征求意见，并要求各村进行调查摸底，并进行拆迁风险评估。召开研讨会议，召集镇规划建设办、粤海办、农林水利、宣传办、国土分局、规划所等部门，共同对沿线的土地规划、城市建设规划、开发意向、生态情况等各方面进行探讨，先后召开16次会议进行征求意见、反馈信息和研究方案。进行沿线勘察工作，针对原方案、比选方案、备选方案及优化后方案等多次线路设计，深入农田、堤围、山顶、村庄等各处对沿线用地进行现场勘察，并提供切实可行的建议。经与南方电网公司及设计院多次沟通协调，初步确定800千伏特高压线路径的选线路径。

2016年，为贯彻落实“大会战”工作目标和部署，切实做好各输变电站的建设工作。协调规划建设办、粤海办、农林水利、国土分局等部门召开多次会议，研究110千伏稔子园至谢岗线路工程路径方案等问题，并讨论110千伏稔子园输变电配套线路工程青苗补偿、征地拆迁等工作。为支持国家电网的建设，加快滇西北至广东±800千伏特高压直流工程谢岗段的实施工作，联合规划建设办、粤海办、农林水利、国土分局等部门通过多次会议，研究优化滇西北工程谢岗段方案。分管领导副镇长林锦彪多次与省高压公司、市供电局的项目负责人进行沟通协调尽量减少对谢岗镇沿线土地利用的影响，并研究谢岗境内占地、青苗、拆迁委托补偿问题，既保障减少线路对影响谢岗镇，又支持国家电网建设。做好信息基础设施建设大会战工作。积极统筹各方资源，加快推进谢岗镇“宽带中国”示范城市建设工作。统筹做好通信基站建设工作。组织相关部门协调解决铁塔公司反馈的基站报建过程遇到的问题，简化通信基站报建手续；协助铁塔公司解决与出租方的土地租赁合同意见问题以及基站实地选点和协助解决基站建设等问题。统筹做好光纤改造工作。组织镇电信分局推进既有住宅光纤到户改造，市下达给谢岗镇光纤改造小区任务数16个，全额完成改造工程16个；光改基站任务数7个，完成改造工程5个。统筹做好公共服务区域无线Wi-Fi网络覆盖工作。该项目已由东莞智慧城市投资建设运营有限公司通过公开招标方式，确定北京奇虎科技有限公司与广东思域信息科技有限公司共同作为该项目承建方，积极协助施工单位做好谢岗镇的AP布点工作。

2017年，协调规划建设办、粤海办、农林水务办、国土分局等部门完成110千伏稔子园至谢岗线路工程项目核准的批复；协调800千伏特高压工作，副镇长杨景新多次与省高压公司、市供电局项目负责人进行沟通研究谢岗境内占地、青苗、拆迁委托补偿问题，全力支持国家电网建设。

2018年1—3月，由于110千伏稔子园输变电工程和220千伏谢岗燃气热电联产送出工程进度不够理想，导致电网升级行动排名跌至全市第32名。为贯彻落实大会战工作目标和部署，多次组织镇拆迁办、镇住建局、镇城管分局、镇供电分局、曹乐村委会等部门与需征收塔基的租户进行沟通协调，了解

2015—2019年谢岗镇供、用电量情况表

表9　　单位：万千瓦时

年份	供电量	用电量	年份	供电量	用电量
2015	92271	91537	2018	112216	111371
2016	96896	95837	2019	118256	117121
2017	104684	103584			

2018 年 11 月，谢岗镇供电服务中心进行停电施工作业

租户的情况，解释征收政策，并要求租户认识电网建设的重要性。通过大量的宣传解释工作，最终租户同意了征收方案，完成 110 千伏稔子园输变电工程配套线路 N24、N25 交地工作和 500 千伏福东线 PC183、PC183+1 塔交地。为配套华能热电联产项目，加快完成 220 千伏谢岗燃气热电联产送出工程，首先完成线路工程规划许可镇一级审批，并顺利完成架空线路塔基 67%（共 8 基）的交地工作。

2019 年，做好 220 千伏赵林变电站工程和 110 千伏稔子园到谢岗线路工程的调整控规、征地拆迁等工作。针对征地难、补偿难等问题，多次组织各村（社区）、镇拆迁办、供电分局等部门进行沟通协调，尽量减少土地征收补偿造成电网工程停工滞后的风险。落实专人全程跟踪，防止工作脱档脱节，主动会同供电部门倒排建设工期，做深做细工程建设前期工作，理顺相关办事流程，加快推进电网升级行动节点任务的完成。

【安全生产管理】 2015—2019 年，谢岗镇供电服务中心贯彻执行“管业务必须管理安全、管生产经营必须管安全”要求，全面落实安全生产责任制，签订谢岗供电服务中心安全生产责任书。不断提升营销作业管控水平，发现问题，及时纠正，全部落实整改。安全监管水平持续提升，组织召开谢岗镇防外力破坏（截污管网工程）专题会议，联合政府相关部门和村委会共同管控工程实施。保障电力安全及供电可靠，按照要求开展专项检查。发挥政企联动，联合谢岗应急管理分局、消防大队对超容量使用且存在重大隐患客户进行联合执法，责令客户现场整改。

【供电规划管理】 2015—2019 年，谢岗镇供电服务中心规划建设项目有序开展，初步完成配网现状问题收集，建立“十四五”电网规划项目库，完成赵林站、黎村站“一站一册”规划工作。2019 年前期可研项目共 52 项，总投资 1.16 亿元，新出 10 千伏线路 14 回，满足工业园用电需求，新建、改造台区项目 41 项解决台区重过载、新增负荷需求等问题。政企联动收集用电项目需求，积极与镇政府、粤海集团公司沟通、协商，收集到粤海二和三期、碧桂园项目、电子连接器等项目未来三年合计 410 兆瓦用电需求。持续开展电网升级，完成稔子园输变电工程、谢岗热电联项目输电线路工程施工协调问题，实现项目投产。

【营销管理与客户服务】 2015—2019 年，谢岗镇供电服务中心努力提升客户服务水平，落实网格化“客户经理 + 设备主人”服务机制，有效解决客户诉求。落实业扩报装“一证受理”，缩短各环节办理时限。低压非居民业务平均用时 1.61 天；低压居民业务平均用时 1.72 天；中压业扩平均用时为 39.07 天。实现用电业务互联网办理，强化一次都不跑远程办电服务功能及应用。

2017 年 7 月，谢岗镇供电服务中心开展综合检修

2019 年 9 月 16 日，谢岗镇 110 千伏稔子园变电站成功投运

降低接电用电成本，持续推行业扩投资界面延伸至客户红线，实现大湾区 200 千伏安及以下小微企业客户接电零投资。加强计量设备运维工作，2019 年开展负控终端、配变终端、低压集抄自主运维，处理计量问题 740 起，实现自动抄表率达 99.8% 以上，电子结算率达 100%。加强电费回收风险管控，开展低压远程费控功能及低压用户欠费远程自动停复电功能测试和上线应用。打造电动汽车充电服务品牌，2019 年新投运充电桩 10 支，全镇共投运充电桩 34 支。

【配网运维】 2015—2019 年，谢岗镇供电服务中心加强数据质量管理，提升数据实用化管理水平；针对工程项目落实电子化整改力度，提升智能化水平，实现配电台区智能电表电压监控 100% 全覆盖。新的公用配电站进行低压可视化改造，实现低压配电网的可观、可测，低压停电信息上报和故障定位功能，提高故障抢修效率。加强配电设备实施差异化管理，实施分层、分类管控，合理制订运行维护计划；加强台区负荷管控工作，落实测温测负荷，并通过负荷调整、新建台区，2019 年解决 12 个台区重过载问题。

【企业综合管理】 2015—2019 年，谢岗镇供电服务中心统筹推进企业精益管理，实现班组工作要求精细化、工作内容指标化、工作考评数据化、工作管理规范化。不断提升和推动星级班组精益建设，2019 年，完成专利申报 22 个，超额完成指标；技能培训有序开展，完成计划培训 17 项，2019 年岗评合格率为 75%。着力协助竞争性企业提升技能水平，提升竞争性企业员工安全意识。充分支持竞争性企业拓展业务。2019 年，谢岗镇供电服务中心业扩工程新投运容量为 130530 千伏安。

（撰稿：罗润仪）

2018 年 12 月，谢岗镇供电服务中心开展今冬明春巡查专项工作

附：2015—2019 年谢岗供电分局领导名录

局长：

黄健豪（任至 2018 年 11 月）

刘　越（2018 年 11 月任）

副局长：

李富强（任至 2016 年）

谢照新（任至 2018 年 4 月）

谢树辉（任至 2015 年 11 月）

刘　越（2016 年 7 月至 2018 年 11 月）

杨泽斌（2018 年 11 月任）

党支部书记：

李富强（任至 2016 年 7 月）

杨泽斌（2018 年 11 月任）

供水

2018 年，谢岗镇自来水厂举办安全生产培训班

【供水概况】 2015—2019 年，谢岗镇自来水厂围绕镇委、镇政府建设“湾区智造新城、品质生态谢岗”的工作要求，重点抓好安全生产保优质供水，加强水表管理、管网建设和旧管网改造，保证各项工作稳步推进。年均供水总量 2017.89 万立方米，售水总量 1735.39 万立方米，漏损率 14%。

【水质检测】 2015—2019 年，谢岗镇自来水厂严格把好水质关，化验人员严格按照水质检测制度和操作规范，每天对水源水、出厂水和管网水进行检测化验，同时密切留意水源水质变化，指导制水工合理投加药物。化验室具备检测的项目有色度、浑浊度、臭和味、肉眼可见物、pH 值、总硬度、铝、铁、锰、挥发酚类、阴离子合成洗涤剂、硫酸盐、氯化物、氟化物、溶解性总固体、耗氧量、六价铬、亚硝酸盐氮、硝酸盐氮、化学需氧量、总碱度、总磷、氨氮、电导率、游离余氯、二氧化氯、三氯甲烷、四氯化碳、汞、砷、溶解氧等 31 项。自检水质合格率分别为出厂水 98%、原水 98%、管网水 95 %。日常水质检测项目为原水 16 项，检测频率为每日 1 次。出厂水 21 项，检测频率为每日 1 次，其中，pH 值、浑浊度及游离余氯项目工作日每日 4 次，管网水 10 项，工作日一个取样点每日采样一次。排涝期间根据氨氮等污染指标的严重程度制定具体的检测频率。2019 年，主要污染指示检测项目为氨氮、亚硝酸盐氮、电导率和高锰酸钾指数等，未发现明显变化，在线检测项目有虑后水及出厂水游离余氯；管网水在线检测点有两处，分别位于曹乐警务区和赵林村委会，检测项目有游离余氯、浑浊度、pH 值等。

2019 年，谢岗镇自来水厂人员进行水质检测

【供水安全管理】 2015—2019 年，谢岗镇自来水厂根据公司制度建设规划，结合水厂管理实际，制定《自来水厂安全生产管理制度》，并落实企业安全生产责任制，层层抓落实。采取多种形式，积极做好企业安全教育培训工作。在培训过程中对不同层次、不同类别的员工按级别、专业等情况，有针对性地进行培训。大力宣传和普及安全知识，强化安全意识，提高安全素质，培养安全技能，让全体员工自觉地约束自身行为，按章操作，从而实现企业的健康、稳定、和谐发展。成立安全保卫应急小组，对水厂的安全保卫工作负全责。定期检查安全保卫工作，发现问题，及时采取措施。门卫实行 24 小时严格的来访登记制度；厂区围墙安装视频监控；制定《自来水厂生产车间巡查制度》，每天各部门班组长对生产车间、生产现场进行全面监督检查。巡查人员在现场检查时发现异常，

2018 年，谢岗镇开展供水应急演练活动

及时与各班组负责人反馈，并责令限期改正。每次检查、巡视做到有文字记录。

【供水应急管理】 2015—2019 年，谢岗镇自来水厂成立由主要领导人及各部门负责人组成的供水应急队伍，做好各类突发事件的抢险救援工作。为应对日常运营中潜在事故、事故险兆、紧急情况等，制定《谢岗镇自来水厂生产安全事故应急预案》《谢岗镇自来水厂供水突发事件应急预案》，预案包括综合应急预案、专项应急管理、现场处置方案、供水应急预案等。将水厂供水故障分为四级，其中短时故障停水，时间在 2 小时以内为四级；突发故障停水，时间在 4 小时以内为三级，时间在 12 小时以内为二级，时间在 12 小时以上为一级。开展供水突发事件应急演练，2019 年 11 月 19 日由经理带队组织水厂人员 50 多人，在第三水厂开展氯气泄漏应急演练。供水应急物资储备有水泵 1 套，交流接触器 10 个，断电器 6 个，漂白精 500 公斤，活性炭 500 公斤。突发爆管应急物资：抢修车 1 辆，发电机 1 台，DN50 水泵，DN100 水泵各 1 台，DN100 ~ DN600 管道抢修器一批。

【供水设施】 2015 年，全镇供水管道长度约 1094 千米，其中直径 < DN75 毫米的 810 千米，DN75 毫米 ≤ 直径 < DN300 毫米的 120 千米，DN300 毫米 ≤ 直径 < DN600 毫米的 90 千米，DN600 毫米 ≤ 直径 < DN1000 毫米的 48 千米，直径 ≥ 1000 毫米的 26 千米。10 年以上的有 86 千米，15 年以上的有 6 千米。2015 年，谢岗自来水厂启动镇区内管网改造，至 2019 年投资约 2473.25 万元，针对管网水质要求，继续推进一户一表改造，并采用 UPVC 新型、环保管材对灰口铸铁管、镀锌管镇区老旧管网逐步进行更新改造。至 2019 年改造老化管道约 111.61 千米。其间，自来水厂还成立二次供水管理办公室，主要负责二次供水设施的维修、保养和更新、改造；二次供水水质定期检测、管理、服务到位。由专人接管新建或改造的二次供水设施，管理人员每年体检和参加卫生知识培训，持合格证上岗。

【窗口服务】 2015—2019 年，谢岗镇自来水厂设立企业窗口，对用户咨询有问必答，对用户来电反映的服务类、报修类、投诉类等各类用水、接水方面的问题，及时转交、督促相关部门处理，并将办理结果反馈到用户。实行 24 小时值班，做到接报立修。建立首问负责制，属于责任人本职范围内的工作，应认真办理、答复。不能当场办理、答复的，告之办理时限；不属于责任人本职范围内的工作，告之经办部门和联系电话。对单位或群众的咨询、投诉等负责到底，一般情况于 3 个工作日内将处理结果答复投

2019 年，谢岗镇自来水厂开展主题党日活动

诉人，特殊情况不得超过15个工作日。非自来水厂原因，无法在规定的时间内处理完毕的，向投诉者作出解释。

（撰稿：赵贺轩）

附：2015—2019年谢岗镇自来水厂领导名录

经理：

林金明（任至2019年7月）

赵　斌（2019年7月任）

副经理：

赵　斌（任至2019年7月）

罗胜明（2019年7月任）

环境保护

【环境保护概况】 东莞市生态环境局谢岗分局原名东莞市环境保护局谢岗分局，2019年2月更名为东莞市生态环境局谢岗分局（简称谢岗镇环保分局，下同），内设机构有综合股、审批股、污染防控股、执法股。

2015—2019年，谢岗镇环保分局以环保三大战役为导向，依法行政，为谢岗镇打造“湾区智造新城、品质生态谢岗”提供优良的环境质量和生态文明成果。经数年努力，谢岗镇环保分局从2015年全市排名第32名，上升到2019年排名第2名。

【环境保护宣传】 2015—2019年，谢岗镇环保分局开展新修订的环保法和4个配套办法、环保三大战役、水污染治理示范镇、广东省生态乡镇创建、石马河污染综合整治、环保文化节等一系列大规模的宣传，通过微信公众号、报纸、横幅、宣传栏、发放环保宣传资料，进企业、学校开展环保讲座等多种有效途径，对环保法律法规、最新环保政策等进行宣传，环境保护理念深入人心，群众环保意识明显增强，企业环保素养明显提高。

【推进环保三大战役】 谢岗镇环保分局以创建水污染治理示范镇为抓手，结合环境污染防治三大战役工作部署，开展全天候的巡查，加强对河道流域、重点工业园区、涉水企业巡查，及时发现、查处环境违法行为。以涉水企业为整治重点，会同市生态环境局开展20多次大规模的市镇联合环保执法行动，组织镇级联合执法57次，以大兵团作战模式，加大力度打击违法排污。

2015—2019年共立案查处环境违法行为为254宗，处罚金额2000余万元，查封违法排污企业27家，移交公安部门行政拘留8人。通过加强巡查、严格执法、水质监测比对、制作污染企业作战地图、有奖举报等有效措施，使谢岗镇环境违法行为得到遏制，水质改善明显。其间，谢岗镇环保分局还根据《谢岗镇大气污染防治行动实施方案（2014—2017年）》要求和蓝天保卫战的部署，大力推进挥发性有机物提升整治、扬尘整治、锅炉淘汰、加油站油气回收管理、餐饮业油烟整治、汽车维修企业废气整治等各项专项工作。二氧化硫、二氧化氮年均浓度达标，可吸入颗粒物PM10、PM2.5年均浓度均比2015年下降10%以上。建成环境空气质量监测子站。空气质量持续好转，重污染天数进一步减少，优良天数稳定达到90%。深入推进土壤污染治理，强化固体废物处理处置和管理。完成工业固体废物产生企业年度申报登记，精准掌控企业工业固体废物的各类数据；持续推进危险废物规范化管理，对危废产生源企业进行规范化考核，创建危险废物管理示范企业；加强固废、零星废水随意倾倒专项巡查。

【“散乱污”企业整治】 2015—2019年，谢岗镇环保分局按照“三清三到位”（即区域清、底数清、职责清，监管到位、互通到位、服务到位）要求，开展“散乱污”日常巡查、清理、整顿工作。2018年完成

2018年“6·5”世界环境日，开展“美丽谢岗，我是行动者”宣传活动

545家疑似散乱污企业的巡查工作，完成整治任务139家。2019年加大“散乱污”企业清理整顿力度，压实属地属事责任，协调推进“散乱污”整治。对整治较慢的“散乱污”企业采取强制措施，查封并督促关停或搬迁97家，完成523家“散乱污”企业整治任务。建立“散乱污”企业综合整治长效监管机制，防止反弹回潮。

【环保基础设施建设】 2015—2019年，谢岗镇委、镇政府加大环境保护基础设施投入，在污水处理厂、主干管网建设维护、截污次支管网铺设、微管网建设、分散式处理设施建设和河涌整治等方面，投入近10亿元。其中投入7000万元建成和维修截污主干管，全长26.98千米；投入8000万元建成污水处理厂二期，日污水处理设计能力达到6万立方米；投入5.645亿元完成次支管网建设，铺设总里程85.9千米；投入6105万元整治黎村截洪渠、谢岗截洪渠、大厚截洪渠、赵林截洪渠、曹乐截洪渠等5条内河涌；投资2802万元建设3座分散式污水处理站，设计处理规模为850立方米/天，建设配套主次干管4.397千米。启动雨污分流微管网建设，打通截污最后1千米。

（撰稿：刘旺明）

附：2015—2019年谢岗镇环保分局领导名录

局长：

罗焕水（任至2017年5月）

罗志成（2019年3月任）

负责人：

罗军红（2017年5月至2018年6月）

副局长：

罗志成（任至2019年3月）

2019年5月，谢岗镇环保分局检查赵林金川截洪渠并取样检测

交通·邮政·电信

交通路网建设

2019年，建成通车的爱民大道

【交通路网建设概况】 2015—2019年，谢岗镇交通工作根据镇政府提出的“聚焦品质交通，融入大湾区一小时交通圈”“聚焦基本民生，提升人民群众生活质量”要求，不断提升城市品质，增进民生福祉，打造“湾区智造新城、品质生态谢岗”。谢岗镇成立道路建设项目组，至2019年，共投入8.29亿元，动工新建4条路，总长24.348千米。

【完成工程项目】 2019年，谢岗镇完成爱民大道工程建设，爱民大道跨谢岗镇和樟木头镇，是连接S357和X239的主要通道，道路建设长度为1.34千米，设计双向四车道，项目总投资约2000万元。正在施工的康民路总长为342.59米，双向四车道，总投资约1155.48万元。该项目于2020年4月底建成通车。

【动工项目】 2017年年底，谢岗镇动工建设29号路。该工程横跨桥头、谢岗、樟木头3个镇，包括29号路主线7.561千米和18号路支线1.067千米，项目总投资9.67亿元。该项目于2019年完成投资2.21亿元。

粤海大道工程：从西向东贯穿全镇，项目全长14.04千米，分为旧路改造段和新建段，双向六车道，总投资12.9亿元，其中旧路改造段3.5千米已完成交工验收，新路段正在加紧进行路基、桥涵等施工，计划2020年9月底前完工。

【计划项目】 谢岗大道工程：南起于潮莞高速谢岗出入口，往北与S357平交下穿京九铁路后，与X239在莞惠城际桥下平交，最终止于粤海大道平交口，全长1.959

粤海大道（摄于2019年）

千米，双向六车道，项目总投资2.79亿元。至2019年年末，完成项目施工图及预算编制，并通过专家评审。

博深高速谢岗互通工程：博深高速谢岗互通立交工程路线全长5849米，总投资约2.99亿元。至2019年年末，已完成双向十车道的设计方案。

银瓶合作创新区内道路工程（一期）：项目总投资2.86亿元，包含3条道路，分别是城北大道长1.173千米，宽30米；建设一路长1.093千米，宽24米，谢西路长1.199千米，宽27米；谢新西路长1.224千米，宽24米；科技大道长0.777千米，宽30米。至2019年年末，完成项目工程可行性研究报告，并经评审和修改、报批。

银山科技园一期道路工程：项目总投资4708.59万元，包含3条道路，分别是城北大道长652.202米，宽30米；城北纵二路长765.075米，宽15米；规划横二路长431.83米，宽15米。至2019年年末，完成项目建议书及评审，正在编制工程可行性研究报告。

银山科技园二期道路工程：项目总投资9257万元，包含3条道路，分别是规划纵二路长640米，宽15米；曹东路长741米，宽30米；城北大道长484米，宽30米。至2019年年末，完成项目可行性研究报告及评审，正在进行修改和报批。

环城路二期工程：环城路二期工程属于镇内打通断头路工程，项目全长2.477千米，双向四车道，混凝土沥青路面，项目总投资约1.83亿元。至2019年年末，项目正在初步设计及审批。

镇村两级道路综合整治一期工程：该项目有22条乡村道路，总长度13.5千米，总投资1.62亿元。该改造项目是对镇村道路进行综合整治，主要对路面破损、排水设施进行修复，并增设人行道，绿化，完善交通标志边线等。至2019年年末，项目已完成设计施工的招标。

新政一巷和新府路道路工程：新政一巷长393.461米，新府街长177.317米。该项目为新建道路建设，包括路基、路面、人行道、交通设施、给排水管道和电力通信等市政配套设施，总投资981.93万元。至2019年年末，完成工程可行性报告及审批。

谢岗南路道路升级改造建设工程：谢岗南路（S357朗福红绿灯路口至X239谢常路谢岗村豆墩路口）总长度600米，路面宽度26米，双向四车道，总投资估算额1328万元。该升级改造工程主要目的是对谢岗南路的道路路面、人行道和绿化带等进行升级改造，并增设慢行通道（自行车道）。至2019年年末，完成项目设计及审批。

东部园区一期道路工程：北纵二路（谢常路—粤海大道，宽24米，长900米），北纵三街（谢常路—粤海大道，宽24米，长800米），北横一路（大黎路—北纵二路，宽18米，长560米），北横二街（大黎路—北纵二路），估算投资1.3亿元。至2019年年末，完成项目工程可行性研究报告及评审。

【市属工程项目】 省道357莞惠公路樟木头至谢岗段路面大修工程：莞惠路全长17.09千米（谢岗段全长10.19千米），总投资8.59亿元（谢岗段1.8亿元）。至2019年年末，完成人行道铺装、排水沟盖板、人行天桥立柱修建，及中央分隔带铺设。

县道239谢常路及延长线改扩建工程：谢常路总长12.4千米，总投资4.9亿元，设计时速60千米，路基宽度40米。至2019年年末，项目建议书已批复，市公路局正在开展可行性研究报告编制等前期工作。

（撰稿：罗琪峰）

附：2017—2019年谢岗镇交通路网组领导名录

副书记：

谢伟平（2017年8月任）

组长：

莫根胜（任至2018年3月）

黄志光（2018年3月任）

交通运输管理

【交通运输概况】 2015—2019年，谢岗镇交通运输分局以“做实事，利群众”为出发点，抓好安全生产、强化执法监管，结合实际，履行职责，做好各项工作。在加强公交行业管理方面，推动完成公交资源整合，优化公交线路调整，提升公交服务水平；与民政部门合作，推广普及老年人免费公交卡。以春运、黄金周等重点时段，以客运站场、旅游景点及其他交通枢纽为重点路段，兼顾日常市场监控，全面保障群众出行，严防旅客滞留或堵塞交通事件。

【交通行业管理】 2015—2019年，谢岗镇交通运输分局科学施策，不断提高行业管理水平，提高行政办事效率。深化商事登记改革，扩大“放服管”，规范行政审批许可程序，严格执行首问责任制、一次性告知制、限时办结制，提高行政办事效率和服务质量。所有的行政审批事项都纳入市监察局行政审批监察系统的在线监控，做到登记率、限期办结率100%。

2019年11月，完成公交资源整合，淘汰柴油公交，实现公交100%纯电动化；优化、调整公交线路，增加运力投放，开通贯通市区、常平、樟木头及惠州的跨镇跨市公交线路，群众出行更加便捷。完善公交配套设施，优化群众乘车环境。强化行业监管。加强辖区道路运输行业监管力度，完善行业许可及备案管理，推行安全生产标准化，提高安全生产和运输服务监管，提高服务水平。

2019年11月8日，东莞巴士集团接替运营谢岗公交线路

【交通执法监管】 2015—2019年，谢岗镇交通运输分局加大执法监管，严查处理各类交通运输违章行为，维护市场秩序。充分发挥部门联动，加大联合整治，完成治超、路域环境、公路两侧违法行为、非法营运、大客车、治摩等专项整治工作。逐年推进路政执法，开展查处污染公路、摆摊设点等违法行为，对影响公路通行安全的行为严厉查处。

2016年，派员参加市交通运输局综合行政执法局的交通综合执法技术竞赛，获二等奖。

2018年，开展扫黑除恶专项斗争，严厉打击非法营运。

【交通安全生产】 2015—2019年，谢岗镇交通运输分局加大安全生产专项检查，推行安全隐患排查月度工作制度，把好人员关、车辆关、设备关。加强客运站场监管，认真贯彻“安全第一，预防为主”的方针，严格执行“三不进站、六不出站”规定，扫除安全盲点。以危险品运输行业为重点，强化企业安全生产主体责任意识，推动安全生产规范化、标准化，组织开展救急演练，完善应急体系建设，深化安全生产隐患排查治理，提高行业安全生产管理水平。加强运输服务业整治，严厉查处无牌维修行为。

【交通队伍建设】 2015—2019年，谢岗镇交通运输分局加强干部职工思想教育、纪律教育和综合素质培训，开展党的群众路线教育实践活动回头看、“周一党建之夜活动”、“不忘初心、牢记使命”主题教育学习，增强基层意识、服务意识、廉洁意识，不断提升拒腐防变、抵御风险能力。加强执法人员培训，提高执法人员的执法综合素质，抓好干部职工队伍政风作风建设，加强干部职工廉洁纪律教育、业务素质教育。

（撰稿：关健志）

附：2015—2019年谢岗镇交通运输分局领导名录

局长：

叶玉昆（任至2017年11月）

罗莫洪（2017年12月任）

运管副局长：

陈妙霞（任至2016年9月）

尹炜光（2016年10月至2017年）

陈海彬（2017年至2019年8月）

朱志斌（2019年8月任）

执法副局长：

陈海彬（2015年6月至2017年）

陈润全（任至2015年5月）

尹炜光（2017年任）

交通安全管理

【道路交通安全概况】 2019年，东莞市公安局交通警察支队谢岗大队（以下简称谢岗交警大队），共处理各类交通事故共3511宗（其中一般程序处理的239宗，同比减少86宗，下降26.46%），死亡7人，受伤528人，经济损失160.06万元；与上年同期相比事故宗数增加471宗，上升15.49%，死亡人数减少8人，下降53.33%，受伤人数增加58人，上升12.34%，损失增加6.04万元，上升3.92%。死亡交通事故中涉及摩托车3宗、电动车2宗，占71.4%，“治摩”工作形势并不乐观。2019年，是中华人民共和国成立70周年，对道路交通安全管理工作提出更高要求。全年共查处酒驾265宗，其中酒后驾驶181宗，醉酒驾驶84宗，与上年同期相比酒后驾驶增加55宗，上升43.65%；醉酒驾驶增加66宗，上升366.67%；查扣摩托车（含超标电动车）2566辆，与上年同期相比增加923辆，上升56.18%；暂扣汽车934辆，与上年同期相比增加389辆，上升71.38%；开具强制凭证5259宗，与上年同期相比增加2243宗，上升74.37%；简易程序处罚3472宗，与上年同期相比增加3042宗，上升707.44%；查处乱停乱放7388宗，与上年同期相比增加5479宗，上升287.01%；查处斑马线机动车不礼让行人243宗，与上年同期相比增加111宗，上升84.09%；治安拘留30人，刑事拘留122人，总拘留人数增加76人，上升100%。谢岗交警大队对各类交通违法行为实行“零容忍”“零懈怠”，做到发现一起查处一起，在辖区形成见违必纠、围歼重点交通违法的高压严管态势。是年，谢岗交警大队以中华人民共和国成立70周年大庆活动为龙头，大力开展“除隐患、遏事故、保畅通”道路交通综合整治工作，以落实“放管服”改革，提升群众安全感和满意度“双提升”为牵引，努力提高道路交通执法、管理、服务水平，加强交通安全宣传、预防交通事故、交通秩序整治、“治摩”等工作。

【涉酒驾驶违法行为整治】 2019年，谢岗交警大队分析辖区涉酒驾驶的规律、特点，将莞惠路、谢常路、英山路等路段设置为重点整治涉酒驾驶违法行为路段，集中警力设点拦查，实行精准打击。同时，针对重点车辆以及涉酒驾驶易发时段（20时至23时），谢岗交警大队在宾馆、KTV、酒吧、餐饮大排档等周边路段，采取设卡检查与流动巡逻相结合，实行定路段、定岗点、定人员、定责任，加大检查力度，严厉打击酒后驾驶等违法行为。对有酒后驾车嫌疑者，及时安排酒精测试予以确认，并用现场执法仪记录过程，提高执法效率。年内，累计检查各类机动车3.52万辆次，查处涉酒驾驶265宗，其中酒后驾驶181宗、醉酒驾驶84宗。

【学校周边秩序和校车交通违法行为整治】 2019年，谢岗交警大队加强学校早晚上下学期间、校车通行沿线道路的管控力度，重点查处无牌无证、假牌假证、套牌、超速、超员、冲红灯等违法行为。行动期间，出动警力200人次，开展整治校车专项行动16次，深入各学校检查校车、开展交通安全活动等24次，检查校车164辆次，派发宣传单张8000份。

【预防重特大道路交通事故专项行动】 谢岗交警大队结合开展“预防重特大道路交通事故专项行动”以及整治“酒后驾驶”“泥头车整治”“乱停乱放”等专项整治活动，严格按照交通法律法规，加大对闯红灯、超速超载、酒后驾驶、疲劳驾驶等严重交通违法行为的查

轨道交通银瓶站（摄于2019年）

处力度，强力“治摩”压缩存量，减少隐患。查处的交通违法行为数量比同期明显上升，仅实施拘留强制措施人数与上年同期相比增加116%，对交通违法行为形成较大的威慑力。

【道路交通安全隐患消除】 2019年，谢岗交警大队主动联合交通、安监等相关职能部门深入企业排查，并每月向交通、安监等部门通报重点车辆3次以上违法未处理情况，督促车辆所属单位及时办理检验、报废、违法处理等相关手续。同时，每月约谈3次以上违法未处理重点车辆所属企业负责人至少1次；以国道、省道、城乡接合部道路为重点，全面排查交叉路口安全隐患。

【深化交警勤务管理】 2019年，谢岗交警大队坚持深化勤务管理工作，保持交警执法站常态化运转，进一步把警力深入路面。启动动态勤务模式，有效加强16时至次日8时特别是午夜、凌晨等事故多发时段的巡逻管控，机动灵活查处严重交通违法行为，维护公路通行秩序。

【道路交通安全宣传教育】 2019年，谢岗交警大队按照“七进七上”的要求深入开展宣传工作，形成浓厚的交通安全宣传氛围。镇文明办、交警大队以“七进”工程为载体，组织志愿者和民警深入学校、企业、农村、机关、场所、社区等上门宣传141次，组织集中宣传活动12次，举办交通安全知识讲座20场，制作、展出黑板报、图板38块，深入辖区单位散发各类宣传材料10000余份，新闻媒介刊播宣传稿件128篇，对因莞惠路升级改造造成的影响不断地进行解释和开展相应的交通安全宣传活动，有效地增强了群众交通安全意识，得到了广大群众的理解和支持。

（供稿：谢岗交警大队）

附：2017—2019年东莞市公安局交通警察支队谢岗大队领导名录

大队长：

叶创新（2017年1月任）

教导员：

肖耀兴（2019年6月任）

副大队长：

赵文洪（2019年7月任）

邮 政

【邮政概况】 2015—2019年，中国邮政集团公司东莞市谢岗镇分公司（以下简称谢岗邮政分公司）邮政事业实现持续稳定发展，业务收入平均增长率8.5%，员工收入得到稳步增长。

2019年实现邮政业务收入1594.98万元，完成年度计划的102.11%，比上年增长8%；实现收支差594.52万元，完成年度计划的108.09%，同比增长11%。其中，金融业务实现收入1231.10万元，完成年计划的100.42%，增长8.2%，金融总资产累计新增7.4亿元，全年累计新增余额4649万元，储蓄余额规模达5.6亿元。代理保险累计新增2237万元。传统邮政业务实现收入170.23万元，同比增长-9%，寄递业务实现收入193.65万元，其中，国际小包累计创收41.4万元，同比增长373.14%；快递包裹累计创收152.25万元，同比增长10.01%。

【“三点一箱”投递网络建设】 2017年，谢岗邮政分公司为了应对进口包裹量快速增长带来的投递能力不足问题，积极探索推进“三点一箱”（代投点、自提点、中转点，智能包裹箱）的创新投递服务模式，采取“上门+代投+自提”相结合的模式提升投递能力，同时，加大智能包裹箱使用推广力度，把智能包裹箱投放至小区、医院、工业园区等场所，努力打造智能化的“最后一百米”寄递终端服务平台。

【叠加便民服务】 2018年，谢岗

2018年，谢岗邮政分公司开办车驾管、代扣税便民服务站

2018 年，谢岗邮政邮件处理中心搬迁到振华路 3 号厂区

邮政分公司在为广大群众提供包裹、信函寄递、报刊订阅、邮政储蓄、公积金提取等邮政服务基础上，重新整合营业服务场地资源，联合税务分局、交警大队两个机关单位在传统营业服务区开设代办车驾管、代扣税便民服务，进一步丰富了邮政服务内涵，不断满足社会用邮需求。

【企业文化建设】 2015—2019 年，谢岗邮政分公司加强企业文化建设，增强员工的凝聚力。持续开展社会主义核心价值观教育学习，举办道德讲堂教育活动，成立员工志愿服务机构，组织践行学雷锋教育活动和关爱老人义卖活动。更换大院墙壁上企业文化标语和企业发展理念。开展关怀员工活动，领导不定期到生产班组参加会议，传达讲解市公司有关的重要精神，组织员工谈心，进行员工家访，及时安排探望生病员工、生育女员工，帮助员工解决生活上的实际困难。加强员工之家建设，开展文体活动，从有限的工会活动经费中调剂出部分，添置健身器材，利用业余时间组织员工打乒乓球、羽毛球、登山、唱歌等活动，在集体活动中不断增进员工之间的友谊和凝聚力。

【寄递能力提升】 2018 年，谢岗邮政分公司为提升寄递业务发展能力，租用谢岗镇政府新华路 390 平方米厂房，缓解了寄递生产作业、办公场地空间不足的制约问题。此外，为提高邮件分拣效率，缩减邮件处理时限，加装了邮件自动运输带，邮件处理能力明显增强，有效促进寄递业务发展。

（撰稿：罗永东）

附：2015—2019 年中国邮政集团公司东莞市谢岗镇分公司领导名录

总经理：

许 伟（2015 年任）

党支部书记：

李向民（任至 2018 年）

卢浩权（2018 年任）

副总经理：

黄建华（2015 年任）

电 信

【电信概况】 1958 年 8 月，谢岗设立电话站，总机设在谢岗红旗村，性质为民办，有工作人员 2 人；1979 年电信与邮政合并，成立谢岗邮电所，经营性质由民办转为公办，从业人员 4 人，位于光明北路。1998 年邮电分营，谢岗电信分局成立，从业人员 12 人；2019 年谢岗电信分局经过内部机构调整，设立销售部、政企部、网络部、营业厅、政企支局、区域支局，从业人员共 50 人。

2015—2019 年，谢岗电信分局业务实现持续稳定发展，业务收入平均增长率 5%，员工收入得到稳步增长。2019 年业务收入达 3764 万元。

【信息基础设施建设】 2015 年年初，经贸办受理谢岗电信公司关于在银瓶合作创新区建设 4G 移动信号 4 个网络覆盖点的申请，并对相关基站进行实地考察，确保基站建设符合规定。5 月，回复镇信访办转来关于谢岗小学附近两个通信基站的投诉，协助市经信局无线电管理科处理镇光明北路 10 号关于通信基站的投诉，并对附近居民做该基站的电磁辐射无影响健康的宣传解释。8 月，协调引导赵林村委会处理一项关于村民对铁塔公司建通信基站的投诉。

2018 年，加强部门沟通推进小区光纤入户建设。根据市经信局信息基础设施建设大会战 2018 年工作任务分解表，谢岗镇须完成已建小区光纤改造 10 个，新建小区光纤入户 3 个。镇工信科局于 4 月 5 日组织召开谢岗镇信息基础建设光纤

谢岗电信分公司营业厅（摄于 2019 年）

建设方面动员会，会上落实 10 个小区主要由中国电信公司负责，3 个新建小区光纤入户由广电负责。会后，中国电信公司、广电部门人员到小区现场实地了解，加快完成小区光纤改造和入户建设工作。至 9 月底，完成已建小区光纤入户工程 10 个，新建小区入户工程 3 个，完成率 100%。同时，协调各方合力推进基站发射塔建设。镇工信科局联同铁塔公司相关人员到村（社区）实地勘测和协调，对铁塔公司反馈基站建设过程遇到的问题，及时召开相关部门工作会议，跟踪工作中遇到的困难和问题并予以解决。至 9 月底，新建基站 4 个。

（供稿：谢岗镇商贸办）

【有线通信】 2015 年 9 月，谢岗镇 12 个村、社区全面开展光纤信息村建设，企业光纤网速达 1000 兆，家庭光纤网速达 500 兆。

2019 年 5 月，谢岗电信分局在全镇开启智慧家庭网络升级改造工程，针对全镇宽带用户免费上门检测网络覆盖情况，并提出优化方案。是年年底，实现 1000 户以上用户家庭网络升级改造。

【无线通信】 2008 年年底，中国电信拿到移动 3G 牌照和 CDMA 网络，正式进入 3G 时代。至 2014 年 10 月，3G 活跃用户达 2.38 万户。同年 10 月，中国电信 4G 业务上线运营，谢岗镇进入移动 4G 时代，4G 活跃用户超过 1.5 万户。截至 2019 年，谢岗镇电信移动活跃 4G 用户超 2.5 万户。基站建设方面，谢岗电信分局共有无线基站 120 个，全方位覆盖谢岗镇区。

（撰稿：周开发）

附：2015—2019 年谢岗电信分局领导名录

总经理（党支部书记）：

邹贵清（任至 2016 年）

蔡耀驹（2016 年任）

副总经理：

温桂东（任至 2016 年）

林　宙（2016 年任）

温桂东（2016 年任）

2019 年，谢岗电信分局在曹乐成立曹乐营业厅

农业·林业·水利

农 业

【农业概况】 2015年，谢岗镇实有农田保护区面积1037.73公顷，实现农林牧渔业总产值2.56亿元，比上年（2.3亿元）增加11.3%。

2017年，谢岗镇实有农田保护区面积659.6公顷，比上年减少36.4%，实现农业总产值2.46亿元，比上年减少1.02%。

2019年，谢岗镇实现农业总产值2.21亿元，比上年减少2.49%。

【农村土地承包经营权确权】2015年，谢岗镇成立农村土地承包经营权确权登记颁证工作领导小组，并根据要求开展前期调查工作，初步了解摸清全镇农村土地承包经营、农村股份制改革、股东变化、户籍人口变化等情况，摸清家底，掌握确权登记颁证工作的基本信息资料，为下一步制定工作实施方案打好基础。

2017年，完成调查测绘承包地面积1473.33公顷，实测地块1456块；完成农户（股东）信息收集和完善；全镇完成打证570户，完成补签合同1550户。

2018年，完成调查测绘承包地面积1473.33公顷，实测地块1456块，完成11个村承包地的工作底图、确认图确认及公示图公示工作；完成确权农户（股东）信息收集和核实，全镇股东总户数4365户。全年补签合同3928户，颁发土地承包经营权确权证书2952户，颁证率67.63%。其中，窑山村、大厚村、稔子园村、大龙村、曹乐村、赵林村和南面村7个村完成补签合同及颁发证书达92%以上，五星村和谢山村颁证率为87.16%和86.70%，谢岗村和黎村颁证率分别为54.2%和8.11%。

2019年，全镇股东总户数4365户，全年补签合同4119户，补签率为94.36%，颁发土地承包经营权确权证书4008户，颁证率为91.82%。

【农业普查】 2017年1月1日，谢岗镇全面开展第三次全国农业普查，完成4449户农户、40户规模户、34户农业经营单位、12个行政村和乡镇的登记普查，并在规定时间节点完成数据处理、汇总、上报。

【申报产业发展资金】 2017年，谢岗镇成功申报市扶持次发达镇产业发展项目2个，获得次发达镇产业发展专项资金8000万元，用于扶持倍增计划企业贷款贴息项目（扶持金额600万元）、华能东莞谢岗天然气热电联产配套征地拆迁项目（扶持金额7400万元）。

2018年，获得扶持专项资金8000万元，扶持东莞市伊佰实业有限公司LED封装建设项目（扶持金额2500万元）、东莞市环保终端处置中心征地拆迁项目（扶持金额4500万元）、扶持倍增计划企业贷款贴息项目（扶持金额1000万元）。

2019年申报项目3个，资金7200万元，用于东莞市伊佰实业有限公司LED封装建设项目（申请补助金额2000万元）、康毅亚

2015—2019年谢岗镇农业总产值情况表

表10

年份	合计（万元）	比上年（%）	年份	合计（万元）	比上年（%）
2015	25610	—	2018	22619	－0.88
2016	24851	－3.05	2019	22069	－2.49
2017	24599	－1.02			

厂房收储项目（申请补助金额 4000 万元）、谢岗镇扶持倍增计划企业贷款贴息项目（申请补助金额 1200 万元）。

【农用地统筹】 2015 年，谢岗镇加快转变农业发展方式，推动全镇都市农业建设，促进农村集体组织及农民增收。组织农林水务局、资产办、农技中心、黎村等相关部门多次研究讨论，形成《谢岗镇黎村农业用地统筹发展思路（送审稿）》并上报镇委、镇政府审定。

2016 年 2 月 3 日，谢岗镇第三次党政领导班子联席会议讨论，同意《谢岗镇黎村麻湖塘及窑贝塘鱼塘承包合同书》，统筹黎村麻湖塘、窑贝塘，面积共 70.67 公顷，用于水产养殖及农业开发等，租期 30 年，从 2016 年 3 月 1 日至 2046 年 2 月 28 日，镇资产公司有限公司与黎村股份经济联合社签订合同，由镇土地储备中心负责经营管理。

【高标准农田建设】 2019 年，谢岗镇农林水务局牵头负责高标准农田建设工作，工程名称为东莞市谢岗镇 2018—2020 年度高标准农田建设项目。项目位于谢岗镇谢岗村、大厚村、黎村 3 个行政村，建设规模共 153.07 公顷，主要包括新修涵管、整修田间道、生产路、交叉路口、回车道、掉头点、标识牌和标志碑。5 月 30 日，《谢岗镇 2018—2020 年度高标准农田建设项目初步设计方案》通过专家评审。10 月 8 日，项目经招投标及公示，进入现场勘察。2019 年 11 月 4 日，工程开始动工。

【田间窝棚整治】 2019 年，谢岗镇成立田间窝棚专项整治工作组，制定《谢岗镇田间窝棚专项整治工作方案》，组织相关部门、各村（社区）对全镇范围内的田间窝棚进行摸底排查，共排查出田间窝棚 130 间。9 月 10 日，召开田间窝棚专项整治工作推进会，加强和推进田间窝棚专项整治工作的落实。为保证田间窝棚专项整治工作的顺利推进和保证农户日常生产需要，实行统一采用集装箱模式建设农田工具房。委托广东志合项目管理有限公司，作为农田工具房的采购代理机构，11 月中旬完成招投标。

【银瓶湖生态体验园】 2015 年，谢岗镇完成银瓶湖生态体验园规划，计划总投资 6000 万元，规划面积 81.6 公顷。

2016 年完成银瓶湖生态体验园一期工程，工程建设投资 1300 万元，完成项目包括南侧东西走向通道工程、堤围加宽工程、土方填筑工程、主干道工程等 4 个单项工程。

2017 年 11 月，银瓶湖生态体验园建设工作移交给镇住建局。

2019 年 10 月，镇政府明确以国家湿地公园标准要求把银瓶湖生态体验园建设成为省级湿地公园，然后按程序申报国家湿地公园，银瓶湖生态体验园更名为广东银瓶湖省级湿地公园。

【海绵城市】 2017 年，谢岗镇政府提出创建银瓶合作创新区海绵城市思路。

2018 年，成立银瓶合作创新区海绵城市建设工作领导小组，负责研究部署谢岗镇海绵城市建设工作；研究解决海绵城市建设过程中的重大问题，督导协调各部门推进海绵城市建设工作，确保海绵城市建设工作持续发展；印发《银瓶合作创新区海绵城市建设工作方案》，明确工作职责；组织编制谢岗镇海绵城市政策文件和海绵城市建设技术指引。

2019 年 1 月 23 日，《银瓶合作创新区海绵城市建设工作方案》通过谢岗镇第十七届人民代表大会第七次会议审查，并报市自然资源局备案。政策文件和技术指引涵盖海绵城市建设的全过程。政策文件分别是《谢岗镇海绵城市建设实施方案》、《谢岗镇海绵城市规划建设管理实施细则》和《谢岗镇海绵城市项目管理办法和台账》。

【加强生猪屠宰管理】 2015 年，谢岗镇组织资产办、财政分局、组织办、农技中心、食品公司等单位组成调研组深入屠场开展调查研

2015—2018 年谢岗镇生猪屠宰检疫情况表

表 11

年份	屠宰检疫数量（头份）	瘦肉精抽检数量（头份）	旋毛虫抽检数量（头份）	无害化处理病变内脏（公斤）	无害化处理死猪（头）	合格率（%）
2015	49000	6878	3400	1506	—	100
2016	68000	12704	—	3130	26	100
2017	99300	18244	7780	4958	—	100
2018	154664	23186	9600	5700	87	100

究，并提出建议方案报镇政府审批。8月，方案经镇政府审批执行。

2016年，制定《谢岗镇生猪肉品统一冷链配送实施方案》，与谢岗食品公司签订生猪肉品冷链配送责任书，要求食品公司按东莞市要求加快冷链配送工作进度，确保按时完成任务。

2017年，对生猪定点屠宰企业加强日常监管，与农技中心、食药监分局、公安分局等部门联合开展打击私宰行动，出动执法人员15人次，发现不合格肉品25公斤。

2018年，根据《东莞市农业局生猪定点屠宰企业管理办法》要求，严格要求屠宰场对病害猪无害化处理，每月上报无害化处理情况，并做好资料保存以备检查。对牛羊屠宰场加强巡查和监管力度，开展每天一检查，每天一报告，自查自纠，对隐患做到早发现、快反应、严处理。

2019年，根据《东莞市人民政府关于印发〈东莞市生猪定点屠宰场整合方案〉的通知》文件精神，镇生猪定点屠宰业务整合至常平镇生猪定点屠宰场。从3月5日起，谢岗全面停止生猪屠宰业务。

【农民专业合作社】 2015年，东莞市谢岗银峰荔枝专业合作社入选首批国家农民合作社示范社，成为东莞市首个入选国家示范社的农民合作社，是谢岗镇农民专业合作社发展的里程碑，为全镇农民合作社的发展发挥示范推广作用。2018年11月，东莞市谢岗合意荔枝专业合作社成立。截至2019年12月，谢岗镇共有8个农民专业合作社。

【强农惠农】 2015年，谢岗镇组织6个村开展2016年一事一议项目申报工作。共提交申报项目10宗，计划投资863.29万元，争取上级资金287.76万元。做好种粮补贴、农机购置补贴申请发放工作。上半年全镇申请市种粮补贴41.62公顷，申请补助金额54570元，惠及农户5户。申请农机购置补贴金额54万元，惠及农户6户。组织农民专业合作社申报2015年农民专业合作社项目发展资金和申报东莞市农民专业合作社示范社，全年有6家合作社申请项目发展资金60万元，有3家合作社申报示范社。

2016年，发放种粮补贴2.09万元，惠及农户5户；帮助农户申请购机补贴27.06万元，惠及农户5户。帮助3户农户申请农业政策性保险，保障额3万元。

2017年，为2户村民申报种粮补贴种植面积10.47公顷（水稻5.13公顷、玉米5.34公顷）。

2018年，为农户3人次申报种粮补贴金额3.85万元，申报补贴水稻种植面积10.27公顷。申报2019年村级公益事业一事一议财政奖补项目8个，涉及2个村，其中谢岗村5个项目（均为村内道路硬底化）、大厚村3个项目（均为村内道路硬底化），申报补助资金223万元。以上项目于2019年9月23日获市批复实施。

2019年，申报2020年村级公益事业一事一议财政奖补项目2个，涉及2个村（大龙村和黎村），拟申报补助资金125.67万元。其中大龙村申报“大龙村黄毛岭路硬底化工程”，申请补助资金8.67万元；黎村申报“黎村墩头村庄环境整治工程”，申请补助资金117万元。申报种粮补贴金额11.15万元，申报补贴水稻种植面积45.07公顷，惠及农户6人次。申请农机购置补贴渔业过冬棚补助8.63万元，申请补助面积7.67公顷，惠及农户2人次。帮助4户农户购买政策性农业保险，投保种植面积73.9公顷，其中玉米31.8公顷，水稻4.8公顷，香蕉37.3公顷，涉及保险金额127.85万元。帮助镇绿卡实业有限公司申报东莞市都市渔业建设项目，建设水产健康养殖示范场，获得市扶持资金25万元。

【农产品“三品认证”】 2015年，指导协助谢岗发记菜场、利华香蕉专业合作社和环山石峡龙眼专业合作社申报无公害农产品扩项认证。12月，发记菜场增加的蔬菜品种芥蓝通过无公害农产品认证。从是年起，配合省、市农产品检测部门开展“三品”认证企业抽样检测，主要检测农产品农药残留情况。至2019年，共开展“三品”抽样检测12次，检测结果均为合格。

【农资安全监管】 2015年，谢岗镇出动执法人员41人次，对14家农药、肥料、种子农资店开展多次执法巡查，配合市执法队处罚1宗销售假冒农药违法行为，处罚金额2160元，派发安全使用农药宣传资料520份。

2016年，配合市农业执法队开展农资打假检查专业行动，并与农技中心加强对全镇农药市场监管力度，联合开展多次检查行动。2016年，开展执法检查12次，出动执法人员36人次。

2017年，开展农资打假检查专业行动执法检查8次，出动执法人员35人次，累计检查农资店45家，查处立案1宗，处罚金额1897元。

2018年，开展农资打假执法检查8次，出动执法人员45人次，累计检查农资店45家、饲料生产企业1家。立案查处使用药物饲料添加剂品种目录以外案件1宗，处罚金额8.49万元。

2019年，对农资市场开展执法检查8次，出动执法人员50人次，检查农资店12家、饲料生产企业1家。加强农药经营许可管理，有12家农药经营店通过工商注册，领取农药经营许可证。加强农资安全、合法经营宣传，通过在农资店悬挂横幅和派发宣传资料等方式，使经营者知法懂法，守法用法。加强农资产品抽检，委托广州华鑫检测技术有限公司依法对旭辉农药店和信俐达农药店开展抽样检测，主要检测农药、肥料产品成分结果是否与该产品标签标示值相符以及是否含有隐性成分。经检测，两家被抽样检测农药产品均合格。

【南面镇级农业产业园】 2015年，谢岗镇选址南面村“黄猄坑”66.67公顷农用地，规划建设镇级农业产业园。是年年底，完成选址方案，并开展优化规划方案工作。该农业产业园以荔枝产业为特色，引入企业进行荔枝烘干、酿荔枝酒等深加工、设立南面农产品展示销售中心、引进“金线莲”“铁皮石斛”到园区落户等，助力发展高端农业、都市农业。

【国家菜果茶标准化项目】 2015年，谢岗镇银峰荔枝专业合作社申报的创建国家菜果茶标准化创建项目于3月通过省农业厅、财政厅专家组验收和批复。该项目计划投入150多万元开展水肥一体化喷灌建设、购置烘干机和打药机、建设园区水泥道路、举办培训班、购买农资产品等项目。通过该项目建设，将进一步完善园区基础设施建设，提高社员种植技术水平，有力促进谢岗镇现代化荔枝产业发展，加速谢岗镇都市农业、悠闲观光农业的发展步伐。

【银峰荔枝专业合作社入选首批国家示范社】 2015年，谢岗银峰荔枝专业合作社入选首批国家农民合作社示范社，成为东莞市首个入选国家示范社的农民合作社，是谢岗镇农民专业合作社发展的里程碑，为全镇农民合作社的发展发挥示范推广作用。

【扶持水利移民村和革命老区村建设】 2016年，谢岗镇申请水利移民村扶持资金项目3个，补助资金234万元，扶持2个移民村开展路灯照明、天面防水隔热、厂房维修及大楼回购等项目。为2个革命老区村争取到革命老区建设项目市级补助资金80万元，改善道路、排水、环境等基础设施。

2017年，对水利移民实施项目5个，分别是谢岗镇五星村万里小组旧村路灯照明及配套工程，总投资21.39万元；谢岗镇五星村第三工业区新星路路灯照明工程，总投资20.09万元；谢岗镇五星村上湖小组新村路灯照明工程，总投资29.35万元；大龙新围仔五谷神机耕路硬底化工程，总投资30.06万元；大龙新围仔老人活动中心配套工程，总投资21.17万元。移民村的村民生产、生活条件得到改善，村容村貌得到进一步提升。

2018年，申报水库移民实施项目1个，谢岗镇五星村寨凹曲园巷道路工程，总投资56.54万元。申报水库移民项目1个，五星股份经济联合社下渡分社集体厂房宿舍改造工程及配电工程，批复扶持资金72万元。

2019年，申报革命老区建设项目1个，即大龙村水管改造工程，批复补助资金80万元。

种植业、养殖业

【种植业】 2015年，谢岗镇种植业产值1571万元，比上年增加31.98%。农作物总播种面积1482公顷，比上年增加9.19%。蔬菜播种面积1115公顷，比上年增加3.56%；总产2.45万吨，比上年减少1.77%。水稻播种面积7.4公顷，比上年减少73.57%；总产45吨，比上年减少72.52%。玉米播种面积40.27公顷，比上年减少39.72%；总产193吨，比上年减少39.81%。水果种植面积962公顷，总产1895吨。其中荔枝866.67公顷，总产750吨；龙眼33.33公顷，比上年增加1.26%；总产95吨，比上年减少10.36%。花卉种植面积44.2公顷，与上年持平。

2016年，谢岗镇种植业产值1.78亿元，比上年增加12.99%。农作物总播种面积1498.93公顷，比上年增加1.12%。其中蔬菜播种面积1230.67公顷，比上年增加10.4%；总产2.62万吨，比上年增加7.16%。水稻播种面积6.4公顷，比上年减13.51%；总产34吨，比上年减少24.44%。玉米播种面积19.53公顷，比上年减少51.4%；总产83吨，比上年减少56.99%。水果种植面积962公顷，总产1484吨。其中荔枝种植面积866.67公顷，总产154吨；龙眼种植面积33.33公顷，与上年持平；总产93吨，比上年减少21.69%。花卉种植面积44.2公顷，与上年持平。

2017年，谢岗镇农作物总播种面积1279.2公顷，比上年减少14.65%。其中蔬菜播种面积1212.8公顷，减少1.45%；总产2.56万吨，减少2.57%。水稻播种面积5公顷，比上年减少21.88%；总产

27 吨，减少 19.42% 。玉米播种面积 14.53 公顷，比上年减少 25.67%；总产 62 吨，减少 25.52%。水果种植总面积 980 公顷（其中：荔枝 866.67 公顷，龙眼 33.33 公顷，其他水果 80 公顷），比上年增加 1.89%；总产 1195 吨，比上年减少 19.47%。花卉种植面积 39.33 公顷，比上年减少 11.01%。

2018 年，谢岗镇农作物总播种面积 1441.27 公顷，比上年增加 12.67%（其中：蔬菜播种面积 1259.2 公顷，比上年增加 3.83 %）；总产 2.65 万吨，比上年增加 3.59 % 。水稻播种面积 10.33 公顷，比上年增加 106.6 %；总产 54 吨，比上年增长 100% 。玉米播种面积 4 公顷，比上年减少 72.47% ；总产 18 吨，比上年减少 70.97%。水果种植总面积 990.67 公顷（其中荔枝 866.67 公顷，龙眼 33.33 公顷，其他水果 90.67 公顷），比上年增加 1.07%；水果总产 3057 吨（其中荔枝 2150 吨，龙眼 155 吨），比上年增加 155.81 %。花卉种植面积 44.53 公顷，比上年增加 13.22%。

2019 年，谢岗镇农作物总播种面积 1387.2 公顷，比上年减少 3.75%（其中蔬菜播种面积 1289.67 公顷，比上年增加 2.42%）；总产 2.69 万吨，比上年增加 1.77% 。水稻播种面积 4.8 公顷，比上年减少 53.55%；总产 24 吨，比上年减少 55.56% 。玉米播种面积 38.8 公顷，比上年增加 870%；总产 174 吨，比上年增长 866.67%。水果种植总面积 990 公顷（其中荔枝 866.67 公顷，龙眼 33.33 公顷），比上年减少 0.07%；水果总产 449 吨（其中荔枝 30 吨，龙眼 76 吨），比上年减少 85.31%。花卉种植面积 45.2 公顷，比上年增加 1.5%。

【养殖业】 2015 年，谢岗镇随着严禁畜禽养殖业长效管理机制的基本形成，违禁养殖畜禽行为得到有效控制。全年家禽（主要是鸡、鸭）年末存栏 10.785 万羽，比上年增加 7.59 %；肉类总产量 660 吨，比上年增长 10.98%。出售和自宰肉牛 361 头；出售和自宰肉用羊 9 吨，比上年增加 400 %；出售和自宰家禽 46.53 万羽，比上年增长 17.54%；水产品总产量 9630 吨，比上年增加 0.46 %。

2016 年，家禽（鸡、鸭）年末存栏 10.156 万羽，比上年减少 5.83%；肉类总产量 700.2 吨，比上年增长 6.09%。出售和自宰肉牛 406 头，比上年增加 12.46%；出售和自宰肉用羊 1.78 万只；出售和自宰家禽 47.14 万羽，比上年增长 1.31%；水产品总产量 6239 吨，比上年减少 35.21%。

2017 年，全镇肉类总产量 801.56 吨，比上年增长 14.48 %。出售和自宰肉牛 2136 头，比上年增加 426%；出售和自宰肉用羊 27293 只，比上年增加 53%；出售和自宰家禽 63.98 万羽，比上年增长 35.73%；水产品总产量 3808 吨，比上年减少 38.96%。

2018 年，全镇肉类总产量 332.1 吨，比上年减少 58.57%；出售和自宰肉牛 2937 头，比上年增加 37.5%；出售和自宰肉用羊 2.90 万只，比上年增加 6.4%；出售和自宰家禽 24.93 万羽，比上年减少 61.03%；水产品总产量 4696 吨，比上年增加 23.32%。

2019 年，全年出售和自宰肉牛 340 头，比上年减少 88%；出售和自宰肉用羊 8449 只，比上年增加 71%；水产品总产量 5489 吨，比上年减少 16.88 %。

林业

【林业概况】 2015—2019 年，谢岗镇总面积为 9147.99 公顷，森林覆盖率为 48.82% ，其中林业用地 3883.45 公顷，非林业用地 5264.54 公顷。植树 30.16 万株，其中义务植树节植树 3.7 万株，幼林抚育补苗 3280 株，抚育幼林 200 公顷，进行林业病虫害防治 630 公顷。

【林木保护】2015 年，谢岗镇按省、市森林防火指挥部要求，以“严控森林火灾、保障绿色发展”为主题，切实做好森林防火工作，经常性开展防火宣传，共派发宣传防火手册 300 多份。在防火期内，严格防范野外用火及乱砍滥伐和盗窃稀有树种，按护林员属地包干，划分地段及山头责任制，重点地段，重点防守，加强巡查，严禁一切闲杂人员进入封山育林区，坚持 24 小时值班。同时，为提高队员体能素质，每季度分别组织护林员、扑火队员集中培训，达到强化护林队伍建设的目的。是年，加大对红火蚁防控和薇甘菊除治工作力度。在红火蚁防控方面，以护林员投放药物为主，其中 3 月和 5 月共用药 100 公斤，主要防治公园、学校、公路两旁、果园和花卉场等地的红火蚁；在薇甘菊除治方面，按照市林业局要求，2015 年薇甘菊除治任务 133.33 公顷，年内完成公路、铁路两边树木的除治。

2016 年，为做好森林防火工作，派发宣传防火手册 300 多份，在防火期内坚持 24 小时值班，并在 3 月、5 月、9 月分别组织护林员、扑火队员集中培训，保障绿色发展。在红火蚁防控方面，出动防治人员 180 人次，用药 350 公斤，

2019 年，谢岗镇开展森林消防演练活动

防治覆盖面积 53.33 公顷次，处理蚁巢 320 个；在薇甘菊除治方面，除治任务 133.33 公顷，年内完成潮莞公路、铁路两边的除治。

2017 年，以“严控森林防火，保障绿色发展”为主题，加强森林防火宣传教育。全年维修镇林场防火通道 6.5 千米。在红火蚁防控方面，出动人员 234 人次，用药 100 公斤，防治覆盖面积 65.33 公顷，处理蚁巢 188 个，派发宣传资料 250 份；在薇甘菊除治方面，除治任务 133.33 公顷，相继完成潮莞公路、铁路两边的除治。

2018 年，出动人员 73 人次，共用药 240 公斤，防治红火蚁覆盖面积 200 公顷，处理蚁巢 130 个，派发宣传资料 155 份；在薇甘菊除治方面，除治任务 133.33 公顷，完成潮莞高速公路、铁路两边的除治，并进入验收阶段。

2019 年，加大红火蚁防控和薇甘菊除治工作力度。全年出动人员 50 人次，用药 110 公斤，防治覆盖面积 333.33 多公顷，处理蚁巢 700 多个，派发宣传资料 160 份。薇甘菊除治方面，除治任务 133.33 公顷，年内完成潮莞高速公路、铁路两边的防治。是年，加大生物防火林带建设与升级林场防火通道部分硬底化及整修，有效提高公共安全保障水平。2018 年生物防火林带营造 24.326 千米，2019 年经全面竣工验收合格。生物防火林带抚育工程的建设与核验工作于年底完成，经核查，达到验收标准长度为 16.218 千米。其间，还按照林业系统的行动部署，严厉打击非法侵占林地。林业站分设东部、西部、储地和林场 4 组，从早上 8:30 至晚上 5:30 进行巡查，在林场入口定点设卡，严禁火源进山，严禁野外用火。全年发现非法侵占林地并上报两违小组的 73 宗违建，其中，由市立案调查的南面 1 宗(已拆除复绿)、黎村崖山公园 1 宗(已立案调查)。

【林业执法】 2015—2019 年，谢岗镇加强林业保护执法工作，开展林地违建清查，加大对开山毁林、侵占林地等违法行为的查处力度，先后对 15 宗在山上私自砍树搭建临时建筑物的违法行为进行查处，对违法搭建物强制拆除，并责令相关社区复绿。

【植树造林】 2015 年，谢岗镇配合全市铁路景观林带建设，完成潮莞高速路景观林带谢岗段 8 千米的造林任务。

2016 年植树节期间，镇机关干部带头植树，种植国庆花、凤凰树、桃花心、秋枫。是年，全镇共植树造林 30 万株，实现绿化覆盖率 37.5%。同时，抚育幼林 56.8 公顷。

2017 年植树节期间，镇机关干部带头在黎村小学南路种植秋枫、樟树 835 棵。同时，对 35.02 公顷幼林实施二次幼林抚育，完成建设潮莞高速路景观林带 7 千米。

2018 年，配合市林业局苗木下乡政策，镇机关干部在植树节期间，种植小叶榄仁 148 棵，在大厚村种植樟树 270 棵。将潮莞高速路景观林带谢岗段 8 千米建设项目移交市林业局。

2019 年，加快推进彩色林建设，结合树苗下乡完成植树节任务。年内达成“一季度全面启动，国庆前见彩成景，年底前全面完成”的目标，配合市林业局苗木下乡政策，在黎村普洛斯物流园路段种植黄花风铃木 300 棵，据实地观察存活率为100%。

【创建省级森林小镇】 2015年，谢岗镇配合创建国家森林城市工作，制作一批T形广告牌、横幅、广场宣传牌、宣传单等，通过宣传栏、广场LED宣传大屏、电视广播等形式，于5月9日在镇中心广场摆设专栏，发放创建国家森林城市调查问卷120多份。

2018年，根据省市有关森林小镇创建工作文件，为加快推进谢岗镇森林小镇建设工作，成立谢岗镇推进森林小镇建设工作领导小组，并制定《谢岗镇创建广东省森林小镇工作方案》。6月，研究选定建设规划编制服务单位，并启动《广东省东莞市谢岗森林小镇建设规划（2019—2023年）》编制，于2019年8月完成预审稿，9月26日通过专家评审。9月29日，经市林业局批复同意实施。

（撰稿：袁旋婷 莫安妮）

附：2015—2019年谢岗镇农林水务局领导名录

局长：

罗 翔（任至2018年3月）

林金明（2018年3月至2019年7月）

谢树佳（2019年7月任）

副局长：

林敏怡（2017年12月任）

何立威（2017年12月任）

赵旺权（2019年7月任）

农业技术

【农技中心概况】 2015—2019年，谢岗镇农技中心结合实际，扎实有效并富有创新地做好全镇农技推广工作，有效推进各项工作任务，为谢岗镇农业生产的发展做出积极贡献。

【农产品质量检测监督】 2015年，谢岗镇农技中心加强农产品质量安全日常检测监督。蔬菜生产环节检测共抽检1.22万份，超标样品38份，合格率为99.8%，销毁不合格蔬菜43公斤，无害化处理违禁农药1瓶，延期采摘上市0.15公顷，发出整改警告书2份。年内，全镇没有发生一起因食用农产品而中毒的事件。

在质量方面，要求镇村两级农产品检测督导员对全镇380多户蔬菜种植户每月每户不少于2次到生产基地进行督导检查，并做好巡查记录，发现问题及时处置，每月10日定期召开镇村两级农产品检测督导员工作会议，对农产品质量安全运行情况分析，完善镇村两级农产品质量安全日常巡查监管制度，明确各相关责任人监管巡查的内容、频次、记录及隐患单位事后跟踪等工作要求，确保监管工作落实到位；要求加大对生猪屠宰的抽检比例，从原来的抽检率10%提高到15%，有效降低生猪肉品的质量安全风险，同时加强检测队伍建设，提高工作人员责任意识；严格按照市海洋与渔业环境检测站对谢岗镇水产品检测的各项要求（包括硬件设备配置、人员技术培训、检测制度落实）做好检测工作，并着手准备把养殖水产品面积达2公顷以上的养殖户纳入产品质量监督对象，逐步提高水产品检测质量；利用政府信息平台（全市个人短信系统），向全镇种植户、养殖户定期发布农产品生产的诚信经营情况、检测情况、生产注意事项、日常知识以及和“三防”相关信息等，并初步收到成效。

2016年，按照市农业局统一部署，对蔬菜安全监管实施网格化管理。全镇建一级网格（镇）1个，二级网格7个（有蔬菜种植的村），基本覆盖全镇的蔬菜种植户。同时，明确各级责任分工，镇一级网格4人分为东片区、西片区2个小组，并要求每个小组在1个季度内要完成1次对所管辖的蔬菜种植户1次抽检任务，确保不漏检；二级网格的村级协管员按要求每月实施1次不少于20个样的抽检任务，以此确保蔬菜质量的安全。是年，共抽取蔬菜样本检测农药残留项目7430份，超标样品7份，合格率99.91%，超标0.09%，发出延期采摘蔬菜上市通知书5份，延期采摘蔬菜上市0.07公顷，销毁蔬菜（农药残留超标）1750公斤。

2017年，强化蔬菜生产基地网格化管理，确保蔬菜农产品质量安全。全年抽取蔬菜样本检测农药残留项目5123份，超标样品5份，合格率达99.9%，超标0.1%，发出延期采摘上市蔬菜通知书5份，延期采摘上市蔬菜0.03公顷。

2018年，共抽取蔬菜样本检测农药残留项目5183份，其中学校与工厂214份，生产基地4969份，生产基地超标样品6份，合格率达99.88%，发出延期采摘上市通知书6份，延期采摘上市蔬菜0.04公顷，建立蔬菜生产基地种植户档案367户，签订蔬菜种植质量安全承诺书367户，派发使用农药宣传单400多份，检查农户使用农药100多次。

2019年，共抽检蔬菜3506份，合格率为99.89%，其中：生产基地抽检2750份，合格率为99.85%，延期采摘上市蔬菜0.05公顷，发出整改书4份；工厂、学校送检756份，合格率为100%。执法抽样送

2015—2019 年谢岗镇农产品检测情况表

表 12

年份	类别	检测数量（份）	合格数（份）	合格率 (%)	不合格数（份）	不合格率 (%)	销毁数（公斤）
2015	蔬菜	12240	12202	99.69	38	0.31	43
2016	蔬菜	7430	7423	99.91	7	0.09	1750
2017	蔬菜	5123	5118	99.90	5	0.10	—
2018	蔬菜	5183	5177	99.88	6	0.12	—
2019	蔬菜	3506	3502	99.89	4	0.11	—

市定量检测 189 份，其中送检蔬菜 180 份，水果 9 份（龙眼 5 份，草莓 4 份），合格率为 100%，查处菜农违规使用农药 1 次。建立蔬菜生产基地种植户档案 389 户，签订协议书 389 户；派发农产品禁用农药宣传单 700 多份，挂宣传横幅标语 4 条。是年，积极落实省、市、镇实施推进乡村振兴战略和《谢岗村庄清洁行动春季战役实施方案》，制定《农技中心对农药包装废弃物回收处置工作措施》，在日常下乡农产品质量安全检测中，组织开展农药包装废弃物回收处置推广和普及工作，共出动 90 人次，督促引导农户 380 多户，悬挂横幅 12 条，有效防止乱扔乱弃现象的发生，改善了农村人居环境。是年，还围绕“加强农业植物依法检疫，组织农业生产警钟长鸣”主题，进行线上线下宣传，制作 5 条横幅挂在苗木生产基地及农资配送中心等地，发放宣传资料 30 份、手机短信 30 条，向农业生产经营者宣传其应尽的植物检疫责任和义务，增进其对植物检疫重要性的认识，为推进植物检疫工作打下基础。

【预防动物疫病】 2015 年，谢岗镇有养殖场（鸡鸭鹅、鹌鹑）45 个，总存栏量约 20 万只，散养户 280 户，存栏量约 1.8 万只，对此，谢岗镇农技中心在采取日常防疫措施的基础上不断完善防疫方法，有效预防动物疫病。严格督促指导养殖场（户）消毒、免疫。在春防期间，向 45 个养殖场和 21 个活禽销售档口发放消毒药物 136 箱（1360 公斤）和 100 个量杯，并教会其正确配置消毒药物，合理使用消毒药物，达到有效消毒灭原目的。在坚持抓好日常补栏补防的同时，对所有禽畜养殖场（户）建立免疫登记册，现场给予技术指导，全面实施产地检疫，达到防检相结合、以检促防的目的，对拒不免疫的进行教育或处罚。全年动物免疫注射禽流感疫苗鸡 1.19 万羽份，鸭 47.3 万羽份，鹅 1.73 万羽份，鹌鹑 12 万羽份，犬、猫狂犬病疫苗 983 只份，基本做到动物防疫密度全覆盖，没有发生动物疫情。制定《2015 年谢岗镇动物防疫工作实施方案》，包括总体要求、工作目标、工作措施、建立规章制度和加强监督等，按照方案严格管理全镇动物防疫工作。采取防疫制度上墙方式，使全镇动物规模养殖场（户）的管理逐步走上规模化、制度化。统一制定了免疫、疫情报告、消毒、无害化处理等制度挂牌，悬挂在各个规模养殖场墙面，使各个养殖业主能时刻清楚有关制度和要求，实行规范化管理。增设纸质防疫档案。年内，农技中心对各个养殖场的防疫档案进行分门别类，形成直观、便于查询的纸质档案管理体系，更加有效地管理各个养殖场的动物防疫责任书、每月巡查记录、动物抗体水平报告书等，体现动物防疫工作监管成效。

2016 年，充分发挥村级防治员的主动性，由镇兽医站专业技术员指导，督促防治员按照全市动物防疫计划完成所管辖区域的动物防疫工作，力求动物的免疫率达 100%。同时，有针对性地实施监测，随时掌握动物疫病的抗体水平，分析动物防疫成效，确保全镇动物不发生疫情。是年，全镇有规模养育场 27 个，存栏量 13.09 万只，散养户 290 户，存栏量 4350 只，全年注射高致病性禽流感疫苗鸡 8880 羽、鸭 21.71 万羽、鹅 5800 羽、鹌鹑 5 万羽，犬猫注射狂犬疫苗 987 只，动物防疫覆盖率达 100%。

2017 年，围绕“预防为主”的工作方针，以高致病性禽流感、狂犬病等重大动物疫病的防控工作重点，坚持“常年免疫、全年免疫、有效免疫”的免疫制度，采取“免疫免费、上门免费”等措施，注重平时查漏补免工作，力争做到“镇不漏村、村不漏户、户不漏畜禽、畜禽不漏针”，使防疫不留空白点，

2015—2019 年谢岗镇动物免疫情况表

表 13

年份	类别	鸡（羽份）	鸭（羽份）	鹅（羽份）	鹌鹑（羽份）	犬/猫（只）
2015	高致病性禽流感疫苗	11930	472950	17310	120000	—
	狂犬疫苗	—	—	—	—	983
2016	高致病性禽流感疫苗	8880	217130	5800	50000	—
	狂犬疫苗	—	—	—	—	987
2017	高致病性禽流感疫苗	13280	45900	2800	—	—
	狂犬疫苗	—	—	—	—	1008
2018	高致病性禽流感疫苗	10500	—	—	—	—
	狂犬疫苗	—	—	—	—	1268
2019	高致病性禽流感疫苗	14600	—	—	—	—
	狂犬疫苗	—	—	—	—	1538

全年注射高致病性禽流感疫苗鸡1.33万羽、鸭4.59万羽、鹅2800羽、犬猫注射狂犬病疫苗1008份，动物防疫免疫率达100%。

2018年，共注射高致病性禽流感疫苗鸡1.05万羽、犬猫注射狂犬病疫苗1268只，动物防疫免疫率达100%。

2019年，根据《东莞市2019年动物免疫工作实施方案》，加强对动物禽流感和狂犬病的防疫，全年注射高致病性禽流感疫苗1.46万羽、犬猫注射狂犬病疫苗1538只。同时，根据《东莞市动物疫病监测与流行病学调查实施方案》，于每年春防和秋防后，对散养鸡和犬猫进行抽血检测，以了解禽流感和狂犬病疫苗的免疫抗体水平。全年抽取散养鸡血清和拭子样品100份，犬血清样品40份，经检测抗体水平阳性合格率达90%以上。

2015—2019年，共对鸡、鸭、鹅注射高致病性禽流感疫苗82.11万份，鹌鹑17万份，对犬、猫注射狂犬疫苗5784只。

【严把肉产品质量关】 谢岗镇农技中心严格按照市农业局要求，落实生猪定点屠宰场“限时进猪”和“零存栏”制度，严禁证标不全、证标不符或未经检疫合格的生猪进入屠宰场，严格执行车车检、批批检和同步检疫制度，对检疫合格的产品出具检疫合格证明，并加盖检讫印章才可出场，对发现有病害的生猪作出果断处理。2015年，检疫待屠宰生猪4.9万头，抽检“瘦肉精”检测项目6878份，旋毛虫检测项目3400份，无害化处理病变内脏1506公斤。

2016年，全年共检疫待屠宰猪6.8万头，抽检“瘦肉精”1.27万份，全部检测合格，摘除病害肉3130公斤，无害化处理死猪26头，从而有效避免病害猪肉流入市场。

2017年，严把生猪进场屠宰检疫关，贯彻执行生猪凭“两证两标”上市制度，加强生猪屠宰的查证验物工作，检查生猪是否证物相符，是否健康，证明是否真实有效，严防不符合条件的生猪进场屠宰，共抽检“瘦肉精”1.82万份，抽检旋毛虫7780份，合格率为100%，屠宰检疫生猪9.93万头，摘除病变内脏4958公斤，从而有效避免病害猪肉流入市场。

2018年，派出专职人员7人长驻镇食品公司的屠宰场实行24小时轮班检疫，并在每日凌晨1点到4点派专人在中心办公室进行实时远程监控屠宰生产线，实行检疫人员上下班上岗截图，全年截图4015张。落实肉产品风险评估抽样工作，每个单月，安排专人去市场采集猪肝与瘦肉样品，送至市农检所进行“瘦肉精”检测，各抽样24份共48个，合格率为100%。全年共检疫待屠宰生猪15.47万头，抽检猪“瘦肉精”2.32万份，抽检旋毛虫9600份，合格率为100%，无害化处理死猪87头，摘除病变内脏5700公斤。检疫待屠宰牛2931头，抽检牛“瘦肉精”1785份，合格率为100%。

2019年3月，谢岗食品公司和生猪屠宰场关停，生猪屠宰检测工作相应停止。根据《2019年东莞市农产品质量安全检测监督工作方案》，谢岗镇农技中心兽医部门每单月抽样猪肉、猪肝和牛肉各 4 份，全年共 80 份样品送市农检所进行盐酸克伦特罗、莱克多巴胺和沙丁胺醇等检测，未检出阳性样品。每双月抽取农贸市场活鸡档的活鸡拭子，进行高致病性禽流感的 PCR 抗原检测。每次 40 份，全年 240 份，未检出禽流感病毒。

【水产品抽检】 2015 年，水产品抽检样本 120 份，完成全年计划的 120%，在可检测项目孔雀石绿、氯霉素、呋喃西林、呋喃唑酮四项中，合格率为 100%。

2016 年，谢岗镇有鱼塘 560.07 公顷，养殖户 147 户，以饲养四大家鱼（青鱼、草鱼、鲢鱼、鳙鱼）为主。对其进行不定期不定点地抽查，检测水产品药物残留是否超标，主要检测项目有氯霉素、孔雀石绿、呋喃西林和呋喃唑酮。全年水产品检测任务 100 份，实际抽检鱼类样本 124 份（其中养殖场 76 份、市场 48 份），全部检测合格，合格率为 100%。

2017 年，全镇有鱼塘 474.4 公顷，养殖户 103 户，全年抽检鱼样品 126 份，其中养殖场 102 份、农贸市场抽检 16 份、超市 8 份，经检测孔雀石绿、氯霉素、呋喃西林、呋喃唑酮四个项目均合格，合格率 100%。另外，市海洋和渔业环境监测站到谢岗镇监督抽查 2 次 20 份样品，也全部合格。

2018 年，全镇有鱼塘 466.67 公顷，养殖户 100 户，全年完成产地水产品检测 74 份，完成产地养殖水域或沉淀检测 90 份；协助市海洋与渔业监测站到镇养殖场抽检 6 次，抽检产地水产品 54 份、产地养殖水域沉淀物 54 份，水产品抽检全部合格。

2019 年，谢岗镇农技中心水产品快速检测室按照《2019 年谢岗镇水产品快速检测任务实施方案》进行抽检工作，积极到全镇各村水产养殖场进行产地水产品和产地养殖水或沉淀物抽检和安全检测。至 12 月底，共抽检产地水产品 74 份，完成产地养殖水或沉积物 92 份，经检测全部合格。是年，配合市上级部门到谢岗镇监督抽查和风险监测抽查。市例行抽检、执法抽检共抽检水产品样品 52 份，养殖环境样品 52 份，其中 1 份水产品样品的孔雀石绿不合格。

【完善农业产业园相关工作】 2015 年，谢岗镇加大对农业产业园区企业的帮扶，其中协助广东绿卡公司完成 1500 平方米的龟鳖种苗孵化房建设；协助东供花卉公司二期温室大棚建设，使该公司温室大棚增加到 2 万多平方米。继续完善园区的绿化建设，完成赵林片区 2 千米的农田林网种植。

2016 年，继续推进现代农业产业园的基础项目建设工作。完成银瓶湖 25 万立方米土方填筑项目工程建设，完成宽度 4.5 米、总长 4.9 千米的银瓶湖环湖水泥道路建设。完成绿卡公司 2.5 万平方米的温室大棚建设。协助抓好园区的各项管理工作：绿卡公司的龟鳖养殖全面投入正常生产，年产中华鳖 200 万只，产量达 50 万公斤；赵林片区种植的 33.33 公顷葡萄、火龙果、木瓜、香蕉形成农业休闲观光点，每天吸引众多游客、村民到田头观光、采摘，体验农家生活；东供花卉公司生产的熊掌等花卉品种成为东莞市的花卉品牌，利华香蕉种植合作社、东供水果专业合作社、发记蔬菜种植公司等企业生产运作良好，园区建设初见成效。

2017 年，组织对银瓶湖一、二期填土方工程 25 万立方米的验收，不断完善农业产业园的基础设施建设。年内，园区内的绿卡中华鳖养殖场、东供花卉专业合作社的花卉种植、利华香蕉种植合作社的果蔬种植、发记菜场的蔬菜种植等企业已成为镇农业生产支柱。完善农业产业园的相关管理工作。

2018 年，农技中心会同镇农林水务局、监理公司、设计公司、财政分局、施工单位一齐对银瓶湖环湖道路 4.8 千米水泥道路工程项目进行验收，并继续抓好园区内种养场企业的管理。

【农业科技下乡】 2016 年上半年，谢岗镇举办农业技术下乡知识培训 1 次，参加人员 60 人次，发放宣传资料 120 份。

2019 年，开展农产品质量安全生产管理培训。4 月 12 日，镇农林水务局与市农技推广办联合在谢岗镇南面村举办荔枝种植管理技术暨农产品质量安全管理培训班，有 50 户种植农户参加培训，派发宣传资料 350 份。7 月 25 日，与市农业技术推广管理办公室联合在谢岗镇赵林村蔬菜种植基地开展夏季蔬菜种植技术培训班，邀请农业植保技术员李顺忠为菜农授课，有 50 户蔬菜农户参加培训。9 月 27 日，谢岗镇农林水务局、农技中心在谢岗镇谢岗村委会举办水产品安全生产培训班，邀请市动物疫病预防控制中心李本旺高工为水产养殖户讲教鱼病防治知识和水产品质量控制有关知识，相关水产企业负责人、养殖户等 95 人参加培训。

（撰稿：窦海婷）

附：2015—2019 年谢岗镇农技中心领导名录

主任：

谢旭和（2008 年 5 月任）

副主任：

谢润堂（2008 年 7 月任）

朱赵球（2017 年 12 月任）

谢树佳（2017 年 12 月至 2019 年 7 月）

罗杨钦（任至 2017 年）

袁水云（任至 2015 年）

水务

【水务概况】 2015 年，谢岗镇水务工程运营中心（以下简称谢岗水务中心），为独立设置的公益一类事业单位。至 2015 年年底，谢岗水务中心有在职干部职工 12 人。至 2019 年，有在职干部职工 17 人。

2015—2019 年，谢岗水务中心完成中小河流整治工程、大厚湖堤围加固整治工程、赵林堤围加固整治等水利工程、5 条河涌清淤工程以及生态修复工程，另有分散式污水处理设施及配套管网建设项目、主干河道日常保洁专项项目、银山科技园渠道改造工程正按期进行。

【水利工程建设】 2015—2019 年，谢岗镇持续推进中小河流整治工程、大厚湖堤围加固整治工程、赵林堤围加固整治工程等水利工程建设进度。至 2019 年年底，中小河流整治工程、大厚湖堤围加固整治工程、赵林堤围加固整治工程标段进展顺利，累计完成总投资约 0.54 亿元。其他相继完工工程有大坑水库主坝加固整治工程、吓角水库上库清淤工程，累计完成总投资约 0.016 亿元，另外完成 5 条河涌清淤工程，累计总投资约 0.06 亿元。

【三防工作】 2016 年，积极开展汛前检查工作。汛前要求各相关部门开展防汛大检查，对水利工程设施、地质灾害隐患点等进行重点检查。贯彻落实防汛工作责任制，明确防汛行政责任人和技术责任人 233 人，签订 58 份防汛责任书。组建抢险机械队伍，落实挖掘机 2 台、推土机 2 台、运输车辆 5 台。给各水利工程管理人员配备通信手机，确保信息 24 小时畅通。检查水库 13 宗、堤围 6 宗、排站 11 宗，确保重点设施设备正常运行。完善镇一级三防预案和全镇 37 宗水利工程的应急预案；修订 12 个村（社区）的应急预案、人员应急转移“五个百分百”工作方案，更新全镇及 12 个行政村 233 名防汛责任人信息，登记危险区域应急转移对象人数 102 人。

2017 年，影响谢岗镇的台风有 6 个，台风期间共开放 12 个安置点，安置转移民工、菜农、鱼塘养殖户、孤寡老人等群众 294 人。安置点为群众配足面包、饼干、饮用水等生活物品。

2018 年，投入 50 万元采购一批三防物资。成立由 44 人组成的三防专业抢险队伍，每个村均组建村级三防应急抢险队，并组织抢险队员考取船员证。镇村两级三防体系建设于 4 月 2 日通过市三防的验收。在省三防应急保障系统录入谢岗镇各类防汛行政责任人和技术责任人 5004 人，完成常住人口 5% 的录入比例。开展建筑工地人员转移演练。

2019 年，开展汛前防汛安全大检查，全镇各水库行政责任人率三防部门人员对水库、防洪工程进行检查巡查，了解防汛责任制的落实情况。对部分水利工程的施工加强监管，并清理所有临时围堰、建筑垃圾等，确保河道行洪安全。镇与村行政首长签订防汛防台风责任书 12 份和水利工程防汛行政责任书 45 份。在省三防应急保障系统录入谢岗镇各类防汛行政责任人和技术责任人 233 人。修订镇级三防预案 3 份和 45 宗水利工程应急预案及 12 个村（社区）应急预案。组织人员和专业抢险队员参加市、镇举办的三防业务知识培训和演练，提升三防专业抢险队应对突发事故的应急处置能力和协调作战能力。3 月 18—28 日，组织三防专业队骨干人员参加“全市民兵轻舟分队骨干集训”。4 月 29 日，联合中电建环境治理公司开展东莞市石马河流域综合治理项目三防应急演练。7 月 19 日，组织开展防溺水应急救援演练。8 月 12 日，镇防汛防旱防风指挥部联合林业站、各村（社区）抢险队队员在镇中心小学游泳池举行为期 5 天的水上救援（游泳训练）应急演练训练。全年投入 6.14 万元采购三防物资，有编织袋 3000 个、雨衣 100 件、松木桩 200 个、橡皮艇 2 艘、冲锋舟拖车 1 辆、电动充气泵 3 台、手电筒电池 20 个和潜水泵 2 台。

【水政监察】 2016 年，谢岗水务中心开展水政巡查，及时制止违法行为。上半年组织巡查 50 多次，出动监察人员 200 人次，劝阻水事违法行为 18 宗。以“世界水日”及“中国水周”为契机，开展以“落实五大发展理念，推进最严格水资源管理”为主题的宣传活动。制作宣传标语 10 条，在镇有线广播电视播放宣传短片。为制止和查处水事违法行为，加强社会监督，开设水事违法举报电话。组织执法人员 11 人次参加市水政监察支队开办的水行政执法暨简政强镇委托下放事项培训班。

2017年3月，以“世界水日”和“中国水周”为契机，联合电视台和广告公司共同开展水法宣传，悬挂宣传横幅6条，分发宣传单4000余份。同时加大执法力度，建立健全执法巡查制度，密切巡查监管，及时发现、制止违法行为。全年出动车辆100余辆次进行日常巡查，制止3起在堤围焚烧垃圾的行为、2起在堤围管理范围内种植的行为，处理1起私打地下井的行为，联合交警和综合执法部门查处两起在堤顶行驶的泥头车，暂扣违法车辆10余辆。

2018年，召开谢岗镇河道管理范围内违章建筑清理联席会议，联席会议由镇长担任召集人，分管水务、环保的镇领导担任副召集人，成员由农林水务、环保、城管、国土、规划、住建、宣传、交通、食品药品监督管理、公安等相关部门领导和各村（社区）党工委书记组成。建立信息公开与监督机制。利用广播、电视、网络、报刊等媒体综合进行宣传，定期公布整治进度；通过志愿者在人口较为集中的地方发放900余份《中华人民共和国防洪法》《中华人民共和国河道堤防管理条例》等法律法规资料。根据《东莞市河道管理范围内违章建筑清理专项行动工作方案》要求，制定《谢岗镇河道管理范围内违章建筑清理专项行动工作方案》，并对全镇所有河道管理范围内的建筑物进行全面摸底排查，经过对涉事的违建当事人校核后，依法向当事人下达10份整改通知书。

2019年，对曹乐截洪渠、大厚截洪渠、赵林截洪渠3条河涌开展检查，并摸清两岸6米范围内的违章建筑情况。5月31日，对曹乐截洪渠（格塘村小组段）河道两岸违建进行清理拆除。

【推行河长制】 机构人员制度 2017年9月，谢岗镇印发《谢岗镇全面推行河长制工作方案》。10月，成立谢岗镇全面推行河长制工作领导小组和河长制办公室。召开河长制工作部署会议，完成镇级河长会议制度、河长巡查制度、工作督察制度。2018年，出台《谢岗镇全面推行湖长制实施方案》《谢岗镇全面推行河长制河长助理制度》《谢岗镇镇村两级河长巡河工作指引》《谢岗镇全面推行河长制民间河长管理办法》等制度。8—9月，谢岗镇河长制工作在全市月度评分中，连续两次排名全市第二。其间，做好全国河长制管理信息系统和“广东智慧河长”移动平台数据填报。录入系统45人，安装使用44人次，使用率97%。为配合和支持“官方河长”开展水环境治理，编制《谢岗镇全面推行河长制民间河长管理办法》，公开招募9名“民间河长”和6名河长制义务监督员，设置护河志愿者30名，切实保障社会大众的评议权、参与权、监督权，确保各项任务措施落到实处。至2019年，全镇共设置两级河长99名，其中镇级河长11名，村级河长11名，自然村河长77名。同时，设立镇级湖长4名，村级湖长5名，实现全镇河湖管理保护责任体系全覆盖。

执法巡查 2017年，谢岗水务中心按照镇村两级河长有关要求积极落实巡河工作，截至11月，镇级河长累计巡查8次，村级河长累计巡查5次。

2018年，镇级河长巡河174人次，村级河长巡河435人次，发现并解决问题178多处，自然村村级河长巡河32人次。

2019年，为推动河长制湖长制从“有名”到“有实”，督促协调各级河长加强巡河履职。全年镇级河长巡河湖282次，村级河长巡河湖396次，镇村河长巡河解决问题121个。同时，为提高各级河长湖长巡河成效，推广使用“广东智慧河长”平台巡河功能。全镇加入平台人员46人，巡河发现问题11个，整改11个，整改率达100%。其间，镇河长办不定期对各级河长、职能部门开展督导检查，发出督办事项告知函57份，对问题跟踪落实整改。制定评分考核机制，定期与不定期地开展河湖保洁督查，全年清理2600吨水面漂浮物。联合有关单位成立专项行动小组清理执法，制定专项行动方案，对全镇23条河道进行“清四乱”复核，其中20条河道已通过市河长办复核。

宣传 2017年，谢岗镇水务中心组织开展形式多样的宣传活动。2018年6月15日，镇河长办和镇团委联合主办“益起守护·绿净河湖”环保骑行志愿活动；9月4日，组织护河志愿者开展河长制宣传进校园志愿活动；9月8日组织民间河长集中巡河活动；9月、10月组织开展两期“河湖保洁日”活动。为动员全社会参与河湖保洁工作，印发《谢岗镇河湖保洁日活动方案》，确定从2018年9月起，每月10日为谢岗镇“河湖保洁日”。2019年，在每月定期举办的“河湖保洁日”活动中，通过主、分会场形式，主会场轮流选址在镇内各大河流，分会场选址在各村（社区）河湖流域。累计发动2434人次，清理68.42吨垃圾，派发约3300份宣传手册。每季度举办“河湖治理大家谈”，以丰富多彩的活动形式提高群众参与的主动性、积极性和应用性，邀请河涌整治施工单位、截污管网建设单位有关专业技术人员参加活动，作为特邀嘉宾为现场观众进行原理介绍、技术讲解、投资费用等。同时，通过互联网，在“活力银瓶”微信公众号发布36次河湖水系列主题报道，宣传治污治水、河长制等工作，通过加大曝光力度有效打击企业偷排行为，营造谢岗镇“河畅、水清、堤固、岸绿、景美”的环境。

【污水处理设施建设】 2018年，谢岗镇拟建设3座分散式污水处理站，分别为南面村1号处理站、南面村2号处理站、银瓶山3号处理站，项目总规模850立方米/日，建设配套管网约5.96千米，项目估算总投资2802.2万元。上半年完成可行性研究报告、规划、用地、环境影响评估、立项等前期手续。8月8日，该项目在东莞市公共资源交易中心进行招标，广东开源环境科技有限公司、中国市政工程中南设计研究总院有限公司中标。2019年，市统筹建设3座分散式污水处理站，分别为谢岗南面村1号、南面村2号、银瓶山3号，于5月完成主体工程及配套管网建设。工程项目设计总规模850立方米/日，建设配套主次干管4.397千米，总投资2802.2万元。2019年6月，开始试运营。

【微管网建设】 2018年，谢岗镇启动3个试点单位微管网建设，其中华泰科技园建设总长度1795.1米，直接委托园区建设；东惠广场建设总长度为1450米，直接委托小区建设；稔子园村已完成招投标，施工队已进场施工，建设总长度为1574.9米。另外为加快推进谢岗镇微管网建设，编制完成《谢岗镇微管网建设实施方案》。由农林水务局统筹的12个村（社区）微管网物探、设计单位全部进场；物探单位派出36组成员到各村（社区）工厂企业、民房住宅等建筑物进行全面物探；12个设计单位根据物探成果开展初步设计。

2019年，全镇3个试点单位完工。3月8日，东惠广场及稔子园村完成竣工验收，建设总长度分别为1450米（含立管）和4313.8米（含立管）；3月21日，华泰科技园完成竣工验收，建设总长度1795.1米。通过微管网建设，将雨水和污水分别进入市政管道和截污管网，能最大程度消除旱天污水直排、削减雨天溢流，提升污水处理效益和减少污水外渗的目标。

【水域滩涂养殖证办证】 2018年，谢岗水务中心按照农业部办公厅关于启用新版水域滩涂养殖证有关事项的通知及《东莞市实施水域滩涂养殖使用证暂行办法》有关规定和程序，完成谢创良、谢启华等108个养殖水域新换领中华人民共和国水域滩涂养殖证的初步审核，并呈报市政府审批。2018年颁发中华人民共和国水域滩涂养殖证108本，2019年颁发7本。

（撰稿：袁家仪 莫安妮）

附：2015—2019年谢岗镇水务工程运营中心领导名录

主任：

罗　翔（2015年2月任）

副主任：

王　勇（2017年12月任）

罗文标（2019年7月任）

特色农产品——谢岗银瓶红荔枝

【打造特色品牌】 谢岗镇是东莞市有名的荔枝主产区之一，出产的荔枝被称为“谢岗荔枝”“谢岗银瓶红荔枝”，种植基地主要分布于东莞第一峰银瓶山山脉，基地土壤肥沃、依山傍水、空气清新、水质优良，无污染、无公害。在谢岗镇农业部门的指导和技术支持下，谢岗荔枝品种不断优化，质量不断提升，所产的荔枝果大皮薄，肉厚质实，爽脆、清甜、多汁，是荔枝中

谢岗镇南面村荔枝丰收（摄于2015年）

的精品，食之令人畅然意满，产品远销珠三角地区，每到荔枝成熟季节，来自各地的荔枝商贩就慕名前来收购优质荔枝。其中，南面村更有远近闻名的东莞“荔枝王”，其树龄超百年，冠幅直径达16.8米，胸围3.6米，高9米，因产量高，一次挂果最多达1500多公斤，故美其名曰“荔枝王”。2011年5月被广东省认定为绿色食品A级产品。2013年，谢岗出产的银瓶红，成为东莞市第二届“网上荔枝节”指定供应商，仅开幕式当天就有2000箱谢岗银瓶红荔枝运往北京、上海等城市。2015年11月，在省农业厅组织开展的广东省名特优新农产品评选推介活动中，谢岗镇银峰荔枝合作社的荔枝产品被评为广东省名特优新农产品。是年，谢岗镇成功注册“银瓶红”商标，创建“银瓶红”荔枝品牌。

“银瓶红”，是谢岗镇所产的糯米糍、妃子笑和桂味几个品种的统称。其品质上乘，果实肉脆色鲜，细嫩多汁，剥开干爽、甜度高并且带有独特香味，无论卖相，还是味道都远胜于南方其他地区出产的荔枝。银瓶红从当年“一棵老树甲天下”，曾经不起眼的山头，已经被谢岗人勤劳的双手建起“荔枝王公园”，使得银瓶红的荣耀不断发扬光大，深受消费者喜爱。

【品牌宣传】 2013年，东莞市第二届“网上荔枝节”上，谢岗镇利用荔枝节的优质品牌，进一步推广谢岗镇的青山绿水，擦亮“生态名镇”这块金字招牌，推进谢岗镇生态旅游品牌与荔枝品牌相结合的旅游文化大发展。

2014年，谢岗镇南面村举办主题为“东莞给荔中国”东莞名优荔枝推介活动，宣传推介谢岗的名优荔枝。活动当天吸引数千人参加。

2015年7月13日上午，香港TVB美食节目《吾淑吾食》到谢岗镇南面村取景拍摄。演员兼主持人黄淑仪（Gigi姐）为银瓶山脉百年荔枝王“打广告”，为谢岗荔枝王代言。其间，黄淑仪带队探秘南面优质荔枝干烘焙工厂，品尝东莞质量一流的荔枝干。厨艺高超的黄淑仪，还现场“开灶”教观众利用谢岗荔枝烹饪鲜香佳肴。黄淑仪的独门秘方——“荔枝荷叶蒸猪肉”，就是采用谢岗糯米糍，搭配当地农家猪肉，做出的一道美味可口的“荔荷蒸猪颈肉”。

2015年，香港演员黄淑仪为荔枝王代言

2018年，为实现谢岗镇生态旅游品牌与荔枝品牌相结合的旅游文化发展，镇文体局与菜虫网、顺丰速运等电商平台和物流公司进行洽谈，联合东莞市农业局、东莞市荔枝协会、东莞网络文化协会、菜虫网、顺丰速运等单位，举办“2018东莞给荔中国”宣传推介活动。该宣传推介活动主打情怀“舌尖上的乡情”——荔枝，广泛发动三大商会、同乡会、村委会、校友会等，加大“银瓶红”的推介力度，促进谢岗镇荔枝品牌的打造与传播。此外，除传播“莞荔”IP文化外，还专门为谢岗镇设计宣传推荐活动，在活动现场播放谢岗镇的宣传片，借助新媒体平台和《南方日报》、《广

谢岗“银瓶红”（摄于2019年）

州日报》、《东莞日报》、东莞电视台等省市媒体进行宣传推广，让广大消费者了解谢岗镇的生态环境、丰富的荔枝资源与旅游资源，打响谢岗镇生态旅游品牌。“活力银瓶”公众号定期发布相关推广信息，发动各单位工作人员在朋友圈转发，每天在镇电视台、广场LED屏上播放。

【销售推介活动】 2018年，谢岗镇宣传推介目标客户以当地人和在谢岗工作生活置业的人群为主，提高荔枝销量；统筹全镇农场，联合菜虫网、顺丰快递打造完整的供应链，探索谢岗荔枝在生鲜社交电商新体系下的销售模式发展，促进谢岗荔枝产业可持续发展，让农业增效、果农增收，推进谢岗现代农业发展。是年，荔枝产量达800吨左右。为进一步推动荔枝产业升级，有效避免果农“丰产不丰收”的困局，与广东菜虫网电子商务有限公司达成协议，由该公司承办全镇的荔枝包装技术，并负责荔枝的宣传推广、视频制作等。通过菜虫网的网上销售和顺丰物流优势，将荔枝产品远销到北京、上海等地，让消费者在24小时内品尝到宛如刚从枝头摘下的新鲜荔枝。至6月，早期的妃子笑荔枝销售量达1万多箱，并出现供不应求的现象。

【专题活动】 2018年，谢岗镇开展“党员＋农户＋客户”传党恩卖荔枝送乡情活动，通过举办荔枝美食嘉年华、游园寻宝、东莞高校荔枝营销策划比赛、歌唱比赛、荔枝拍卖会及“银瓶红”品牌建设等活动，全面提升“银瓶红”的品牌与知名度。6月4日，在全镇党员第一期“周一党建活动之夜”专题活动中，要求以党支部为单位，组织全体党员认真组织学习《谢岗镇“传党恩＋卖荔枝”送乡情活动方案》《致谢岗父老乡亲、朋友们的一封信》《如何购买谢岗镇“银瓶红”荔枝》等资料，让广大党员了解活动的目的和意义，熟悉掌握当地、网上购买荔枝的流程和方法。建议各党员购买荔枝送亲戚朋友，或者发动亲戚朋友购买。同时，通过镇“活力银瓶”微信公众号专门推出“银瓶红”信息。6月8日召开全镇各级党组织组织委员会议，对“党员＋农户＋客户”传党恩卖荔枝送乡情活动进行动员部署。各级党组织利用6月9日、10日等休息日时间，根据安排的助销对应关系，主动到工业园区、企业、商会等对接单位进行摆摊设点，通过志愿服务活动，向企业和企业经营者派发《致谢岗父老乡亲、朋友们的一封信》《如何购买谢岗镇“银瓶红”荔枝》等宣传单，动员企业购买“银瓶红”荔枝赠送客户或犒劳员工，促进合作，活跃“企业文化”氛围。活动期间，统一制作谢岗镇“党员＋农户＋客户”传党恩卖荔枝送乡情活动横幅，营造宣传氛围。

【主要推介活动简述】 2015年6月8日，在“2015，全民接荔互联网＋莞荔”推介发布仪式上，东莞谢岗银瓶荔枝专业合作社与菜虫网等销售方签订了购销合同，采购数量达25吨。谢岗镇名优荔枝再次借力“互联网＋”飞向全国千家万户。

2016年4月21日，在“啖东莞荔枝·讲世界情怀”——2016东莞（全球）荔枝节发布会上，谢岗银瓶红荔枝精彩亮相，并与电商平台“问道中国”成功签约。

2018年5月17日，谢岗镇与东莞市荔枝协会、东莞市网络文化协会、菜虫网、顺丰速运等单位联合主办的“2018年东莞给荔中国启动仪式暨莞荔IP文化与电商产销对接会”在松山湖中科院云计算中心学术报告厅举行。活动中，谢岗镇分别与菜虫网、顺丰速运签订了销售合作协议，这标志着谢岗果农的荔枝搭乘“互联网＋”电商快车，果农的荔枝产量和销售收入将迎来

2008年6月8日，谢岗镇召开“党员＋农户＋客户”传党恩卖荔枝送乡情活动工作会议

双丰收。

2018 年 6 月 8 日，谢岗镇召开“党员 + 农户 + 客户”传党恩卖荔枝送乡情活动工作会议，引导广大党员干部发挥先锋模范作用，帮助谢岗镇果农推销荔枝，提升销量的同时，大力推广谢岗镇“银瓶红”荔枝品牌，助力乡村振兴战略。

2018 年 6 月 9 日，赵林村党工委联合驻村志愿者，开展“党员 + 农户 + 客户”传党恩卖荔枝送乡情志愿服务，向群众介绍自摘自购、菜虫网网购以及提供全镇荔枝果农联系方式等方式，让广大群众认识和尝试网购“银瓶红”荔枝。

2018 年 6 月 14 日，谢岗工商分局联合镇工商联（商会）举办“品荔枝、送乡情”活动，为果农拓宽销路，解决果农难题；谢岗电信分局推出“买荔枝送话费”活动，吸引企业员工购买荔枝送乡情。

2018 年 6 月 24 日，由东莞阳光网举办的“阳光户外行”走进谢岗镇，近百名游客走进南面村的荔枝果园，品尝“银瓶红”荔枝，欣赏谢岗生态美景。

2018 年 6 月 25 日，谢岗镇举办香港东莞谢岗同乡会荔枝节恳亲活动，邀请香港东莞谢岗同乡会 650 多名乡亲欢聚一堂，品荔枝话乡情。谢岗镇委书记胡毅峰，镇委副书记、镇长苏东，镇委委员、统战委员黄少雄，以及香港东莞谢岗同乡会会长谢洪、各村（社区）党工委书记、民政干部等参加活动。

2019 年 6 月 28 日，中央电视台财经频道《第一时间》全面报道谢岗镇荔枝销售模式：镇委、镇政府想方设法帮助果农销售荔枝，除鼓励发动全镇党员干部参与助销，开展“党员 + 农户 + 客户”传党恩卖荔枝送乡情活动，还通过“互联网 +”电商模式帮助果农销售荔枝，确保谢岗荔枝 24 小时“飞”到全国各地消费者手中，得到全镇果农的交口称赞。

2019 年 4 月 12 日，市农技办与镇农林水务局联合举办 2019 年荔枝管理技术培训班，邀请专家现场讲解焦核荔枝品种大小年现象的解决办法，并逐一解答果农的疑问。

2019 年，谢岗镇开展传党恩 • 卖荔枝 • 送乡情活动

工 业

工业综述

【工业发展概况】 2015—2019年，谢岗镇着力优化经济结构，调整招商引资奖励政策，出台《谢岗镇招商奖励办法》。同时，通过以商引商方式引进产业链上下游关联企业、配套企业，并在银湖工业园初步形成以鸽珍为龙头的手机配件产业集群。先后组队赴韩国、中国台湾开展系列招商活动，成功引进善募康等一批企业。其中2015年，成功获得“广东省高端装备制造”专业镇认定。2016年成立高端装备制造行业协会，会员单位52家。联合华中科技大学制造工程研究院合作开展“高端装备制造专业镇创新能力培育与创新环境建设”项目，搭建产业协同创新平台，为谢岗镇建设“高端装备名镇”提供强劲动力。其间，还做好大型骨干企业走访工作，落实企业扶持政策。至2019年，全镇工业企业总数2235家，总产值73.66亿元。其中规模以上工业企业181家，总产值17.16亿元。

【申报高端装备专业镇】 2015年，谢岗镇经贸办积极开展申报“广东省先进装备制造”专业镇的相关工作，并于8月27日通过认定。同时，结合专业镇的创建，整合各方力量，促进企业抱团发展，联系润星机械、广东赛麦等8家高端装备企业作为发起单位，协助成立高端装备制造行业协会。

2016年9月28日，谢岗镇高端制造行业协会成立，并选举出第一届理事会，润星科技董事长周文元当选协会会长，建昌实业董事长熊强和亿环电子董事长刘成勇当选常务副会长，会员单位52家。

【搭建产业协同创新平台】 2015年，谢岗镇为提高企业自主创新能力，优化企业成长环境，解决高端人才供给不足问题，于9月联合华中科技大学制造工程研究院合作开展“高端装备制造专业镇创新能力培育与创新环境建设”项目，同时申报广东省协同创新与平台环境建设科技计划专项资金项目，目标是到2017年培育发展2个高端装备制造技术创新、技术服务和成果转化平台，推动2项高端装备制造产业技术成果转化。是年，制定并落实高端装备制造产业发展规划，并通过协同创新环境建设平台，完成5场次的技能培训活动，培训人员300人次。

【培育高新技术产业】 2015年，

2015—2019年谢岗镇工业企业基本情况表

表14

年份	企业个数(家)	总产值(万元)	增加值(万元)	营业收入(万元)	利税总额(万元)	年末固定资产投资总额(万元)
2015	994	474917	279135	947200	11403	153999
2016	1237	522617	299304	998862	42803	182563
2017	1645	597415	334754	1343752	92010	151744
2018	2186	616576	359854	1310384	79287	210128
2019	2235	736629	500516	1559489	119749	352511

2016 年 9 月 28 日，谢岗镇高端装备制造行业协会成立

谢岗镇根据高新技术企业认定的 6 个必要条件，积极开展高新技术企业摸排走访工作，与符合条件的企业面对面交流，向企业宣传高新技术企业认定各级扶持政策，引导企业实施科技创新转型升级战略，全年走访科技型企业 32 家次。推动精伦实业、南风管材、首资宝电器、大兴化工、东逸电气、国鼎光电膜、美利龙餐具、台光五金等 8 家科技型企业成功获得国家高新技术企业认定，推动真泽电子、富美康电器、凯盟表面处理等 14 家企业成功纳入高新技术企业培育入库。是年，全镇有润星、精伦等 9 家高新技术企业。

2016 年，为帮助更多企业申报国家高新技术企业，经贸办多次组织开展高企认定培训工作，建立国家高新技术企业培育库，先后有宇豪、富美康等 13 家企业申报国家高新技术企业，有 11 家企业申报第一、第二批省高新技术企业培育入库。

2017 年，结合倍增计划，继续大力实施创新驱动发展战略，加大扶企助企工作力度，推动存量经济提质增效。引导企业加大科技创新力度。全镇有锦润塑胶、赛伊五金、伊伯光电等 9 家镇级试点企业和雅联实业、德泓海五金、赛伊五金等 3 家镇级后备企业申报 2017 年高新技术企业认定。另外，鼓励伊伯广电、赛麦设备、晨旭达精密等 14 家镇级试点企业和后备企业申请 2017 年高新技术企业培育入库。鼓励企业技术改造。其中台容电子投资 900 万元实施“寿命长低阻抗小型化铝电解电容器智能技术改造项目”；鼎翰铝制品投资 600 万元实施“高强度轻质铝制品生产线智能化技术改造项目”；亿环电子投资 928 万元实施“金属制品自动化生产线技术改造项目”；赛伊五金和宇豪塑胶分别投资 937 万元和 800 万元购置设备用于扩大生产；四象智能投资 6520 万元实施“高精密金属件智能制造车间技术改造项目”。至是年 9 月，全镇倍增计划企业实现技改投资累计超亿元。加强技术提升和知识学习。一方面，7 月和 9 月，推荐润星科技、今科五金、四象智能、建昌实业等倍增计划企业 20 多人分别到武汉华中数控公司、日本发那科公司参观学习，了解先进数控系统的使用情况，加强交流沟通合作。另一方面，组织倍增计划企业 100 多人次参加东莞市倍增计划工作领导小组办公室举办的分享会、企业家活动、培训课堂，提升企业管理人员素质，开阔视野。鼓励企业提升品牌竞争力。发动雅梵日用品、美利龙餐厨具、润星科技、恒惠眼镜、首资宝等企业参加 DiD award 国际工业设计大赛，优化产品设计，提高产品竞争力。推动企业开展智能制造专业诊断。积极推动建昌实业、四象智能、艾利精密、南风管材、恒惠眼镜，实施智能制造诊断服务，引导企业开展智能车间升级改造。其间，还积极推动符合条件的企业申报国家高新技术企业，并多次举办高新技术企业认定培训会，指导企业申报认定。全年组织 45 家企业申请国家高新技术企业，其中有 9 家企业成功被认定为国家新技术企业，有 22 家已通过网上专家评审。

【实施倍增计划】 2017 年，谢岗镇根据市倍增计划，多次召开倍增计划工作座谈会，镇主要领导、分管镇领导班子、职能部门，分别与辖区内 30 家重点企业座谈，向企业讲解市倍增计划相关政策和镇倍增计划扶持方向。同时，制定出台《谢岗镇实施重点企业规模与效益倍增计划行动方案》，加大对倍增计划试点企业扶持力度。通过发动企业参与、专家评审认定、现场考察、公示等一系列流程，于 6 月 16 日印发《关于谢岗镇实施重点企业规模与效益倍增计划试点企业及后备企业名单的通报》，确定市倍增计划试点企业 1 家、镇倍增计划试点企业 30 家、镇后备企业 5 家。是年，集中解决倍增计划企业需求问题。帮助市倍增试点企业润星科技的增资扩产项目，申请增补为重大建设项目，加快审批和办理手续进度。推进亿环电子、恒惠眼镜、精伦实业等镇倍增计划企业增资扩产项目建设。帮助伊伯光电申请新增土地指标 1.36 公顷。帮助市、镇倍增计划企业解决人才子女入读公办学校问题，为 26 家企业办理公办学校入学指标 57 个，帮助润星科技 6 名企业骨干人才申报补贴“企业骨干人才资助项目”。帮助润星科技、普莱斯、艾利精密、南风塑胶、赛麦设备、港鑫实业等多家市、镇倍增企业解决用工、用水、保用电等生产经营问题 20 多个。搭建企业与东莞银行和东莞农村商业银行“政企银”沟通平台，解决财政资金要素和政策咨询要素超 10 个，帮助鸿威精密、优森电子、精伦实业等镇倍增计划试点企业解决融资难题。

2018 年，按照“选好选优、培优培强”原则，对谢岗镇倍增计划试点企业的动态进行调整。调整后，谢岗镇倍增计划试点企业由 2 家市级试点企业和 41 家镇级试点企业组成，形成“41+2”市镇组成模式。5 月 14 日，市倍增办实施“高质量倍增发展方案”，在全市新增 1000 家以上协同倍增企业，积极推动镇内优质企业申报东莞市协同倍增计划企业认定。全年新增市级协同倍增企业 22 家。其间，加强对倍增计划企业挂点服务工作。7 月，出台《2018 年谢岗镇领导挂点服务骨干企业工作方案》，进一步完善政府与企业对接机制，切实帮助企业解决问题，1—9 月，共走访企业 400 多家次，帮助企业解决生产经营问题 30 个。修订倍增计划贷款贴息政策。对原《2017 年谢岗镇倍增计划贷款贴息奖励办法》进行修订，将原来每家企业贴息金额由 100 万元上调为 200 万元，将贴息利率从原来的年利率 4.35% 上调为 7%。通过进一步加大贷款贴息力度，降低企业申请门槛，增加贷款项目用途，降低企业融资成本。为帮助市、镇倍增计划企业解决人才子女入读公办学校问题，于 5 月 8 日发布《关于受理谢岗镇企业人才子女入学公办学校的通知》，共帮助 25 家倍增企业解决 69 名员工子女入学公办学校的问题。着力解决倍增计划企业融资困难。3 月 28 日，联合谢岗镇银行机构举办针对倍增计划企业的银企交流对接会，共有 36 家企业 120 人参加，为企业搭建银企对接平台。是年，积极推动倍增计划企业实施创新驱动发展战略。鼓励企业提升品牌竞争力。发动普莱斯新材料申报“广东创新创业大赛”，优化产品设计，提高产品竞争力。推动企业开展智能制造专业诊断。推动恒惠眼镜、达亿美家具、港鑫实业、宇豪塑胶等申报智能制造诊断服务，引导企业开展智能车间升级改造工作。鼓励倍增计划试点企业技术改造。1—9 月，镇级倍增计划试点企业实现技改投资约 4500 万元，其中普莱斯新材料投入 1338 万元实施精密涂布机设备自动化生产线改造项目、宇豪塑胶购置设备 628 万元、亿厚电子投入 859 万元实施 CNC 加工中心项目、今科五金投入 1592 万元实现高精密五金配件生产线数控自动化技术改造项目。积极推动企业高层参加素质提升工程。全年组织 350 多人次参加市倍增办举办的高质量发展政策宣讲会、莞商学院培训课堂。推动恒惠眼镜、四象智能和创慧电子等企业参加 3 期各类专题研修班。是年，根据倍增计划试点企业经济运行监测：1—9 月，润星科技实现产值 7.7 亿元，比上年增长 32%。宇豪塑胶实现产值 8200 万元，比上年增长 96%。普莱斯新材料实现产值 4823 万元，比上年增长 43%；台容电子实现产值 13614 万元，比上年增长 16%。晨旭达精密实现产值 3293 万元，比上年增长 22%；旺美铝制品实现产值 7480 万元，比上年增长 37%；合志精密实现产值 8088 万元，比上年增长 29%；协盈印刷实现产值 4671 万元，比上年增长 13%; 创慧电子产值 12005 万元，比上年增长 35%。

2019 年，做好镇级倍增计划遴选工作，剔除 5 家不符合条件的企业，新增善募康科技、巴斯锘卫浴和亚仑塑料等 13 家倍增企业，共遴选出镇级倍增计划试点企业 50 家。积极推动镇内优质企业申报东莞市市级倍增企业和协同倍增计划企业认定，共推动 17 家企业申报 2019 年市级倍增计划试点企业认定，申请数量较上年增长 143%。其中合志精密、港重机械、富美康电器等 3 家企业获得市级倍增企业认定；推荐 31 家倍增企业列入协同倍增企业名单，其中恒惠眼镜、旺美铝制品等 26 家企业获得市级协同倍增企业认定。积极推动企业高层参加素质提升工程。组织企业参加素质提升工程。共组织 450 多人次参加市工信局组织的“智博会”、“中小博览会”、政策宣讲会、莞商学院培训课堂等27场宣讲会。鼓励企业高管参加研修班。推动恒惠眼镜、建昌实业、润星科技和亚仑塑料等参加 7 期专题研修班。召开政策宣讲会。8 月 28 日，在镇政府附楼四楼会议室举办“2019 年谢岗镇扶持企业高质量发展政策宣讲会暨银企交流对接会”，谢岗镇相关职能部门、商会、协会、规上工业企业、倍增企业、高新企业、各村（社区）、银行及东莞信托公司等250人参加，为企业讲解谢岗镇非公经济政策和倍增企业贷款贴息政策，同时搭建银企交流平台，有效为企业解决融资难问题，助力企业高质量发展。

【经济运行监测】 2015年，为掌握民营企业经济运行情况，谢岗镇经贸办指定专职人员跟踪负责每月采集民营经济工业产值、增加值、利润总额等数据，对企业出现经济运行下滑情况进行监督分析，建立经济运行分析工作制度，确保经济运行分析有人管、有人抓，做到有的放矢。是年，全镇新增规模以上民营企业9家，1—9月全镇民营规上企业实现总产值28.4亿元，比上年增长52.4%；民营规上企业实现增加值7.07亿元，比上年增长56.4%。

2016年，镇民营企业发展势头强劲，新增规模以上民营企业1家，1—9月全镇民营规上企业实现总产值34.4亿元，比上年增长16.4%；其中1—9月超亿元企业有7家；广东润星6.8亿元，比上年增长72%；建昌实业4.2亿元，比上年增长58%；华通新材料3.7亿元，比上年增长26%。

2019年，加强经济运行监测和分析。开展经济运行企业督导。对增加值率和利润率偏离行业水平比较大的企业进行及时走访，掌握主要经济指标的运行情况和特点，引导企业提高统计填报数据的真实性，做到应统尽统。1—9月，全镇规模以上内资工业企业实现总产值57.6亿元，比增长11.6%；实现增加值17亿元，比增长11.5%。挖掘新上规模工业企业。联合镇统计办开展小微上规纳入统计网报工作，经努力，2018年年底新增规模以上工业企业57家，2019年1—9月新增利源纸品、润亨针织等5家规模以上工业企业。加强部门之间沟通交流。充分发挥镇经济监测工作小组（统计办、招商局、工信科局、商务局）的引导、督导作用，及时发现经济运行中出现的问题，保障全镇工业经济监测目标的完成。

【完善企业扶持政策】 2015年4月，谢岗镇完善企业扶持实施方案，每年设立1000万元资助奖励专项资金，重点奖励“机器换人”、节能改造、新创品牌、新获专利、行业协会成立等方面，真正发挥奖励资助和帮扶的激励作用，促进企业做强做大。全年共资助奖励71家企业107.9万元。

2019年，谢岗镇召开扶持企业高质量发展政策宣讲会暨银企交流对接会

2016年，密切配合落实市成长型中小企业扶持计划，发掘和储备一批成长性好、发展潜力大的中小企业。年内有广东赛麦、四象精密、四贤电子、建臻精密、优森电子和文思顿五金6家企业获得市小微上规模企业奖励；宇豪塑胶、赛伊五金、拓兴五金、卓智胸围模杯、勋耀电子、港鑫实业、建昌实业7家企业申请成长型企业；恒惠眼镜、德晋精密、广东四象3家企业申请融资租赁贴息。

2017年，结合东莞市安排的次发达镇扶持发展资金池政策，成功申请600万元，设立倍增计划试点企业贷款贴息专项资金。密切配合落实市成长型中小企业扶持计划，为恒惠眼镜、德晋精密、广东四象等12家企业申请融资租赁贴息。同时，制定出台《谢岗镇扶持企业发展实施方案（试行）》，新增招商引资、文明饭堂、人才及团队等方面项目，促进谢岗镇产业结构调整和转型升级。

2018年，实施新引进项目奖励政策。协助相关部门出台《谢岗镇新引进租赁厂房类项目认定奖励暂行办法》，对符合条件的新引进项目给予业主和项目方奖励，推动谢岗镇产业转型升级。加大贷款贴息力度。8月，组织开展谢岗镇倍增计划试点企业贷款贴息专项资金（第一批）申报，共收到23家倍增企业的申报，涉及贷款金额4.92亿元，合同利息1436.8万元，拟贴息990.8万元。其中拟贴息超100

万元的企业有建昌实业179万元、润星科技146万元、恒惠眼镜139万元、精伦实业109.1万元等。落实扶持企业政策。7月，组织开展谢岗镇扶持企业专项资金的申报，共收到70家企业及27名R&D填报员的申请，企业数量较2017年多22家；涉及金额1217.9万元，较2017年多910.4万元。是年，谢岗镇企业成长促进计划专项资金经费为1000万元，符合条件的企业申报金额为1217.9万元。

2019年，制定落实企业扶持政策。制定“非公经济50条”政策，出台《谢岗镇进一步扶持非公有制经济高质量发展的若干政策》和《谢岗镇扶持非公有制经济高质量发展实施办法》。修订“倍增计划贷款贴息”政策。对扶持倍增计划试点企业贷款贴息政策的奖励标准进行修订，将原来贷款利息按70%给予贴息，调整为按50%给予贴息，其他标准不变。印发《谢岗镇倍增计划试点企业贷款贴息专项资金管理办法（修订版）》。落实扶持非公有制企业政策和倍增企业贷款贴息政策。9月4日，发布《关于组织申报2019年度谢岗镇扶持非公有制经济高质量发展专项资金的通知》和《关于组织申报2019年度谢岗镇倍增计划试点企业贷款贴息专项资金的通知》，10月底前完成申报资料审核。

【技改投资“机器换人”】 2015年1—9月，谢岗镇协助南风塑料、今科五金、宝峰五金、颖利电子、合志五金等7家企业申请机器换人专项资金，投资总额3019万元，新增188台自动化机器，获得市财政约300万元资金扶持，减少员工人数400多人。2015年1—9月，完成工业投资9.61亿元，完成技改投资2.95亿元，较上年增长210%。

2016年，推动企业申报机器换人项目。成功协助今富五金、建昌实业、太极五金、今科五金、华通新材料、亿环等企业成功申报机器换人项目，促进谢岗镇企业通过利用先进自动化生产设备进行技术改造升级，进一步减少企业生产用工总量，优化工艺技术流程，提高劳动生产率和产品优质率，提升企业发展质量和水平。

2017年，协助颖利电子、科启塑胶、南风塑料、汇新电器、今科等31家企业成功申报机器换人项目。

2018年1—9月，全镇工业投资完成53017万元，完成目标的34.19%；工业技改投资完成23215万元，完成目标的30.93%。年内，成功协助普莱斯、建昌、鸿威、晨旭达、亿厚5家企业成功申报机器换人项目，促进谢岗镇企业通过利用先进自动化生产设备进行技术改造升级。

2019年，成功协助泰富、保源、亿厚、金科4家企业成功申报市自动化改造项目。加大对技术改造企业调查摸底工作。通过大会上向企业派发技改投资调查摸底表，及时全面了解企业的工业投资及工业技改投资情况；加大走访企业力度，宣传技术改造政策，挖掘新的技术改造投资项目；积极宣传技改政策，通过电视、微信、QQ等多种方式将技术改造优惠政策带到企业，促进企业进行技术改造。截至8月，全镇工业投资完成11.45亿元，完成市下达目标任务的105%；工业技改投资完成3.07亿元，完成目标的34.9%。

【走访服务企业】 2015年，谢岗镇落实走访企业工作制度，通过走访座谈深入镇民营企业了解经营情况、订单情况、未来发展计划，协调企业在生产经营中遇到的问题和困难。全年走访了润星机械、华通新材料、明骏科技、广东赛麦、桐昌纸业等民营企业230家次。

2016年，积极组织开展领导走访服务大型骨干企业活动，协助镇领导班子成员深入挂点企业听取企业诉求，主动帮助企业解决发展中的困难。全年走访企业40多家次，收集企业提出的意见及建议12条。先后为华通公司解决新厂房建设问题，协调解决润星公司厂区原有地的建设前期手续，协助四象精密公司物色新厂房，协助大机孵化基地做好二期合同的签署，帮助美利龙公司解决招工难等问题。据统计，全镇9家大型骨干企业1—8月产值同比增长7.4%。广东润星科技股份有限公司于7月11日成功挂牌新三板，是谢岗镇第一家上市企业；广东四象智能制造股份有限公司提出挂牌新三板的申请，已成功获得证监会的同意批复。

2017年9月，制定出台《谢岗镇开展领导班子走访服务企业方案》，组织人员走访市级试点企业润星科技和后备企业精伦实业、四象智能、美利龙餐具、建昌实业等企业，加强政策宣导和服务力度，了解企业生产经营情况和倍增需求。在确定市镇“倍增计划”名单后，镇主要领导每个月至少走访企业2次，并由多名镇领导班子带队走访企业，掌握企业生产经营情况，解决存在的问题。1—10月，共走访企业220多家次。

2018年，在市倍增计划工作动员会后，经科信局组织人员走访了市级试点企业润星科技、宇豪塑胶和镇级倍增试点企业富鼎兴电子、大仁电子、亿厚电子等企业，加强政策宣导和服务力度，了解企业生产经营情况和倍增需求。1—9月，共走访企业400多家次。

2019年，落实《2019年谢岗镇领导班子成员挂点服务重点企业工作方案》，实施领导挂点服务长效机制，全年走访了润星科技、宇豪塑胶、赛麦机械、大兴化工等企业550家次，发布有关政策申报信息约5000条，帮助企业解决生产经营问题35个。其中协调解决润星科技增资扩产项目一期竣工验收问题、胜源纸品厂变更利源公司涉及的环保消防税务问题、协助企业人才入户申报等。同时，加大银企对接交流力度，举办融资产品推广会，为进一步解决企业融资难、融资贵问题，3月21日，组织25家高新技术企业参加东莞银行融资交流会，拓宽高新技术企业融资渠道，促进企业加大研发投入；为倍增企业搭建平台，联合东莞银行、工商银行等走访百高电子、恒琳工艺等13家新增倍增企业，为企业介绍最新信用贷款产品，解决融资难问题。

【名牌培育】 2015—2019年，谢岗镇实施名牌带动战略，制订培育计划。在对规模以上企业调研分析的基础上，将成长性好、效益好、竞争实力强、有发展前途的企业作为重点培育对象。同时，组织人员主动上门联系申报企业，指导企业申报广东省名牌产品工作，帮助企业解决申报过程中存在的问题，保证名牌产品申报工作的顺利推进。2015年，成功推荐东莞市润星机械科技有限公司申报为2015年省名牌产品。2016年，帮助东莞富美康电器科技有限公司成功申报为广东省名牌产品企业。2018年，协助润星科技公司完成省名牌产品复审工作。

【开展企业素质培训】 2015年，谢岗镇协助企业开展各类学习培训活动。一方面组织企业参加市各类企业家学习课堂。全年组织民营企业200家次500多人次参加市举办的莞商学院论坛、政策宣讲会、金融服务推介、经济论坛和各类专项资金申报辅导会等活动32场。另一方面举办各类转型升级方面的知识宣讲会。4月28日，举办企业互联网转型智慧公开讲座，引导企业通过微信营销、移动APP和微商城等互联网手段，实现“互联网+”战略，促进企业转型升级。5月27日，邀请东莞理工学院政法学院教授龚红兵和广东省知识产权培训（东莞理工学院）基地张建超，为企业讲解专利政策和专利保护两大主题，促进企业做好知识产权创造、运用、管理和保护。10月20日，邀请华南专利事务所所长张明为企业讲解专利保护的重要性，大大提高企业专利保护警觉性和申请积极性。

2016年，组织民营企业250家次400多人次参加市举办的莞商学院论坛、政策宣讲会、经济论坛等活动30场。7月8日，举办“高新技术企业培育认定辅导”讲座，邀请4名专家为企业讲解高新企业申报和优惠政策介绍，有20多家企业员工参加会议。7月21日，举办“谢岗镇企业融资租赁政策宣讲会”，邀请3名专家为企业讲解东莞市“融资租赁”政策宣导和融资租赁机构业务推介，较好地帮助企业了解省市的帮护企业政策，解决企业生产及发展上存在的紧要问题，全镇50多家企业的员工参加会议。

2017年，组织民营企业120家次450多人次参加市举办的莞商学院论坛、政策宣讲会、经济论坛等活动30场。

【招商工作机制】 2015—2019年，谢岗镇招商办以多种形式开展招商宣传，并建立招商引资综合管理平台，用于日常招商、项目跟进和土地资源管理。通过借助互联网和信息化手段更好地开展产业项目的招引、落地建设管理以及投产效益评价，并促进内部工作标准化、数字化和程式化，进一步提高工作质量和效率。2018年，为有效集约利用土地资源和厂房资源，加快推动产业转型升级，引进优质企业，奖励优质项目，淘汰落后产能。实现镇村经济同步发展，出台《谢岗镇统筹开发工业用地实施办法》和《谢岗镇新引进租赁厂房类项目认定奖励暂行办法》。2019年，为强化联合招商工作机制，建立快速通畅的项目信息互通渠道和高质高效的项目决策流程，分别与粤海置业、碧桂园共同起草联合招商工作机制，明确议事决策内容、研究产业定位、准入门槛，审定重大招商引资项目，商议和解决招商引资过程中遇到的重大问题等。

【银瓶合作创新区申报】 2015年，谢岗镇委、镇政府会同粤海集团加快推动东莞粤海银瓶合作创新区发展总规申报。2月2日和16日，《广东东莞粤海银瓶合作创新区发展总体规划》分别通过市政府常务会议和市委常委会审议；3月6日，修改完善后上报省发改委；4月20日，通过省发改委组织的专家评审会。修正后的《广东东莞粤海银瓶合作

粤海产业园规划模型（2018 年）

创新区发展总体规划（2015—2030 年）》于 9 月 6 日通过省政府常务会议审议。

2016 年，根据国家和省开发区审核公告目录修订工作电视电话会议精神和《关于开展开发区审核公告目录修订工作的通知》，经镇与市发改局、国土局、规划局等部门研究，以粤海产业园作为申报主体，将粤海产业园和相邻的银山科技园合并，力争将东莞粤海装备产业园纳入国家开发区目录。

2017 年 4 月，按照省级部门提出的意见，对申报材料进行认真梳理修改和补充说明。

2018 年 2 月 26 日，东莞粤海装备产业园成功被列入 2018 年版《中国开发区审核公告目录》，被列为省级开发区。

【推动“两普”项目建设】 2015 年，谢岗镇推动“两普”项目建设工作。普洛斯电商物流园项目地块于 7 月 2 日和 22 日分别进行出让公告和正式挂牌，并于 8 月 6 日由普洛斯项目方（东莞海普仓储经营有限公司）成功摘牌，地块成交价 1.01 亿元。粤普工业园项目分两个地块进行“招拍挂”工作。地块一 5.04 万平方米，地块二 17 万平方米，分别于 8 月 2 日和 4 日发布挂牌出让公告。上述两地块由粤海集团以东莞粤普工业制造有限公司名义于 9 月 9 日、10 日摘牌，地块成交额分别为 2280 万元、7685 万元。

【基础设施建设】 2015 年，谢岗镇推进 30 号路建设。根据年初制订的施工计划，30 号主线工程在 2 月完成施工。截至 8 月底，30 号路附属工程基本完工，其他正在进行收尾和组织工程竣工验收。推进 29 号路前期工作，完成该路径选址优化方案，落实建设用地指标。完成项目施工图设计初稿等。该项目已纳入银瓶合作创新区基础设施 PPP 项目。推进其他道路前期工作，主要有大黎路、谢岗大道、粤海大道取得工可批复并完成备案立项，银丰一路、爱民大道（宝湖路段）完成备案立项及施工图设计；博深高速连接线正在编制项目建议书；银瓶大道、粤海产业园内部市政道路等已规划初步路线线位。

2016 年， 29 号路完成项目建议书等大部分前期工作，并取得市发改局批复立项。项目采用整体规划，分段设计方式。相继完成第二、五、六标段的初步设计和施工图设计，并完成第四标段（京九铁路跨线桥）设计方案和涉铁咨询报告的征求意见，于 8 月 9 日报广铁集团审批。同时，开展防洪评价、跨越铁路方案审计评审以及初步设计、施工图审查单位的采购和监理单位的公开招标等。采取 EPC 推动 3 条道路建设。其中大黎路、谢岗大道、粤海大道完成立项备案，并取得水土保持方案、环境影响评价报告，项目可行性报告获得批复。推进其他道路前期工作。银丰一路、爱民

2018 年，谢岗镇（银瓶合作创新区）55 个投资项目集中签约、动工、竣工仪式

大道（宝湖路段）完成备案立项、节能评估及施工图设计，其中银丰一路于6月27日正式入场施工。博深高速连接线完成项目建议书编制；银瓶大道、粤海产业园内部市政道路等已规划初步路线线位，正着手开展项目立项工作。

【招商引资】 招商宣传　2015年，谢岗镇粤海项目办联合市商务局、经信局做好粤海产业园宣传推介，积极参加各类招商引资推介专场，开展经贸交流活动。

2017年以多种形式开展招商宣传工作。邀请省市领导、职能部门、社会团体以及投资客商参观了解银瓶合作创新区，并充分利用平台向来访人员展示创新区的开发进程和未来动向，提高创新区知名度，引起各界关注。开展团体式招商推介活动。联合粤海置业招商中心邀请深圳电子商会、广东省制造业协会、深圳市连接器行业协会等协会会员单位到谢岗镇开展招商推介活动，向企业推介银瓶合作创新区的投资环境。借助协会桥梁作用，了解行业企业的运营情况，与有意向的目标企业建立良好的互动关系。编制银瓶合作创新区招商手册。取用最新数据和信息，编制主题突出、设计新颖的招商宣传册，全面展示创新区开发情况，生动直观地推介创新区的投资优势。

2019年，为更好地展现银瓶合作创新区魅力，加大省级经济开发区形象宣传，并于5月完成发布“投资银瓶”微信公众号，完成招商宣传画册的更新，在主干公路省道S357杏花村路口T形广告牌、莞惠城轨银瓶站A、B出入口、潮莞高速谢岗出入口以及银瓶山景区停车场等人员流动较大的位置制作设立5个户外宣传牌。

建立招商引资综合管理平台

2017年，谢岗镇建立招商引资综合管理平台，用于日常招商、项目跟进和土地资源管理。通过借助互联网和信息化手段更好地开展产业项目的招引、落地建设管理以及投产效益评价，并促进内部工作标准化、数字化和程式化，进一步提高工作质量和效率。

招商活动　2015年，谢岗镇粤海集团制定《广东粤海装备技术产业园招商选资产业项目准入制度》，从项目的固定资产投资强度、土地产出率、税收贡献率和万元工业产值综合能耗等方面制定入园标准，并明确项目评估、引进审定机制和后续服务管理等工作。建立招商引资“保姆式”工作机制，把“招商、亲商、安商”贯穿始终，从信息收集、招商洽谈、项目签约到落地投产，为客商提供高质量的全程服务。是年，主要接洽并邀请项目投资方实地考察。先后接洽的企业项目有广汽零部件项目、银宝山新项目、新能源汽车项目、苏州医疗器械项目、大连机床南方智能化创业孵化基地项目和亿达中小微产业园项目等。

2016年，联合粤海集团，按照《东莞市招商引资重大项目效益保障及退出机制实施办法（试行）》和《东莞市招商引资重大项目投资协议（指引）》的有关要求，强化招商工作。加强联合市商务局、经信局做好粤海产业园宣传推介，参与2015年中国机械工业百强企业、汽车工业三十强企业信息发布会暨机械工业发展战略研讨会（以下简称“百强发布活动”），并于5月26日展会推介银瓶合作创新区。成功引进投资35亿元的大连机床智能制造项目、1.3亿美元的安麦国际物流及医药冷链配送中心项目。在谈有鼎石新材料、菜鸟网络、长盈新材料、亿环科技产业园基地等多个项目。

2017年，主动参与东莞市组织的外出招商活动，到北京、上海、深圳等地开展银瓶合作创新区推介活动。积极对接市招商部门引荐的汉能、协鑫、紫光等大型项目，做好银瓶合作创新区的推介工作，主动接洽并邀请项目投资方前来实地考察。是年，引进7个超亿元项目，分别是投资18亿元的唯美新型特种陶瓷装饰大板项目、投资8亿元的东环科宇科技产业中心项目、投资8亿元的安麦联合节能设备生产项目、投资3.5亿元的大能环保技术研发及生产中心项目、投资3.3亿元的润星数控机床制造增资扩产项目、投资1.5亿元的福凯半导体项目，投资7亿元的永光光伏发电项目，累计总投资达49.3亿元，投产后年产值共约75.8亿元，税收约2.55亿元。同时，协助粤海集团开展与奥地利博乐特种钢、北大医疗产业园、深圳创新产业园、深圳电子电气互连产业园等项目的洽商工作。另外，还有中金岭南、阿奇夏米尔精密数控、鑫承诺、莱尔德电子等多个项目正在进一步接洽。

2018年，按照“落地一批、签约一批、洽谈一批、储备一批”的滚动用地招商机制，全年成功引进签约项目7个，投资总额36.7亿元，包括投资8亿元的电子电气互连产业园项目，投资10.2亿元的碧桂园智造创新中心项目、投资6.5亿元的伯欣实业增资扩产项目、投资5.3亿元的润星数控机床制造增资扩产项目（二期）、投资3.2亿元金恒晟新材料生产研发项目、投资2.6亿元的赛麦增资扩产项目及投资0.9亿元的川亿电子科技增资扩产项目。同时，与森骏集团、广东力人科技、北京宏强集团、深圳创能科技、深圳市鑫承诺环保产业、广东以诺通讯等多个优质项目积极洽谈。联合粤海置业开展厂房招商工作。由粤海置业主导开发的粤鲲制造和智造产业中心一期两个项目建设共18万平方米厂房已进入收尾，其中志享科技、德彩光电、光磊科技、雅迪威电子、顶峰实业等项目共约15.3万平方米厂房已进入谈判签约阶段。联合粤海置业国际与各行业协会、各中介机构深化合作，密集开展多场园区招商宣传。其中，3月开展北京医疗产业企业对接活动，7月与深圳外商投资企业协会合作举办“深圳外商投资企业协会‘走进粤海产业园’”专场活动，与东莞市汽车行业协会合作举办“粤海产业园推介会”；9月与深圳企业联合会合作举办“深圳企业家晚会”，并参加9月21日东莞市政府举办的“2018莞港产业合作推介会”及同日举办的“深圳（龙华）—香港经贸交流会”，推动政企联动招商。

2019年，强化与市投资促进局、市商务局、市工信局的沟通，联合粤海置业招商团队主动参与市组织的招商活动，其中参加省商务厅富士康项目对接会、省产业发展促进会和省制造业协会峰会、第五届广东国际机器人及智能装备博览会、“湾区都市 品质东莞”东莞—香港现代服务业对接交流会等，着重推介银瓶创新区。全年成功签约引进包括投资15亿元的奇智科技谢岗绿色工业云数据产业基地、投资6亿元的鑫和精密电子、投资4.5亿元的基础元器件等7个项目，投资总额38.3亿元。是年，联合粤海集团完成18万平方米厂房招商，有6家企业入驻，其中德彩光电、顶峰精密等项目已投产。在谈项目有意向购地自建厂房的产业项目超过20个。同时，积极推动市镇联合招商基地工作。3月，在位于银山科技园内面积为20.2公顷的地块成为全市第一批市镇联合招商基地，以招引产值高、财税贡献大、行业带动力强的优质项目为主要目标定位，且完成控规调整和土壤检测，着手办理征地手续及相关资料。在推动盘活厂房资源和土地资源方面。全面开展镇、村、组工业厂房调查，建立资源库。1—9月厂房盘活完成19.55万平方米。全面开展可利用土地资源摸查，建立土地资源库。推动电子电气互连产业中心项目、连接器生产项目、谢岗碧桂园智造创新中心项目、金恒晟项目、东莞东南部（曹乐）卫生填埋场项目、福凯项目地块出让工作。

【推进PPP基础设施项目】 2015年，谢岗镇制定的园区基础设施PPP项目初步方案分别于5月21日、6月5日通过市政府常务会议和中共东莞市委常委会审议，并于6月20日出具正式复函。谢岗镇根据初步方案，通过公开方式招标PPP咨询公司和顾问公司编制《银瓶创新区基础设施PPP项目实施方案》。其间，谢岗镇会同PPP咨询公司、咨询顾问、法律顾问公司、主要意向社会投资人反复进行沟通，完成《银瓶合作创新区基础设施PPP项目实施方案（送审稿）》，并于9月30日上报市政府。

2016年4月18日，在广东省政府采购网上发布《银瓶合作创新区基础设施PPP项目单一来源采购公示》。4月29日，粤海投资有限公司完成相关法规程序，正式成为银瓶合作创新区道路建设PPP项目的社会投资人。6月9日，《银瓶合作创新区基础设施PPP项目合同协议书》正式签订。7月25日，社会投资人完成PPP项目公司“东莞粤海银瓶开发建设有限公司”的组建，注册资金15.85亿元，到位资金3.3亿元。

2017年1月17日，谢岗镇与东莞粤海银瓶开发建设有限公司签订《银瓶合作创新区基础设施PPP项目补充协议书》，明确项目公司承担的权利义务，进一步完善PPP项目社会投资人招标工作。

【推动产业项目落地】 粤海工业智造产业中心项目　该项目分两个地块进行“招拍挂”工作，由粤海集团下属企业东莞粤普工业制造有限公司分别于2015年9月9日、10日摘牌，12月9日完成项目立项备案。2016年，进行环评、水保、规划设计等前期工作，并完成项目一期钻探和建筑设计方案。

2017年完成立项、环评、水保、国土报批、施工图备案、建设用地规划许可证、质量安全监督提前介入等相关前期工作，7月25日正式进场开展工程施工，年内完成工程总体进度的20%。

2018年，该项目完成立项、环境影响评估、水土保持、国土报批、施工图备案、建设用地规划许可证、施工许可证质量安全监督提前介入及建设工程规划许可证等相关前期工作。年内，该项目完成一期总体工程量的90%。

华能热电联产项目　该项目于2015年8月13日取得省发改委批复，并于11月12日完成华能东莞燃机热电有限责任公司工商注册登记。

2016年完成环境影响评估、水土保持、节能评估等各项前期工作，9月7日正式进场施工。

2018年，该项目完成立项审批、环评审批、选址意见书、国土报批等。是年，完成该项目主厂房建筑和厂区内安装工程、1号机组余热锅炉安装等。

泰诚塑料产业创新服务中心项目　该项目于2014年4月动工建设，并完成立项、环境影响评估、水土保持、规划、施工图备案、提前介入监督等前期工作。

2016年，完成项目主体工程施工，开展水电安装、市政道路等配套工程施工。至2019年，该中心有50家商户进驻。

东环科宇科技中心项目　该项目总投资8亿元，选址在银山科技园，占地5.33公顷。

2016年12月8日，谢岗镇与东莞市亿环电子科技有限公司签订项目投资意向协议书。

2017年3月27日完成项目公司注册（东莞市东环科宇实业投资有限公司）和立项审批、勘察、环境影响评估审批、施工图备案等前期手续。于10月完成控规调整工作并取得建设用地规划批准书。11月底，进行桩基础建设。

2018年，该项目完成立项审批、环境影响评估审批、选址意见书、国土报批、施工许可证、初步设计审查、施工图审查备案等前期工作。是年，该项目施工队进场开展场内道路建设及桩基工程。

润星增资扩产项目　广东润星科技股份有限公司（以下简称“润星公司”）是全市重点企业规模与效益倍增计划首批试点企业。随着润星公司业务规模不断扩大，并全力推动“倍增计划”，助推企业快速发展，计划投资3.3亿元，在不新增用地指标的情况下增资扩产。项目于3月15日签订投资协议，并完成立项审批、环评审批、国土报批、建设用地规划批准书、初步设计审查、施工图审查及提前介入手续等前期工作。项目桩机于9月3日进场，于9月27日完成项目“零审批”质量安全监督提前介入手续，启动桩基础工程，项目正式开工建设。至2018年年底，该项目主体工程完成90%。

碧桂园智造创新中心项目　该项目以引进、培育领军智能制造龙头企业为抓手，围绕智能制造全生态链，重点发展研发中试、服务集成、核心零部件制造、产业金融、创新孵化等产业，投资总额10.2亿元。2018年，通过市规划局审核，并完成立项，开展“招拍挂”等前期工作。

【推进其他重大项目】　2015年，谢岗镇完成泰诚塑料产业创新服务中心项目的立项、环境影响评估、水土保持、规划、施工图备案、提前介入监督等前期工作，并于2015年3月30日取得市国土局关于项目用地预审的意见，正在办理供地手续。完成11～12号、14～16号、18号、19号、21号、29号、30号管桩工程和基础工程项目，主体工程施工完成95%。华能东莞谢岗燃气热电联产项目一期工程于8月取得省发改委核准文件，正在开展项目公司注册工作以及项目投资计划。谢岗新医院住院大楼、医技楼、门诊及医院大楼、设备房、太平间及汽车房等建筑主体均已封顶；住院大楼、医技楼、设备房等建筑消防工程已基本完成。

2018年，安麦节能设备项目完成立项、环境影响评估、选址意见书等前期工作，并于10月23日完成“招拍挂”，办理施工许可证（提前介入手续）。电子电气互连产业园项目完成立项，并开展用地预审、“招拍挂”等前期工作。福凯半导体项目完成立项备案，拟通过先租用现有厂房方式将深圳生产基地搬迁到谢岗镇，招商局积极协助其选址落户。金恒晟新材料生产研发项目于9月25日签订协议，并完成项目公司注册及项目备案。

2019年，全镇有20个省市重大项目，总投资177.68亿元。年度计划投资24.09亿元，实际完成投资17.65亿元，占年度投资的73.27%。其间，为加快推进重大项目建设，制定《谢岗镇2019年重大项目“解难题、促开工”攻坚活动实施方案》、《谢岗镇2019年新开工重大项目镇领导包开工督导方案》和“小围合”工作机制，并召开9次重大项目协调服务“小围合”工作会议，落实解决方案及解决问题30个。是年，着力推进各项专项工作。其中有银瓶站MO项目开发、银瓶站站前商业地块项目、谢岗镇（银瓶合作创新区）规划展示中心布展、银瓶湖湿地公园项目、花园工业区改造项目、曹乐连片出租屋改造利用项目等。

附：2015—2016年谢岗镇重大项目办公室、粤海项目办公室领导名录

主任：

罗成煜（任至2016年9月）

工业行业

【电子信息制造业】 2015—2019年，谢岗镇大力引进、扶持、培育电子信息产业。电子信息产业在规模、产业链、自主创新、龙头带动、信息化与工业化融合等方面获得长足发展，集群特色明显，逐渐成为全镇工业的重要支柱产业。至2019年，谢岗镇共有规模以上企业30家从事电子信息行业的研发、设计、生产、销售、服务，已形成具有较为完善的产业链、较大规模的产业集群，年产值约66.49亿元，占全镇总产值的67%，主要生产计算机及周边产品、电子元件、通信设备、电线电缆、手机配件、电容、电阻器、音响、喇叭等。

【电气机械及设备制造业】 2019年年底，谢岗镇有从事电气机械及设备制造规模以上企业23家，产值为20.15亿元，占全镇工业总产值的21%。

【纺织服装鞋帽制造业】 2015年年底，谢岗镇从事纺织品制衣等业企业46家，其中规模以上的有7家，年产值4.86亿元，从业人数600余人。2019年年底，规模以上的企业有10家，产值为3.69亿元，占全镇工业总产值的4%，主要生产梭织服装、鞋、帽、皮鞋、手提包等。

【食品饮料加工制造业】 2019年年底，谢岗镇有规模以上企业1家，食品饮料加工制造业产值为6997万元，占全镇工业总产值的1%，主要从事食品饮料加工。

【造纸及纸制品业】 2019年年底，谢岗镇从事造纸及纸制品企业规模以上企业6家，产值为7.42亿元，占全镇工业总产值的7%。

【玩具及文体用品制造业】 2019年年底，有从事玩具及文体用品制造规模以上企业8家，产值为4.83亿元，占全镇工业总产值的25%。

【家具制造业】 2019年年底，全镇共有从事家具制造的规模以上企业8家，产值为7.88亿元，占全镇工业总产值的41%。

【化工制品制造业】 2019年年底全镇化工制品制造行业规模以上工业企业7家，产值为4.30亿元，占全镇工业总产值的22%。东莞市大兴化工有限公司创办于1998年7月，是一家集高性能工业涂料生产、销售、科研于一体的大型综合性化工有限公司。公司先后获广东省民营科技企业、国家高新技术企业和东莞市安全生产先进单位称号，占地2万平方米，年产高性能油漆溶剂5000多吨，公司在同行企业中率先通过ISO9001：2000国际质量体系认证、产品全面通过《室内装饰装修材料溶剂型木器涂料中有黑物质限量》（GB18581—2001）、《室内装饰装修材料内墙涂料有黑物质限量》(GB18582—2001)最新国家标准检测及国际SGS无毒标准检测，拥有员工200多人，年产值近6000万元。

【包装印刷业】 2019年年底，全镇化工制品制造行业规模以上工业企业4家，包装印刷业产值为2.39亿元，占全镇工业总产值的12%。

【高端装备及机械制造业】 2012年，谢岗镇总投资600亿元的“广东粤海高端装备技术产业园”项目启动建设，于2013年列为广东省重点建设项目，定位为高端装备、智能装备、汽车制造、工程专用装备、检测试验设备等高端装制造产业。2014年，谢岗高端装备制造产业初具规模，高端装备制造业产值达到68.2亿元，占全镇工农业产值的58.87%，拥有华南地区最大的数控机床全产业链生产企业，开发的立式数控加工中心、卧式数控加工中心、龙门数控加工中等产品远销全球。

2015年引进总投资30亿元的大连机床集团建设南方高端装备制造基地，聚焦组合机床及自动化成套技术与装、数控机床的研发制定和生产；引进总投资8亿元的大连机床创业孵化基地项目，为企业提供数据化制造装备关键共性技术研发、设计、监测、激光加工等技术服务，不断地壮大谢岗镇高端装备产业。2015年年底，全镇有从事高端装备相关行业企业800多家，其中有核心技术的机械厂商有164家，规模以上企业有48家，产值达到69.85亿元，占规上产值的60.8%。至2019年，全镇有国家高新技术企业77家。其中规模以上工业企业181家，总产值17.16亿元。

企业管理

【企业综治调解】 2015年，谢岗镇经贸办协助华轩幕墙、鑫宇五金、忠诺德实业、德晋实业、顺林五金、欧迈威克家具、较王五金、银凯电子、百合笙电子和明骏电子等企业处理劳资纠纷，安排专人跟踪协调，加强与人力资源、司法、公安等部门密切联系，上下联动形成合力，有效防止群体性事件发生。

2016年，协助川鼎机械、鑫宇五金、德澳实业、联驭五金、欧迈威克家具、太极五金等企业处理劳资纠纷、社会矛盾等问题。同时，做好台风“妮妲”防御工作，制定企业防范台风工作方案，并积极协助企业做好台风防范措施，其中重点发动41家规上民营工业企业做好防范措施，发送通知短信3000多条，走访企业100多家，让企业避免发生不必要的损失。

2017年，协助企业处理劳资纠纷、社会矛盾等问题，安排专人跟踪协调，加强与人力资源、司法、公安等部门密切联系，上下联动形成合力，有效处理重大事件。同时，做好“苗柏”“洛克”等台风的防御工作，协助企业做好台风防范措施，让广大民营企业避免发生不必要的损失。

2019年，做好防范非法集资宣传活动。联合各村委会、镇财政分局在曹乐村村委会、赵林村村委会、谢岗村村委会、大厚村村委会和黎村村委会等地举办企业专场的防范非法集资宣讲活动，邀请市互联网金融协会有关专家为企业员工介绍防范非法集资的有关知识，利用往年非法集资典型案例介绍非法集资套路与识别，共400人参加。联合企业在银湖工业区人流量大的地方举行“谢岗镇2019年防范非法集资宣传月活动”宣传活动，现场派发传单1000张，派发非法集资广告环保袋和折扇共100多份。5月上旬，向100多家规模以上内资企业、高新技术企业和倍增企业派发非法集资宣传册子500多份。5—6月，联合镇财政分局、商务局、村（社区）等单位，邀请金融专家开展10场防范非法集资宣讲进企业活动，并在谢岗广场组织开展大型现场宣传活动。联合全媒体中心在《谢岗新闻》播出关于防范非法集资的新闻2条次，“活力银瓶”微信公众号宣传4次，在政府网、阳光谢岗网站发布4条次有关防范非法集资的内容，利用自媒体与网络媒体进行多层次、立体化、多方位的宣传。

【清理无证照经营】 2015年，谢岗镇经贸办积极开展清理无证照经营工作，不断加大对无证无照经营行为的清理力度，使无证照经营现象从根本上得到控制和解决。发动基层力量，做好调查摸底。充分发挥村（社区）熟悉辖区环境的优势，组织力量做好无证照经营工作的调查摸底，并登记造册。同时以定期与不定期相结合形式在辖区内进行巡查，协助谢岗镇组织开展一系列“清无”行动，做到发现一家，清理一家。强化协作配合，狠抓清理工作落实。从1月至9月底，共清理无证照经营户224户，取缔无照经营户42户，其中立案查处39户，向相关职能部门发送清理无证照函件13份。

2016年，共清理无证照经营220户，已补办证照的有176户，取缔无照经营户44户，其中立案查处32户，向相关职能部门发送清理无证照函件24份。

2017年1月至11月15日，共清理无证照经营86户，补办证照65户，取缔无照经营户21户，其中立案查处12户，向相关职能部门发送清理无证照函件33份。

2018年，谢岗镇经科信局加大对获证企业实施日常巡查（含巡查回访），对检查中发现的问题，督促企业限期整改，做好记录，实行闭环管理。加强打击产品质量违法行为，对生产企业的质量违法行为采取零容忍态度，发现一起，查处一起，推动企业落实产品质量主体责任。同时，配合市质监局对谢岗镇获证工业产品生产企业的监督抽查工作。

【开展专项打假行动】 2015年，谢岗镇打假办先后组织食品、烟酒盐、建材、农资、文化市场等方面专项打假行动。全年开展联合打假行动10余次，各部门累计出动执法人员4838人次，检查企业和各类店铺共2115间次，捣毁制售假黑窝点2个，抓获制售假犯罪嫌疑人5人，刑事拘留5人，立案查处案件49宗，查获假冒伪劣商品一批，涉案货值约4.65万元。

2016年，镇打假办组织开展各类专项打假行动，累计出动执法人员626人次，检查各类单位305家。其中，联同市食品药品监督局共立案处理9宗，涉案金额约15647元；联同烟草分局立案处理14宗，查获非烟、走私烟、假烟645条，涉案金额7.36万元。

2017年，积极组织开展各类专项打假行动，检查各类经营单位4000多家次，立案查处27宗。是年，开展“黑油”专项整治行动。共组织开展“黑油”专项整治行动92次，出动执法人员718人次，检查车辆162车次，检查油库油站65间次，查处“黑油”点4个，查扣“黑油”车2辆，查扣“黑油”6吨，查扣柴油0.982吨。拘留1人，公安立案1宗，行政处罚1宗，处罚金额3万元。

2018年，根据谢岗镇制定的《谢岗镇2018年“三线”整治工作方案》，以窑山、黎村、南面、大龙和大厚5个村乱拉乱接“三线”（过期残旧、断头、破损）通讯线缆整治为重点，全面铺开“三线”整治工作，至9月，全镇整治153个点，全市排名第十三位。是年，深入开展各类专项打假行动。先后组织食品、烟酒盐、电子产品、农资、文化市场等方面专项打假行动，全年各部门累计出动执法人员5317人次，检查企业和各类店铺共3610间次；立案查处案件47宗，涉案货值25.83万元。同时，开展成品油市场综合整治行动。通过指导和督促加油站、油库经营者建立明细册，齐备检验报告和来源证明文件，把好成品油进货查验关，做好台账记录；依托12315投诉举报电话，方便群众举报无证照经营、走私贩私等违法行为；加强路面巡查，对可疑运输车辆的经营许可证、驾驶和押运人员从业资格进行严格检查。全年开展成品油市场综合整治行动80次，出动执法人员1069人次，检查车辆208车次，检查油库油站58间次，查处"黑油"点1个，查扣"黑油"车辆2辆，查扣"黑油"0.2吨。

2019年5月20日，召开"三线"整治工作动员会议，谢岗镇供电、电信、广电、移动（铁通）、联通等运营商负责人和12个村（社区）的相关领导参加会议，会上经与运营商和村（社区）确立"三线"整治时间表，同时确定各相关运营商的职责以及"三线"整治工作重点，制定具体实施细则和整治标准，每个月结束后填写东莞市"三线"整治工作台账，并更新完成的整治点信息。全年完成243个整治任务，超额完成市局下达整治任务（150个）。是年，在成品油市场综合整治工作中，重点于国庆期间开展打击整治"黑油"专项行动，加强对行政区域交界地带、停车场、闲置厂房、花木场、建筑工地、物流园区等"黑油"重点区域进行排查。至10月，共组织开展成品油市场综合整治行动60多次，出动执法人员722人次，检查车辆168车次，检查油库油站52间次，查处"黑油"点6个，查扣"黑油"车辆8辆，查扣"黑油"约10吨。

节能工作

【节能考核】 2015年，谢岗镇制定《2014年度东莞市谢岗镇重点用能单位节能考核工作方案》，并有序推进重点用能单位节能考核工作。4月14日，在东莞市对各镇街节能考核中，谢岗镇节能工作成果受到市考核组的肯定。全镇钨珍、旗利得考核等级为完成等级，李洲、鼎翰、汇和考核等级为基本完成等级。5月11日，市经信局组成复核小组对谢岗镇2014年度重点用能单位节能考核进行复核，并实地抽查旗利得电子（东莞）有限公司，肯定谢岗镇对重点用能单位的考核情况。是年，每月跟踪重点用能单位填报能源利用状况报告情况，及时跟踪了解企业用能的状况，指导企业能源利用状况报告的填报，确保企业能源利用状况报告的填报率与正确率。筛选优质企业纳入镇街保用企业名单。通过对企业年度能耗、产值、增加值等多方面的考虑，筛选出谢岗镇优质企业，避免因错峰用电影响企业的生产。通过保证企业的用电，增强优质企业的生产力。钨珍电子、善慕康、润星、华通、亿环、升洋等企业已成功纳入保用电企业范围。通过实地走访企业，了解企业电机及注塑机等设备的使用情况，鼓励企业继续提升设备，优化产能，降低能耗。已帮助旗利得、君时富等企业顺利提升电机设备并获得省、市级补贴，安利、宏智等企业正在进行节能改造中，环汇、志成、宇豪、富美康等企业已完成注塑机伺服节能改造，通过调整结构、推进技术等手段促进工业领域节能。

2016年，组织编写考核自查报告。组织协调各相关单位完善各项节能材料，编写《2015年度谢岗镇节能考核自查报告》；完成节能考核。2015年度全镇单位生产总值能耗下降至0.306吨标准煤/万元，年度万元GDP能耗下降6.74%，超额完成市政府下达的0.3298吨标准煤/万元的节能目标。完成重点用能单位节能考核。3月，联合相关部门对全镇重点用能单位进行节能考核，并顺利通过了市复核小组对谢岗镇重点用能单位的节能复核。指导填报能源利用状况报告。通过定期了解重点用能单位的用能状况，指导其填报能源利用状况报告，确保企业能源利用状况报告的填报率与正确率。推进能源管理中心建设。向重点用能单位解读市、镇的关于能源管理中心建设的扶持政策，带领其参观学习东莞隽思印刷有限公司的能源管理中心（甲级）建设经验，促进企业建设能源管理中心。推进节能技术改造。完成注塑机伺服改造或更新的累计数为174标准台。完成重点用能单位"十三五"节能规划审核。一方面，为进一步摸清全镇各重点用能单位节能潜力，科学合理分解"十三五"节能目标，要求重点用能单位编制"十三五"节能规划。另一方面，通过聘请节能专家对重点用能单位"十三五"节能规划进行评审，给重点用能单位分析"十三五"节能规划报告存在的问题，指导重点用能单位按照专家评审意见对节能规划进行修改，完善重点用能单位的

“十三五”节能规划，挖掘企业的节能潜力，推动重点用能单位节能技术改造。

2017年，协调各成员单位完善各项节能材料，完成《2016年度谢岗镇节能考核自查报告》。谢岗镇2016年度单位GDP能耗下降6.89%，超额完成市政府下达的下降3.2%的节能目标。指导新增重点用能单位开展节能工作。通过实地走访新增重点用能单位（华通、建昌），向新增重点用能单位的负责人介绍重点用能单位的责任，要求企业尽快完善重点用能单位的规章制度，通过技术改造和管理节能，实现企业的节能降耗。定期掌握重点用能单位用能情况，指导企业填报能源利用状况报告，确保企业能源利用状况报告的填报率与正确率。推进重点用能单位建设能源管理中心，提升企业的能源利用率。

2018年，做好节能降耗工作。组织会议，编写考核自查报告。组织牵头镇节能减排领导小组成员单位开展2017年谢岗镇节能考核座谈会，协调各成员单位完善各项节能材料，编写《2017年度谢岗镇节能考核自查报告》。完成年度节能考核。2017年度全镇单位GDP能耗下降率目标为–3.61%，实际单位GDP能耗降低率为–6.12%，超额完成市下达的单位GDP能耗下目标的169.5%。同时，有序推进节能降耗工作。首先定期跟踪落实能源利用状况报告填报工作。每月跟踪重点用能单位填报能源利用状况报告情况，及时跟踪了解企业用能状况，指导企业能源利用状况报告的填报，确保企业能源利用状况报告的填报率。推进企业清洁生产工作。根据《广东省经济和信息化委广东省环境保卫厅关于印发清洁生产审核及验收工作流程的通知》和《关于公布东莞市2018年度实施清洁生产审核企业名单的通知》的文件精神，工作人员多次实地走访企业，宣讲省、市相关文件精神，鼓励企业加快开展清洁生产工作，促进企业从源头上节能降耗、减污增效。与需完成清洁生产审核的5家企业签订实施清洁生产合同，指导其于年内完成审核。

2019年4月28日，召开实施清洁生产审核重点企业推动会议，宣讲省、市相关文件精神，并讲解申报流程。编写《2018年度谢岗镇节能考核自查报告》，完成年度节能考核。2018年度全镇单位GDP能耗下降率目标为–3.61%，实际单位GDP能耗降低率为–3.62%，2016年、2017年和2018年三年累计进度节能目标下降至–15.75%，超额完成市下达的累计目标值（–10.44%）。

【节能宣传】 2015年，谢岗镇开展“限塑令”宣传活动。将6月15日定为“限塑日”，并在全镇范围内派发镇节能办印刷的宣传小册子（折册）和环保购物，提倡减少使用塑料袋。播放节能公益广告。通过电视台和LED显示屏播放节能宣传标语，引导居民珍惜资源。派发节能宣传海报。将2015年节能宣传海报分发到供电分局、自来水厂，扩大宣传效果，并要求各有关单位进行节能宣传，提高居民的节能意识。组织举办节能知识推广会。9月24日，组织举办“谢岗镇节能技术推广会”，向参会的34家大量用电的企业代表推广电机能效提升及注塑机伺服节能改造，加强节能服务公司与企业对接，切实为企业解难答疑。

2019年，牢固树立创新、协调、绿色、开放、共享的发展理念，广泛宣传生态文明建设，培育和践行节约集约循环利用的资源观，提高能源资源利用效率。6月17—23日谢岗镇公共机构节能宣传周期间，要求各公共机构进一步提高节能意识，切实做好公共机构节能工作的责任感和使命感。6月19日为谢岗镇低碳日，镇工信科局将宣传海报派发到12个村（社区）开展宣传活动，采用停开空调和关闭公共区域照明等方式进行能源紧缺体验。6月20日，联合谢岗供电分局以“携手节能低碳，‘电’亮绿色未来”为主题的宣传活动走进谢岗同心幼儿园，向学生们发放节能宣传单、宣传画册，并与师生齐诵安全用电三字经及进行游戏互动。

【整治淘汰落后产能企业】 2019年1月15日，谢岗镇工信科局组织辖区内落后产能VOCs企业召开整治淘汰VOCs工作会议。会上，要求企业根据自身实际情况，自愿选择整改保留或纳入淘汰并填写回执，对于自愿通过整治申请保留的VOCs企业，引导其改进生产工艺及设备，升级VOCs治理技术及设施，全面提升VOCs治理水平。并指导企业依法实施清洁生产，使用清洁能源和原料，加强源头控制，提高资源利用效率。

【节能专项监察】 2015年，谢岗镇工信科局充分发挥节能监察机构的监督保障作用，以电机能效提升执行情况监察为重点，日常监察与专项监察相结合，对重点用能单位进行工业领域节能监察，促进各项节能政策措施落到实处。10月中旬，对钨珍电子、鼎翰、李洲等重点用能单位实行现场监察，促进电机能效提升、注塑机伺服节能改造和能源管理中心等重点节能工作的实施，提高重点用能单位能源利用水平，以保障谢岗镇顺利完成“十二五”节能目标。

重点工业企业选介

【广东润星科技有限公司】 广东润星科技有限公司（简称润星科技）位于谢岗镇，注册资本7500万元，至2019年投资规模达1.55亿元，占地面积7万平方米，建筑面积7.4万平方米，有员工750人。2019年，润星科技实现年主营业务收入12.96亿元，比上年增长40%；实现税收收入1.21亿元，比上年下降23%。

润星科技专业从事数控机床的研发、生产、销售及服务，是华南最大的数控机床全产业链生产企业，年产能达上万台。该公司于2012年被认定为国家高新技术企业，2013年组建广东省工程技术研究中心。2019年，公司在国内共设立26个销售服务部，构建完整的销售及服务网络。

【东莞富美康电器科技有限公司】 东莞富美康电器科技有限公司是一家集研发、生产、销售于一体的专业美容美发电器产品制造商。公司凭借先进的技术、卓越的品质、科学的管理、完善的服务，逐步打造成为国内一流的美容美发电器产品制造企业。

公司成立于2005年，占地面积2万平方米，员工500余人。拥有模具制造、注塑、移印、喷油、组装、装配、包装等多个生产车间，有各式先进生产设备及检验仪器。公司先后自主研发了多款直发器、卷发棒、吹风筒、理发剪产品，获得多项国家专利；产品通过TUV/GS、ETL/CETL、UL、ROHS等产品认证，远销美国、日本、欧洲等多个发达国家和地区；公司多年被谢岗镇评为“创税大户”，2011年被评为“专利培育企业”，2012年被评为谢岗镇出口第三大企业，并于2015年成功申请“高企培育入库企业”；2016年被评为“高新技术企业”，2017年，出口总额进入谢岗镇前五名。

【东莞市宇豪塑胶科技有限公司】 东莞市宇豪塑胶科技有限公司，于2013年1月成立，占地面积5万平方米，建筑面积2万平方米；投资总额1亿元，注册资本800万元；从业人员200余人。公司自成立以来，不断实施技术升级改造、产品创新，凭借先进的技术实力，从2016年起，先后被认定为“高新技术企业”“高成长型中小企业”“东莞市倍增计划试点企业”；并通过知识产权管理体系贯标认证。

2019年，生产改性塑料产品规模达6000多万件，其种类主要有汽车、家电等改性用料，远销国内多个地区。产品获得高新技术产品认证，并通过ISO9001、TS16949和QC08000认证，产品设计制造技术和后处理技术处于国内领先地位，达到国际同行业先进水平。主研制开发多款塑胶模板系统，采用高强度复合材料制成，包括24种模板组件，规格齐全，组合灵活性极强，广泛应用于墙、柱、梁、板等各种建筑结构，覆盖率高达95%以上。快塑模板具有高效、经济、专业、优质、环保五大优势，产品可周转使用100次以上，且100%回收，回收剩余价值达30%。

【东莞合志精密科技有限公司】 东莞合志精密科技有限公司成立于2011年8月，公司前身为东莞合志五金塑胶厂，2011年转型为东莞合志五金塑胶有限公司。2018年7月，公司名称变更为“东莞合志精密科技有限公司”。投资总额1000万元港币，注册资本1000万元港币。厂区占地面积2万多平方米，有员工500多人。该公司是一家专业从事高保真音响网罩、发音元器件研发与制造的综合性公司。2017年12月，通过广东省高新技术企业认定，获“高新技术企业”证书。2018年3月成为谢岗镇“倍增计划”试点企业，2018年5月，被列入谢岗镇“倍增计划”试点企业名单。2019年，公司拥有独立研发机构，研发人员超过40人，本科学历占30%，大专学历占70%。拥有计算机、扭力测试机、厚度测试机、光泽度测试仪、高温高湿测试仪、盐雾测试机、三次元、精密冲压机、喷涂线、加工组装线、模具加工CNC、机床等研发设备。有4项发明专利和22项实用技术型专利。其中自主研发的户外用增强型耐腐蚀网罩、可随音乐节奏一同振动弹波音响网罩、获得国内实用新型专利。

【广东港重绿建科技有限公司】 广东港重绿建科技有限公司，是香港华建工程有限公司在广东东莞成立的全资子公司。于 2007 年 8 月 2 日成立，占地面积 4 万平方米，建筑面积 2.5 万平方米。2019 年投资总额 2700 万元港币，注册资本 2280 万元港币，从业人员 200 余人。公司拥有全套先进的钢结构及机械加工设备和现代化工业厂房，钢结构年产量 2 万吨。

公司主要业务产品有各类工业及民用建筑和高层建筑钢结构；能源及矿业钢结构；架桥机、移动模架、施工挂篮等大型路桥施工设备；塔式起重机、龙门吊、行车等起重机械；钢结构建筑装饰、幕墙、不锈钢总包工程等。公司总部香港华建工程有限公司成立于 1998 年，秉承“成为全世界最优秀的钢结构制造商”的发展愿景，一直坚持专业领域的不断开拓创新，立足港澳，面向海外，客户遍及新加坡、韩国、澳大利亚、新西兰、美国、加拿大等国家以及中国香港、澳门地区。公司产品及工程项目在行业内享有极高的口碑与声誉。

公司拥有行业内最完善的国内外资质和管理体系认证,拥有 ISO9001、ISO14001、OHSAS18001、ISO3834、EN1090、中国钢结构制造企业一级资质、国家特种设备制造企业 A 级资质、澳大利亚及新西兰政府工程海外制造商等资质与体系认证。该公司是中国钢结构协会、中国建筑金属结构协会、广东省建筑机械行业协会会员，并担任“谢岗镇高端装备制造行业协会”副会长单位。公司有专业领域十余项发明与实用新型专利及软件著作权，2016 年获“国家高新技术企业”认定。

（撰稿：翁焕文）

附：2015—2019 年谢岗镇工信科局（经贸办）领导名录

主任：朱灿林（任至 2017 年 3 月）

局长：谢托兴（2017 年 12 月任）

2015—2019 年谢岗镇招商局领导名录

局长：

杨景新（2017 年 5—12 月）

黄炳荣（2017 年 12 月任）

副局长：

周慧华（2017 年 12 月任）

朱赵球（任至 2017 年 12 月）

罗志通（2018 年 3 月任）

2019 年 4 月 18 日，谢岗镇 3 家企业亮相第十一届中国加工贸易产品博览会

2019 年 6 月 25 日，广东润星科技有限公司获“全国机械工业先进集体”称号

商贸业

国内贸易

【商贸流通业概况】 2015年年底，谢岗镇有市场主体6861户，其中个体、私营商业4847户，有登记注册的市场10个，其中农副产品市场8个，小商品交易市场1个，塑胶市场1个。是年，全镇社会消费品零售总额12.75亿元，批发和零售业销售额30.18亿元，住宿和餐饮业营业额1.78亿元。

2017年，全镇实有市场主体9101户，同比增长13.6%。全镇一般贸易41.1亿元，同比增长49%。其中外企内销总额45.8亿元，同比增长47.7%。

2018年，全镇社会消费品零售总额16.3亿元，同比增长10.5%。实际利用外资5.2亿元，同比增长259.1%，增速全市排名第三。

2019年，全镇社会消费品零售总额17.76亿元，批发和零售业销售额41.15亿元，住宿和餐饮业营业额2.47亿元。

【私营商业】 2015年，谢岗镇参照外资企业的先进管理模式及内部管理机制，拓展私营商业，并通过增强整体竞争力，使其成长为谢岗

2015—2019年谢岗镇国内贸易基本情况表

表15

年份	社会消费品零售总额（万元）	同比增长（%）	批发和零售业销售额（万元）	同比增长（%）	住宿和餐饮业营业额（万元）	同比增长（%）
2015	127513	9.6	301792	0.2	17870	7.1
2016	137561	7.9	294231	−5.8	19396	8.5
2017	147881	7.5	346816	22.0	20416	5.3
2018	163340	10.5	392146	13.1	22446	9.9
2019	177597	8.7	411465	7.5	24715	10.1

2015—2019年谢岗镇私营企业、个体商业户情况表

表16

年份	总户数（个）	个体户注册资金（万元）	私营企业注册资金（万元）	年份	总户数（个）	个体户注册资金（万元）	私营企业注册资金（万元）
2015	6426	19199	42810	2018	9324	25941.7627	836399.6426
2016	7609	22267.0721	356542.3324	2019	9815	27947.963	1526747.6025
2017	8675	24432.4627	549088.5078				

2019 年 12 月谢岗镇市场主体行业情况表

表 17　　　　单位：户

行业	类型	内资企业			外资企业	个体户	农民专业合作社	主体累计
		私营	集团	其他内资企业				
		累计	累计	累计	累计	累计	累计	
第一产业	农、林、牧、渔业	11		1		23	1	36
第一产业	制造业	1990		36	209	1205		3440
	电力、热力、燃气及水生产和供应业	6		6				12
	建筑业	179		1	1			181
第三产业	批发和零售业	869	1	55	27	3126		4078
	交通运输、仓储和邮政业	72		8	5	56		141
	住宿和餐饮业	20		1	1	982		1004
	信息传输、软件和信息技术服务业	33		3	2			38
	金融业	5		21				26
	房地产业	47		7	3			57
	租赁和商务服务业	281		20	5	89		395
	科学研究和技术服务业	152		6	6	32		196
	水利、环境和公共设施管理业	13		1		1		15
	居民服务、修理和其他服务业	40		1	2	481	7	531
	教育	21				22		43
	卫生和社会工作	1				10		11
	文化、体育和娱乐业	36		1		12		49
合　　计		3776	1	168	261	6039	8	10253

经济发展的重要增长点。2015 年，全镇个体商业户 4236 户，注册资金总额 8.87 亿元，从业人数 8782 人。其中从事批发、零售贸易业 3061 户，占全镇个体商业户的 72.26%；从事社会服务业 1175 户，占全镇个体商业户的 27.74%。至 2019 年，全镇共有个体商业 6039 户，其中从事批发、零售业的有 3126 户。

【商事登记改革】 2015—2019 年，谢岗镇工信科局（经贸办）围绕建立“企业自律、部门监管、社会监督”三位一体市场监管体系总体目标，周密部署，稳步推进商事登记改革后续市场监管工作。在各村（社区）成立基层综合协管队伍，全镇 12 个村（社区）共设置兼职基层综合协管员 71 人，制定《谢岗镇商事登记制度改革后续市场监管工作方案》，为建立综合监管网络提供了强有力的保障。与市协同监管信息化系统联网上线，督促全镇各监管部门每日登录系统接收监管信息，要求在规定时限内对相关商事主体进行监管并反馈监管情况。

2018 年，严格执行项目审批制度与项目备案程序，对项目提出单位（或项目业主）送达的项目建议书可行性研究报告进行严格审核，组织镇财政、国土、规划、环保等部门对项目开展情况进行部门联合会审和第三方评估论证，并征求相关部门和行业主管部门的意见，对符合前置条件的项目给予批复。对在网上申报的建设项目，严格按照项目备案程序，发现有申报错漏的及时退回修改。全年批复项目建议书4份、可行性研究报告2份，批准并发放项目备案证17张。

2019年，完善优化各项审批和备案手续，提高服务水平和能力。全年共完成15个政府审批项目批复，1家企业投资核准，19家企业投资备案。

【经贸信息服务和应用】 2015年，谢岗镇深入开展企业走访调研，积极构建企业服务体系。9月，建设“经贸谢岗”微信公众号平台，在平台内建立企业网站，设置优质企业栏目，提高谢岗镇企业知名度，同时向企业发送最新政策通知和新闻动态，广泛营造良好的政策环境。是年，公众号平台月访问量500多次。

2018年，加强信用信息的归集、公开、应用工作。经科信局在相应的市级网站上按要求报送“双公示”信息，对承接的市级事权，按要求在作出行政许可或行政处罚决定之日起3个工作日内将结果报送上级主管部门；通过谢岗镇政府门户网站、新闻媒体等渠道公开信用信息；将信用核查和实施信用奖惩嵌入业务办事流程。经科信局在“信用东莞网站”报送信息入稿件，并被采纳公开在网，进一步宣传谢岗镇诚信典范。

2019年，推动企业信用建设工作。向相关职能部门转达《关于做好城市信用状况监测预警指标数据上报工作的通知》和《东莞市城市信用状况监测预警指标责任分工方案》，做好失信企业的监管惩戒工作。其中有1家企业被列入失信惩戒企业黑名单。是年，扎实推进政府诚信建设，完善行政决策程序和规范，健全依法、科学、民主决策机制。重大行政决策前，通过多种方式面向社会开展调查研究，认真倾听各方面的意见和建议。组织专家对行政决策的合法性、可行性、社会风险及应对措施等方面进行咨询论证，科学评估决策风险。

【农贸市场简介】 谢岗综合市场 1993年12月，谢岗镇第一个面积为5000平方米的农贸市场——谢岗综合市场建成开业。设有成衣、鱼肉、果菜、“三鸟”、烧腊等固定摊档160个，市场年成交额1000万元。

1998年，谢岗综合市场扩建，一楼是农产品，档位160个；二楼是成衣，有档位83个。

2015年，谢岗综合市场年成交额3800万元。

泰园农贸市场 1998年6月开业，占地面积7900平方米，设有成衣、鱼肉、果菜、“三鸟”、烧腊等固定摊档462个，年成交额3600万元。

2007年，泰园市场扩建，一楼为农产品，档位440个；二楼为农产品和成衣、副食、百货，档位156个，其中成衣档位60个，副食、百货档位25个。当年，谢岗泰园市场年成交额2.98亿元。

【农贸市场整治】 2015—2019年，谢岗镇立足实际，深入推进农贸市场整治。市场监管分局坚持问题导向，建立重点问题销案制度，与各市场经营者、村社区及各职能部门签订整治责任书，明确职责分工，督促市场开办方、市场承包方及村社区落实责任，立案查处市场内无照经营行为3宗，为市场经营户办理营业执照110户，场内经营户实现百分之百持照亮照经营；设置宣传板块及制度公示、执照公示栏350余块，在重点市场周边增设停车位150个。对各市场内部均更新了台面设施，重新划出摆卖线，并增设场内场外保洁人员，督促1户农贸市场转营为百货市场。与此同时，创新开展创建党员示范店、文明经营户推动市场整治工作，在泰园市场以树立典型、示范带动方式，开展党员示范店、文明示范商户创建工作，全面提高市场文明经营管理水平。该经验做法于2016年8月28日被《东莞日报》以《谢岗创建党员示范店、文明经营户推动市场整治工作》为标题进行报道。

【大型商场简介】 谢岗供销社商场 位于谢岗镇东莞市谢岗镇振兴路，楼高3层，于1986年6月26日开业，营业面积300平方米，主要销售预包装食品、散装食品、乳制品（不含婴幼儿配方乳粉）、蔬菜、水果、大米、鲜鱼、肉、建筑材料、棉花、塑料、计量器具、轮胎、家具以及钢材、农业生产资料、五金、交电、纺织品、针织品、日用百货等。

东部义乌购物商场 位于谢岗镇花园大道83号，楼高4层，于2015年10月1日开业，营业面积2.6万平方米，主要销售日用百货和食品、肉制品、糕点、卷烟、五金、电器、文教体育用品等。

润升购物商场 位于谢岗镇广场中路，楼高3层，于2010年8月3日开业，营业面积1.15万平方米，主要销售日用百货和食品、肉制品、糕点、卷烟、五金、电器、文教体育用品等。

华声电器商场　位于泰园社区广场路 3 号，楼高 3 层。由个人投资 50 万元，于 2003 年 12 月 31 日开业，营业面积 500 平方米，主要销售家用电器、照相器材、电子元器件、计算机及其配件、家具、床上用品、工艺美术品等。

对外经济贸易

【对外经济概况】　2015 年，谢岗镇新签项目 9 宗，合同外资金额 5136 万美元；增资项目 5 宗，增资合同金额 3499 万美元；实际利用外资 6687 万美元，其中服务业实际利用外资 2007 万美元。全年进出口总额（海关口径）9.19 亿美元，其中进口总额 2.26 亿美元；出口总额 6.93 亿美元，其中高新技术产品出口总额 2 亿美元。

2016 年，合同利用外资 2.9 亿美元，增长 473.8%，增速全市排名第四；实际利用外资 0.9 亿美元，增长 29.5%，增速全市排名第四。

2017 年，进出口总额 71.9 亿元，比上年增长 20.9%；出口总额 55.9 亿元，比上年增长 21.1%。

2018 年，实际利用外资 5.2 亿元，比上年增长 259.1%，增速全市排名第三。

【对外经济新签、增资项目】　2015—2019 年，谢岗镇强化招商引资，主动参与市组织的外出招商活动，联合粤海置业国际与各行业协会、各中介机构深化合作，开展团体式招商推介活动和园区招商宣传，并从信息收集、招商洽谈、项目签约到落地投产，为客商提供高质量的全程服务。5 年间新签对外经济贸易项目 48 宗，增资项目宗 34 宗，合同利用资金额 4.82 亿美元。其中在增资项目中有东莞粤海银瓶发展有限公司增资额达 12772 万美元；旗利得电子（东莞）有限公司增资额达 5695 万美元；在新签项目中有东莞粤海银瓶开发建设有限公司累计投资额 7.17 亿美元。

（撰稿：邓爱婷）

2015—2019 年谢岗镇外贸情况表

表 18

项 目	2015 年	2016 年	2017 年	2018 年	2019 年
新签项目（宗）	9	8	13	12	6
合同外资金额（万美元）	5136	29468	8056	4020	4909
其中新签合同外资金额（万美元）	1637	26328	7758	1544	341
增资项目（宗）	5	7	3	12	7
增资合同金额（万美元）	3499	3140	350	476	4735
实际利用外资（万美元）	6687	8663	2099	7915	53967
其中服务业实际利用外资（万美元）	2007	340	1051	7455	4901
进出口总额（海关口径）（万美元）	91894	594187	718616	643870	699886
其中进口总额（万美元）	22583	132744	159683	130627	112185
出口总额（万美元）	69311	461443	558933	513243	587700
高新技术产品出口总额（万美元）	20000	141000	236000	180000	187000

2016—2019年谢岗镇对外经贸企业增资100万美元以上企业情况表

表19 单位：万美元

企业名称	商号	国别、地区	增资额	地址
东莞钨珍电子科技有限公司	宇田（香港）有限公司	韩国	2750	银湖工业区
东莞培基箱包制品有限公司	培基制品有限公司	中国香港	116.1	大厚管理区
东莞东绎工艺制品有限公司	（香港）东艺制品厂有限公司	中国香港	109.4	冠任工业区
东莞裕宝塑胶制品有限公司	（香港）盛翰有限公司	中国香港	124.7	稔子园管理区
东莞汇川金属家具制造有限公司	（香港）兴域投资有限公司	中国香港	257.4	谢山管理区
东莞俊亿实业有限公司	香港恒天实业有限公司	中国香港	300	银湖工业区
美利龙餐厨具（东莞）有限公司	杨晓东	美国	213	银湖工业区
旗利得电子（东莞）有限公司	新升电子（香港）有限公司	日本	5695	花园工业区
东莞汇新电器科技有限公司	捷能管理有限公司	中国香港	300	黎村管理区
东莞粤海银瓶发展有限公司	粤海置业投资（国际）有限公司	中国香港	12772	汇能大厦
东莞巨涛五金塑胶制品有限公司	俊亿（香港）有限公司	中国香港	192	花园大道
东莞十和田通讯器材有限公司	香港十和田电子有限公司	日本	200	银湖工业区

2018年，谢岗镇举行55个投资项目签约、动工、竣工仪式

2015—2019年谢岗镇新签项目及利用资金100万美元以上企业情况表

表20　　单位：万美元

企业名称	商号	国别、地区	累计投资总额	地址
东莞智轩精密五金有限公司	智轩有限公司	中国香港	387	曹乐管理区
东莞精锐利保精密五金有限公司	精锐工业（香港）有限公司	中国香港	163	曹乐管理区
东莞雅贤实业有限公司	（香港）雅贤实业有限公司	中国香港	181	曹乐管理区
东莞佑翔机械科技有限公司	传动资本管理有限公司、蓝天企业有限公司、台容国际有限公司	中国台湾	140	大龙管理区
东莞台容电子有限公司	（英属维尔京群岛）博士科技有限公司	中国台湾	1400	燕东工业区
东莞市润霖工艺品有限公司	（香港）美霖花艺有限公司	中国香港	100	眼口工业区
东莞裕宝塑胶制品有限公司	（香港）隆丰洋行	中国香港	119.5	稔子园管理区
东莞粤鲲智能制造有限公司	粤海置业投资（国际）有限公司	中国香港	3486.7	汇能大厦
东莞粤海银瓶开发建设有限公司	粤海投资有限公司	中国香港	71691.3	汇能大厦
东莞谢岗鑫联光电有限公司	光联（香港）有限公司	中国香港	100	大厚管理区
永明（东莞）纸品有限公司	永高纸品实业有限公司	中国香港	103	黎村管理区
东莞安麦节能设备有限公司	安麦联合投资有限公司	中国香港	1821.3	银山科技园
东莞粤海银瓶发展有限公司	粤海置业投资（国际）有限公司	中国香港	19928	汇能大厦
东莞万千业智能自动化技术有限公司	盈富精密自动化（香港）有限公司	中国香港	102.6	银湖工业区
东莞巨赢五金塑料制品有限公司	巨置有限公司	中国香港	110	谢岗管理区
东莞十和田通讯器材有限公司	香港十和田电子有限公司	日本	140	银湖工业区
萨秘特实业（东莞）有限公司	顶峰实业（亚太）有限公司	中国香港	789	赵林管理区
东莞市东俊精密五金科技有限公司	永峰高科技有限公司	中国香港	158	谢山管理区
广东湘广机械科技有限公司	比斯特科技有限公司	中国香港	158	银湖工业区
东莞市富城工艺品有限公司	富满庭有限公司	中国香港	100	窑山管理区
东莞市雅轩物业管理有限公司	洪家华、陈庆华	中国香港	104	黎村管理区
东莞京川贸易有限公司	品合实业有限公司	中国香港	102	花园大道
立祐车料配件（东莞）有限公司	脱普钢企业有限公司	中国香港	100	银湖工业区

供销合作商业

【谢岗镇供销社概况】 2015—2019年，谢岗镇供销社围绕上级的战略部署和工作思路，顺应工业化、城市化的发展趋势，找准立足点，创新发展思路，主动作为，求新谋变，摆脱原有发展困境，打开改革发展的新局面。至2019年，全社有食品零售、物业经营、饮用水产销三大产业板块，形成集自营、合作、租赁于一体的多元化经营模式。

【经营发展】 2015—2019年，谢岗镇供销社加强资产管理，突出抓好社有企业发展，积极拓展新客源，扩大销售范围。与相邻镇单位联合开拓经营新项目，提高经营效益。5年间，谢岗镇供销社总收入1074万元。

【谢岗供销社商场】 位于谢岗镇东莞市谢岗镇振兴路，楼高3层，于1986年6月26日开业，营业面积300平方米，主要销售预包装食品、散装食品、乳制品（不含婴幼儿配方乳粉）、蔬菜、水果、大米、鲜鱼、肉、建筑材料、棉花、塑料、计量器具、轮胎、家具以及钢材、农业生产资料、五金、交电、纺织品、针织品、日用百货等。

2019年，谢岗供销社党支部开展主题党日活动

【雅苑小区改造项目】 2015年，谢岗镇供销社为提升企业发展后劲，抓好供销社雅苑小区旧仓库改造和配套设施建设。11月，雅苑小区旧仓库改造项目竣工，增加住户20户。同时，为营造舒适的小区环境，提高物业管理费收入，逐步完善小区配套设施。将闲置的库房改造为车库出租，将室外停车位规划设计好租给住户停放，将小区大门全面升级改造为双向两车道，方便住户出入，将路灯、消防等设施全面检查更换，力求建设住户满意的小区。

2016年，为提升物业价值，将雅苑小区二期一楼部分空位自建成以来一直供小区住户停放摩托车、自行车用，随着旧仓库改造项目完工，经重新规划改造空置出7个车位。年初，为盘活社有资产、创造经济效益，为住户提供停车便利，召开雅苑小区一楼车库升级改造出租招投标会，按照公开、公平、公正和自愿的原则，严格按照招投标流程将7个车库通过公开竞标方式进行招租，实现资产价值的提升。

2019年，针对雅苑小区消防管道使用多年，存在一定的隐患，为降低风险，完善安全防护设施，供销社投入4万元对消防管道、消防器材进行更换。针对雨季天气，认

2015—2019年谢岗镇供销社经营收益情况表

表21　　单位：万元

年份	销售总额	饮用水	平价商店	旧物商场	废旧物资	烟花爆竹	其他	总收入
2015	2659	122	337	98.6	1613	36	—	245
2016	3711	109	248	96	1175	18	—	230
2017	—	120	268	20	—	45	—	210
2018	—	4	—	—	11	7	6	199
2019	—	—	—	—	—	—	—	190

真做好汛期防洪防灾工作，特别对年久失修的物业商铺进行检查，发现隐患及时修缮处理，消除隐患。

【饮用水经营管理】 2008年，供销社旗下的“东供饮用水公司”推出“莞峰”牌矿泉水和山泉水。2015年，充分调动员工的积极性，加大饮用水的推广销售力度。一方面积极开拓新客源，全年桶装山泉水、矿泉水销售量达13万桶，支装水销售32.64万支；另一方面加强成本控制，提升企业管理水平，在保证产品质量的同时，从水、桶、瓶、运输等方面着手改进，寻求新的降低成本方法。

2016年，为打开销路，一方面积极参加东莞农商银行谢岗支行举办的两期荷包社区推介会，旨在通过成熟网上平台推广莞峰饮用水，进一步提升供销社自有产品的知名度和影响力，从而拓宽销售渠道。另一方面加强成本控制，在加强水质管理的前提下，通过支装水外包装改良降低成本，增加利润。

2017年，通过小区宣传栏、网上平台推广莞峰饮用水，进一步提升供销社自有产品的知名度和影响力，拓宽销售渠道。同时，通过支装水外包装的改良降低成本，增加利润。全年桶装山泉水销售9.16万桶、矿泉水销售1.2万桶、支装水销售35万支。

2018年，充分利用系统内外各种平台，加大力度推广“莞峰”产品。同时，积极拓展新客源，扩大销售范围。全年桶装饮用水销售量9.4万桶，支装水销售量达27万支。

2019年，在饮用水市场竞争日益激烈的状况下，与广联农副产品有限公司、社会运营团队通力合作，共同承包东莞市九洞山泉水有限公司运营，主要生产销售配送自有品牌饮用水，先后开拓了东莞东理教育科技有限公司客户，月用水量2万桶。全年桶装山泉水、矿泉水销售量11万桶，支装水销售2.6万箱，销售收入110万元。

【废旧物资回收】 2015年，谢岗镇再生资源回收管理工作领导小组办公室成立，谢岗镇供销社作为成员单位主要协助有关部门管理全镇再生资源回收行业，再生资源回收行业全面放开后全镇办理营业执照的废品收购站11个，从业人员80人，年收购废品1494吨，营销额608.97万元。根据《东莞市加工贸易废料网上交易管理暂行办法》及其实施细则，东莞市加工贸易废料网上交易平台于2015年9月1日开始运营。是年，谢岗供销社组织开展“倡导绿色环保，关爱特殊儿童”回收废旧报纸、书刊活动，共回收废旧报纸、纸箱2000多公斤，筹得善款1940元，为推进环保与慈善贡献一份力量。

2016年，谢岗供销社推进加贸废料网上交易平台的运营，配合市拍卖行做好企业的注册工作，引导产废、收废企业进入加工贸易废料网上交易平台开展交易。

2017年，谢岗供销社发动组织加工贸易企业在东莞市加工贸易废料网上交易平台注册登记，进行废料网上交易。全年有39家产废企业在网上交易平台注册登记，有4家收废企业在平台上注册登记，共有31家企业参拍，成交31家，成交金额人民币179万元。

2018年，谢岗供销社主动筹备做好全镇公共机构可回收物收运处理分类工作，牵头整合行业资源，调查摸底有意向可回收单位，组织参观生活垃圾分类做得好的单位，加快工作的推进力度。

2019年，谢岗供销社积极参与美丽乡村建设，建立东莞市谢岗供联汇能废机油回收利用有限公司，统一收集废机油，杜绝废机油乱散无证乱收乱存等现象，降低污染环境风险。

【再生资源管理】 2015年，谢岗镇供销社联合镇商务办、环保局等部门对辖区内的废旧物资回收站点进行清查整顿和巡查回访。同时，针对各地接连发生的火灾事故，协助镇商务办、消防大队、公安部门，对辖区内再生资源回收站点进行消防安全检查。7月，组织召开全镇再生资源回收企业座谈会，就再生资源行业管理进行部署，全镇11家回收企业代表参加会议。10月，会同镇商务办、再生资源办对辖区内再生资源回收行业进行清查整治。通过巡查整顿，进一步规范废旧物资回收行业的经营行为，净化市场经营秩序，营造良好的市场环境。其间，还通过悬挂宣传横幅、派发宣传单张、制作宣传专车、宣传微信等方式，发动全镇各机关事业单位和企业、广大群众参加捐赠废旧报纸、书刊、废纸箱活动，共回收废旧报纸、纸箱2000多公斤，筹得善款1940元。

2016年，重点加强再生资源行业日常巡查和安全生产专项检查。1月，联合镇商务办、综合执法分局、村委会等部门对辖区内的废旧物资回收站点进行清查整顿，凡无证经营者被关停。2月，组织召开全镇再生资源回收企业座谈会，总结2015年再生资源回收管理工作，进一步规范再生资源行业管理。7月，成立检查组，对辖区内的废旧物资回收站点进行消防安全检查，确保安全稳定。同时，积极开展绿色消费进社区节能宣传活动。6月，为进一步推进流通业绿色发展，在雅苑小区组织开展以“绿色消费进社区”为主题的流通领域节能宣传活动。向群众宣传生活节能环保小常识，引导居民使用节能环保产品，宣传绿色环保生活，宣传垃圾分类、废品回收的小知识等。

2018年，探索多元发展，提高供销服务水平。拟在谢岗镇曹乐村筹备设点建立废机油回收中转站，意向服务于谢岗、桥头、企石、常平4个镇区。借助供销社对再生资源市场的资源渠道，形成对内合作、对外开放的格局，联合拓展废矿物油回收市场。同时，根据《东莞市生活垃圾强制分类工作方案》，积极主动筹备做好全镇公共机构可回收物收运处理分类工作。一方面成立专项工作组，落实相关责任人，组织参观生活垃圾分类做得好的单位，借鉴可行经验；另一方面主动加强与有关部门的对接，调查摸底有意向可回收单位，牵头整合行业资源，加快工作的推进力度。上半年，由镇商务局牵头，由供销社组织全镇再生资源回收企业在供销社四楼会议室召开行业管理工作会议，全镇23家回收企业负责人参加会议。会议传达《东莞市再生资源回收管理办法》精神，强调再生资源回收经营者要严格按环保部门规定开展回收工作，坚决整治散乱污回收企业，为打赢蓝天保卫战做出应有的贡献。5月，联合相关职能部门成立检查组，出动人员8人，检查回收企业19家，主要对辖区内的废旧物资回收站点进行固废排查整治，重点排查堆场内是否存在涉及危险品固体废物回收，提醒经营户时时刻刻树立安全意识，确保安全稳定。

【平价商店经营管理】 2015—2019年，谢岗镇供销社严格遵照平价商店的要求，加强管理，探索推动农业超市对接的有效途径，降低经营成本，为广大群众带来实惠。通过建立健全经营台账，规范管理，在全市平价商店考核中，谢岗供销社第二副食粮油经营部被评为优秀平价商店。

【开拓经营新项目】 2016年7月，谢岗镇供销社本着资源共享、共同发展的原则，探索创新供销社体制改革，与茶山镇供销社、樟木头镇供销社合作成立东莞市广联农副产品有限公司。公司通过供销社出资、社会投资者及员工入资等多种方式，科学配置股权结构，创新利益机制，积极发展混合所有制经济经营，增强企业内生动力和发展活力。秉承“民生”理念，让更多老百姓吃上喝上天然、绿色、健康、安全食品，广联公司致力开拓高质量、零污染、健康安全的硒养人生弱碱饮用水——蕉谷山泉，天然纯正有机茶——英德英九云桂峰红茶，入口醇正农香白酒——惬意人生白酒等产品。

2017年，与桥头镇、常平镇、横沥镇供销社合作成立东莞市金炮贸易公司，统一进货渠道，规范经营管理。在再生资源方面，以项目为纽带，与寮步镇、石碣镇、虎门镇供销社联合组建成立东莞市供联汇能矿物油回收利用有限公司，借助供销社对再生资源市场的资源渠道，形成对内合作、对外开放的格局，联合拓展废矿物油回收市场。与此同时，积极开拓财富酒业新项目。与茶山镇、麻涌镇、樟木头镇供销社联合成立东莞市两广酒业有限公司，在东莞选址开设贵州茅台酒股份有限公司财富会馆，拟投资人民币200万元，主营代理销售财富酒系列和飞天茅台酒系列。

2018年，在谢岗中心区光明北路设立商行主营财富系列白酒、红酒，供销社系列自有品牌农副产品、日用品，莞峰系列蜂蜜、茶叶、绿色蔬菜、粮油等谢岗特色农产品，供销社下属广联公司系列蕉谷山泉水、云桂峰红茶、惬意人生白酒等产品，两广酒业公司茅台系列高级酒水等，力争在拓展特色实体经营中实现跨越。

2019年，针对东莞市废机油缺乏有效回收渠道容易造成环境污染等问题，采取股份合作方式投资成立东莞市谢岗供联汇能废机油回收利用有限公司，建设废机油回收中转站，统一收集谢岗、桥头、企石、常平4个镇区的废机油，杜绝废机油乱、散、无证乱收乱存等现象，降低污染环境风险。是年，供销社积极调整产品结构，拓展营销渠道。新增加云南、四川等特色扶贫农副产品如天麻、羊肚菌、红糖、木耳、核桃、陈皮等的销售。在销售方式上，将节日礼品团购业务作为主推点，特别在中秋、春节等重大节日，主动联系走访新老客户和团购客户，积极进行业务推广。

【为农服务】 2016—2019年，谢岗镇供销社以谢岗特色农副产品为主，开发出莞峰蜂蜜、荔枝干、龙眼干、普洱老树茶等农产品，使自有品牌“莞峰”增添新成员。谢岗银瓶山素有“小九寨沟”之称，自然环境优越，谢岗供销社发挥服务“三农”的传统优势，积极挖掘当地特色农产品，主动与当地农户合作，实行“农社对接”，通过电子商务、平价商店等交易平台，扩大农产品销售渠道，提高自有品牌的知名度，将莞峰品牌农产品推向市

谢岗镇供销社迎春花市（2019 年）

场销售。2017 年春节期间，与樟木头供销社联手合作，依托谢岗供销社领办的东莞市东供花卉农民专业合作社红掌、多肉等优质花卉，首次在迎春花市展销年花，分别设立樟木头主摊位和谢岗分销点。展销几天营业额就达 14 万元。同时，积极与蔬菜种植基地直接联系，为消费者配送最新鲜的品种多样的无公害放心蔬菜，在东供饮用水公司门店设置专柜，扩大农副产品销售。2019 年，做好对口扶贫地区农产品产销对接，带动扶贫地区农业产业发展，帮助农民增收。发掘供销系统内自有产品，打造供销社特色农产品，如莞府腊肠、东坑东阴菜、莞香情月饼等全面上架，大大丰富商行产品类别，为顾客提供更多的优质产品。

【加强安全管理】 2015—2019 年，谢岗镇供销社加强安全生产管理，确保全社安全生产、经营。多年来，坚持每季度组织一次安全生产大检查，重大节假日均组织安全生专项检查，着重加强对烟花爆竹、饮用水生产、雅苑小区、物业商铺等的安全检查。2019 年，进行各类安全生产大检查 8 次，烟花爆竹安全专项检查 10 次，检查物业商铺 40 个。在冬季煤气中毒事故高发期，组织在职党员进小区、进商场。2016 年，在“3·15”消费者权益日期间，检查市场铺等场所，开展“生命至上 安全用气”上门入户宣传排查活动，派发《安全五注意》《燃气热水器安全使用宣传手册》等宣传资料 120 份，悬挂宣传横幅 2 条。重点排查社内物业租户是否违规销售直排式燃气热水器、电热棒等电器，一经发现，报工商部门按照相关规定处理，确保不留盲区，不留安全隐患死角。

【开展文明创建活动】 2015—2019 年，根据谢岗镇精神文明建设工作推进会议精神，按照“化整为零、分点包片、各负其责”的工作思路，积极投入文明创建活动。做好社内商铺招牌广告的整改；深入小区、商铺、物业发动群众做好门前三包工作，保证环境卫生整洁；深入责任区域开展环境卫生整治，清扫道路垃圾、清除绿化带杂草，掀起一轮创建热潮，形成人人关心文明创建、支持文明创建、参与文明创建的良好局面。同时，积极参与打假维权宣传活动，在“3·15”消费者权益日期间，现场派发宣传资料，为群众讲解分辨食盐的真假，识别真假碘盐的防伪标签。为拓宽消费

2016 年，谢岗镇供销社组织人员在“3·15”消费者权益日期间检查市场

者投诉渠道，建立和完善经营者自律维权体系，配合消委会在供销社电脑城建立消费维权服务站。

（撰稿：罗颖宜）

附：2015—2019 年谢岗镇供销社领导名录

主任：

叶凯锋（2015 年任）

副主任：

谢国强（2015 年任）

叶镇威（2017 年任）

粮食管理

【粮食管理概况】 1954 年，东莞县粮食局在谢岗黎村设立粮食代销站。1971 年秋，设立谢岗人民公社粮食管理所。2011 年，更名为东莞市粮食局谢岗粮食所。2012 年，更名为东莞市谢岗粮食管理所（简称谢岗粮所），由市粮食储备中心管理。2017 年 6 月，谢岗粮所人、财、物下放至所属镇街，由谢岗镇人民政府管理。2019 年 6 月，谢岗粮所合并到镇农技中心，粮所主要任务不变。至 2019 年 12 月底，谢岗粮所有干部职工 9 人。

2015—2019 年，谢岗粮所围绕各级政府在各个时期提出的各项工作任务和工作思路，以务实的工作作风，扎实工作，积极做好储备粮储存保管的管理和储备粮轮换的管理工作，确保储备粮储存安全、质量保证、数量的落实。

【储备粮储存】 2015 年，规范和完善储备粮的各项保管管理工作，建立和健全各项保管管理制度，积极开展科学保粮。积极主动做好储备粮轮换的相关工作。按照市局储备粮轮换安排，对所内当年入库情况、保管质量建立台账，准确有效提供每年需轮换的相关信息，确保各年份轮换计划的有效安排。全年轮换任务 2049 吨（其中代清溪储备 1089 吨）。严格执行仓储管理制度和技术标准，贯彻执行《粮油仓储管理办法》和《粮油储藏技术规范》，健全管理账表账卡，科学选择储藏技术，规范日常仓储管理，加强库存粮情监测，及时处置储粮安全隐患，合理利用秋冬季节干燥气温低的有利条件，科学组织通风降温作业，为 2016 年粮食安全创造条件。

2016 年，建立和完善新增储备任务和委托保管管理的相关衔接，包括入库年份、入库质量、银行贷款等相关信息，确保各年份轮换计划、信贷计划相互衔接和来年轮换的有效安排。其间，按照市局对每年储备粮轮换的统一安排，对全所 3830 吨稻谷当年入库情况、保管质量建立台账，完成 687 吨储备轮换任务。

2017 年，积极做好新增储备任务的相关衔接工作，对当年入库 3830 吨稻谷情况、保管质量建立台账，完成 2049 吨储备轮换任务。

2018 年，按时按质完成 1094 吨和 687 吨的储备轮换任务。是年，认真做好年度两季粮食安全普查及全省粮食库存大清查相关工作。在夏季和秋季全市粮食安全普查及全省粮食安全大清查中，谢岗粮所粮食库存账实相符，账账相符，库存粮食质量安全，仓库管理规范，符合省市相关要求。

2019 年，对全所稻谷当年入库情况、保管质量建立台账，准确有效地提供每年需轮换的相关信息，确保各年份轮换计划的有序进行。1 月至 10 月底，按市局年初安排完成 2049 吨储备粮的进库、出库轮换任务。是年，还完成东莞市政策性粮食库存数量、质量大清查和冬季普查。

【安全管理】 2015 年，谢岗粮所结合实际，落实各项安全生产管理措施。组织干部职工学习《中华人民共和国消防法》及观看电视消防安全生产专题教育片，提升职工消防安全意识。结合库区消防安全隐患排查整治，对库区内的消防设施、用电线路、仓库使用情况和仓库周边等进行全面自查，对自查中发现的安全隐患，及时整改，对不能马上整改的进行登记造册。同时对灭火器材和消防栓进行全面检查、保养维护，清理堆放在仓库周围的杂物；对日常保管工作中常用的个人防护用品，特别是熏蒸用的防毒面具进行更换。其间，还建立登记造册、每月上报报告制度，对圆仓渗漏较严重的实施修补。建立安全生产责任制和库区内 24 小时保安值班制度等。年初，还按市局要求，自筹资金 3 万多元在住宅区与库区之间增设防护铁门，使住宅行人与库区分隔，确保库区安全。

2016 年，结合库区消防安全隐患的排查整治，对库区内的消防设施、用电线路、仓库使用情况和仓库周边等进行全面自查，对自查中发现存在的安全隐患，及时整改，对圆一、二、三、四、七、九、十仓和方二仓进行补漏。10 月初，委托广东鸿宇建筑工程设计顾问有限公司对 12 座仓库进行结构安全鉴定检测，进一步消除安全隐患。

2017年，建立和健全安全生产责任制，尤其在极端天气及汛期，安排和组织有关人员在库区范围进行不定期巡查，预防特殊事件发生，确保储备粮安全度汛。同时，严格按照市局制定的《粮食仓库安全使用指引》的相关规定核定装载储量，建立健全粮食仓库使用检查制度和安全使用登记制度，并依时报送粮食仓库安全检查月报表。

2018年，做好储粮仓储设施维修升级改造。完成圆一至圆十一内墙和仓顶老化部位的翻新和保养，确保仓储使用安全。

【实施“粮安工程”】 2015—2019年，谢岗粮所贯彻落实全国粮油工作会议精神，实施“粮安工程”。开展粮食市场监督检查，做好粮情监测和预警报告，对粮食市场供应价格、供应情况进行调查，经常走访辖区内市场粮食供应商，了解粮食供需、价格情况。宣传国家粮油购销政策、粮油台账管理制度，严格执行国家粮食统计制度，定期做好镇区内粮食流通统计工作，并建立所内统计台账制度，依时上报粮食统计报表。组织单位员工积极参与市局举办的粮食安全活动，在广场、酒店、学校等公共场所悬挂宣传标语，做好“节约粮食爱护粮食”宣传。2016年，还根据市局安排，对樟木头裕丰工业区内6家粮食加工企业承储市级动态储备2.15万吨大米进行每月监管，在人员少业务新的情况下，积极与相关粮食加工企业联系沟通，督促相关粮食加工企业按市局及承储合同相关要求做好规范管理，确保常有储备库存数量得到落实。

（供稿：刘冰）

附：2015—2019年谢岗镇粮食管理所领导名录

所长：

李任贵（任至2019年10月）

副所长：

邵树文（任至2016年）

旅游业

【旅游概况】 2018—2019年，谢岗镇旅游办公室加强对东莞市银瓶山森林公园谢岗景区和镇内旅游服务行业管理，积极协助推进银山、银瓶湖湿地公园建设，推动南面大龙休闲小镇旅游开发，推进乡村旅游业发展，努力把谢岗镇打造成为生态旅游重镇。两年间，东莞市银瓶山森林公园谢岗景区共接待游客290万人次。

【推进旅游重点项目建设】 2018年，谢岗镇推进两大湿地公园（东莞银山市级湿地公园、银瓶湖湿地公园）建设。其中银山市级湿地公园项目占地105.53公顷，总投资额1.07亿元，是一个集湿地保护与利用、科普教育、湿地研究、生态观光、休闲娱乐、防洪排涝、城镇生活污水净化等功能于一体的城市湿地公园。银瓶湖湿地公园由华侨城集团投资，计划构建粤港澳大湾区东部腹地“湿地旅游”“康养度假”“精致山水”三大品牌，定位为湾区级生态保育、自然教育及生态旅游目的地，涵盖湿地保育、湿地体验、湿地生态、文化旅游以及服务配套等多样功能复合型湿地公园。

2019年，谢岗镇旅游办及时向市文化广电旅游体育局汇报两大湿地公园建设情况，报送《关于银瓶湖湿地公园和银山市级湿地公园的情况汇报》《关于谢岗镇银瓶湖湿地公园的情况汇报》《银山市级湿地公园旅游厕所建设统计表》《关于谢岗镇旅游产业的情况汇报》等相关资料。同时，召开两次两大湿地公园情况汇报会，组织华侨城负责人讲解银瓶湖湿地公园规划及镇住建局项目负责人介绍银山市级湿地公园建设情况，并陪同市领导多次考察两大湿地公园实际情况，积极推进两大湿地公园建设发展。

【乡村旅游】 2018年，谢岗镇按照“产业兴旺、生态宜居、乡风文明、治理有效、生活富裕”总要求，积极推进乡村旅游业发展。其中申报银瓶山森林公园谢岗景区为国家AAAA级旅游景区。同年6月，聘请广州华南弘建规划建筑设计有限公司规划设计景区整治提升方案，包括规划背景、规划总则、景区概况、旅游资源及其评价、旅游产品与旅游市场分析及旅游开发条件分析等16个部分。9月，向市旅游局上报2018—2020年度国家A级旅游景区创建计划表。10月，报送银瓶山森林公园谢岗景区国家A级旅游景区创建意向申报表。

2019年，完成银瓶山森林公园南面大龙休闲小镇旅游最终策划，推动打造生态旅游重镇。年内，组织召开8次相关旅游策划项目会议，加强与驴妈妈公司沟通，陪同策划人员多次实地调研。奇创策划团队于8月完成银瓶山森林公园南面大龙休闲小镇旅游最终策划。该策划立足于优质生态资源和特色农业资源，以“生态旅游”为总抓手，挖掘塑造客家特色，提升完善基础设施，整合联动产业资源，推动形成“旅游＋农业”的经营模式。是年，根据反馈建议，结合“东莞市第一峰”招牌，深挖当地文化，突显东坡文化，活用东坡石，构建“第一高峰下的第一生态村”“第一荔枝树”等文化形象，进一步完善休闲小镇品牌构建。

【旅游管理】 2018年，谢岗镇根据市旅游局制定的《东莞市旅游新闻信息工作管理办法》要求，加强旅游信息报送，拓宽东莞旅游宣传渠道。除在“活力银瓶”微信公众号推送相关旅游信息外，每个月还准时向市旅游报送谢岗镇相关旅游信息。其间，积极推进镇内2家旅行社网点使用全国旅游监管服务平台办理业务，并实现出入境团队名单表、团队信息在监管服务平台上全覆盖。同时，加强旅游安全管理和防范工作，对管辖范围内的银瓶山森林公园谢岗景区、代代红工业旅游示范点及2家旅行社网点，旅游办工作人员定期、不定期到现场进行安全专项整治检查，防范和遏制安全事故的发生。是年，还部署开展文明旅游行动，营造文明旅游气氛。要求银瓶山森林公园谢岗景区、代代红工业旅游示范点及2家旅行社网点运用电子屏幕、展板挂图等，播放社会主义核心价值观、“讲文明 树新风”、文明旅游宣传片，展示文明旅游公益广告，为游客发放文明旅游宣传手册、宣传折页等，宣传文明旅游公约、文明旅游十大提醒语，营造文明旅游氛围。

2019年，对景区落实“厕所革命”，提升旅游厕所建设管理水平。完善镇旅游厕所相关信息，安排专人负责“全国旅游厕所管理系统”和百度地图的数据填报和日常维护，加强监管旅游厕所建设管理及卫生服务管理，确保景区内旅游厕所正常开放、设施完善、管理到位、卫生干净。其间，还根据省人民政府颁布的《广东省民宿管理暂行办法》，市文化广电旅游体育局草拟的《东莞市民宿登记管理方案》，草拟出《谢岗镇旅游民宿管理办法》《谢岗镇旅游民宿基本要求与评价》《谢岗镇支持推动精品民宿发展的补助办法》，规范民宿建设、管理、服务及奖励标准，促进民宿合法经营，鼓励群众统筹相关资金支持旅游发展，积极引导民宿创业投资，打造一批特色民宿。是年，加强文明旅游宣传力度，派发相关文件和文明旅游宣传海报及文明旅游手册等资料给各旅游经营单位，督促各旅游从业人员利用微信、宣传单、海报、横幅等方式，提倡共同维护良好的旅游秩序和环境，引导游客文明旅游。深入开展旅游行业安全生产专项检查，加强中秋、国庆节期间银瓶山森林公园安全管理，及时排查治理事故隐患。全年检查旅游经营单位85家次，排查事故隐患2项，整改2项。

（撰稿：罗裕平）

附：2019年谢岗镇旅游办公室领导名录

主任：

谢振明（2019年8月任）

副主任：

林志忠（2019年8月任）

东莞市银瓶山森林公园谢岗景区

【银瓶山森林公园概况】 2015—2019年，东莞市银瓶山森林公园谢岗景区（简称谢岗景区），累计接待入园游客727.68万人次，车辆101.82万车次。

【景区配套设施建设】 银瓶山登峰步道项目 2015年，谢岗银瓶山

俯视谢岗镇银瓶山（摄于2019年）

谢岗镇银瓶山银瓶嘴（摄于 2019 年）

登峰步道闭合线项目完成，闭合线步行道 2.7 千米已全线贯通，坡道外围修筑好护栏，闭合线两个休息平台和入口平台均已完工。

景区主入口步行道 2019 年，谢岗片区主入口步行道（石鼓水库防汛应急步道）动工，全长 4123 米，步道路宽 3 米，路面铺沥青。为了增加项目景观性，共设 7 座木栈桥，规格为 8 米 ×3 米、16 米 ×3 米，水泥仿木木栈道长 1340 米。

景区出入口停车场 2019 年，谢岗景区出入口停车场和配套设施项目动工，项目规划用地面积 1.45 万平方米，占地面积 6098.67 平方米，建筑面积 1.87 万平方米，建筑高度 14.1 米，共 3 层，可用停车位 479 个，项目运用“立体种植”的设计概念，使项目与山体相结合，包括停车楼前广场、停车楼、停车楼后广场 3 个项目节点。项目还在施工中。

【配合创建国家森林城市】 2015—2019 年，谢岗景区配合东莞市创建国家森林城市活动，在第一停车场服务区公告栏换上 15 个创森宣传广告牌，在第一停车场大型户外广告牌架上张贴 7 米 ×4 米的创森喷绘画，在南面路口添置 16 米 ×6 米 T 形创森广告牌。其间，还开展一系列活动，有 2015 年 1 月 11 日，在第二停车场举办创建国家森林城市民意调查与签名活动，5 月 9 日在第一停车场服务三区再次举办创建国家森林城市民意调查，派发宣传海报、矿泉水等物品增强宣传效果，群众反响热烈，宣传成效显著。

【景区景观提升】 2015—2019 年，谢岗景区抓好环境卫生工作，保持好园区环境优美、规划整齐的良好形象，绿化组实施区域岗位责任制，为进一步加强景区环境绿化，先后在园区主干道、亲水步道和自然保护区加种树苗，其中种植火力楠、乐昌含笑、尖叶杜英、深山含笑、蝴蝶果、白玉兰、红锥、红苞木、爬墙虎、九里香、小枫香、长叶竹柏、南方红豆杉、香樟、闽楠、降香黄檀。

2018 年，圆墩背绿化升级改造项目完成多种观赏树种的种植，包括红花紫荆、白玉兰、美国紫薇等观赏树木。第一停车场绿化升级项目，包括挖土回填、新树种植（人面子、阴香、白玉兰）、路沿石铺设。

2019 年，圆墩背景观提升二期工程已完工，完成美国紫薇和桂叶黄梅的种植抚育工作。

【森林防火】 2015—2019 年，谢岗景区抓好防火安全，把森林防火工作当作头等大事来抓，认真开展森林防火隐患排查和公园旅游安全检查工作，对发现的问题加强整改，努力消除安全隐患，保证了森林资源安全和公园游客安全，重大节日（如春节、清明节、劳动节等），景区安排有关管理人员到位值班，增派护林员加强景区区域巡查，消除火灾隐患，确保节日安全。为进一步提高打火队专业水平，由市防火办组织景区半专业打火队与银瓶山森林公园清溪景区半专业打火队在银瓶山森林公园清溪管理处进行联合演练，演练成果得到各方肯定。

2017—2018 年，组织打火队员分 2 批共 35 人到东莞市国防教育训练基地进行为期 5 天的专业训练，增强打火队员的体能与纪律意识，进一步强化打火队的专业性。

【景区“三防”】 2015—2019 年，谢岗景区针对雷雨天气，切实做好雨季各项“三防”安全防范工作，认真落实安全责任制，全力确保景区的各项安全工作，时刻密切关注气象局发布的天气预报，在每次雷雨来临前，景区对挡土墙护坡及施工场地、景区树木、排水管道进行全面检查，并做好有关防护工作，设立警示牌、拉警戒线，以提醒游客注意安全，在雨后进行全面检查，做好有关防护工作，有效排除安全事故隐患。

（供稿：谢岗景区管理办公室）

谢岗镇银瓶山森林公园一角（摄于 2019 年）

财政·税务·银行

财 政

【财政概况】 2015—2019年，东莞市财政局谢岗分局（简称谢岗分局）牢固树立并切实贯彻“创新、协调、绿色、开放、共享”五大发展理念，围绕“优化增收结构，坚持增收节支，完善内控管理”开展财政工作。在发展的大背景下，高效合理调度资金，全力支持银瓶合作创新区和保障民生事业发展，实现谢岗镇现代化建设。

【公共财政收支】 2015—2019年，谢岗分局积极培植财源，强化征收管理，积极完成镇本级财政收入，努力为加快谢岗发展提供更加坚实的财力支撑。统筹安排，规范管理，坚持量入为出的原则，合理调度资金，严格控制各项财政支出，确保财政运行平稳，实现财政收支平衡。

【财政预算编制与执行】 2015—2019年，谢岗分局完善部门预算编制方案，财政支出严格遵守“三项制度”，资金拨付坚持严格按照经人大审批通过的年初预算草案执行；凡申请追加年初预算外资金的项目支出，须提交镇政府领导班子会议审议，并根据审定结果安排项目资金。严格执行“零基”预算，盘活沉淀资金，将各单位结余资金（含公用经费和专项资金）全额上缴镇财政。

2016年4月，按照中央、省、市的统一部署，以财政资金分配为重点，分层次、有步骤地积极推进财政预算信息公开，谢岗分局依法公开2016年度全镇财政预算数据，从而促进公共财政管理制度更加科学合理、程序更加规范透明、分配更加公平公正、资金更加安全高效，努力构建镇公共财政与防治腐败协调互促的新机制。

2017年，完善部门预算编制方案，按时完成全镇财政预算、部门预算公开工作以及全镇决算公开

2015—2019年谢岗镇财政收入情况表

表22

年份	财政收入（万元）	环比（%）
2015	50336	14.28
2016	60995	21.18
2017	79150	29.76
2018	196729	148.55
2019	219512	11.58

2015—2019年谢岗镇财政支出情况表

表23

年份	财政支出（万元）	环比（%）
2015	51877	19.63
2016	60461	16.55
2017	82468	36.4
2018	167414	103
2019	213363	27.45

工作。

2018年，组织全镇57个单位（部门）完成2017年度权责发生制政府财务报告编制试点工作，调整、编制完整性较高的政府财务报告。

2019年，为建立全面规范透明、标准科学、约束有力的预算制度，加快建立预算绩效评价体系，制定《东莞市谢岗镇财政支出预算绩效目标管理办法》，组织全镇预算单位开展2019年谢岗镇财政预算绩效目标填报工作，对城管分局“2017—2018年度谢岗镇环卫保洁及垃圾外运焚烧项目”开展绩效重点评价，并在2020年预算编制工作中，全面推开预算绩效目标申报填报工作。

【土地统筹资金拨付审核】 2016年3月，谢岗分局组织相关单位及15家银行负责人召开银瓶合作创新区投融资座谈会，共同探讨创新融资方式。通过综合运用融资资金、市配套资金等多渠道筹集资金，加快城市建设步伐，加强环境综合整治，全力做好粤海项目建设相关工作。同时，规范粤海产业园建设土地统筹补偿资金和工作经费的使用管理，土地统筹补偿资金和工作经费实行“专户、专账、专人”管理，按严格的审批程序拨付土地补偿资金。谢岗分局2016年1—9月支付粤海项目征地及拆迁补偿款共1.37亿元，历年累计支付粤海项目征地及拆迁补偿款约21亿元。

【国库支付制度改革】 2015—2019年，谢岗分局建立和完善以国库单一账户体系为基础，资金缴拨以国库集中收付为主要形式的镇财政国库管理制度，先试点，后推广，不断优化资金拨付流程。建立岗位责任制，按岗位设置要求和不相容职务相分离原则，明确岗位人员职责分工。

2016年，谢岗分局组织开展了各单位国库集中支付业务培训，不断提高财务人员的业务水平。为切实加强对存量财政专户的规范管理，谢岗分局对镇财政40多个账户进行清理整顿，只保留3个账户：预算户（清算户）、非税收入财政专户和代管资金财政专户，进一步规范政府收支行为和加强财政监督，提高资金支付效率，更好地发挥财政宏观调控作用。

2017年，实行细化国库集中支付管理，对财政资金从预算分配、预算拨付及收款人账户实行财政直接全过程监督、控制，规范资金拨付渠道，强化预算执行力度，提高财政资金的使用效益。

2018年，严格执行国库集中支付制度，实现国库集中支付流程规范化、模块化。是年，谢岗分局完成直接支付690笔，授权支付1.09万笔，实拨资金支付1.05万笔（代发工资、社保、公积金类），及时、有效监督和掌握财政资金使用情况，为领导的决策和工作的安排提供实用信息和财力支持。

2019年，完善请款手续，规范单位请款递交资料，建立单位请款、支付登记，实现来件、审批流程的全程追踪登记。加快文件的处理效率，切实提高请款审批工作效率及拨付进度。取缔以往人工核发政府统发工资，推行财政统一发放的工资支付模块；上线动态监控模块，实现国库集中支付系统资金实时动态全监控；上线资金管理模块，及时掌握（反映）收支情况，达到将预算单位的所有财政性资金全部纳入国库集中收付范围的资金管理要求。

【票据管理】 2015—2019年，谢岗分局改善票据管理，财会监督股负责镇行政事业单位的财政票据存放、领用和核销手续。

2016年，核销2015年财政票据43.39万份，票面金额5234.39万元，上缴市财政3871.06万元。2016年认真开展金融风险排查，核查171家单位和企业，对开设网站的互联网企业进行逐个监督排查，对保险、股权投资、金融融资和自查管理和跨地区从事金融业务的企业进行筛查。

2017年，对财政票据设立独立票据管理仓库，规范领、用、存票据管理手续，做到专人、专库、专责管理。全年核销财政票据40.68万份，核销总金额1.23亿元，上缴财政3601.53万元。

【会计管理】 2016年，谢岗分局办理会计证管理业务142个，其中办理新办会计从业资格证50个；省外调出11个；省外调入1个；省内调出11个；省内调入21个；完成信息采集工作32个；从业资格证旧证换新证16人。2017年办理会计证管理业务99个，其中办理新办会计从业资格证39个，完成信息采集工作19个，从业资格证旧证换新证26人。按照东莞市要求，市代理记账系统全面升级，形成独立的代理记账管理系统，通过调查，全镇共有代理记账机构8家，已通过备案年检4家，新增代理记账机构1家，其中3家代理记账机构没进行代理记账许可登记，已要求其完善备案登记手续。

2019年，根据全省财政部门会计评估监督检查工作部署，谢岗分局组织专人对代理会计记账机构进行专项检查，重点关注代理记账机构的执业质量、设立条件和会计信息质量等情况。全年有11家代理记账机构的代理记账许可通过审核和年审，对无许可经营的代理记账机构进行全面清理。是年，全镇有49名会计人员通过全国会计专业资格考试，其中获得初级会计职称人员35名，中级会计技术职称人员14名。

【打击非法集资】 2016年，根据《开展东莞市处置非法集资工作巡展》《东莞市防范和打击非法集资宣传教育方案》《广东省防范和处置非法集资监测预警工作制度》等文件，谢岗分局先后牵头全镇12个村（社区）、6家主营银行和公安、工商、商贸、经贸和综合执法等多部门联手开展防范打击非法集资工作，通过持续排查镇街园区的非法集资广告和网络信息和开展防范打击非法集资的教育宣传，严厉打击非法集资的不良行为。

2017年，成立宣传月工作小组，动员有关单位开展工作会议。其间，共派发宣传单张2万余份、海报270张、宣传横幅45条、举行大型讲座宣教活动1次、进村进社区2次、组织大型的工厂宣传2次、通过电视媒体广播30次、银行电子屏幕滚动宣传9个和微信媒体宣传30天。宣传区域包括全镇的各人流聚集地、村委会、社区、工业园区等场所。通过案例、广告使人民群众意识到非法集资的危害和风险，加强人民群众的理财风险意识。组织全镇28个非法集资领导小组成员单位50余人前往市金融局参观学习“风险与法治”专题展览。

2019年，开展一系列防范非法集资宣传月活动。会同镇工业信息科技局、村委会等部门单位深入社区、工厂、企业，开展20场现场宣讲活动和5场大型宣传活动，重点对镇12家投资类企业进行非法集资风险专项整治现场排查，并按照上级部署积极开展P2P投资者核查登记工作，维护受损集资参与人的合法权益。

【资产管理】 谢岗分局财政监督股统筹全镇49个行政事业单位（部门）的固定资产管理，定期对各个单位的资产购置、处置情况进行总结和报备。至2016年10月，镇属行政事业单位资产总值1860.01万元，其中土地、房屋及构筑物1亿多元，通用设备648.46万元，专用设备1.14亿元，文物和陈列品3.7万元，图书、档案240.66万元，家具、用具、装具及动植物666.18万元。是年，镇资产管理工作严格按照《谢岗镇镇属资产管理办法》进行资产购置、处理和管理工作。5—8月，开展2016年全国行政事业单位固定资产清查工作，共清查27家行政事业单位镇属固定资产管理情况。盘盈资产992.16万元（行政单位59.61万元，事业单位932.55万元），资产盘亏1165.48万元（行政单位73.05万元，事业单位1092.43万元），并且将相关资产管理情况和问题汇总形成相关工作检查报告。

2017年5—9月，完成下放镇管理的文化执法分队、交通分局、社保分局、社保基金中心、人力资源分局、人力资源服务中心、粮所单位资产的清点移交工作。

2018年，组织全镇行政事业单位开展资产报告试点工作，截至2017年12月31日，全镇资产总计3.94亿元，负债总计1.62亿元，净资产总计2.32亿元。5月，全面深化办公用房整改工作，对照省市相关标准，对镇所有办公用房进行全面实地检查，要求49个行政事业单位作整改清理。检查涉及面积4.7万平方米，落实整改完善办公室面积7094.4平方米，服务性用房使用面积7989.5平方米，设备性用房和附属用房3.16万平方米。

2019年，谢岗分局日常开展行政事业单位资产的购置、报废、系统录入及处置审批等工作，同时组织镇所有行政事业单位参加资产管理系统操作培训，开展国有资产年报填报及全镇清产核资工作。截至2018年12月31日，全镇资产总额4.3亿元，负债总计8433.52万元，净资产总计3.45亿元。

【财政监督】 2016年，谢岗分局按照相关文件要求，分别对东莞市谢岗中心小学、东莞市谢岗镇水务工程建设运营中心和东莞市谢岗镇南面银峰荔枝合作社2015年的财务收支情况进行检查，共核查资产6424.09万元，其中包括东莞市谢岗中心小学5776.22万元、东莞谢岗银峰荔枝专业合作社103.12万元、东莞市谢岗镇水务工程建设运营中心544.75万元。9月，根据市下达的《2016年东莞市涉农补助资金监管和村务（财务）管理矛盾纠纷专项治理工作实施方案》中涉农项目，迅速组织人员对涉农资金进行监督检查。纳入检查的涉农专项资金共有44笔，合计2426.68万元，已使用的专项资金1498.75万元，未使用专项资金927.93万元。其中已完全拨付给单位使用专项有33笔，合计资金1470.35万元，专项资金结余 119.05 万元。

2017 年，开展财政监督检查及资金安全检查，全年纳入检查财政专项资金 1.01 亿元。一方面是对单位企业财务进行检查，涉及单位有东莞市城市综合管理局谢岗分局 3002.29 万元、东莞市德越会计服务有限公司 50.54 万元、东莞市谢岗镇农业技术服务中心 1041.08 万元和东莞市谢岗镇卫生服务中心药物购置专项检查 2498.51 万元，对单位人员经费、专项经费和经常性经费等支出费用进行审查。另一方面对财政涉农专项资金开展检查，涉及的有南面村委农田保护林业建设专项资金检查 1196.24 万元、农林水务办农田保护区非经济林地补助专项检查 1360.22 万元、2016 年高标准农田专项建设 598.81 万元和大厚湖堤围加固工程 401.01 万元。按照要求对专项资金使用、申请、审批和招投标等环节进行监督。

2018 年，开展财政专项资金治理检查和三公经费内控监督检查、“小金库”专项治理、公款旅游、公款打高尔夫、转嫁公务接待费用问题等。分别对东莞市谢岗镇文化广播电视服务中心、社会事务局和国土分局进行专项资金使用情况、公章保管情况和财政收支两条线执行情况等进行检查。

2019 年，开展了全镇“三公”经费、市内帮扶资金专项资金及“一卡通”专项资金检查。同时，根据各预算单位的反馈情况，对账户设置混乱、各个账户间存在互相串用的情况发出整改通知，合并用途一致的多个账户，注销不再使用的账户。

【财政投资审核】 2015—2019 年，谢岗分局为稳步推进东莞市谢岗镇的工程建设，成立东莞市谢岗镇财政投资审核中心，组织相关工作人员学习培训和廉政教育，不断提高财政投资评审中心的业务水平。

2015 年，谢岗镇财政投资审核中心共接受评审项目 132 项，累计送审金额约 4.09 亿元；其中定案项目 104 项，定案送审审核金额约 3.5 亿元，审核金额约 3.34 亿元，核减金额约 1663.21 万元，核减率约为 4.75%。

2016 年，谢岗镇财政投资审核中心接收送审项目共计 97 个，送审金额约 1.71 亿元。其中定案项目 59 个，送审金额约 1.01 亿元，审核金额约 8738.43 万元，核减金额 1398.07 万元，核减率约 13.79%；发出征求意见稿项目 4 个，送审金额约 311.64 万元；在审项目 34 个，送审金额约 6665.81 万元。

2017 年，共接收送审项目 122 个，主要包括粤海产业园 30 号路人行天桥、银丰路完善工程、镇（2015—2017 年）截污次支管网工程、29 号路工程第二标段、镇各村（社区）环卫保洁及垃圾外运焚烧项目以及幸福村居等。年内，重点做好 PPP 项目审核。东莞粤海银瓶合作创新区主干路网 PPP 项目投资估算 47.54 亿元，部分项目包括谢岗大道、大黎路、粤海大道、29 号路、爱民大道等已经开展初步设计等相关工作。通过与市财审办沟通，由市财审办协助镇复核银瓶创新区主干路网项目的招标控制价及预算，提出复核意见。在东莞市财审办的指导下，谢岗镇顺利完成了 29 号路工程第二标段审核项目。针对粤海大道初步设计概算，财审中心从桥梁规模、软基处理等方面提出优化建议，大量节约了财政资金；谢岗人民公园建设单位最初确定投资规模为 1.2 亿元，经谢岗镇财政投

2015—2019 年谢岗镇投资审核情况表

表 24

年份	送审项目（个）	送审金额（万元）	定案项目（个）	送审金额（万元）	审核金额（万元）	核减金额（万元）	核减率（%）
2015	132	40916.28	104	35046.82	33383.61	1663.21	4.75
2016	97	17113.95	59	10136.50	8738.43	1398.07	13.79
2017	122	92249.59	60	74602.66	60084.56	14518.10	19.46
2018	113	66496	112	37597	34572	3025	8.05
2019	218	205046.66	150	163709.21	148557.31	15151.9	9.26

资审核中心提出专业意见后最终规模调整为7068万元。为提高财审人员工程专业知识及相关财审工作经验，加强学习培训，提高评审技能。谢岗镇财政投资审核中心通过收集评审过程出现的问题，召开技术讨论会进行相互学习，提高业务水平。通过请市财审办进行指导评审，如市财审专家协助审核粤海产业园30号路变更工程、30号路人行天桥工程。

2019年，谢岗镇财政投资审核中心接收送审项目218个，项目主要有谢岗医院新院区二期项目、谢岗镇稔子园安置区、东莞市谢岗镇南面村、银瓶山分散式污水处理站、东莞市石马河流域综合治理工程——谢岗镇管网工程调蓄池、东莞市镇际联网路29号路工程第一标段、东莞市镇际联网路29号路工程第四标段、东莞市谢岗镇政务服务中心综合办事大厅装修工程。

【政府采购】 2015年，谢岗分局围绕“依法采购、优质服务、规范操作、廉洁高效”的服务宗旨和“重规范、重服务、重效率”的工作思路，全年组织采购33宗，预算金额1426.9万元，实际采购金额1282.8万元，节约资金144.1万元，节约率10.1%。

2016年，完成采购任务49宗（公开招标16宗、协议供货26宗、竞争性谈判6宗、批量集中采购1宗），预算金额5256.39万元，实际采购金额4977.11万元，节约资金279.28万元，节约率5.31%。

2017年，完成采购任务78宗（公开招标8宗、协议供货64宗、竞争性谈判5宗、批量集中采购1宗），预算金额23994.96万元，实际采购金额23637.27万元，节约资金357.69万元，资金节约率1.49%。

2018年，完成政府采购93宗（其中公开招标方式22宗，协议供货71宗），预算金额12663.45万元，实际采购金额12391.1万元，节约资金272.35万元，节约率2.15%。

2019年，完成政府采购178宗（公开招标方式18宗、竞争性谈判方式1宗、协议供货159宗），采购预算金额6664.6万元，实际采购金额6525.87万元，节约资金138.73万元，节约率2.08%。以上统计数据不含电商直购项目。

（撰稿：龙嘉欣）

附：2015—2019年东莞市财政局谢岗分局领导名录

局长：

黄北强（任至2016年）

黄润波（2016年至2017年10月兼任）

夏　忠（2017年11月任）

副局长：

夏　忠（任至2017年10月）

20015—2019年谢岗镇政府采购情况表

表25

年份	宗数（宗）	采购预算金额（万元）	实际采购金额（万元）	节约资金（万元）	节约率（%）
2015	33	1426.9	1282.8	144.1	10.1
2016	49	5256.39	4977.11	279.28	5.31
2017	78	23994.96	23637.27	357.69	1.49
2018	93	12663.45	12391.1	272.35	2.15
2019	178	6664.6	6525.87	138.73	2.08

东莞市谢岗镇国库支付中心

【国库支付中心概况】 2001年11月，谢岗镇设立会计核算服务机构，成立东莞市谢岗镇会计核算中心。2017年12月，东莞市谢岗镇会计核算中心更名为东莞市谢岗镇国库支付中心。主要职责：负责会计档案和文件档案的整理和归档工作；协助谢岗镇财政分局掌握资金总量、构成和运行情况，监督支出的决定，提出完善资金管理的建议；配合谢岗镇财政分局建立国库单一账户体系，为预算单位设立支出总账及分类账；对代理记账预算单位的原始单据进行审核、对账、记账等会计核算工作，编制会计账务报表，及时反映预算单位收支情况，保证账目准确，为预算执行分析提供信息；负责与代理记账预算单位资产系统的数据进行记账、对账工作，保证账账相符。

【强化资金管理】 2015—2019年，谢岗镇国库支付中心通过强化会计人员会计工作意识，提升服务质量。对财政资金会计监督，严把支出关，为全镇行政事业单位财政性资金的安全运作提供有效保障。依托会计核算软件辅助核算平台，对专项资金进行全过程监控。对任何一笔项目经费支出，都进行细化功能核算、经济核算，对项目经费改变用途、项目结余的使用等严格审批手续，对项目资金实现较好的监控，保证专项资金的专款专用。实行可用资金报告制度，防范财务风险。强化固定资产管理。

2015年7月，开展行政事业单位、镇属企业的清产核资工作。谢岗镇会计核算中心积极配合，调配安排人力物力，对固定资产进行分类记账，及时对账，保证账账相符。配合主管部门，为固定资产清查提供基础数据。

（撰稿：林彩燕）

附：2015—2019年东莞市谢岗镇国库支付中心领导名录

主任：

夏　忠（2017年12月任）

副主任：

罗银英（2017年12月任）

税　务

【税务机构】 东莞市国家税务局谢岗税务分局　2015年，谢岗国家税务分局内设办税服务厅、办公室、税源管理一股、税源管理二股等业务股室4个。共有干部职工10人，退休干部1人，派遣员工13人，常驻国税协管员8人。其主要负责辖区内中央税、中央和地方共享税等税种的征收。

2018年，国地税合并为谢岗镇税务分局，东莞市国家税务局谢岗税务分局撤销。

东莞市地方税务局谢岗税务分局

2015年，谢岗地方税务分局内设综合股、征收股、管理股，配备公务员14人。其主要负责谢岗镇范围内地方税纳税人税务登记以及应纳地方税、费的征收、管理和日常检查工作。

2018年，国地税合并为谢岗镇税务分局，地方税务分局撤销。

东莞市税务局谢岗税务分局　2018年9月30日，谢岗税务分局挂牌成立，内设办公室、纳税服务股、税源管理一股、二股、三股等业务股室。

【税务概况】 2015—2019年，谢岗镇税务分局以科学发展观统领税收工作，大力组织税收收入，强化税收征管，优化纳税服务，大力推进依法行政，并着力于队伍建设，有效促进各项税收工作顺利开展。

2018年，新的税务分局建立后，设立内审办公室，成立内控机制工作小组，对业务流程进行梳理

谢岗镇税务分局办税大厅（摄于2019年）

谢岗镇税务分局工作人员合影（2019 年）

完善，防范风险。对增值税发票管理、实名制管理、注销、股权转让、非正常户认定、双定户核定等流程和金三权限配置进行优化。同时，以创建省级青年文明号为契机，做好纳税服务，加快业务融合，实现“一窗通办”。大力推行“一次不用跑”，积极引导纳税人通过网上“零见面”办税方式办税，有力缓解日益增长的纳税人便捷化办税需求与有限服务窗口资源矛盾，实现纳税人平均等候时间 2.4 分钟，用时全市第二短，平均办税时间 9.2 分钟，用时全市最短，评价满意率高达 100%。推进“服务专员”个性化纳税服务，为全镇纳税人配备“一对一”服务专员，精准推送税收政策，实施“全员、全程、全方位”服务。大力推广“国际汇税通”，实现使用率 100%。

【强化税收征管】 2015—2019 年，谢岗镇税务分局认真分析税收结构和税源分布情况，并加强与财统办、财政分局沟通，及时掌握全镇经济发展形势和运行情况，将经济指标数据与税收收入进行分析，每月都制订税收收入计划，有针对性地采取应对措施，确保税收收入随经济协调的发展同时又科学稳定增长，确保税收收入计划的落实和收入目标的实现。同时，坚持“依法征税、应收尽收、坚决不收过头税，坚决防止和制止越权减免税”的组织收入原则。其间，抓好企业所得税汇算清缴工作。严格把好企业所得税年度纳税申报审核关，加强企业所得税优惠备案制度管理。加强个人所得税管理。加强对年所得 12 万元以上个人所得税自行申报宣传提醒、辅导工作，督促、帮助纳税人网上自行申报纳税，重点督促银行、制造业等高收入行业和企业高管、外籍人员等高收入人士对工资薪金所得自行申报。加大对股权转让个人所得税的征管，强化纳税评估，通过与工商登记股东变更数据的比对，对个人股权转让情况进行核查，征缴企业股权转让个人所得税 2000 多万元。

2015—2017 年，谢岗镇国家税务分局共征收税款 22.02 亿元。其中，2015 年国税分局共组织工商税收收入 7.24 亿元，比上年增收 0.95 亿元，增长 15.18%（含“免、抵”税调库收入 3.32 亿元，比上年增长 18.57%）。谢岗镇地方税务分局共征收税 6.08 亿元。其中 2015 年组织税费收入 5.92 亿元，比上年增收 7974 万元，增收 16%。其中税收收入 2.11 亿元，比上年增收 718 万元，增长 3.5%，其他收入 4625 万元，增收 248 万元，增长 6%。另外，积极与谢岗镇社保分局合作，推行社保费精细化管理，加强对用工单位参保缴费情况的监管，加强社保费征收。3 年间，共征缴社保费 11.04 亿元，社保征收率达到 99.08%。

谢岗镇税务分局窗口办理业务(摄于 2019 年）

2015—2019年谢岗镇税收收入情况表

表26

年份	税收收入（万元）	同比增长（%）	其中			
			国税（万元）	同比增长（%）	地税（万元）	同比增长（%）
2015	93566	12.3	72434	15.2	21132	3.5
2016	90164	-3.6	68319	-5.7	21845	3.4
2017	100030	10.9	79493	16.4	20537	-6.0
2018	164005	64	—	—	—	—
2019	149159	-9.1	—	—	—	—

2018年，谢岗镇税务分局组织税费收入22.17亿元，比上年增长48.5%，其中税收收入16.4亿元，比上年增长64%，社保费收入5.02亿元，征收率99.27%，比上年增长12.4%。

2019年，完成地方税收收入9.08亿元。省级收入3.61亿元，比上年增长4.87%，市级收入5.46亿元，社会保险费收入5.74亿元，比上年增长14.41%，办理出口退（免）税4.63亿元。

【全面实施营改增】 2016年5月1日起，谢岗国税分局全面实施营改增（营业税改为增值税），试点范围扩大到建筑业、房地产业、金融业和生活服务业。在谢岗镇营业税改征增值税户数已超700户的情况下，国税分局精心部署，多方发力，迁移、补充了近600户试点纳税人的数据、信息，组织了7场营改增政策及业务培训，全面完成了税控设备发行、增值税发票领用等工作，打赢了“营改增”试点这场攻坚战，确保完成改革任务。

【加强税收宣传】 2015年，结合第25个税收宣传月，积极开展税收宣传活动。重点宣传小型微利企业税收优惠政策，使小微企业受惠面达到100%。同时结合“便民办税春风行动”，开展提速增效活动，并结合纳税人学校，开展税收辅助培训。举办企业所得税汇算清缴培训班，新办企业涉税培训、发票在线培训等。结合网络平台，开展税企互动税收宣传活动，使税收宣传方式多样化。

2016年结合营改增，以“聚焦营改增试点 助力供给侧改革”为主题，开展提速增效活动，进一步规范业务、简化流程、优化环境、规范标识、统一宣传。

2017年，紧扣“深化税收改革、助力企业发展”主题，组建税收宣传服务队，开展第26个税收宣传月活动。开展“送税入校”，为200多名学生上一堂生动的税收宣讲课，让税收意识和法治观念厚植于青少年心中；联合开展“第一峰”税宣咨询，在东莞第一峰银瓶山设立税收宣传咨询点，开展税法咨询，普及税收热点；精心举办“民营企业共话税收”座谈会，分别就纳税

2018年，谢岗地税、国税分局开展主题党日活动

信用评级、个税完税证明开具全省通办、税收执法风险防控、电子税务和电子发票使用、企业所得税税收优惠等税收热点进行宣讲，同时通过问需、问计、问难，增进民营企业对税收工作的理解和支持；联合委托谢岗电视台播放税收公益广告，即国家税务总局2017年制作的《税收服务“一带一路”》《营改增福禄大地》《税收助力梦想》《营改增，改变无处不在》4个公益广告；进行纳税人培训，组织纳税人培训辅导8次。

2018年，积极组织开展“问需求优服务”纳税人座谈会、纳税人走访活动和“问需求、查短板、帮发展”民营企业座谈会，开展“党建中心工作”促发展主题党日“暖企行动”，到20家两新党组织企业走访，为企业送政策，开展纳税人满意度调查，了解纳税人需求，纳税人满意度和税法遵从度不断提高。通过纳税人学堂开展各类培训20期，培训内容从企业所得税汇算清缴到电子税务局再到个税新政策，培训内容全面，培训纳税人1077人次，培训覆盖面广，知识点丰富，获得纳税人广泛点赞。

【开展纳税信用等级评定】 2015年，谢岗地税分局落实纳税信用等级评定工作。对辖区内1168户纳税人进行信用等级评定，其中国地税共管户1100户，地税纯管户68户。共评定A级纳税人6户，B级纳税人908户，C级纳税人167户，D级纳税人87户。

2017年，谢岗国地税分局联合开展2016年度纳税信用补评、复评工作，统一信用等级评定标准，对采集的纳税人信息集中分析，对纳税人等级共同评定，对评定结果统一运用，实现纳税人差别化管理和服务。双方共对1157户纳税人开展信用评价，其中评价A级纳税人223户，D级纳税人44户。分局对全镇223户A级纳税人提供“免排队”和预约服务，开设专门的“绿色通道”，提升纳税人税法遵从度和诚信纳税荣誉感。

2015年，谢岗外商投资协会赠送“税企同心”牌匾

【落实税收优惠政策】 2015—2017年，谢岗国税、地税分局在组织税收收入的同时，充分发挥税收调控职能，认真落实税收优惠政策。小型微利企业享受增值税、企业所得税享受优惠面达100%，有效缓解小微企业的资金周转困难，服务地方经济发展。

2018年，谢岗镇税务分局积极做好所得税汇算清缴和出口退税工作，严格落实税收优惠政策，全面释放减税降负政策红利，全年累计办理出口退税4.69亿元，办理免抵调库3.20亿元，减免税1.65亿元。

2019年，牢固树立“减税降费讲政治，助力发展有作为”的工作理念，持续释放政策红利。全年累计新增减税2.5亿元。核实2241条普惠性退税应退数据，实现100%完成退税，核实多缴退税超1100户次，退出多缴税费2639.18万元，推动减税降费政策应享尽享、实享快享。

【税收执法检查】 2015—2019年，谢岗镇税务部门认真开展税收执法检查工作。对税收政策执行、行政审批、重点行业管理、减免税审批、违章案件查处等情况进行自查，尤其加大对土地增值税清算、小型企业税收优惠政策、税款核定、发票查验、二手房交易等业务的监督管理力度，进一步规范税收执法行为，提高了依法行政水平。同时积极打击各类涉税违法行为。认真做好税收专项检查的前期准备工作，对税务人员进行业务培训，学习相关政策、法律法规、检查工作规程、注意事项及发票真假鉴定等业务知识。积极受理群众来信、来电的检举行为，打击各类涉税违法违章行为。

2017年，结合国地税改革，及时科学调整重点税源监控户数，加强收入分析预测，坚持组织收入原则，强化风险排查，积极核实疑点数据，重视经济税源分析，做好有针对性的分析，确保组织收入工作稳步推进。年内，税收预测准确率达95.8%，超过绩效要求2.8个百分点。做好城市维护建设税疑点数据核查，及时查补税款，城市维护建设税比上年增长17.55%。强化税收风险防控，运用数据分析、信息比对和数据挖掘技术，开展风险识别和应对，达到“分析一点、突破一面、规范全行业”的管理效果。采集第三方涉税信息673条，通过协同风险应对增加税款58万元。

2018年，加强风险应对分类处理，强化税收数据分析利用，做好风险应对统筹规划，完成各级各类风险应对任务119次，查补税款936.51万元；率先完成反避税工作，企业所得税特别纳税调整成功入库1246.46万元；清理数据3198条，数据清理工作进度排全市前列，为金三并库打下坚实基础。结合税收专项检查、重点税源检查，开展打击发票违法犯罪活动，“5·23”“6·25”专案共补缴税款及滞纳金426.93元。税警联合，对6件案件进行联合应对，出动税务人员12人次，出动公安人员30人次，涉及辖区内企业14家，涉及税额323.14万元，重点查处一批涉嫌虚开增值税专用发票案件，有力打击、震慑了虚开发票犯罪行为。开展严厉打击虚开虚抵发票行为、影视行业规范管理、出口退税检查、塑胶行业增值税发票整顿等专项行动；切实推进新个税改革，摸清户管底数，加强宣传辅导，改革新政落地生效；积极做好所得税汇算清缴和出口退税工作，严格落实税收优惠政策，全面释放减税降负政策红利，全年累计办理出口退税4.69亿元，办理免抵调库3.20亿元，减免税1.65亿元。

2019年，坚持标本兼治，从“打”“防”“建”三方面持续发力，扎实推进“打虚打骗”专项行动和“税警关银”长效协作机制建设。

2019年，谢岗镇税务分局开展走访企业活动

【便民服务】 2015年，推进便民服务。进一步优化、规范办税流程，构建一站式办税窗口，开设雷锋岗、绿色通道，简化办税环节，明确各环节办结时限，加大设施投入，加大推广电子办税服务厅的普及应用，多渠道方便纳税人办理涉税事宜，降低纳税人的办税成本。

2016年，严格落实首问责任制、限时服务、延时服务、预约服务、提醒服务等各项服务制度，坚持推行“一窗式”“一站式”服务、全市通办、税银互动助力企业发展、网上审批等业务，让纳税人享受更快捷、更经济、更规范的服务，提升纳税人的获得感、满意度、遵从度。

2017年，按地域、规模、行业等特点采用全面征集和分类征集等方式，精准了解纳税人需求。对倍增计划企业等重点纳税人注重精准化服务，对其他企业纳税人通过发放调查问卷和发短信方式征集需求。纳税人需求征集覆盖率达92%需求处理反馈率达100%。

2018年，全力推行“一厅通办”“一窗通办”，实现纳税人“最多跑一次”。持续开展便民办税春风行动，大力推行新办纳税人“套餐式”服务，新办纳税人享受“套餐式”服务的超过95%；针对房产交易原有办理程序导致纳税人排长队、“两头跑”现状，联合房管所推行房税一体化，实行“一窗受理、一套资料、限时办结”，极大地方便了群众；不断完善推行首问责任、预约服务、限时办结、延时服务、一次告知、套餐式服务和流动纳税服务等便民服务措施，纳税人便捷办税程度不断提高。

2019年，紧扣国家税务总局

深化“放管服”改革五年方案和广东省税务局进一步优化营商环境试点工作三年方案的要求，紧盯“最多跑一次”、“全程网上办”、减少税务证明、精简报送资料和压缩办税时间等硬指标，不断强化办税资源整合。提升纳税人满意度。探索推进重点企业、产业园区、重点行业“一对一”精准服务，持续推进窗口提效行动，提升纳税的便利化水平，进一步夯实纳税人满意度。

（撰稿：罗少婷）

附：2015—2019年谢岗镇税务部门领导名录

谢岗镇国税分局局长：

杨敏繁（任至2015年4月）

刘文争（2015年4月至2017年10月）

罗育光（2017年10月至2018年9月）

谢岗镇地税分局局长：

谢和平（任至2016年12月）

韩锦雄（2017年1月任至2018年8月）

谢岗镇税务分局局长：

韩锦雄（2018年9月任）

中国工商银行谢岗支行

【中国工商银行谢岗支行概况】 2015—2019年，中国工商银行谢岗支行（简称工行谢岗支行）辖3个离行自助银行，有员工22人。工行谢岗支行于2019年先后获得东莞分行“各项存款业务工银成就集体奖”“公司存款业务工银成就集体奖”“储蓄存款业务工银成就集体奖”“个人客户拓展业务工银成就集体奖”。

【存贷款业务】 2015—2019年，工行谢岗支行除开展传统的人民币存、贷款业务外，又相继增加税务局纳税企业大户、工商注册1000万元以上企业等的名单。2015年年底，各项存款余额8.35亿元，各项贷款余额3.02亿元。至2019年，各项存款余额上升到15.69亿元，贷款余额上升到4.76亿元。

【为企业融资服务】 2015—2019年，工行谢岗支行除积极发展传统业务外，还积极开拓衍生产品，如结构性融资、租赁、引进战略投资者、收购兼并上市等。

2019年，工行谢岗支行深入贯彻落实助力企业复工复产工作部署，以线上产品为抓手，支持小微企业新旧动能转换和稳定经营。将经营快贷、“e抵快贷”线上产品作为主轴，广泛动员全行力量，开展小微企业融资需求服务工作。打造普惠专业团队。组建优秀人员服务先锋队，开展普惠金融宣传；建立网点营销联动机制，鼓励从业人员考取信贷资质；组织好客户经理和客服经理结对子，由网点客服人员负责对接小微客户、介绍普惠融资产品，与小微客户经理共同完成融资发放。强化普惠业务宣传。通过电话、微信朋友圈、媒体、平面广告、印制普惠金融产品折页等多种形式，积极进行“无接触”线上产品的推广，引导小微企业通过手机银行申办普惠贷款，满足小微企业复工复产需求。持续落实惠企政策。按照上级工作部署，进一步强调：免除小微企业一切服务性收费；坚持“保本微利”原则，同时，还针对小微企业抵押物不足问题，有针对性增加信用方式贷款占比，降低小微企业融资门槛，拉动普惠金融业务的快速发展。

2015—2019年中国工商银行谢岗支行存贷款情况表

表27

单位：万元

年份	合计	存款		年份	合计	贷款	
		集体	个人			集体	个人
2015	83502	30583	52919	2015	30195	22373	7822
2016	114053	51317	62736	2016	29035	22846	6189
2017	113791	49915	63876	2017	19606	14406	5200
2018	131093	58805	72288	2018	28979	25385	3594
2019	156897	72007	84890	2019	47608	29457	18151

【中小企业融资平台建设】 2015—2019年，工行谢岗支行大力支持中小企业发展，深入拓展小企业市场。创新开发系列产品。大力推广创新产品“e抵快贷”，为小微企业和小微企业主提供线上循环贷款。通过线上自助申请、资料拍照上传、房产在线评估等程序，2~3天即可完成，及时解决企业主短期周转资金需求，解企业燃眉之急。深入拓展小企业市场。结合地区经济特点，深入拓展小企业市场，在贷款产品和贷款担保方式上积极探索，不断创新，开发一系列新产品，寻找到新的担保方式，帮助当地中小企业进一步降低融资成本、提高赢利水平。抓好创新产品“网贷通”的联动营销。通过网上银行渠道向中小企业客户提供的网络自助式循环贷款服务，客户只要一次性签订循环贷款借款合同，即可通过网上银行自助进行合同项下的提款和还款业务申请，资金实时到账。另外，该行还充分利用产品优势，对有融资需求的客户，配合专业客户经理进行联动营销，实现企业融资成本的自主控制，降低企业融资成本。

（撰稿：赵松钦）

附：2015—2019年中国工商银行谢岗支行领导名录

行长：

高思杰（任至2017年8月）

黄德论（2017年9月至2018年7月）

陈建华（2018年8月任）

2019年，工行谢岗支行为企业员工提供现场开卡便民服务

中国农业银行东莞谢岗支行

【中国农业银行谢岗支行概况】 中国农业银行东莞谢岗支行（简称农行谢岗支行）于1966年成立，前身为中国人民银行东莞县樟木头办事处谢岗服务站；1980年1月1日，恢复农业银行，设中国农业银行东莞县谢岗营业所，与谢岗农村信用社合署办公；1996年2月，与谢岗农村信用社脱离行政隶属关系，各自分立办公，并逐步向国有商业银行转型；2009年年初，中国农业银行进行股份制改革，更名为中国农业银行股份有限公司东莞谢岗支行。

至2019年年末，农行谢岗支行有25人，其中合同制职工18

2015—2019年中国农业银行谢岗支行存款情况表

表28　　单位：万元

年份	各项存款余额	其中	
		对公存款	个人存款
2015	72735	14483	58252
2016	73424	13909	59515
2017	78854	14343	64511
2018	84128	17370	66758
2019	97092	24962	72130

2015—2019 年中国农业银行谢岗支行贷款情况表

表 29　　单位：万元

年份	各项贷款余额	其中	
		对公贷款	个人贷款
2015	28677	773	27904
2016	28309	404	27905
2017	39650	290	39360
2018	35850	282	35568
2019	43680	2046	41634

人，外包劳务员工 7 人。对外营业网点 1 个（地址在谢岗镇振兴大道 231～233 号），离行自助网点 3 个，分别为华润自助银行、银湖自助银行和黎村自助银行。

2015—2019 年，农行谢岗支行按照“稳增长、增效益，优结构、重均衡，控风险、保质量”总体工作思路，坚持以业务经营为中心，持续稳步发展。

【存贷款业务】 2015—2019 年，农行谢岗支行除开展传统的人民币存、贷款业务外，又相继增加各项代理业务，包括贵金属、基金、保险，为广大客户提供资金增值等财富管理服务。

2015 年年底，各项存款余额 7.27 亿元，各项贷款余额 2.87 亿元。至 2019 年上升到 9.7 亿元，贷款余额上升到 4.36 亿元。

【服务“三农”】 2015—2019 年，农行谢岗支行认真践行服务“三农”的社会责任，面向“三农”，扎根基层，多项普惠金融措施落到实处。陆续推出针对农村户籍村民的“安居贷”“快农贷”“乡村好时贷”等个人信用类信贷产品，并与谢岗辖区内的多个村委会联合开展“美丽村居”建设之“普及金融知识万里行”活动。

【服务企业】 从 2015 年起，农行谢岗支行针对小微企业融资难问题，农业银行出台了“纳税 e 贷”“税银通”“结算通”“工资贷”等线上信用类系列贷款产品。

2019 年，响应国家高速公路收费改革，农行谢岗支行全体员工主动投身到 ETC 攻坚战中，连续作战 3 个月，超额完成 ETC 发行任务。

（撰稿：谢紫英）

2019 年夏天，中国农业银行谢岗支行员工走街串巷办理 ETC

附：2015—2019 年中国农业银行谢岗支行领导名录

行长：

李仲贤（任至 2018 年 1 月）

魏周新（2018 年 1 月任）

副行长：

谢紫英（2013 年 12 月任）

东莞农商银行谢岗支行

【东莞农商银行谢岗支行概况】东莞农村商业银行股份有限公司谢岗支行（以下简称东莞农商银行谢岗支行）于 2005 年成立，是东莞农村商业银行股份有限公司辖下一级支行。至 2019 年，辖下有 7 个营业网点及附属自助银行和 1 个离行式自助银行、1个智能视频银行，分布在谢岗镇各大村组和中心社区，有30台自助设备、67名员工，其中有专业技术职称30人（中级职称12人），大学本科以上学历49人，平均年龄37岁。

2015—2019年，东莞农商银行谢岗支行在总行的带领下，坚持以业务经营为中心，锐意进取，持续稳步发展。5年间存贷款的市场占比在谢岗镇各家金融机构中均稳居第一。

【存贷款业务】 2015年，东莞农商银行谢岗支行除传统的人民币存、贷款业务外，又相继增加企业协定存款、通知存款、港币储蓄存款、美元储蓄存款，以及各种代收代付业务（代发工资、代发养老金、代收费、代缴费）、社会保险业务、跨地区支票结算、全国电子特约汇兑、国际结算等业务；人民币贷款则增加楼宇按揭、汽车消费和综合消费等个人信贷业务。为客户营造高效率、高质量、高品位、全方位的金融服务体系及环境。2015年年底，各项存款余额达24.51亿元，各项贷款余额为17.58亿元。

2016年，东莞农商银行谢岗支行遵循“稳增长，防风险；调结构，提质量；配资源，定重点；设机制，重奖罚；齐合力，促转型”的经营管理总体思路，主动适应经济发展的新常态，以“稳增长，防风险”为主线，守住了风险底线，加速了网点转型步伐，围绕私人银行、财富管理、消费金融、交易结算、社区银行五大业务板块，打造资产、负债、中间业务新的增长点。2016年年底，各项存款余额达25.45亿元，各项贷款余额为10.77亿元。

2017年，东莞农商银行谢岗支行主动适应经济发展的新常态，以“稳增长，防风险”为工作方针，以“深化客户经营、发力财富管理、提升资产收益、升级社区商圈、打造专业团队”为抓手，持续稳步发展。2017年年底，各项存款余额达27.43亿元，各项贷款余额为10.11亿元。获总行“信用卡营销精英”“信用卡营销明星网点”“2017年运营业务技能竞赛优秀团队奖”等奖项。

2018年，东莞农商银行谢岗支行以“幸福莞乡”乡村振兴战略金融服务行动方案为抓手，加大现代“三农”支持力度。推出首款纯线上信用产品“税融贷”，推出优易贷、小额创业贷、增信贷等线下系列产品，进一步提升竞争力。2018年年底，各项存款余额达31.91亿元，各项贷款余额为9.76亿元。

2019年，东莞农商银行谢岗支行紧紧围绕总行“守正求稳、创新图进”的总方法，有效落实“稳增长、增效益、优结构、重均衡、控风险、保质量”各项工作部署，坚定方向，改革创新，全面推进高质量发展。扎实推进千行千村党建共建工作，促进金融服务乡村振兴。创新推出“怡居贷”“莞乡贷”“好薪贷”“喜屋贷”等特色零售贷款产品。与谢岗镇政府、谢岗商会构建“政商银”中小企业融资平台为当地企业发展添砖加瓦。2019年年底，各项存款余额达37.56亿元，各项贷款余额为11.65亿元。2019年参加谢岗镇总工会举办的“中国梦·劳动美”谢岗镇工会杯职工点钞技能竞赛，获团体冠军。

【服务“三农”】 2015—2019年，东莞农商银行谢岗支行为积极响应和贯彻落实东莞“乡村振兴”战略，东莞农商银行谢岗支行积极落实开展“千行千村”党建共建工作。于2018年、2019年与部分村组党工

2015—2019年东莞农商银行谢岗支行存贷款情况表

表30　　单位：万元

年份	合计	存款		年份	合计	贷款	
		集体	个人			集体	个人
2015	245101	99270	145831	2015	175777	162877	12900
2016	254527	93326	161201	2016	107697	94626	13071
2017	274299	117334	156965	2017	101074	89422	11652
2018	319128	152439	166689	2018	97584	78022	19562
2019	375602	192051	183551	2019	116462	83300	33162

2019年，东莞农商银行谢岗支行开展金融知识进万家活动

委结对，并开展系列党建共建活动。在金融支持上，东莞农商银行推出了“幸福莞乡”乡村振兴金融服务方案，全面支持东莞壮大村组集体经济、做大现代农业产业、建设美丽宜居乡村、提升农村生活品质、助力村民创业消费、提升乡村金融服务等六大重点领域。银荷包、政商银平台、点金卡、添金卡、喜屋贷、莞乡贷等多种特色业务，为谢岗镇乡村振兴贡献力量。

【加强公益宣传，提供“暖心”服务】 2015—2019年，东莞农商银行谢岗支行依托营业网点多、地缘人缘广的优势，在全镇的营业网点设立“学雷锋志愿服务岗”，为市民提供志愿便民服务；各营业网点配置完善的便民设施，如老花镜、爱心伞、便笺纸等，方便客户随时取用；同时充分关爱不同客户人群，增设爱心窗口、爱心座椅、军人/退役军人优先窗口、村民服务专窗、无障碍通道等。除提供当地方言服务外，营业部还提供英语服务和手语服务等，给客户营造“家”的氛围，为市民提供有温度的“暖心”服务。同时，东莞农商银行谢岗支行将各营业网点作为金融知识宣传主阵地，积极运用网点厅堂宣传、户外活动宣传、媒体信息宣传、微信自媒体宣传等形式，向广大客户重点普及金融消费者权益保护、移动支付便民服务、优化企业账户服务、防范电信网络新型违法犯罪风险、支付清算系统知识等内容，以此提高公众的金融安全意识，共同营造安全、高效、便捷的金融环境。

【为企业融资服务】 2019年，东莞农商银行谢岗支行着力缓解企业融资难融资贵问题，进一步扩大金融服务覆盖面，持续提升服务实体经济的质效，启动开展“百行进万企”专项工作。此次金融生态合作是东莞农商银行谢岗支行进一步升级金融服务内涵的有力举措。通过电话联系、实地走访等措施，为镇内企业提供包括信贷融资、投资、理财顾问等金融服务，有力支持企业发展。截至2019年12月，东莞农商银行谢岗支行共为企业发放贷款15069万元，为企业应对经济环境变化和快速发展提供有力保障。

【中小企业融资平台建设】 2018年，东莞农商银行谢岗支行为支持谢岗镇中小企业发展，建立了谢岗镇“政商银”中小企业融资平台，开展中小企业融资合作，努力解决

2019年，东莞农商银行谢岗支行员工到谢山村慰问困难村民

谢岗镇内中小企业融资难的问题。该金融平台从服务实体经济大局出发，运用金融科技手段，扩大对中小企业的有效金融供给，进一步帮助谢岗镇中小企业纾解融资难点，增强金融服务实体经济的能力。

2018—2019 年，东莞农商银行谢岗支行通过与谢岗镇“政商银”中小企业融资平台合作，共为 11 家中小企业提供金融服务，累计发放贷款 2590 万元。

（撰稿：谢凯薇）

附：2015—2019 年东莞农商银行谢岗支行领导名录

行长：

付　强（任至 2018 年 8 月）

吴金炜（2018 年 9 月任）

副行长：

曾伟华（任至 2018 年 8 月）

行长助理：

谢润锋（2017 年 6 月任）

中国建设银行谢岗支行

【中国建设银行谢岗支行概况】 中国建设银行东莞市谢岗支行（以下简称建行谢岗支行）于 1989 年成立。至 2019 年，下辖 1 个营业网点及附属自助银行和 2 个离行式自助银行，有员工 11 人。其间，建行谢岗支行积极优化内部体制，设立“团队化经营体制”，主要聚焦统筹谢岗镇重大项目服务、高新制造业服务、互联互通基础建设、服务效能提升等，提升支行综合金融服务能力。

2019 年 5 月 25 日，中国建设银行东莞市分行谢岗支行举行打击洗钱犯罪、维护金融安全的宣传活动

【存贷款业务】 2015—2019 年，建行谢岗支行紧扣“提质增效”的经营管理工作部署，按照“稳增长、增效益，优结构、重均衡，控风险、保质量”总体工作思路，坚持以业务经营为中心，持续稳步发展。至 2019 年 12 月 31 日，各项存款（人民币）余额 6.5 亿元，各项信贷余额 7.4 亿元。

【为企业融资服务】 从 2015 年起，建行谢岗支行积极扶持民营企业，助力谢岗建设。至 2019 年，推动普惠金融贷款，支持谢岗镇小微企业 400 多家，年末普惠贷款余额 1.5 亿元。同时，根据东莞市实行的建设实验区政策，制定《东莞

2015—2019 年中国建设银行谢岗支行存款情况表

表 31　　单位：万元

年份	各项存款余额	其中	
		对公存款	个人存款
2015	41000	11000	30000
2016	48000	12000	36000
2017	53000	14000	39000
2018	59000	15000	44000
2019	65000	20000	45000

2015—2019 年中国建设银行谢岗支行贷款情况表

表 32　　单位：万元

年份	各项贷款余额	其中	
		对公贷款	个人贷款
2015	20000	17000	3000
2016	25000	21000	4000
2017	29000	24000	5000
2018	55000	48000	7000
2019	74000	65000	9000

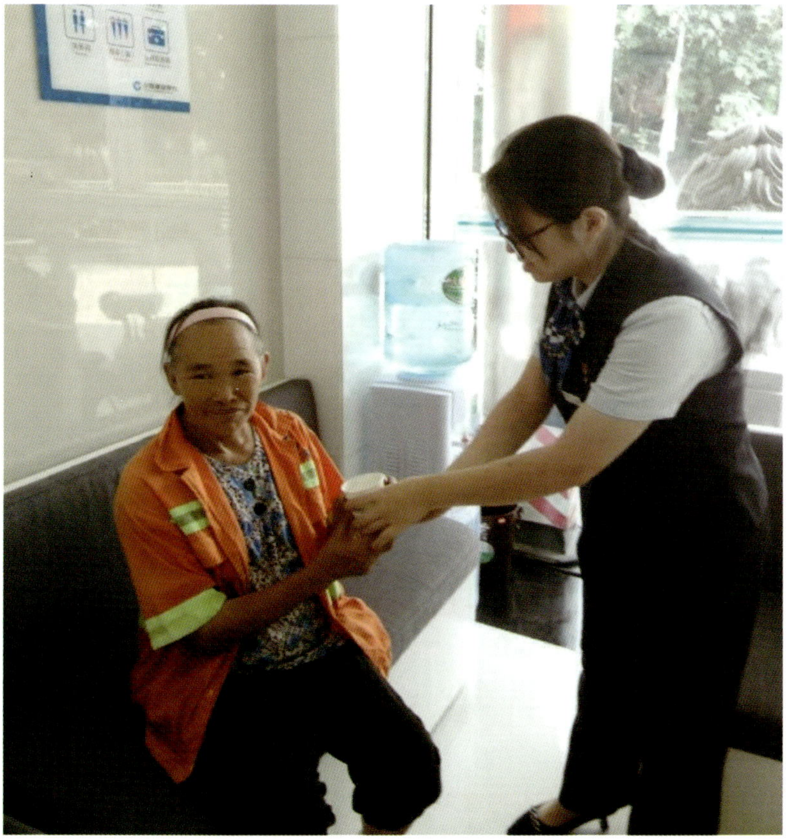

2019 年 8 月 13 日，建行谢岗支行工作人员为环卫工人送饮用水

市分行支持东莞市建设广东省制造业供给侧结构性改革创新实验区的工作实施方案》，向制造业客户投放贷款余额 7.4 亿元，比上年新增 2.5 亿元。支持谢岗镇重大项目建设，授信金额达 30 亿元。

【便民服务】 2015—2019 年，建行谢岗支行积极打造连锁企业、菜市场、加油站、大型商超、校企园区等场景商户服务生态链，全镇有 500 多户商户申请“聚合支付码”；以汽车、装修分期、信用卡特惠活动等产品服务民生消费需求。拓展客户 5000 多户。其间，建行谢岗支行还不断丰富服务内涵，提升社会满意度。对外设立多个客户投诉渠道，对内建立个人客户紧急问题差别化快速处理机制。深入开展“金智惠民”活动，“走百企”举办企业主题讲座，进校园引导家长、学子提升安全金融意识。深化“劳动者港湾”建设，开展民生关爱活动和财商讲堂，设立普法宣传点，向社会传递正能量。

（撰稿：谢浚）

附：2015—2019 年中国建设银行谢岗支行领导名录

行长：

巫永富（任至 2015 年 12 月）

陈建华（2016 年 1 月至 2017 年 12 月）

卢建明（2018 年 1 月任）

中国银行谢岗支行

【中国银行谢岗支行概况】 2016 年 9 月，中国银行东莞谢岗支行（简称中行谢岗支行）成立，有人员 19

人，地址在谢岗镇广场中路永江国际公馆 111~115 号商铺。至 2019 年有员工 19 人，其中合同制职工 14 人。对外营业网点 1 个，地址在谢岗镇广场中路永江国际公馆。

2016—2019 年，中行谢岗支行按照“稳增长、增效益，优结构、重均衡，控风险、保质量”的总体工作思路，坚持以业务经营为中心，持续稳步发展。资产质量良好，不良资产率为 0；落实案件防范和安全保卫工作。成立以来未发生经济案件和安全责任事故，实现全年无案件、无重大差错、无重大事故，安全平稳运营。获评“储蓄存款先进单位”“银行卡业务先进单位”，被评为“绩效考核先进单位”“银行卡开门红竞赛优秀支行”。

【存贷款业务】 2019 年年末，中行谢岗支行对公存款余额为 1.42 亿元，对私存款余额为 2.68 亿元。

【提升精准化金融服务】 2019 年 12 月 3 日，中行谢岗支行全面推出银政通智能服务一体机，整合市场监督、公安、税务、社保等部门涉及企业开办的相关业务，为企业提供专业、细致、免费的全程开办辅助，让商事制度改革的成效不断惠及更多企业，扎实服务好实体经济。

【推动普惠金融】 2018 年，中行谢岗支行通过智能化、线上化手段，促进民生金融服务提质增效，智能网点业务处理流程基本实现了无纸化，由传统手工签名到现在的电子签名，凸显了零手工、零盖章、零纸质档案的智能化飞跃。运用大数据，在细分客户群体、创新金融产品、智慧生活、互联网移动支付等方面，丰富服务手段寻求更多突破，推进普惠金融发展，探索居民金融生活生态领域的优化和创新，满足客户全方位需求。

（撰稿：赖林静）

2016—2019 年中国银行谢岗支行存款情况表

表 33　　单位：亿元

年份	各项存款余额	其中	
		对公存款	对私存款
2016	0.2902	0.0012	0.289
2017	1.1677	0.1957	0.972
2018	2.7891	1.1508	1.6383
2019	4.105	1.4220	2.6830

2016—2019 年中国银行谢岗支行贷款情况表

表 34　　单位：亿元

年份	各项贷款余额	其中	
		对公贷款	对私贷款
2016	0.004	0	0.004
2017	0.526	0.1717	0.3543
2018	1.464	0.3501	1.1139
2019	1.9967	0.4653	1.5314

附：2016—2019 年中国银行谢岗支行领导名录

行长：

李炳坚（任至 2018 年 7 月）

李　坚（2018 年 7 月任）

副行长：

蔡勉英（任至 2018 年 8 月）

蔡楚东（2018 年 8 月任）

东莞银行谢岗支行

【东莞银行谢岗支行概况】 东莞银行谢岗支行（简称东莞银行谢岗支行）成立于 2000 年。至 2019 年年底，下辖 1 个营业网点和 3 个离行式自助银行。在岗员工 28 人，大学本科以上学历 14 人，平均年龄 33 岁。

2015—2019 年，东莞银行谢岗支行坚持以服务政府的重大战略部署为出发点，坚持走“小而强”发展之路，打造具有东莞谢岗特色的业务发展模式，有利于为镇内中小企业提供特色化的金融服务。东莞银行谢岗支行发挥管理半径短、信息传递快、市场响应速度快的优势，切实为政府、村社区、中小企提供高效快捷服务。5年来，围绕“责任、专业、稳健、团队、快乐”的社会责任管理理念，积极开展“幸福乡村”走进村社活动、防非法集资及反洗钱宣讲活动、企业公积金座谈会，在推动各方发展、践行社会责任方面发挥更大的作用。

【存贷款业务】 2015年至2019年年末，东莞银行谢岗支行各项存款余额94.56亿元，其中对公存款余额为66.37亿元，对私存款余额28.19亿元。各项贷款余额32.39亿元。

【践行社会责任】 东莞银行谢岗支行坚持“不忘初心、牢记使命”，在办理业务方面，给客户提供各种惠民利民的优惠政策，并一直心系社会践行公益不动摇，积极践行社会责任，弘扬企业公民精神。

从2015年开始，支行领导每年组织党员走访慰问贫困户，共组织员工参加镇妇联举办的慰问阳光儿童活动两次，慰问阳光儿童50名，为儿童送上书籍、文具等，从上到下形成了投身公益的氛围，获得了客户的认可和信任，对银行各项业务的稳健发展起到积极的促进作用。

（撰稿：罗燕玲）

附：2015—2019年东莞银行谢岗支行领导名录

行长：

袁艳霞（2015年任）

副行长：

黄齐和（2015年任）

2019年，东莞银行谢岗支行开展慰问阳光儿童活动

2015—2019年东莞银行谢岗支行存款情况表

表35 单位：亿元

年份	各项存款余额	其中	
		对公存款	对私存款
2015	14.11	9.9	4.21
2016	14.26	9.7	4.56
2017	15.22	10.32	4.9
2018	24	17.47	6.53
2019	26.97	18.98	7.99

2015—2019年东莞银行谢岗支行贷款情况表

表36 单位：亿元

年份	各项贷款余额	其中	
		对公贷款	对私贷款
2015	9.99	8.8	1.19
2016	2.66	1.12	1.54
2017	3.8	1.8	2
2018	6.42	2.74	3.68
2019	9.47	3.59	5.88

广发银行谢岗支行

【广发银行谢岗支行概况】 广东发展银行股份有限公司东莞谢岗支行（简称广发银行谢岗支行）成立于2000年12月，至2019年有员工14名。办公地点位于东莞市谢岗镇花园大道53号汇能大厦商铺1～2层，租赁面积691.5平方米，设置有现金服务区、综合业务服务区、贵宾服务区、自助设备服务区，配备电子银行、自助查询终端等自助设备，向客户提供现金存取款、信用卡业务、理财保险咨询、贷款融资、公司结算、国际结算等服务。

【存贷款业务】 2019年年底，广发银行谢岗支行各项存款余额7.95亿元，其中储蓄存款5.75亿元，贷款8651万元，其中企业贷款2831万元，对私贷款5820万元。

【特色金融服务】 1999年，广发银行东莞分行开始承办东莞社保金融业务。2000年，与东莞市社保局联合开发“广发社保IC卡”，代理各项社保医疗服务。2015年，广发银行谢岗支行紧跟粤港澳大湾区的发展步伐，制定完善的现金管理营销方案，全面推行“智慧系列”产品，并在“智慧政事”“智慧商事”“智慧生活”“智慧医院”等方面颇有成效，在东莞树立了良好的口碑，有效提高了对公客户交易银行产品覆盖率。2018年11月，广发银行东莞分行社保移动支付功能正式上线。至2019年，广发社保卡移动支付功能已成功在东莞市人民医院、东莞市中医院、东莞市第三人民医院、东莞市妇幼保健院上线，累计发行社保IC金卡40余万张，服务社保用户超过140万户。其间，广发银行谢岗支行积极发行广发银行信用卡，至2019年7月末，累计发卡量突破250万张。

【开展党建共建活动】 2020年3月16日，广发银行谢岗支行党支部联合东莞市谢岗镇曹乐村党工委开展党建共建活动，组织党员开展自愿捐款并慰问曹乐村老党员及困难残疾人士。党员们把全部自主捐献分别购买了食用油、大米和口罩作为慰问品，逐户上门慰问曹乐村3名老党员及5名残疾人士。

（撰稿：黄颖仪）

附：2015—2019年广发银行东莞谢岗支行领导名录

行长：

王凤清（2015年任）

副行长：

袁华锋（2015年任）

2015—2019年广发银行谢岗支行存款情况表

表37　　单位：万元

年份	各项存款余额	其中	
		对公存款	对私存款
2015	54290	22343	31947
2016	47813	14881	32932
2017	55210	19683	35527
2018	62052	22455	39597
2019	79495	21969	57526

2015—2019年广发银行谢岗支行贷款情况表

表38　　单位：万元

年份	各项贷款余额	其中	
		对公贷款	对私贷款
2015	5375	0	5375
2016	5546	0	5546
2017	5566	0	5566
2018	11156	5052	6104
2019	8651	2831	5820

经济管理

工商行政管理

【工商管理概况】 2015—2019 年，谢岗镇工商分局围绕镇委、镇政府工作的总体思路及市工商局年度重点工作目标，牢固树立高质量发展、创新发展、为人民服务、带头执行 4 个新发展理念，充分履行好市场监督管理职能，营造良好营商环境，为“湾区智造新城、品质生态谢岗”建设贡献力量。其间多次获得镇政府及市工商局表彰，2015 年获评“谢岗镇先进单位”“全市工商行政管理系统先进单位”“信息调研工作先进单位”“企业年度报告工作先进单位”“网络监管工作先进单位”。

2016 年 2 月，谢岗镇工商分局登记股被评为东莞市“巾帼文明岗”。一名工作人员被市工商局评为“2015—2017 年争创全国文明城市‘四连冠’工作先进个人”。

2018 年，谢岗镇工商分局获得“谢岗镇 2018 年度机关企事业先进单位一等奖”，获评“全市工商行政管理系统先进单位”“规范执法工作先进单位”“商标工作先进单位”“推进‘一平台三工程’工作先进单位”。

2019 年 2 月，根据市机构改革部署，原谢岗工商分局、食药监分局、质监站合并，成立东莞市市场监督管理局谢岗分局。

2015—2019 年，全镇市场主体总数达 10253 户，新登记各类市场主体 8560 户；其中个体工商户 5279 户、有限责任公司（含分公司）3197 户、外商投资企业（含分支、办事处、代表处）55 户、个人独资企业 16 户、合伙企业 8 户、农民专业合作社 3 户，营业单位 2 户。

【工商登记制度改革】 2015 年以来，谢岗镇工商分局积极实施商事登记制度改革，贯彻落实东莞市住

2015—2019 年谢岗镇市场主体情况表

表 39　　　　单位：户

年份	总数	新增	其中							
			个体工商户	有限责任公司及分支	外商投资企业及分支	个人独资企业及分支	合伙企业及分支	农民专业合作社及分支	营业单位	非公司企业法人
2015	6861	1162	811	330	11	7	1	2	0	0
2016	8013	1715	1226	476	9	3	0	1	0	0
2017	9101	1839	995	826	14	2	1	0	1	0
2018	9759	2050	1163	867	15	1	3	0	1	0
2019	10253	1794	1084	698	6	3	3	0	0	0

所申报、集群注册、三证合一、全程电子化登记、简易注销等改革利民新政，进一步降低准入门槛，营造良好营商环境，市场主体保持持续快速增长。同时，积极打造“服务型工商”，严格执行“咨询服务一口清、发放资料一手清、受理审查一次清”。切实提升服务效能，实施“5115”服务承诺，企业设立时间压缩到一个工作日内。

“两个办法”及“三证合一”改革　2015年8月1日，东莞市全面推行市场主体住所（经营场所）申报制和企业集群注册两项改革。为保障改革顺利实施，谢岗镇工商分局提前介入，创新开展“负面清单+特殊建筑物”备案工作，对住宅小区、集贸市场、工业区等特殊建筑备案38处，规范登记行为，有效防范虚假申报、擅自变更地址等风险隐患。在集群注册方面，积极协助东莞市清研联华集群注册托管公司开设分公司，并着手开展招商引资工作。9月1日全省“三证合一、一照一码”改革实施后，谢岗镇工商分局强化宣传力度，主动与国税、地税和质监、银行等部门开展沟通互动，理顺文书格式及登记衔接。截至年底，共核发“三证合一”营业执照120户。

2016年，深入推动落实“三证合一”改革。主动承担协调责任，积极部署，迅速行动，及时向镇政府汇报相关改革事宜，争取镇政府支持。主动与国税、地税、质监、银行等部门进行沟通协调，并在登记窗口向企业发放办税须知。强化内部人员培训，理顺改革思路，由浅入深，由繁到简，确保“一照一码”营业执照在各领域和环节畅通无阻使用。全年共核发“三证合一”营业执照1375户，其中新设企业504户，变更、换照871户。

2017年，积极落实“五证合一”和“两证整合”。统一登记文书格式规范，列明申报执照所需提交的“一套材料”，注重“纵横”双向协调，共同推动改革顺利实施，积极履行“三告知”职责，提醒其及时到相关部门变更统一社会信用代码信息。年内共核发“五证合一”营业执照1528户，其中新设企业837户，变更、换照691户；核发“两证整合”营业执照1328户。

2018年，深入推动“多证合一”及名称自主申报改革。严格按照应精准填报经营范围、需企业自主补录备案信息的经营项目规范经营范围并提醒企业及时补录，确保“多证合一”顺利开展。截至12月31日，全镇新增各类市场主体2050户（其中个体工商户1163户、有限责任公司829户、外资企业15户、其他类型企业43户），同比增长11.47%；市场主体累计数达到9759户，同比增长7.23%；办理变更登记1461户，注销登记1408户，变更和注销业务量同比增长38.33%。

2019年，深化产品准入改革。强化与政务服务中心的沟通协作，提升服务效能，缩减审批时限，积极推行食品相关产品许可当场审批。是年，共核发食品经营许可证587个、药品经营许可证14个、食品小作坊登记证2个，办理第二类医疗器械经营备案7户。截至12月31日，全镇新增各类市场主体1794户；市场主体破万，累计数达到10253户，同比增长5.06%；办理变更登记、备案、证照管理等业务共1383条，注销（含吊销）登记1336户。全镇共有食品经营户2858户，其中食品销售经营户1647户、餐饮经营户997户，药品经营户93户，医疗器械经营户121户。

2016年11月1日，谢岗镇工商分局发出首张“两证合一”营业执照

年报及企业信息公示　企业信息公示工作是推动社会信用体系建设的一项重要内容，也是检验商事改革成效的一项重要指标。2015年是年报制度全面实施的第一年，经

营户对新实施的年报工作认知度低，不熟悉操作流程，为提升经营户自主申报意识，谢岗镇工商分局采取政策宣讲、上门指导、电话通知等全方位、地毯式推进形式，确保年报通知全覆盖。全年共开展年报及工商改革新政宣讲会10场次，开展现场办公8次，发送手机短信1.2万余条，派发宣传册子5000余份，播放通知及宣传短片600余次，点对点电话通知4000余次。至年底，企业年报率为91.97%，个体户年报率为76.49%，综合年报率稳居全市前列。

2016年，加大宣传力度，除通过镇广播电视、宣传栏等传统方式进行宣传外，拓宽宣传渠道，确保通知到户。组织镇商会、个体私营企业协会、代理机构、各市场代表、商场代表进行年报培训，充分调动社会力量共同参与到年报工作中来。在年报工作中，每日更新未年报企业名单，逐一电话通知，各个击破，每日汇总年报工作进度，查找与年报目标的差距，对于不熟悉操作的企业，提供现场指导服务。其间，还注意搜集法定代表人和联络员最新联系方式，督促“死火”企业及时办理注销，挤除市场水分，为下一年度年报工作做好铺垫。截至12月底，企业年报率为92.24%，个体户年报率为77.26%。

2017年，通过电话短信催报、下乡现场办公、行业协会协助通知等形式，促进年报率提升。截至6月30日，企业年报率为92.4%，全市排名第六；个体户年报率为76.98%，居全市第一。其间，积极推行“双随机”抽查，对企业及个体工商户年报和即时信息进行抽查。全年抽查企业、个体工商户、农民专业合作社271户，249户抽查结果正常，列入异常经营名录22户。稳步开展水分清理，对辖区内71户未按规定公示2014年度、2015年度报告的企业进行调查，经调查对停业半年以上的53户企业吊销执照，对列入异常名录及无法联络的250户企业邮寄通知信函，督促其尽快参加年报或办理注销登记，全年完成90户“死火”市场主体注销登记。

2018年，扎实推进年报及信息公示。建立“日通报、周汇总、月分析”年报工作机制，有序推进年报工作。加强与海关“多报合一”宣传，提醒海关管理企业名单中的经营户及时补报海关年报事项。积极开展年报下乡，在市场、商场、商业街、村委会开展个体户现场年报。是年，个体户年报率为83%，位列东莞市第二名；企业年报率为88%。

2019年，积极推动中介机构、借助智网网格员力量实施年报催报，在市场、商场、商业街、村委会开展个体户现场年报。截至6月30日，个体户年报率为84.16%，位列全市第一名；企业年报率为97.21%，位列全市第二名。

2017年6月，谢岗镇工商分局发出首张企业电子营业执照

推广电子化工商登记 2016年，大力推广全程电子化工商登记，加大与试点银行的协作力度，并通过窗口宣传、微信公众号推介、新闻宣传、会议宣讲等方式，引导申请人通过电子化形式申办业务。对于前来申请名称预核和公司新设业务的群众，窗口人员详细讲解操作细则，提醒修改网页设置和下载必要的程序，提供现场操作演示，获得群众好评。为方便群众办理银行U盾，联合农业银行开展现场办公，并提供各银行咨询电话，及时向银行反馈群众使用U盾过程中遇到的问题。至12月底，全镇经电子化业务核准的名称646条，新设公司358户。

2017年，全镇经电子化业务核准的名称达1407条，新设内资公司共746户，通过电子化申请设立登记的内资公司占比达到92.79%。推动个体工商户开业、变更、注销业务实施全程电子化方式办理，截至12月31日，共审核通过47户个体户电子化开业登记业务。

2018年，强化与银行的协作对接，推广符合国家标准、具有金融功能的电子营业执照，不断提升全程电子化登记的便利性、适用性和安全性。

2019年，拓展电子化登记的类型与范围，将全程电子化登记延伸到私营有限公司、个体工商户、个人独资企业与合伙企业的设立变更注销业务。以《中华人民共和国电子商务法》出台为契机，引导电子商务经营者主动申办营业执照及红盾电子标识，全年核发电子商务营业执照13户。

简易注销登记　2017年，持续深化前端准入改革，落实企业简易注销登记。组织召开代理机构人员会议，向企业发布简易注销材料要求及注意事项，加强代理机构指导，以点带面地提高辖区企业简易注销申报水平。截至12月31日，接收32份简易注销登记申请，核准简易注销登记29户。

2018年，深入推进商事制度改革，着力营造规范便捷的准入环境，全力承接下放登记事权。2月，市工商局将内资企业登记审批权限全面下放基层分局。谢岗镇工商分局一方面联合广电站、银行、协会做好宣传公告，一方面强化人员培训，增设窗口服务，顺利做好事权下放过渡及企业登记服务工作。全年办理放权业务33条，包括21条注册资本1000万元以上的公司业务、3条公司股权出质业务、5条冠省名公司新设业务、4条外商投资企业境内再投资企业业务，全面提升审批速度。

2019年，实施企业简易注销改革试点。加大宣传力度，鼓励不再经营的企业办理简易注销。全年办理企业简易注销101户，同比增长60.32%。

实名身份认证　2019年，推行实名身份认证。引导内资企业、外资企业、农民专业合作社等所有企业类型的自然人及时开展实名认证，从源头上强化身份把关，防患虚假登记行为。全镇新增市场主体1794户，同比增长5.06%，主体结构进一步优化。

【优化政策，服务企业】 2015年，谢岗镇工商分局积极做好企业服务工作，扶持中小微企业发展壮大。强化商标品牌培育。将商标培育作为服务地方发展的着力点，采取政策激励、重点培育、引导帮扶、执法保护等措施，推动辖区品牌经济发展。1月，新增“广盛雅”红木为广东省著名商标。5月，推荐东莞富美康电器科技有限公司、东莞今富五金机械有限公司参加广东省著名商标评选。至此，全镇驰名、著名商标总数7件，有效注册商标总数707件。为帮扶企业发展，专门开设粤海办事绿色通道，助推粤海项目开展；强化对谢岗镇个体私营企业协会的指导，建立微信平台，大力宣传年报及企业信息公示等法规政策，为企业答疑解惑，排忧解难；深入开展“守合同重信用”企业公示活动，推动6家企业申请参加公示，先后通过市工商局及黄埔海关等23个部门的审查和公示。

2016年，积极推动企业参评守合同重信用与公示。推荐广东赛麦工业设备有限公司等4家企业参评“守合同重信用”企业，指导大兴化工有限公司等5家企业续评“守合同重信用”企业。

2017年，积极助力“倍增计划”企业发展。以纳入市镇“倍增计划”的36家企业为基础，建立重点企业户籍库，采用座谈、走访、建立交流群等方式，为企业提供“点对点、精准式”登记注册业务指导，

2018年11月，谢岗镇工商分局举行商标品牌指导站揭牌仪式

协调帮助企业解决问题；加强对企业“守合同重信用”的培育指导，开展重点企业的商标情况摸底、分析，对符合条件的重点企业纳入驰名著名商标培育库。年内，完成市镇“倍增计划”企业的走访工作，收集问题及建议6条；指导3户企业参评、8户企业续评“守合同重信用”企业；为36户持有商标的企业建立商标数据库，并撰写《谢岗镇倍增计划企业商标发展情况调查报告》上报镇政府。

2018年，为贯彻落实《东莞市关于深入实施商标品牌战略服务更高起点上实现更高水平发展的意见》，谢岗镇工商分局牵头制定全镇商标品牌发展战略实施工作方案，成立由镇长任组长、镇相关部门负责人任成员的镇商标品牌发展战略工作领导小组，建立商标品牌培育对象数据库，组织召开全镇性商标品牌发展战略知识讲座，积极利用“互联网+”等手段进行商标品牌战略宣传，牵头开展谢岗地名、地方品牌的商标注册、异议工作，加强商标预警，开展商标侵权专项执法行动，查办商标侵权案件2宗。推荐并指导广东四象智能制造股份有限公司等5家倍增计划企业参评“守合同重信用”企业，指导广东润星科技有限公司等11家企业续评“守合同重信用”企业。

2019年，围绕全市实施“倍增计划”“非公经济50条”等中心工作，推荐6家企业参评“守合同重信用”企业，指导16家企业续评“守合同重信用”企业。至此，全镇共有守合同重信用企业20家。是年，还大力推动知识产权工作。全年发布知识产权宣传短信1.87万条次，举办专利政策宣讲会5场次，新增知识产权贯标企业6户。深入实施商标品牌战略。健全完善商标品牌及专利奖励扶持政策，优化商标品牌指导站服务指导功能，鼓励符合条件的企业积极开展商标培育和申报，持续提升企业综合竞争力。年内，向商标所有权企业发出商标预警通知书10份，指导镇内企业注册资源型商标165个。

【法律“直通车”服务】 2015年，谢岗镇工商分局围绕镇政府开展普法宣传的工作要求，成立法治宣传小组，开展法律宣传“直通车”服务，实现法律宣传进部门、进社区、进企业，为履行工商职能营造良好环境。全年召开普法宣讲会15场次，培训企业1000余家次，组织新闻报道13场次，播放宣传短片及通知公告350条次，宣传内容涵盖商事登记制度改革、消费者权益保护法、企业信息公示暂行条例、网络交易管理、广告法、著名商标培育及守重企业评选等。法律“直通车”服务的开展，受到辖区经营户的一致好评，工作经验受到市工商局充分肯定，并形成文字上报至国家工商总局，作为经验交流刊发在国家工商总局网站。

【强化数据分析 提供参考服务】 2015年，谢岗镇工商分局在定期报送市场主体统计表和行业统计表两份表格的基础上，增加对工商登记数据的分析调研，强化数据利用。依托工商业务系统功能模块，对登记数据进行综合分析，制作各类经济主体的数量、行业分布状况、注册资金情况、经营面积、发展趋势等数据报表，撰写分析报告，为镇政府提供决策参考服务。全年向镇政府及相关部门报送市场主体登记统计表、市场主体分析报告，以及相关简报10余篇。

2016年，积极发挥数据导向作用。积极配合镇政府及相关部门开展经济数据调查，对相关部门提出的数据查询申请及时答复，定期向镇政府提供各行业门类的经济发展数据，为政府决策提供数据支撑。年内，向镇政府及相关部门报送市场主体登记统计表市场主体行业统计表18份及市场主体分析报告相关简报1篇。

2017年，加强数据分析，服务地方经济发展，全年向镇政府及相关部门报送数据报表及分析报告近20份。

2018年，加强对市场主体发展、消费投诉举报、市场网格化监管、涉企信息归集公示和信用约束管理大数据的综合分析应用，定期形成专题报告，为党委、政府提供决策参考。全年报送市场主体数据及商标发展分析报告3期，为相关部门提供数据查询服务20次。

【监管执法】 监管模式改革 2015年，谢岗镇工商分局以市场监管办为平台，积极推动基层综合监管模式改革。在全镇村（社区）及部队工业区组建13支基层综合协管队伍，制定基层综合协管队伍职责分工及工作规范。组织召开谢岗镇深化商事登记制度改革推进后续监管工作会议，按照“行业主管、协同监管”的原则，划分各职能部门及村（社区）的监管职责分工，推动协同监管工作开展。自9月1日协同监管工作上线以来，谢岗镇工商分局主动承担数据分发、业务督办、组织培训等工作。全年推送数据615条，村（社区）反馈615条，反馈率100%。为规范网络市场经营秩序，采取“以网管网、线上线下相结合”全新监管模式，对已登记注册市场主体逐户进行网上核查。全年核查网站1054户，纳入建库305户。另外，还从企业网站、平台和团购网站入手，通过召开座谈会、派发宣传资料、逐户上门指导方式，督促企业先行申领“工商红盾电子标识”，并通过示范带动作用，逐步推动全镇网站和网店申领“工商红盾电子标识”。年内共指导28家企业网站申领工商红盾电子标识。

2016年，谢岗镇工商分局围绕加快构建“企业自律、部门监管、社会监督”三位一体市场监管体系的总体目标，完善商改后续协同监管队伍管理办法、监管职责，建立定期通报、综合协调工作机制，由镇商改办定期通报各村（社区）协管队伍推送量、反馈量、超时量等指标，并将商改后续市场监管纳入村（社区）两委工作量化考核指标。全年组织开展商事登记改革调研3场次，召开部门协调会议及电子化工商登记、无证照经营清理等相关培训4场次，发布工作通报8期次，向全镇12个村（社区）推送数据2190条，反馈2153条，反馈率98.31%。向各职能部门推送数据945条，反馈2908条，各职能部门办理许可464条，市场规范指数为51.38%。各协管队伍共上报违法线索67条。年内，召开红盾电子标识申领会4场次，新申领红盾电子标识45个。

2017年，建立协同监管信息化系统应用情况定期通报机制。截至12月31日，共发布工作通报11期，召开协调会议2次，召开工作培训会议1场次。通过监管系统向12个村（社区）推送信息2459条（次），已反馈2459条（次），反馈率100%；向各许可部门推送信息778条（次），反馈744条（次），反馈率95.62%，各许可部门办理许可460条，办证率62.33%。其间，积极推动商改后续市场监管纳入“智网工程”。加强与镇智网办的沟通协调，推动市场主体地址信息、开业经营、证照办理情况核查、无证照经营线索以及年报、亮照等基础监管事项纳入“智网工程”。年内召开工作协调碰头会3次，组织开展业务培训会议1场次。

2018年，深入推进科学市场监管体系建设。完善机构设置，设立由镇委副书记、镇长任组长的商事制度改革及构建科学市场监管体系统筹协调工作领导小组，配备3名专职工作人员，工作经费由镇财政拨付保障，制定工作方案，强化督查考核，将其纳入镇督查室每月的重点督查工作内容。完善网格化监管模式。与智网办加强沟通协调，强化网格员队伍业务培训，完善市场协同监管工作月度通报机制，引导村（社区）做好对发现线索的前期处理，推动各后续监管部门做好后续跟踪处置，形成整体工作合力。截至12月底，共召开业务培训暨工作交流会议9场次，发布协同监管月度通报11期，全镇发现无证照经营线索数127条，处理127条，线索办结率100%；住所类线索数234条，处理226条，线索办结率96.58%。全镇“发证率”和“清无率”分别为69.44%、100%，排全市第二名和第一名。

2019年，完善协同监管机制。实施月通报制度，每月对全镇各部门、村（社区）协同监管情况进行通报排名；建立约谈机制，每季度对办结率及办证率排名靠后的单位和村（社区）进行约谈；联合镇智网中心继续加强基层网格员业务指导培训，提升前端网格员核查效率，提高后端部门处置质量；建立跨部门协同监管和联合惩戒机制，构建失信市场主体“一处违法，处处受限”的信用监管框架，营造良好的市场信用环境。截至12月31日，共召开业务培训及工作推进会议5场次，发布协同监管月度通报11期，全镇共发现无证照经营线索数122条，处理122条，线索办结率100%；住所类线索数114条，处理112条，线索办结率98.25%。全镇“发证率”和“清无率”分别为84.75%、100%，位列全市第三名和第一名。将53户列入经营异常名录的企业、3户标记为经营异常状态的个体户、271户吊销企业、441户吊销个体户名单移送镇税务部门，实施联合惩戒。

重点领域监督管理 2015年，严格落实娱乐服务场所平安创建“1+4”系列政策文件，积极履行对沐足、美容美体等娱乐服务场所的监管责任，按照规定的频率和要求开展日常监管，坚决遏制“涉黄”活动回潮反弹。全年检查相关经营户81户次，整改硬件问题30处，发出责令整改通知书8份，移交其他部门处理15宗，督促经营户签订守法经营承诺书21份。在整治无照经营方面，制定《谢岗工商分局2015年集中清理无照经营工作方案》，以曹乐村为重点地区，开展集中清理行动，全年查办无照经营72户，督促办理营业执照48户。另外，协同镇清理无证照经营办公室（简称“清无办”，下同）理顺清无职责分工，明确函件的格式内容、办理时限、函告流程，做好无证照违法线索的转办和督办。全年移交无证照经营行为11宗，移交其他部门处理函件16宗。

2016年，突出重点行业整治。坚持问题和目标导向，对涉及民生的热点问题，强力推进整治，常抓不懈。全年查办各类经济违法违章案件72宗。强化沐足、美容美体行业日常监管，与樟木头分局探索建立沐足、美容美体行业交叉检查工作机制，截至12月23日，谢岗镇工商分局共抽查沐足、美容美体行业40户，发出责令整改通知书16份，整改问题18处，向其他部门知会问题14处。在整治无照经营方面，以谢山村为重点，集中开展无照经营清理整治。共查办无照经营案件34宗，督促经营户办理营业执照520户。年内，加强企业登记代理机构管理，做好登记代理机构从业人员备案工作。对于代理机构有人员变动的，要求其及时提交变更后的人员信息进行重新备案，对于首次到谢岗镇办理业务的外镇代理机构，要求其在领取执照时一并提交从业人员备案表。年内共办理61户中介机构人员备案。

2017年，对涉及民生的热点问题，强力推进整治。截至12月31日，共查办各类经济违法违章案件56宗，办结案件54宗。强化沐足、美容美发行业监管，抽查沐足、美容经营户52户，向镇清无办移交无证经营户14户，发现并督促整改硬件问题25处。其间，严厉打击以虚假材料骗取工商登记行为，全年处理提供虚假地址骗取工商登记举报2宗。同时，根据市工商局邮寄信函及市场协管队伍检查情况，将205户登记地址无法联络企业列入经营异常名录。是年，大力开展集贸市场整治、大型商场超市文明创建、工商窗口建设和文明执法等工作。至12月31日，共查办清无案件26宗、虚假广告案件4宗，开展商场文明创建督导9次，集贸市场整治中发现问题70处，发出整改通知书7份。

2018年，谢岗镇工商分局监管沐足经营场所

2018年，检查沐足经营户125户次，美容经营户115户次，发现问题26处，督促整改26处，发出移交函2份，取缔无照沐足店1家。大力开展市场水分清理工作，不断提升在册市场主体的真实度和含金量。全年清理吊销506户营业执照，其中个体工商户453户，内资企业40户，外资企业13户。

2019年，大力开展市场水分清理工作，完成692户企业及个体户的吊销工作，并对长期停业未经营及涉嫌虚构地址的168户市场主体开展吊销立案工作，并发布行政处罚决定公告。深入开展整治“保健”市场乱象百日行动。检查经营户103户次，签订承诺书24份，开展联合整治行动2场次，立案查处保健食品违法案件9宗。

开展专项执法整治 2015年，谢岗镇工商分局将监管执法的重点放在涉及民生领域和损害公平竞争的违法行为上面，全年查办各类经济违法违章案件105宗，其中无照经营案件72宗，商标侵权案件12宗，消费者维护权益案件1宗，广告案件3宗，合同案件2宗，其他案件15宗。在打假工作方面，先后开展汽车配件打假专项行动、空气和饮用水净化类生活用品专项行动、手机行业专项整治、无合法来源进口商品整治、“砸金蛋”有奖销售行为整治等一系列专项整治行动，查办相关案件8宗。其间，深入开展打击传销非法活动。加大宣传力度，大力宣传《中华人民共和国直销管理条例》《中华人民共和国禁止传销条例》，告知群众传销的表现形式和社会危害；与镇公安分局联合开展执法行动，捣毁涉嫌传销窝点1个，驱散涉嫌传销人员8人，解救受骗群众3人。

2016年，开展流通领域手机行业专项整治。截至12月23日，共立案查处手机行业各类违法案件18宗。年内，强化网络市场治理。全年巡查网络经营户472户，网上审核自设网站企业 179 户，现场核查企业 125 户，查办 1 宗无“网上亮照”案件。在打击传销方面，不定期联合公安、综治、宣传等部门对出租屋、酒店、工业区进行清理排查，建立创建无传销镇街联络人制度。是年 7 月，谢岗镇顺利通过全市开展的无传销镇街认定。

2017 年，积极开展打击传销宣传，共制作宣传广告 19 幅、横幅 25 条。针对手机行业消费投诉居高现象，开展手机行业侵犯消费者权益行为专项整治，联合镇打假办、公安、质监等部门开展联合检查行动 3 次，立案查处手机行业商标侵权案件 1 宗、虚假宣传案件 2 宗、“诉转案”案件 4 宗，查获涉嫌侵犯“小米”注册商标专用权的移动电源 45 个、电源适配器 77 个、智能蓝牙耳机 4 个。召开手机经营户警示约谈会 3 次，在镇广播电视站发布手机消费预警 2 次，公布被投诉次数较多的经营户；发放手机消费指南等宣传资料 700 余份。积极开展其他行业打假行动，共查办其他行业商标侵权案件 3 宗，查获涉嫌侵犯“SMC”注册商标的气动元件共计 47 支（根）、侵犯“WERER®”注册商标的油桶 40 个。

2018 年，积极开展再生资源回收行业无照经营清理整治，检查再生资源回收经营户 46 户，查办无照经营案件 3 宗。强化食品安全整治，查办食品行业虚假广告、商标侵权、合同违法等类型案件 8 宗。保持打击传销高压态势，大力开展打传宣传，共制作打传户外广告 24 块，拉挂横幅 40 条，派发打传宣传资料 1600 份。强化农贸市场、专业市场、商场文明创建工作，积极开展校园周边“水晶泥”“水弹枪”整治，培训机构整治，“散乱污”企业专项整治等各类专项行动。全年查办各类经济违法违章案件 67 宗，其中虚假登记注册案件 2 宗、虚假广告案件 4 宗、手机行业侵害消费者权益案件 2 宗、无照经营案件 43 宗。

2018 年，谢岗镇开展再生资源回收行业联合整治行动

2019 年，围绕网络销售、保健品市场等消费领域突出问题，加强执法联动，依法查处销售假冒伪劣和不合格商品违法行为，规范行业合同使用和广告宣传行为，保护消费者合法权益。共查办各类经济违法违章案件 90 宗，处理投诉举报 207 宗。其中无照经营案件 17 宗、商标侵权案件 6 宗、其他类型案件 27 宗。深入开展侵犯注册商标专用权专项整治，查办相关案件 4 宗。严厉查处虚假违法广告行为，查办相关案件 6 宗。积极开展直排式燃气热水器专项整治，共排查燃气热水器经营户 1392 户次，派发《致全市燃气热水器经营者的一封信》《谨慎选购燃气热水器 规范安装使用保安全》等宣传资料 628 份。

2019 年 2 月机构改革以来，承接原食药监分局食品安全监管职能，严格落实食品安全党政同责及“四个最严”工作要求，将食品药品安全工作纳入村（社区）的量化考核范围。深入推进国家食品安全示范城市创建，制定印发宣传工作方案及工作任务分工及时间表路线图，稳步推进创建工作；结合创建工作开展食品安全进校园宣传活动 37 场次，食品安全教育培训 9 场次。开展食品安全进校园宣传活动 37 场次，食品安全教育培训 9 场次。引导 9 户食品小作坊集中进驻并实施闭环式集约化管理。协助市抽检机构完成食品抽检 266 批次，抽检餐饮单位及食堂食品 232 批次。加强市场快检及第三方检测的监管工作。市场方快检蔬菜水产 17250 批次，合格率为 99.45%；第三方快检蔬菜、水产品及禽蛋类 7262 批次，合格率为 99.42%；立案查处食品抽检不合格案件 14 宗。此外，还开展乳制品、湿米粉等高风险食品整治、非洲猪瘟监督检查、校园及学校周边食品经营安全专项检查、酒类食品安全专项整治等行动及保健食品“五进”和药品“六进”宣传活动。

【消费维权服务】 2015年，谢岗镇工商分局开展“3·15”消费者权益日咨询活动，组织消费维权业务专题培训2场次，发布消费警示5期，发放法律宣传册1610份，联合消委分会共处理各类投诉举报63宗，立案查处18宗，为消费者挽回经济损失6.25万元。其间，加强消费数据分析利用，对不同时期、不同季节的投诉举报热点进行深入挖掘分析，及时掌握消费者诉求热点和消费市场秩序动态，建立消费投诉预警机制。同时，针对手机行业消费者投诉集中的状况，组织部署专项整治，召开手机行业规范经营工作会议，查处手机经营户商标侵权案件6宗。是年，建立对服务站的考评制度，改革对服务站的考核方式，加强对服务站的日常管理和扶持，实行优胜劣汰，使服务站成为群众认可的民心工程。年内，辖区6个消费维权服务站共受理消费申诉34宗，成功调解34宗，为消费者挽回经济损失0.97万元。

2016年，创新消费维权模式，指导消费维权服务站认真受理并及时处理消费申诉，积极回答消费者的咨询。至12月底，谢岗镇工商分局共受理消费者投诉76宗，成功调解76宗，为消费者挽回经济损失13.3万元。全镇6个消费维权服务站共受理消费申诉31宗，成功处理31宗，为消费者挽回经济损失0.32万元。同时，加强对消费投诉违法线索的核查，界定商家是否存在过错，对违法行为进行及时查处，制止侵害消费者权益行为的重复出现。全年查办“诉转案”案件4宗。是年，积极开展消费维权预警，通过分析投诉举报数据，加强消费数据研判。年内，就辖区内手机消费投诉情况制作消费警示2期，在“活力银瓶”微信公众号上发布预警1期，阅览转发量达2490人次。

2017年，处理各类消费投诉举报124宗，成功调解93宗，为消费者挽回损失14.78万元。是年，积极推广使用手机流通行业“诚信通”信息查询系统，召开安装使用推广会2次、制作系统操作短片1个，在全镇30户手机店推广使用。

2018年，围绕社会热点和消费新趋势，发布消费提示、警示，营造良好消费氛围。全年受理消费者投诉74宗（其中职业投诉62宗），成功调解15宗，为消费者挽回损失经济损失3.2万元；辖区共建有消费维权服务站7个，开展业务培训1场次，服务站共受理消费投诉16宗，处理16宗。全年查办网络商品交易虚假广告、手机行业虚假宣传等“诉转案”案件4宗、汽车行业合同违法“诉转案”案件1宗。

2019年，受理消费者投诉举报207宗，为消费者挽回损失经济损失3.5万元；辖区共建有消费维权服务站8个，开展业务培训2场次，服务站共处理消费投诉15宗。

【信息调研工作】 2015—2019年，谢岗镇工商分局定期开展业务培训、学习交流活动，在内部营造“比学赶帮超”学习氛围。组织开展信息写作培训，采取月通报、篇点评、面对面指导等形式，全面提升政务信息写作水平。5年间，报送信息调研82篇，被市工商局采用69篇，被国家工商总局采用3篇。2015年，谢岗镇工商分局信息写作位列全系统第三位，在报送的24篇信息调研中，获市工商局采用18篇，被国家工商总局采用2篇，取得历史性突破。

（撰稿：彭伟蔚）

附：2015—2019年谢岗镇工商分局领导名录

局长：

邹　伟（2015年8月任）

副局长：

邹　伟(2014年7月至2015年8月)

高　灿（2014年4月任）

赖振斌（2019年7月任）

土地管理

【土地管理概况】 2019年2月，根据《东莞市机构改革方案》，经批准组建东莞市自然资源局谢岗分局，为东莞市自然资源局派出机构。2月25日，举行成立揭牌仪式。

2015—2019年，东莞市国土资源局（自然资源局）谢岗分局根据东莞市自然资源局及镇委、镇政府中心工作要求，结合谢岗镇实际，先后开展落实“土地管理台账”、土地利用总体规划中期评估修编、农村数字化地籍调查工作。同时，结合银瓶合作创新区发展规划，积极做好银瓶合作创新区重点工程项目用地报批手续、土地规划中期调整、不动产登记等工作，为谢岗镇经济社会发展提供强有力的用地服务保障。

2019 年 2 月，东莞市自然资源局谢岗分局挂牌成立

【落实东莞市土地管理台账】 2015 年，谢岗镇国土资源分局结合实际，认真贯彻落实东莞市“六个台账”工作。

东莞市 2015 年重点建设项目用地台账 谢岗镇有重点项目 4 宗。其中谢岗粤海装备技术产业园和谢岗泰诚塑料产业创新服务中心已取得用地批复，谢岗医院新建项目已供地并全面投入建设，普洛斯电商物流园、环普工业园项目分别于 8 月 5 日、9 月 9 日、9 月 10 日完成挂牌出让，成交面积分别为 22.32 万平方米、5.04 万平方米和 17 万平方米。是年，东莞市配备谢岗镇 2 宗用地指标，分别为华翔学校和广场路地块项目，两个项目均完成报批手续。市政府为银瓶合作创新区的大连基础智能制造项目、粤海配套道路、粤海配套设施等项目下拨 72 公顷新增用地指标。谢岗镇国土资源分局迅速展开报批工作，分 5 个批次报批：东莞市第二十批次大连机床智能制造基地项目报省征地、谢岗镇 2015 年第五批次 29 号路（谢岗段）、谢岗镇 2015 年第六批次大黎路、谢岗镇 2015 年第九批次大连机床配套路、谢岗镇 2015 年第十批次银瓶合作创新区西部功能配套区（含安置区、集宿区、邻里中心）。

2015 年存量、闲置土地盘活工作台账 全镇存量土地盘活计划有 5 宗 7.52 公顷。其中东莞市农村信用合作联合社、东莞市缔艺家实业有限公司（3 宗）项目地块已办理延期动工手续，面积 5.4 公顷，盘活进度 71.6%。广东骏基房地产开发有限公司因企业自身原因盘活难度较大。另外，闲置土地任务处置有 3 宗，面积 3.95 公顷。其中弘伟印花厂和东莞市阳鸣文化传播有限公司项目已动工建设，盘活进度 68%；东莞市谢岗镇房地产开发公司正在盘活之中。

东莞市 2014—2015 年高标准基本农田建设工作台账 根据台账，涉及谢岗镇 2014—2015 年总建设面积 137.58 公顷，计划选址赵林村建设灌溉与排水工程、田间道路工程、农田防护与生态环境保护工程 3 项。该项目已完成设计及预算编制，并通过专家评审和财务审计、工程招标。

2016 年，做好重大项目和配备指标项目用地报批工作。年内，提前介入，落实重点项目用地服务保障。完成重大项目华能东莞谢岗热电联产项目征地报批手续，面积 18.89 公顷。在农转方面，谢岗镇获市配备指标 52.44 公顷，完成粤海大道全段、城北大道、银丰路、谢岗大道急需动工路段和基础设施站前广场的农转手续，有效保障了用地需求。完成大连机床智能制造基地项目一期出让地块面积 4.72 公顷挂牌出让。完成谢岗镇中心区广场南路一期出让地块面积 4.41 公顷的挂牌手续。补办谢岗污水处理厂供地手续。

2017 年，围绕市国土局下达的“十个台账”重点工作，积极落实用地保障服务，有效提供土地供给。积极推进重大建设项目落地。镇重大项目 5 个，其中华能天然气热电联产项目，供地面积 18.89 公顷，已办理不动产登记发证。谢岗粤海装备技术产业园项目共下达新增指标 321.53 公顷，实际使用 331.87 公顷，报批面积 406.07 公顷，其中办理报市农转面积 268.87 公顷，全部通过市政府批准。为电商、环普、大连机床一期和华能供地 68 公顷；谢岗大连机床智能制造项目一期（粤鲲智能制造）供地 4.67 公顷；谢岗东环科宇科技中心项目征地面积 8.33 公顷；广东润星数控机床制造增资扩产项目，已核发国有土地使用权证。其间，还积极推进已批用地供地。挂牌出让华能天然气热电联产项目 18.89 公顷，划拨出让稔子园变电站 0.41 公顷，简易供地 202 公顷。全年供地 222 公顷，供地率从 21% 增至 85%。

2018年，制定并定期更新2018年重点项目用地进度台账，实行专人跟踪，全力保障市重大、镇重点项目顺利落地。全年办理农转27.73公顷，征地14.87公顷，供地（招拍挂）15公顷，其中产业用地（东环科宇、安麦节能）11.47公顷、商住用地（眼口）3.53公顷；另3宗地（包括增补市重大项目谢岗碧桂园智造创新中心项目）供地材料已送市里，待审批通过后网挂。认真承接市下放权限业务，依法依规办理业务审批，临时用地已批6宗计34.47公顷，用地预审已批15宗计20公顷。

2017年，谢岗镇召开土地利用总体规划调整完善工作动员大会

2019年，按照市里下发的东莞市2019年度重大建设项目用地台账并结合谢岗镇实际，认真梳理并制定谢岗镇2019年重点项目进度表，实行专人跟踪，为谢岗镇重大项目全力提供用地保障和良好服务。争取36.4公顷新增用地指标，完成中心幼儿园、人民公园三期、粤海产业园路网等项目地块的农转手续。群策群力，保障4个重点项目落地：东莞市缔艺家实业有限公司协议出让及土地合宗业务1宗，面积4.36公顷；曹乐小学、曹乐厂房、公租房供地3宗，面积共8.35公顷。成功推出3块重大产业用地（一级市场），即谢岗碧桂园智造创新中心项目、电子电气互连产业中心项目、连接器生产项目，共16.93公顷。加快完成4宗临时用地办理，验收2宗，批准2宗。

【土地利用总体规划修编】 2015年，谢岗镇国土资源分局开展《谢岗镇土地利用总体规划（2010—2020年）》中期评估修编工作。5月，向镇政府提交了土地利用总体规划修订有关事项的请示，经镇政府同意，成立工作领导小组，选定由广东志正招标有限公司公开招标，由联合体韶关市国土资源技术中心和东莞市测绘院中标。9月，召开由相关单位和各村（社区）负责人参加的动员大会。随后，各相关单位提供了中期评估工作的相关资料，使评估工作顺利完成。

2016年，为实现与银瓶合作创新区总体规划、总规、控规、专项规划等多规合一，以镇政府名义申请增加近5年开发建设所需建设用地规模573.73公顷，主要有民生工程、基础设施、产业项目、历史遗留四大用地需求，申请核减基本农田保护任务数466.67公顷。是年，把在2017—2020年规划期开发条件不成熟、土规与总规中为建设用地但未建的地块，置换到现行规划为非建设区但计划在2020年前动工建设的地块。

2017年，以规划为龙头，完成谢岗镇永久基本农田划定及土地利用规划中期调整完善工作。经调整，谢岗镇原有永久基本农田1037.73公顷，本轮土地利用规划中期调整新划入20.47公顷，核减398.6公顷，调整完善后永久基本农田面积为659.6公顷。原有建设用地规模2676公顷，此轮土规中期调整完善中新增67.13公顷城乡建设用地规模，突破9.07公顷交通建设用地规模，调整完善后建设用地总规模为2752.2公顷。

2019年，为推进谢岗镇乡村振兴战略，将赵林、大龙、黎村、南面4个村的土地利用总体规划编制纳入第一批试点。经多方配合，不断修改完善，解决黎村小学、南面安置区、南面停车场、美丽幸福村居、赵林城市更新等项目的用地规模问题。赵林、大龙、南面村的土地利用总体规划已形成成果，并通过镇党委（扩大）会议审议，并将资料上报市自然资源局审核。

【盘活存量土地和闲置土地】 2016年，为摸清土地家底，制定政策提供数据支持，根据存量土地全面排查工作要求，由镇分管领导召开协调会，谢岗镇国土资源分局牵头会同镇城市更新、住房规划、土储、环保、交通、林业等部门加强沟通协调，制定排查进度目标，全面排查全镇存量土地。全年盘活存量建设用地2宗，盘活闲置土地4宗。同时，积极推动“三旧”改造工作。选出5宗条件成熟、改造意愿较强的地块，在土规中期调整为“三旧”改造申请增加建设用地50公顷。

2017年，盘活存量土地2宗，面积5.93公顷；处置闲置地3宗，面积64.6公顷。

2018年，盘活存量土地5宗，面积10.4公顷；处置闲置地2宗，面积7.2公顷。

2019年，全镇存量土地盘活台账16宗，共91.21公顷；闲置土地处置台账9宗，共12.08公顷。根据市土地资源局的年度要求，全年盘活任务目标为存量土地总数的18%，总面积16.4公顷；实际盘活4宗计13.81公顷，完成盘活存量土地任务的92.5%。闲置土地处置任务目标为4宗，总面积5.39公顷；实际已盘活7宗11.91公顷，完成率221.1%，超额完成闲置地盘活任务。

【地籍调查】 2015年，谢岗镇国土资源分局为加强农村数字化地籍调查工作，确保按时保质完成该项任务，根据东莞市政府印发的《东莞市农民住房管理暂行办法》，谢岗镇建立农村数字化地籍调查工作联席会议制度，成立工作领导小组，制定《谢岗镇农村数字化地籍调查工作方案》。谢岗镇国土分局严格按照方案要求，开展档案数据整理，内业标绘上图、外业实地调查等。年内，共完成工业地籍调查732宗。

2016年10月，完成第一阶段土地登记档案数据整理工作，全镇有13556宗地、23295宗次的档案全部完成整理并录入和复核。之后，由镇测绘队开展第二阶段内业上图和外业调查，至12月末，完成内业上图5814宗，完成上图总量的43%，外业调查376宗，完成调查总量的4%。是年，还完成全镇1∶500数字化地形修补测工作，面积约1.33公顷。

2017年，认真做好农村数字化地籍调查和不动产登记数据整合工作。全镇地籍总宗数13705宗，完成调查12385宗，完成率90.37%。其中内业调查8867宗全部完成，外业调查4838宗。全年建无证地籍调查5000宗，外业调查4219宗，完成率84.38%；内业上图3829宗，完成率77%。外业测量1280宗全部完成。

2018年，夯实基础，有序开展第三次全国土地调查工作。谢岗镇国土分局成立“三调”工作领导小组，完成调查单位招标工作，配合中标单位完成全国土地调查图斑调查及数据检查，认真开展土地利用状况调查，明确各类土地利用状况，对林地、耕地、建设用地等重点领域开展专题分析，建设土地调查数据库。

2019年，有序开展全国第三次全国土地调查工作，基本完成目标库建设，并完成国家和省级、市级重点图斑核查上报，一般图斑核查上报；对带k地类、推土区、临时用地、设施农用地等特殊地类进行再次核对。是年，对全镇家底进行全面排查，符合相关规定未办理用地手续未建土地总面积511.99公顷，涉及农用地376.828公顷（其中耕地71.76公顷，林地83.89公顷），未利用地85.78公顷；全镇已征（即已批国有建设用地）未供现状未建土地面积54.426公顷；全镇已农转手续（即已批集体建设用地）未供现状未建土地面积280.08公顷，主要分布在黎村、大厚、曹乐、稔子园、赵林等村。8月，按市政府、市自然资源局安排，完成全镇工业园区调查。全镇5万平方米工业地块共有36个图斑，涉及12个村（社区），586个调查单元，面积7.48平方千米。

【违法用地查处】 2015年，在土地检查中，发现违法用地13宗，面积3.68公顷，其中占用耕地0.38公顷。立案查处7宗，另外3宗属私人宅基地，3宗为简易工棚完成拆除并复耕复绿，整治率100%。

2016年，发现违法用地4宗，经整治全部完成复耕复绿。年内，还完成永久性基本农田划定工作。多次召开划定永久性基本农田工作会议，要求规划、农业等部门和各村委会提供“十三五”规划等举证材料。通过对省下发谢岗镇初步任务322.27公顷核实举证后，划入永久基本农田面积20.47公顷。至此，全镇基本农田面积660.267公顷。

2017年，查处违法用地27宗，总面积13.38公顷，其中占用耕地1.51公顷，整改22宗。是年，根据卫星图片查处违法用地7宗，面积1.63公顷，整改2宗。

2018年，通过“天眼”卫星图片执法、无人机航拍排查违法用地无死角，以零容忍态度重拳出击打击违法用地。根据省卫星图片查处7宗2公顷。经巡查发现违法用地3宗6.8公顷，其中属政府工程2宗2.93公顷，属私人厂房（广东森裕）1宗3.87公顷，均已责令整改，按要求完成复耕复绿或立案查处中。

2019年1—10月，对24宗违法用地进行有效整治，对4宗违法用地进行立案查处。是年，加强日常巡查，发现新增违法用地9宗，总面积1.49公顷。其中6宗已完成整改，1宗正在查处中，2宗正在整改中。

【高标准基本农田建设】 2014—2015年，谢岗镇完成高标准基本农田建设137.58公顷，位于赵林村。

2016年，谢岗镇高标准基本农田建设任务53.27公顷，设计方案通过专家评审，项目预算通过财务审计，开展施工单位招投标工作。节约集约，惠民建设高标准基本农田。

2017年，东莞市下达谢岗镇高标准农田建设任务47.67公顷。为优化土地利用结构，促进耕地保护，提高节约集约用地水平，经过多方对比，镇政府决定选取谢岗村连片农保区为建设地块，以惠民为宗旨，实现连片建设，实际建设50.53公顷（谢岗村），比任务多2.86公顷。是年，对2016年高标准基本农田建设（赵林村）53.27公顷工程，组织开展组织验收、工程结算决算。

2018年，完成高标准基本农田建设50.53公顷，位于谢岗村。

【不动产登记】 2016年，积极开展不动产登记业务。6月，在谢岗镇国土资源分局一楼设置不动产登记服务窗口。至12月末，办理权籍调查业务86宗，发不动产权证20本。2017年，累计办理不动产登记426宗，其中转移登记181宗，抵押登记79宗，抵押注销登记70宗，按揭注销登记22宗，合同备案38宗，变更登记10宗，查封登记13宗，其他登记13宗。

2018年，谢岗镇国土资源分局与镇房管所实行合署办公，统一不动产办证窗口，优化办事流程，引进机器人打证，助力办证提速。全年办理不动产登记业务233宗，其中私人住宅228宗，工业用地抵押登记1宗，工业二级市场交易2宗，商住用地一级市场供地首次登记1宗，工业国有建设用地使用权首次登记1宗。

2019年，谢岗镇不动产登记窗口共受理土地业务257宗，均在规定时限内办结。其中私人住宅业务238宗，工业用地业务15宗，商住用地业务4宗。同时完成东莞市谢岗镇不动产登记数据整合建库上报工作。土地落宗98.53%，房屋落幢99.51%，外业调查100%，平台登记信息核对100%，档案补充扫描100%上传，文字报告、专题图件整理完成并完成验收。

【农村集体土地所有权登记发证】 2016年，更新农村集体土地所有权登记发证数据库。6月，更新备案并删除已备案所有权数据库。至12月，共扫描和录入已发证所有权证书724宗。同时，对全镇所有权宗地进行核查，其中57宗因材料不完整、与其他镇交界或插花地等原因未通过核查，均按照要求补齐材料。

【国土宣传】 2015—2019年，谢岗镇国土资源分局开展丰富多样的国土宣传活动。严密筹划组织开展“4•22地球日”“6•25土地日”“8•29”测绘日等宣传活动。以“6•25”土地日为契机，联合房管所、司法分局等部门，在镇广场举行现场咨询活动，通过媒体、广告、横幅、宣传栏等方式大力宣传土地法律法规和节约集约用地政策，增强合法用地意识。每年组织开展土地征文比赛，联合谢岗中学开展“走进谢岗中学——国土资源知识讲座”，加强普及土地国情。其中2017年7月27日，在镇政府大会议厅举办第27个全国“土地日”普法宣讲会。邀请市国土局政策法规科科长陈健勋结合“耕地”“问责”“卫星”三个关键词，深入解读国家新常态下的国土管理法律法规，宣讲土地执法监察形势。市国土资源局监察科副科长张志杰结合违法用地典型案例，对国土管理政策作了生动的讲解。2018年6月25日，联合房管、城市更新、司法等职能部门在镇中心广场开展第28个全国“土地日”现场咨询宣传活动，以“珍惜土地资源，建设美丽家园”为宣传主题举办幼儿绘画比赛；现场展示无人船、无人飞机，吸引众多群众踊跃观看；联合法律顾问“送法下乡”，在曹乐村、黎村村委会向村民重点宣传国土管理支持实体经济发展相关政策，强调违法用地查处严肃性；现场摆摊解决群众业务咨询，派发土地相关宣传资料，填写国土知识调查问卷。通过丰富和新颖的宣传形式，增强群众参与感，提高村民节约集约、依法依规用地意识。

（撰稿：罗少欣）

附：2015—2019年东莞市国土资源局谢岗分局领导名录

局长：

朱伟权（任至2018年1月）

莫昶铿（2019年4月任）

副局长：

叶海清（2018年1月任）

2019年东莞市自然资源局谢岗分局领导名录

局长：

莫昶铿（2019年4月任）

副局长：

叶海清（2019年2月任）

土地储备

【土地储备中心概况】 2014年12月，谢岗镇土地储备中心（以下简称土储中心）成立。至2019年年末，土储中心设主任1名，副主任2名，办事员4名。土储中心成立后，全面贯彻执行土地储备的法律法规及《谢岗镇储备土地管护实施方案》；协助督促相关部门按规定办理使用土地的相关手续；进一步落实会同有关部门组织编制谢岗镇年度土地储备计划和储备土地入市计划。全面理清全镇土地情况，建立土地储备库，做到“统一收购、统一储备、统一供应”。

【土地储备管理】 2015年，土储中心为确保粤海产业园的建设进度，满足重点招商引资项目的落地用地需求，防止侵占、破坏政府已征收土地的行为发生，同时提高政府储备土地的临时利用率，避免土地的闲置浪费，制定《谢岗镇储备土地管护实施方案》。同时，根据《东莞市土地储备管理实施办法》，结合谢岗镇实际，对镇属土地进行全面清查，逐一到现场清点、权属界线确认、标绘上图、拍照，分别建立档案。完善内部管理，包括公章管理制度、档案管理制度、办文呈批制度等。对每块土地做好登记建档并拟定土地储备流程图和细则。加强业务培训，组织人员到相关镇街土地储备中心学习，提高业务水平。

2019年3月6日，东莞市土地储备中心领导到金满湖地块考察

2016年，完善收储土地管理。制造并树立告示牌。相继树立了200个告示牌。加强巡护管理。为有效遏制侵占收储土地行为，印制限期清理（搬迁）通知书给镇护林队，用于巡查管护中发现侵占行为的发放和制止；组织相关部门对侵害行为进行统一处理。完善收储土地出租管理。为发挥土地资源效益，避免土地闲置浪费以及防止收储后土地受到侵害，土储中心于4月草拟《收储土地临时出租协议》上报镇政府；镇政府于8月初召开联席会议通过该协议。建立收储土地档案。对已收储土地按照粤海红线内和红线外，形成收储土地的基础资料登记，并附上收储土地红线图。2015年，上报市土地储备中心土地储备计划的地块15宗，面积129.5148公顷。其中，通过协议收购国有土地5宗，合计16.3913公顷；通过办理农地转用和征地手续后的新增建设用地10宗，合计113.1235公顷。当年完成纳入市土地储备计划的7宗；完成纳入土地库入库后再出库的2宗，包括富盈花园旁地块和粤海产业园大连机床工业用地。

2017年，完善收储土地管护工作，有效制止违法搭建简易棚行为；完善收储土地出租管理，与黎村发记菜场签订临时租用协议以规范租用手续，并申请黎村窑贝塘临时出租；加强收储鱼塘安全管理工作，清理鱼塘水浮莲，避免堵塞排洪渠道，并安装告示牌；计划收储地块12宗地块，面积79.9021公顷，其中完成纳入市土地储备计划的有2宗，包括稔子园变电站地块和华能地块；下半年完成了安麦、眼口、东科环宇等三地块的出库。2017年储备土地计划供应地块14宗，共116.3005公顷。

2018年，完善收储土地临时出租管理，与黎村博下菜场签订临时租用协议。加强巡护管理，在全镇范围内已经纳入收储的土地和鱼塘均立了告示牌，并由镇林业站实施每日巡查。建立收储土地档案，对已收储土地按照粤海红线内和红线外，形成了收储土地的基础资料登记。清理已统筹土地的地上附属物和清理统筹土地范围内的水浮莲。在土地入库、出库方面：眼口A11商住地块（16455平方米）已推向市场，5月28日完成挂牌出让，竞拍价为34816万元。东环科宇工业用地（54079平方米）已推向市场，8月21日完成挂牌出让，竞拍价为3488万元。4月28日完成安麦地块的出库，10月23日完成挂牌出让，竞拍价为3906万元。眼口A10工商地块（19303平方米）通过办理出入库手续，12月3日推向市场，竞拍价为28354万元。

2019年，完善收储土地出租管理。临时出租土地96公顷，鱼塘47.66公顷，废弃厂房21130.58平方米。实现以租代管，减轻土地管护压力；加强水浮莲清理工作，由土储中心负责组织清理由镇政府统筹使用的土地，已统筹土地范围内的水浮莲，制定清理方案，开展清理行动。是年，对统筹土地范围内排渠、河道进行清理，至年底已完成大龙村排渠、银丰路旁仓储至排站排渠清理项目，黎村大洲排渠清理项目基本完成。土地入库、出库情况。4月2日电子电器地块（53712平方米）完成挂牌出让，竞拍价为3465万元；4月2日连接器地块（13464平方米）完成挂牌出让，竞拍价为869万元；碧桂园地块（102563.3平方米）已推向市场，4月2日完成挂牌出让，竞拍价为6616万元；曹乐商住地块（30265.43平方米），12月27日完成挂牌出让，竞拍价为5114万元；金恒晟地块（16623平方米）已推向市场，10月23日完成挂牌出让，竞拍价为1122万元；完成金恒晟地块（16622.9平方米）内的排水沟改道工程和围蔽工程，2019年9月完成曹乐商住地块、金满湖K1地块的平整和围蔽，曹乐20.2公顷地块的平整和围蔽正在开展，黎村商住地块的清表及围蔽工程正在进行前期工作。2019年10月，完成福凯地块的围蔽工程。

（撰稿：罗楚雯　黄佩仪）

2019年11月26日，谢山村召开用地统筹全体股东代表大会

附：2015—2019年谢岗镇土地储备中心领导名录

主任：

黄伟堂（2018年3月任）

副主任：

张伟年（2017年12月任）

谢里明（2019年8月任）

质量技术监督

【质量技术监督概况】 2015—2019年，谢岗镇质量技术监督工作站（以下简称谢岗镇质监站）以科学发展观为统领，通过组织实施质量强镇战略，充分发挥工作优势，强化合作，形成合力，推进名牌带动、标准引领战略，开展节能降耗和标准化项目建设，加快产业转型升级发展，保障食品安全、特种设备安全和产品质量安全底线，促进经济社会又好又快发展。

【特种设备监管】 2015年，谢岗镇质监站全力维护特种设备安全，做好日常监管工作。按照年初制订的特种设备安全监管计划，以防止、减少、遏制重大事故为目标，打基础、重监管、抓落实，切实加强特种设备安全监察工作。全年共出动特种设备巡查监察人员510余人次，检查特种设备使用单位283家，排查362台特种设备（电梯192台、起重机56台、叉车33辆、锅炉17台、压力容器64台），排查事故隐患19个，完成整改事故隐患19个。积极开展专项整治活动。镇质监站通过村（社区）监察员对全镇特种设备使用单位开展特种设备安全隐患自查和整改工作，并根据前期普查建档的情况，组织开展工业管道安全专项整治活动和对特种设备使用单位进行监督抽查，及时发现和消除事故隐患，防范重特大安全事故发生。加强安全监察队伍建设。6月16日下午，邀请市质监局讲师授课，对各村（社区）特种设备兼职安全监察员和特种设备使用单位负责人共250人进行相关法律法规和技术规范要求培训，以确保特种设备安全检查工作规范化和专业化。

2016年，开展特种设备安全大检查。对特种设备重点监控单位、重点设备，包括在用电梯、叉车、压力容器、锅炉、景区游乐设施等开展全面检查。全年出动检查人员345人次，排查单位250家，检查特种设备305台，排除事故隐患9处。是年，开展“打非治违”“简易外控电梯整治”“工业管道专项整治”“特种设备隐患自查”等专项行动。4月中旬，对5家企业7台露天工作的门式起重机进行安全隐患专项整治。

2017年，积极开展企业自查。向辖区内特种设备相关企业派发特种设备安全隐患自查表，并督促企业对各自单位在特种设备注册登记、定期检验、人员持证上岗、安全教育培训、安全管理制度的制定与落实等方面的情况进行自查，并汇总辖区企业的自查情况。对于企业自查发现的隐患，在短期内无法消除的，要立即停用设备，待隐患消除后方可投入使用，杜绝设备带病运行。同时，开展监督检查。对辖区内在用电梯、叉车、压力容器、锅炉等特种设备开展监督检查，排查治理事故隐患。全年出动检查人员460人次，排查单位320家，排查特种设备500台，排查发现安全隐患60起，完成隐患整改60起。

2018年，共出动特种设备巡查监察人员524人次，检查特种设备使用单位214家，排查特种设备413台，排查事故隐患36个，已完成整改事故隐患36个。是年，积极开展专项整治活动。深刻吸取高埗镇“4·12”坍塌事故教训和大岭山“5·26”气体中毒事故教训，充分认清当前特种设备安全生产的严峻形势，按照市、镇有关安全生产会议精神和工作部署，迅速组织人员在全镇范围内开展特种设备安全生产大排查大整治专项行动，对重点监控设备与重点场所开展突击执法检查。主要检查特种设备使用登记和定期检验情况、人员持证上岗情况、维护保养情况、安全管理制度建立情况和应急救援情况，对检查过程中发现的违法违规行为和安全事故隐患做到“零容忍”，一经发现，做到从严查处、打击有力。同时，加强与镇相关部门对“散乱污”企业进行清查整治，力争在打赢蓝天保卫战中走在前列。编制出台谢岗镇特种设备事故应急预案。为有效预防、及时处置谢岗镇各类特种设备事故，最大程度地减少人员伤亡和财产损失，提高谢岗镇防范、处置特种设备事故的水平和能力，促进经济持续稳定发展。于年初制定《谢岗镇特种设备事故应急预案》，落实特种设备发生事故时的应急处理能力。加强安全监察队伍建设。为进一步加强谢岗镇特种设备安全教育培训工作，努力加快特种设备安全监察人员的培训和素质提升，切实增强特种设备作业人员的安全意识和工作能力，谢岗镇质监站分别于3月23日、5月24日举办起重机械专项整治动员大会暨安全教育培训班和特种设备安全教育培训班，对各村（社区）特种设备兼职安全监察员及相关企业安全管理人员150人进行特种设备安全培训，以确保特种设备安全检查工作规范化和专业化。

【计量管理】 2015年，谢岗镇质监站做好计量工作，深化能源计量工作。营造诚信计量氛围。镇质监站开展“5·20”世界计量日宣传咨询活动，共出动人员18人次，悬挂宣传横幅10条，发放各种宣传资料300多份，接受群众咨询100多人次，提醒消费者在购物消费时，保护自己的合法权益。开展民生计量免费检定工作。上半年，谢岗镇质监站联同市计量分院对镇内7个农贸市场和10个村卫生站及计划生育服务所在用计量器具进行免费检定，共检定计量器具407台件，检查在用计量器具，合格率为97%。

2016年，联同市计量分院对镇内8个农贸市场在用计量器具进行检定，检查在用计量器具，合格率为97%。

2017年，联同市计量分院对镇7个农贸市场在用计量器具进行检定，有效打击“短斤缺两”“量值不准”等问题，为人民群众营造诚实守信、公平公正的购物环境。

2018年，联同市计量分院对镇6个农贸市场和9个计生医疗机构在用计量器具进行免费强制检定，共检计量器具547台，合格538台，不符合国家法律法规要求的计量器具9台，合格率为98.35%。同时，做好重点耗能企业能源计量监督管理工作。对5家重点耗能企业开展能源计量状况的监督检查，主要检查企业的专职计量人员配备情况和能源计量器具的配备和使用情况，从而保证企业节能工作的有效实施。

【质监法治宣传】 2015—2019年，谢岗镇质监站加大宣传力度，努力营造良好的质监法治氛围。结合开展“消费者权益日”“世界计量日”“安全生产月”“9月质量月”等活动，以上街设宣传点派发宣传手册、海报，深入企业（门店）、宣贯会等形式，加大对《中华人民共和国特种设备安全法》《中华人民共和国计量法》《中华人民共和国产品质量法》等法律法规的宣传。通过开展形式多样宣传，不仅增强经营者、消费者的质监法律意识，也增强社会各界对质监工作的认识了解，从而争取更多部门、群众对质监工作的理解、支持。5年间累计派发各种宣传资料4000多份，悬挂宣传横幅150多条，提醒消费者在购物消费时，保护自己的合法权益。

（供稿：谢岗镇质监站）

附：2015—2019年谢岗镇质量技术监督工作站领导名录

站长：

袁永平（任至2018年7月）

物价管理

【物价管理概况】 2015—2019年，谢岗镇做好收费管理政策落实。自2016年5月1日起，全市统一取消收费许可证及年审制度，不再核发行政事业性、经营服务性、教育收费、社会力量办学收费许可证，不再组织实施收费许可证综合年审，原已核发的收费许可证同步作废。同时，根据市发改局要求积极转变工作方式，做好政策衔接工作，加强事中事后监管。

【学校收费管理】 2015—2019年，谢岗镇做好学校收费管理政策落实。一方面，根据市相关文件要求，开展民办教育收费管理政策调查，向全镇民办学校学生家长发放民办教育收费管理政策调查问卷，并把统计结果上报市发改局；另一方面，严格按照市发改局收费管理科文件要求，受理民办学校和民办幼儿园调整收费申请备案。至2019年，共受理谢岗镇2所民办学校和8所民办幼儿园调整收费申请备案。协助市发改局到谢岗镇振华民办学校实地抽查账本并要求其提出整改措施，以规范谢岗镇民办学校教育收费。

【涉企收费管理】 2015—2019年，谢岗镇工信科局（经贸办）推进涉企收费专项工作，优化镇村投资环境，为企业健康发展营造良好的营商环境。召开清理规范涉企收费动员大会，传达市清理规范镇涉企收费工作的有关精神，要求各部门小组成员提高认识，加强重视，明确各自职责。对全镇行政事业性单位和行业协会商会涉企收费进行详细摸查，掌握涉企行政收费情况。联合党政办、纪检办和财政分局成立工作督导组到谢岗镇涉企行政性单位和行业协会商会对涉企收费工作进行督导，加强相关收费部门规范涉企收费工作的指导。2016年起，组织各部门开展自查自纠。规范收费合同，要求各村（社区）和相关职能部门推进补充协议书签订，对新签合同禁止收新费，没有与企业签订相关收费协议收取的一律取消。另一方面全力纠正使用财政统一票据，要求收费主体全部使用正式发票。加大涉企收费检查监督力度。一方面要求为每家已缴纳涉企协议收费的企业建立档案，并装订成册，同时对各自单位涉企协议收费进行全面清理；另一方面加强涉企收费监督检查，严肃查处向企业摊派、索要赞助和无偿占用企业人财物等行为，并监控涉企收费情况及动向，及时解决苗头性、倾向性问题。

【收费综合年审】 2015—2016年，谢岗镇开展收费综合年审工作。对全镇面向社会收费的各级行政事业单位、非企业组织和实行收费许可证管理的34个收费单位全面进行收费年审工作，掌握收费单位收费政策执行情况，规范其收费行为，有效遏制乱收费行为发生。

【平价考核】 2015—2018年，开展平价商店和平价药店考核。根据市发改局工作要求，对谢岗供销社第一、二副食粮油经营部和谢岗润之升百货有限公司3家平价商店以及谢岗国药公司润群药店1家平价药店进行考核。进一步规范平价商店和平价药店的经营管理，确保其发挥稳价惠民的作用。每年5月上旬，根据《关于印发东莞市“三项”建设考核工作方案的通知》，结合谢岗镇实际情况，对东莞市谢岗供销社第一、第二副食粮油经营部和东莞市升润利升百货有限公司3个平商店进行现场考核验收，同时按照东莞市销售环节项目单位年度绩效评价指标及评分表对3个平价商店每项要求逐一进行考核查验，最终形成考核报告。从实地考核情况看，上述平价商店能够做到明码标价，规范诚实守信经营，较好地发挥平价商店稳价惠民的作用。

【市场价格监管】 2015—2019年，谢岗镇做好市场价格监管。对农贸市场和大型商场开展价格检查。重点检查粮、油、肉、蛋、菜等与百姓生活密切相关的生活必需品是否落实明码标价，尤其防止节日期间以次充好、短斤少两、哄抬物价等损害群众利益的行为发生，做到对重要商品的价格异常波动力求早发现、早介入、早处理，力保市场价格秩序稳定。对交通运输市场和旅游市场开展价格检查。一方面对谢岗客运站进行检查，并抽查车宝贝、车一族等洗车美容店，督促其做好收费公示和明码标价收费，防止发生价格欺诈、违规收费等行为，切实保护群众利益，维护交通运输市场物价稳定。另一方面对银瓶山旅游景区开展价格检查，要求景区停车场严格执行明码标价和收费公示制度，并提高景区附属产业明码标价率，规范旅游景区价格秩序。2018年，开展春节期间物价检查工作。着重就春节期间的市场物价执行情况、商品和服务明码标价执行情况、停车场所收费执行情况等方面开展专项检查。配合市发改局重点加强涉及民生的市场价格监管工作。以保护群众利益为出发点，开展市场价格监管调控专项检查工作。落实农副产品价格调控工作，稳定春节期间市场物价。同时，开展机动车停放服务收费专项检查工作。对银瓶山森林管理处、永江地产物业管理公司、良发物业管理公司、金居物业管理公司和镇公共汽车客运站等7家机动车停车场收费情况进行为期一周的检查。2019年，加强五一、中秋、十一期间市场价格监管。着重就市场价格执行情况、商品和服务明码标价执行情况、重点景区门票价执行情况等方面开展检查。通过开展机动车停放服务收费专项检查，有效规范机动车停放保管服务经营者的价格行为，提高经营者的守法意识，有效保护了消费者的合法权益。

【推进价格诚信建设】 2015年以来，谢岗镇扎实推进价格诚信体系建设，规范经营者价格行为，维护市场价格秩序，创造良好的消费环境。2015年，组织东莞市益康物业有限公司谢岗分公司、东莞市谢岗同心幼儿园和东莞市谢岗华翔学校3个单位申报2015年明码标价示范单位。

2016年，通过开展“明码标价、价格监督、收费公示、信息服务、法规宣传、政策咨询、价格培训、诚信创建”等活动搞好价格服务，为全镇经济又好又快发展创造良好的价格服务环境，主要引导瑱玛酒店成功申报创建东莞市明码标价示范单位。

2017年，为进一步推进价格诚信体系建设，规范经营者价格行为，加强价格社会监督，深入推进明码标价工作。在全镇4个原有明码标价示范单位基础上，指导东莞市升利润升百货有限公司申报2017年东莞市明码标价示范单位。

2018年，谢岗镇经科信局工作人员到谢岗镇供销副食粮油经营部和谢岗镇润升百货超市两个平价商店进行农副产品价格调控工作检查，实地核查其是否按2018年春节期间“三项建设”项目单位拟调控品种和数量情况表中同类品种2018年1月31日市场价格为基础下调一定幅度，具体为蔬菜类价格应低于市场价格的15%以上；粮、油、肉、禽、蛋类的价格应低于市场价格的5%以上，通过检查两家平价商店能否执行到位，有效推进全镇农副市场物价诚信建设。

2019年，加大推进市场价格诚信建设力度，于11月联合镇供电公司对于镇产业园区、物业、写字楼以及新能源汽车充电桩建设地址等主要名单进行监管检查。该检查行动共出动24人次，检查转供电主体8家，发送规范电价短信12条。

（供稿：谢岗镇工信科局　谢岗镇经贸办）

资产管理

【资产管理概况】 1999年，谢岗镇成立资产管理办公室，主要负责镇属企业会计、镇政府行政事业单位会计工作和农村集体资产管理的日常工作。2001年，设立会计核算中心，与资产管理办公室合署办公，负责镇属企业和镇政府行政事业单位会计工作，同时负责全镇农村集体资产管理工作。2009年，会计核算中心划归谢岗镇财政分局管理，谢岗镇资产管理办公室主要负责镇属会计工作和全镇农村集体资产管理工作，同年，将镇属物业管理工作纳入资产管理办公室的日常工作。至2019年年底，资产管理办公室共有工作人员26人，其中镇属资产、镇属物业管理10人，农村集体资产管理镇级管理人员4人，村级委派会计12人。

2015—2019年，资产管理办公室积极做好镇属资产管理、镇属企业会计、土地储备和农村集体资产管理工作。至2019年，全镇村组两级总资产35.1亿元，净资产

31.7 亿元，两级资产负债率 9.9%，两级经营总收入 2.6 亿元，两级经营纯收入 2.2 亿元。镇属总资产达 33.2 亿元，总负债 12.59 亿元，净资产 20.61 亿元。

【镇属资产管理】 2015 年，谢岗镇做好镇属空置物业管理。全镇属厂房、宿舍建筑面积 46.02 万平方米，已出租 42.88 万平方米，空置 3.14 万平方米，空置率为 6.8%。资产办聘请18名中年剩余劳动力，担任镇属空置物业保安，实行 24 小时值班制。同时制定《镇属物业保安人员岗位责任制度》，建立巡查机制，监督厂内能源使用情况，避免浪费，并建立厂房管理档案，及时掌握厂房的租赁和空置情况。做好镇属物业消防安全管理工作。为加强镇属租赁厂房的安全生产及消防安全管理，明确和落实承租人的安全生产管理的责任主体，拟定租赁厂房合同补充协议（安全生产管理）。相关管理单位在原有租赁厂房合同书的基础上，与承租人签订租赁厂房合同补充协议（安全生产管理）。建立完善《谢岗资产管理有限公司安全生产管理制度》，包括健全安全生产规章制度、完善安全生产隐患排查管理制度和安全生产事故应急救援预案等。给镇属物业管理单位制定《关于镇属物业消防安全内部管理制度》，落实消防安全检查、监督机制。每月不定期到空置物业和铺位进行消防安全检查，并填写消防安全检查表，对空置物业发现的消防安全问题及时清除；对铺位发现的消防安全问题要求租户限时整改，对不按要求整改的报消防安全部门处理。不定期组织镇属空置物业和铺位保安进行消防演练，现场讲解有关火灾现场的应急处置方案、灭火器的原理、基本操作方法及注意事项等。

2016 年，镇属物业建筑面积共 68.34 万平方米（不含学校、医院、公安分局等），分别是自用物业建筑面积 10.65 万平方米；厂房、宿舍建筑面积 47.7 万平方米；铺位建筑面积 0.42 万平方米；其他物业如金满湖新酒店建筑面积 9.57 万平方米。其中已出租厂房、宿舍建筑面积 44.42 万平方米，空置厂房、宿舍建筑面积 3.28 万平方米，出租率为 93%，空置率约为 7%。是年完善镇属物业使用情况表，及时掌握物业租赁变化情况。收集整理每个物业的相关资料（包括土地证、房产证、出租合同及相关政府文件等），完成物业资料收集和归档。同时，落实消防安全检查、监督机制。每月不定期到空置物业和铺位进行消防安全检查，并填写消防安全检查表，对空置物业发现的消防安全问题及时清除；对铺位发现的消防安全问题要求租户限时整改，对不按要求整改的报消防安全部门处理。7 月，联合镇安监分局对镇属空置物业进行全面检查，并根据谢岗镇安监分局的要求进行整改。

2017 年，镇属物业出租的厂房、宿舍建筑面积 43.54 万平方米，空置厂房、宿舍建筑面积 4.15 万平方米，出租率为 91.3%，空置率为 8.7%。年内，收集整理每个物业的相关资料（包括土地证、房产证、出租合同及相关政府文件等），建立物业管理档案。制定镇属物业编码方案，给每一个物业建立一个固定物业编码，至 3 月底完成镇属经营性厂房物业 300 余个编码牌的安装。全年接收空置物业 3 处，包括银湖工业区原立荣厂、花园工业区原宜卡宝厂区和原消防大队营房，至此全镇属空置物业共 11 处，聘用 24 名保安进行看管。同时加强消防安全检查，对镇属空置厂房、宿舍及营业中的商铺等进行不定期巡查监督。

2018 年，镇属物业出租厂房、宿舍建筑面积 42.64 万平方米，空

2019 年，谢岗镇资产管理办公室开展学习业务知识活动

2016—2019 年谢岗镇镇属企业资产情况表

表 40

公司名称	年份	总资产（万元）	总负债（万元）	净资产（万元）	资产负债率（%）
东莞市谢岗资产管理有限公司	2016	175923	41581	134342	23.63
	2017	170764	19751	151013	11.57
	2018	245001	87870	157131	35.87
	2019	260000	84433	175567	32.47
东莞市谢岗镇经济联合总社	2016	2531	290	2241	11.46
	2017	2560	290	2270	11.33
	2018	2591	290	2301	11.19
	2019	2624	290	2334	11.05
东莞市谢岗镇工业发展总公司	2016	12336	6562	5774	53
	2017	17992	7067	10925	39
	2018	18270	6968	11302	38
	2019	18152	6800	11352	37
东莞市谢岗镇经济发展总公司	2016	4436	1561	2875	35
	2017	5163	1554	3609	30
	2018	5908	1610	4298	27
	2019	5950	1089	4861	18
广东省东莞市谢岗食品公司	2016	1304	502	802	38
	2017	1258	482	776	38
	2018	1248	532	716	43
	2019	816	137	679	17
东莞市谢岗镇振兴物业公司	2016	179	122	57	68
	2017	175	122	53	70
	2018	171	114	57	67
	2019	175	114	61	65
东莞市谢岗建筑工程公司	2016	1131.69	453.51	678.18	40
	2017	976.82	301.49	675.33	30
	2018	972.11	301.49	670.62	31
	2019	968.54	301.49	667.05	31

续表 40

公司名称	年份	总资产（万元）	总负债（万元）	净资产（万元）	资产负债率（%）
东莞市谢岗镇房地产开发公司	2016	9826.62	8510.38	1316.24	86
	2017	9775.76	8752.95	1022.81	89
	2018	15294.05	14208.08	1085.97	92
	2019	30810.26	29725.17	1085.09	96
谢岗镇自来水厂	2016	12552	2894	9659	23
	2017	12211	2889	12211	24
	2018	11747	2903	8844	25
	2019	11278	2918	8360	26
谢岗宝泉建筑材料有限公司	2016	281	33	248	12
	2017	294	15	279	5
	2018	302	10	292	3
	2019	374	40	334	11
谢岗银泉建筑材料有限公司	2016	810	16	794	2
	2017	809	16	793	2
	2018	809	16	793	2
	2019	808	16	792	2

置厂房、宿舍建筑面积3.94万平方米，出租率为91.6%，空置率为8.4%。是年，根据镇资产管理办法做好镇属资产报废工作，修改和完善报废物品移交表，并与镇财政分局对报废流程做出统一规定。相继完成原精奇厂吊装设备拍卖、原中心幼儿园校车（2台）报废。移交空置物业有泰园社区原中心幼儿园、曹乐原陈权4套厂房、第三工业区原冠达厂。全年镇属空置物业7处，聘用16名保安进行看管。加强消防安全检查，协助租户办理工商营业执照，对到期商铺进行公开招租，完善商铺合同。

2019年，镇属物业出租厂房、宿舍建筑面积42.54万平方米，空置厂房、宿舍建筑面积7.85万平方米，出租率为84.4%，空置率为15.6%。是年，镇属空置物业共14处，聘用33名保安进行看管。加强镇属资产消防安全检查工作，对镇属空置厂房、宿舍及营业中的商铺等加强巡查监督。日常不定期对商铺进行巡查，宣传消防安全知识，排查消防隐患，协助租户办理工商营业执照，对到期商铺进行公开招租，完善商铺合同。

【镇属企业会计及合同管理】 2015—2019年，谢岗镇加强对镇属企业会计管理及合同管理。每月按时按质完成会计账务处理，编制财务报表，及时提供财务数据给领导参考，并处理好纳税申报工作。每季度完成镇属企业汇总报表和财务报告、银行债务报表、对镇属企业的总体分析，为镇政府及时掌握经济信息，为镇属企业的良性发展提供准确数据。其间，还按相关部门规定，完成镇属企业营业执照、组织机构代码证、贷款卡等证件的年审工作；做好银行贷款跟踪管理，完成各笔贷款的到期转贷；协助做好地方政府性债务管理系统的数据报送，完成镇属企业2014年度财务决算，协助完成镇属物业资料整理，结合部门档案室达标工作，做好合同的收集、保管、利用等日常管理等。2018年，除每月按时按质完成会计账务处理，编制财务报表外，还协助处理好纳税申报及统计报送，完成镇属企业工商年报、银行账户年审和镇属企业2017年度财务决算工作。并根据市国土局《关于印发〈东莞市开展土地私下出让、出租摸底调查工作方案〉的通知》要求，全面核查、掌握镇属企业2005年10月以来的土地资产出让、出租情况，登记造册，详细排查数据，把相关的数据报送给镇国土分局。

【清产核资】 2015年，谢岗镇对行政事业单位、镇属企业开展清产核资。资产办成立专项工作组，于7月全面开展清产核资，并对镇属土地、各项资产和债务进行全面实地清查登记。结合实地清查情况，还进行账实核对。通过清产核资，全面摸清家底，特别是摸清了土地和建筑物的情况，对镇属土地和建筑物进行清理、界定和登记，确认其所有权的归属关系，实行统一管理，盘活资源，达到资产保值、增值目的。

2016年，根据《关于谢岗镇清产核资资产负债处置的请示》批文，对清产核资发现的问题进行账务处置。针对资产公司在建工程账面数额较大，有部分工程已竣工，但未及时结转固定资产的情况，根据清产核资的建议，资产公司积极整理账上已经验收交付使用的在建工程数据，为结转固定资产做准备。是年，为理顺镇资产管理公司、镇工业公司、镇经济发展总公司等镇属企业权属主体关系，规范财务行为，合理缴纳企业所得税，开展理顺镇资产管理公司等镇属企业权属主体关系工作。对于新出租厂房等物业按权属主体签订租赁合同并开具发票；对没有按权属主体签订租赁合同的厂房，需要原合同双方以及权属主体签订补充协议变更开具发票等。

2018年，根据省农业厅等单位《转发农业部等九部委局关于全面开展农村集体资产清产核资工作的通知》和市农业局等单位《关于印发〈2018年东莞市农村集体资产清产核资工作实施方案〉的函》要求，对1个经联总社、11个经联社、76个经济社开展清产核资。谢岗镇成立领导小组，制定《2018年谢岗镇农村集体资产清产核资工作实施方案》，组织召开动员和培训会议。至10月底，陆续将基础数据录入，提交审核。

【农村集体资产总量】 谢岗镇农村共有87个集体经济组织，其中村级经济联合社（下简称经联社）11个，组级经济社76个（分社75个，合作社1个），至2019年，全镇村组两级总资产35.1亿元，净资产31.7亿元，两级资产负债率9.9%，两级经营总收入2.6亿元，两级经营纯收入2.2亿元。

【村级预算编制】 2015年，按照《关于全面推行农村（社区）村级集体经济组织预算制度的指导意见》（东农〔2015〕7号）和《关于做好2016年全市农村（社区）村级预算工作的函》的统一部署，谢岗镇资产管理办公室召开村级预算编制培训班，多次组织会计人员学习预算编制方法，通过编制、初审、审核、民主程序等步骤，顺利完成12个村级经济组织预算编制工作。

2017年，在编制过程中，按时保质完成预算编审，严格按照要求控制费用支出，在日常支出中严格按照预算支出。通过预算编制，使各村的财务收支更加合理，有效压减各村的费用支出。

【农村集体资产管理】 2015年，谢岗镇完成新旧会计账的衔接工作。按照《关于2015年起施行农村（社区）集体经济组织新会计核算办法的通知》要求，从1月1日起对农村经济组织实施新的会计核算办法，为做好新旧会计账的衔接工作，谢岗镇资产管理办公室分别组织村、组会计参加市举办的新会计核算制度培训班和自行开展培训工作。通过培训学习，使村组两级会计都充分掌握新旧账衔接工作方法，并于2015年1月完成新旧账的衔接。完善“三资”监管平台，切实加强农村集体资产的管理。上半年，要求各村组将所有经济合同和资产全部录入平台系统，结合资产交易平台，对农村集体资产的运营、交易实施全面监控，杜绝农村集体资产经营的违规行为。其间，为扩大交易平台的社会影响力，采取多种方式开展政策宣传和推广工作。印制《集体资产交易平台宣传手册》，对交易平台功能、交易方式、交易程序等进行详细介绍。宣传手册图文并茂、内容通俗，由各村派发至村民各家各户、全体基层干部和监事会成员，做到政策宣传全覆盖。

建立村级交易点，做好全镇农村集体资产交易工作。2014年，全镇共建立村级交易点12个，每个村级交易点都有相关软硬件配套设施，包括固定交易场所，电脑、投影仪、摄像机等交易设备。形成镇、村两级交易平台相互联动，共同做好全镇农村集体资产交易工作。

研究制定《关于规范谢岗镇农村集体资产交易的若干规定》，进一步明晰细化农村集体资产交易的范围、规则以及程序要求。至10月27日，共受理农村集体资产交

2019年谢岗镇农村集体经济组织经济情况表

表41

村（社区）	组织	总资产（万元）	总负债（万元）	净资产（万元）	资产负债率（%）
黎村	经联社	34235	4024	30211	11.75
	分社	37119	2534	34586	6.83
	小计	71354	6558	64797	9.19
南面	经联社	8468	1131	7337	13.36
	分社	1613	295	1318	18.28
	小计	10081	1426	8655	14.14
窑山	经联社	4106	763	3343	18.58
	分社	1323	297	1026	22.45
	小计	5429	1060	4369	19.52
大龙	经联社	4264	1395	2869	32.72
	分社	10943	822	10121	7.51
	小计	15207	2217	12990	14.58
大厚	经联社	31655	2838	28817	8.97
	分社	16728	866	15862	5.17
	小计	48383	3704	44679	7.65
谢山	经联社	23191	414	22777	1.79
	小计	23191	414	22777	1.79
谢岗	经联社	27378	1175	26203	4.29
	分社	37789	1888	35901	5.00
	小计	65167	3063	62104	4.70
赵林	经联社	22316	1738	20578	7.79
	分社	14384	918	13465	6.38
	小计	36700	2656	34043	7.24
稔子园	经联社	30278	7646	22632	25.25
	小计	30278	7646	22632	25.25
曹乐	经联社	10455	3225	7230	30.85
	分社	25376	1614	23762	6.36
	小计	35831	4839	30992	13.51

续表 41

村（社区）	组织	总资产（万元）	总负债（万元）	净资产（万元）	资产负债率（%）
五 星	经联社	4429	439	3990	9.91
	分 社	5231	607	4624	11.60
	小 计	9660	1046	8614	10.83
经联社合计		200775	24788	175987	12.35
分社合计		150506	9840	140666	6.54
两级合计		351281	34628	316653	9.86
2015 年村组两级合计		232098	22953	209145	9.89
2019 年比 2015 年增长		51.35%	50.86%	51.40%	-0.03

易项目 26 宗，成功交易 19 宗，其中镇级交易 8 宗，村级交易 11 宗。通过资产交易平台成交金额 457.88 万元，其中，镇级交易平台成交额 261.88 万元，比立项底价增加 29.35 万元，溢价率 12.62%；村级交易平台成交金额 196 万元，比立项底价增加 91.95 万元，溢价率 88.35%。

2016 年，进一步加强制度建设、财务监管、统计监测、审计监督和股份制管理，推行组级经济统筹制度改革，创新集体经济发展模式，提升管理工作绩效，促进全镇农村集体经济健康快速发展。是年，继续完善“三资”监管平台，切实加强农村集体资产的管理。根据《关于启用农村集体经济组织股权和土地流转信息管理模块的通知》要求，完成各村组的股权信息录入，使平台功能进一步完善。实现农村集体资产管理工作全覆盖。至 9 月底，共受理农村集体资产交易项目 48 宗，成功交易 38 宗，其中镇级交易 6 宗，村级交易 21 宗，网上交易 3 宗，续约交易 5 宗，磋商交易 3 宗。通过资产交易平台成交金额 1209.72 万元，其中镇、村两级交易平台成交额 831.84 万元，比立项底价增加 304.86 万元，溢价率 57.85%；网上交易平台成交额 37.25 万元，比立项底价增加 5.25 万元，溢价率 16.42%；续约交易平台成交金额 340.63 万元，比原合同年标的金额增加 20.52 万元，溢价率 36.53%。

2017 年上半年，根据《关于“东莞村财”APP 全面试运行的通知》要求，充分做好使用“东莞村财”APP 的准备，该 APP 针对五种不同用户对象，分别是集体资产管理人员使用 APP 可随时随地进行业务流程审查和查询业务数据；村民股东通过 APP 可监督村资产财务运行情况，查看集体经济组织财务公布表，网上参与村内重大事项表决；竞投人可借助 APP 移动化参与网上竞投；承租人可以使用 APP 缴纳租金和监管人的合同台账（该模块暂未建成）；一般市民公众可进入 APP 及时获知市农村集体经济的政策、消息要闻、资产交易公告和查看网上交易过程。当前已完成镇工作人员和驻村会计的培训工作，为下半年全面推广“东莞村财”APP 奠定坚实基础。继续落实村组集体资产上线交易。至 11 月 7 日，共受理农村集体资产交易项目 48 宗，成功交易 36 宗，其中镇级交易 16 宗，村级交易 15 宗，续约交易 4 宗，磋商交易 1 宗。通过资产交易平台成交金额 2587.55 万元，其中，镇级交易平台成交额 1939.85 万元，比立项底价增加 360.75 万元，溢价率 22.85%；村级交易平台成交金额 447.81 万元，比立项底价增加 106.17 万元，溢价率 31.08%；续约交易平台成交金额 199.89 万元，比原合同年标的金额增加 67.01 万元，溢价率 50.43%。

2018 年，继续大力推广“东莞村财”APP 应用，要求各村（社区）在“东莞村财”APP 上进行财务公开，鼓励村民股东注册 APP 账号，参与监督各自村资产财务运行情况，查看各自村经济组织财务公布表，网上参与村内重大事项表决，充分发挥“东莞村财”APP 功能。落实村、组集体资产上线交易。截至 10 月 18 日，镇农村集体资产成功交易项目 24 宗，通过资产交易平台成交的金额达1526.207万元，其中，镇级交易平台（含网上交易）成交额1029.587万元，比立项底价增加307.46万元，溢价率42.58%；村级交易平台成交金额496.62万元，比立项底价增加55.14万元，溢价率12.49%。通过资产交易平台，实现了农村集体资产的有效增值；同时让村民及社会人员更多地参与到集体资产的出租、转让等交易过程，使交易过程更透明、阳光。

【农村集体资产增资减债】 2015年，谢岗镇增资减债工作成效显著，村组集体资产持续增加，银行贷款持续减少。至9月底，村组两级总资产22.59亿元，比上年增加8.93亿元，增长65.43%；资产负债率7.7%，比上年下降3个百分点；银行借款比上年减少190万元，下降35.58%；村组两级经营性总收入8536万元，比上年期增加2554万元，增长42.69%；经营总费用2001万元，比上年减少453万元，下降18.46%；经营纯收入6535万元，比上年增加3007万元，增长85.23%。债权管理方面，为进一步加大债权追收力度，提高债权管理水平、维护集体资产安全，增强集体经济效益，逐步改善村组债权数量大、时间长问题，落实应收款追收绩效与干部薪酬挂钩制度。谢岗镇资产管理办公室制定债权追收目标责任书，并于2015年8月18日与12个村（社区）签订责任书。责任书明确提出应收款总额同比下降5%，收款率同比提高3个百分点（含）以上且收款率不低于80%的目标要求。

2016年，增资减债工作成效明显。至9月底，村组两级总资产24.3亿元，比上年增加1.1亿元，增长4.7%；资产负债率7.1%，比上年下降2.8个百分点。为确保应收款的追收力度，通过将干部奖金与收款率挂钩等方式加大追收力度，至9月底，村组两级应收款总额1.02亿元，比上年1.41亿元减少3887万元，确保集体资金的回笼，降低经营风险。是年，集体收入增长势头依然强劲，村组两级经营状况不断改善。至9月底，村组两级经营性总收入9984万元，比上年增加1299万元，增长15%；经营总费用2221万元，比上年增加220万元，增加11%，主要是由于文明创建项目导致费用增加；经营纯收入7764万元，比上年增加1078万元，增长16.1%。收入增加的主要原因是镇转变发展模式，以统筹村组资金推动统筹发展至9月底，全镇村组共参股10.26亿元，至9月底共为村组集体带来4505万元收入。

2017年，增资减债工作成效明显。至10月底，村组两级总资产26.5亿元，比上年增加1.3亿元，增长5.2%；资产负债率8.2%，比上年下降1.8个百分点。集体收入增长势头依然强劲，村组两级经营状况不断改善。至10月底，村组两级经营性总收入12920万元，比上年增加1788万元，增长16.1%；经营总费用3035万元，比上年增加560万元，增加22.6%，主要是由于文明创建项目支出加396万元和换届选举支出460万元导致费用增加；经营纯收入9884万元，比上年增加1230万元，增长14.2%。收入增加的主要原因是大力探索村组多元化投资，推动集体经济从单一物业租赁向物业型、服务型以及投资型等多元化发展模式的转变。至10月底，村组两级利用土地资金和闲散资金参股"镇属厂房租赁""投资理财产品""转存银行定期存款"等项目，累计投资16.23亿元，不但解决村组大量资金的出路问题，促进村组资产的增收增效，也确保集体收入持续稳定增加。

2018年，增资减债工作取得一定成效，村组集体经济平稳发展。至9月底，村组两级总资产29.1亿元，比上年增加1.79亿元，增长6.6%；资产负债率9.2%，比上年下降2个百分点；村组集体收入稳定增长，至9月底，村组两级经营性总收入1.44亿元，比上年增加2228万元，增长18.2%；经营总费用2302万元，比上年减少387万元，下降14.4%；经营纯收入1.21亿元，比上年增加2614万元，增长27.5%。同年，加大应收款的追收力度，至5月底，村组两级应收款总额1.61亿元，比上年1.78亿元减少1738万元，确保集体资金的回笼，降低经营风险。

【村组资金统筹和多元化投资探索】 2015年，随着粤海项目土地统筹工作的不断深入，各村收到粤海项目土地款12.7亿元。为确保集体资金安全，增加村集体收入，镇政府于2014年印发《谢岗镇村组参股镇属厂房租赁项目实施方案》，至2015年9月底，全镇村组共参股镇属厂房项目9.88亿元，预计可为村组集体增加收入4100多万元，相当于2014年村组全年总收入的37.8%。

2017年，根据《东莞市政府2017年工作报告》中提出的"探索搭建集体经济与实体投资、金融信托等机构的合作平台，推动集体经济从单一的物业租赁向物业型、服务型和投资型多元化发展转变”，谢岗镇出台《关于印发〈村组多元化投资指导意见〉的通知》。

2018年，按照文件要求，引导符合条件的村开展村企融资性租赁业务，年内有大厚村和黎村各完成1宗，融资额共2500万元，每年可为村集体增加收入230万元；南面、谢山两村各有1宗洽谈当中。探索村企合作模式，由村直接参股企业，年内有曹乐村和新东粤环保公司合作环保项目，投资1725万元，预计每年可增收140万元。引导村组利用闲散资金购买低风险或保本型的理财产品，盘活沉淀资金，充分发挥资金的使用效益。

【农村集体资产清查核实】 2015年，谢岗镇根据《关于印发〈2015年东莞市农村集体资产清查核实工作实施方案〉的通知》要求，谢岗镇资产管理办公室召开会计人员会议，布置前期工作，于10月底全面完成清查表格的填报，12月底前全面完成资产清查核实，将农村集体资产清理核实登记表的登记核实导入广东省农村集体“三资”管理服务平台，建立台账。

（撰稿：张伟）

附：2015—2019年谢岗镇资产管理办公室领导名录

主任：

夏　忠（任至2018年3月）

黄伟堂（2018年3月任）

副主任：

黄伟堂（任至2018年3月）

袁汉城（任至2018年12月）

赖伟平（2019年9月任）

食品药品监督管理

【食品药品监督概况】 2010年11月，谢岗镇食品药品监督站成立，主要任务是协助市食品药品监督管理局对辖区内餐饮服务单位和药品、医疗器械、保健食品、化妆品的经营企业进行日常监督管理。

2014年2月，东莞市食品药品监督管理局谢岗分局成立。同年9月，谢岗镇食品药品监督站增挂“谢岗镇卫生监督所”牌子，实行“两套牌子、一套人马”管理，承担辖区内职业卫生、放射卫生、环境卫生和学校卫生的监督管理，对辖区内医疗卫生机构和采供血机构的职业行为、医疗广告等进行监督。同年10月，谢岗镇食品药品监管分局承接谢岗镇城管执法分局对无证照生产、经营食品行为的监督检查、行政处罚、行政强制职责。

2015年1月，启用“谢岗镇食品药品安全委员会”和“谢岗镇食品药品安全委员会办公室”新印章。同年，在原事业单位法人证书上将食品药品监督站增挂第二名称卫生监督所，并按要求变更宗旨和业务范围。

2017年下半年，东莞市谢岗镇卫生监督所与东莞市谢岗镇人民政府卫生和计划生育局合署办公，实行两块牌子、两套人员管理。

2019年2月，根据市机构改革部署，食品药品监管分局与工商分局合并，成立东莞市市场监督管理局谢岗分局（简称谢岗镇食药监分局），原食品药品监管分局工作人员组建监管二股，负责辖区食品（含餐饮）、药品、保健品、医疗器械和化妆品安全监督管理，承担镇本级食品药品安全委员会办公室日常工作。

2015—2019年，谢岗镇食药监分局不断完善监管长效机制建设，守住不发生重大食品药品、公共卫生安全事故底线，做好食品药品监督管理工作，开展各类专项整治和联合执法行动，进一步规范市场秩序，开展农贸市场快速检验等，巩固食品药品安全形势稳定向好局面。

【监管体制优化】 2015年2月27日，谢岗镇食品安全委员会调整为谢岗镇食品药品安全委员会，由镇长任主任，分管党委委员任副主任，

2017年5月，谢岗镇食品药品安全工作会议召开

由22个成员单位组成。委员会成立后，分别于4月15日、5月29日、7月21日、9月9日组织召开全镇食品药品安全监管会议。之后，形成每季度至少召开一次会议的制度。同时，探索建立网格化监管新模式，将全镇划分为12个基础网格，分片包干、任务到组、责任到人，实现行政效能最大化。

2016年，加强食品药品安全网格化监管体系建设。谢岗镇食药监分局联合镇智网工程相关部门组成领导小组，通过召开动员部署会、制定方案制度、组织培训等措施，全力推进网格化监管体系建设工作。全年完成12个村（社区）64个网格划分和71名网格员配备，并开展3期网格管理员培训，制定《谢岗镇食品药品安全网格化监管巡查制度（试行）》。从9月开始，各村（社区）根据商事改革推送信息，并有效开展食品药品安全网格化监管工作。

【食品药品卫生宣传】 2015年，谢岗镇召开全镇药品流通安全监管工作会议和全镇家禽经营监管工作会议，对药品流通监管重点工作作出部署，主动与农家乐餐饮单位负责人进行沟通，建立食品药品行业监管对象QQ群，全方位开展食品安全法律法规、卫生知识、操作规范等方面的培训和评比，规范和约束食品药品生产经营单位行为，培养自律意识，自觉诚信守法经营。是年，举办新修订的《中华人民共和国食品安全法》宣传贯彻培训会。根据《关于定期做好预防野生蘑菇中毒的通知》，张贴《谢岗镇食品安全预警通知》、宣传横幅，播放公益广告。开展“3·15国际消费者权益日”、食品安全宣传周、全国安全用药月等系列宣传活动。积极推进广东省婴幼儿配方乳粉电子追溯系统应用。镇婴幼儿配方乳粉经营者加入电子追溯系统平台排名、婴幼儿配方乳粉经营者上报电子追溯数据排名和推进广东省婴幼儿配方乳粉电子追溯系统情况综合排名连续3个月并列全市第一名。

2016年，加大食品药品宣传力度。开展食品安全宣传周等系列宣传活动。向市民派发食品安全宣传资料，并认真讲解新食品安全法、食用油知识、安全饮食、水产品安全、广东农村实用技术、蔬菜农药使用注意事项及食品包装安全等知识。扎实做好预防野生蘑菇中毒工作。5月13日，向各村（社区）、职能单位、森林公园管理处等发出《关于关一步预防野生蘑菇中毒的紧急通知》，讲解毒蘑菇的识别方法、误食毒蘑菇的原因、毒蘑菇中毒类型、毒蘑菇中毒的处理和广东常见毒蘑菇，强化预防意识。在山林出入口、农贸市场、人流密集区、学校、广场和工厂张贴《谢岗镇食品安全预警通告》、宣传横幅，竖立警示牌，利用电视、广场LED屏播放预防蘑菇中毒公益广告，并在政府官网、家长微信群和监管对象QQ群发放“警惕误食有毒植物中毒”温馨提示。积极开展夏秋季食品安全专项整治。根据食物中毒的常见类型、高发季节，以及重大活动和节假日等重要时段对重点单位、重点环节组织开展夏秋季食品安全专项整治工作，要求各餐饮单位加强预防食物中毒意识，严厉打击违法违规行为。利用快检技术，加大快检频次和抽样送检力度，把夏季消费量较大的品种进行重点监管，特别是对夏季容易发生问题的面粉、调味料、蔬菜、水果等食品进行随机监督抽检，对抽检中发现的违法违规行为及不合格产品予以及时查处，保持食品安全监管高压态势。是年，还开展食品药品安全大课堂暨食品药品安全知识进校园活动。9月，召开食品药品安全大课堂暨食品药品安全知识进校园动员部署会，镇教育办、宣传办代表以及辖区内各中小学校业务骨干教师参加会议。组建食品药品安全知识宣讲团，向中小学生派发科普手册1万份；制作微视频宣传课件，建立食品药品安全微信公众号和食品药品安全知识宣传栏6个。年内，

2016年，谢岗镇开展食品药品安全大课堂暨食品药品安全知识进校园活动

先后组织3场食品药品安全知识竞赛。

2017年，在“3·15”消费者权益日宣传活动中派发食品安全宣传手册300多份；6月16日上午，在银湖工业区商业城举办2017年食品安全宣传周启动仪式暨食品安全知识现场宣传咨询活动；8月17日，在泰园社区开展保健食品科普宣传进社区活动，向广大老年人普及保健食品安全知识；9月19日上午，在谢岗中心小学举办谢岗镇2017年食品药品安全大课堂进校园活动，引导小学生从小树立科学的食品药品安全理念。

2018年，充分利用农村禁毒集中宣传、“3·15”消费者权益保护日宣传、食品药品安全进校园等活动，通过派发资料、印制宣传横幅和宣传展板、现场咨询等形式，提高群众食品药品安全意识、维权能力，构筑共同监督、社会共治的良好氛围。通过各种形式宣传野生蘑菇中毒防控知识，及时发布风险预警。通过电视、广场LED屏、学校多媒体等媒体播映《不要采食野生蘑菇》宣传片，提醒消费者、餐饮服务经营者、学生和教师不得随意采摘野生蘑菇，尤其是不采购、不制作和不食用没吃过或不认识的野生菌，正确指出民间鉴别毒蘑菇方法的片面性和不可靠性。组织宣教文体局、林业站、银瓶山管理处、各村（社区）等部门，在学校、山地、林地和人流密集地巡查并设立警示标志、横幅、宣传栏，劝居民不要采摘野生菌；开展银瓶山旅游景区、餐饮店、各类食堂、农贸市场等场所综合检查；开展预防毒蘑菇中毒的健康教育工作。

【食品流通与餐饮服务管理】 2015年，谢岗镇为提升农家乐餐饮单位的整体服务质量，促进食品经营企业良好发展，给辖区群众营造一个放心、安全的饮食环境，分别于5月8日、5月27日、8月4日和8月19日召开农家乐整治工作会议。同时，明确南面村协管员工作职责，主动与农家乐餐饮单位负责人进行沟通，现场指导，提升食品安全质量。

2016年1月1日，谢岗镇正式启用食品经营许可证，标志着使用多年的餐饮服务许可证、食品流通许可证和保健食品经营企业卫生许可证被食品经营许可证代替。截至11月16日，共发放第二类医疗器械经营备案（零售）1个，办理零售药店许可证24个（其中新开办5个，变更12个，换证2个，申请注销1个，过期注销4个）；发放食品经营许可证636个(食品销售经营单位354个，餐饮服务经营单位234个，单位食堂48个）；发放公共场所卫生许可证66个（其中新发43个，复核20个，变更3个）。9月2日起，根据《广东省食品生产加工小作坊和食品摊贩管理条例》和《广东省食品药品监督管理局食品生产加工小作坊登记管理办法》，对全镇食品生产加工小作坊基本信息进行清理登记，统一核发东莞市食品生产加工小作坊登记证，实行发证登记管理。

2017年，规范许可审查。严格餐饮企业、食品流通经营户、药品经营企业的准入门槛，对辖区新开办的餐饮服务企业、食品流通企业、药品生产经营企业，规范开办条件，严格标准、要求，对不合格的提出整改意见，对整改合格的发放许可证，对整改不合格的一律不予审批。全年共办理食品销售经营单位新发证327个，餐饮服务经营者新发证288个，食堂新发证63个，药品零售许可新发证12个，药品质量管理规范新发证13个，二类医疗机械零售备案新增7个。在加强药械和化妆品日常监管方面。加强药品流通监管。要求经营企业深入学习

2018年，谢岗镇举办餐饮服务食品安全管理员考评培训班

药品新版 GSP 的规定，重点从购销存资质收集、购货渠道、流向、执业药师在岗情况、处方药和非处方药分类管理等方面加强对企业的监督检查，并督促企业认真落实药品电子监管工作。加强医疗机构药品监管。要求医疗机构在购进、储存、调配及使用药品等环节严格执行《中华人民共和国药品管理法》《医疗机构药品监督管理办法》等法律法规的规定，确保用药安全、有效。加强对医疗器械经营使用环节的监管。重点检查经营企业是否取得医疗器械注册证，查验供应商资质、进货单、销售记录，督促企业对装饰性彩色平光隐形眼镜和护理液等产品做好进货查验工作，不能销售淘汰、假冒伪劣产品，对过期产品要下架。加强化妆品的日常监督检查。做好辖区化妆品经营和使用单位的摸底工作以便日常监管；进一步加强化妆品经营使用单位监管，并要求监管对象提供进货发票、供货商及产品资质，保证产品质量。

2018 年，切实履行各种证件许可审批职能，严格审批行为。全年共办理食品销售经营单位新发证 286 个，餐饮服务经营者新发证 285 个，食堂新发证 48 个，药品零售许可新发证 41 个，药品质量管理规范新发证 12 个，第二类医疗机械零售备案新增 24 个，第三类医疗器械经营许可证新办 2 个。同时加强对无证餐饮店、食品店、药店、保健品店的整治。现场核查与日常监管、量化分级相结合，促进食品市场、餐饮企业健康发展。在现场核查工作中，工作人员针对发现的突出问题和薄弱环节，严格落实整改措施，有效排除安全隐患。其间，充分发挥量化分级管理的抓手作用，按照“谁许可、谁监管、谁分级、谁负责”的原则，切实加强组织领导，对餐饮单位进行量化等级评定，制定每年的监管频次，督促餐饮服务单位切实做到依法经营。

2019 年，办理变更登记、备案、证照管理等业务共 1383 条，注销（含吊销）登记共 1336 户。深化产品准入改革。提升服务效能，缩减审批时限，积极推行食品相关产品许可当场审批。共核发食品经营许可证 587 户（其中包括食品销售 251 户、餐饮 323 户、单位食堂 13 户）、注销 45 户；药品经营许可证 14 户；核发食品小作坊登记证 3 户、变更 4 户；办理第二类医疗器械经营备案 7 户。截至 2019 年 12 月 31 日，全镇在册食品经营市场主体共 2698 户（其中食品种养殖类 19 户、食品生产类 35 户、食品经营类 1647 户、餐饮类 997 户），药品共 93 户，医疗器械共 121 户。

【食品药品安全执法检查】 2015 年，谢岗镇食品药品监督站对辖区内食品非法添加和滥用食品添加剂，制售假冒伪劣食品、药品、肉及肉制品进行清查，对港货店、士多店、母婴用品店违法经营药品、违法生产和经营儿童鱼肝油开展专项检查，对农村食品市场加强监管和专项整治，在重大节假日期间，开展食品药品市场专项检查。全年完成市、镇 40 余个专项整治行动，依法查处 9 所无证行医窝点（其中 5 所牙科诊所、4 所为老乡医开设的诊所），办结卫生监督案件 2 宗；办结食品药品案件 11 宗，办结率 100%。

2016 年，根据广东省出台的《关于明确药品零售企业处方审核人员配备有关问题的通知》，对药品零售企业从 2016 年 1 月 1 日起尚未配备执业药师的，核减其“必须凭处方销售的药品”经营范围。是年，全镇共有零售药店 71 家，其中配备执业药师的 36 家，无执业药师的 35 家，已核减处方药经营范围 28 家。3 月 25 日，对全镇疫苗使用单位（谢岗镇疾控中心预防接种门诊、市人民医院谢岗院区犬伤门诊、市人民医院谢岗院区产科门诊）进行全面细致的检查。是年，还结合日常监管和医疗器械经营企业冷链管理监督检查工作，重点对体外诊断试剂类、天然乳胶橡胶避孕套类、进口医疗器械产品等开展重点专项检查活动，确保市场良好有序经营。截至 11 月 16 日，共出动检查人员 100 人次，检查零售经营单位 55 家次，检查情况良好，暂未发现有销售假劣医疗器械违法行为。针对检查中发现个别超市、便利店、百货店等食品经营单位销售二类医疗器械产品避孕套、未索取供货单位的有效资质证明、验收记录不完整、未及时向供货商索取产品医疗器械注册证、个别药店未及时向供货商索取产品医疗器械注册证医疗器械注册登记表等产品资料情况，一律要求商户立即下架停止销售，个体户需变更主体资格为企业性质后办理二类医疗器械凭证方可进行销售；要求药店及时向供货商索取产品医疗器械注册证医疗器械注册登记表资料备案存档。

在对餐饮服务行业的监管方面，主要通过细化方案、落实责任、加强督导、分类实施、稳步推进，实行餐饮服务量化分级管理。结合肉制品（冷库）专项整治、食用油专项整治、工厂企业食堂食品安全监管、农村食品安全专项整治等行动，联合工商、城管、教育等部门，对餐饮单位进行专项整治。积极开展夏季预防食物中毒工作，从食品原料采购、加工制作过程、凉菜制作、餐具洗刷消毒等重点环节入手进行强化监管，全力防范食物中毒事故的发生。截至11月17日，共检查餐饮单位364个，发出责令整改通知书166份。在加强食品流通、化妆品监管方面，共检查食品流通单位538家次，抽检食品批次87批次(全年抽检115批次)；检查化妆品60家124人次。另外，落实开展快筛快检、专项监督抽检工作，尤其加强对节前食品安全的抽检和农贸市场（超市）、食用农产品抽检、药品抽检、化妆品抽检等，截至10月底，完成93批次快检任务。是年，镇食品药品监督部门还收到食品药品投诉举报51宗，其中食品流通环节35宗，餐饮环节12宗，小作坊2宗和药品流通环节2宗。经执法稽查，办结14宗，立案2宗。对使用无标签食用油案、涉嫌未经许可从事药品经营活动案、涉嫌销售无中文标签的进口红酒案、涉嫌未经许可从事药品经营活动案件，作出罚金4.3万元处罚。在卫生监督方面，收到3宗投诉。经执法稽查，3宗投诉案全部处理。

2017年1月26日，谢岗镇食药监分局对银瓶山景区开展春节前食品安全检查行动。2月15日，食药安办、食药监分局、教育办、广电等部门人员开展春季学校食堂食品安全专项检查。2月21日，为进一步加强接送站的监管，食药安办、食药监分局、教育办、全、计生卫生办、广电等部门人员组成的检查组，对学生接送站开展专项联合检查行动。9月28日，开展节前食品安全专项检查。全年共立案21宗，其中销售无中文标签的食品4宗，销售标签不符合食品安全标准规定的食品2宗，食品抽检不合格处罚1宗，药店无证经营7宗，药店超范围经营1宗，未取得小作坊登记证生产食品案1宗，食品小作坊未建立销售台账案1宗，罚没款共计16.24万元。是年，谢岗镇食药监分局开通投诉举报热线，通过投诉举报电话和163邮箱，集中受理食品安全投诉举报事宜。全年收到群众投诉32宗（药品2宗、医疗器械1宗，化妆品1宗、餐饮环节13宗、食品流通环节15宗），均按时处理并回复投诉人。

2018年，开展学校食堂春秋两季食品安全专项检查行动。共出动执法人员210人次对6个中小学校、12个托幼机构食堂、63个学校周边餐饮单位和3个校外托管机构食堂从业人员健康管理和培训、食堂卫生环境进行检查。开展节前食品药品安全专项检查行动。在元旦、春节、劳动节、中秋节、国庆节前，针对群众反映强烈、社会危害严重和节日期间消费较多、需求量较大、高风险的食品，重点对具有承办集体聚餐能力的大中型餐饮企业、镇中心区、南面旅游景区、农家乐等餐饮服务单位、大中型商场、农贸市场商铺进行彻底检查，加大食品药品安全专项整治力度，保障公众饮食用药安全。组织开展多项联合行动。为克服分段监管、单兵作战的局限性，采取统一部署、集中行动、互联互动方式，加大对市场整顿力度。分别与公安部门联合开展肉类非法添加专项检查、与工商分局开展打击保健食品非法营销专项治理行动、与社会事务局开展养老院食品安全专项检查等。深入排查食品安全隐患，防范食品药品安全事故。为保障公众饮食用药安全，按村进行分区摸底调查，主要针对辖区内未经许可从事食品药品生产经营活动的单位，对容易发生食物中毒的餐饮单位进行风险排查，督促其开展自查自纠，有效防止食品

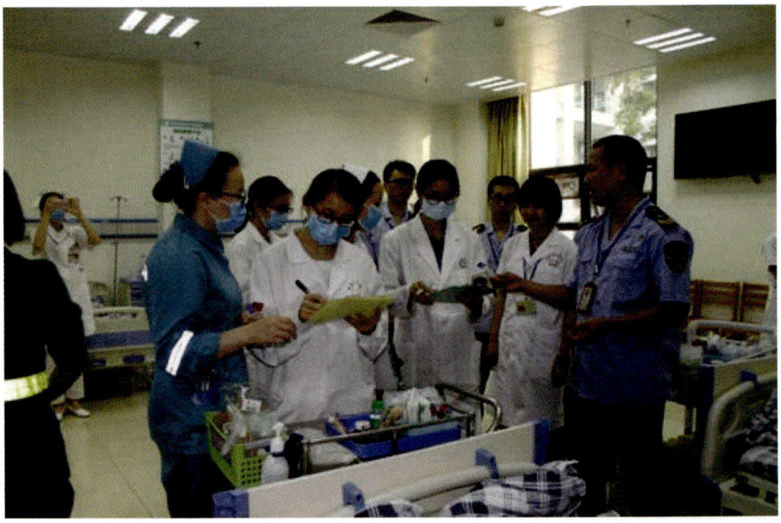

2018年，谢岗镇开展食品安全事故演练

安全事故发生。全年依法查处3宗食品小作坊违法行为，罚没6.51万元，超额完成任务，全镇累计查办食品违法案件88宗。

医疗器械监督检查方面，先后开展装饰性彩色平光隐形眼镜监督检查和避孕套质量安全监督检查。同时，开展医疗器械使用单位监督检查。对医院以下医疗机构实施监督检查，重点检查一次性使用输血、输液、注射用医疗器械，植入材料和人工器官类医疗器械（如血管支架、封堵器械、人工乳房植入体等）、体外循环及血液处理医疗器械（如透析粉、透析液、氧合器等）、循环系统介入医疗器械（如导引导丝、封堵器等）、立体定向伽马射线放射治疗系统、高风险体外诊断试剂、脱细胞角膜基质、导尿管、婴儿保育设备、呼吸机、麻醉机、金属裸支架、自动体外除颤器、心脏起搏器、急救用医疗器械、进口医疗器械产品。共检查19家相关机构，未发现违法违规情况。

化妆品监管方面，积极开展监督抽检。于4月23日完成省抽检任务，面膜类2批次，对市稽查局寄来的1批次检验不合格报告进行调查处理。积极开展化妆品安全专项整治行动。重点对辖区美容美发机构使用未注册备案、擅自配制或来源不可追溯化妆品的违法违规行为进行整治，整治辖区内美容美发机构使用不合法、不合格、来源不可追溯产品的违法违规行为。重点核查国产特殊用途化妆品、进口化妆品是否取得批准文号，国产非特殊用途化妆品是否已备案，是否向消费者提供擅自配制的化妆品，是否向消费者提供无合格标记的产品，是否向消费者提供来源不可追溯的产品等。

保健食品监管方面，治理未经许可生产经营食品和保健食品；治理食品和保健食品标签虚假标识声称行为；治理利用网络、会议营销、电视购物、直销、电话营销等方式违法营销宣传、欺诈销售食品和保健食品行为；治理未经审查发布保健食品广告以及发布虚假违法食品、保健食品广告行为；治理其他涉及食品、保健食品欺诈和虚假宣传等违法违规行为。并于11月中旬举办以“防范欺诈虚假宣传，维护自身消费利益”为主题的科普宣传活动。

2019年，强化食品安全监管，将食品药品安全工作纳入村（社区）量化考核范围，印发全镇食品安全事故应急预案及操作手册，推动食品安全协同共治。结合国家食品安全示范城市创城工作，开展食品安全进校园宣传活动37场次，食品安全教育培训9场次。引导9户食品小作坊集中进驻并实施闭环式集约化管理。协助市抽检机构完成食品抽检266批次，抽检餐饮单位及食堂食品232批次。加强市场快检及第三方检测的监管工作。市场方快检蔬菜水产1.73万批次，合格率为99.45%；第三方快检蔬菜、水产品及禽蛋类7262批次，合格率为99.42%；分局立案查处食品案件22宗，其中食品抽检不合格案件14宗。此外，还开展乳制品、湿米粉等高风险食品整治、非洲猪瘟监督检查、校园及学校周边食品经营安全专项检查、酒类食品安全专项整治等行动及保健食品“五进”和药品“六进”宣传活动。2019年，全镇共查办食品违法案件123宗，移送涉嫌犯罪线索1条，公安分局立案1宗食品刑事案件，刑拘10人，逮捕10人。

【示范食堂创建和“明厨亮灶”工作】 谢岗镇自2012年开始开展示范食堂创建工作，截至2015年，共创建市餐饮服务食品安全达标食堂4家（善募康食堂、汇川食堂、谢岗村幼儿园、朗福食堂），评选镇级餐饮服务食品安全示范单位6家（湘馔湘菜馆、家升酒楼、振华幼儿园食堂、中心小学食堂、南园幼儿园食堂、首之宝幼儿园食堂），创建省食品安全示范学校食堂2家（谢岗中学食堂、粤信宝幼儿园食堂）。通过示范带动，以点带面全面提升食品安全整体水平。

2018年，开展餐饮环节“明厨亮灶”工作。全年完成92%的中型餐馆、83.44%的持证单位食堂、100%的持证学校食堂和大型餐馆实施“明厨亮灶”，让市民能够通过“透视明档”“视频显示”“参观通道”等多种形式对餐饮食品加工过程进行监督，扩大食品安全“共治共享”成果。

2019年，稳步提升餐饮服务质量。推进餐饮单位“量化提级”工作。学校（含托幼儿机构）食堂、大型餐饮单位和大型企业食堂实现“明厨亮灶”100%覆盖、餐饮服务食品安全量化等级基本达到良好（B级）以上，优秀（A级）比例超25%。督促2家网络订餐第三方平台落实主体责任。全镇入网餐饮服务单位数为256家，持证率及许可证公示率均为100%。落实好农村集体聚餐报告登记工作。要求各村（社区）落实农村集体聚餐报备工作，并将农村集体聚餐报备率纳入村（社区）两委工作量化考核指标中。强化学校及企业食堂的餐饮安全监管。加大对辖区中小学、托幼机构、校外托管机构及企业食堂的检查力度，组织召开集体食堂食品安全培训会议。督促落实第一责任人责任、进货查验、索证索票、购销台账、负责人陪餐制度，防止食品安全事故发生。银瓶山特色农庄被评定为市级“食安东莞”优秀餐饮街区。

【卫生监督】 2016年，谢岗镇要求娱乐场所按照“1+4”文件的要求，开展经营活动，加强持证经营、亮证经营、持证上岗等方面的检查，发出卫生监督意见书88份。餐具集中消毒服务单位专项整治方面。责令辖区范围内的两个餐具消毒单位进行整改，由于整改后达不到要求，该餐具消毒单位被关停。游泳场所专项监督检查方面。在游泳池开放前，对辖区内的游泳池进行全面检查，组织泳池负责人参加相关培训，要求泳池要严格按照规范进行管理，完善消毒、登记、公示等，对全镇4所泳池进行抽检，发出卫生监督意见书12份。医疗机构监督方面。结合禽流感防控工作要求，对全镇医疗机构的传染病预防情况进行监督检查，对医疗废物的分类收集回收等情况开展专项检查，对持有放射许可证放射诊疗建设项目职业病危害评价情况、设备状态检测情况和放射工作人员职业健康监护情况等，职业技术服务机构是否按照资质范围开展工作，出具的报告是否符合相关规范和要求，人员、仪器、设备是否满足工作需要等进行监督检查，对医疗机构的执业情况、人员资质进行监察。学校卫生监督方面，对全镇中小学及托幼机构进行监督检查，对学校突发公共卫生事件管理、传染病管理和常见病防控、校内医疗机构及保健室、生活饮用水、教学环境、生活环境等方面进行现场监督检查。全年查处4宗卫生监督案件，罚款金额5500元。是年，还收到卫生监督事项投诉3宗，全部办结。

【农贸市场快检室建设】 2016年，谢岗镇根据东莞市食药安办《关于下达全市百家农贸市场快检工作有关任务指标的通知》，在全市开展150家农贸市场快速检测工作，其中谢岗镇为2家，分别是泰园市场和黎村市场。根据《东莞市关于开展农贸市场快速检测工作实施方案》要求，与市场开办者和村委会积极沟通，部署开展工作；积极参加市开展农贸市场快检检查工作推进现场会，现场观摩东城街道农贸市场，借鉴工作经验。之后，两家农贸市场相继完成快检室选址、建设，并于7月底正式开展快检工作，开展快检工作的食用农产品主要种类为蔬菜及水产品，市场开办者每天随机对入场经营者进行快检，每天快检样品数量不少于10批次，其中水产品每月不少于10批次，每月对市场内所有蔬菜、水产品固定经营户及主要经营种类实现全覆盖，截至11月15日，完成3399批次检测（计划完成2760批次，完成率为123.15%）。

2017年，谢岗镇食药监分局根据《东莞市关于2017年300家（新增150家）农贸市场开展快速检测工作实施方案》提出的工作目标和要求，加强组织领导，指定专人负责快检工作的组织实施，在11月8日顺利通过市食药监局验收。

2018年，根据《东莞市2018年新增109家农贸市场开展食用农产品快速检测工作方案》提出的工作目标和要求，加强组织领导，指定专人负责快检工作的组织实施，截至12月12日，已完成快检室建设并投入运行。

2019年，落实食品抽检及快检工作任务。协助市抽检机构完成食品抽检266批次；餐饮单位及食堂食品抽检232批次。加强市场快检及第三方检测的监管工作。市场方快检蔬菜水产1.73万批次，合格率为99.45%；第三方快检蔬菜、水产品及禽蛋类7262批次，合格率为99.42%；立案查处食品抽检不合格案件14宗。

【农贸市场文明创建活动】 2016年，贯彻落实镇委、镇政府文明创建工作部署，加强对全镇农贸市场文明创建整治的督导力度，全面提升农贸市场文明创建水平，推动镇精神文明建设上台阶。结合工作职能，制定农贸市场文明创建整治提升工作方案。根据方案，执法人员每周至少对每个市场进行巡查督导2次，要求市场管理者落实主体责任，督促入场销售者履行其食品安全义务。对一市场未落实主体责任管理者立案，启动处罚程序；对两名市场管理者责令整改，给予警告。

（供稿：谢岗镇食药监分局）

附：2015—2019年东莞市食品药品监督管理局谢岗分局领导人名录

局　长：邹　伟（2015年8月任）
副局长：邹　伟（任至2015年8月）
　　　　高　灿（2014年4月任）
　　　　赖振斌（2019年7月任）

文化·科技

综述

2019 年 9 月 30 日，谢岗镇举办国庆文艺演出活动

【文广中心概况】 谢岗镇文化广播电视服务中心（以下简称谢岗镇文广中心）主要工作任务包括公共文化服务，开展群众文化，文化市场审批，管理镇图书馆、电子阅览室，历史文化发掘，文物、非物质文化遗产管理，统筹镇文学艺术工作，对文联各协会进行活动指导等。

2015—2019 年，谢岗镇文广中心除在节日期间组织举办各类文化艺术活动外，还认真落实“文化惠民”工程部署，扎实开展百千万工程和历史文化发掘等各项工作，围绕镇委、镇政府的中心工作，做好新闻宣传报道，并取得明显成效。

【举办各类文艺活动】 2015—2019 年，谢岗镇文广中心于节日期间积极组织举办各类文艺活动。其中春节文艺活动是全年文艺活动的重头戏，工作人员加强对各参与单位的指导，将春节各项活动的筹备事项责任落实到人，实行专人跟进。

2015 年春节期间，开展新春有奖游园、春节晚会、元宵晚会等系列活动，尤其是新春游园活动参加人数最多，准备的 7000 多份奖品吸引近万人参与。

2017 年，开展大型挥春送福、醒狮贺岁、文艺晚会、新春游园、曲艺和粤剧专场晚会等活动，营造浓厚的新春氛围，丰富了群众新年文化生活。

2019 年劳动节期间，成功举办“爱党爱国，劳动光荣”快闪活动，以器乐演奏、爵士、街舞和演唱等形式，组织排练具有现代气息、气氛热烈的《我和我的祖国》等 6 个快闪节目，展示爱党爱国、生态文明、人文和谐的新谢岗，受到群众好评。2019 年国庆节期间，策划举办“迎国庆 担使命 踏征程”庆祝中华人民共和国成立 70 周年大型文艺晚会，晚会分为“魅力银瓶”“追梦跨越”“新城向往”3 个篇章，由歌舞、朗诵、相声、小品、粤剧、大合唱等组成，用奋发进取、昂扬向上的精神风貌向中华人民共和国成立 70 周年献礼。

【歌曲创作】 2017 年 5 月，谢岗镇文广中心以歌颂祖国悠久历史文化和中国梦为主旋律，以反映谢岗镇丰富旅游资源和文化底蕴为内容的歌曲《梦里中国》，在东莞市第二届群众音乐舞蹈花会中获金奖、创作奖、表演奖和辅导奖。该歌曲由李燕斌作词，杨献威作曲，李燕斌、杨献威辅导，谭俊芳演唱。同年，该歌曲还代表东莞市参加广东

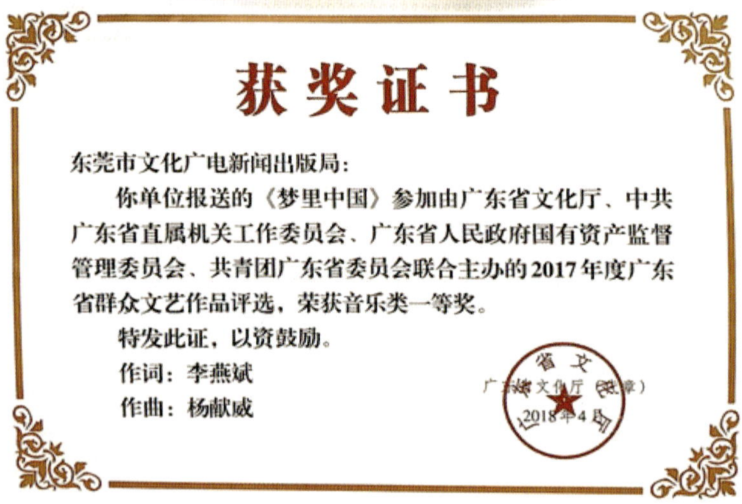

获奖证书

东莞市文化广电新闻出版局：

你单位报送的《梦里中国》参加由广东省文化厅、中共广东省直属机关工作委员会、广东省人民政府国有资产监督管理委员会、共青团广东省委员会联合主办的2017年度广东省群众文艺作品评选，荣获音乐类一等奖。

特发此证，以资鼓励。

作词：李燕斌

作曲：杨献威

广东省文化厅（盖章）

2018年4月

《梦里中国》的获奖证书（2018 年 4 月）

省文化厅主办的“2017 年广东省群众文艺作品评选”，并获一等奖。

2019 年，以谢岗镇开展的海绵城市建设，发展全域旅游为背景，创作少儿小组唱《要想快乐去爬山》，宣传谢岗镇丰富的旅游资源和文化底蕴。

【村综合文化服务中心建设】 2018 年，全镇 11 个村同时开展综合文化服务中心建设，充分利用已有设施场所，盘活资源、健全制度、规范管理、提升服务。在市建设标准的基础上，结合实际，合理布局，建成集多功能培训、图书电子阅览室、展览展示室、文体广场、文化宣传栏于一体的公共文化设施。统一标识形象设计，设置综合文化服务中心标识、服务公示牌标识、活动场所指引标识、户外电子宣传屏。另外，在全市率先完成各村儿童绘本室（角）建设，将全民阅读推广向幼儿全覆盖。其中黎村的文化管理员罗红梅被国家新闻出版广电总局评为“全国优秀农家书屋管理员”（东莞市仅此一名）。

2019 年，在统一服务时间的基础上，继续优化公共文化服务，并制定《谢岗镇文化专职管理员考核奖管理办法》，围绕“有阵地、有队伍、有经费、有活动、有效果、有机制”工作目标，运用科学考核手段加强对村文化管理员的管理，充分发挥村综合文化服务中心在宣传党的理论和路线方针政策、培育社会主义核心价值观、弘扬中华优秀传统文化等方面的重要作用。

【规范村级读书活动】 2015 年，在保证正常服务读者的同时，从 4 月开始，每逢星期六下午 3 点，镇图书馆及各村图书服务点同时开展读者活动。截至 10 月，镇图书馆和村图书室共举办儿童故事会、手指画、健康讲座等活动 285 场次。图书馆还经常加强与各中小学、幼儿园的沟通，邀请幼儿园组团参观图书馆，并为小朋友举办故事会活动，从小培养读书习惯，“书香进校园，图书故事会”成为图书馆的活动品牌。

2016 年，镇图书馆与各村图书室在统一时间开展一系列的读书活动，举办儿童故事会、手指画、健康讲座等。同时结合社工机构，深入各村、小学定期开展“书香进校园，图书故事会”活动，并将其打造成为图书馆的活动品牌。

2017 年，镇图书馆贯彻落实国家新闻出版广电总局《全民阅读“十三五”时期发展规划》精神，加强儿童阅读推广，在镇图书馆建设绘本馆和玩具馆。该馆能同时容纳 50 名小朋友，为开展亲子阅读活动、阅读推广活动提供场地保障，同时可供幼儿阅读后娱乐，放松身心。是年，镇图书馆加强与各中小

谢岗镇儿童绘本馆（摄于 2019 年）

学、幼儿园沟通，邀请幼儿园组团参观图书馆，并为小朋友举办故事会活动，从小培养读书习惯。

2019年，率先在全市实现少儿绘本服务全覆盖，制定《谢岗镇绘本服务全覆盖实施方案》，为不同年龄、不同阶段的孩子提供阶梯成长式阅读服务和个性化阅读推广，推动儿童阅读能力兴趣培养。

【文化惠民工程】 2015—2019年，谢岗镇文广中心积极开展文化惠民演出活动，完成下乡演出70余场次，受益观众7.24万人次。开展“万场电影”活动，共完成704场，观众达22万人次。在电影放映期间，实行“三个固定”，即固定放映日期、固定放映时间、固定放映地点。同时将公益电影放映与宣传工作有机结合起来，每晚在放映前播放计生、消防、社保、图书等公益广告，充分利用电影平台宣传党的政策。其间，文广中心还积极开展“走进艺术——百场培训”活动，5年间完成书法、音乐、舞蹈类艺术培训102场次，培训人员2.3万人次。

2015年7月15日，谢岗镇历史文化发掘工作动员会召开

【开展美术采风、展览活动】 2018年3月，谢岗镇文联带领谢岗美术家分会联合东莞市美术家协会开展采风创作活动，以美术创作形式描绘谢岗镇的自然景观、风土人文、经济发展和城市建设，较好地带动了谢岗镇美术家的创作水平。2018年6月，举办“大美谢岗行”展览，展示采风作者的写生作品，展现“大美谢岗”的艺术魅力。

【历史文化发掘】 2015年，开展全镇性历史文化发掘工作。以谢岗镇12个村（社区）的历史文化为发掘重点，梳理谢岗镇文明的传承脉络，挖掘当地文化的丰厚底蕴。至12月底，完成谢岗村、黎村、赵林村古建筑区域建筑物的调查、测量、登记和录入工作；对稔子园、大厚等7个村的旧村遗存农耕器具进行抢救性收集保护；筹划谢岗村、黎村、稔子园村、谢山村、大厚村、大龙村、南面村的村级历史文化展览室。其中稔子园村、大厚村的村史展室基本完成；对各村非物质文

2018年6月，举办岭南画家谢岗写生作品展览

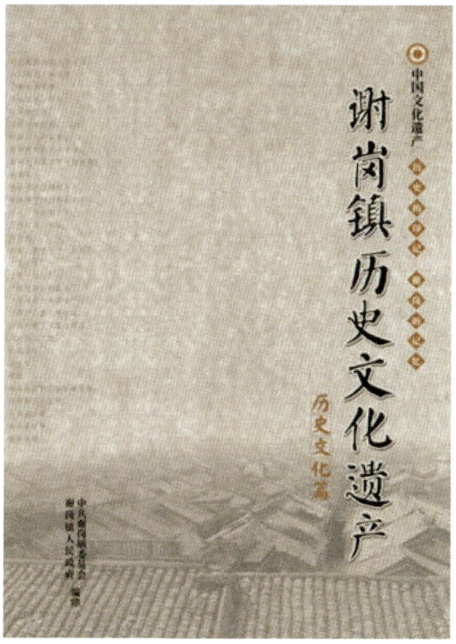

2017年，谢岗镇文广中心编辑的《谢岗镇历史文化遗产》出版

化遗产线索、传承人，以及各村村史、典故、名人、传说、古树等史料进行收集。

2016 年，完成对古村落的调查登记和非遗普查、抗日战争文化普查以及农耕器具的收集；指导稔子园村、谢岗村、大厚村的展室建设，开展地方历史人物、典故的深入挖掘，填补了镇村两级历史资源文化空白。

2017 年，继续深入发掘收集八卦村、银瓶山传说、五道将军庙、莫家拳等相关资料。是年，加强对非物质文化遗产的扶持，成立各村醒狮队。文广中心于年初制定《谢岗镇醒狮、舞麒麟艺术的保护与传承方案（草案）》，全镇有 9 个村（社区）积极参加该项保护传承活动，并进入训练实施阶段。另外，文广中心还于暑假期间举办“醒狮技艺传承培训班”，对各村（社区）醒狮队成员进行统一集训。是年，编辑出版《谢岗镇历史文化遗产》一书。

2018 年，在谢岗镇中心小学开展“谢岗镇‘非遗’进校园活动启动仪式暨赠书活动”（赠送的书籍为《银瓶山传说》）。

【摄制《史海钩沉谢岗行》纪录片】 2017 年，谢岗镇文广中心与全媒体中心联合摄制 9 集《史海钩沉谢岗行》纪录片，让谢岗镇悠久的历史文化在屏幕上展现，在观众中产生很大反响。

【文物修缮】 2019 年，谢岗镇对罗氏宗祠（抗日战争时期的东莞中学旧址）进行全面修缮，恢复东莞中学旧址的部分原貌。修复过程中，坚持使用传统工艺，保留原有的结构形式和建筑历史风貌，坚持“不改变文物原状，修旧如旧，合理保

修缮后的罗氏宗祠（摄于 2019 年）

修缮后的罗氏宗祠（局部）（摄于 2019 年）

修缮后的罗氏宗祠（内景）（摄于 2019 年）

护利用”的原则，达到保存和展示其历史、艺术、科学价值和永续保存的目的。同时，加强对红色旧址的保护和传承工作。

【非物质文化遗产】 2015年，谢岗镇为生态旅游和德育教育基地建设提供有利资源，大力挖掘历史文化和非物质文化遗产。谢岗镇成立历史文化挖掘工作领导小组，配备专职工作人员和相关设备，在全镇辖区范围内开展全面性的非物质文化遗产普查工作。从分布区域、历史渊源、基本内容、相关器具制品及作品、传承谱系等方面进行全面细致的调查。以录音、录像、照片、文字记录等方式进行资料采录，对普查所获资料全部进行归类、整理、存档，收录的非遗数据库资料超过500GB。

2016年4月，邀请市非遗中心、非遗专家对前期普查的非物质文化遗产资源进行筛选、核定，产生第一批镇级非物质文化遗产代表性项目，后将名录提请镇委、镇政府审定。同年10月31日，经镇委、镇政府批准并公布《谢岗镇第一批非物质文化遗产项目名录》，建立镇一级非遗名录体系，成为东莞市第一个建立“镇级非物质文化遗产名录”的镇街。同时，从镇级非物质文化遗产项目中筛选出“荔枝柴烧鹅制作技艺”“苏木红团制作技艺”“银瓶山传说”“黎村谭公诞”4个项目申报为市级非物质文化遗产项目。该四个项目经市非遗保护中心以及相关专家严格考核，于2016年11月被纳入东莞市第四批非物质文化遗产代表性项目。

2017年，成功申报两个项目的非遗传承人，分别为“荔枝柴烧鹅制作技艺”代表性传承人罗谭炳、“黎村谭公诞”代表性传承人何英有。从2017年起，每年通过开展“非遗进校园”活动，将非遗技艺、优秀民俗文化、非遗产品、非遗精神送进校园，把非遗全方位融入思想道德、文化认知、社会实践等教育环节。通过学生全方位、多角度的参与，增强学生对非物质文化遗产的认识和认同，从小树立起保护非物质文化遗产的意识。

2018年，谢岗镇“荔枝柴烧鹅制作技艺”非遗项目作为东莞非遗墟市11个特色非遗品牌之一进驻国贸城，传播谢岗悠久的饮食文化和历史习俗。

是年，以收集到的相关内容为基础，创作和编制《银瓶山传说》美术图册，遵循青少年儿童的认知

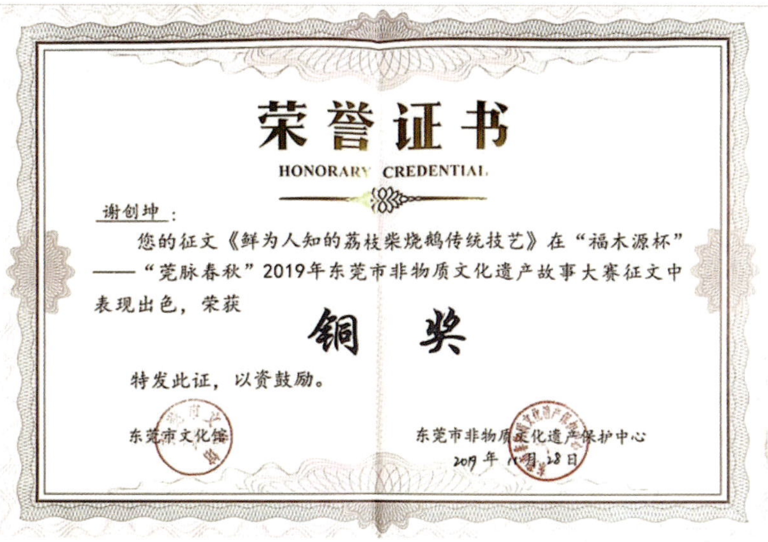

2019年，谢岗镇文广中心谢创坤的征文获东莞市非物质文化遗产大赛铜奖

2016年，谢岗镇四个非物质文化遗产项目被纳入市级非物质文化遗产代表性项目

规律和教育规律，把原来口传心授的传说用生动的画面和通俗易懂的语言展示出来。《银瓶山传说》画册分发到全镇各中小学、图书馆、村文化服务中心阅览室。

2019年，由谢创坤撰写的《鲜为人知的荔枝柴烧鹅传统技艺》在东莞市非物质文化遗产故事大赛征文中获铜奖。

【创办《银瓶文艺》】 2018年，谢岗镇文广中心整合各协会资源，成功创办文学艺术类季刊杂志《银瓶文艺》。《银瓶文艺》设有“文化视角”“文海撷翠”“大美银瓶”“史海钩沉”“精彩绽放”栏目。至2019年，共编辑发行6期，成功推出诗歌42首、小说20篇、散文51篇，刊发美术作品92幅、书法作品44幅、摄影作品54幅。

（撰稿：黄钰仪）

附：2015—2019年谢岗镇文化广播电视服务中心领导名录

主任：

李燕斌（2013年任职）

全媒体融合

【全媒体中心概况】 谢岗镇全媒体中心前身为谢岗广播电视站，广电站自1994年建站以来，就以“政府的喉舌”作为发展宗旨，通过拍摄制作电视节目《谢岗新闻》、公益广告、专题片等新闻产品，服务党委、政府工作大局，深受群众的欢迎和好评。2007年，谢岗广电站并入谢岗镇文广中心，成为其下属的新闻部门，原有业务范围不变；2009年7月，广电站从党政办处接手谢岗镇人民政府网管理工作；2013年8月，广电站建立微信公众号“活力银瓶”；2015年12月，广电站创办镇报《银瓶通讯》。2017年11月，谢岗广电站从谢岗镇文广中心分离出来，成立东莞市谢岗镇全媒体中心，进一步整合宣传力量，搭建谢岗镇大宣传格局。2018年，谢岗镇全媒体中心有人员21人，其中中心主任1名、副主任2名；内设办公室、广告财务部、银瓶通讯报社、新媒体组、新闻组、技术组、突发任务组等部门。

谢岗镇全媒体中心的主要职责是整合镇委宣传部门和文化广播电视和互联网宣传资源，将《谢岗新闻》电视栏目、“活力银瓶”微信公众号、《银瓶通讯》报、谢岗镇人民政府官方网站等进行统一管理；同时全面对接市官方媒体，完成镇委在宣传管理、企划调研、新媒体运营、全媒体宣传等方面的工作，营造新闻舆论宣传良好氛围，助推全镇经济社会发展；负责协调解决谢岗镇媒体融合发展过程中的瓶颈问题，推动新媒体做大做强，创建新媒体品牌。至2019年，谢岗镇全媒体中心积极做好电视、报纸、微信和抖音四大平台宣传。2019年1月至10月15日，自办栏目《谢岗新闻》共采制播出电视新闻910条次，“活力银瓶”微信公众号制作发布新闻1223条次，“抖擞谢岗”抖音号共发布70个作品。

【媒体运作模式与管理改革】 2017年，谢岗镇全媒体中心成立以来，按照“中央厨房”理念，重新调整组织架构和新闻生产流程，将原来电视、报纸、网络三大平台“各自为政”的运作模式，改为“集中采购（一次采访）、多重加工（多种新闻文本）、分开摆盘（影视和平面制作）、分桌上菜（不同平台发布）、外卖打包（外宣报送）、顾客评价（受众互动交流）”的新链条，有效提高新闻采编制播的效率和质

2018年10月31日，东莞市委宣传部副部长陈冀（左四）到谢岗镇全媒体中心调研

量，以适应新时代的媒体融合发展，更好地服务党委、政府工作大局。

2018年，大力推进广告业务经营改革，通过重新设计广告产品和服务、制定广告新版价格、推出微信便民平台等措施，实现广告营业增收。是年，加大技术转型创新力度，通过多平台、多技术、多形式拓宽新闻宣传传播渠道，收到显著成效。整合新闻宣传资源：电视插播香港翡翠台和明珠台、《银瓶通讯》报、“活力银瓶”微信公众号、广场LED大型屏幕、谢岗镇人民政府网、阳光网谢岗分网、阳光台APP、广电网络“新广屏”。将新闻宣传产品“精品化”：“活力银瓶”微信公众号发布新闻信息，超过1万次阅读量的10条，超过5000次阅读量的33条，当年忠实粉丝超1.5万人；摄制完成城市形象、历史文化、环保、荔枝、消防、党建等方面的专题片7部，其中谢岗历史文化专题片《银瓶山下有人家》受到社会各界高度关注和好评，微信阅读量达到1.2万次；顺利推进电视制作高清设备更换，先后落实经费和采购设备清单，制播的电视节目可达到省级广播以上水平。

2019年，谢岗镇全媒体中心扎实推进融媒体建设发展，统筹采编资源，借助智能终端的应用程序和社交软件，将政务服务、新闻产品、广告投放等业务，大量转向互联网领域，逐步实现生产布局合理化与传播渠道全能化“比翼齐飞”。同年7月9日，成立专题组，主要负责“抖擞谢岗”抖音号视频，各类专题片、小视频、视频广告和微电影等拍摄制作，进一步推动媒体融合。其间，按照“倾斜一线、兼顾平衡、注重贡献、适度拉开”的原则，重新调整广告绩效奖励方案，不再是“一刀切”奖励方式，而是实行差额分配，更好地兼顾平衡，有效地激发员工工作的积极性。

【新闻报道】 2015年，谢岗镇广播电视站做好各级重要会议精神的宣传报道，并开设《贯彻党代会精神 推动谢岗新发展》电视专栏，全面宣传东莞市十五届人大五次会议提出的各种新常态和通过的各种惠及民生的政策；同时做好“三严三实”专题教育活动的宣传报道。通过报道谢岗镇开展“三严三实”专题教育活动情况，进一步巩固和拓展党的群众路线教育实践活动成果，引导党员领导干部加强党性修养，改进工作作风，着力解决“不严不实”问题。截至2015年10月，共制作播出谢岗新闻788条，制作播出各类公益广告9987条次。其中上送市电视台、广播电台、阳光网、《东莞日报》新闻累计2199条次，采用531条次。

2016年1月1日，对《谢岗新闻》电视栏目进行改版，将沿袭多年的两天一期新闻播出改为每天播出，提高新闻传播时效性，迅速反映谢岗镇发生的事件，使广大群众及时了解党的方针政策及其贯彻情况。先后策划开设《聚焦党代会》《创“十三五”规划良好开局》《银瓶创新区快讯》《谢岗因你而美丽》《干群同心、应对寒潮》《谢岗最美家庭》等系列报道和专题栏目，以“重大选题”发挥正面引导舆论作用，进一步树立银瓶合作创新区良好的新形象新面貌。至10月13日，制作播出新闻1126条，制作播出各类公益广告1.02万条次。其中上送市电视台、广播电台、阳光网、《东莞日报》新闻累计5151条次，采用1207条次。当年9月，谢岗镇新闻在全市新闻采用量排名第十位。在第24届“东莞人大新闻奖”评选中，谢岗广电以新闻消息《人大评议让“烦人的转诊”划上休止符》获二等奖。此外，还精心摄制《史海钩沉谢岗行》栏目，积极宣传谢岗镇的深厚历史文化。同年，结合社会主义核心价值观宣传，指导和督促谢山、五星、大龙、窑山、南面、黎村等各村的精神文明建设提升工

2017年，谢岗镇摄制的《梦幻黎村》专题片获奖

程，协助社区制定完善村规民约，为各村提供宣传载体、宣传形式、宣传图片等宣传方案和宣传资料。

2017 年，围绕中心策划重大选题，围绕镇委、镇政府各项中心工作，努力打造新闻精品。《谢岗新闻》先后开设《谢岗因你而文明》《迎创文国考 促工作提升》《倍增试点企业巡礼》《镇村统筹大调研 一村一策促发展》《统筹发展 他山之石》等系列报道和专题栏目，以“重大选题”发挥正面引导舆论作用，进一步树立银瓶合作创新区良好的新形象、新面貌。至 10 月 21 日，采制电视新闻 1174 条次，上送市级媒体 3611 条次，播出 887 条次，制作播出各类公益广告 1.59 万条次。全市通联排名保持稳定，谢岗广电站采写的微信新闻《谢岗银瓶山上演“冰雪奇缘”！东莞“下雪”史上罕见》获第十届东莞新闻奖（2016 年度）评选活动新媒体创新奖一等奖。

2018 年，积极做好中共中央总书记习近平重要讲话精神及全国两会精神的宣传报道工作，并结合市委、市政府重要工作部署，做好新闻选题策划、专题报道、宣传上送等工作，截至 10 月 23 日，共采访报道相关电视新闻约 90 条。同时，做好党建工作方面的宣传报道。通过自办栏目《谢岗新闻》，不断丰富专题专栏，为全镇党员干部提供学习交流平台，让党建宣传融入党员干部的日常生活。全年采制播出各类电视新闻约 1580 条，制作各类宣传片 16 部，其中历史文化专题片《银瓶山下有人家》受到社会各界高度关注和好评，微信阅读量达到 1.2 万次；“活力银瓶”微信公众号积累粉丝超过 1.5 万人，单条微信最高点击率超 17 万次。同年，与东莞市广播电视台、《东莞日报》开展深度业务合作，加强与市主流媒体的沟通与联系。上送市广播电视台、阳光网、阳光网 APP 以及《东莞日报》等媒体稿件 4266 条次，采用 1031 条次；选送的新闻评论作品《人大代表助力环保项目顺利落地建设》，获市人大新闻奖一等奖，并被选送参评省人大新闻奖；参加 2017 年度东莞市广播电视节目奖，消息类作品《人大代表积极履行代表职责 加强人大工作监督推动水污染治理工程》获三等奖。

2018 年 11 月 26 日，谢岗镇举行党建主题活动

2019 年，谢岗镇全媒体中心牢牢把握党建宣传的主动权，不断夯实党建宣传阵地建设；丰富专题专栏，为全镇党员干部提供学习交流平台，让党建宣传融入党员干部的日常生活。至 10 月 15 日，报道党建工作相关电视新闻 76 条次，微信新闻 82 条次。包括“不忘初心、牢记使命”主题教育、“周一党建之夜活动”和“我和我的祖国”宣讲会等主题系列报道。集中力量创作一批宣传精品。1—10 月，制作包括《谢岗，向胜利出发》、《城市精细化管理工作中的“镇雄经验”》、《“生态文明建设暨乡村振兴工程”专题培训班》、《谢岗镇创建省园林镇》、《爱党爱国，劳动光荣》谢岗快闪活动、《情系社区 呵护百姓 家庭医生签约服务》、《牢记使命葆本色 呵护青少育贤良》和《黎村村美丽村居建设》等 16 部宣传片，受到镇委、镇政府的充分肯定以及社会各界的广泛关注和好评。5 月中旬，配合镇人大办，选送《东莞有一座“海绵城市”吸纳人大谏言 炼出生态文明》和《人大代表助攻偷排企业园区变身“治水先锋”》两则长消息参加全市人大新闻评选。9 月中旬，从电视新闻、新媒体和报刊中挑选出部分精品参加第十二届东莞新闻奖评选，其中“传党恩卖荔枝”系列报道获得系列报道类三等奖，专题片《领航》获得新闻专题类三等奖。同年，继续与东莞市广播电视

台、东莞日报社开展业务合作。1月至10月15日，谢岗镇全媒体中心为市广播电视台、阳光网和阳光台APP等平台供稿3250条次，采用791条次，其中4月，谢岗镇在全市通联排名第八位。同年，还围绕执行力建设工作、30项重点工作、治污治水工作和城市精细化管理工作等重点工作内容，精心策划，制作系列报道，取得了良好的宣传效果。1月至10月15日，制作“奔跑谢岗，赢在执行”系列报道电视播出24条次，微信新闻发布7条次；“拓空间”电视播出8条次，微信新闻发布11条次；“治污治水”系列报道电视播出33条次，微信新闻发布33条次；“城市精细化管理”系列报道电视播出24条次，微信新闻发布40条次；“重点（大）项目建设”系列报道电视播出7条次，微信新闻发布11条次；“城市更新”系列报道电视播出6条次，微信新闻发布6条次；“乡村振兴”系列报道电视播出20条次，微信新闻发布24条次。

【跟踪报道】 2015年，谢岗镇广播电视站围绕镇委、镇政府中心工作创新宣传方式，为推动粤海产业园项目和银瓶合作创新区建设发展加油鼓劲，助力谢岗“项目建设年”完成各项工作任务。通过“攻坚粤海·新城起步”系列报道，宣传省政府审议通过的谢岗粤海银瓶合作创新区建设、推动粤海产业园37个配套项目建设、城市基础设施PPP模式、整合资源引进优质大型企业、加快发展村组集体经济、打击抢建抢种违法行为等方面工作，让全镇人民和外界及时了解谢岗的新一轮跨越发展情况。大力宣传东莞市人民医院谢岗院区发展动态。策划“谢岗医疗卫生事业”系列报道，积极宣传谢岗院区专家团队坐诊、引进崭新医疗设备、义诊活动进社区及企业、社区医疗服务中心搬迁新址、院区全市急救技能比赛一等奖等相关内容。做好安全生产工作方面的宣传报道。大力宣传报道全镇安全生产形势和主要工作措施，通过跟踪报道消防安全隐患大排大整治，对存在消防安全隐患的单位企业给予曝光。

2017年，做好换届选举和环保项目宣传工作，谢岗广电站根据镇委、镇政府的工作部署要求，分别对镇、村级换届宣传工作进行50多次新闻报道，对东南部卫生填埋场建设进行30多次新闻报道，营造风清气正的选举氛围，并为群众解疑释惑、科普环保知识，很好地推动这两项工作的有序开展。

2018年，深入做好整治“两违”行为工作的宣传报道。重点做好查处和清拆的新闻宣传工作，营造强大舆论声势，先后报道有关整治“两违”等相关电视新闻约60条；深入做好“治污治水”的宣传报道。重点宣传报道水系调整、截污管网、河涌整治以及两个市级湿地公园等海绵城市建设工程，宣传报道河长制有关政策和落实情况，配合环保部门曝光偷排偷放企业和相关查处行动，报道相关电视新闻80多条；深入做好银瓶合作创新区建设发展电视宣传报道和路网建设、TOD项目、“倍增计划”、招商引资、乡村振兴等宣传工作，为加快推动谢岗城市更新和经济发展鼓劲。截至10月23日，全媒体中心自办栏目《谢岗新闻》共采制播出各类电视新闻约1000条。

【《银瓶通讯》】 2015年12月，谢岗广电站创办镇报《银瓶通讯》。谢岗镇报《银瓶通讯》编辑部围绕“项目建设年”目标，以银瓶合作创新区重大项目建设为主抓手，努力宣传谢岗的政治、经济、社会、文化等方面的发展成就，使《银瓶通讯》成为谢岗党政机关真正的喉舌，截至2016年年底，共发行25期。

2017年，谢岗镇广播电视站充分利用镇报《银瓶通讯》、电视栏目《谢岗新闻》和微信公众号“活

2015年12月，《银瓶通讯》发行

力银瓶”宣传好银瓶合作创新区发展中的各项工作亮点，以及广大群众密切关注的社会热点，大力营造全镇上下凝心聚力促发展的良好舆论氛围，成为镇委、镇政府密切联系群众的桥梁纽带。

2019年，《银瓶通讯》发行24期。

【“活力银瓶”公众号及网站、抖音】 2016年，谢岗广电站为顺应互联网传播移动化、社交化和视频化的趋势，继续推进新闻传播手段的创新融合发展，大力巩固“活力银瓶”微信公众号宣传阵地。“活力银瓶”微信公众号编辑推送信息和新闻视频800多条次，每期更新头条信息点击量均可达到2000次以上，最高时达到16万次的点击量。同年年底，“活力银瓶”微信公众号拥有粉丝超万人。

2017年12月，谢岗镇全媒体中心开始承接东莞市人民政府网谢岗频道（即谢岗镇人民政府网）管理运营工作，经过一年的自查整改和落实专职专责，有效推动阳光型和服务型政府网站的建设。

2019年，谢岗镇人民政府网站在东莞市2018年度政府网站考评中，总得分排名全市第一。同年，谢岗镇全媒体中心积极做好电视、报纸、微信和抖音四大平台宣传。1月至10月15日，“活力银瓶”微信公众号制作发布新闻1223条次，超过1万人次阅读量的3条，超过5000人次阅读量的7条。7月1日，“抖擞谢岗”抖音号正式上线，截至10月15日，共发布70个作品，获赞6000个，点击量达30万人次，其中《同样是鹅，这位“豉油碌鹅”达人的出品绝对是谢岗人的真爱！》获得最高点击量11.5万人次。

（撰稿：张阳晨）

附：2015—2017年谢岗镇广播电视站领导名录

站长：

李燕斌（任至2017年11月）

2018—2019年谢岗镇全媒体中心领导名录

主任：

许建雪（2017年12月任）

副主任：

黄素珍（2017年12月任）

庞培浩（2017年12月任）

伍智韬（2019年8月任）

广播电视网络

【广东广电网络东莞谢岗分公司概况】 2015—2019年，广东广电网络东莞谢岗分公司（以下简称谢岗分公司）全面推进“以用户为根本，以网络为核心，以内容为拓展，以投融资为支点”的发展战略，突出业务工作重点，扎实推行行风建设，开展优质服务。同时，以“成为广播电视节目传输的主渠道、现代视听传媒的领军者、智慧城市和智慧家庭建设的主力军、宽带业务的新力量、无线服务的生力军”为使命，以“创新引领、融合发展、专注开放、合作共赢”为基本发展理念，全面推进新战略，实现转型升级。5年来，新增宽带用户数2730户，新增高清双向用户数3155户，新增专线50条，新增智能网关终端1584户，2019年，拥有主机用户数8161户，实现总收入累计3812.69万元，利润累计335.51万元。

【优化网络】 2015—2019年，谢岗分公司在保证实现总体规划目标和网络整体性能的前提下，全面加强企业各项管理，实现已有资源的充分利用，使已投入的设备能最大化地发挥作用，最大限度地降低网络系统的后续投资，实现已有资产效益最大化。同时对在2012年未网改，但网络结构基本合理，采用

2016年，谢岗分公司举行“两学一做”学习教育知识竞赛

2015—2019 年广东广电网络东莞谢岗分公司主营业务情况表

表 42

年份	总收入（万元）	利润（万元）	累计主机安装（户）	累计高清双向（户）	累计宽带（户）	政企业务收入（万元）	智能网关终端（户）
2015	249.22	37.34	9127	4257	2064	68.20	—
2016	588.56	52.75	9155	5404	2903	254.7	—
2017	713.29	62.23	8748	6779	3840	419.5	—
2018	802.37	76.10	8631	5341	4713	234.27	—
2019	1459.25	107.09	8161	5412	4794	423.86	1584
合计	3812.69	335.51	43822	27193	18314	1400.53	1584

“局部改造＋网络调整”方式，即拟定网络优化设计方案，并按照设计图进行光分配网络调整、EOC 局端裂分、同轴接头整改、分配网结构调整，最后通过调试实现网络指标的提升。对在 2012 年未网改且网络结构极不合理，覆盖用户少且分布散（如工业区等），网络、设备和器件老化严重，网络指标差的区域，采用“网络改造＋网络调整”方式，即根据公司规范拟定网改设计方案和施工计划，对所在区域进行全面网改，验收合格后通过调试实现网络指标的提升。在网络优化前和优化后，积极做好各项网络指标数据的收集统计工作，做好对客服系统相关报障数据的收集统计工作，作为网络优化效果评估依据。经过努力，网络指标合格率达到 81%。与此同时，突出重点，加大数据专线建设力度。主动深入机关、企事业单位，摸清客户需求，有针对性地制定营销方案和服务措施，先后完成谢岗镇特营服务场所、娱乐场所的治安管理信息系统联网线路使用和社区卫生服务中心、东莞国药、公安分局政务网、城建办等数据专线，逐渐形成较为稳定收入来源，并且数据专线建设得到客户充分认可，成为公司业务发展的一大增长点。另外，积极开展市场调查，细分市场，有针对性地对不同用户群采取不同的促销手段。例如，联合三星厂家并出动宣传车到城乡各地摆摊设点现场办理公司业务；存收视费送节目、送宽带、送 Wi-Fi 机顶盒、送油、送米等，扩大公司在群众中的认知度和影响力，对收视费的收取、一体机的销售及“有线电视＋宽带”的融合业

谢岗分公司深夜抢修线路（摄于 2019 年）

务起到了较好促进作用。

【开展优质服务】 2015—2019 年，谢岗分公司做好优质服务。树立用户至上的服务理念，在人员少、时间紧、安装任务集中的情况下，公司员工加班加点，分工协作，为用户做好数字电视机顶盒的安装，耐心解答用户的咨询，以优质服务赢得用户，赢得市场。同时，定期对技术和外线员工进行培训，利用观看视频、骨干员工传授经验、集体讨论等形式提高技术、安装、接线等方面的工作效率；组织开展政风行风建设活动，严格工作纪律，改进服务作风，规范服务行为。5 年来，实现零投诉，受得客户好评。

【网络安全建设】 2015—2019 年，谢岗分公司始终把安全播出放在突出重要的位置，切实加强对安全工作的组织领导，由一把手负责，认真落实安全责任制、值班制度等，特别在春节、劳动节前夕，组织开展安全播出和安全生产排查，对机房、线路等设施强化监控巡查，及时消除安全隐患，有力保证了重大节日和重要时段的网络传输安全、播出安全。对员工抓好安全教育，树立“安全至上”观念，强调“安全也是效益”。增加安全防护投入，为每个员工办理一份“人身意外伤害保险”。增强自我防范意识，在企业形成“时时讲安全、人人关注安全”的氛围，有效避免安全责任事故的发生。选派技术人员参加省、市公司举办的各类学习培训活动。通过学习培训，有效提高员工素质，增强企业的凝聚力和向心力。

（撰稿：黄海啸）

附：2015—2019 年广东广电网络东莞谢岗分公司领导名录

总经理：

赖志华（2012 年 3 月任）

副总经理：

罗润良（2013 年 7 月任）

2019 年 5 月 1 日，谢岗分公司开展宣传活动

文化市场执法

【文化市场执法概况】 2015—2019 年，谢岗文化广电旅游体育执法分局（以下简称谢岗文旅执法分局），深入开展娱乐场所“扫黄打非”专项整治、出版物市场、网吧、歌舞娱乐场所、文化市场专项整治行动，打击各类文化市场违法经营行为，净化文化市场环境。每年年初，召开全镇“扫黄打非”及文化市场管理工作会议，研究制定实施方案，印发《谢岗镇“扫黄打非”督导检查工作制度》《谢岗镇“扫黄打非”突发事件应急预案》《谢岗镇“扫黄打非”工作责任制》，整合行政执法力量，明确职责，建立落实“扫黄打非”及文化市场成员单位信息共享机制，为“扫黄打非”工作的深入开展奠定坚实基础。

2015—2019 年，谢岗镇累计出动检查人员 4584 人次，检查各类文化经营场所 4254 个次。查处持证印刷企业 6 家，立案查处无证印刷厂 1 个，没收衣服洗水标 7565 个、切唛机 1 台；立案查处持证经营网吧 19 个，取缔“黑网吧”28 个，查扣电脑设备 121 套；累计收缴非法书籍、报刊 7682 本（册），立案查处违法零售音像制品 2 处；取缔无证照音像地摊 27 处，收缴非法音像制品 8166 张；收缴卫星接收设备 40 套，卸载非法下载资源 13G；查处非法手机下载店 12 家，收缴下载目录本 132 本，卸载非法下载资源 8G。5 年间，共立案 34 宗，结案 34 宗，结案率 100%。

【执法宣传】 2015—2019 年，谢岗文旅执法分局结合“12318”文化市场法规宣传活动，采取制作宣传条幅、宣传板牌，发放宣传海报

2015—2019 年谢岗镇文化执法情况表

表 43

年份	出动人员（人次）	检查文化场所（次）	取缔无证经营（个）	取缔“黑网吧”（个）	查扣电脑（套）	没收非法出版物（册）	没收音像制品（张）	立案（宗）	结案（宗）
2015	2068	1365	18	13	58	3565	4768	12	12
2016	486	615	10	5	41	1349	1768	6	6
2017	516	810	3	5	7	488	460	6	6
2018	752	695	2	2	7	269	710	5	5
2019	762	669	0	3	8	2011	460	5	5
合计	4584	4154	33	28	121	7682	8166	34	34

等方式广泛宣传“扫黄打非”工作。举办印刷经营单位法规培训班，安排专人对谢岗镇 34 家印刷企业法定代表人或主要负责人进行印刷行业法律法规培训授课，并发放新版印刷经营单位东莞市文化经营场所执法检查登记簿。在谢岗中学、中心小学组织师生参加“绿书签行动”签名活动，宣传正版知识，发放绿书签 1270 张。组织执法人员参加“3·15”消费者权益保护日集中宣传活动以及“4·26”东莞市集中销毁侵权盗版、非法出版物现场会，通过报纸、电视等媒体广泛宣传知识产权保护法规，鼓励群众积极举报侵权盗版行为，并参加现场销毁盗版音像制品活动，有力震慑侵权盗版违法者。2018 年，制定举报投诉制度，公布举报电话，不定期给村（社区）提供“扫黄打非”宣传海报、宣传册（单）1200 余份。

【娱乐场所整治】 2015—2019 年，谢岗文旅执法分局根据东莞市歌舞娱乐场所“涉黄”专项整治工作部署，全力配合镇公安机关开展娱乐场所“扫黄”专项整治行动。明确责任，与全体执法人员签订廉政执法、远离黄流承诺书，与业主分别签订守法经营承诺书，按照“属地管理”和“谁监管、谁负责”的原则，明确责任，完善问责制和责任追究制，提高执法人员责任意识，提高经营者守法意识，形成合力，共同抵制黄流。规范娱乐场所经营秩序，加大执法巡查密度，严防死守涉黄底线，维护全镇歌舞娱乐市场的平安稳定。加强网吧市场监管，规范网吧市场经营秩序，严厉整治“黑网吧”。对利用互联网制作、传播、复制、下载淫秽色情信息的违法行为进行严厉打击，严防授权网吧提供色情视频，利用互联网传播色情出版物。加强娱乐演出市场监管，严厉打击非法演出经营活动，杜绝色情演出，对无证照歌舞娱乐场所保持高压态势。2015 年，执法分队共出动执法人员 556 人次、执法车 358 车次，检查歌舞娱乐场所 645 家次，维护了谢岗镇歌舞娱乐市场的平安稳定。2018 年开展“清源 2018”“净网 2018”“护苗 2018”“秋风 2018”“固边 2018”专项行动，清缴各类非法出版物 979 件。是年，还开展文化市场安全生产大排查及群众性文化活动安全专项整治行动。以元旦、春节等重要节日为重点，全面排查文化经营场所消防安全检查和群众性文化活动安全。专项行动共出动检查人员 105 人次、车辆 47 车次，检查歌舞场所 16 家次，印刷企业、书店、音像店 22 家次，网吧 48 家次，电影院 1 家次，文物保护单位 3 家次。2019 年，共出动执法人员 113 人次，执法车辆 62 车次，检查歌舞娱乐场所 206 家次。通过日常巡查和开展集中排查行动，严密排查文化市场消防安全隐患，预防重特大事故的发生。先后开展了安全生产和消防安全大排查大整治行动和“防风险、保安全、迎大庆”专项行动，共检查各文化经营单位 82 家次，发现消防隐患 6 处，并全部落实整改。

【出版物市场监管】 2015—2019 年，谢岗文旅执法分局加强出版物市场的监管力度，查缴非法出版物，组织开展清查流通市场和有害出版物专项行动，重点查缴非法政治性出版物、色情出版物、盗版出版物，特别是盗版教材类出版物。同时，加强对谢岗镇印刷复制企业和出版物市场进行重点检查，在源头上封堵非法出版物。

2015年，加强出版物市场的监管力度，彻底清除非法出版物。全年组织开展“清源2015”“净网2015”“秋风2015”等专项检查行动，在全国两会、五一、十一等重大节日期间对音像店、书店、报刊亭、市场周边、汽车站、星级酒店等出版物流通市场进行不间断、高频率地巡查，严厉查缴包含色情淫秽、赌博等内容的非法出版物和翻版盗版的非法出版物。在“净网2015”专项行动中，联合公安、工商、电信等部门加强对网络传播的监管工作，做好网络的过滤和净化，同时，加强对实体下载店的传播控制，特别是手机下载市场，封杀非法下载市场。共查处取缔无证照音像、书报地摊11家次，累计收缴非法音像制品1470张、非法书报刊470册，查处非法手机下载店4家，卸载非法下载资源16G。

2016年，开展重要节日出版物市场专项行动，组织协调成员单位对辖区出版物市场进行集中清查行动，重点打击非法出版物，共组织专项检查9次，出动人员68人次，检查文化经营场所43间次，取缔无证书报刊地摊3处、非法出版物576册、非法报刊373份。同时，开展“护苗2016”专项行动，净化校园周边文化市场。重点加强对中小学校园周边及书报刊店、市场、车站等出版物流通市场的检查力度，查缴含有淫秽色情、暴力、恐怖、迷信等内容以及非法出版、侵权盗版的少儿出版物。重点查缴“口袋本”图书、卡通画册和游戏软件等有害少儿出版物及信息。组织执法人员到学校现场抽查学生使用教辅名目，检查学校订购教辅材料合同及发票和学校周边巡查等方式，对谢岗镇6所中小学所用教辅材料进行专项检查，共出动执法人员20人次，检查中小学校6所、各种教辅材料135种720册、各种订购合同及发票21份。

2017年，加强对车站、窗口地区、校园周边及经营出版物较集中的摊点进行检查清理；对全镇34家印刷企业进行摸排调查，从源头上加强对出版物的监管。开展全镇书报刊市场清理检查和打击盗版专项行动，加大保护版权力度。加大对出版物集中销售场所和批发、零售单位以及报刊亭检查和管理力度，共组织专项检查24次，出动68人次，检查文化经营场所113间次，取缔无证书报刊地摊2个，没收非法出版物278册、非法报刊210份。

2018年，坚持突出重点、打防并举原则，在日常监管上全力打击非法出版物，加强对车站、窗口地区、校园周边及经营出版物比较集中的摊点进行检查清理，加强对节假日、双休日出版物市场的监控。同时，加强对全镇42家印刷企业的摸排调查，从源头上加强对出版物的监管。组织力量开展书报刊市场清理检查，加大版权保护力度。

2019年，大力扫除淫秽色情等文化垃圾，坚决打击侵权盗版出版物；严厉打击非法有害少儿出版物及信息三个重点开展工作。全年对辖区内的书店、报刊亭、校园周边出版物、印刷复印等进行集中检查，共出动执法人员66人，检查书店8家次、印刷复制店12间次、报刊亭4家次。6月28日下午，接到镇国保大队电话提供的线索，查处一涉嫌非法出版物存储窝点，现场查获涉嫌非法出版物2011本，并依法进行销毁处理。

【网吧市场监管】 2015—2019年，谢岗文旅执法分局高度重视，认真安排部署专项整治行动工作；采取分片包干、明察暗访等方式并结合扫黑除恶专项斗争，在全镇开展地毯式“黑网吧”清查行动，把校园周边及工厂企业较多、务工人员较密集的工业园区和出租屋密集区等定为重点区域，加强巡查力度；同时积极做好回访复查，将以往已取缔的无证照经营“黑网吧”场所以及以前查处取缔“黑网吧”旧址建立台账，作为重点监管对象，实施定期或不定期跟踪及回访检查，一旦发现死灰复燃，坚决予以取缔。

2015年，加强授权网吧监管，规范网吧经营行为。通过召开经营者工作会议，宣传相关法律法规和管理规范，对网吧接纳未成年上网行为、不按要求登记上网者身份信息、擅自卸载文化监控软件等严重违法经营行为进行严惩。全年立案查处网吧3宗，处罚款1.5万元。同时，大力开展“黑网吧”清查整治，对举报“黑网吧”实行奖励制度，鼓励群众积极举报“黑网吧”，让“黑网吧”无处遁形。全年共查处取缔“黑网吧”13间，查扣电脑设备58套。

2016年，从5月初开始，组织开展“净网2016”专项行动，协调公安、文化、工商、电信等职能部门通过调查摸底、技术过滤、网上清除、网下清缴、联合执法等措施，以授权网吧、“黑网吧”、手机零售店、电脑店以及手机下载店等为重点对象，对利用互联网制作、传播、复制、下载淫秽色情信息的违法行为进行严厉打击。全年查处“黑网吧”5个，查扣电脑设备41套，查处非法手机下载店2个，卸载非法下载资源13G。

2017年，对利用互联网制作、传播、复制、下载淫秽色情信息的违法行为进行严厉打击，严防授权网吧提供色情视频，利用互联网传播色情出版物，全年查处“黑网吧”2家，查扣电脑设备7套，查处非法手机下载店1家，卸载非法下载资源5G。

2018年，对全镇22家网吧按照《广东省文化厅关于在全省开展网吧监管平台升级工作的通知》要求，全部进行升级改造，全方位、全时段监控到位。提升对未成年人身份信息甄别和校验效果，加强文化内容监管、违法违规行为报警、场所现场监管、网瘾提醒、电子地图定位和统计表等功能，消除影响网吧网速的弊端。5—7月，开展为期3个月的网吧集中整治专项行动，重点查处违规接纳未成年人、未按规定核对登记有效身份证件、未按规定使用管理软件等方面的违法违规行为，行动期间共立案查处网吧2家次，有效推动了全镇网吧行业的健康发展。

2019年，对未成年人易出入网吧的节假日、周末、中午及傍晚放学等重点时段，网吧较集中的街道、校园附近、工业区等重点区域，存在接纳过未成年人、实名登记率低、擅自停止运行监管软件平台等现象的重点巡查对象，增加巡查频率，发现问题，当场提出整改意见；对违规情节严重的，给予行政处罚并列入检查和后台监控的重点对象。5月初开始，开展“净网2019”专项行动，通过调查摸底、技术过滤、网上清除、网下清缴、联合执法等多种措施加强网吧监管。7月2—5日，对辖区内网吧进行“全覆盖式”检查，通过实地检查和分片区组织座谈会议等方式，进一步加强网吧管理，提高网吧经营者合法、文明、健康、安全经营意识，提升文化经营场所自身形象。同时，开展地毯式清查“黑网吧”行动，共接到群众举报投诉3宗，发现问题并作出处理3宗，其中查处“黑网吧”3家，查扣电脑设备8套。做好回访复查，将以往已取缔的无证照经营“黑网吧”场所以及以前查处取缔“黑网吧”旧址建立台账，作为重点监管对象，实施定期或不定期跟踪及回访检查。

【文物监管保护】 2015—2019年，谢岗文旅执法分局不断加强文物保护工作，建立文物档案，完善文物资料，联合镇文广中心加强对文物单位的监管巡查力度，防止文物遭到破坏。保持与文物所在地村干部的密切联系，与村签订保护文物责任书，落实属地管理职责，明确分级管理制度，共同维护文物安全，确保全镇文物不受破坏。2015年，联合镇文广中心加强对文物单位的监管力度，建立起11个文物单位目录表和各个文物的档案资料，包括文物简介、位置、历史价值意义等，使每个执法人员对文物的了解更加深入具体，方便开展巡查保护工作。同时加强对文物保护单位的巡查力度，确保每处文物每个月的巡查不少于1次，及时掌握文物的最新动态。2019年，联合镇文广中心开展3次文物保护单位消防安全检查，重点检查场所消防设施、设备的维护、保养和管理情况等，防止安全事故的发生。同时，加大法律法规的宣传力度和劝解力度，制定文物安全消防管理制度，对极少数不可移动保护单位存在灭火器压力不足和配备不足的情况进行整改。联合有关单位出动检查人员22人，检查文物保护单位11个，未发现重大安全隐患和文物违法行为。

【广播电视市场管理】 2015—2019年，谢岗文旅执法分局为全面规范卫星电视接收秩序，防止不法商人传播色情淫秽视频行为，逐年开展卫星电视专项整治行动，清理非法使用卫星地面接收设备行为。其间，把工作重点放在查处非法安装卫星电视接收设备的违法行为上，重点检查各类酒店、宾馆、外资企业、出租屋等非法安装卫星电视的高发区域，对未经批准擅自安装卫星电视接收设备的单位，依法严肃查处；对个人私自安装卫星电视地面接收设施的，没收设施，并对当事人进行宣传教育，防止违法行为再次发生。5年间，共查处非法安装使用卫星电视56户，收缴卫星电视接收设备42套。

（撰稿：罗炜誉）

附：2015—2019年东莞市文化市场综合执法大队谢岗分队领导名录

队长：

郭慧明（任至2019年1月）

2019年东莞市文化广电旅游体育局谢岗执法分局领导名录

局长：

赖瑞嫦（2019年2月任）

科技

【科技工作概况】 2015—2019年，谢岗镇科协积极组织企业参加东莞市的各类科技工作会议以及政策宣讲会、经济论坛和各类科技专项资金申报辅导班等，积极推动企业申报高新技术企业，推动企业进入高新技企业培育库，推动规模以上企业加大研发投入，不断增强企业研发能力。5年间，申请发明专利2092件，授权发明专利1223件。其间，还通过谢岗中学科普教育基地平台及各科普社区、科普教育基地等宣传科普知识，促进广大中小学生和全民科学素质的提升。

【科技政策宣讲与培训】 2015—2019年，积极组织谢岗镇企业参加东莞市举办的各类科技工作会议、科技政策宣讲会、经济论坛和各类科技专项资金申报辅导班等，促进企业重视科技工作，加大科研投入力度，提高企业科技综合实力。5年间，共组织活动60多场，企业单位2000余家次参加，以培育发展高新技术企业为抓手，加快实施创新驱动发展战略，促进谢岗镇经济平稳发展。

【培育高新技术企业】 2015年，谢岗镇科协推动8家企业完成高新技术企业申报，推动14家企业进入高新技企业培育库。同时，加强R&D统计工作。在经贸办和相关部门的配合下，2014年，全镇有18家企业填报R&D经费1.2亿元，市统计部门认定为1.05亿元。是年，发动具备条件的企业积极申报为重大科技项目的企业，同时与其保持良好的沟通，做到及时跟进指导。其间，还积极帮助企业申请科技资助资金，全年获得市科技资助资金59.57万元，其中专利资助12.7万元，R&D奖励31.4万元，产品检测补助11.27万元，科普资助4.2万元。此外，润星公司争取到市重大科技项目，并完成专家的考察。

2016年，根据国家出台的新的《高新技术企业认定办法》和《高新技术认定指引》，多次组织开展高新技术认定培训工作，建立国家高新技术企业培育库，全镇原有润星、精伦等9家高新技术企业，2016年有宇豪、富美康等13家企业申报国家高新技术企业，11家企业申报第一批、第二批省高新技术企业培育入库。是年1—9月，帮助企业申请获得省、市各类科技资助资金631.67万元，其中专利资助19.65万元，研发费用资助163.84万元，高新技术企业认定资助220万元，高新技术企业培育入库资助228.18万元。

2017年，积极推动符合条件的企业申报国家高新技术企业，并多次举办高新技术企业认定培训会，指导企业申报认定。全年组织45家企业申请国家高新技术企业，其中9家企业成功被认定为国家新技术企业，有22家企业通过网上专家评审。

2018年，为帮助更多企业申报国家高新技术企业，谢岗镇经科信局多次组织企业参加高企认定培训，全镇共有首资宝、锐拓、粤恒、东晓、万鑫隆等39家企业提交申请资料，有23家通过国家高新技术企业认定，通过率为59%。

2019年，为帮助更多企业申报国家高新技术企业，谢岗镇经科信局多次组织企业参加高新技术企业认定培训工作。谢岗镇共有富美康、创慧、飞特、浩辉、合丰等21家企业分3批申报高企，其中共有16家企业已通过高新技术企业认定。

【专利申请】 2015—2019年，谢岗镇工信科局不断提高企业的知识产权保护意识，积极推动企业申请专利。2018年，谢岗镇实施创新驱动战略，对新获专利的企业给予补助，营造良好专利申请氛围。至2019年，5年间共申请发明专利2092件，其中发明专利244件、实用新型专利1536件、外观专利312件；授权专利量为1393件，其中发明专利60件、实用新型专利1076件、外观专利257件。

【促进企业提高研发能力】 2015年，谢岗镇有规上工业企业104家，填报有研发项目的企业24家，共填报87个项目，经市统计局、科技局审核的项目58个，网上填报的R&D数为1.78亿元，同比增长126.33%，国家统计局审核认定数为1.55亿元，超额完成市政府下达的1.41亿元任务。

2016年，为鼓励企业积极填报研发经费，谢岗镇和市级部门紧密配合，对规上企业开展了R&D填报培训和企业一对一的培训，走访了较大型的规上企业，向企业宣传了政策和填报要求，较顺利地完成了任务。根据市统计局反馈预填报的数据来看，谢岗镇预填报调查规模以上工业企业108家，有研发活动企业42家；有R&D活动的企业42家，占规模以上企业的38.89%。市统计局核定的R&D投入为2.07亿元，占地区生产总值的2.83%；完成市下达R&D1.86亿元的任务，完成率为111.29%。

2017年，积极推动企业实施创新驱动发展战略，不断提高研发能

2015—2019 年谢岗专利申请与授权量情况表

表 44　　　　单位：件

时间	专利申请数	其中			专利授权数	其中		
		发明	实用新型	外观设计		发明	实用新型	外观设计
2015	297	53	179	65	187	4	121	62
2016	283	42	193	48	171	9	113	49
2017	477	33	392	52	282	25	242	15
2018	648	70	506	72	420	14	347	59
2019	387	46	266	75	333	8	253	72
合计	2092	244	1536	312	1393	60	1076	257

说明：2015 年数据摘自《东莞市谢岗镇志》

力。鼓励、推动企业加大研发投入，开展研发活动和研发项目，促进企业提高研发能力。根据对辖区内 2017 年规上工业企业科技活动预填报调查摸底，全镇 110 家规上企业中，有研发活动的企业 44 家；共填报 219 个科技项目，项目投入经费 2.32 亿元，其中属 R&D 项目的 161 个，属 R&D 项目投入经费 1.63 亿元。

2018 年，引导企业以“科技创新为核心”，实现全面创新。做好 2018 年 R&D 的统计工作，企业填报的数据经国家统计局审核认定，填报调查规模以上工业企业为 173 家，有研发机构规上企业 77 家，占规模以上企业的 44.5%，R&D 经费填报数为 3.56 亿元，国家审定数为 1.34 亿元。

2019 年，全镇共有 194 家规上工业企业，经市统计局初步审核，谢岗镇共有 100 家规上工业企业有 R&D 研发活动，一共填报了 394 项 R&D 科技项目、5.87 亿元 R&D 研发经费，完成目标任务的 158.65%，与 2018 年填报 R&D 研发费用 3.56 亿元同比增长 64.89%。

【科普工作】 2015 年，谢岗镇科协积极开展科普活动。3 月 14 日，在谢岗中学举办科普知识讲座，为中学生讲解人与自然如何更好地和谐共处知识。5 月 14 日，协助市科技局在谢岗中学举办大型科技公益活动“放飞梦想”，提高广大中小学生科学素养。此外，还通过谢岗中学科普教育基地平台，开展观鸟护鸟和五谷杂粮等多项全民科学素质提升活动。同时，积极做好科普宣传工作。深入各科普社区、科普教育基地等宣传科普知识，在各村（社区）宣传栏张贴科普海报 200 张，在人流量大的区域派发科普知识宣传材料 500 份，营造科普宣传氛围。另外，指导、组织符合条件的单位申报市科协资助项目，谢岗中学五谷杂粮种植科技实践活动获得市 4.2 万元资助。

2016 年，谢岗镇科协借助谢岗中学丰富的资源环境，联合谢岗中学举办了科普特色活动——爱鸟护鸟观鸟月宣传活动。通过开展野外观鸟、悬挂鸟巢活动、举办爱鸟护鸟科普讲座和知识竞赛以及召开爱鸟护鸟观鸟主题班会，提高青少年对保护鸟类、保护生态环境的意识。8 月 18 日，镇科协联合镇卫计办特邀东莞市中医院周爱军教授为镇机关事业单位干部职工举办中医养生保健科普知识专题讲座，300 多名干部职工参加了讲座。通过围绕树立科学的养生保健理念、倡导科学生活方式、中医养生保健的历史等方面内容进行详细讲解，进一步引导参会人员培养健康的生活方式，使其掌握了改变不良饮食习惯、养成健康文明生活方式、提高健康指数的好方法。

2017 年，为让广大中小学生学到更多的航空知识和航模技术，培养积极动手、善于动脑的习惯，5 月 14 日，联同镇团委邀请市科技馆在谢岗中学举办大型科普公益活动，并组织辖区内各学校 1500 名学生代表参与活动。该活动以“飞”

为主题，设置飞机知识及航模展览、趣味科普秀等10多项内容丰富、形式新颖的科普项目。通过实验展示、互动实验等方式，让学生形象生动地了解遥控飞机飞行的原理和体验飞行的乐趣。

2018年5月9日，谢岗镇经科信局邀请市科技馆在谢岗中心小学举行以“创新科技，乐享生活”为主题的科技进步月活动，在校园里开展科技展览展示及互动、科学表演及互动、3D打印展示及体验、科学游戏体验、科技课体验、科技跳蚤市场等形式多样、内容丰富的科技活动，大力普及与市民生活相关的科学知识，营造创新引领未来、科技改变生活的社会氛围。

2019年，谢岗镇工信科局于3月19日邀请中国科学院老科学家科普演讲团教授高登义在谢岗中学“第十届东莞市科普报告希望行”活动中进行科普宣讲，通过宣讲引发和培养学生热爱科学、亲近科学的兴趣，使学生在轻松、和谐、愉快的氛围中，真切体会到“科学就是力量”“科技就在身边”。6月18日在谢岗中学、中心小学和黎村、五星科普社区安装“科普e站”，推动科普宣传工作。6月27日，在镇政府四楼会议室召开“东莞市科普示范镇”创建工作启动会，谢岗镇科协成员单位及各村（社区）负责人参加会议，会上布置了关于创建“东莞市科普示范镇”各项工作任务。

【科学技术协会换届】 2017年11月17日，谢岗镇科协第三届科学技术协会代表大会顺利完成换届。同时，制订今后五年发展规划，镇科协继续以政府工作大局为出发点，为创新驱动发展战略服务、为科技工作者服务，并加强科协自身建设，推动谢岗镇科技工作再登新台阶。

（撰稿：翁焕文）

2017年11月17日，谢岗镇科学技术协会第三次代表大会召开

教育

综述

【概况】 2019年，谢岗镇有中小学6所(中心小学另设立曹乐校区)，专任教师577人，在校中小学生9730人；幼儿园13所，教职工227人，在园幼儿3520人；成人文化技术学校1所。户籍学生考取全日制大学本科及硕士研究生173人。

2015—2019年，谢岗镇教育系统获奖2233人次，其中省级75人次、市级556人次。2019年，谢岗镇通过“广东省教育强镇”第二轮以及“东莞市推进教育现代化先进镇”复评验收。

【教育事业发展规划】 2019年，谢岗镇加快统筹规划银瓶合作创新区教育资源，做好“十四五”教育发展规划，其中近期规划包括新办幼儿园3所，公办小学1所，公办初中1所，完全中学1所，K12高端民办学校2所，以及市德育基地。

【教育经费投入】 2015—2019年，谢岗镇教育总投入为67875万元。其中各年投入分别为9962万元、8944万元、13746万元、15689万元、19534万元。对比2015年，平均每年增长1788万元，增长率为17.9%。

【在建三项扩容工程】 2018—2019年，谢岗镇投入在建工程总额2亿多元，分别是新建中心小学曹乐校区、改扩建黎村小学、扩建中心幼儿园，规划设计新增2970个学位。中心小学曹乐校区：位于曹乐吓角村，占地面积3.01万平方米，建筑面积2.9万平方米，设计规模为36个教学班，总投资1.1亿元。2019年年底主体建筑封顶。黎村小学二期工程：黎村小学占地面积3.75万平方米，改建前办学规模为12个班，改扩建规划设计为36个教学班，总投资7908万元。2019年11月在室外操场搭建临时板房课室，二期的基础工程同步施工中。扩建中心幼儿园：拆除旧的教学楼，在原址上新建4200平方米的教学楼，设计规模为增至18个教学班。到2019年年底主体已经建成，装修工程总体完成。

【两评合一复评】 2019年12月30—31日，广东省、东莞市教育督导专家组对谢岗镇开展“广东省教育强镇”第二轮以及“东莞市推进教育现代化先进镇”复评验收工作。主要围绕强镇体系的政府责任、教育管理、素质教育，以及教育现代

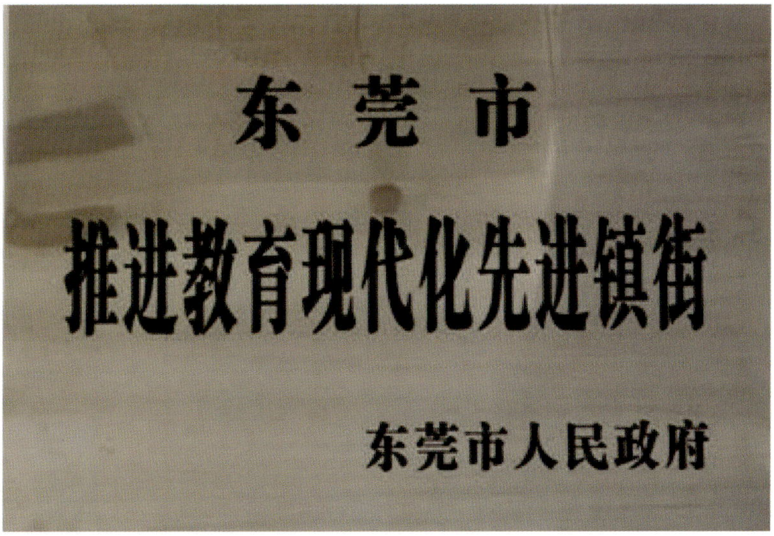

2019年，谢岗镇获评“东莞市推进教育现代化先进镇街”

化体系的保障、实践、成就六方面，通过听取汇报、查阅资料、实地考察、问卷调查、召开座谈会等多种方式开展工作，谢岗达到标准通过验收。

【改善办学条件】 2015—2019年，谢岗镇有序安排资金，维修、更新和完善中小学的设施设备。镇财政投入200万元对中心小学52间教室的设施设备进行升级改造。将继续投入200万元于2020年完成谢岗中学和谢岗小学的多媒体教学设备升级改造、心理咨询室建设。振华学校投入700万元对足球场、校园网络、图书馆等设施设备进行优化，三至七年级开设8个慕课实验班。华翔学校投入1200多万元新建教学楼和购置教学设施设备。

【公办民办学校管理一体化】 2015—2019年，谢岗镇对公办民办学校实行一体化管理，在培训机会、质量要求、评优名额等方面一视同仁，推行公办学校优质师资到民办学校交流，谢岗中学与华翔学校中学部、中心小学与振华学校、黎村小学与华翔学校等结对，各类交流课达120多节。

【教育改革】 2018—2019年，谢岗镇在原有规章制度基础上，重点制定和新修订管理、教育、教研、评聘、学校安全等规章制度40余项，形成《谢岗镇教育制度汇编》。推动集团化办学。谢岗镇中心小学教育集团是2019年东莞市组建的3个教育集团之一，采用紧密型方式，以中心小学为龙头学校，带动曹乐校区快速发展。2019年秋季，曹乐校区招生468人，其中一年级设4个教学班，二至五年级各设2个教学班。

【教学研究】 2016—2019年，谢岗镇教育系统探讨翻转课堂、慕课、高效课堂等教研、展示课例累计达720节。以课堂为主阵地，开展课堂教学研究。各学科开展了以汇报课、研究课、示范课为主的活动。同时，以多人同课、同课异构、青蓝结对课、中小衔接为主的模式，推进“智慧”课堂研究。校际教研联动，建立“形成联盟、校际互动、结对交流、共同提高”机制，推动6所学校进行交流。5年间，各学科共开展“送课到校”活动50余次，参加教师1000余人次，通过交流互相促进各学校教学成绩快速提升。积极开展各类评比活动，组织教师参加课例、教学论文、教学设计、优课、微课等评比活动。5年间累计获市级以上奖项400多项。

【信息化建设】 2015年，谢岗镇加强信息化建设，先后对中小学一体机、功能室的相关设备和校园网、慕课建设等进行升级改造。至2019年年底，全镇公办学校教师人手一台电脑。生均电脑每千人拥有131台，信息技术学科专用计算机网络教室11间；全镇公办民办学校有232套多媒体电教平台，进班率达100%。公办、民办学校教育专网接入率达100%，实现“校校通、班班通”；各学校均建有校园网、微信公众号，并通过购买、自制和搜集等形式建立和充实教学资源。全镇13所幼儿园全部接入城域网，全镇中小学、幼儿园全面普及“微课掌上通”应用。有5所学校达到市现代教育技术实验学校的要求，并通过验收，占全镇学校总数的83.3%。其间，通过组织学校教师参加广东省教育技术培训和展示微课、优课、晒课等方式，提升信息技术应用水平，全镇中小学、幼儿园教师有99%达到要求，应用信息技术教学课堂覆盖率达到91%。组织师生参加信息技术竞赛，13名专职、兼职教师获奖23项，学生获奖123项。

【教师队伍建设】 2015—2019年，

2019年，谢岗镇举行庆祝第35个教师节暨广东省教育强镇和东莞市推进教育现代化先进镇复评工作会议

谢岗镇每年拨款约100万元进行奖教奖学，并采取“走出去，请进来”“互联网+”等培训方式，提高教师素质和教学水平。2019年，增加38万元的培训专项拨款，组织学科带头人、骨干教师到肇庆，管理人员到成都，骨干班主任到珠海的名校学习取经。学校提供教师年均不低于72学时的继续教育机会。其间，进一步完善《谢岗镇奖教奖学方案》，激励教师的积极性和创造性。优化用人机制，让有能力的、肯干活的人突围而出。5年间，在青年骨干教师队伍中提拔7名副校长和20名中层领导；对3所公办小学的校长进行交流。制定民办学校、幼儿园教师学历进修补助办法，鼓励民办学校和幼儿园教师提升学历，促进全镇中小学教师的学历合格率、学历层次不断提高。2019年，幼儿园专科、小学和初中本科学历的百分比分别为81.5%、88.1%、96.4%，比2015年分别提升25%、8%和24%。结合“立德树人，立教圆梦”师德师风等主题教育活动，强化师风师德建设，2018年、2019年签订师德承诺书700多份。开展征集师德征文和微视频活动，5年间获市级奖100多项，2017—2019年评选出20名“最美教师”。

【教师招聘及职称评定】 2015—2019年，谢岗镇推进教师公开招聘工作，新增招聘公办教师24名和编外教师82名。从各学校抽调骨干教师组成中心小学曹乐校区的中坚力量，调配师资队伍32人。落实事业单位的职称评聘管理机制，评定初级职称37人，中级职称41人，副高职称（通过市局评定）2人。

【名教师、教学能手评选】 2015年，谢岗镇实施“三名工程”，制定《谢岗镇中小学学科带头人评选和管理办法》，建立“公开选拔、公平竞争、公正考核、择优确认”考评机制，积极开展“谢岗镇学科带头人”等评选活动，鼓励优秀人才大胆冒尖，脱颖而出。到2019年，全镇有学科带头人、名师、教学能手39人。

【教育督导】 2015—2019年，谢岗镇开展义务教育学校办学基本标准化建设、均衡发展、小学教育质量综合评比等督导活动，对照评估细则进行督导，助推6所学校全部成为省标准化学校。围绕谢岗镇教育重点、热点工作进行督导和回访，包括防溺水、防燃气中毒、食品、校车等安全问题，学科课程课时开设、学生课业负担、功能室使用、心理健康教育、文明创建、收费等方面，促进学校提高办学水平。

【教育科研】 2015年起，谢岗镇各学校加大课题研究力度。至2019年，立项市级以上规划课题29个，比2015年增长5倍多，其中省级课题2个，科研成果获省级以上奖励7项。

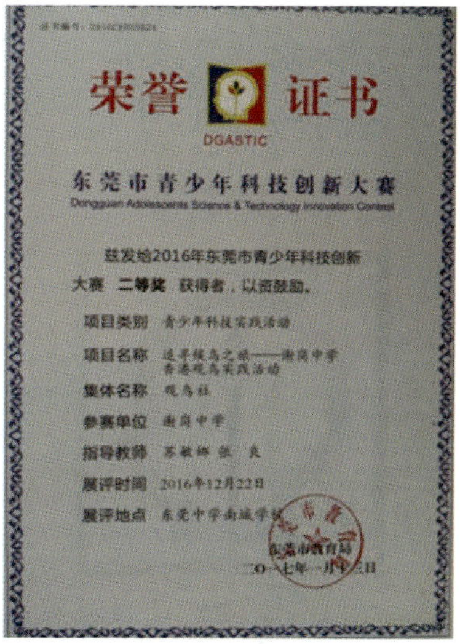

2017年，谢岗中学获市科技创新大赛二等奖

【素质教育】 2015—2019年，谢岗镇提高教学水平，推动素质教育发展。德育方面，开展系列活动加强思想教育，组织学生参加省教育厅举办的“扣好人生第一粒扣子”妙笔作文大赛，获省二等奖；加强研学旅行，各校组织50多次到海战博物馆、东江纵队纪念馆、警校训练营等地，接受体验式爱国主义、

2019年11月，谢岗镇中心小学参加东莞市中小学器乐比赛

研学旅行（社会综合实践活动）系列教育累计3万人次。语言文字方面，谢岗镇中小学在“规范汉字书写大赛”中的表现，位列全市第一梯队；中心小学的经典诵读节目，获2项市特等奖、1项市一等奖，并在市电视台等媒体展播。谢岗中心小学获“广东省书香校园”称号，黎村小学获全国“清玄杯”朗诵比赛优秀组织奖。艺术教育方面，举办童谣、舞蹈、书法、绘画、声乐、器乐比赛和展示等活动，在市少儿艺术花卉各类艺术比赛中获奖600余项。科普教育方面，推进创客教育，谢岗中学被评为市创客学校，参加省第四届创意机器人大赛并获得优秀组织奖。振华学校等举办“体验科学”流动科技巡展、“玩转科学活动”等，涉及物理学、电学、磁学、光学、力学、天文、地理、生命探秘、社会科学等多个领域，搭建教学与科研创新平台。体育方面，落实“阳光文体”活动，确保学生每天1小时校园体育活动时间，有3所学校获“国家校园足球特色学校”称号。

【幼儿教育快速发展】 2015年起，谢岗镇根据市相关要求从办园模式、办园投入、师资力量、科研发展、提高师资待遇、推进等级幼儿园建设等方面进行谋划，努力建设优质的新幼儿园，大力发展普惠性幼儿园。同时，严厉查处超班额、小学化等行为，坚决杜绝违法办园现象。至2019年，全镇形成以公办幼儿园为示范、以民办幼儿园为主体，公办和民办相结合的学前教育发展新格局。学前三年适龄幼儿3~5岁户籍适龄儿童入园率达100%，普惠性幼儿园达83.3%。学前教育学位供给能力系数为1.21。

【义务教育优质发展】 2015—2019年，谢岗镇全面贯彻落实义务教育政策，全镇小学适龄儿童入学率100%，毕业率100%，升学率100%，辍学率0；15周岁人口初等教育完成率100%；初中阶段毛入学率100%，辍学率0。义务教育阶段区域学位供给能力系数为1.32，女性适龄人口教育机会、非户籍常住人口子女教育机会、贫困生教育机会、残障适龄人口教育机会、残障适龄儿童教育机会等与普通学生一样，享有同等的机会。

2019年9月2日，谢岗镇委书记胡毅锋到中心幼儿园进行开学检查

【成人教育务实发展】 2015—2019年，谢岗镇大力发展成人教育，扩大办学规模，提高办学档次，完善更多专业，发展再就业工人教育、企业职工教育和成人中、高等学历教育，全面提高全镇居民整体素质、文明程度和就业能力。先后开设会计、法学、工商管理等专业共11个本科班；开设工商企业管理、会计、行政管理等专业的大专班共17个班。其中，2017年、2018年共招生80人。

【社区教育有序发展】 2015年，谢岗镇制定社区教育实验区方案，以社区综合服务中心为基地，以村（社区）为单位陆续建起社区学校，健全社区教育网络。督导社区学校完善机构、健全制度，落实教学人员、教学计划和教学内容，实现社区教育的全覆盖。全镇12个村（社区）都成立了社区学校、妇女学校、社区文化娱乐中心和社区家长学校等社区教育机构。同时，对社区教育教学进行专题培训，构建社区教育课程体系，组建社区教育培训团队。其间，大力开展教育教学宣传，营造社区教育良好氛围。其中，泰园社区、赵林社区、黎村社区、曹乐社区相继开办书画、象棋、阅读、手工、曲艺、厨艺等教育活动。至2019年，全镇社区娱乐中心占地面积11.53万平方米，投资金额3576万元；教育场所、文化场所、艺术及娱乐场所合计121个，全镇成人文化技术学校、社区学校，以及中小学、幼儿园等单位参与社区教育培训每年9.5万人次。

【谢岗镇人民政府教育机构职能调整】 2017年3月，谢岗镇人民政府根据东莞市机构编制委员会《关于印发〈东莞市全面推开简政强镇事权改革实施意见〉和〈关于全面推开简政强镇机构改革实施方案〉的通知》等文件要求，对镇政府教育机构职能进行调整，原教育办公室承担的教育管理职责划入新成立的宣传教育文体局。2019年6月，谢岗镇人民政府根据中共东莞市委机构编制委员会《关于成立各园区、镇（街道）教育管理中心有关事项的通知》的要求，推进教育管理中心机构改革工作。

（撰稿：林建东）

附：2015—2017年谢岗镇教育办公室领导名录

副主任：

刘长江（2015年8月至2017年12月）

罗玉欢（任至2017年12月）

2017—2019年谢岗镇宣传教育文体局领导名录

局长：

许建雪（2017年12月任）

副局长：

谢木深（2017年12月任）

卓朝儛（2017年12月任）

罗玉欢（2017年12月至2018年3月）

学前教育

【学前教育概况】 2019年，谢岗镇有幼儿园13所，比2015年新增1所，辖区内3~5周岁儿童入园率达100%。广东省规范化幼儿园达100%，东莞市一级园7所，其中公办园3所，民办园4所。

【公办园和普惠幼儿园】 2019年，谢岗镇有公办幼儿园5所，在园幼儿1314人，其中镇中心幼儿园1所，集体办4所。通过向民办普惠性幼儿园购买540个优质学位的方式，将公办园在园幼儿比例提升到50%。普惠性幼儿园在园幼儿1530人，占比80.8%，普惠性幼儿园11所，占比84.6%，实现了"5080"目标。

中小学教育

【中小学教育概况】 2019年，全镇有公办初级中学1所，开办26个教学班，学生1405人，教师105人；公办小学3所，开办90个教学班，学生4096人，教师253人；民办九年一贯制学校2所，开办105个教学班，学生4929人，教师219人。

【打造特色学校】 2015—2019年，谢岗镇各学校以课题研究为抓手，实施素质教育、特色教育，利用得天独厚的自然环境、人文环境和自身资源，将银瓶山森林公园、各大水库等自然资源渗透到绿色学校创建、实践活动中，将古村落、手艺传承等融入特色教育中，将企业文化引进课堂，塑造多元文化教育品牌，逐步形成"绿、动、静、生、俭、志"的特色学校。在开展活动中，注重以绿色环境、大课间活动和静心读书活动为载体，打造绿色育人环境，培养学生健康体格，形成做事专注的习惯，同时弘扬优秀的传统文化，激励学生树立远大的志向。

谢岗中学开展的观鸟课，通过实地调查鸟的种类，制作人工鸟巢、喂食器等活动，把环境教育纳入课堂教学，学习知识和培养生态意识。围绕"家园、花园、乐园，和谐校园；书声、歌声、笑声，精彩和声"的办学理念，以绿色科普、快乐体育为突破口，开展"绿色健美大课间"活动，打造绿色科普特色学校。该校先后获得国际生态学校、国家校园足球特色学校、广东省推广观鸟实践活动先进单位等称号，吸引全国各地100多所学校师生前来交流学习。

谢岗镇中心小学围绕书香校

2016年，谢岗中学师生参加京山国际观鸟节活动

园、乐器进校园、青少年校园足球推广、安全技能游泳进课堂等开展“绿教育”品牌学校建设。在校园内张挂小故事、名言标语，设立手抄报、古汉字作品、读后感作品宣传栏。同时构建校园阅读、家庭阅读、社区阅读三位一体的阅读体系，通过读书写字活动，营造和谐的文化氛围，先后获得广东省书香校园、国家校园足球特色学校等称号。

谢岗小学开展“生命、生存、生活”教育，让学生在“三生教育”中，学会珍惜生命，懂得生活，做一个三观端正、操行高雅的人。学校先后获东莞市中小学大课间一等奖，以及“广东省特级档案室”等称号。

黎村小学注重勤俭节约教育，以勤俭美德、珍惜资源、低碳生活和勤俭生活为主题，将“勤俭节约”的理念通过创设情境、讲述故事等方式培养学生勤俭节约习惯，校本教材《小学生勤俭节约手册》已经出版并且在书店出售。

振华学校继续利用自身办学条件优势与中天足球俱乐部合作，发挥“国家校园足球特色学校”作用。2019 年 6 月，北京理工大学珠海学院实践教学基地在该校揭牌成立，标志着谢岗镇民办教育发展再上新台阶。

华翔学校推进校园文化建设，通过书法、武术教育，以及国学经典、名人故事等“百米宣传文化长廊”营造浓厚的氛围，激励学生“博学养德、明志报国”。

【中高考】 2015—2019 年中考，谢岗中学达到东莞七大校录取分数线的人数分别为 40 人、55 人、33 人、24 人、47 人。其中 2019 年 16 项数据超东莞市的成绩均线，700 分以上的考生有 42 人，650 分以上有 111 人，600 分以上有 175 人，高分优生的比例排在周边镇街的前列。

2015—2019 年，户籍高考生升大学人数分别为 205 人、176 人、156 人、144 人、173 人。其中被日本京都大学等学校录取为硕士研究生的有 25 人，被北京大学等学校录取为本科生的有 80 人。

谢岗镇中心小学

【中心小学概况】 谢岗镇中心小学创办于 1924 年，原名“东莞县第二十八义务国民小学”，校址在谢岗黎村。1989 年，将圩镇小学改为谢岗镇中心小学。2008 年 8 月，大龙等 11 个村联合办学，在五星下渡村组建新中心小学。2019 年 9 月，经东莞市教育局批准组建谢岗镇中心小学教育集团。下设中心校区和曹乐校区，共有 60 个教学班，学生 2660 人。教职工 163 人，其中女教师 117 人，小学中级职称 92 人，小学助理级教师职称 49 人，本科学历 149 人，占教师总人数的 91.4%，教师学历达标率为 100%。有市教学能手 5 人，镇学科带头人 10 人。

2018 年，谢岗镇中心小学积极创建“绿教育”品牌，以“用绿韵浸润学子之心，让生命在绿韵中升华”为办学理念，以“做最好的自己，成就美好人生”为校训，以“绿泽心灵、育高尚人、创长青校”为办学目标，让师生在绿韵中身心和谐，全面发展。学校教育教学质量也得以飞速发展，教研科研百花齐放。仅 2019 年，谢岗镇中心小学先后获“2019 年全国生态文明教育特色学校”和“全国青少年校园足球特色学校”国家级集体奖项 2 项，获“广东省书香校园”和“第十二届广东省中小学‘暑假读一本好书’

谢岗镇中心小学（摄于 2019 年）

2019 年，谢岗镇中心小学获评“2019 全国生态文明教育特色学校”

先进单位”省级集体奖项 2 项；教师学科比赛获得奖项 34 项，其中 11 项获得省级奖项；获得教师荣誉称号 14 项，其中 2 项省级奖项；学生学科比赛获得奖项 18 项，其中 2 项省级奖项，学生获荣誉称号 1 项。

【教师队伍建设】 谢岗镇中心小学始终坚持学习政治理论、教育政策，更新观念，开阔视野，提升教育理论素养和教研水平。坚持师德师风建设，把师德师风放在教师队伍建设的首位，向社会公开承诺“爱生乐教、文明执教、优质施教、廉洁从教”。2018 年，学校以“德艺双馨，正己树人”为教风，要求教师德才兼备，德高可为典范，学高可为明师。同时，利用多种渠道，提供各类平台，促进教师提升。以教学基本功大赛、优质课评比等活动为载体，组织教师参加校本培训，省、市级新课程和骨干教师培训，远程网络培训，确保专任教师培训学时达到省规定要求。加强骨干教师和青年教师的培养，给青年教师搭台子压担子，充分发挥学校优秀教师对青年教师的指导和帮扶作用，加快青年教师专业成长步伐。注重教师梯队建设，重点培养、梯队推进、整体提高，激励教师积极主动探究与实践。开展学科带头人展示活动，发挥学科带头人示范、引领作用。

【德育教育】 2018 年，谢岗镇中心小学大力推进“四维课程”建设，紧扣培育和践行社会主义核心价值观的德育工作主线，开展以爱党、爱国为主题形式多样的爱国主义教育活动，培养师生和员工对党和祖国的感恩与热爱之情；开展理想信念教育、集体主义教育、中华传统美德教育、革命传统教育、廉洁教育、法律法规教育、感恩教育、孝德教育、安全教育等，把立德树人落到实处。强化学生素养提升，促进学生全面发展，开展“一人一艺”活动；开展师德师风学习，促进教师终身学习；加强员工技能培训，提升员工业务能力。努力培养出新时代的“四有”慧美老师、绿美学生和慧勤员工。

【教学管理】 谢岗镇中心小学强化教学常规管理，提升教学质量。2015 年，规范教学日常管理，落实课程标准，促进学生知识学习均衡发展。2016 年，完善学校四级管理体制（校长室、各行政办公室、科级组、班级），明确管理目标，建立管理秩序和考核制度，教师多人次在市镇论文、微课制作等方面获得奖项。2017 年，全面推动学校内部管理体制改革、创新，在依法治校、依法治教的基础上，加强机制建设。全校教师在市级论文、优课、微课、课例评比中有 38 项获奖，其中获市一等奖 7 项，二等奖 13 项；学生参加市以上学科竞赛有 8 人次获奖。2019 年，围绕“绿教育”，完善各项管理制度，优化管理程序，以“绿教育”为指导，组建行政服务中心、教师成长中心、学生发展中心、学科建设中心、家校合作中心，实现管理的扁平化，提供一站式服务。以课程标准、教材变化、学生认知特点为切入点，提高教学研究和课题科研的针对性、实效性、前瞻性，探究适合学校特点的高效课堂教学模式。深化课堂教学改革，最大限度激发教学智慧和学习智慧，关注学生不同特点和个性差异，发挥其优势潜能，提升学习能力。以校有特色、师有特点、生有特长为基本思路，以教学为支点，以科研为依托，以“上学生喜欢的课，做学生喜欢的老师”为重点，探索高效课堂，提升办学品位。引导教师在信息化条件下开展课堂教学，探索基于优质教学资源支撑的教与学方式的变革，推进智慧课堂

2019 年，谢岗镇中心小学举行《我和我的祖国》快闪活动

建设。积极开展“校本教研”活动，提升教师专业素养。

【教育信息平台建设】 2015—2019 年，谢岗镇中心小学加快学校网站和办公平台建设，建立资源共享空间，简化办公程序，建立教师教育博客、班级文化博客，展现师生积极向上的精神风貌。推进“慧资源”建设，整合优化教育管理应用系统，推动教学科研、管理服务和文化建设数字化、网络化、智能化，整合教育信息资源，加快学校教学设计、校本教材、优课、微课等“慧资源”建设，提升“慧应用”水平，运用云计算、移动教学、资源共享等互联网交互平台，大力发展在线学习、智慧学习等新型教与学模式，提升应用水平，加强“互联网+”思维下“名师共享”“同步课堂”“专递课堂”“名校课堂”“翻转课堂”等建设，推动智慧教育成为教育新常态。指导使用好“微课掌上通”，加强老师与家长间的沟通。

【提升校园文化品牌】 2016 年，谢岗镇中心小学以“健康·快乐·成长”为主题，开展第二课堂活动，培养学生兴趣特长，举办校园体育节和“文化·传承”剪纸展示活动，弘扬民族文化，展现全校师生心灵手巧、积极向上的精神风貌。

2018 年，推进阳光体育，组建低中高年级足球队，普及足球教育；抓好写字教学，组织开展师生书法比赛，参加省书法竞赛，激发学生写好字的积极性；打造书香校园，培养学生读书的习惯，开展经典诵读和阳光阅读，培养学生兴趣特长。

2018 年，以“绿教育”为核心，多方位开发学生课程，致力培养学生的核心素养和关键能力。在完成国家课程的基础上，开发全体学生共同参与的拓展课程——校本课程，开发培养学生多种兴趣爱好、促进学生个性发展的探究课程。通过大型乐器操场演奏、葫芦丝乐器演奏、唐诗操文艺展示、千人诵诗等活动，展现学生积极向上的精神风貌与成长风采。是年，学校组织学生参加东莞市第三届小学生运动技能展示，获团体二等奖。成功创建为“广东省书香校园”，经典诵读节目《祖国啊，我亲爱的祖国》获东莞市特等奖，规范汉字书写大赛获东莞市一等奖。学校足球队、篮球队在参加东莞市足球、篮球比赛中，分别获第三名，学校还获评“全国青少年校园足球特色学校”。

2018 年，谢岗镇中心小学开展第二课堂活动

2018年，谢岗镇中心小学绿韵朗银瓶诵队的节目《祖国啊，我亲爱的祖国》获东莞市2018年经典诵读比赛特等奖

5月9日，由东莞市科学技术博物馆举行的“科技进步活动月”走进谢岗镇中心小学，进行了科普剧、创意放飞航模展演、3D打印笔体验和千人震等系列科技活动，大大激发了学生的探究意识和创新能力。至2019年，学校共组建体育、舞蹈、绘画、书法、诵读、歌咏等24个兴趣班。

（撰稿：罗月秀）

附：2015—2019年谢岗镇中心小学领导名录

校长：

朱国斌（任至2018年2月）

罗月秀（2018年3月任）

副校长：

彭　凯（任至2018年2月）

郭子梁（2018年3月任）

彭盛森（2018年3月任）

袁建雄（2019年6月任）

谢岗小学

【谢岗小学概况】 谢岗小学创办于1925年。2010年11月，完成教学区升级改造，建筑面积7186.6平方米。学校分教学区和运动区。学校有18个教学班，设有12个功能室；运动区设有200米环形塑胶跑道、1个小型足球场、3个标准篮球场、1个排球场、2个羽毛球场。

【素质教育】 2015年，谢岗小学编排的节目《游子吟》在东莞市中华经典诵读大赛中获三等奖。

2016年，葫芦丝独奏节目《金孔雀轻轻跳》在东莞市第九届少儿艺术花会中获音乐类铜奖；在广东省第九届中小学“暑假读一本好书”活动中，获“优秀组织奖”，其中教师谢瑞珍辅导的学生谢启浚获二等奖。

2017年，学校档案室被评为“广东省特级档案管理单位”，校小社团被评为“东莞市优秀红领巾小社团”。学校获得2017年度谢岗镇小学（公办）教育综合考核一等奖。

2018年，学生在参加东莞市第二届校园定向运动比赛中，有7人次获奖。2018年12月，开展以“爱护自然，科技在我身边”为主题的、为期一周的科技活动，开展科普读书，观看科普视频、科幻画，动手操作等活动，让学生在活动中充分体验科学的乐趣。

2019年10月16日，谢岗镇“体验科学”流动科技巡展活动在谢岗小学启动。该活动集科学性、知识性、趣味性于一体，展览划分为两大展区，包括“科技巡展展区”和“昆虫展区”，内容涵盖“声光体验”“电磁探秘”“运动旋律”“生命奥秘”“数学魅力”等，展品涉及物理学、电学、磁学、光学、力学、天文、地理、生命探秘、社会科学等多个领域，搭建了教学与科研创新的平台。11月27日，谢岗小学在东莞科技馆协助下举办“玩转科学活动”。该活动分3个部分，第一部分是科技课《玩转科学小制作》，第二部分是科学秀，第三部分是创意航模展演。

从2018年至2019年，谢岗小学积极开展国家义务教育质量监测结果应用，开展监测结果报告解读及撰写案例的培训，教师撰写的应用案例获市级以上奖项二等奖1人次，三等奖3人次。

【教育科研】 2017年，谢岗小学语文学科在东莞市教育科研“十三五”规划课题中有2个立项课题成功结题，其中教师谢带英主持的课题报告《小学语文课外阅读有效拓展的策略研究》，获东莞市优秀教育教学成果三等奖。

2018年，有3个课题成功结题，其中教师谢惠芳主持的课题报告《小学中年级数学拓展性作业的实践与研究》，获东莞市优秀教育教学成果三等奖。同年，谢岗小学英语学科课题申报成功。

2019年，语文学科和体育学科课题申报成功。其间，与振华学校、华翔学校开展校际交流活动，多次应邀送讲座到这两个学校，为谢岗镇民办学校搭起示范平台，也为谢岗小学教师成长搭建展示自我的平台。是年，校内教师每周公开课数量达29节、36人次。公开课创新教学模式，通过“双师教学”促进学校教研活动，同时实行老教师一带一授课活动，为新教师成长创造机会并搭建平台。

【名师培养】 2015年，谢岗小学大力开展名师、骨干教师培养活动，为教师成长提供平台。是年，谢连钦被评为东莞市中小学第二批信息技术教学能手。

2016年，郭天赐被评为东莞市中小学体育与健康第二批教学能手。

2019年，谢带英、梁丽丽分别获评东莞市小学语文第三批教学能手。同年，谢带英被认定为谢岗镇小学语文名师工作室主持人，通过工作室的教研活动引领全镇小学语文教师成长。

2015—2019年，谢岗小学共有镇级学科带头人7人，东莞市小学教学能手4人。

（撰稿：谢带英）

附：2015—2019年谢岗小学领导名录

校长：

李瑞明（任至2018年3月）

朱国斌（2018年3月任）

副校长：

魏秀梅（任至2018年3月）

曹均镜（2018年3月任）

2019年，谢岗小学开展安全教育

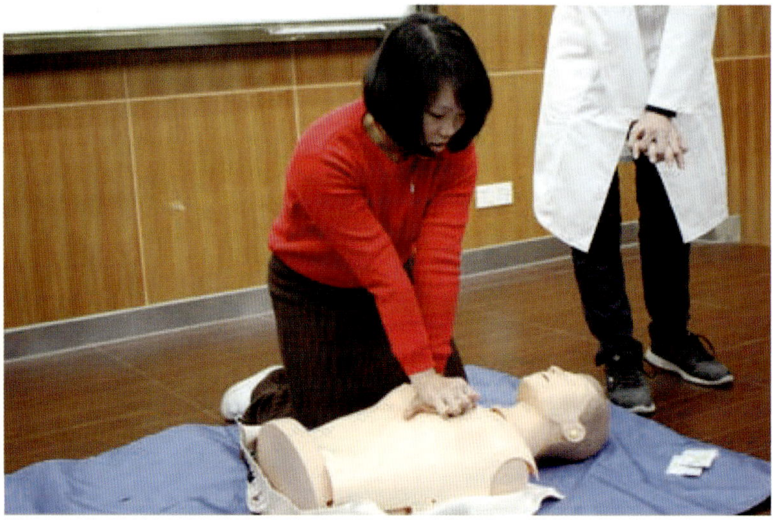

2019年，谢岗小学开展生命教育主题活动

黎村小学

【黎村小学概况】 2015—2019年，黎村小学以育人为本，发扬开拓进取的精神，有计划、有步骤地开展教育教学工作。

2016—2017年毕业会考中，黎村小学学生语文、数学、英语三科平均分、合格率、优生率均名列全镇前茅，被评为谢岗小学教学质量优胜奖。

【打造平安校园】 2015年，黎村小学建立安全领导小组，明确班主任和任课教师的安全职责，让每一位教师树立安全责任意识。同时，对校园内外进行安全隐患排查，加强对校园周边的整治力度。新购进一批安保设备，组织保卫人员学习专业知识，与黎村派出所、黎村治安队进行沟通，请他们加大对学校上学放学期间的巡逻力度，确保学校师生、学生家长的安全。其间，学校还利用墙报、班级黑板报加大宣传力度，利用校会、班队课、国旗下的讲话等对学生进行交通、食品卫生、用电、防火教育，教育学生进行自救、自护的基本常识，并开展应急疏散演练。在周末和假期前，通过短信平台发信息给家长，提醒家长配合做好安全防患。此外，邀请法制副校长上法治教育课，提高全校师生的学法、守法、用法意识。在校车运营安全方面，学校成立校车管理工作领导小组，明确分工，层层落实责任。与校车司机、随车人员签订校车行车安全工作责任书，每月定期组织司机、跟车人员进行安全学习。开展校车运行途中应急演练，让司机、跟车人员、学生掌握突发事故的应急处理方法，养成遇事冷静、稳当有序的好习惯。在车内安装GPS卫星定位仪、车内监控、后车雷达，提高校车安全系数。

2018年，学校安全领导工作小组每月定期对校园内外进行安全隐患大排查，把日常安全工作分解落实到各班主任、任课教师、校车司机、跟车人员、清洁工、保安员等工作中。暑假期间，镇政府拨款3.8万元对4幢教学楼和教师宿舍修理整治，消除了安全隐患。同时，学校不定期与黎村派出所、黎村治安队进行沟通，加强治安巡逻力度和校园周边的治安整治排查，确保师生的安全。同时加大安全宣传力度，全年开展4次应急疏散演练。每周放假前各班主任都开展防溺水安全教育，每天下午放学期间都播放防范溺水广播提醒学生，并通过信息平台向家长发送关于防范溺水安全信息。其间，还严抓食堂食品安全。成立以校长为首的学校食堂安全工作领导小组，每学期初，专门召开食堂安全工作会议，明确职责和具体分工，要求学校后勤人员提高食堂安全工作意识。3月和9月，邀请市、镇食药监局人员到校检查食品安全，对食材样品进行抽样检查。6月2日，学校被东莞市评为“依法治校示范学校”。

2019年，学校安全工作小组每月定期对校园建筑、树木、食品、场地及设备设施等进行安全排查并记录，发现问题，及时整改。加强学校的安保工作，落实来访登记。成立防溺水安全工作小组，明确各成员的工作职责，在周末或小假期里，不定期对学校周边的水域进行巡查。加强与黎村派出所沟通，学生上学和放学期间，要求派两名治安员到场监督。同时，通过不定期召开校会、主题班会课、国旗下的讲话等对学生进行交通安全、食品安全、用电安全、防溺水安全等方面的安全教育。4—11月举行防溺水倡议和签名、发放《致家长的一封信》、签订防溺水“六不”承诺书、召开防溺水专题家长会及主题班会、“千师访万家”家访等活动，通过多渠道的宣传工作，努力提高学生家长的监管责任和学生防溺水

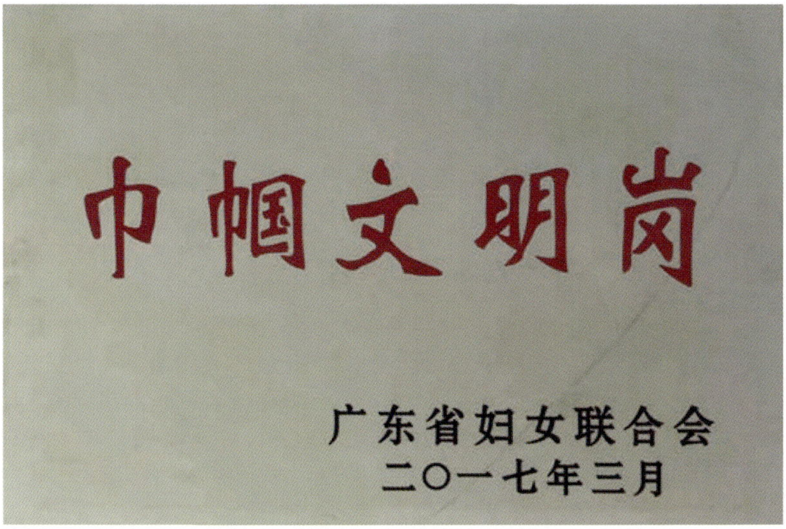

2017年，黎村小学被广东省妇女联合会评为“巾帼文明岗”

的安全意识。在食堂食品安全方面，做好食品来源的把控和台账登记，定期对直饮水进行检测，请镇食药监局相关人员到校检查食品安全工作，要求厨房工作人员定期到医院体检，实行持证上岗。

【德育教育】 2015年，学校以德育为先导，推动规范化建设。利用宣传栏、黑板报进行德育宣传和教育，为学生创设文明、向上的学习环境；推广成功的班集体建设经验，着眼于日常行为规范教育，并以“检查、评比”作为保障机制。在社会和家庭方面，加强与学生家长的联系、交流，通过开设家长学校、家长座谈会、向家长征询意见等方式，交流信息，沟通思想。贯彻落实《中小学生守则》和《小学生日常行为规范》，重点把文明行为放在习惯的养成上，并结合纪念日教育活动、学科教学活动、自主性班队活动，促进学生良好习惯的养成。同时，深抓德育研究，以立项课题促学校德育建设。开展“光盘”行动、班级文化建设，撰写德育校本教材。校本教材《勤俭节约手册》成功出版，并在全市32个镇街推广。

2016年，加大社会主义核心价值观宣传力度，“以小手拉大手”的形式，从班级文化、校园文化到家庭亲子践行，把社会主义核心价值观渗透到全校师生及家长的心里，“从我做起，做文明公民”，为社会文明建设添砖加瓦。利用学校编印的校本教材《小学生勤俭节约手册》，开展相关主题班会教育，各班结合纪念日教育活动、学科教学活动、自主性班队活动的开展，把日常行为规范训练落到实处，并以每周“检查、评比”作为保障机制，推动和促进青少年思想道德建设。

2015年，黎村小学出版校本教材《小学生勤俭节约手册》

2018年，学校加强与家庭之间的沟通，建立和健全家长委员会，通过每学期召开两次家长座谈会和不定期召开家长委员会等途径，组织班主任深入了解困难家庭、单亲家庭的困难，征求家长对学校的意见，不断改进工作，把温暖和关怀带给学生，把校内和校外的育人工作做好，以此推动和促进学生的思想道德建设，使学生从小养成良好的品质、心理素质和行为习惯。是年5月，建立家长义工服务队，让学生家长协助参与学校的教育教学秩序和管理，了解学校的教学工作和开展的教育活动。根据学校实际，还制定《黎村小学文明班评比方案》，组建值日生队伍，由德育处管理指导，逐步实现学生的自我管理。同时实行每天班级量化评比、每月评出6个“文明班”并进行颁奖、总结，让学生养成良好的行为习惯。

2019年，黎村小学开展德育教学研究，并把研究成果运用到教学实践中。重视校园文化与班级文化建设，利用宣传栏、黑板报进行宣传教育，引导学生养成良好的行为习惯。定期开展相关主题班会教育，结合学雷锋活动月、母亲节、父亲节、国庆节、感恩节等，让学生养成良好的优秀品质，并以每天的检查、评比作为保障机制，每月评出6个“文明班”进行颁奖。结合家庭共同开展德育教育。学期初召开六年级毕业班家长会，4月召开防

2019 年，黎村小学开展德育主题班会活动

溺水安全工作家长会，5 月召开学年第二学期中段家长会，并启动“千师访万家”家访活动，11 月召开 2019—2020 学年第一学期中段家长会。通过召开家长会和家访，加强家庭与学校之间、家长与教师之间的沟通联系，不仅加强了学生在校、在家的监管和德育教育，还促进了学生良好思想品质的形成和学生的身心健康。

【教学管理与教研】 2015 年，黎村小学重视开展教学教研工作，提高教师的课堂教学能力。采取组织中青年教师开展上示范课、向市教研会申请语文和英语学科骨干到学校传经授课、组织教师到塘厦林村小学学习等方式，使教师的课堂教学效果和教学质量有了显著提高。

2016 年，经常派教师参加市镇的教学活动，学习先进的理念和教学方法，并结合黎村小学实际，在校内组织示范交流课，让理论运用于实践中，提高老师的课堂教学能力。其间，学校还多次派骨干教师到其他学校进行经验送课，与其他学校的优秀教师共同研讨，以提高教师的课堂教学驾驭能力和教育科研的能力。

2017 年，与华翔学校进行结对帮扶，多次派出骨干教师到华翔学校进行经验送课，与华翔学校的老师们共同研讨，带动两校教师的课堂教学驾驭能力和教育科研能力。

2018 年，认真抓好常规教学和管理，教导处和各科组制定学期工作计划、每月工作重点，不定期对教职工进行督查指导，组织行政人员深入教师课堂听课和指导工作，力求让新教师尽快步入教学轨道、让落后的科目得到提升。同时，不断加大对教职工的培训力度，开展校本研修和教育教学科研活动，提高教师的业务水平和科研能力。派出教师参加市镇教学活动，学习先进的理念和教学方法，并结合实际，在校内开展校本研修活动，组织示范交流课，让理论运用于实践中。是年，学校立项的语文课题完成研究并结题，立项的数学课题“基于学情分析的小学数学前、后置作业题设计及实施研究”开题，立项的德育课题“互联网 + 时代下家访工作的实践研究”开题。

2019 年，认真抓好常规教学和管理工作，教导处和各科组制定学期工作计划、每月工作重点，不定期对教职工进行督查指导，严格按照谢岗镇小学教育质量综合评比评分表要求，加强教师课堂教学工作的交流，全面提高学校的教学质量。年内，大力开展校本教研和教育教学科研活动，组织示范交流课，让理论运用于实践中。先后开展了“黎村小学首届青年教师赛课比赛”和中层干部示范课，营造浓厚的教研氛围。同时，积极响应市镇举行的新课程培训、观摩课、公开课比赛、论文评比、岗位培训等活动，定期开展校本公开课，共同研究、互相促进；加强对新教师的指导和培养，实行“师徒结队”，积极开展新课程实验培训和青年教师、骨干教师培养工作，做到有计划、有目的、有成效，定期做好各阶段性的教学反思与总结，努力提高学校的教育教学质量。

【改善教学设施与教学环境】 2015 年，黎村小学完成教室平台硬件改造，让师生能在教室运用多媒体技术进行教学，提高师生教育教学的效率。5 月 21 日，学校综合教学楼及食堂改造工程通过投标，于 6 月动工。

2016 年 2 月，食堂的硬件改造和功能楼的建设基本完成。下半年完成综合功能楼的教学设备装配，并投入使用。

2018 年年初，学校二期改建工程分两期投入 5500 万元进行改建，其中运动场改建于 9 月 10 日动工，教学区改建工程因地制宜、分步实行改建。

【主要荣誉】 2015 年，黎村小学德育课题“‘三位一体’培养小学生勤俭行为的研究”结题，出版的《小学生勤俭节约手册》在全市 32 个镇街推广。教师罗柱森被评为南粤优秀教师，教师罗立华被评为东莞市小学数学教学能手，教师罗风珍的优课《彩色的翅膀》获市三等奖，教师罗婉佳和谢慧仪的微课《彩色的翅膀》获市三等奖，教师罗秀珍和罗丽英的微课《彩色的翅膀》获市三等奖，教师罗艳萍的美术微课《有趣的吊饰》获市三等奖，教师罗秀珍的音乐微课《钟声叮叮当——弱起节奏与不完全小节》获市二等奖，教师罗丽芳的音乐微课《钟声叮叮当——fa si duo 的手势教学》获市三等奖，教师陈计全的信息技术微课《秋游去》获市一等奖，学生叶怡静的书法作品获省粤星杯小学生硬笔书法大赛一等奖，学生陈子璇的手抄报获语文手抄报中年级组一等奖，学生罗韵晴被评为“2015 年度东莞市优秀少先队员”。学校五（二）班中队获 2015 年度东莞市少先队先进中队，学校获“第四届东莞市中小学大课间体育活动”评选三等奖，黎村小学三（二）班中队被评为“2015 年度东莞市少先队先进中队”。

2016 年，教师罗爱兰的数学设计《用小正方形拼图周长最短问题》获市二等奖，教师罗柱森的数学教学设计《掷一掷》获市二等奖，教师罗婉佳、陈计全、林惠勤的微课均获广东省小学、幼儿园“微课”作品征集评选优秀奖，教师谢慧仪的论文《让骨感“语用”丰满起来——浅谈小学生语言文字运用的培养》获市三等奖。在镇小学语文手抄报比赛中，学生罗栩彤、张银芝、刘佳桐、简晓莹、姜心语等的作品获中年级组一等奖，学生钟瑞梅、罗裕柔的作品获高年级组一等奖。由教师罗艳萍辅导，学生罗栩彤、邓雪怡、罗泳诗创作的绘画类作品在 2016 年山区片“翰墨颂中华，薪火传经典”青少年书画大赛中，均获优秀奖。

2017 年，语文科组获“广东省巾帼文明岗”称号。教师罗柱森的教学设计《情到浓时口自开——珍惜资源》获省三等奖，教师温金文的论文《橡皮筋训练对短跑摆臂技术的影响》获市二等奖，教师谢慧仪的论文《一词一世界 一文一天堂》参评小学语文优秀教学论文并获市三等奖，教师罗柱森的教学设计《珍惜资源口语交际》参评小学语文优秀教学设计并获市二等奖，学生王启源参加“2016 年东莞市第十一届中小学生书信活动”并获三等奖。

2018 年，学校被评为“东莞市依法治校示范校”；教师罗锦平被评为“南粤优秀教师”；教师罗锦平的特殊教育论文《引导普通学生参与融合教育的策略探索》获市一等奖；教师罗秀珍参加东莞市第二届少先队辅导员技能大赛，并获三等奖；学校的经典诵读节目《慈母诵》获市三等奖。学生张银芝获东莞市第十二届书信比赛一等奖；学生张银芝获广东省“阅读之星”称号; 学生黄靖轩获广东省第八届“粤星杯”小学生作文大赛二等奖，学生刘佳桐、黄博霖分获广东省第八届“粤星杯”小学生作文大赛三等奖。

2019 年，学校获评广东省“青少年环境知识科普课堂——生命之水”主题活动优秀组织单位，获第十二届广东省“暑假读一本好书”活动优秀组织奖，获评东莞市少先队红旗大队。教师罗秀珍获“广东省校园红领巾广播站优秀广播员”称号；教师罗婉佳、莫焕霞评获广东省“青少年环境知识科普课堂——生命之水”主题课堂活动优秀讲师，教师罗柱森获东莞市第五批小学数学学科带头人称号，教师罗秀珍获东莞市优秀少先队辅导员称号，学生张银芝获东莞市优秀少先队员称号；教师温金文获“东莞市优秀教师”称号；教师罗东友、罗毅成辅导的学生简晓滢和张银芝获广东省首届中小学生书信大赛优秀奖，教师罗东友、罗丽英获第十二届广东省“暑假读一本好书”活动优秀指导奖；教师罗柱森的论文《依托勤俭节约课程建设不断提升学校办学品位》获市二等奖；教师罗丽芳的优课《枫树上的喜鹊》获市三等奖; 教师罗立华的优课《角的度量》获市二等奖；教师罗柱森的教学案例《以数形结合思想，助归纳推理培养》获市二等奖；教师温金文的论文《教学环节对学生运动能力发展的影响》获市三等奖；教师罗艳萍指导学生参加“环保智多星”环保知识竞赛并获市三等奖;教师罗炳柱的论文《小学综合实践活动课程的“微变”》获市三等奖;教师罗艳萍的论文《浸润表现性教学 折射智慧课堂》获市三等奖；教师罗东友指导学生参加“朝阳读书”的演讲作品《祖国啊，我为您点赞》和朗诵作品《我为伟大的祖国点赞》均获市三等奖；教师罗艳萍参加东莞市第十一届规范汉字书写比赛（教师组）硬笔并获二等奖。

（撰稿：陈计全 罗东友）

附：2015—2019 年谢岗镇黎村小学领导名录

校长：

罗月秀 （任至 2018 年 2 月）

李瑞明 （2018 年 3 月任）

副校长：

黄国忠（任至 2018 年 2 月）

罗柱森（2018 年 3 月任）

谢岗中学

【谢岗中学概况】 谢岗中学原为1965年建立的谢岗农业中学。1968年9月，学校改为全日制普通初级中学，更名为东莞县谢岗中学。2004年，东莞市对高中布局进行调整，谢岗中学高中部停止招生。至2019年，谢岗中学共有26个教学班，学生1405人，教职工105人。

2015—2019年，谢岗中学全面实施素质教育，一心一意抓教学，千方百计上质量，切实加强学校管理，不断提高教育教学质量，并取得可喜成绩。2015年在全市教育工作综合考核评比中，谢岗中学被评为优秀单位。同年，学校被环保部评为“全国生态文明教育示范学校”，还被广东省环境保护厅授予“广东省环境教育基地”称号。2016年，在东莞市教育质量综合评比中，谢岗中学获优胜奖；同年，学校被广东省环保厅、教育厅联合推荐参评为“2017年国际生态学校”，也是东莞市唯一获此殊荣的学校。学校开发的校本教材——《环境与科普教育探索读本》获市教研成果一等奖，学校生物科组被评为“广东省先进学科组”。2017年，学校在东莞市教育质量综合考核中被评为优秀单位；获“广东省校园足球特色学校”“全国校园足球特色学校”“广东省推广观鸟实践活动先进单位”“东莞市文明校园”等称号。

【教师队伍建设】 2015年，谢岗中学重视教师培训及进修，学期内安排教师外出听课30多人次；组织好教师开展掌上通、微课、慕课等技术教育和校本培训，使教师在实际工作中不断充实和更新专业知识，有力地促进教学工作。同时，学校还重视班主任队伍建设。除要求班主任做好常规工作外，学校还通过坚持每两周一次的班主任培训活动、每月一次的班主任工作考核、每学期一次的班主任竞赛等活动，提升他们的育人能力。

2015年12月，谢岗中学获评为“2015全国生态文明教育示范学校”

2016年，坚持“以会代训”，学校定期召开班主任例会，探讨、交流班级管理经验，积极探索创建优秀班集体的有效途径；同时进一步完善班主任工作量化管理方案，实行班级量化管理制度，对班主任日常工作的考评更具体有效，真正起到表彰先进、激励全员的作用。

2017年，学校发挥班主任在班级管理、德育教育、文化建设过程中的核心作用，不断提高班主任素质，明确责任与目标，落实任务与要求，使班主任心中有压力、行动有方向。对班主任的考核有依据并与绩效挂钩。

2019年，学校着力加强教师职业道德建设。学校经常组织教师学习党报、党刊和先进教师的感人事迹，不断提高教师的政治思想素养和职业道德水平，打造互相合作、共同提升的团队精神；签署师德师风承诺书，切实做到“学高为师，身正为范”；健全制度管理，提高教师从教的纪律性。学校根据教育发展的新变化和学校自身的实际，用规章制度严格约束、引导、修正、规范教师的教育行为和劳动纪律，保证学校正常的教育教学秩序。是年，学校坚持引进来走出去相结合的方式，鼓励教师参与各类学习活动，组织30多名教师到珠海名校参观、学习；组织18名科组长、备课组长到深圳名校参观、学习，委派部分教师到杭州等地学习。

【德育教育】 2015年，谢岗中学通过开展丰富多彩的活动，加强德育工作管理。首先是加强法治、安全教育。学校组织全校学生收看法治教育专题片，组织师生开展防震、消防应急疏散演练活动。加强心理健康教育。学校邀请谢岗医院的医生到校举行防流感、青春期卫生教育等知识讲座，组织学生到社区卫生院观看健康知识宣传橱窗。开展家庭教育和社区社会实践教育活动，建立学校、家长、家庭三结合的联系网络。班主任利用“掌上通”平台，及时与家长沟通，协同教育，形成学校、家庭、社会共同抓好德育工作的合力，提高德育教育效果。同时，学校通过家长会、告家长书等形式对家庭教育的内容、方式、方法进行指导，及时向家长通报学校各方面的情况，宣传教育新理念、新方法，详细解释学校的新措施、新做法。学校还创设多种途径让学生走出校园，参加实践活动，如参观虎门海战博物馆、孙中山故居，让学生更好地接受爱国主义传统教育。

2016年，学校先后举行了“五个一”活动、“科普教育”等大型主题教育活动。同时，学校充分发挥法制副校长、法制辅导员作用，加强校警联动，抓好学生活动安全、交通安全、卫生安全、生活安全等教育，定期举行法治讲座，提升学生的法治纪律观念和安全意识技能。

2017年，学校组织班主任与东莞市石碣袁崇焕中学、惠州市河南岸中学、河源市紫金上义中学进行德育工作交流，做到取长补短。是年，学校利用每周一的升旗仪式和国旗下讲话以及每周的班会课，开展“尊师重教”活动，激发学生尊重知识、刻苦学习的热情；开展“国庆献礼”活动，激发学生爱国热情；开展“安全教育”活动，树立学生安全重于泰山的意识，并定期组织学生进行消防逃生演练活动；开展“法治教育”活动，组织学习《中华人民共和国宪法》，贯彻《中华人民共和国预防未成年人犯罪法》，对一些苗头性现象及时加以教育，杜绝学生不良行为的发生；开展“环保教育”活动，以学校被评为“国际生态学校”为契机，积极宣传环保的重要意义，教育学生从身边做起，从小事做起，树立良好的环保意识。

2019年9月，谢岗中学举办爱国歌曲进校园活动

2018年，学校构建德育常规管理体系，开展多种形式的主题教育活动。先后举行军政拓展训练、学典范树新风、体育艺术节等大型主题教育活动。同时，学校加强校警联动，创建安全文明的和谐校园。

2019年，学校实行“德育处—年级组—班主任”三级常规管理制度，形成各部门密切配合，班主任和任课教师共抓共管的纵向连接的德育工作体系。学校加强对“班级走廊”、橱窗、板报等班级文化阵地的布置，在把好舆论导向的同时，力求主题突出，图文并茂，充分发挥宣传教育功能。此外，学校大力推进“书香校园”进程，创设“时时受教育，处处受感染”的德育环境。

【教学改革】 2015年，谢岗中学以“新课程，新理念，新课堂”为主题，积极推进课程改革的实施。首先是加强教师的业务培训，提高业务素质。学校组织教师学习新课改的教学理念、教学策略和教学方法；以研促教，以教促研，帮助广大教师转变教育思想，更新教育观念，形成与新教育实验相适应的教育观、教学观、质量观与评价观。为实现“减负增效提质”，推进“学会学习”课堂教学改革，学校制定《谢岗中学深入推进“学会学习”高效课堂改革实施方案》。加强课堂教学研究，提高课堂教学水平，提高教学质量。9月，学校开展市级、校级骨干教师示范课活动；11月，开展青年教师研讨、汇报课活动；教研活动立足课堂、互听、互评、互教、互学，共同提高，并通过开展教研活动，使教师的教学理念上升到一个新的层次，解决一些实践

2018 年 12 月，谢岗中学校运会开幕

中困惑的问题，使高效课堂在教学中得到更好地贯彻和执行。开展结对子活动。教导处组织教研组在新老教师中开展“一帮一”结对子活动。通过结对子活动，新老教师互帮互学，取长补短。新教师尽快适应教学，老教师再上新台阶，促进教师专业发展，共同提高教学质量。抓好体育、卫生和艺术教育工作。学校严格执行东莞市“三项规定”，保证学生每天一小时活动时间，学校开齐音乐、体育、美术和健康教育课，保证课时；开展丰富多彩的教育实践活动，提高学生的审美能力。

2017 年，为顺应学生素质发展的要求，学校成立观鸟社团、葫芦丝社团、舞蹈社团、机械人制作社团、足球社、篮球社团、田径社团、生物学科、校园之声等近 10 个学生社团组织。学生通过参加社团活动，去感悟、构建自己的价值理想，让德育成为一种体验、一种无痕的教育。因此，学校的社团组织，每周定时、定内容、定地点开展训练。其中校园搭建的“明星闪耀 30 分”舞台，每学期以班级为单位进行轮流表演，学生在表演中没有华丽的服装、道具及音响，紧紧围绕“只要学生有才华，就可以在舞台展示”的出发点，极大地挖掘了学生的才艺，展示学生充满阳光、积极向上的精气神。

2019 年，学校进一步挖掘特色文化，开设特色课程，编印校本教材《鸟趣》。在此基础上，学校探讨楹联的入门课程，并成功申报为东莞市立项课题，且多次邀请东莞市楹联协会成员到校交流指导，提升学生楹联创作能力。

【教研成果】 2015 年，谢岗中学教师在市以上教研成果评比中有 13 人次获奖，其中获一等奖 1 人次，二等奖 9 人次，三等奖 3 人次。

2016 年，教师参与教育科研的自觉性增强，不仅重视经验的积累，更注重将经验上升到理论的高度，教师在参加市以上各类评比竞赛中取得较好成绩。其中苏敏娜撰写的教学论文及教学设计，参加省评比竞赛分别获二等奖和三等奖，谢东成获省初中生物教师教学质量二等奖；林卓容的优课获市一等奖、微课获市二等奖；彭盛森、朱艳群、黄琼欢获市微课、优课评比三等奖；张莹的绘画作品《携梦》获广东省书画创作活动评比优秀奖。

2018 年，校长张木胜与教师苏敏娜主持的课题成果《中学科普生态园建设与功能开发的研究》获广东省优秀教育教学成果二等奖，许航的展示课获广东省数学青年教师数学问题核心片段展示比赛二等奖，刘宁在全市班主任专业能力大赛中获三等奖，曹均镜在市第三批教学能手微课制作比赛中获三等奖，朱卓彬、谢锦尚、陈子深、开鹏忠、何嘉锐、张莉莉的论文获市二等奖，杨沈、吴忧的论文获市三等奖。

2019 年，学校坚持教育科研创新，在学习、实践与写作三者结合上推动教师专业成长，加强教学反思的指导与推广，使科研与教学真正做到一体化。年内，学校有 5 个市立项课题顺利结题，分别是“客家山歌进课堂的实践与研究”“基于 PM2.5 环境监测的中学生态教育实践研究”“基于编程的初中数学图形绘制”“STEAM 教育对物理教学的促进作用研究”“初中数学新授课‘五步自主导学’模式的实践研究”。是年，教师在各级各类活动比赛中获得优异成绩，有 30

多人次获论文、教学设计、科技创新大赛奖。其中苏敏娜、詹雪华、莫广霖等 3 名教师的课程作品《鸟趣》在 2019 年东莞市首届中小学“未来课程”设计大赛中，获“未来教师潜力奖”。

【中考】 2015 年，谢岗中学中考成绩取得历史性突破，平均分、合格率、优秀率、达到市六大校最低录取线人数创出最好成绩，第一次实现平均分、合格率超市标准。全校总平均分 564.94 分（市平均分为 564.28 分），超市平均分 0.66 分；合格率为 84.4%，超市合格率 1.9%。全校 700 分以上学生 15 人，达到东莞中学录取线人数 7 人，达到六大校录取分数线学生 40 人。

2016 年中考，全校总平均分 579.93 分，超市平均分 10.17 分，比上年增加 14.99 分；合格率为 86.59%，超市合格率 5%，比上年增加 3.10%。全校 700 分以上 16 人，达到莞中录取分数线 8 人，达到六大校录取分数线 55 人，创近十年来考取市重点中学的最好成绩。

2017 年中考，全校总平均分 588.38 分，超市平均分 5.73 分；合格率为 92.61%，超市合格率 7.62%。全校 700 分以上 10 人，达到东莞中学录取分数线 3 人，达到六大校录取分数线 33 人。

2018 年中考，全校总平均分 564.32 分，全市平均分 570.74 分，与市平均分相差 6.42 分，合格率为 85.97%，超市合格率 2.38%。全校 700 分以上 3 人，600 分以上 88 人，达到东莞中学录取分数线 2 人，达到六大校录取分数线 24 人。

2019 年中考，全校总平均分 598.93 分，与市平均分 601.73 分相比低 2.8 分，合格率为 87.21%，市合格率为 87.17%，超市合格率 0.04%。全校 700 分以上 42 人，达到东莞中学录取分数线 6 人，达到六大校录取分数线 47 人。

【打造特色教育名片】 2015 年，谢岗中学打造“绿色环境保护”特色教育名片。完善环境教育硬件。投入 200 多万元进行学校绿化建设，建成“飞鹅山”绿色生态园。加强校园文化建设，突出绿色环保主题，营建绿色文化走廊、透气带、树琴、五谷杂粮种植基地、中草药材区、楼顶降温区等 10 多个校园环境文化景点。加强校园环保宣传，利用飞鹅山地形，建造环境教育警示墙和展示墙、6 个环境教育宣传窗口，竖立多条环保标语，定期更换环保知识内容并组织师生观看，营造浓厚校园环保文化氛围。发挥

2017 年 2 月，谢岗中学被环境保护部宣传教育中心授予“国际生态学校项目绿旗荣誉学校”称号

学科教学阵地作用。学校定期组织教师集中学习环保教育政策法规，全年举办 15 场环保知识专题讲座，邀请国家、省市环保专家到校指导，选派干部教师参加省环境教育基地培训，提高教育队伍环境意识和环境教育能力；利用校园教育基地，在世界环境日、世界地球日等环境纪念日，开展各类主题教育活动，增强全体师生环保意识。积极推广环境教育，联合镇内公办、民办学校开展“我与小树共成长”实践活

2019 年，谢岗中学进行观鸟护鸟宣传

动。学校成立东莞市第一支观鸟队，定期开展观鸟爱鸟活动，并组织2次省观鸟活动交流会，吸引市各级学校、珠三角观鸟爱好者1000人次参加活动，提升环境教育影响力。加强特色文化教学，充分利用飞鹅山生态园，结合日常教学内容，开展五谷杂粮实践种植、桑蚕养殖、茶园实践、中草药种植等教学活动，引导学生活学活用，增强青少年对传统文化的认同感。

2016年，学校按照上级课程设置要求，各年级各班每周开设一节国际理解教育课，使国际教育课成为学生认识世界、融入世界的一个窗口，学会进行国际交流的知识和技巧，培养学生的国际视野。是年，生物科组先后两次组织学生到新加坡和中国香港开展观鸟活动，并与新加坡和中国香港两地中学生开展观鸟护鸟知识交流。

2018年，以绿色科普、快乐体育为突破口，大力打造绿色科普特色学校。相继开展了“大树古树保护”“我与小树共成长”“五谷杂粮科技实践活动”“观鸟护鸟科普活动”“种桑养蚕科技实践活动”“PM2.5环境监测与治理对策研究”等绿色科普特色活动。学校先后被评为全国生态文明教育示范学校、国际生态学校、广东省推广观鸟实践活动先进单位等。

【大课间体育活动】 2015—2019年，在省、市体育专家指导下，谢岗中学开展绿色健美大课间活动，引导、鼓励学生开展体育锻炼活动。2015年，在第四届东莞市中小学大课间体育活动评比竞赛中，学校的绿色健美大课间获得一等奖，并在市召开的体育大课间活动交流会上做经验介绍。

2015—2019年，来自多个省、市的约30批次团体到谢岗中学观摩大课间体育活动。

2018年，谢岗中学开展大课间体育活动

【特色教育获奖情况】 2015年，谢岗中学学生在参加市以上学科竞赛中有27人次获奖，其中获一等奖3人次，二等奖7人次，三等奖17人次。

2016年，在参加市青少年科技创新大赛中有4个项目获一等奖，2个项目获二等奖，学校获得优秀组织一等奖；在东莞市青少年（生物学）实验技能大赛中，获二等奖4人，三等奖4人；在东莞市第十一届读书节中小学生“梦·阅读”现场作文竞赛中，有1人获三等奖。

2017年，在参加东莞市中小学生独唱比赛中，初一（3）班的张嘉敏获一等奖，另有1人获三等奖；在东莞市青少年（生物学）实验技能大赛中，初一（8）班的杨泳琪、罗云舟、罗钰瑜、王东获均获二等奖；4人在独舞专场比赛中有2人获得三等奖；有3人获得第十三届东莞市中小学生电脑机器人竞赛三等奖；在东莞市第十二届读书节中小学生“梦·阅读”现场作文竞赛中，有1人获三等奖。

2018年，在参加东莞市首届中小学生观鸟比赛中，初二（1）班的赵易萌、黄龄影、香晓柔、刘于畅获一等奖；陈可盈在东莞市十二届中小学书信大赛中学组比赛中获一等奖，黄丽丹在东莞市初中语文现场写作竞赛中获二等奖，罗盈、黄龄影、杨泳琪等在全市中小学舞蹈比赛中获三等奖；杨宏恩在全市中学生田径比赛中获第五名，陈锋、邹力分别获得第六名、第七名。

2019年，在参加市2019年第四届广东省创意机器人大赛东莞区赛中，杨海涛、钟巧玲获一等奖；陶鑫、罗梓洺获二等奖。徐晋友、谢欢烨、叶文璟、廖俊文、张韶涵、罗淑宜、罗栩彤在参加广东省第二届青少年儿童科普作品大赛中，获一等奖。

（撰稿：杨沈）

附：2015—2019年谢岗中学领导名录

校长：

张木胜（2007年7月任）

副校长：

谢月光（任至2018年2月）

罗莫金（任至2019年6月）

彭　凯（2018年3月任）

黄明勇（2019年7月任）

东莞市谢岗华翔学校

【华翔学校概况】 东莞市谢岗华翔学校（以下简称华翔学校）创建于2003年9月，是经东莞市教育局批准，按市一级学校标准创办的九年一贯制民办学校。学校有一体机教学课室40个，学生1532人，教职工98人。学校占地面积2.66万平方米，依山而建，环境幽雅，绿草如茵，交通便利，集校园、家园、花园、乐园于一体。

【德育工作】 2015—2019年，华翔学校围绕“责任教育”办学理念，坚持“呵护金色童年，培养责任好少年”德育理念，以培育和践行社会主义核心价值观为抓手，全面开展德育工作。坚持利用红苹果评比墙对各班集体在“劳动、卫生、学习、纪律、两操、路队、活动”等方面进行综合评价。每周一举行升旗仪式，开展国旗下讲话、国旗下经典诵读、国旗下主题晨会表演，激发学生的爱国情怀，陶冶师生情操，强化师生的责任意识和荣誉感。推行《班主任工作手册》和《安全教育手册》规范德育管理工作。通过班主任会议、主题班队会、少先队文明岗、广播站、课间一分钟点评、文明班级评比、板报宣传等形式落实德育教育工作，把爱国主义教育、法治教育、安全教育、思想品德教育纳入德育课程，加强学生日常行为规范教育，保持良好的行为习惯。利用重大节日、纪念日深入开展主题德育活动，将各种活动与主题教育相结合，促进学生德育工作。

2017年，华翔学校获评“东莞市优秀民办学校”

【教学工作】 2015—2019年，华翔学校狠抓教学常规要求的落实，从保证教学时间到教学质量考核考评，从教师教案备写到学生作业批改等日常工作入手，进行扎实的检查和考评。每月28日定期全面检查教师的业务情况并记录在册；坚持集体备课制度，每周组织教研活动不少于3次。加强随堂听课，组织行政成员、教研组长深入课堂听课，校级领导听课不少于20节，教师听课不少于15节。积极开展灵活多样的教研活动，为教师搭建展示平台，促进教师教学技能的提升。积极选派青年教师参加各级教学比赛并取得优异的成绩。

【主要荣誉】 2015—2019年，华翔学校教学质量稳步提高。

2017年获“东莞市一级学校”“东莞市先进民办学校”“东莞市优秀民办学校”“东莞市平安校园”称号。

2018年获“东莞市首批文明校园”“东莞市依法治校示范校”称号。

2019年获“广东省健康促进学校”称号。

【特色教育】 2015—2019年，华翔学校积极推进学校特色文化教育，以“一校一品”为发展平台，倡导“工工整整写好字，规规矩矩

华翔学校外景（摄于2015年）

华翔学校学生课余时间练习书法（摄于2018年）

做好人”理念，以书法为特色，创书香校园。全面落实学校书法特色教育的“12223”工程。2018年、2019年先后获镇级奖105次，市级奖9次（其中2次一等奖）。培养爱好书法学生300人次，提高学生写字能力1500人次。其间，学校完成市级课题“小学低年级学生良好书写习惯培养的策略与研究”，并于2019年11月出版校本教材《硬笔书法入门基础》。

在体育方面，华翔学校于2012年创办武术队，相继培养了一批武术爱好者，武术队员平均年龄只有10岁，但在校内外大型活动中均有精彩演出。2018年在参加惠州市举办的“中华武术大赛”中，获得团体优胜奖，有4人获一等奖。

（撰稿：叶金鹏）

附：2015—2019年东莞市谢岗华翔学校领导名录

校　长：

高教明（2012年3月任）

副校长：

高祖德（任至2017年12月）

刘明虎（2018年3月任）

东莞市谢岗振华学校

【学校概况】 东莞市谢岗振华学校（以下简称谢岗振华学校）创办于2002年9月，是一所经东莞市教育局批准的九年一贯制学校。

2019年，谢岗振华学校有教学班66个，在校学生3024人。校园占地面积2.67万平方米，建筑面积1.42万平方米，环境洁净美观，硬件完善，文化氛围浓厚，充满现代气息。

【学校荣誉】 谢岗振华学校依法治校，以德立校，秉承“面向全体、发展个性、立足教育、奉献社会”的办学宗旨，遵循“享受成长、体验成功”的理念，以“崇德尚美、健体立志”为校训，以“文明和谐、求知进取”为校风，以“爱生、勤教、敬业、严谨”为教风，以“笃学、广思、勤奋、创新”为学风，开展丰富多彩的第二课堂，办学成效显著，相继获“东莞市平安校园”“东莞市五星级党支部”“东莞市少先队红旗大队”“东莞市一级学校”“东莞市现代教育技术实验学校”“东莞市教学资源深度应用试点学校”“东莞市依法治校示范校”“东莞市蓝天救援队振华学校校园安全教育示范基地”“广东省青少年校园足球推广学校”“广东省毒品预防教育示范校”“广东省健康促进示范校”“北京理工大学珠海学院实践教学基地”“全国青少年校园足球特色学校”等称号。

【完善教学设施与教学环境】 2015—2019年，谢岗振华学校不断完善教学设施，改善教学环境。2015年8月，斥资重新修建校大门，校园地面贴大理石。2016年、2017年，在各班级安装一台70寸希沃一体机，学校建成一间录播室，实现校园监控全覆盖，建成50人电脑室、国学室和机器人室各1间；校园三防建设设施齐全，在校门口设置防撞设施，设置学生行走安全通道并用永久标志隔离，使人车分流，兴建停车棚。2018年、2019年，建成室内篮球场、平板实验班、图书馆、心理健康咨询室和有48台高配置电脑机房1个。

【安全教育管理】 2015年以来，谢岗振华学校重视校园安全工作，利用校园广播、一体机、微信公众号、微课掌上通公众号、抖音、微视频等多种载体，学习、宣传和报道学校的安全教育工作。利用宣传栏、黑板报进行德育宣传和教育，为学生创设文明、健康向上的学习环境；每周例会上，班主任轮流交流发言，推广成功的班集体建设经验，着眼于日常行为规范教育，并以检查、评比促进日常管理工作。在社会和家庭方面，加强与学生家

谢岗振华学校校园（摄于 2019 年）

长的联系、交流，通过开设家长学校和召开家长座谈会等方式，向家长征询意见，交流信息，沟通思想。贯彻落实《中小学生守则》和《小学生日常行为规范》，重点把文明行为放在习惯的养成上，并结合纪念日教育活动、学科教学活动、班团队活动，促进学生良好习惯的养成。

校园内建立视频监控系统，配备安保装备，安装 110 联网紧急报警按钮、一呼百应及来访 APP 登记系统；每年组织全体学生体检，每天开展因病缺课追查登记报告及周汇总；为教职工购买雇主险及社保部门的五险一金，保障教职工安全。学校食堂 2018 年通过量化等级 A 级验收，食堂工作人员均持有效的健康证上岗；建立食堂管理台账，食品定点采购，索票索证齐全，有谢岗镇蔬菜检测凭证；做好食品留样登记记录，实行领导陪餐制度。

【教学教研】 谢岗振华学校实行大科组管理制，由学校行政领导担任学科负责人，教学和教研分别由行政领导主管，科组长、备课组长协助的管理模式，多管齐下为教育教学保驾护航。

2018 年，谢岗振华学校举行“全国青少年校园足球特色学校”揭牌仪式

2017 年，谢岗振华学校在初中部设立一个资助班进行试点，每年对优秀学子给予表彰。同时，每学年通过召开迎新会、结对帮扶等举措，让新成员尽快融入振华大家庭。学校董事会设立行政跟岗职位，让更多的人得到锻炼，并成为他们成长的台阶。各学科认真抓好常规教学和管理，教导处、教研处和各科组制订学期工作计划、每周工作重点，不定期进行督查，行政人员深入教师课堂听课和指导工作。同时，不断加大对教职工的培训力度，开展校本研修和教育教学科研活动，提高教师的业务水平和科研能力。派出教师参加市镇教学活动，学习先进的理念和教学方法，并结合实际，在校内开展校本研修活动，组织示范交流课，让理论运用于实践中。

2018 年，谢岗振华学校语文科组 2016 年立项课题“民办小学语文习作互评互改实践研究”完成研究并结题。之后，谢岗振华学校又开展“利用微课掌上通优化学校信息管理策略的研究”“利用云数

2019 年，谢岗振华学校举办家庭德育教育暨感恩教育活动

2018 年，谢岗振华学校师生表演节目

2019 年，谢岗振华学校举办教师奖励活动

据构建小学语文智慧课堂模式的实践研究”等课题。

（供稿：谢岗振华学校办公室）

附：2015–2019 年谢岗振华学校领导名录

校　长：

朱贤杰（2015 年 9 月任）

副校长：

杨灼兵（任至 2019 年 7 月）

李双全（2018 年 10 月任）

崔连湘（2018 年 10 月任）

谢岗镇成人文化技术学校

【成人文化技术学校概况】 1989 年，谢岗镇成人文化技术学校（以下简称谢岗成校）建成使用，占地面积近 1000 平方米。2019 年 6 月，谢岗成校搬迁到谢岗中心小学办公，有在编教师 4 人、临时聘用人员 1 人。

【宣传交流】 2015—2019 年，谢岗成校积极开展宣传交流活动，并把宣传工作下沉到具体工作单位，动员各公办、民办幼儿园园长、中小学校长和各村社区分管教育的领导，协助做好成校的各项宣传工作，引导居民和企业员工改变观念积极投身学习中来。

由于人员偏少，条件简陋，多年来皆以成人学历提升为主。2019 年春季、秋季招生工作中，校长谢月光和副校长黄国忠到相关单位和各村（社区）、企业做招生宣传工作，宣传成校的性质、职能，宣传成人教育的意义，与镇团委探讨“圆梦计划”的招生策略，通过多方面努力，取得一定成绩。2017 年招生 37 人，2018 年招生 43 人，2019 年招生 54 人，招生率提高了 16.2%，每年招生人数都呈现增长趋势。

2019 年，向兄弟学校学习取经，到东莞职业技术学院、东莞理工学院城市学院交流，寻求素质高实力强的大学友好合作，分管教育的镇领导不断了解谢岗成校的发展状况、发展计划等，不但给谢岗成校的发展激发动力，更给谢岗成校的发展指明了方向。

【教学管理】 2015—2019 年，谢岗成校为使各项工作规范化、制度化，严格抓好常规教学的管理，把办班计划、教学实施、考勤考务、成绩登记、毕业生跟踪调查等具体工作落实到位，健全学员管理规程，建立健全各项规章制度，使学校工作有章可循。教学管理注重以人为本，尽量为学员提供方便，灵活安排上课时间。做好学员的考勤管理，制定考勤制度，要求学员都积极参加面授，逐步完善学习制度，有效提高课堂教学质量，为毕业率的提高做好铺垫。

【农村社区教育】 2015—2019 年，谢岗成校按照镇政府工作思路，在产业转型工作中，加强社区的群众教育，提高社区群众的文化知识。与镇人力资源分局的人员一起，深入各村、社区，指导村与社区开展培训工作。2015 年，到社区、村开展育婴培训班、中色面点培训班，化妆、美容培训班共 10 多期，参加人数 900 多人次。通过培训，为群众提供选择就业的渠道，为社会的和谐、产业的转型升级提供保障。

【职工教育】 2015 年年初，谢岗成校组织人员深入谢岗镇内主要工厂企业，协助他们根据各自的需求，拟定职工培训计划，并规划开办时间，努力提高职工生产管理水平和文化修养。年内，共开展电脑培训、会计考证培训、维修电工培训等班有 20 多期，参加人员 1300 多人。通过培训，广大职工的实践操作能力得到提高，工厂企业的生产效益也有明显好转，职工教育方面收到显著成效。

（撰稿：谢月光）

附：2015—2019 年谢岗镇成人文化技术学校领导名录

校长：

刘长江 （任至 2018 年 2 月）

谢月光 （2018 年 3 月任）

副校长：

黄国忠 （2018 年 3 月任）

魏秀梅 （2019 年 7 月任）

2019 年 1 月 8 日，谢岗成校到金太阳幼儿园推广招生工作

2016 年 3 月，谢岗成校培训学员与教师合影

卫生·体育

医疗卫生综述

【医疗卫生机构】 2015—2019 年，谢岗镇从设有 30 个医疗机构发展到 38 个。从 2018 年设有 1 个医院、4 个社区卫生服务中心（站）、8 个村卫生站（所）、17 个门诊部，发展到 2019 年设有 1 个医院、4 个社区卫生服务中心（站）、11 个门诊部、22 个诊所（医务室），全镇医疗资源明显提升。

【医疗队伍】 2015 年，谢岗镇有卫生技术人员 267 人、执业（助理）医师 109 人、注册护士 112 人、药剂人员 22 人、检验人员 10 人及其他技术人员 14 人。到 2019 年，全镇有卫生技术人员 505 人、执业（助理）医师 183 人、注册护士 232 人、药剂人员 30 人、检验人员 18 人及其他技术人员 60 人。

【国家卫生镇复审】 2016—2019 年，谢岗镇自 2013 年成功创建国家卫生镇以来，根据国家卫生镇每满三年复审一次的工作安排，2016 年、2019 年相继通过了国家卫生镇的复审。

2016 年以来，谢岗镇除了常态化做好辖区内环境卫生、蚊虫消杀工作外，还在辖区醒目位置（如路口、公交车站、农贸市场等）通过设置横幅、广告牌、灯旗等进行宣传，全面营造迎复审创国家卫生镇的宣传氛围，并针对主干次道背街小巷的路面、基础设施完好情况，乱摆卖、乱搭建、乱扔垃圾情况，农贸市场卫生情况，公共厕所卫生情况等现场逐一查摆问题，细化谢岗镇国家卫生镇复审迎检工作任务分工表标准，逐一提出整治要求，组成了环境卫生督导小组定期或不定期对镇中心和 12 个村（社区）进行“地毯式”检查，对存在卫生问题的背街小巷和卫生死角进行拍照和记录，并把问题反映给相关部门、村(社区)要求尽快整改。通过多年来的巩固与提升，全镇环境卫生干净美丽，城市管理井然有序，环境空间得到较大提升。

【促进健康素养活动】 2018—2019 年，谢岗镇卫健部门制定《谢岗镇 2018 年度健康素养促进行动项目实施方案》《谢岗镇创建广东省健康促进区实施方案》，并成立领导小

2018 年 9 月 28 日，谢岗镇举办创建广东省健康促进区启动仪式

组和办公室。2018年8月15日及9月28日分别召开谢岗镇健康素养促进行动启动仪式、谢岗镇创建广东省健康促进区启动仪式。镇卫健局协同社区卫生服务中心、疾控中心积极开展讲座及活动，主动向群众、各村（社区）、学校、医疗机构做宣传，通过发放宣传小册子、开展活动讲座、义诊等形式宣传健康教育与健康促进、健康素养、职业病防治、艾滋病防治、防治碘缺乏病、防治传染病、手足口病、远离烟草等知识。在2018年健康促进项目中成功创建健康村（社区）3个，分别是大龙村、大厚村、南面村；健康医院2个，分别是谢岗医院、谢岗镇社卫中心；健康学校2个，分别是中心小学、振华学校；无烟单位6个，分别是中心小学、谢岗小学、黎村小学、振华学校、华翔学校、谢岗中学；戒烟门诊1个，即谢岗医院戒烟门诊；并在南面村建设健康主题公园及健康步道。2019年，谢岗镇持续推进健康促进项目，围绕创建省健康促进区工作，继续在学校、企业、机关、村社区创建示范单位。至是年年底，辖区内的医院、学校、村（社区）100%完成示范单位的创建，机关事业单位、工厂企业创建率也达到了促进区的标准。两年来，谢岗镇举办各类活动89场，有上万人次参与，其中举办健康中国行活动10余次。新建健康主题公园2个，分别位于南面村和稔子园村。其间，还开展居民健康素养水平和烟草流行监测，覆盖人群包括村（社区）常住人口、机关事业单位职工及中小学学生及教师。通过监测，2019年居民健康素养水平为23.4%，比2018年上升2.6个百分点；烟草流行率为20.9%，比2018年下降2.9个百分点，达到市级要求。谢岗镇创建广东省健康促进区工作顺利通过市级技术评估。

【传染病疫情防控】 2015—2019年，谢岗镇疾控中心、谢岗医院、社区卫生服务中心、卫生监督所等单位及相关民办医疗机构开展日常自查自纠活动，举办传染病防治培训班，活禽经营市场落实“1110”制度联防联控制度。2018年共开展8次布雷图指数检查，其中5次达标，2次低风险，1次高风险。2019年，结合“创建文明城市”工作，对公共场所从业人员的“五病”（痢疾，伤寒，病毒性肝炎，活动性肺结核，化脓性、渗透性皮肤病）调离落实情况进行多次监督检查，多年来谢岗镇没有出现人感染H7N9禽流感疑似病例。

【医政工作】 2015—2019年，谢岗镇卫健部门关注民办医疗机构医师、护士资格考试，协助东莞市卫健局做好民办医疗机构医师定期考核工作，组织辖区符合条件的人员参加传统医学师承和确有专长医师资格考试，对辖区内的医生、护士、医疗机构进行电子化注册。2018年有1人通过考核取得传统医学医术确有专长证书，有注册医生88人、护士86人（不含医院）。同时，协助市卫健局做好农村已离岗接生员和赤脚医生生活困难补助发放工作。2019年注册医生180人，护士235人（含医院和社区卫生服务中心）。

【医疗安全管理】 2015—2019年，谢岗镇卫健部门对医疗安全和风险防范工作机制进行专项整顿，组织医疗机构开展安全生产大排查大整治专项行动。通过联合检查组深入卫生计生机构，详细了解安全制度建设，对药房、注射室、供氧室、消毒供应室、手术室等重点场所进行严格检查，查找安全隐患，落实整改措施，完善各项安全制度，确保全镇医疗卫生工作安全高效运行。

【无偿献血活动】 2015—2019年，谢岗镇卫健部门通过无偿献血进机关（单位）、进村（社区）、进企业等方式，开展大型集体无偿献血活动。2018年组织政府机关单位、企事业单位及各村（社区）7场大型活动，共有403人成功献血，献血量为14.01万毫升；2019年，共组织了15场无偿献血活动，其中机关事业单位4场，村（社区）、工厂企业共开展了11场献血活动，有769人成功献血，献血量达25.58万毫升。5年来，谢岗镇均完满完成上级下达的无偿献血任务。

【医联体建设】 东莞市人民医院与谢岗医院自2015年7月组建全市首个医联体以来，谢岗医院的管理、功能、医资、业务等方面得到全面提升，整体素质全面提高。通过5年来的发展，2019年加入国家基层版胸痛中心，具备救治急性冠脉综合征、冠心病、心律失常技术，开展DSA相关手术78例，救治水平大大提升；正式开展乳腺钼靶X线摄影检查，可以对彩超无法辨别的乳腺病变钙化点进行准确判断与鉴别，被誉为国际乳腺疾病检查的“金标准”。

【计生工作】 2015—2019年，谢岗镇卫健部门落实层级动态目标管理责任制［“责任包干、任务到人、动态管理、奖罚分明、村（居）民自治”］，加大力度做强、做响特色项目服务，包括“幸孕有你”育龄妇女支持项目、“童心童行”关爱流动人口困境儿童项目、流动人口生育关怀包项目、“妙手生花”

妇女生计项目。同时加强基层计生队伍建设，多次组织各村（社区）分管计生村干部及工作人员一起集中学习。加大力度做好流动人口计生工作，定期到公安、医院、民政等相关部门核查出生信息，通报出生情况。利用妇女节、流动人口计生协会活动、流动人口服务年、流动人口大清查等契机，开展生育关怀暖人心行动，5年间为近800名流动人口妇女发放生育关怀包。开展共建和谐家园活动，做好计生家庭特殊帮扶工作，并按市标准统一发放补贴1000元/月，同时列入计生家庭签约医生个案中单独跟进。做好计生养老保险发放工作，发放标准为300元/人。关注青年妇女，深入开展青春讲座，镇卫健局联合市青春健康教育社工，分别深入企业、校园、村（社区）开展“两性知识”“人际交往”“青春健康教育”等为主题的青春健康知识专题系列讲座。利用镇、村（社区）婚育学校平台和教员资源，每月开展孕期、育儿、养老健康知识主题讲座。

【卫生监督】 职业卫生　根据机构改革后的职能调整，职业卫生监管由原安监分局划至卫健局，2019年划并以来，谢岗镇卫健局逐步承接了职业健康监管工作，开展了监管工作人员执法培训，受理了从业人员关于职业健康方面的投诉，并及时跟进处理；对辖区内的重点企业在原安监分局提供的数据上进行摸底排查，重点对矿山、冶金、化工等行业领域尘毒危害进行了专项整治；要求辖区内存在职业病危害因素的重点企业进行职业危害因素申报，做好新旧系统的申报衔接工作。根据统计，谢岗镇的法人单位有692家，仅有7家企业在新系统完成了职业危害因素申报；督促企业按照规定建立职业健康监护档案，安排接触危害因素的工人定期体检，对怀疑职业病的工人要求企业配合诊断检查。为了加强从业人员对职业危害因素的认识，提高防护意识，结合健康教育千场讲座，进工厂企业进行职业健康宣传、培训。

医疗机构　按照省统一部署和谢岗镇存在的突出问题，联合公安政法、网信办、医疗保障、市场监管等部门整顿医疗服务市场秩序，大力开展打击无证行医、非法行医、夸大宣传、违规骗保、医疗欺诈、术中加价等违法行为整治专项行动，加强医疗机构依法执业监督检查。严格按照国家、省、市医院感染预防与控制工作要求，对辖区内的医疗机构的消毒供应室、儿科、ICU、检验科等科室落实各项政策，自查自纠，对存在的问题立行立改。

公共卫生　做好公共场所日常卫生监督，对娱乐场所按照“1+4”文件的要求，新发证的娱乐场所进行为期6个月的每月监督检查，其余场所按照量化分级等级完成日常监督次数。2019年，按国家系统抽检要求，抽查了辖区内24家游泳、住宿、沐浴、美容美发等场所，抽查内容包括顾客用品用具、水质、空气以及集中空调通风系统卫生质量，双随机完结率达到100%，抽检信息在镇政府官方网站及省、市执法公示平台向社会公布，抽查的项目未发现不合格情况。推进公共场所卫生监督量化分级管理，公共场所卫生量化等级实行每年一量化，2019年，对辖区的132家公共场所进行了量化，发出B级量化证书29张、C级量化证书103张。

传染病防治和消毒产品监督　根据《广东省卫生健康委办公室关于全面推进医疗卫生机构传染病防治分类监督综合评价工作的通知》最新要求，对辖区内医疗机构开展了包括综合管理、预防接种、法定传染病疫情报告、传染病疫情控制、消毒隔离制度执行情况、医疗废物处置和病原微生物实验室生物安全管理七项为重点的专项监督检查。开展了抗（抑）菌剂专项整治工作，加强传染病防控监督检查，全面推行医疗卫生机构传染病防治分类监督综合评价工作，以问题为导向，进一步加强和规范医疗卫生机构消毒、医疗废物和医疗污水监督执法工作。

学校卫生　对全镇中小学学校进行学校卫生综合评价，覆盖率达到100%。评价内容主要包括教学和生活环境、传染病防控、学校饮用水以及学校内游泳场所的卫生管理情况，教室采光照明和水质监督检查。

放射卫生　开展放射专项督导检查，对管理制度、设备检测、人员防护等情况开展专项检查，谢岗镇核准的开展放射诊疗科目的医疗机构有7所，均能提供设备的定期检测报告、工作人员的培训和剂量检测仪报告。同时对辖区内未核准放射诊疗项目的医疗机构擅自开展放射项目进行专项监督检查。

【爱国卫生运动】 爱国卫生宣传　2015—2019年，谢岗镇卫健局围绕上级工作要求，持续组织各村（社区）开展清除积水、清理卫生死角行动，开展防控春季传染病健康宣传义诊活动，通过悬挂宣传横幅、摆放宣传展板、派发宣传折页及量血压义诊、咨询等形式开展宣传。借助每一年的爱国卫生月活动，发动全镇群众人人动手清除蚊虫滋生地，组织消杀队开展病媒生物防治。

多年来，有效避免因蚊媒引发的登革热、疟疾等传染病的暴发流行，形成了全镇群众人人齐动手清除蚊虫滋生地的氛围。

卫生检查监督　2018—2019年，谢岗镇卫健部门不断加强卫生监督员业务知识培训，提高卫生计生综合监督执法工作能力。开展医疗机构依法执业专项整治，对辖区内的医疗机构执业情况进行重点监督检查，对存在问题的医疗机构立即下发监督意见书，要求限期整改。开展医疗废物专项检查，重点检查医疗机构医疗废物管理制度落实情况，建立医疗废物管理制度、工作流程，制定应急方案，设专职或兼职人员负责医疗废物管理，并严格执行医疗废物转移联单制度，针对检查中发现的有关问题，下达卫生监督意见书，责令其立即改正，对医疗机构进行记分处理，或给予行政处罚。加强对医疗机构的消防监控系统、消防设施的安全维护及运行情况、特殊药品的保管和使用情况、医疗垃圾处置情况、医疗执业行为情况、后勤保障情况等进行专项检查，对存在安全隐患提出整改意见，要求立即整改。2019年以来，随着机构改革、职能划并，全镇医疗机构、职业病卫生、学校卫生、公共卫生、放射卫生及传染病防治和消毒产品监督等纳入卫生监督所的职能管理范围，谢岗镇整体卫生情况健康有序。

（撰稿：谢桂兰）

附：2015—2017年谢岗镇卫生计划生育办公室领导名录

主　任：

黄艳雅（任至2017年12月）

2017—2019年谢岗镇卫生健康局领导名录

负责人：

黄艳雅（2017年12月至2019年2月）

局　长：

黄艳雅（2019年2月任）

2017—2019年谢岗镇卫生监督所领导名录

所　长：

黄艳雅（2017年12月任）

副所长：

张燕媚（2017年12月任）

2019年，谢岗镇领导到泰园市场检查环境卫生

社区卫生服务

【社区卫生服务概况】 2015—2019年，谢岗镇社区卫生服务中心（简称谢岗社卫中心）通过深化开展社卫服务机构标准化建设，提升优质医疗服务，运用绩效考核手段，以基本医疗、家庭医生签约服务为依托，在辖区开展14项国家基本公共卫生服务项目。5年来，谢岗社卫中心基础设施建设逐步完善，各类医疗设备配置齐全，医疗服务和基本公共卫生服务能力得到大幅度提升。

【社卫服务机构标准化建设】 2014年，谢岗镇政府投资800多万元，选取花园工业区B区原乐美高厂区按一类社区卫生服务中心标准进行改建，谢岗社卫中心大院用地面积4417.7平方米。规划建设了谢岗社卫中心门诊大楼、镇计生服务所办公区、镇疾病预防控制中心业务办公区、行政办公区等，总建筑面积4823.55平方米，改建工程于2014年6月完成。2015年9月，谢岗社卫中心迁至新社卫中心大院办公。

2018—2019年，谢岗镇政府再次投资523万元相继完成中心站、曹乐西部站、赵林站、黎村东部站的标准化建设，其中投资445万元购置彩超、DR、肺功能检测仪、骨密度检测仪、中医体质辨识机、健康管理一体机等标准化医疗设备。

【队伍建设】 2015 年，谢岗社卫中心在岗职工 56 人，其中卫生专业技术人员 49 人，高级职称 1 人，中级职称 4 人，初级职称 44 人；本科学历 5 人，大专学历 15 人，中专学历 25 人，其他 11 人。之后，为快速构建高素质人才队伍，出台构建良性发展平台，拓展科室设置、薪酬改革等措施，至 2019 年，共有职工 89 人，其中卫生专业技术人员 68 人，高级职称 4 人，中级职称 13 人，初级职称 51 人；本科学历 32 人，大专学历 43 人，中专学历 10 人，其他 4 人。

【医联体建设】 2018 年，谢岗社卫中心与东莞市人民医院谢岗院区签署医联体合作协议，由镇卫健局每年投入 30 万元购买服务，构建社卫中心——谢岗院区医联体合作模式，有效推进社区卫生服务中心“六位一体”服务功能实施。从是年始，社卫中心与谢岗医院在老年人体检、早孕建册、医疗器械消毒、空气微生物培养等方面进行服务合作，有效提升医疗服务水平。此外，谢岗社卫中心还与市人民医院、市妇幼保健院、市中医院、市第七人民医院、南城医院、华厦眼科医院建立眼科、口腔、慢性病等 6 类专科联盟，全面加深医联体诊疗互动，有效提高社卫中心服务效能。

【基本医疗】 2015—2019 年，谢岗社卫中心为加快分级诊疗、社区首诊、双向转诊三类体系建立，方便群众就医，缩短就诊时间，全面实行国家基本药物制度，实行药品零差价，完善药品采购供应机制，

2015 年 9 月，新谢岗社卫中心启用

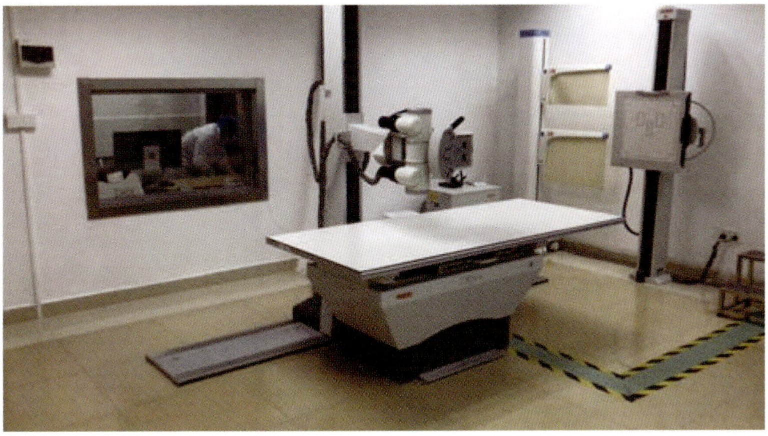

2018 年 10 月，标准化建设 DR 影像投入使用

2019 年 10 月，赵林站搬迁揭牌仪式举行

保障群众用药安全，持续贯彻落实社保制度和政策宣传，有效解决群众看病贵问题。5年间门诊业务总收入9038万元，门诊诊疗126.87万人次。

【中医馆建设】 2015—2019年，为满足群众对中医药服务日益增长的需求，投资35万元对中医馆进行升级改造，中医馆环境得到改善。

2017年，谢岗社卫中心引进中医针灸专业医师2人，引进有专长中医师1人，中医、康复服务配置6人。同时，对医务人员加强业务知识培训，至2019年共开展专题知识培训24场次。其间，还建立良好的进修培训机制，先后派送18人外出进修培训，涉及全科岗位和转岗培训、精神科医师转岗培训等。

在提升中医药综合服务能力方面，运用“热敏灸”“三伏贴”等特色技术，逐步赢得患者的口碑。2019年，谢岗社卫中心共开展中医服务、康复服务20多项。

在医疗服务管理方面，完善护理院感管理制度、医疗质量管理制度、处方点评制度、危急值报告制度，建立每月20日大查房制度等。同时，积极开展专项检查，针对存在问题落实改进措施。

升级改造后的中医馆（摄于2019年）

家庭医生进行签约服务（摄于2019年）

【家庭医生签约服务】 2018年以来，根据《东莞市加快推进家庭医生签约服务制度的实施方案》，谢岗社卫中心制定出具体签约服务实施方案，与财政、社保、民政、残联、妇联等部门以及村（社区）建立协同工作机制。2019年，投入6.2万元设置家庭医生签约服务标准化功能区。同时，结合服务区域、人口等情况组建规范家庭医生团队14支，覆盖12个村（社区）。对签约服务的医生给予奖励，鼓励他们进机关、企业、村（社区）开展签约服务。两年来，谢岗镇电子家庭医生签约率为28.5%，其中重点人群高血压病签约率84.61%，糖尿病签约率81.69%，老年人签约率85.26%，儿童签约率85.58%。签约服务涵盖普惠包、健康管理包、高血压管理包、糖尿病管理包、中医药健康管理包、慢阻肺包6种。

【国家基本公共卫生服务】 2015年，谢岗社卫中心针对基本公共卫生服务能力相对偏弱的情况，通过招聘补充人力，实施绩效奖励、考核等办法，有针对性地补齐短板，稳扎稳打、循序渐进，努力提升卫生服务能力。至2018年，谢岗镇基本公共卫生服务工作在全市排名提升到第十三位，2019年升至第七位。

5年来，谢岗社卫中心以基本医疗为依托，以家庭医生签约服务为驱动，不断创新基本公共卫生服务模式，落实干部、团队队长和驻村人员责任制，提高慢性病管理率。通过每个中层以上干部挂靠到相应责任村，与各村家庭医生、团队队长和驻村人员构成慢性病管理小组，发挥各自的优势，统筹解决工作中的实际困难。同时将慢性病管理情况纳入对各中层干部的考评机

开展国家基本公共卫生服务（摄于 2019 年）

制，压实工作责任，加强监督管理。2019 年通过与多部门合作，深入企业给员工建立居民健康档案，开展家庭医生签约服务宣传，提高人群知晓率，同时为企业员工开展慢性病筛查。同年，谢岗社卫中心启动第三方检验合作，提高站点规范管理率和履约率。病人在就近看病的各个站点就可以完成各个检验项目的检验，提高群众看病的便利性，提升慢性病人的依从性。以健康教育为切入点，先后投入 4.8 万元推出家庭医生签约服务等创新宣传短视频，群众反响强烈，好评如潮。5 年来，共开展健康教育宣教活动 400 多场次，发放宣传资料及多种礼品（包括印制的国家基本公卫项目纸巾、手机架、围裙、洗衣粉）等，提高人群对基本公共卫生项目的知晓率和履约率，提升了谢岗社卫中心的社会影响力。5 年来，累计管理辖区慢性病人 4659 人，其中高血压患者 3457 人，高血压规范管理率 75.24%；糖尿病患者 1202 人，糖尿病规范管理率 75.69%。管理其他重点人群：精神障碍患者 271 人，肺结核病患者 172 人，艾滋病患者 55 人。

【疾病预防控制】 2015 年，谢岗镇疾病预防控制中心划入谢岗社卫中心管理，内设疾控中心、预防接种门诊、儿童健康管理组，主要承担预防接种、艾滋病管理、肺结核管理、传染病管理、卫生监督协管等。2016 年，预防接种门诊业务由原来每日接种 50 人提升到 125 ~ 200 人。为保证业务顺利开展，逐步增加人力，到 2019 年共有专业技术人员 13 人，其中疾控中心 4 人，预防接种门诊 7 人，儿童健康管理组 2 人。5 年间，共接种各类疫苗累计 16.17 万针次，纳入儿童健康管理 1.43 万人，儿童管理率为 97.6%。

【计划生育服务】 2015 年，谢岗镇计划生育服务所纳入谢岗社卫中心统一管理，主要承担免费提供避孕药具、孕产妇健康管理、新生儿访视服务等。从是年起，每年对村级计划生育宣传员定期开展避孕药具管理、发放、使用及随访工作培训，提高宣传员整体素质，确保随访率和使用率达 100%，有效率达 90% 以上。2018 年，谢岗社卫中心与镇村两级进一步完善和规范避孕药具的管理发放，坚持知情选择、按需免费原则，在发放过程中严格做好药具出、入、存登记账，做到账目清楚，账物相符，杜绝浪费，杜绝发放过期或变质的药具。

在孕产妇保健、新生儿访视服务方面，实施面对面访视。运用医联体合作优势，与医院妇产科联合开展早孕建册、孕产妇随访服务，加大上门访视力度。每年投入 1000 份健康礼包，推行妇幼保健补偿机制，完善妇幼信息系统建设。5 年间，累计早孕建册 3698 人，孕产妇访视 3710 人，新生儿访视 3735 人。

（撰稿：张彬）

2015—2019 年谢岗社区卫生服务中心门诊情况表

表 45

项目 / 年份	门诊收入（万元）	诊疗人次（人）	门诊收入同期增长率（%）	诊疗人次同期增长率（%）
2015	1926.22	279363	15.89	−5.91
2016	2039.18	255961	5.86	−8.38
2017	1658.93	205496	−18.65	−19.72
2018	1630.8	242433	−1.7	17.97
2019	1782.9	285425	9.33	17.73

附：2015—2019 年谢岗镇社区卫生服务中心领导名录

主任：

温文鸿（2008 年至 2019 年 7 月）

帅志勇（2019 年 7 月任）

党支部书记：

温文鸿（2018 年 12 月任）

谢岗医院

2017 年 1 月 18 日，谢岗医院举行搬迁揭牌仪式

【谢岗医院概况】 2015—2019 年，谢岗医院围绕东莞市委、市政府“打造卫生强市，建设健康东莞”战略部署，结合院区实际，坚持医改与发展齐举，建院与治院并进，在强化医疗服务的同时，全心全意做大做强“医联体”。5 年来，医院业务总收入 6.17 亿元，其中医疗收入 3.72 亿元，药品收入 1.8 亿元；门急诊病人 123.44 万人次，其中门诊 66.29 万人次，急诊 57.15 万人次，急诊抢救危重病人 1129 人次，抢救成功例数 1063 人次，死亡 66 人，抢救成功率 94.15%；住院人院总人数 3.36 万人次，出院人数 3.36 万人次；其中外科住院出院病人 1.14 万人次（手术 7384 例），妇产科住院出院病人 7606 人次（手术 6943 例）；放射科检查 25.07 万例次，B 超检查 16.91 万例次，检验科检查 439.12 万例次，CT 检查 5.45 万例次，胃肠镜检查 9042 例次，心电图检查 7.09 万例次，中医理疗科诊疗 6.43 万人次，口腔科诊疗 3.18 万人次，五官科诊疗 6 万人次。完成有关工厂企业和单位健康体检（还包儿检和司机体检）20.71 万人次。社保门诊 34.48 万人次，社保住院 1.37 万人次，实际利用社保定额 1.37 亿元，社保住院平均每床日费用 1366.69 元，人均费用为 1.17 元。

【新院区建设】 2012 年，谢岗镇政府投资 1 亿元，在谢岗镇谢山村按“二甲”标准建设新谢岗医院，项目用地面积 4.13 公顷，规划建设门诊楼、住院部、办公楼等建筑面积 3.79 万平方米，病床 300 张，主体工程于 2014 年 1 月封顶。

2015 年，东莞市人民医院与谢岗镇人民医院组成医疗联合体，共同建设新医院。新医院提升为“三甲”标准，总投资增加到 4 亿元，用地面积扩大到 47.53 公顷，病床 480 张，增加心血管、呼吸、血液净化、康复、养老、保健等功能，于 2017 年 1 月投入使用。谢岗医院依托东莞市人民医院三甲医院的龙头技术优势，实现医院管理、学科建设、医疗技术等多方面资源共享，达到分级诊疗、双向转诊、检查结果互认。发挥双方互补优势，拓展服务项目，在原有专科的基础上增设乳腺外科、肿瘤内科、呼吸内科、心血管内科、消化内科、神经内科、泌尿外、眼科等。在市人民医院专家的带领下，内科、外科、手外科成功开展多例高难手术，且效果良好。

2019 年 6 月 17 日，谢岗医院举行二期项目奠基仪式，主要配套工程项目有医疗垃圾站、酒精存放库、高压氧舱等，计划 2020 年完成。

【队伍建设】 2015 年，谢岗医院职工 260 人，其中卫生技术人员 247 人，高级职称 21 人，中级职称 46 人，初级职称 139 人。工作人员学历方面：硕士研究生 3 人，本科 92 人，专科 74 人，中专 74 人，其他 17 人。退休人员 20 人。之后，谢岗医院加强人才引进，构建学科团队。除常规招录急需的医技与护理人员外，重点招录富有临床经验的医生和高学历技术人才。2017 年，先后到湖北医学院、福建医科大学、贵州医学院和广东医科大学等院校招录 10 名本科毕业生，当地招录 3 名富有临床经验的医生，公开招聘 1 名具有医师资格证的临床医师，为医院的发展及学科团队构建提供

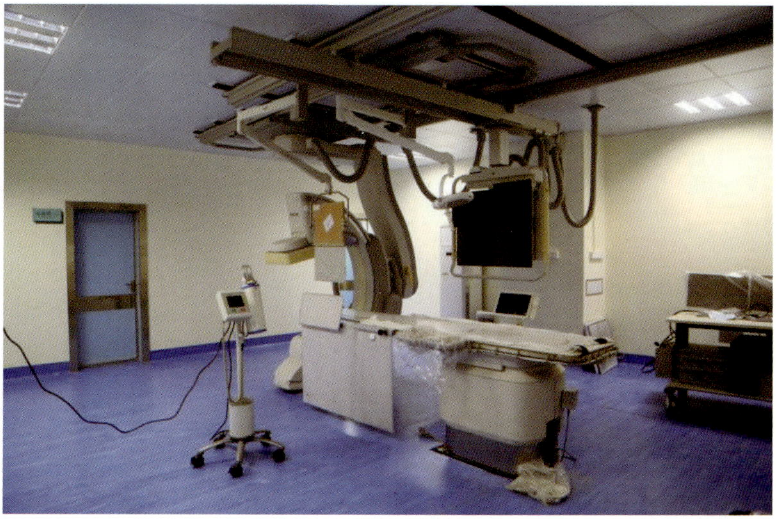

2016 年，谢岗医院引进 DSA 新项目

了人才储备 。至 2019 年，全院共有职工 377 人，其中卫生技术人员 314 人，高级职称 31 人，中级职称 62 人，初级职称 204 人。工作人员学历方面：硕士研究生 6 人，本科 156 人，专科 127 人，中专 88 人。退休人员 28 人。

【引进先进医疗设备】 从 2015 年 7 月起，谢岗医院不断加大投入，引进各种先进医疗设备，为医疗技术的提高提供技术支持。至 2016 年，医联体相继投入 8000 万元添置医疗设备。尤其是谢岗医院新院区投入使用以来，在相关领域新增加 1 万元以上设备 78 台（件），价值 387.85 万元，另有 1 万元以下设备一大批。其中主要有病人监护仪、化学发光免疫分析仪器 、AVE 全自动尿液系统分析系统、医用颅骨钻、医用离心机 NJ—24K、数显高压灭菌器 LS—100HD、1.5T 磁共振成像系统（MRI）及超高档彩色多普勒超声波诊断仪、数字减影血管造影系统（DSA）及超高档彩色多普勒超声波诊断仪、有创呼吸机等。

【信息化建设】 2016 年，谢岗医院信息系统包括门诊医生工作站、门诊收费系统、住院收费系统、住院电子病历系统、财务灵狐系统。2017 年 1 月，新院区搬迁使用后，投入 1400 多万元，对信息系统全面更新升级，包括管理平台系统、影像 PACS 系统、检验 LIS 系统、分诊管理模块、门诊医生工作站、门急诊注射模块、门诊收费模块、门诊药房模块、住院收费模块、住院医生站模块、住院护士站模块、住院药房模块、物价系统模块、物资系统模块、药剂系统模块、合理用药系统、体检功能模块、手术补收模块、药品不良反应上报模块、医疗不良事件上报模块、感染病报告卡模块、传染报告卡模块、自助终端机功能等。供应室追溯系统、绩效与成本管理系统、院综合管理系统等模块正在上线计划中。

【实施“医药分开”】 2015 年，谢岗医院实施“医药分开”，取消药品加成，实行药品零差价销售。完善药品采供机制，保障群众用药规范安全。着力解决群众看病难、看病贵的问题。至 2019 年，取消药品加成让利患者计 2926 万元。

【构建分级诊疗体系】 2015—2019 年，谢岗医院加快构建分级诊疗体系，方便群众就医。发挥医疗、医保、医药、价格对就医行为的引导作用，完善社区首诊、双向转诊。2015 年 7 月 1 日，与东莞市人民医院正式建立医疗联合体。同时，简化社区卫生中心门诊转诊的流程，实现急慢分治、上下联动就医秩序，加强社区门诊与医院住院的功能联动，在一定程度上解决群众看病难问题。

【医疗服务管理】 2015—2019 年，谢岗医院多次组织临床科室医务人员进行临床路径相关知识培训，提高对实施临床路径的重要性认识。建立临床路径试点督查、技术指导、分析及评估制度与改进措施，对临床路径开展的各个环节进行监控。建立输血质量管理制度，按照质量管理规定的工作目标、服务宗旨、质量标准、管理制度，严格各项操作规程，实行 24 小时值班制度、储血制度、发血制度、消毒隔离制度、配血制度、患者血液标本接收与保存制度、输血不良反应回报制度等。加强医院临床护理工作，深化以病人为中心的服务理念，为患者提供安全、优质、满意的护理服务体系。认真抓好各项规章制度和各级各类人员岗位职责，尤其是执行医疗核心制度的自觉性。建立医疗缺陷管理工作制度，进一步落实医疗安全责任制和责任追究制。以提高医疗质量、保证医疗安全为重点，定期专题研究提高医疗质量、保证医疗安全的工作，经常性组织开展专项检查，针对存在的问题落实持续改进措施。加强业务知识培训，对医师按照《医师定期考核管理办法》严格考核，强化医务人员“三基三严”训练，提高了应急能力。加快医疗技术建设，积极引进新技术、新项目，形成具有医院特色的技术服务管理体系。

【送医送药下乡及义诊活动】 2015—2019年，谢岗医院开展送医送药下乡和义诊活动30场次。在建军节前，组织医疗队到南面村、大龙村等，开展“关爱功臣，送医送药”活动，为革命前辈免费体检、诊疗，送医送药。重阳节期间，院团支部组织青年志愿者慰问谢岗敬老院老人，免费为老人做健康检查。2018年，谢岗医院结合“2018年全国大型义诊周义诊活动”，先后开展呼吸系统疾病大型义诊、“敬老义诊”健康促进活动、五官科宣传义诊活动。先后走进社区、村委会、学校、公司，举办4期健康讲座和提供义诊服务，提高群众防病治病意识。组建医疗联合体以后，院区多次组织心血管内科、内分泌科、呼吸内科、神经内科、肿瘤外科等科的专家深入农村基层、工厂、企业开展义诊活动，义诊医疗队先后到曹乐村、赵林村、汇川厂、朗福厂、大厚村、首之宝厂、大龙村和黎村开展义诊活动，受到当地群众和企业员工的一致好评。在开展义诊活动的同时，注重加强医院宣传，尤其是新技术、新项目、新疗法及医疗成果的推广，逐步树立群众对医院技术水平的信心，提升医院的社会影响力，塑造谢岗医院良好形象。

【医疗技术建设与科教兴医】 2015—2019年，谢岗医院制定卫生技术人员继续教育工作计划、培训方案、执行措施和制度，鼓励和支持医务人员参与常见病、多发病相关的研究，适当提供经费，要求各临床科室积极开发新技术、新项目，营造医务人员整体的学习氛围。同时，承担相关院校学生的临床教学与实习任务，对谢岗区域的医师进行培训提高，也为辖区工厂企业承担院前急救培训任务。突出优势集聚，鼓励开展新技术、新项目。2019年开展新技术、新项目42项，主要有PCI、射频消融、起搏器植入技术，乳腺钼靶DR检查及全景口腔机检查术，冠状动脉造影术、冠状动脉支架植入术，心脏起搏器植入术、心脏电生理射频消融术，奥林巴斯290高清胃肠镜检查术，消化内镜下窄带成像染色技术（NBI）和放大内镜技术（ME），早期筛查恶性病变技术，新生儿肺炎、新生儿高胆红素血症、早产儿治疗技术，超声引导下穿刺活检技术，腹腔镜胃癌根治、胃十二指肠穿孔修补、肺大疱切除、结直肠肿瘤术后化疗等新技术；开展的手指组合美学再造技术，在东莞市属领先水平。大力推进科教兴医，积极开展科研立项。至2019年，共立项11项，已成功验收6项，分别是脂肪细胞因子为靶标探讨透明质酸对膝骨关节炎的干预作用（骆家伟）、无保护会阴接生法与传统接生法对盆底功能的近期影响（刘巍）、内源性大麻素系统在胆道恶性肿瘤中的表达规律及对肿瘤凋亡的影响（袁锡裕）、显微镜下双极电凝法应用于腰椎后路手术（赵伟华）、火针联合刺络拔罐治疗囊肿型痤疮的临床观察（谭清文）和糖尿病患者出院延续护理质量评价指标体系的研究（刘丽芬）。

【妇幼健康服务】 2015—2019年，谢岗医院实施妇幼健康服务项目。强化出生缺陷三级防线，实施地中海贫血、唐氏综合血等出生缺陷干预。加强母婴保健技术服务，建立便捷通畅的危急重症产妇抢救绿色通道。5年间，孕产妇死亡率为0，婴儿死亡率为0.36%。同时，

2015—2019年谢岗医院留医和门诊情况表

表46

年份	出院（人）	医嘱离院（人）	医嘱转院（人）	死亡（人）	病死率（%）	总诊疗人次（人）
2015	5267	3863	106	26	0.45	230448
2016	5543	3969	116	25	0.45	239159
2017	7101	5541	88	25	0.35	268397
2018	7365	5540	88	33	0.45	242907
2019	8296	5987	123	33	0.4	261132
合计	33572	24900	521	142		1242043

加强和巩固孕产妇和儿童的系统管理，使孕产妇的系统管理率达96%以上，新法接生率达100%，孕产妇住院分娩率达99%以上。对高危孕产妇进行100%管理，儿童系统管理覆盖率达98 %，管理率达98%以上，体弱儿管理达100%以上。推进出生缺陷防治系统工程，实施降低孕产妇死亡率和消除新生儿破伤风项目，并认真对婴儿死亡和儿童死亡进行死因调查。推行妇幼保健保偿制，逐步完善妇幼信息系统建设，做好当地及外来儿童的建册、建证和电脑接种管理。依法加强对母婴保健专项技术项目的规范化管理，为孕产妇提供产前检查和产后访视，为0~6岁婴儿补服叶酸预防神经管缺陷，加快预防艾滋病、梅毒和乙肝母婴传播项目的实施工作。

（撰稿：邓振中）

附：2015—2019年谢岗医院领导名录

院长：

连保卫（任至2015年10月）

朱爱剑（2015年10月任）

副院长：

骆家伟（2015年任）

莫汉文（2016年12月任）

2019年，谢岗镇举办迎春长跑活动

体育

【体育概况】 2015—2019年，谢岗镇实施《谢岗镇十二五全民健身计划》和《谢岗镇十三五全民健身计划》，依借山高水秀的独特自然优势，通过各种宣传媒体、广告和网络，大力宣传全民健身的意义、作用和具体做法。以“生态谢岗·助你健康”为主题，成功举办“畅享绿色自由行”登山活动和“绿道骑行活动”及银瓶山绿道山地自行车赛等系列群众体育活动。吸引国内外近20万名登山爱好者和自行车爱好者的参与，既推动了全民健身活动的开展，也提高了谢岗镇的知名度，登山节已成为谢岗镇的一张亮丽名片。

【体育设施建设】 2015年，谢岗镇投资近100万元完善谢岗镇育贤湖公园体育配套设施，添置健身路径、健身步道等；投资100多万元改进谢岗中学体育场，以满足学校开展体育活动和群众参加体育健身的需求。同时，统筹协调市、村级篮球场升级改造工程和健身路径，完善各村（社区）体育场地、器材；完善银瓶山森林公园休闲体育设备设施，为推进各类群众体育活动的开展提供有力保障。是年，全镇共有体育场地210多处，总面积19.56万平方米。

2016年，投入近500万元用于建造黎村小学体育场地，增添各类设施设备及其他村（社区）的体

2019年谢岗镇体育场地、设施情况表

表47

体育馆（个）	篮球场（个）	乒乓球馆（个）	羽毛球馆（个）	田径场（个）	健身室（个）	健身室面积（平方米）
1	96	4	3	4	2	2000

2019 年，谢岗镇举行国民体质义务检测活动

育设施设备，实现村村有“一场、一径、两台、一公园”体育运动场所，确保群众体育活动的顺利开展。年内，对公共体育场（馆），如谢岗广场、银瓶山森林公园等，实行全日免费开放；对谢岗中学、中心小学、谢岗小学、谢岗羽毛球馆等实行分时段和节假日全天开放的形式，为群众开展体育健身和娱乐活动提供条件。

2017 年，全镇各村（社区）均建立了体育活动中心，内有全套健身器材，设有棋牌室、康乐球室等。

2018 年，协助市体育局完成黎村、大龙、大厚 3 个村委会建造全民健身路径。

2019 年 4 月 12—25 日，对全镇体育场地开展统计调查。据调查数据显示，全镇体育场地总面积为 35.79 万平方米，人均体育场地面积为 3.64 平方米，比全市人均体育场地面积 3.17 平方米多 0.47 平方米，人均体育场地面积排名全市第八。

【社会体育指导员服务站、点管理】 2015 年，谢岗镇体育运动委员会（以下简称镇体委）为满足新形势下广大群众对全民健身活动的需要，成立了谢岗镇社会体育指导员服务站，并要求辖区内各村（社区）相应成立指导员服务点，定期组织社会体育指导员开展各类体育健身活动。是年，全镇共有 13 个社会体育指导员服务点。为完善社会体育指导员服务站、服务点管理，镇体委对全镇社会体育指导员 190 人进行归档，加强对社会各阶层、学校、机关的体育骨干、社会体育指导员的培训，先后两次派出社会体育指导员参加省市举办的各类培训，并于第二、三、四季度，分别在谢岗文化广场、谢岗中学、中心小学、银瓶山、赵林金村工业区等健身（网）点，举办形式多样的体育项目义务培训班，有篮球培训班、舞蹈培训班、太极拳（剑）培训班，广场舞和乒乓球、羽毛球及游泳、田径等体育项目义务培训班，进一步惠及广大人民群众。同时，委派和推选社会体育指导员到各社区、村（居）委社会体育指导员服务点指导和组织开展体育活动。

2016 年，谢岗镇各社会体育指导站、点，为适应不同层次、不同人群、不同年龄、不同身体素质群众的需要，在节假日组织太极拳、太极剑、体操、交谊舞、广场舞、羽毛球、篮球等系列比赛培训活动，既活跃了节日气氛，也提高了群众参与集体活动的思想意识，取得良好的社会效应。

2017 年，把一批思想品质好、组织能力强、善于联系群众、热爱社区工作的文体活动积极分子，组成一支综合素质高、业务能力强的社会体育指导员队伍，并委派他们到各单位、村（社区）指导群众开展健身活动，使群众体育活动在内容、组织和服务方式等方面迈上一个新台阶。

2018 年，开展全镇社会体育指导员培训暨全镇中小学体育教师“校园足球”全员培训，受训学员 111 人，为谢岗镇社会体育指导员队伍注入新的血液和力量。同时，镇体委对 370 名社会体育指导员进行归档。通过组织社会体育指导员开展体育活动指导及各种身体练习的基础指导，使广大群众掌握体育锻炼方法，学会科学锻炼。

【群众性体育活动】 2015 年，镇体委积极组织开展全民健身活动。举办“2015 年东莞市谢岗镇迎春慈善长跑”活动，参加人员近 1500 人；举办以“生态谢岗·助你健康”为主题的“2015 年谢岗镇‘全民健身月’系列活动”。

2018 年 12 月 28 日，在银瓶

山森林公园举办“2019年谢岗镇‘不忘初心 砥砺前进’迎春长跑活动”，全镇各单位、村（社区）、企业及社会各界人士共1600人参加。开展绿道健步走、绿道自行车骑游、全民健身巡游宣传和“南粤幸福活动周”、“广东省第十六届体育节—东莞谢岗”等系列活动。同时，积极组织各村（居）委、企事业单位、工厂开展全民健身活动。在银湖工业区、赵林金村工业区建立全民健身活动网点，让村（居）民和外来员工有更多的活动空间，为全镇群众体育活动的开展提供优质服务。至是年年底，全镇参加体育活动人口达到46%。通过每年持续开展春节体育活动竞赛、迎春长跑活动、“南粤幸福活动周”东莞·谢岗系列活动、“广东省体育节”东莞·谢岗系列活动，深入推动群众体育活动的发展。

2017年，谢岗镇把开展群众性体育活动列入镇政府工作重要议题，并以谢岗镇城市绿道、社区绿道为龙头，形成单位、村（社区）体育网络。在对各单位、村（社区）两级文明单位考评中，把开展体育活动作为考核标准之一。同时，利用各单位、村（社区）宣传栏，广泛宣传《中华人民共和国体育法》，贯彻《全民健身条例》和《全民健身计划纲要》。在辖区内体育场馆、重要路段树永久性标语和大型彩绘宣传牌，印发宣传材料发放到各村（社区），普及体育科学知识，倡导健康、科学、文明生活方式，营造全民健身氛围。各村（社区）充分利用文体活动室、文体广场，组织开展拔河、游泳、登山、钓鱼、球赛、太极拳、太极剑和广场舞等体育活动。全镇有晨、晚练点20

2019年，谢岗镇开展迎春长跑活动

2018年，谢岗镇开展拔河锦标赛

2015—2019年谢岗镇全民健身活动情况表

表48

年份	举办全民健身活动次数（次）	参加活动人数（人）	其中参加1000人以上活动次数（次）
2015	5	1560	1
2016	4	800	0
2017	3	650	0
2018	18	1600	1
2019	23	3280	2

2018 年，谢岗镇举办男子篮球锦标赛

多个，近 8000 人参加锻炼；有各类健身队伍 40 支，并有计划、有组织地开展各类活动。

2018 年开始，连续 3 年以“党建＋运动”为主题，举办谢岗镇“党群杯”篮球赛。该篮球赛有 40 支球队约 800 名球员报名参加，是谢岗镇有史以来规模最大、参赛人数最多的篮球赛事，活动旨在加强谢岗镇党员、群众沟通交流，深入激发谢岗镇党员群众勇于拼搏、敢于担当、不怕困难的精神。通过开展全民健身活动，在全社会形成崇尚健身、参与健身，追求健康文明生活方式的良好环境，营造“全民全运、全民健身”的浓厚氛围。

【企事业单位员工体育活动】 2015—2019 年，镇体委充分发挥职能作用，帮助外资工厂落实活动场地，指导全镇各事业单位与外资工厂进行各种友谊比赛活动，加强各单位的相互联系，推动群众体育活动的深入开展。其中恒达电机制造有限公司、坞珍等工厂，除安排员工每天正常上班外，还安排员工每天有一小时以上的户外体育活 动。该厂员工参加人数在 95% 以上。是年，还举办“恒达”杯企事业单位篮球赛、外来工篮球赛、业余乒乓球赛、羽毛球赛、足球赛，举办各机关团体职工球类、游泳、棋牌等系列比赛活动。据 2019 年统计，全镇近 50% 的企事业单位员工参加了体育健身活动。

【学校体育】 2015 年，镇体委协助镇宣教文体局加强学校体育管理和建设，要求全镇中小学在做好“一课两操一活动”的同时，全面开展校园“大课间”体育活动、班级、校际等系列比赛活动，确保中小学生每天在校有一小时的课外体育锻炼，从而活跃校园气氛，培养学生团队精神，提高学生凝聚力，提高学生自觉参加体育锻炼的意识，推动学校体育的发展。同时，利用镇举办的体育节，培养挖掘学生的专项能力，提高学生的身体素质和体育竞技水平。积极探索体育与健康的课程标准理念，从以往的应试教学转变为素质教育，推进体育“高效课堂”，抓好学生体育达标测评工作，建立学生体育电子档案。是年，全镇学生国家体育锻炼标准达标率达到 95.8%。

2016 年，举办“2016 年谢岗镇校园足球嘉年华活动”、谢岗镇校园足球赛、田径比赛、篮球赛和小学生运动技术技能展示活动，邀请前国家足球队主教练朱广沪，教育部全国专家委员会委员、教授臧连明等专家指导。此外，还利用早、晚时间加强对体育尖子的培养，对其进行较系统的专项训练，为市体校、网点输送良好的体育苗子。

2018 年，举办青少年暑期体育夏令营培训班（游泳、篮球、足

2015—2019 年谢岗镇举办单项比赛情况表

表 49

年份	举办次数（次）	参加比赛人数（人）	年份	举办次数（次）	参加比赛人数（人）
2015	9	11446	2018	6	1650
2016	4	700	2019	6	3280
2017	5	1000			

2018 年，谢岗镇开展暑期少年夏令营游泳培训活动

球），受训学员超 1000 人次，使谢岗镇更多的中小学生能够参与到体育公益培训活动中来。3 月 29—30 日分别在谢岗中学、谢岗振华学校举办“东莞·谢岗——中山·西区”城际区域中小学《体育与健康》学科交流联动研讨活动，有效促进谢岗镇体育教师专业水平的提升。5 月 2 日举办 2018 年谢岗镇第五届小学生运动能力展示活动，为 5 月 12—20 日，举办 2018 年谢岗镇校园足球比赛，系历年规模最大、参与人数最多的一届，近 1000 名运动员参与。5 月 13—16 日，组织全镇公办民办学校体育教师到顺德参加“基于体能视角，彰显教育魅力全国中小学体育名师教学观摩研讨会”。根据《国务院办公厅关于印发中国足球改革方案总体方案的通知》，进一步推进谢岗镇中小学校园足球的开展。2017 年，推荐谢岗中学成功申报“全国校园足球特色学校”。2018 年，推荐谢岗镇中心小学、谢岗振华学校成功申报“全国校园足球特色学校”。2019 年，谢岗镇中心小学柳岸欣在 2019 年东莞市青少年校园足球夏令营最佳阵容选拔中，入选小学女子组最佳阵容（中场）。

【青少年体育】 2015 年，举办“谢岗镇（国家）青少年体育俱乐部暑期培训班”，除聘请镇中小学体育教师、社会体育指导员担任各项目的教练员外，还聘请广州体育学院的学生作为专项教练，开设游泳、篮球、乒乓球、武术、田径、羽毛球、书法等项目的培训班，参加活动 500 多人次；举办镇青少年三人篮球、镇青少年篮球锦标赛、乒乓球、游泳等比赛；利用课余时间开展“阳光体育”活动课外活动，在双休日开设各类培训班；分别在谢岗中学、谢岗中心小学、谢岗振华学校等学校，举办“2015 年谢岗镇（国家）青少年体育俱乐部田径、篮球锦标赛”，其间，谢岗镇体委还聘请 10 多名经验丰富长期从事体育教学和训练的教师担任教练员，利用社会体育指导员，成功开展“2015 年第二、三、四季度谢岗镇社会体育指导员体育项目义务培训”等活动。组织学生参加东莞市体育局、教育局举办的中学生篮球、田径、足球、乒乓球、羽毛球等比赛和东莞市篮球联赛。

2016 年，开展“谢岗镇（国家）

2016 年，谢岗镇对青少年开展足球培训

青少年体育俱乐部暑期培训班”，参加活动人数700多人次。利用课余时间开展“阳光体育”课外活动，分别在谢岗中学、谢岗中心小学、谢岗振华学校等学校，举办“2016年谢岗镇（国家）青少年体育俱乐部‘体育艺术节’”。

2018年，举办全镇青少年体育俱乐部篮球锦标赛，全镇每年开展篮球、足球、游泳等体育项目公益培训，受训青少年每年超600人次。通过举办青少年竞赛、培训，营造青少年热爱体育、崇尚运动、健康向上的良好风气和全社会珍视健康、重视体育的浓厚氛围，形成提高青少年健康素质的长效机制。

【竞技体育】 镇体委以（国家）青少年体育俱乐部为平台，以谢岗中学、谢岗镇中心小学为依托单位，充分利用学校资源开展形式多样、内容丰富多彩适合各年龄特征的青少年体育训练和比赛活动，吸引周边学校和社会的体育爱好者参加经常性体育锻炼。为保证其持续发展，与谢岗中学、谢岗镇中心小学、谢岗小学签订场地体育设施无偿使用协议书，为俱乐部开展各种体育活动提供强有力保证。

2015年，镇体委组织各项目运动队参加市举办的各类体育比赛。其中在男子篮球联赛中，获丙级第八名，女子篮球获第二名；在青少年击剑锦标赛中，获团体总分第八名；在全市第六届“三棋”赛中，白伟杰获少年12岁组冠军，在成人围棋赛中获团体亚军，在成人象棋团体赛中获第四名。在参加市首届残疾人运动会、市老年人运动会中，也取得优秀成绩。另外，还组队参加市体育局举办的田径锦标赛、羽毛球联赛等赛事活动。

2016年，组织参加东莞市举办的篮球联赛、镇街公务员篮球联赛、羽毛球联赛、公务员网球赛和青少年田径、击剑锦标赛，中学生篮球赛，小学、中学生足球赛，中学生健美操大赛，中学生羽毛球赛等赛事。

2017年，组织参加东莞市第九届运动会，500米个人自行车项目谭志林获得第一名，自行车20千米团体赛获得第二名，击剑比赛重剑项目获得第二名，男子60公斤级和48公斤级摔跤均获得第一名，女子56公斤级和66公斤级举重均获得第二名。是年，还组织参加市举办的第一届足球联赛、市青少年田径锦标赛、市第九届运动会。

2018年，在参加市举办的篮球联赛中，谢岗男篮丙级获得第八名、女篮丙级获得第七名。是年，还组织参加市举办的市镇（街）公务员篮球联赛、青少年篮球（男、女）锦标赛、第二届足球联赛、青少年足球（男、女）锦标赛、市镇（街）羽毛球联赛、市青少年田径锦标赛等。

2019年3月20—28日，组队参加“迎篮球世界杯·‘战马’2019东莞市篮球（男、女）联赛（丙级）”，谢岗镇女子篮球代表队获冠军，升入2020年东莞市篮球联赛（乙级女子组）比赛。

是年，由谢岗镇选拔、训练并输送到省市集训的周慧敏、陆安丁在国家级比赛中均获得佳绩。其中，周慧敏获2019年度全国小轮车花式冠军赛、锦标赛，青年组的所有冠军，同时获第二届全国青年运动会第二名，于2019年进入国家队，代表中国队多次出国参赛，并获得优异成绩。陆安丁获得第四名佳绩。

（撰稿：朱镇雄）

附：2015—2019年谢岗镇体育运动委员会领导名录

负责人（常务副主任）：

朱灿辉 （2015年1月至2018年10月）

主任：

朱灿辉（2018年10月任）

2015—2019年谢岗镇参加东莞市联赛获奖情况表

表50

项目＼年度	2015	2016	2017	2018	2019
市篮球联赛	男子丙级第八名，女子丙级第二名	男子丙级第七名	男子丙级第八名，女子丙级第三名	男子丙级第八名，女子丙级第七名	男子丙级第八名，女子丙级第一名
市公务员篮球联赛	丙级第八名	丙级第八名	丁级第五名	丁级第七名	丁级第六名

社保·民生

人力资源管理

【人力资源概况】 2015年，东莞市人力资源局谢岗分局下设综合办公室、仲裁办公室、监察办公室、培训就业办公室4个职能办公室，有人员25人。

2019年1月，东莞市人力资源局谢岗分局重新组建为东莞市人力资源和社会保障局谢岗分局（以下简称谢岗人社分局）。下设综合办、培训就业办、仲裁办、监察办、待遇股、关系股等6个职能办公室，有人员64人。

2019年2月22日，谢岗人社分局挂牌成立

2015—2019年，谢岗人社分局坚持以稳就业和保民生为重点，深入落实扩大民生保障工程，切实提高市民获得感和幸福感，持续开展送政策、送岗位、送服务“三送”活动，推动企业设立“村民车间”，发挥就近吸纳用工优势，安置意愿就业户籍人员，多措并举促就业、稳就业，累计发放市、镇两级促进就业创业各项补贴1033.67万元，帮扶户籍失业人员再就业600多人，就业困难人员再就业711人，实现困难家庭高校应届毕业生就业率100%，零就业家庭动态清零。

【劳动就业】 2015—2019年，谢岗人社分局坚持就业优先战略，大力开展企业用工调研，为提供就业精准服务奠定基础，积极主动搭建服务平台，促进就业用工无缝对接，全力维护辖区就业形势总体稳定。5年间，结合当地特点，不断优化服务举措，打造就业服务特色品牌，依托12个村（社区）人力资源服务站每年如期开展“就业服务日”“就业援助月”“平安回家相约东莞”“节后企业用工调研”“暖企行动”等活动80多场，举办“春风行动”“高校毕业生专场”等大型现场招聘会和就业指导培训活动22场，现场参与人数累计2万人次以上，提供招聘岗位2.5万余个，现场达成协议2000多人。每年组织重点骨干企业参加市校企合作洽谈会，促进各自资源共享、优势互补、合作共赢。主动做好与昭通市巧家县、镇雄县等地劳务对接帮扶，组织辖区优质企业到对口帮扶地区开展跨地区劳务合作交流，赴外参加当地的专场招聘会，促进农村劳动力转移就业、就业脱贫致富。

【职业技能培训】 2015—2019年，谢岗人社分局按照“就业为导向、能力为本位”的技能培养模式，充分发挥企业培训主体作用，加大技能培训力度，全面提升辖区居民技能水平，以技能提高就业竞争力。5年间，陆续开展了“粤菜师傅”、

2019 年 2 月 17 日，在谢岗广场举办春风行动企业现场招聘会

2019 年 9 月 7 日，在泰园社区举办育婴员培训班

电子商务、面点师、育婴员、数控机床、焊工等培训班，累计培训 2304 人次。2019 年 4 月，谢岗人社分局与东莞市技师学院签订“产业人才培养”合作框架协议，建立长期人才培养机制，深入开展职业技能提升行动。

【人才服务】 2015—2019 年，谢岗人社分局积极协同组织人事办，在全面落实市级政策基础上，主动作为，及时完善各类措施，制定出台《谢岗镇新引进人才综合补贴暂行办法》，最大化政策支持人才到谢岗发展。不断强化人才服务工作，充分挖掘和培育人才资源，全力打造人才聚集新高地。5 年来，谢岗条件准入类人才入户 365 人。

【创新劳动关系调处机制】 2015—2019 年，谢岗人社分局坚持以形势问题为导向，不断创新优化调处机制，强化事前预防指导，强化事中维权服务，强化事后应急处置，构建和谐劳动关系。通过日常巡查、投诉举报专查、专项检查等形式，加大执法力度，严厉打击违法行为。2015—2019 年主动检查劳资隐患企业 2500 家次，涉及劳动者 9.6 万人次，处置欠薪企业 200 多家次，涉及劳动者 2 万人次，追回工资 6994 万元。加强劳动关系预警系统建设，企业风险预警系统逐渐进入常态化。

2015—2019 年，共收到预警信息 519 宗，其中欠薪案件信息 226 宗，均及时生成汇总报表报镇领导小组进行研判部署处置，有效防止企业欠薪逃匿等重大危害事件发生。推进劳动监察“两网化”建设，将各村（社区）、工业区划分为网格，分别由专职劳动监察员、网格员联动跟踪监管，按“专格专人，责任到人”的原则，实时采集和监控网格内用人单位的用工情况。加强劳动普法宣传，不断创新宣传形式，通过“以案说法”线上线下相结合的宣传方式，多样式广泛宣传企业依法规范用工的重要意义，进一步增强劳动者的法律意识，积极引导企业守法经营、劳动者依法维权，共同营造良好法治氛围。建立健全群体性事件、突发事件应对处置机制，努力做到矛盾纠纷早防范、早发现、早化解，有效维护全镇劳资关系和谐稳定。加强劳动人事争议仲裁工作，实行办案负责制，从立案受理、文书送达、组庭开庭、庭审记录、仲裁文书制作等各个环节都明确专人负责，结案后的案卷由专门归档员将所有相关文书材料收集齐全，按照“一案一号”的原则进行立卷归档。

2015—2019 年，谢岗人社分局仲裁庭受理仲裁案件 981 宗，办理结案 979 宗，累计仲裁结案率为 99.8%。

【创建和谐劳动示范区】 2015 年，谢岗镇共有 410 家企业，有 277 家企业参与创建和谐劳动示范区，参加创建工程企业达 67.56%。谢岗镇银湖工业区和金川工业区两个示范点均达到创建标准，银湖工业区42家创建企业，涉及劳动者11500人，达标及以上企业达100%，良好及以上企业达82%，优秀企业达46%，示范点达到良好档次；金川工业区25家创建企业，涉及劳动者2300人，达标及以上企业达96%，良好及以上企业达72%，优秀企业达33%，示范点达到合格档次。

【劳动合同签订】 2015—2019年，谢岗人社分局建立健全以劳动合同为基础的劳动关系协调机制，积极推行劳动合同制度，加强企业用工指引，引导企业更新用工管理模式，依法与劳动者签订劳动合同，督促企业做好劳动合同签订工作，提高劳动合同签订率。5年间，累计有28万人次与企业签订劳动合同，劳动合同签订率约为96.5%。

【劳动信访】 2015—2019年，谢岗人社分局加强劳动信访工作，坚持预防为先、积极调处原则，健全信访办理工作机制，切实抓好信访突出问题协调化解。5年间，累计受理群众来信、来访2195宗，涉及人数4771人，其中集体访75宗，涉及人数2153人，处理2195宗，处理率100%。

【劳动仲裁】 2015年以来，谢岗人社分局仲裁庭按照“快立、快审、快调、快结”的工作原则，妥善处理各类劳资纠纷，构建和谐劳动关系。至2019年，分局仲裁庭共办理案件981宗，办结案件979宗（其中，裁决案件548宗，调解案件316宗，撤诉案件115宗），法定审限期内结案率为100%，累计仲裁结案率为99.80%。

（撰稿：李东衡）

附：2015—2019年东莞市人力资源和社会保障局谢岗分局领导名录

局长：

莫闰德（2010年任）

副局长：

汤仲坚（任至2017年12月）

谢进辉（任至2016年3月）

夏剑明（2016年3月任至2019年7月）

赵伟光（2017年12月任）

罗池钦（2019年7月任）

2019年11月26日，谢岗人社分局深入走访调研重点企业

社会保障

【社保工作概况】 1990年1月，东莞市社会劳动保险公司谢岗镇管理所设立，1994年4月改称东莞市社会保险事业局谢岗管理所，1997年5月改称东莞市社会保险管理局谢岗社会保险所，2001年9月组建谢岗社会保障分局和谢岗社会保险基金管理中心，2003年7月，谢岗社会保障分局内设办公室、稽查股、保险关系股、保险待遇核发股，有工作人员16名。2015年，东莞市社会保障局谢岗分局（以下简称谢岗社保分局）、谢岗社会保险基金管理中心有工作人员32名。2019年2月21日，东莞市医疗保障局谢岗分局（简称谢岗医保分局）成立，内设综合组、业务组和监管执法组，有工作人员13名。

2015—2019年，谢岗社保分局在促进参保扩面征缴、规范农（居）民养老保险个人缴费、推进退管站全覆盖、推动社保信息公开等，积极做好社保普法宣传、信访维稳、社保卡换发激活和推广、业务经办窗口服务建设等工作，推动各项社会保障事项落地落实，按时按质按量完成市、镇下达的各项目标任务。

【社保扩面征缴工作】 2015—2019年，谢岗社保分局坚持把扩面征缴作为全年工作的重中之重，根据《中华人民共和国社会保险法》等法律法规，结合谢岗镇扩面征缴形势，多管齐下，落实好各项惠民便民的社保政策，加强与企业、员工各方之间的沟通协调，创造一个良性互动的局面，共同推进“全员全险足额”参保。

谢岗社保分局会同镇总工会、

2019 年 2 月 21 日，谢岗镇医保分局挂牌成立

人社分局、税务分局等部门组成镇联合执法检查组，通力合作，共同做好社保扩面征缴专项检查工作。监察执法人员持续对镇内各类企业职工参保情况进行检查，加大对新办单位参保登记的核查力度，加强对参保单位实际用工人数和实际工资总额的监管；加大对欠缴社保费企业的追缴力度，与相关职能部门联动特别是与税务部门协调做好追缴工作；对违反社保法律法规的用人单位，依法发出社会保险限期改正指令书，责令用人单位限期整改；加强新登记的企业和个体工商户的监督管理，对工商和税务部门提供的新增单位未及时参保的，派出监察执法人员前往核定实际用工人数，督促办理参保登记；催促已核查未全员参保企业按规定全员参保，专人落实；根据省市统一部署，开展东莞市户籍未参保人员的入户登记工作，对未参保人员进行入户登记。

2015—2019 年，谢岗镇社会保险各险种参保人数占全镇总人口比例始终保持在一个较稳定的水平，且均超过东莞市局下达的全年参保人数考核任务数，各险种基金征缴数每年呈递增曲线上升。2015—2019 年累计征缴基金数共 22.69 亿元，均完成市局下达的全年各险种基金征缴考核任务数。

【行风建设】 2015—2019 年，谢岗社保分局紧密结合社保工作和自身实际，成立民主评议政风行风工作领导小组，以人民群众满意为落脚点，坚持不懈改进窗口作风，落实解决联系服务群众“最后一千米”问题，不断提升业务服务水平。按照“便民、高效、廉洁、规范”的要求，严格落实“首问负责制”“一次性告知制”“服务承诺制”“限时办结制”，严格按照社保业务办理规定，进一步提高服务水平和办事效率。同时强化监督，严格考评，从工作质量、工作纪律、文明服务、群众反映等方面，每季度评比出“优质服务窗口”和“创优服务之星”，对违反工作纪律、群众投诉的严格按照《东莞市社会保障局谢岗分局窗口服务规范和纪律要求若干规定》进行处理。

【规范村（社区）农（居）民养老保险缴费】 根据《谢岗镇规范村（社区）农（居）民社会养老保险个人缴费工作实施方案》，自 2015 年 1 月 1 日起，全镇农（居）民社会基本养老保险个人缴费部分全部由个人承担。谢岗社保分局结合各村（社区）实际情况采取不同方式，推动村（社区）农（居）民社会基本养老保险个人缴费工作开展，顺利完成规范村（社区）农（居）民社会基本养老保险个人缴费工作目

2017 年，谢岗镇举办工伤预防培训班

2015—2019年谢岗镇各险种参保人数情况表

表51 单位：万人

年份	养老保险	医疗保险	工伤保险	失业保险	农（居）民养老保险	农（居）民医疗保险	合计
2015	4.8112	5.7291	5.8064	4.7971	0.5806	1.4941	23.2185
2016	4.5352	4.8871	4.9488	4.5266	0.5492	1.5070	20.9539
2017	4.5071	4.8098	4.8717	4.4961	0.5375	1.5393	20.7615
2018	4.5610	4.7869	4.8402	4.5483	0.5234	1.5747	20.8345
2019	4.5228	4.7213	4.7298	4.5014	0.5349	1.6479	20.6581

2015—2019年谢岗镇各险种基金收入情况表

表52 单位：万元

年份	养老保险	医疗保险	工伤保险	失业保险	农（居）民养老保险	农（居）民医疗保险	合计
2015	25262.09	4083.8	1477.99	1792.93	3608.65	1455.95	37681.41
2016	27641.43	4442.74	1081.16	1088.65	3575.71	1585.79	39415.48
2017	31861.6	5061.88	1351.71	1051.56	3893.53	1631.39	44851.67
2018	35979.34	5159.7	1004.8	1179.22	3787	1701.46	48811.52
2019	41853	5608.91	1212.91	1377.13	4138.82	1984.96	56175.73

标，确保农（居）民持续、有序参保缴费，促进谢岗镇养老保险体系稳妥运行、健康发展。

【社保宣传】 2015—2019年，谢岗社保分局多渠道、广覆盖宣传社保政策，满足群众了解社保政策需要。利用广电媒体、《银瓶通讯》报纸、手机网络、社区宣传栏平台、政务信息平台等渠道普及宣传社保法律法规及政策；在用人单位和社区开展社保普法教育，让用人单位负责人（企业经营者）、人事管理干部和广大劳动者都了解社会保险法、掌握社会保险法，自觉遵守社会保险法；开展“12333全国统一咨询日”、工伤保险集中宣传咨询日、《信访条例》和《广东省信访

2015年3月30日，谢岗社保分局在谢岗文化广场开展12333全国统一咨询日宣传活动

2018 年，谢岗社保分局举办跨省异地结算宣传活动

条例》普法宣传、进企业及村(社区)开展“社保大讲堂”“打击欺诈骗保 维护基金安全”集中宣传、联合东莞银行谢岗支行到企业为员工提供上门激活社保卡服务等活动，通过多种途径普及社保法律法规知识，推动实现“人人参加社会保险，人人享有社会保障”的目标。

2015—2019 年，累计开展“12333 全国统一咨询日”活动 5 场、工伤保险集中宣传咨询日活动 5 场，《信访条例》和《广东省信访条例》普法宣传 5 场，进企业、村（社区）开展“社保大讲堂”宣讲活动 5 场，“打击欺诈骗保 维护基金安全”集中宣传活动 2 场。

【社保卡激活换发和推广应用】 2015—2019 年，谢岗社保分局多措并举，推进社保卡激活换发和推广应用工作。联合社保卡发卡银行走进镇“倍增计划”试点企业，开展上门激活社保卡等服务；以助力“倍增计划”和上门激活社保卡服务为结合点，解决社保卡未激活无法使用等问题，拓宽社保卡应用范围；鼓励镇内企业将社保卡作为工资发放卡，指导定点医疗机构严格执行使用社保卡就医、身份审核、费用结算；利用“东莞社保”微信公众号、“东莞随身社保”手机 APP 等覆盖面广、性价比高的新载体开展社保卡“诊疗一卡通”宣传推广等，注重社保卡应用实效，推动社保卡使用便民利民。

2015—2019 年，谢岗镇累计制社保卡 4.98 万张，发卡 4.97 万张，激活 3.64 万张，发卡率为 99.78%，激活率为 73.23%。其间，认真做好社保卡激活和使用、社保卡发放、社保待遇等工作，大力推动社保卡“诊疗一卡通”应用，提供更多能够了解社保卡知识的渠道，扩大社保卡的应用范围和影响力，为实现社保卡的推广普及和拓展应用奠定基础。

【监察执法】 2015—2019 年，谢岗社保分局持续开展监察执法工作，依法规范用人单位参保行为，督促用人单位依法全员按月足额参保缴费。累计共巡查用人单位 6426 家，处理投诉举报 23 宗，结案率为 100%。

监察股妥善处理工伤事故，切实维护用人单位和受伤员工的权益。5 年间，用人单位向谢岗社保分局提交工伤认定申请 3203 宗（其中，受理 3203 宗，认定为工伤 3097 宗，非工伤 65 宗，撤销工伤认定申请 41 宗）。

注重监察执法和宣传培训的点面结合，5 年间，累计举办“谢岗镇工伤保险教育培训班”10 期，累

2016 年 11 月，广东省人社厅退管处检查验收组对黎村退管站申报省级示范点创建工作进行检查验收

2019 年 10 月，谢岗医保分局举办医疗保障法规政策宣传咨询活动

计向 3000 多家企业的负责人和社保专管员宣传社保政策。

【医疗保险基金安全】 谢岗社保分局坚持“医疗保障基金是人民群众的‘治病救命钱’”的宗旨，持续开展打击“欺诈骗保”专项治理、“留存社保卡”专项检查等维护医保基金安全行动。共发现违约违规违法及欺诈骗保行为 2 宗，涉及医疗费用金额 2.09 万元，其中含医保基金 1.46 万元。

【退休人员社会化管理服务】 2015—2016 年，谢岗社保分局积极推荐申报省级退管服务示范点，指导各村（社区）做好退管站建设和退休人员管理服务。举办多期退休人员社会化管理服务培训班，开展以“社保关怀暖社区，退管服务惠民心”为主题的退管月服务活动、“变废为宝巧手工”老人工艺品制作活动；组织各村（社区）退管工作人员（社保专管员）到省级示范点谢岗村退管站参观学习，组织黎村退管工作分管领导及经办人员前往石龙镇中山西社区退管站参观学习，通过学习借鉴兄弟镇街、村（社区）退管站省级示范点创建经验，探索退管服务工作新方法，做好退管制度上墙、完善退管档案台账等工作，为退休人员提供优质的社会化管理服务。

【社保服务】 2015—2019 年，谢岗社保分局依法做好社会保险参保和待遇发放，维护广大劳动者社会保险权益，满足人民群众获得社会保障需要。5 年间，累计受理住院医疗报销 1938 人次、特定门诊 290 人次、生育待遇零星报销 2267 人次、工伤医疗零星报销 2431 人次、补偿待遇补偿 1811 人次、办理失业待遇领取 1.17 万人次、失业验证 1.27 万人次、养老退休待遇领取 1459 人次。

2019 年起，谢岗社保分局认真落实困难家庭重特大疾病“二次救助”工作，合理给予“二次救助”。2019 年全镇享受医疗救助 155 人（低保 77 人、低收入 68 人、特困 10 人），2019 年属于低保人员医疗救助金额为 7.88 万元，属于特困人员医疗救助金额为 4726.5 元。

（撰稿：吴雪仪）

附：2015—2019 年东莞市社会保障局谢岗分局领导名录

局长：

林继寿（任至 2019 年 2 月）

副局长：

罗池钦（2017 年 12 月至 2019 年 6 月）

朱国华（任至 2019 年 6 月）

谢托兴（任至 2017 年 10 月）

2019 年东莞市医疗保障局谢岗分局领导人名录

局长：

林继寿（2019 年 2 月任）

副局长：

朱国华（2019 年 7 月任）

夏剑明（2019 年 7 月任）

新莞人服务管理

【谢岗镇新莞人服务管理中心概况】 2015—2019 年，谢岗镇新莞人服务管理中心按照市统一部署和要求，围绕关爱新莞人、服务新莞人的工作思路，扎实推进新莞人和出租屋服务管理工作。至 2019 年 12 月，5 年间共录入租住人员信息 7.13 万人，备案登记出租屋信息 2413 条，配合镇综治办督促出租屋主签订出租屋治安管理责任书 1.23 万份，推动出租屋屋主安装视频监控系统 401 个。走访慰问新莞人困难家庭 32 户，为他们送上慰问金总计 1.64 万元。协助镇宣教文体局，推动新莞人子女办理积分制入学 4189 人。2015—2017 年办理积分制入户 296 人；2015 年推动办理居住证 4139 张。

【出租屋服务管理】 2015—2019 年，谢岗镇新莞人服务管理中心推行工作人员驻片包干责任制，将辖区分为多个片区，由工作小组驻片包干，实现定岗、定人、定片区，保证日常巡查和信息采集工作落实到位，明确镇、村、屋三级管理责任，确保新莞人服务管理各项工作层层有人抓、事事有落实。全年录入租住人员信息 7.13 万人。组织出租屋管理员加大对辖区内出租屋房屋租赁登记备案、年审续期、税务征收等工作的督查力度，共备案登记出租屋信息 2413 条。2019 年新办证出租屋 66 间，续期换证出租屋 922 间；2019 年前三季度代征出租屋租赁税总额 15.19 万元。

2015 年，协同镇综治办督促出租屋主签订出租屋治安管理责任书 2252 份，与镇综治办、公安分局、各村（社区）新莞人服务管理站四方签订出租屋治安管理责任书 12 份，明确各职能部门相关职责。定期联合镇公安分局等职能部门开展出租屋清查整治行动，全年开展出租屋消防、治安等隐患问题整治行动 2 次，消除消防隐患 32 宗、其他隐患 3 宗。积极推动办理居住证工作，全年办理居住证 4139 张，其中新办证 1524 张，续期办理 2615 张。推动出租屋屋主安装“视频 + 门禁”应用系统，全镇安装出视频监控系统 401 个。

2018 年，通过全面排查，落实细节工作要求，协助黎村创建出租屋消防示范街，示范街位于谢岗黎村同福一街，街道两旁共有 35 栋居民楼，其中出租屋 30 栋。该示范街于 2018 年 2 月开始至 2018 年 4 月底完成整改。谢岗镇新莞人服务中心大力发挥示范街的示范作用，组织各村学习示范街的先进做法，以此营造良好的出租屋消防环境及氛围，更有效地预防和遏制出租屋消防事故的发生。

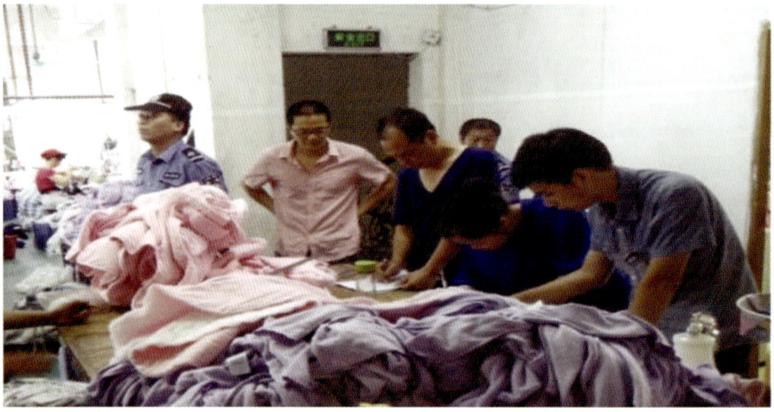

2015 年 5 月，谢岗镇新莞人服务管理中心检查消防整改情况

谢岗镇新莞人服务管理中心打造的谢岗黎村消防示范街（摄于 2018 年）

【关爱新莞人】 2015—2019 年，谢岗镇新莞人服务管理中心组织人员不间断地对困难新莞人家庭开展慰问活动，切实将各项关爱活动落到实处。尤其是每年春节前，新莞人服务管理中心组织人员走访 12 个村（社区），为困难新莞人家庭送上慰问金和慰问品，让他们感受到党和政府的关爱。5 年间，共走访慰问新莞人困难家庭 32 户，为他们送上慰问金和慰问品总计 1.64 万元。

【新莞人积分制入户、入学资格审核】 2015—2017 年，谢岗镇新莞人服务管理中心将积分制入户工作作为常态化工作，并严格按照市“早、广、快”要求，及早部署，迅速制定工作方案，简化办事程序和完善各部门工作机制，确保积分制入户工作各个环节无缝衔接，达到有效、快捷、准确；广宣传，通过派发宣传单张、电视宣传等各种形式和途径，大力宣传积分制入户工作，有效激发新莞人的申请热情，共发放宣传单张 3000 多份，张贴宣传海报 70 多张；快速受理，设置专门受理窗口，印发 600 余份积分制入户申请所需要的各种表格、材料及政策解读文件。至 2017 年共受理申请 107 人，有 296 人（含随迁人员 189 人）获得入户资格。

2015—2019 年，还根据《东

2019 年 1 月，谢岗镇新莞人服务管理中心慰问困难新莞人

莞市义务教育阶段新莞人子女积分制入学积分方案》，着力推进积分入学工作。设置专门受理窗口，印发 5000 余份积分制入学申请所需要的各种表格、材料及政策解读文件。先后接受新莞人上门咨询 5000 多人次，电话咨询 7000 多次，受理申请 4907 份，最终获得积分入学公办学位及民办学位补贴资格的共 2730 人。

【推进出租屋租住人员人身意外保险】 2015—2019 年，谢岗镇新莞人服务管理中心始终将推进出租屋意外保险作为一项重要民生工程。从 2009 年 10 月起，一直以“镇政府出资 80%、个人负担 20%”集体购买保险的方式进行推广。2015 年起，将已办理房屋租赁登记备案证明的出租屋全部纳入统保范围。至 2019 年，完成出租屋租住人员人身意外保险理赔 12 宗，理赔金额 15.59 万元，为出租屋主和租住人员挽回了经济损失。

【协助税务分局开展出租屋减税降费及代开发票业务】 2015—2019 年，谢岗镇新莞人服务管理中心代收出租屋租赁税共 78.4 万元。2019 年，配合中央减税措施，将出租屋租赁税减半，加上出租屋租赁发票可以减个税等措施的出台，到服务中心办理出租屋租赁税发票的屋主明显增多。全年，协助谢岗镇税务分局，为 57 栋出租屋开具增值税普通发票，总金额 135.35 万元，代征税额 4.33 万元。

（撰稿：黄钰婷）

2016 年 5 月，谢岗镇开展积分制入学

附：2015—2019 年谢岗镇新莞人服务管理中心领导名录

主任：

李一龙（2016 年 2 月任）

副主任：

赖灿培（任至 2019 年 6 月）

谢达顺（2017 年 12 月至 2019 年 6 月）

敬老养老

【敬老院概况】 谢岗镇敬老院周边环境清幽舒适，远离尘嚣，适合养老。注册床位 70 张，有带卫生间和宽阔阳台的单人套间。

2016—2019 年，服务人数逐年增加，至 2019 年年底共服务 50 名老人，其中特困老人 9 人，自费老人 41 人。

【尊老服务】 2018 年和 2019 年，镇政府为敬老院增加护士和保健医生各 1 名，增加常驻社工 1 名，为长者提供更加优质的服务。

2017—2019 年，镇政府斥资为敬老院建设消防工程、道路硬化等基础设施，增添现代化厨房设备、健身器材、电子办公设备、生活设备等。逢年过节，镇领导及社会各界爱心人士，到敬老院慰问长者，给在院长者送上慰问金和礼品。谢岗镇志愿者协会每月都组织志愿者到敬老院开展志愿服务，拓展各类服务活动，年服务 400 余人次，社

2016—2019 年谢岗镇敬老院服务老人情况表

表 53

年份	特困老人（人）	集中供养（人）	分散供养（人）	特困供养标准（元 / 月）
2016	12	12	0	1370
2017	9	9	0	1370
2018	11	9	2	1408
2019	11	9	2	1568

会各界爱心团体和爱心人士定期或不定期到院探访，为在院长者带去各类物资及精神慰藉，使长者真切感受到政府和社会的温暖与关爱。

（撰稿：陈燕华）

附：2015—2019 年谢岗镇敬老院领导名录

院长：

陈燕华（2012 年 9 月任）

社会事务

【社会事务概况】 2015—2019 年，谢岗镇社会事务局坚持以人民为中心的发展方向，践行“民政为民、民政爱民”理念，以着力筑牢基本兜底线，织密稳扎民生保障网为主线，紧紧围绕民政、残联、市内扶贫等工作的中心任务，认真履行职责，切实为民做好事、办实事，为谢岗经济发展和社会稳定做出贡献。

【社会救助】 2015 年以来，谢岗镇社会事务局严格规范社会救助对象的审核、审批、发放工作程序，确保“应保尽保，应退尽退”，社会救助政策全面落实。至 2019 年年底，全镇共有低保对象 43 户 76 人、特困供养对象 10 人。5 年间共为 1.53 万人次发放低保金 556.43 万元；发放低保食品、燃气补助金 110.41 万元；发放低保医疗保险补助金 62.42 万元；发放低保养老保险补助金 47.96 万元；发放特困供养救助金 87.91 万元。

2015 年，谢岗镇制定出台《谢岗镇农(居)民医疗救助暂行办法》，救助内容包括重大疾病救助、困难群众医疗救助以及困难群众身故补助。

2015—2019 年，共为 495 人次发放医疗救助金 1504.58 万元，有效缓解困难群众“看病难”问题。

【基层政权建设】 2017 年 3—7 月，谢岗镇社会事务局精心组织，广泛动员，严格程序，规范操作，顺利完成第七届村（居）民委员会换届选举工作，选举产生新一届村（居）民委员会成员、村（居）民代表、村（居）务监督委员会成员。该届村（居）民委员会换届选举有选民 1.52 万人，参加投票的选民 1.51 万人，参选率达 99.3%。新一届当选的村（居）委会成员 48 人，平均年龄 42 岁，其中具有大专以上学

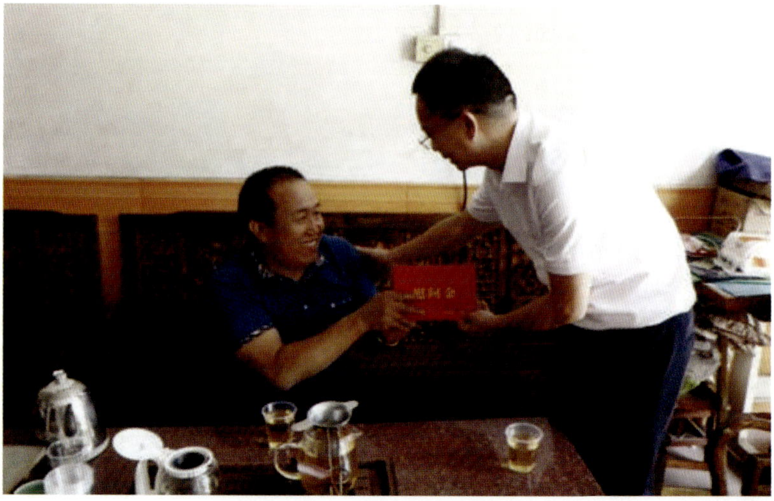

2019 年中秋节期间，谢岗镇领导慰问困难群众

2017 年，谢岗镇举办村级换届选举工作动员会暨业务培训班

2019 年 6 月 30 日，举行现场捐款活动

历的 34 人，占 70.8%；中共党员 41 人，占 85.4%；女性 13 人，占 27.08%。

2018 年，指导各村（社区）修订村规民约、居民公约，并做好宣传普及工作。健全社区服务模式，确保曹乐、黎村及谢岗综合服务中心建设、运营规范，能够充分发挥其积极作用，为村民提供便利、高效、优质的社区服务。

2019 年，全面铺开城乡社区协商工作。制定《谢岗镇关于全面推进城乡社区协商工作的实施方案》，积极推广村（社区）党组织为核心的“民主商议、一事一议”村（居）民协商自治模式。至是年年底，12 个村（社区）全部建立完善的村协商平台。

【社会福利】 2015—2019 年，谢岗社会事务局积极做好广东扶贫济困日暨东莞慈善日系列工作。通过召开现场捐款大会、发放捐款活动倡议书等方式，积极号召社会各界广泛参与扶贫济困活动。落实困境儿童保障工作。5 年间共为散居孤儿发放生活补助金 16.67 万元。为散居事实无人抚养儿童发放生活补助金 20.67 万元。

谢岗镇自 2015 年 10 月起全面铺开居家养老服务，采用“社工 + 社工助理 + 护工 + 义工”的标配服务模式，为符合服务条件的老人提供周全的服务。至 2019 年，组织培训“4050”富余劳动力人员 2275 人次，为年满 60 岁符合条件的老年人提供 9 大项（家务服务、生活照料、助餐服务、康复护理、医疗保健、精神慰藉、文化娱乐、安全援助和转介）43 小项服务，服务覆盖老人共 1.81 万人次，以满足老人多层次、多样化的需求。

【区划地名】 2018 年，谢岗镇按照《谢岗镇深化“二标四实”（标准地址库、标准作业图；实有人口、实有房屋、实有单位、实有设施）工作总体方案》要求，对全镇 875 条道路地名进行重新梳理。其中，对历年已审批的 99 条道路进行销名，对 875 条道路进行重新命名。

2019 年，根据《东莞市民政局关于做好第四轮行政区域界线及行政管辖范围分界线联合检查工作的通知》要求，组织人员对谢岗—常平镇界进行联合检查，对 6 个界桩（含三交点）进行维护。

【社会工作】 2015—2019 年，谢岗镇投入社会工作专项经费 395.2 万元，谢岗镇社会事务局积极指导社工开展“岭南社工周”活动，并在谢岗广场开展 5 场大型主题宣传活动，宣传社会工作专业服务理念，普及社会工作知识，提高广大居民对社工的认知度。另外，谢岗镇通过购买方式，设置 11 个社工岗位，分别设在社会事务局、泰园社区、赵林村、黎村、谢岗村及敬老院。

2018 年，谢岗镇举办岭南社工周宣传活动

社工通过小组、活动、个案、探访等形式提供情感支持、健康管理咨询、政策咨询、资源链接等服务，受到群众好评。

【老龄工作】 2015—2019 年，谢岗镇为全镇 70 周岁以上老人按时足额发放高龄津贴，5 年间共为 7.53 万人次发放高龄津贴 591.95 万元。从 2018 年 1 月 1 日起，谢岗镇将生果金标准从每人每月 50 元提高至每人每月 100 元。5 年间共为 20 万人次发放生果金 1515.31 万元。

【社会组织管理】 2015—2019 年，谢岗镇做好社会组织备案申请、备案造册、文件归档等工作。至 2019 年年底，谢岗镇在市社会组织事务中心登记的社会组织 28 个，在镇备案的社区社会组织 48 个。在做好校外托管机构监督管理工作方面，会同相关职能部门对学生校外托管机构进行巡查监管，敦促整改，整改后仍然不符合标准的接送站坚决取缔。

【婚姻登记】 2015—2019 年，谢岗镇婚姻登记处围绕“重服务、树形象、创一流”的工作要求，贯彻相关法律法规，强化内部管理，坚持依法行政。全镇共办理结婚登记 661 对，离婚登记 198 对，补发结婚登记证 254 对，办证合格率达 100%。

【残疾人联合会】 2017 年 12 月 28 日，谢岗镇残疾人联合会第七次代表大会召开。大会代表 73 名，其中残疾人代表 65 名，占大会代表 89.04%。大会选举产生了谢岗镇残疾人第七届主席团主席、副主席、执行理事会理事长、副理事长、委员 16 人。

【残疾人康复就业服务】 2016 年 1 月，谢岗镇残疾人康复就业服务中心（以下简称中心）成立，内设职业康复室、心理咨询室、居家训练室、学员休息室、多功能室、康复训练室。中心运营方式为政府招投标购买专业社会机构开展服务。

2016 年 1 月至 2018 年 12 月，由东莞市乐雅社会工作服务中心承接中心的运营。

2019 年 1 月起由东莞市展能社会工作服务中心运营，配备 1 名社工、1 名康复师、1 名职业训导师、1 名保洁员负责中心日常运作。中心通过专业社工深入社区，了解服务群体需求和各种有效宣传方式，招募残疾学员 11 人，会员 15 人，志愿者 11 人。

【残疾人社会保障】 2015—2019 年，谢岗镇严格按照《东莞市扶助残疾人办法（修订）》要求，落实残疾人相关津贴、补贴发放工作。5 年间向 160 名残疾人发放一次性首办证补贴 400 元，计 6.4 万元；向持证残疾人每人每月发放残疾津贴 200 元，计 3.05 万人次；向一户多残家庭发放生活补贴 3000 元 /

谢岗镇残疾人联合会第七次代表大会合影留念（2017 年 12 月 29 日）

户，计207户次62.1万元。

【市内扶贫】 2015—2019年，谢岗镇贯彻落实市委、市政府关于市内扶贫工作部署，强化措施，狠抓落实，调动各级力量积极参与扶贫工作，加快谢岗镇低保困难户和次发达村脱贫奔小康步伐。

2016年，谢岗镇窑山村、黎村、南面村、大龙村及五星村5个村被定为帮扶对象，由市应急管理局、市教育局、市林业局、市人民医院、市残联对口帮扶。同年，5个欠发达村成功申请基础设施建设项目补助金835.9万元和创收项目补助金2507.7万元，共3343.6万元投资于谢岗镇大连机床集团（东莞）科技孵化有限公司厂房项目，项目每年可为5个欠发达村带来267.488万元的稳定收入。落实好“一对一”结对帮扶，开展春节、中秋节等节日慰问活动，督促帮扶干部主动了解帮扶对象的生活情况，切实帮助改善贫困户的生活条件。

（撰稿：罗丽婷）

附：2015—2019年谢岗镇社会事务局领导名录

主任：

赵伟光（任至2017年11月）

副主任：

罗泉深（任至2017年11月）、

黄焕强（任至2017年11月）

局长：

罗焕水（2017年12月任）

副局长：

罗泉深（2017年12月任）

何金池（2017年12月任）

2017—2019年谢岗镇残疾人康复就业服务中心领导名录

副主任：

罗秀娟（2017年12月任）

市外扶贫

【市外扶贫概况】 2016年，谢岗镇根据中央和广东省、东莞市新时期精准帮扶、定点扶贫工作要求，与南雄市帽子峰镇的富竹村和洞头村、澜河镇的澜河村和白云村开展驻村对口帮扶工作。谢岗镇对口帮扶驻村工作队和当地村委干部深入帮扶村走访调研，慰问贫困户，确定贫困户和帮扶对象，并建档立卡，填写帮扶记录簿、干部帮扶手册和发放帮扶联系卡。根据各村自然、地理条件，贫困户劳动力情况和发展意愿，认真分类梳理，坚持一村一策、一户一法，制定科学可行的帮扶方案。利用“以奖代补”政策，动员贫困户积极参加农业种养、就业增收、土地流转等奖补项目，调动贫困户自主脱贫的内生动力，发展蜂蜜、水稻、黄烟、仙草、蔬菜等种养产业项目，帮助贫困户实现增收。积极筹集包括财政资金和社会募集资金在内的各类资金，用于新时期精准扶贫精准脱贫工作。安排140名党员干部对贫困户实行一对一挂钩帮扶，每名帮扶干部每年捐赠1000元。至2019年，共筹集扶贫资金1458.33万元，其中：扶贫开发资金（人均2万元）374.51万元，到村引导资金900万元和社会各界资金134.87万元，谢岗镇帮扶单位自筹资金48.95万元。其间，谢岗镇还完成对口援疆、东西部扶贫协作等工作。

【产业发展扶贫】 2016年，谢岗镇制定出相对贫困村主导产业方案，通过发放种苗、肥料饲料等生产物资，扶持贫困户发展种植、养殖等产业，促进贫困户增产增收；通过实施入股相关扶贫投资项目，培育“造血功能”，不断壮大村集体经济，使村集体有长期稳定的收入。

2017—2019年，谢岗镇对口帮扶驻村工作队帮扶各村入股扶贫

2019年12月25日，谢岗镇党政代表团赴南雄市调研

投资项目5个，分别是富竹村、洞头村、澜河村集体入股浈江光伏发电项目，富竹村、洞头村贫困户入股中药材种植项目，白云村集体融资入股南雄鲜地电站项目，白云村贫困户与金友公司合作彩椒种植扶贫项目，澜河村贫困户与金友公司合作粮油扶贫项目；协助各贫困村成立农产品专业种植合作社5个，引进农业龙头或种养大户4个，鼓励45户有劳动力的贫困户参与进来，与农业龙头企业和种养大户签订保底收购协议，壮大种养产业发展；累计投入336万元开展资产性收益项目13个，为139户贫困户人均增收585元；开展村集体增收项目5个，其中有金丝皇菊产业、阳光玫瑰葡萄园、澜河千亩茶园等，预计各村集体收入从2020年起均超过10万元。发动谢岗镇社会各界参与消费扶贫，采取“蚂蚁搬家”形式和电商销售渠道，向贫困户采购大米、皇帝柑、红薯等农产品；组织超市等企业单位签订产供销协议，帮助贫困户拓宽销售渠道；组织参加南雄市在东莞南城举办的农副产品展销会，签约购买南雄农副产品30万元。

【劳动力就业扶贫】 2016—2019年，为提高贫困户的养殖技能及就业能力，助其增收脱贫，谢岗镇驻村工作队先后举行15期职业技能培训和种养技能培训，有贫困户近300人次参加；组织贫困户参加1期扶贫招聘会，解决3名贫困人员就业；帮助26户86名贫困人员开展产业脱贫项目3个，实现人均增收2000元；组织开展就业培训8次，参加就业劳动培训68人次；发布就业信息120条，组织劳动力转移就业16人；帮助入股扶贫项目4个，贫困户年增收20.6万元。其中洞头村、富竹村投入30万元入股河背民宿，带动5户贫困户就业。

【社会保障扶贫】 2016—2019年，谢岗镇对口帮扶驻村工作队将9户20人无劳动能力贫困户纳入低保，实现社保兜底脱贫；完成43户77人无法依靠产业扶持和就业帮助脱贫的贫困户实行政策性保障兜底；帮助73名60岁以上的相对贫困户享受城乡居民社会养老保险待遇；帮助11名患有残疾的贫困户进行残疾评定，为5名贫困户办理残疾证；落实全额资助389名建档立卡贫困户参加城乡居民基本医疗保险；落实医疗救助188人，帮助贫困户申请医疗救助资金22.37万元；组织开展义诊活动21次，接受义诊村民640人次；完成危房改造58户；开展一对一帮扶责任人重大节日慰问贫困户活动，向139户贫困户发放米、油、糖果礼包和慰问金，共投入35.88万元。谢岗镇政府向澜河镇、帽子峰镇捐赠笔记本电脑56台，向各村贫困户捐赠床16张。谢岗商会向富竹村捐赠资金3万元帮助该村发展产业，解决种子化肥问题。

【教育文化扶贫】 2016—2019年，谢岗镇对口帮扶驻村工作队协助教育部门落实各教育阶段家庭经济困难学生资助政策，帮助85名就读小学、初中、高中、中职（含技校）、全日制高等院校（大专、本科）的贫困户子女建档立卡落实生活费补助，帮助38名学生落实免收学杂费，累计帮助贫困户子女申请教育补助18.9万元，确保贫困户家庭子女不因贫辍学。组织开展助学活动13次，扶助贫困学生19名，捐赠助学物资或资金0.62万元，支持修缮学校资金5.22万元。谢岗镇团委率领镇志愿者协会和社会爱心人士到澜河镇、帽子峰镇开展公益交流活动，走访慰问12户贫困学生、空巢老人、自闭症儿童，送上慰问品和慰问金。

【基础设施建设】 2016—2019年，谢岗镇对口帮扶驻村工作队按照“一村一策”规划帮扶项目，完成基础设施项目有建设200人以上自然村至主干道水泥硬化道路16.34千米，村道、巷道硬底化9.7千米，实施饮水安全工程2个，雪亮工程4个。协助各村完成路灯亮化603盏，增设垃圾转运桶90个，完成富竹村文体广场及灯光音响设施建设和公共服务站修缮，完成洞头村文体广场建设和升级该村公共服务站，完成白云村村民活动中心、居家养老中心建设，完成富竹村、洞头村、白云村宣传栏项目。在开展人居环境综合整治和创建新农村示范村工作中，有20户以上自然村38个制定出村规划，并完成人居环境整治“三清三拆三整治”。

【帮扶发展特色产业】 铁冬青种植 2016年，谢岗镇对口帮扶驻村工作队和帽子峰镇政府创新扶贫思路，采取“政府搭台、企业唱戏”的工作思路，积极争取广东康绿宝科技实业有限公司到新跃林场合作种植中药材（救必应，又名铁冬青），打造千亩中药材种植（扶贫产业）基地。该项目由帽子峰镇政府统筹整合谢岗镇对口帮扶的富竹村、洞头村到户到人扶贫资金90万元入股，合作期限20年。该项目通过分红，吸收有劳动力的贫困户到基地务工，带动周边贫困户种植中药材，惠及所有除政策兜底以外的贫困户，实现公司基地建设、林场转型增效、贫困群众增收、产业扎根当地、增强造血功能、带动周边群众致富等多赢的目标。

仙草种植　谢岗镇对口帮扶驻村工作队积极协助澜河村、白云村大力发展仙草种植。该项目在广东省食品药品监督管理局的帮扶下，由合作社与广药集团签订协议采取订单种植全部保护价收购。至2019年，各帮扶村共有29户贫困户参与仙草种植10.07公顷。

蔬菜产业　谢岗镇对口帮扶驻村工作队协助富竹村大面佛种养专业合作社发展蔬菜种植。该项目以帽子峰镇鑫欣园蔬菜种植合作社为龙头，采取“公司+合作社+基地+农户”模式，带动有劳动能力、有土地资源的贫困户发展蔬菜种植。同时，采用订单种植，农户种出的农产品均由韶关供销社和广东雪印商贸有限公司全部保价收购，确保农户的稳定收益。至2019年，各帮扶村共有17户贫困户参与蜜本南瓜种植1.67公顷。

养蜂业　通过谢岗镇驻村工作队调研，各帮扶村林地草木生长茂盛、百花盛开，花卉资源丰富，适宜养殖蜜蜂。

2017年4月，在南雄市扶贫办指导下，各帮扶村与南雄市养蜂协会合作，通过“专业协会+贫困户”的模式，由协会帮助购买蜜蜂和提供技术指导的方式，把有意愿的贫困户组织起来发展蜜蜂养殖。至2019年，各帮扶村共有20户贫困户养殖78箱蜜蜂。

油茶业　通过谢岗镇驻村工作队调研，各帮扶村山地资源丰富，雨量充沛，气候温和，非常适合油茶种植，并且油茶在南雄市种植有悠久的历史。驻村工作队积极发动有一定劳动力和山地资源的贫困户种植油茶。至2019年，各帮扶村共有20户贫困户参与油茶种植2.67公顷。

【援疆工作】 2017—2019年，谢岗镇与新疆生产建设兵团第三师图木舒克市50团场结对，开展援疆工作。

2018年，援建项目有该团8连灯光篮球场建设项目、13连群众服务中心改建项目。

2019年7月9—12日，谢岗镇党委副书记、镇长李惠勤率党政代表团及招商慰问人员一行16人前往新疆开展结对交流，就完善民生基础设施、产业合作帮扶、干部人才互访交流、两地民俗文化交流等交换意见。拨付援疆资金65万元支援该团重点项目建设2个，其中文体广电服务中心建设项目55万元，人居环境整治项目10万元。

【东西部扶贫协作】 2018—2019年，谢岗镇参与协助清溪镇扶贫协作昭通市镇雄县“携手奔小康”行动。与镇雄县签订“镇镇结对”框架协议，包括交流对接、产业合作、劳务协作、发动社会帮扶等。落实帮扶资金212万元，其中帮扶塘房镇30万元，用于该镇杉树林村夫烟山高山村民组断头路建设；帮扶林口乡30万元，用于林口村民族文化活动室建设。发动企业参与村村结对、万企帮万村活动，得到谢岗镇赵林村、谢岗商会、东莞华泰金属制品有限公司等18家单位企业支持，分别与林口乡熊贝村、菜子村、娃飞村等7个深度贫困村，塘房镇杉树林村、塘房村、顶拉村及旧府九年一贯制学校签订“村村结对”框架协议、“万企帮万村”帮扶协议，捐赠社会帮扶资金85万元用于各扶贫项目建设。另外，广东润星科技有限公司捐赠3台全新数控机床给镇雄县，价值约100万元。从医疗、教育系统选派6人前往镇雄支医支教，与支医医院、支教学校签订结对帮扶协议，开展技术交流、临床诊疗、教学培训、重点学科建设、建立健全教学档案和教研制度等专业技术活动。组织开展农产品购销活动，采购1.67万元农副产品在供销社设立销售专柜。举办1期东西部扶贫协作劳动力职业技能培训班，培训昭通、镇雄籍劳动力38人。

（撰稿：陈志雄）

附：2016—2019年谢岗镇扶贫办公室领导名录

主任：

熊海林（2016年8月至2017年11月）

朱锦良（2017年11月至2019年7月）

郭慧明（2019年7月任）

行政村（社区）

谢岗村

【谢岗村概况】 谢岗村位于谢岗镇北部，与惠阳山坡村、英光村隔河相望，辖区内有莞惠公路、谢常公路、谢岗镇粤海大道、广梅汕铁路、莞惠城轨贯穿其中，总面积10.4平方千米，占谢岗镇总面积的10.1%。下辖谢岗围、树山、吓村、林屋边、新田圩5个自然村，设10个村民小组。2019年年底，全村户籍人口有姓氏88个，户籍人口3444人，外来暂住人口9135人。

【经济发展】 2015—2019年，谢岗村加快经济结构调整，增强自主创新能力，大力发展外资企业，综合经济实力显著增强。

2019年年底，村内有4个工业区，分别是金川工业区、新城工业区、眼口工业区、长江工业区，拥有工厂企业227家，其中完成“三通一平”（水通、路通、电通，土地平整）的金川工业区，占地面积48万平方米，并且已完成招商工作。

5年间，全村新增民营企业52家，投资额5.98亿元。谢岗村组两级经营总收入1.76亿元，村组两级纯收入1.37亿元，其中村集体经营总收入6960万元，村集体纯收入4643万元。至2019年年底，全村共有工业企业338家。村组两级总资产6.52亿元，总负债3063万元，总资产负债率4.7%，其中村级总资产2.74亿元，总负债1175万元，资产负债率4.29%，村委会可支配收入1868万元，支出1634万元。

【“两违”整治】2015—2019年，谢岗村加强农村违章违建整治工作，加大日常巡查力度，接受群众投诉监督，发现违章违建苗头，及时配合政府相关部门集中查处。共拆除“两违”建筑4.46万平方米，出动运输车辆640架次，清理卫生死角310处，清理偷倒的生活垃圾、建筑垃圾520吨，清理“牛皮癣”1000多张，规劝占道经营、乱摆卖185宗，拆除违章户外广告，破损广告牌452个。积极动员引导村民对符合报建条件的存量建筑补办相关报建手续，针对不能补办手续或严重影响消防通道的“两违”建筑采取强制拆除措施。

【安全生产】 2015—2019年，谢岗村检查工厂企业5280家，发现隐患2668处，整改隐患2668处，整改率达100%。每个季度组织企业观看安全生产相关视频，学习更多的安全生产知识。严格落实消防安全生产宣传、培训，对存在消防安全隐患的企业单位和“三小”场所要求限时整改，加强人员安全生产培训，提高作业意识，把事故风险降到最低。为进一步强化安全生产意识，与辖区

谢岗围鸟瞰（摄于2015年）

谢岗村城市更新项目部（摄于2019年）

内每家企业负责人签订安全生产责任书，建立一企一档。定期开展专项排查，如有限空间、高空坠落、粉尘涉爆、危化品专项整治、节后复产复工安全生产大排查等，消除安全隐患。督促企业定期开展消防演练，村干部积极到场参与并指导企业，确保企业员工们在演练中学到更多的逃生知识。定期排查直排式热水器，对不达标或安装不规范的热水器拆除并要求整改，有效防范一氧化碳中毒、触电、家庭火灾等安全事故发生，保障居民群众生命财产安全。

【社会治安综合管理】 2015—2019年，谢岗村强化外来人员和出租屋管理，加大力度进行辖区巡逻，抓好“平安社区”的创建工作，对治安黑点进行全面清查，有效预防犯罪案件的发生。定期组织治安员开展“治摩”、禁赌等专项重点整治，不定期组织人员在村的主干道设卡查车，遏制治安案件的发生。加强对商铺、出租屋的巡查，全面落实联防群治工作；在主干道、公共场所设岗放哨，加强对治安盲点的巡逻和监控力度，对违法活动予以严厉打击。2017年，大量泥头车私自夜间行驶，造成噪音扰民，沙尘滚滚，对村民出行造成很大安全隐患，严重影响村民夜间休息，同时破坏村容村貌，为解决该问题，谢岗村联合有关部门24小时设卡拦截泥头车，经过采取强硬措施，于2018年彻底解决泥头车扰民问题。5年间，协助公安部门查处治安案件1宗。

【环境卫生管理】 2015—2019年，谢岗村全面落实岗位责任制，加大宣传力度，增强群众环境卫生意识，派发门前三包责任书。5年间，清理卫生死角964个，清理道路两旁杂草2.2万余米。对道路绿化实行市场化管理，落实主干道每天12小时保洁，街道、巷道每天8小时保洁制度。加大整治“脏、乱、差”力度，由卫生监督员下乡巡查，督导保洁员工作，确保村容村貌整洁。

【基础设施建设】 谢岗村大力开展基础设施建设，全面提升人居环境质量，为推动村内道路硬底化，规定组级道路硬底化费用按照村、组4∶6的比例共同承担。5年间，全村硬底化面积2.54万平方米，总长4000米。其间，还努力打造亮点工程，改善村居环境。2018年，结合海绵城市理念整合闲置用地，改造谢岗村旧小学为体育文化公园，公园一期工程占地面积0.67公顷，投入资金249万元，2019年投入使用。二期工程建设，占地面积0.67公顷，主要利用岭贝湖和八卦村自然风光，在岭贝湖边修建栈道，把八卦村和文体公园一期串联起来，形成一个连片的休闲生活区、功能区，打造与文体公园相结合的一小时游览线路。2018年年底，全村城市更新项目总面积86.67公顷，共划分为4个单元，其中东部和南部的开发单元已通过市审批，并进入权益人不动产确认阶段，东部已签订107份，完成37%，南部已签订35份，完成9.2%。2019年，全面推动金川原铭基鸡场地块建设，并完成该项目的设计，计划总投资4亿元，建设20万平方米的物业，预计建成后该物业每年收入约3500万元。

【村务公开】 从2015年起，谢岗

谢岗村文化体育公园（摄于2019年）

村推进村务公开和民主管理工作，重点健全完善村级重大事务决策程序，加强民主管理和民主监督，使村务运作有章可循。利用互联网平台，把村集体资产、招投标等信息推送到“东莞村财”手机软件，让全民监管村务运作，利用平台公开、公平、公正告知集体招投标事项，让全民参与进来。

【民生福利】 2015—2019年，谢岗村组两级投入127万元用于居民农医保和养老缴费；对居民就业创业实行补贴、优惠措施；对60岁以上老人每人每月发放100元生果金。村组两级为60岁以上村民购买每人200元银龄安康意外险，各村小组均为户籍人口每人购买一份意外险，每年七一和春节给60岁以上党员每人发放慰问品和慰问金，春节期间对80岁以上长者每人发放300元慰问金和油米，八一期间给每名退役军人发放慰问金500元。2019年，制定并推出谢岗村重大疾病医疗救助政策，规定凡患有重大疾病的村民最高可获得2万元的医疗救助金。对户籍人口考入本科的学生53人给予奖励。

【文体活动】 2015—2019年，谢岗村投入262.92万元加强文化建设，大力组织开展常规性文体活动，组织人员参加镇里举办的各类文体活动。

2016年，收回原出租占地面积1000平方米的旧会堂，进行升级，改造为综合服务中心和文体活动场所。

2019年，开办“一村一特色”传统美食活动培训班17期，深受村民欢迎。开展青春健康教育讲座、家庭教育讲座、亲子活动、长者、残疾人康复活动等共36场，促进家庭成员之间的良性互动，营造和谐家园的氛围。在学习的同时能够放松身心。自村综合服务中心建成以来，开设了五点学堂，在工作日为一至六年级学生提供课业辅导，7月、8月开设了暑期开心学堂，除辅导学生课业外，还开展暑期乐缤纷活动8场，受到家长学生一致好评。

（撰稿：谢锐明）

附：2015—2019年谢岗村党工委成员名录

书记：

谢建亮（2013年10月任）

副书记：

谢贺伦（2008年5月任）

委员：

谢金志、谢焕文、郭志强、黄育英、谢盆辉

2015—2019年谢岗村委会成员名录

主任：

谢建亮 （2013年10月任）

委员：

谢焕文、黄育英（女）

2015—2019年谢岗镇谢岗村主要情况表

表54

年份	土地面积（平方千米）	户籍人口（人）	外来暂住人口（人）	企业及个体户（个）	其中工业企业（家）	资产总额（万元）	负债总额（万元）	资产负债率（%）	村组两级经营纯收入（万元）
2015	10.4	2960	10152	520	70	19710	1085	5.50	1896
2016	10.4	3112	9875	565	70	47588	3006	6.32	2673
2017	10.4	3294	9606	687	137	47387	3746	7.91	2641
2018	10.4	3378	9827	702	137	56684	4333	7.64	3130
2019	10.4	3444	9135	845	338	65167	3063	4.70	3357

谢山村

【谢山村概况】 谢山村位于谢岗镇东部，东与惠州市沥林镇毗邻，西与谢岗村相接，南与樟木头接壤。东西宽约1.3千米；南北长约2.5千米，总面积4平方千米。S357莞惠公路从村境北部横穿而过，广梅汕铁路、莞惠轨道交通等两条铁路平行从村境横穿东西。

2019年，全村有人口300户790人。

2015—2019年，谢山村根据镇委、镇政府全面深化改革的目标

谢山村航拍图（摄于2016年）

任务和政策措施，紧紧围绕全镇工作大局和群众所需，以适应新常态、建设新谢岗为目标，立足本职工作、凝心聚力、勇于开拓，在发展经济、关注民生、社会管理等方面取得一定成效。

【党风政风建设】 2015—2019年，谢山村配合驻村团队开展“镇领导干部驻点普遍直接联系群众”活动，以直接联系为主要方式，践行全心全意为人民服务的根本宗旨，了解群众、学习群众、服务群众。通过定点接待、上门走访、重点约谈等方式开展工作，做到联系辖区住户、企业和工商个体户的常态化和全覆盖。

2019年以来，村党组织依托“三会一课”“主题党日活动”“周一党建之夜活动”，严格落实市、镇、村三级党建主体责任，把各级各部门各司其职与协同互动结合起来，打造基层党建坚强轴心，推进村社区党建、单位党建、行业党建相互贯通，增强基层党建整体效应。认真推进开展驻点联系群众，开展座谈会、落户了解实际情况，并组织两委干部研究解决实际问题专题会议。

2015—2019年，驻点接访、走访群众1050户，深入企业250多家，联系工商个体户360户，开展主题活动10次，收集群众建议和意见90条，全部作出回应和解决。

【集体经济管理】 2015—2019年，谢山村坚持以实现经济增长和全面快速发展为工作出发点和落脚点，围绕经济建设这个中心，管理用好已有资源和资金。做好企业、承包户的管理和服务，保证集体稳定收入，防范集体经济风险；做好资金的管理和运用，实现资金的保值、增值、增收，为壮大集体经济、提高村民福利创造条件。规范集体资产管理，重大财务开支实行民主决策，坚持民主理财，推动集体经济“增资减债、增收节支”，保障村民依规监管集体收支，履行民主决策职责，促进社会和谐稳定。

2015年，全村总资产1.5亿元。到2019年，全村总资产2.32亿元，5年间，增加0.82亿元。

【消防安全】 2015—2019年，谢山村不断改进和完善工作方法，提高安全防范能力，排除事故隐患。坚持安全生产事故隐患和“三小”场所、出租屋安全隐患排查，做好摸底排查、督促整改、查漏补缺、检查验收等各个环节，全力维护生产生活安全。积极推进消防示范街建设工作。其间，针对谢岗火灾事故，谢山村联同公安、消防、安监、城管等部门，对辖区内工厂企业、出租屋、三小场所、商铺等全面排查，对消防设施建设、消防通道、违规搭建、违规住人、危化品储存等方面重点排查整治，确保全村消防安全，维护生产生活环境。

【宜居社区建设】 2015—2019年，谢山村根据市、镇规划，结合全村实际和村民诉求，确定以提升人居环境为目的，在谢山村开展宜居社区建设。2015年，完成村委会篮球场、停车场和绿化改造、新村照明工程及坑口水库道路建设，完成莞惠公路以北的公交换乘站公园，小山小湖公园完成设计、预算，并进行工程公开招投标，同时对莞惠公路以北、谢山桥至银湖路口的首排住宅楼工程进行筹备。

【治安管理】 2015—2019年，谢山村每年都开展治安宣传教育，提高群众防范意识；加强治安巡查，完善出租屋安全管理工作制度，积极稳妥处理各类倾向性、苗头性的问题和矛盾，妥善处理各种事件，开展各类专项行动，净化治安环境。

【便民服务】 2015—2019年，谢山村为适应社会形势，增进老年人福利，提高老年人生活质量，促进社会稳定和谐，开展居家养老服务。整治辖区环境卫生，开展“清死角、除四害、保健康”爱国卫生运动。做好计划生育工作，为育龄夫妇提供生殖健康、“两癌”筛查、免费婚检、免费孕检等优质服务。做好民政、残联、社会保障等优抚、救济、救残工作，对特困、重疾、残疾人员家庭开展节日慰问，帮助贫困群众解决实际问题。积极开展各项文体活动，依托村文化广场开展“绚丽大舞台”文艺演出，组织人员参加全镇“三八”文艺会演，积极推广“农家书屋”文化惠民工程。

（撰稿：谢沃良）

附：2015 年至 2017 年 6 月谢山村党工委成员名录

书记：

谢剑锋

委员：

谢灿帮、谢国伟、谢沃良、梁茹冰

2017 年 7 月至 2019 年谢山村党工委成员名录

书记：

谢剑锋

委员：

谢灿帮、谢沃良、谢国伟、尹晓琴

2015—2017 年谢山村村委会成员名录

主任：

谢剑锋

委员：

谢灿帮、梁茹冰

2017—2019 年谢山村村委会成员名录

主任：

谢剑锋

委员：

谢灿帮、尹晓琴

2015—2019 年谢岗镇谢山村主要情况表

表 55

年份	土地面积（平方千米）	户籍人口（人）	外来暂住人口（人）	企业及个体户（个）	其中工业企业（家）	资产总额（万元）	负债总额（万元）	资产负债率（%）	村组两级经营纯收入（万元）
2015	4	680	5000	158	36	15056.42	331.02	2.2	1158
2016	4	710	4200	160	37	15526.08	347.63	2.24	1315
2017	4	730	4500	163	38	15916.00	374.56	2.35	1327
2018	4	765	5200	166	39	16654.66	449.53	2.7	1497
2019	4	790	4000	169	39	23191.49	414.39	1.79	1540

大厚村

大厚村委会（摄于 2015 年）

【大厚村概况】 大厚村位于谢岗镇东部，东与大龙村、黎村相邻，西与谢山村相连，西南与樟木头相接，南与樟木头林场相望，北与粤海产业园、惠州市沥林潼湖碧桂园小镇毗邻。地理位置优越，莞惠公路、粤海大道、谢岗大道、潮莞高速出口、广梅汕铁路以及莞惠城际轨道交通从村境横贯东西。离镇中心 2 千米和莞惠轻轨银瓶站口 1 千米，2019 年，全村总面积 5.6 平方千米，下辖 5 个村民小组，户籍人口 1247 人，外来暂住人口 3942 人。

【经济发展】 2015—2019 年，大厚村积极利用“以商引商、敲门招商、网上招商”等多种方式进行招商引资工作。至 2019 年 12 月，全村共有工业企业 113 家，其中外资企业 10 家，私营企业 103 家，个体户 86 家。村组两级总资产约 4.84 亿元，总负债 3704 万元，总资产负债率 7.65%，其中村级总资产 3.17 亿元，总负债 2838 万元，资产负债率 8.96%。

【社会治安综合管理】 2015—2019 年，大厚村坚持巡防监控机制，强化外来人员和出租屋管理，加大辖区治安巡逻力度，抓好“平安社区”的创建工作。通过加强扫黑除恶正面宣传教育，不定期在村篮球场、公园等人流密集的地方开展扫黑除恶专项行动宣传教育活动，营造扫黑除恶的良好氛围，全力打击

2019年11月26日，大厚村召开股东代表会议

大厚村公园（摄于2019年）

黑恶违法犯罪，坚决遏制黑恶势力的滋生蔓延。5年间共出动55人次，配合公安部门开展扫黑除恶专项行动3次；开展扫黑除恶专项行动宣传教育活动8次，发放各种宣传资料8000份。

【村务公开】 2015年，大厚村推进村务公开民主管理工作。完善村务公开、民主管理，重点健全完善村级重大事务决策程序，加强民主管理和民主监督，使村务运作有章可循。

【民生福利】 2015—2019年，大厚村为保障户籍人口100%可以享受村福利，村组两级投入143万元，用于居民农医保险和养老缴费；对就读幼儿园及以上全日制的学生每人每学年发放600元教育补贴；进一步健全完善老人保障制度，提高高龄老人的抗风险能力，为年满60岁（周岁）以上老人购买银龄保险每人每年200元；从2019年1月开始向60周岁以上户籍老人每月发放生果金200元；对从未缴社会保险金的户籍退休人员每人每月发放生活津贴200元，为积极完善农村医疗制度，为全村户籍人口免费购买一份（每人每年360元）中国人寿（复星联合团体重大疾病、意外伤害、意外伤害医疗、意外住院津贴医疗）保险。

【文体活动】 2015—2019年，大厚村投入114万元用于开展文体活动，组织人员参加镇举办的各类文体活动。2015年、2016年和2017年每年投入17万元，2018年和2019年分别投入30万元和33万元加强文化建设，相继开展各类文体活动。

（撰稿：黄炜林）

附：2015—2019年大厚村党工委成员名录

书记：

黄忠强 （2015年任）

委员：

黄伦祥、罗金容、黄桂光

黄金明、邓翠文

2015—2019年大厚村委会成员名录

主任：

黄忠强 （2015年任）

委员：

黄伦祥、罗金容、黄桂光

黄金明、邓翠文

2015—2019年谢岗镇大厚村主要情况表

表56

年份	土地面积（平方千米）	户籍人口（人）	外来暂住人口（人）	企业及个体户（个）	其中工业企业（家）	资产总额（万元）	负债总额（万元）	资产负债率（%）	村组两级经营纯收入（万元）
2015	5.6	1070	6080	195	60	32154	1728	5.3	1953
2016	5.6	1116	5080	187	58	34487	1616	4.6	2226
2017	5.6	1168	4894	180	40	36891	3110	8.4	2297
2018	5.6	1191	3801	180	42	40856	3787	9.2	2714
2019	5.6	1247	3942	199	113	48383	3704	7.65	3139

大龙村

【大龙村概况】 谢岗镇大龙村地处谢岗镇东部，东与黎村、南面村相连，西与大厚村相接，南与樟木头林场、南面村山头毗邻，北与黎村、大厚村相隔，莞惠公路、广梅汕尾铁路、莞惠高速、莞惠轻轨、银丰路从西向东贯穿全村。大龙村呈不规则状分布，地貌以南面的山地为主，北面的丘陵为辅，东从与黎村交界处始，西至黄豆排山头，东西宽约5千米；南从上窝山头始，北至大厚湖，南北长约8千米，总面积5.8平方千米，占谢岗镇总面积的5.6%。下辖8个村民小组；拥有大龙广场、大龙老人活动中心、大龙文化楼、大龙警卫室等公共服务中心。

2019年年底，全村户籍人口有姓氏60多个，户籍人口1178人，外来暂住人口3500人。

【经济发展】 2015—2019年，大龙村积极利用"以商引商、敲门招商、网上招商"等多种方式进行招商引资工作。5年间新增民营企业55家，投资额约1.62亿元。至2019年年底，全村共有工业企业111家，其中外资企业3家，私营企业108家。另有个体户132家。2015—2019年，村组两级经营总收入0.54亿元，村组两级纯收入3937万元，其中村集体经营总收入1797万元，村集体纯收入663万元。村组两级总资产6.58亿元，总负债9621万元，总资产负债率14.61%。2019年村级总资产1.52亿元，总负债2217万元，资产负债率14.58%，村委会可支配收入2331万元，支出2138万元。

【安全生产】 2015—2019年，大龙村加强农村违章违建整治工作，加大日常巡查力度，接受群众投诉监督，发现违章违建苗头，及时配合政府相关部门集中查处。5年间村组织、配合镇有关部门进行89次全面的大检查，每周落实排查安全隐患，发现隐患及时发出整改通知书，督促整改。2016年6月9日，查处大龙村新围仔一处危化品非法加工的现象，并直接查处关停。配合有关部门整顿和规范市场经济秩序，打击制假售假、无牌无证和走私成品油等违法活动，有效保障村市场经济秩序的健康发展。5年间检查工厂企业5148次，发现隐患1456处，整改隐患1456处。落实消防安全生产大宣传、大培训，尤其对存在消防安全隐患的企业单位和"三小"场所人员搞好消防、安全生产培训。5年来，无发生因安全生产而造成人员身亡的事故。

大龙村一角（摄于2015年）

【社会治安综合管理】 2015—2019年，大龙村强化外来人员和出租屋管理，加大力度进行辖区巡逻，抓好"平安社区"的创建工作，对治安黑点进行全面清查，有效预防罪犯案件的发生。定期组织治安员开展"治摩"、禁赌等专项重点整治，不定期组织人员在社区主干道设卡查车，遏制"双抢"案件的发生。加强对商铺、出租屋的巡查，全面落实联防群治工作；在主干道、公共场所设岗放哨，加强对治安盲点的巡逻和监控力度，对抢、盗、聚赌等违法活动予以严厉打击。5年间，协助公安部门侦破刑事案件7宗，查处治安案件21宗。

【帮扶资金利用】 2015年，大龙村利用500万元扶贫贷款入股镇属厂房，每年带来10%的收入。

2016年，利用发展优质项目补助资金及发展基础设施建设项目补助资金共423.2万元，入股投入到东莞市谢岗镇工业发展总公司，每年带来8%的收入。

2018年，利用市直帮扶单位定点帮扶资金等村组两级350万元投入股镇政府厂房，每年带来8%的收入；充分利用好每年的定点帮扶资金，用于改善村的落后基础设施，完成大龙新村住宅地硬底化工程、石洞片道路路灯安装工程、长江头榕树头村道工程、全村路灯照明工程、井水龙上园道路工程、井水龙上园挡土墙工程、井水龙老人活动中心旁道路工程、新村及大墩路灯升级工程、五谷神涵洞道路接驳工程、井水龙上园道路工程、长

2019 年 10 月 29 日，谢岗镇领导到大龙村考察

江头坳背道路工程（长江头榕树头延伸路）、五和井村道改造工程等多项工程。

【村务公开】 2015 年，大龙村推进村务公开民主管理工作。完善村务公开、民主管理，重点健全完善村级重大事务决策程序，加强民主管理和民主监督，使村务运作有章可循。

【民生福利】 2015—2019 年，大龙村做好民生福利工作。配合东莞市开展的扶贫解困双到双驻工作。2016 年以来，每年春节、扶贫济困日、中秋节等节日至少 3 次对村内低保户、困难户进行慰问，5 年发放慰问金、慰问品计 60 万元。为村民购买重大疾病保险和房屋保险；实施老年人补贴，除镇政府对 60 周岁以上的老人每人每年补助 600 元（2018 年增加至 1200 元）外，村对每人每年另外补助 600 元。从 2018 年开始，发放村级股东分红每名股东每年 300 元；协助村民申领劳动就业补贴如“4050”、大学生补贴、退伍军人工资差额等，共协助 800 人次，申领补助共 20 万元；实施奖学助学基金和医疗救助基金，2015 年以来，通过奖学助学基金补助的村民 25 人次，补助金额约 6.4 万元，通过医疗救助基金补助的村民共 62 人次，补助金额 3.4 万元；每年免费为老人检查白内障及老人免费检查身体 2～3 次，受惠 500 多人次。落实其他惠民政策，包括医疗、就业、读书、残疾人、拥军优抚等方面。

【环境卫生】 2015—2019 年，大龙村组织人员全面落实岗位责任制，加大宣传力度，增强群众环境卫生意识，派发门前三包责任书。2015 年，结合文明创建、爱国卫生运动、创建文明村、“美丽幸福村居连片示范区”项目建设等，积极开展城市精细化管理工作，共出动 8000 多人次，清理卫生死角 3500 处；处理违法、占道经营 3800 处；清理“牛皮癣”5000 处；清拆违章建筑物 1.3 万平方米；拆除非法广告牌 1200 块；拆除违章雨棚 50 个，增设或更新社会主义核心价值、“讲文明树新风”等公益广告 200 处；完成路面修复、沙井盖修复、下水道清理等市政工程 20 多处；安装砂井盖防坠网 133 个；划定停车位 100 个；处理散养家禽 10 处；清拆违建围墙 300 米。对道路绿化实行市场化管理，加大整治“脏、乱、差”现象力度，由卫生监督员下乡巡查，督导保洁员工作，确保村容村貌整洁。

【文体活动】 2015—2019 年，大

2020 年 7 月 1 日，谢岗镇领导和大龙村领导入户慰问老党员

2020 年 8 月 22 日，大龙村舞蹈队参加文化惠民演出

龙村每年投入约 5 万元加强文化建设，大力组织开展常规性文体活动，组建村舞蹈队、男子篮球队、青少年篮球队、舞狮队等文体队伍，参加镇、村举办的各类文体活动。

（撰稿：温剑雄 ）

附：2015—2019 年大龙村党工委成员名录

书记：

温炳强 （2012 年 12 月任）

副书记：

张镜中 （2005 年 1 月任）

委员：

温桥生、张志军、张村有、何观荣

2015—2019 年大龙村委会成员名录

主任：

温炳强 （2014 年 1 月任）

委员：

温桥生、张志军、张村有、何观荣

2015—2019 年谢岗镇大龙村主要情况表

表 57

年份	土地面积（平方千米）	户籍人口（人）	外来暂住人口（人）	企业及个体户（个）	其中工业企业（家）	资产总额（万元）	负债总额（万元）	资产负债率（%）	村组两级经营纯收入（万元）
2015	5.8	1066	3000	183	71	12036	1622	13.48	468
2016	5.8	1093	3000	186	74	12312	1816	14.75	649
2017	5.8	1117	3000	190	78	12944	1886	14.57	819
2018	5.8	1140	3500	218	86	13346	2080	15.59	924
2019	5.8	1178	3500	243	111	15207	2217	14.58	1077

南面村

【南面村概况】 南面村位于谢岗镇南端，与惠州市一河之隔，呈星状分布，东为惠阳沥林镇企岭村，南为清溪交界山，西为大龙村，北为黎村。民居以砖瓦木平房结构和新建的混凝土结构楼房为主。全村共有 11 个自然村，总面积 36 平方千米。

2015 年，全村 368 户，人口 1542 人，至 2019 年，全村 370 户，人口 1765 人。其间，南面村依托银瓶山的开发建设，大力发展生态休闲产业，打造美丽田园乡村，先后获广东省卫生村、东莞市容环境优美村、平安社区、东莞市文明村、东莞市生态村、东莞市文明标兵村等称号。

南面村服务大厅（摄于 2019 年）

【经济发展】 2015—2019 年，南面村依托银瓶山森林公园的开发建设，积极利用村里丰富的森林资源和良好的生态环境，促进第三产业发展，不断壮大村集体经济，村综合经济实现逐年稳步增长。

2016 年利用农村集体资产交易平台创收，至 2019 年，村组两级集体经济经营总收入 867 万元，比上年增加 135.31 万元，增长率为 18.49%；经营纯收入 584 万元，比上年增加 71.64 万元，增长率为 13.98%。其中，南面村级集体经济经营总收入 745 万元，比上年增加 129.71 万元；组级集体经济经营总收入 122.1 万元，比上年增加 5.7 万元。村级收入增加来源是在银瓶山森林公园新增两个铺位、提高观光车乘车费、参股镇属厂房、统筹土地租给政府。

【生态资源】 南面村内盛产荔枝、龙眼、黄皮、蜂蜜等农产品，蕴含着淳朴独特的客家风情，建有石鼓水库、银瓶山森林公园、无公害荔枝种植基地、银瓶山旅游拓展基地等农业生态旅游观光区。村内的“东莞第一峰”银瓶山，山清水秀，景色宜人，拥有良好的生态环境和丰富的森林、土地资源，森林覆盖率达 98%，负离子含量高，基本保持了原生态，是东莞旅游的好地方。村内工业少，农业比重大，村小组土地资源丰富。村内最具特色的产业是农业种植业，村民主要从事农业生产，以种植荔枝、龙眼为主。据统计，2019 年，全村林地面积 2040 公顷，其中荔枝经济林地面积 466.67 公顷，龙眼园地 66.67 公顷、火龙果园 6.67 公顷、草莓园 1.33 公顷、菜地 2 公顷，年产量分别是 300 吨、50 吨、100 吨、10 吨、30 吨。其中荔枝通过“中国绿色食品”“无公害荔枝”认证。

【党建工作】 2015—2019 年，南面村党总支为全面掌握群众的所需所想，解决居民在日常生活中遇到的困难，带领党员干部开展联系服务群众走访活动，收集并处理群众反映的问题。2017 年深入开展“两做一学”学习教育活动，积极协助上级有关部门做好市镇人大代表换届选举工作，加强基层民主政权建设。

【安全生产】 2015—2019 年，南面村高度重视安全生产工作，每年都多次召开安全生产专项工作会议，加大对工厂企业、“三小”场所、出租屋和公共聚集场所的排查整治，与所有企业负责人签订安全生产责任书，建立一企一档，开展专项排查，如有限空间、高空坠落、粉尘涉爆、危化品专项整治、节后

南面村荔枝种植基地（摄于 2015 年）

南面村党群服务中心（摄于2019年）

复产复工安全生产大排查、在用燃气热水器专项整治行动等，消除安全隐患。建成消防安全示范街，向村民和新莞人宣传消防安全知识，实现安全生产零事故。

【社会治安管理】 2015—2019年，南面村加强社会治安综合整治力度，加大经费投入，完善硬件设施。做好日常治安管理，落实《南面村安全管理集中排查整治工作方案》，每年整理平安创建工作台账，全面落实各项措施，提高村治安防范能力，对抢、盗、聚赌等违法活动予以严厉打击。协助公安部门侦破刑事案件，查处治安案件。为进一步加强“平安村”“平安公园”建设，村委会逐步完善南面村和银瓶山森林公园治安防范设施，在南面村人流密集地、重要路段路口及11个自然村主要出入口位置安装约60个监控器，总投资110万元，实时掌握整个村的社会治安和交通情况。在扫黑除恶专项斗争工作中，通过走访企业、商铺等派发宣传资料1000余份，群众知晓率达95%以上。

【社会保障】 2015年，南面村结合低保困难户的实际情况，制定《南面村2015年定点帮扶资金使用方案》，将部分定点帮扶资金用于对低保困难户重大疾病救助及其子女的读书救助。全年发放5.75万元定点帮扶资金，发放3.35万元为低保户子女提供第一、二学期的上学交通费和短期生活费；发放1万元为5户低保特殊家庭提供短期生活救助；发放1.4万元为3户低保户提供医疗救助，还为15户困难户申请医疗救助。将剩余市林业局定点帮扶资金30.3万元和塘厦镇清湖头社区的定点帮扶资金30万元共60.3万元用于南面大道路灯更换升级工程，解决村民行路难问题。

2016年有5户低保户及1户孤儿户，全年发放3.8万元定点帮扶资金，发放1.6万元为低保户子女提供第一、二学期的上学交通费和短期生活费；发放1.2万元短期生活补助费给3户低保特殊家庭；发放1万元为2户困难户提供医疗救助。

2017年在招收治安员、清洁工、绿化管理员、观光车司机、停车场管理员等方面，尽量优先安排南面村的村民，是年有50名村民在银瓶山森林公园就业。结合南面村低保困难户的实际情况，对30万元定点帮扶资金的使用做合理分配，制定《南面村2017年定点帮扶资金使用方案》，将其中10万元安排用于对低保困难户重大疾病救助及其子女的读书救助。发放7.1万元定点帮扶资金，发放1.25万元为低保户子女提供上学交通费和短期生活费；发放1.6万元为4户低保特殊家庭提供短期生活救助；发放2.5万元为5户低保户提供医疗救助，还为8户困难户申请医疗救助；发放1.3万元为NK白血病患者刘毅聪提供重大疾病医疗救助。

2018年，分别安排3.95万元和4万元，用于村的定点帮扶低保困难户和困难子女上学交通费、重大疾病医疗救助款。另外，南面村还于每年重阳敬老节期间，举办老人座谈会，全村297名老年人欢聚一堂。每年与社区服务中心联合为村民送健康义诊活动。

【计划生育】 2015年，南面村强化流动人口计生工作管理，积极开展服务活动，与镇卫健局、婚姻登记处进行密切沟通联系，督促符合生育对象进行婚检、孕检。

2016年，通过每个星期抽四天清查登记与专项检查，进一步强化流动人口计生工作的管理；通知、督促符合生育对象参加孕前检查。

【基础建设】 2015—2019年，南面村全力做好基础设施建设工作，配合市镇做好污水管网建设工程，发动村民和辖区企业积极配合污水

位于南面村的银瓶山生态旅游观光区（摄于2019年）

管网建设，推进辖区企业建设污水管网，积极协助市镇做好三个分散式污水处理站建设，加强城市精细化管理，做好示范街环境整治，统一招牌，规划停车位，大力开展“农村人居环境整治”行动，村容村貌有明显改善。对南面大道及上新公路的路灯进行升级改造，完成南面大坡头村给水管安装工程，解决村民生活用水供需问题，完成南面下石鼓村村道改造工程，解决群众行路难问题。

2016年，以“补短板、创特色、抓长效”为原则，严格落实村居文化景观规划和文明创建整治提升百日行动，大力开展环境综合整治。加强水利设施和防洪抢险物资的巡查、维护管理，确保度汛安全。

2017年，积极配合镇政府城市总体规划和银瓶山森林公园建设开发，统筹各村组土地资源，努力改善村的硬件设施建设。

2018年，不断完善村基础设施建设，完成南面村应子头道路硬底化工程、路灯更换升级工程以及吓围仔村生态休闲公园建设工程等，使村居环境更加优美。《东莞美丽乡村实施方案》提出在全市范围内选取13个条件较成熟的村，建设生态宜居美丽乡村示范点，南面村被选为生态宜居美丽乡村示范点之一。

【环境卫生】 2015年，南面村维护南面绿道的清洁绿化，清理600米渠道淤泥和修建20米防土墙；集中开展灭蚊行动，积极防控病疫；加强水利设施和防洪抢险物资的巡查、维护管理，确保度汛安全。

2016年，严格落实村居文化景观规划和文明创建整治提升百日行动。开展环境综合整治，派发980封公开信等方式进行文明创建全方位宣传，积极开展“脏乱差”现象、卫生死角、城市“牛皮癣”、户外广告、车辆乱停乱放、建筑材料乱堆放与乱搭建、鸡圈乱放等整治行动。清理卫生死角80多处，清理城市“牛皮癣”200多处，拆除非法广告牌近100块，清理垃圾近300多吨，整治乱停乱放车辆600余辆。打造社会主义核心价值观主题公园，选取南面村麻岭公园和文化广场作为建设工作示范点，完成“银瓶红”公园建设，增设专题宣传栏、5套公益广告牌，用于精神文明建设宣传；在麻岭公园、路口、凉亭等群众聚集的地方，增设石雕等人文景观5处；完成麻岭公园的厕所升级改造；开展麻岭公园的绿化带升级，打造成为环境优美的休闲公园。

【文体活动】 2015—2019年，南面村通过开展男子和女子拔河比赛、篮球比赛、游园活动等一系列春节文体活动；丰富了全村群众的

南面村一角（摄于2019年）

文化娱乐生活，凝聚各村小组村民团结拼搏向上的精神。

（撰稿：林秋和）

附：2015—2019 年谢岗镇南面村党工委成员名录

书记：

林雪青　刘智新

副书记：

刘智新　林常美

挂职副书记：

罗灿辉　邹新　李赋义

第一书记：

邹　新

工委：

刘汉平、林伟雄、陈丽映

2019 年谢岗镇南面村委会成员名录

主任：

林雪青　阙俊城

委员：

林伟雄、陈丽映

2015—2019 年谢岗镇南面村主要情况表

表 58

年份	土地面积（平方千米）	户籍人口（人）	外来暂住人口（人）	企业及个体户（个）	其中工业企业（家）	资产总额（万元）	负债总额（万元）	资产负债率（%）	村组两级经营纯收入（万元）
2015	36	1542	738	61	30	5579	958	17.17	365
2016	36	1628	988	62	29	6423	1561	24.30	443
2017	36	1682	988	60	29	7507	1885	25.11	469
2018	36	1722	1030	63	28	7857	796	10.13	512
2019	36	1765	612	62	29	8468	1131	13.36	584

五星村

【五星村概况】　五星村位于谢岗镇南部，东与谢山村、樟木头林场相连，西与谢岗村相接，南与樟木头林场、谢岗村山头毗邻，北与泰园社区相隔，莞惠公路沿村北部边界外横贯东西。五星村东从谢岗镇谢山桥始，西至谢岗村山头（朗福鞋厂大门），东西宽约 3.5 千米，南从樟木头林场始，北至莞惠公路，与泰园社区一路之隔为界，南北长约 2.2 千米，总面积 1.42 千米，占谢岗镇总面积的 1.38%。下辖寨凹、

2019 年，五星村召开年终总结大会

2019年9月26日，五星村党工委联合镇城管分局、交通分局人员到隆越铝制厂开展生产调研

下渡、上湖、万里4个自然村，设4个村民小组。2019年年底，全村户籍人口1561人，外来暂住人口8621人。

【经济发展】 2015—2019年，五星村积极利用“以商引商、敲门招商、网上招商”等多种方式进行招商引资工作。至2019年年底，全村共有工业企业28家，其中外资企业2家，私营企业26家。另有个体户42家。

5年间，村、组两级经营总收入4025万元，纯收入2663万元。其中村级经营总收入1602万元，纯收入477万元。

【社会治安综合管理】 2015—2019年，五星村强化外来人员和出租屋管理，加大力度进行辖区巡逻，抓好“平安社区”的创建工作，对治安黑点进行全面清查，有效预防罪犯案件的发生。定期组织治安员开展“治摩”、禁赌等专项重点整治，不定期组织人员在社区主干道设卡查车，遏制“双抢”案件的发生。加强对商铺、出租屋的巡查，全面落实联防群治工作；在主干道、公共场所设岗放哨，加强对治安盲点的巡逻和监控力度，对抢、盗、聚赌等违法活动予以严厉打击。

【安全生产管理】 2015—2019年，五星村建立完善的安全生产长效机制，确保生产安全，每周落实排查安全隐患，杜绝“三合一”企业，并全部督促进行整改。2015年5月20日，驻村领导和安监分局及工作组共同检查中，在寨凹村兴业厂查处一处违规搭建铁棚、仓库与生活区混用的现象，当即责令该厂限期整改，后经村安全生产工作人员多次监督，该厂于15天内整改到位，消除了安全隐患。另外，村工作人员还配合上级有关部门整顿和规范市场经济秩序，打击制假售假、无牌无证和走私成品油等违法活动，有效保障五星村市场经济秩序健康发展。

【水库移民村建设】 五星村是水库移民村，于2011年获得省后期扶持资金每人每年1000元，其中400元作为村民的房屋改造下发到个人，其余作为公共设施建设资金。

2015—2018年，完成4个自然村的路灯、绿化、文化室、自来水管道改造等升级工程。

【村务公开】 2015—2019年，五星村委会推进村务公开民主管理工作。完善村务公开、民主管理，重点健全完善村级重大事务决策程

2019年2月20日，五星村举行第三届敬老活动

序，加强民主管理和民主监督，使村务运作有章可循。2015年，开展党代表工作室党代表轮值日和驻点领导普遍直接联系群众活动，通过集体接访群众、走访企业及商铺，及时了解民情，为群众排忧解难。全年接访60多人次，归纳10条意见并全面落实到位。在严格控制“三公”经费开支方面，全年“三公”经费支出同比下降8%。

【文体活动】 2015—2019年，五星村加强体育事业建设，每年投入3万元作为活动经费。每年组织开展各类体育活动，2017年春节，组织男子篮球队和拔河队参加谢岗镇举办的篮球赛和拔河比赛，2018年、2019年春节期间，五星村举行春节男子篮球赛，4个村小组各组成一支篮球队，由各村小组青少年组成。

【民生福利】 2015—2019年，五星村对51名享受社保津贴的老人每月发放350元补助金。

从2018年起，由村组负担每月增加200元，全年增加每人2400元；对户籍本科、硕士研究生学子每人给予3000元奖励。

从2017年开始，每年举办敬老活动。其中2019年2月20日（农历正月十六日），举行第三届敬老活动。镇关工委领导、五星村历任书记、五星村关工委全体成员以及满60周岁的五星村籍村民（包括外出人员）共300多人参加敬老活动。

（撰稿：袁文龙）

附：2015—2019年五星村党工委成员名录

书记：

袁志云（2015年任）

副书记：

高东梅（2017年6月任）

委员：

杨木彬　袁文龙

2015—2019年五星村委会成员名录

主任：

袁志云（2015年任）

委员：

高东梅　杨木彬　袁奕亦

黄伟艺

2015—2019年谢岗镇五星村主要情况表

表59

年份	土地面积（平方千米）	户籍人口（人）	外来暂住人口（人）	企业及个体户（个）	其中工业企业（家）	资产总额（万元）	负债总额（万元）	资产负债率（%）	村组两级经营纯收入（万元）
2015	1.84	1361	8362	39	24	5138	2179	42.41	365
2016	1.84	1411	8229	47	29	5615	1651	29.40	467
2017	1.8	1456	8195	51	31	6424	1841	28.66	575
2018	1.6	1510	8842	53	36	6807	2001	29.40	609
2019	1.42	1561	8621	70	28	9660	1046	10.83	647

泰园社区

泰园社区全貌（摄于2016年）

【泰园社区概况】 泰园社区地处谢岗镇中心，东与谢山村相邻，西与谢岗村相接，南与五星村毗邻，北与谢岗村相隔，莞樟公路、谢常路从西向东贯穿全村。泰园社区呈带状分布，东西长1.7千米，南北宽1.6千米，总面积2.8平方千米，占谢岗镇总面积的2.7%。下辖1个村民小组。

2019年年底，全村户籍人口有姓氏罗、谢多个，户籍人口4311人，外来暂住人口7982人。

【经济发展】 2015—2019年，泰园社区利用各种资源，大力发展经济，使集体收入每年都呈现新增长，居民股份分红逐年提高。积极利用"以商引商、敲门招商、网上招商"等多种方式进行招商引资工作。5年间新增民营企业45家，投资额5000多万元。至2019年年底，泰园社区共有工业企业67家，其中外资企业9家，私营企业58家。另有个体户2130家。2015—2019年，区组两级经营总收入0.02亿元，区、组两级纯收入114.76万元，其中区集体经营总收入76万元，组集体纯收入38.8万元。2019年区组两级总资产1634.78万元，总负债697.18万元，总资产负债率42.65%，其中区级总资产817.88万元，总负债667.5万元，资产负债率81.61%，可支配收入207.59万元，支出131.58万元。

【党建工作】 2015—2019年，泰园社区党支部认真抓好两委班子成员思想建设、作风建设和组织建设。坚持党员"三会一课"制度，注重党员日常政治理论、业务知识学习，积极引导党员干部通过学习把握正确的政治方向。积极开展"献爱心"活动，关心弱势群体。在春节、建党节等重大节日期间上门慰问社区困难党员和困难群众，送上慰问礼品和党组织的关怀。以"群众满意、基层满意、组织满意、社会满意"为目标，结合廉洁反腐、党的群众路线教育实践专题活动，利用远程教育开展党员干部培训170次，受训5000多人次。

谢岗镇泰园社区党群服务中心（摄于2019年）

【安全生产管理】 2015—2019年，泰园社区坚持"预防为主，积极消灭"方针，明确职责，责任到人，始终紧绷消防安全这根弦不放松。将"三小"场所、出租屋、工厂企业划分为7个小区，实行网格化电子管理，并实行干部包干责任制，每个干部负责1～2个小区。通过网格化电子管理，管理人员不仅可以直接在手机上巡查，还可以及时更新每个小区每个场所的安全信息。开展安全生产专项整治，重点对"三小"场所、出租屋及辖区工厂企业，尤其涉及危险化学用品企业进行安全生产检查和集中整治，常规检查每月一次。5年间，共排查出安全隐患2371处，整改2371处，针对季节气候派发用电用气、防雷防爆等温馨提示2792份，宣传小册子3150份，悬挂宣传横幅

育贤湖休闲公园（摄于 2016 年）

和走访入户活动，每季度召开片区村民代表座谈会，听取社情民意。2015 年，泰园社区党工委广泛征求各方面的意见和建议 206 条。2019 年，累计收集各类意见建议 1716 条，对能够立即解决的立即解决，不能立即落实的，也研究制定落实方案。

85 条。通过开展安全生产“百日行动”，对人员密集场所、易燃易爆单位、“三小”场所、地下空间场所及出租屋进行严格检查，发现消防安全隐患及时整改、汇报。截至 2019 年，共对 1427 间房屋进行违规住人清查，其中发现违规住人 644 例，发出整改通知书 1154 份。加强安全生产及食品安全工作。实行干部分片、分企业包干制度，所有干部下工厂企业实地检查，找出安全隐患，下发整改通知书，并记录在案，再次复查纠正。加强对商店、食品场所及养殖场所的巡查，了解食品安全情况，发现不良现象责令改正。5 年间，检查工厂企业 2600 次，发现隐患 8500 处，整改隐患 8450 处 。

【社会治安综合管理】 2015—2019 年，泰园社区积极开展矛盾纠纷排查化解攻坚活动，坚持矛盾纠纷隐患排查及月报制。配合公安部门，成立打击“黄、赌、毒”专项工作小组，重点针对辖区内的涉“黄、赌、毒”场所进行全面排查清除。行动过程中，社区与出租屋主签订拒绝“黄、赌、毒”治安责任书，并严格要求屋主加强管理。至 2019 年，共出动 2530 人次，协助公安部门查处“黄、赌、毒”案件 15 宗。每月对辖区出租屋定期巡查，完善租住人员信息采集和登记，辖区出租屋换证率达到 98%。全力协助工商部门打击非法传销活动，悬挂宣传牌 8118 张，派发宣传单张 3.12 万多张，清查出租屋 2471 间。

【村务公开】 2015 年，泰园社区推进村务公开民主管理工作。完善村务公开、民主管理，重点健全完善村级重大事务决策程序，加强民主管理和民主监督，使村务运作有章可循。同时，定期开展接访群众

【计划生育】 2015—2019 年，泰园社区实行干部包干制，制定工作计划和措施，明晰责任，除抓紧每期妇检工作外，还对流动人口进行跟踪落实，并由社区两委干部带队入户查验证、登记造册。

【妇女儿童工作】 2015—2019 年，泰园社区对妇女开展“两癌”检查，利用海报、温馨提示及逐一电话通知等多种形式对 35 ~ 59 岁妇女进行“两癌”防治知识宣传，提高目标人群“两癌”防治知识知晓率和“两癌”检查参与率。至 2019 年，检查妇女 426 人。同时，社区建立妇女服务平台，联手社工一起扩展服务。其中 2015 年 6 月 20 日，邀请市家庭教育讲师团专家讲师到社区同心、中心两家幼儿园开展家庭教育讲座 2 次，近 400 名家长参与；7 月 5 日，开展以关爱留守儿童为主题的活动，通过走访辖区新莞人家庭，对新莞人家长和留守儿童给

2018 年 2 月 2 日，东莞市委常委、副市长张冠梓慰问泰园社区老党员和低保户

予关爱；8月15日，在广场、泰园市场及人流密集处派发《中华人民共和国妇女权益保障法》《中华人民共和国未成年人保护法》小册子，做好维护妇女儿童合法权益法律法规的宣传；9月27日，携手社工以《公民道德建设实施纲要》开展“道德讲堂”等系列活动。

【民生福利】 2015—2019年，泰园社区积极做好民生福利工作，每年投入2.5万元对困难群众实行帮扶。社区领导深入各家各户，了解贫困群众的生活情况，对符合最低生活保障条件的对象逐一排查摸底，如实申报。对优抚对象做好定恤定补、优待金发放，尤其是春节、中秋节等节日，召开优抚对象座谈会，发放慰问信、对联和慰问金。同时，树立敬老、爱老、为老年人谋幸福的观念，每年请老年人聚餐，联手社区妇代会、社区社工开展关爱老人活动，联合谢岗镇社区服务中心对社区60岁以上老人开展“高血压、糖尿病筛查及保健义诊”活动。对那些无法解决生活难题的残疾人，做好临时救济工作，帮助残疾人康复和扶持残疾人就业。

（撰稿：蓝春香）

附：2015—2019年泰园社区党工委成员名录

书记：

谢杰毅（2015年任）

委员：

周焕钦、赵少映、罗志传

2015—2019年泰园社区居委会成员名录

主任：

谢杰毅（2017年任）

委员：

周焕钦、赵少映、罗志传、（2015年任）

蓝春香（2017年任）

2015—2019年谢岗镇泰园社区主要情况表

表60

年份	土地面积（平方千米）	户籍人口（人）	外来暂住人口（人）	企业及个体户（个）	其中工业企业（家）	资产总额（万元）	负债总额（万元）	资产负债率（%）	村组两级经营纯收入（万元）
2015	3.3	3476	9768	2090	69	2467	1888	76.54	161.87
2016	3.3	3208	9682	2187	69	2237	1580	70.66	163.37
2017	3.3	3124	9251	2174	68	2290	1554	67.88	176.54
2018	2.8	3477	9064	2195	68	2273	1420	62.48	176.01
2019	2.8	4311	7982	2197	67	1634.78	697.18	42.65	201.83

曹乐村

【曹乐村概况】 曹乐村位于谢岗镇西端，呈带状分布，东与谢岗镇稔子园乐园大道相连，西与常平镇司马村相接，南与樟木头镇裕丰村相邻，北与桥头镇石水口村毗邻。民居以砖瓦木平房结构和新建的混凝土结构楼房为主。全村共有6个自然村，面积7.05平方千米，下辖横岭、黄曹、吓角、芙蓉、新围、

曹乐吓角村牌坊（摄于2019年）

格塘 6 个自然村。

2015 年，全村 538 户，人口 2281 人，至 2019 年，全村户籍人口 616 户 2557 人，外来暂住人口 7646 人。

【经济发展】 2015—2019 年，曹乐村配合镇政府建设银山科技园统筹土地工作，顺利完成格塘村 39.03 公顷土地统筹征收，完成吓角村 36.26 公顷土地征收，统筹横岭村堤外土地。动员村组资金参股镇属优质项目，解决土地资金出路，增加村民收入。同时，积极利用“以商引商、敲门招商、网上招商”等多种方式进行招商引资。至 2019 年年底，全村共有工业企业 145 家，其中外资企业 13 家，私营企业 132 家。另有个体户 153 户。5 年间，村、组两级经营总收入 1.05 亿元，纯收入 8218 万元。其中村级经营总收入 2895 万元，纯收入 1147 万元。

【社会治安综合管理】 2015—2019 年，曹乐村深入开展社会综合治理和“平安社区”创建工作。5 年间，组织人员配合公安部门开展清查治安黑点行动 25 次，定期组织治安员开展“治摩”、禁赌等专项重点整治行动，不定期组织人员在社区主干道设卡查车，遏制“双抢”案件的发生。加强对商铺、出租屋的巡查，全面落实联防群治工作；在主干道、公共场所设岗放哨，加强对治安盲点的巡逻和监控力度，对抢、盗、聚赌等违法活动予以严厉打击。同时积极开展涉黄场所排查整治专项行动，杜绝涉黄现象，开展辖区极端人员排查行动，维护辖区和谐。

【安全生产管理】 2015—2019 年，曹乐村加大安全生产、消防安全以及食品安全的监管，杜绝责任事故发生。每周组织人员检查辖区内企业工厂数不少于 10 个，同时积极配合相关部门开展安全生产大检查。5 年间共开展大检查 40 次，发现安全生产隐患 120 处，发出整改通知书 80 份，并全部督促进行整改。2015 年，与辖区内生产经营单位签订安全生产责任书 86 份，出动 130 多人次开展安全生产月专项行动，共检查企业 52 家，个体户 98 家，发现安全隐患 83 处，落实整改 83 处。健全消防安全网格化，对“三小”场所开展消防大检查，

2019 年，曹乐村开展小手拉大手，创文明实践活动

2019 年 7 月，东莞市文化馆在曹乐村开展暑期公益文艺培训

全年巡查辖区在网单位 90%。配合上级部门开展食品安全管理，12 月日常巡查 32 家，发现整改问题 8 处，落实整改 8 处。

【新莞人服务管理】2015—2019 年，曹乐村做好新莞人信息采集，完善市新莞人服务管理系统，切实了解新莞人的困难，动员 50 名新莞人农民工参加“新春关爱，相聚东莞”抽奖赠送公交卡主题活动。

【村务公开】2015—2019 年，曹乐村加强农村集体资产管理，压缩开支，实行民主决策，坚持民主理财，合理编制好经济年度预算，保障村民依法依规监管集体收支。

【基础设施建设】2015—2019 年，曹乐村完善各项基础工程建设，改善村民生活生产需要。对曹乐公园和曹乐太湖公园进行升级改造；完成曹乐村公园围墙工程及排水工程，增加文化基础设施。

【成立综合服务管理中心服务平台】2016 年 1 月，曹乐村综合服务管理中心成立。该平台是协助谢岗镇委、镇政府开展党务政务服务的基础平台，也是村两委干部联系服务群众的主平台，中心内设党务服务、政务服务、公共法律服务、自治互助服务等四大类职能窗口，共提供 97 项服务事项。

【环境卫生管理】2016 年，曹乐村配合创建国家卫生镇和国家文明城市复检工作，成立工作领导小组，对辖区内环境卫生、交通秩序、城市“六乱”、广告、公共场所、农贸市场等进行整治，着力提升市容市貌治理水平。在整过文明创建“补短板、促提升”过程中，出动工作人员 1000 多人次，清理卫生死角 190 多处，处理违法或占道经营 142 处，清理城市“牛皮癣”320 处，拆除非法广告牌 54 块，清理垃圾 60 多吨，清理垃圾集聚点 20 处，处理违章建筑 12 处，增设公益广告 40 多处。同时，成立综合巡查队，对违法用地、违章建筑以及乱倒淤泥现象进行检查整治。

【计划生育】2015—2019 年，曹乐村关注育龄妇女，发挥白玉兰家庭室作用，扎实开展计生工作。加大计划生育知识的宣传力度，使育龄妇女了解计生政策、生殖健康知识。建立台账，及时向计生办反馈辖区的计划生育信息。对育龄妇女提供 3 次生殖健康教育、1 次“两癌”筛查、每月一次免费婚检、孕检优质服务。同时，开展妇女儿童工作，组织妇女参与镇妇联举办的妇女节庆祝活动表演；推选镇妇联举办的“最美家庭”“巾帼建功”先进个人评选；联合曹乐幼儿园进行社会实践亲子活动；联合曹乐幼儿园和曹乐消防队在幼儿园进行消防演习；并对当年出生婴儿情况走访。通过镇妇联邀请东莞计生局的社工到村为 30 名青少年进行青春健康讲座；联合谢岗医院医务人员以及乐雅社工为老年人进行义诊活动。

【民生福利】2015—2019 年，曹乐村落实各项惠民措施，让群众分享经济发展成果。为市革命老区吓角村申请排污渠工程二期项目，并做好工程设计、财审、招投标以及工程施工等工作；完善低保、低保边缘对象的经济状况核对，并进行认定、审核和公示，接受群众监督。通过调查摸底，把符合条件的 2 户 4 人困难群众纳入低保对象。协助 10 名患有重大疾病的村民申请镇医疗救助，解决村民燃眉之急。做好退伍军人个人及家庭基本情况登记，并做好退伍军人相关的服务。协助普惠社会工作服务中心开展居家养老服务，共有 26 名 80 周岁以上老人享受该项服务。每年举办敬老团圆宴。

【文体活动】2015—2019 年，曹

2019 年，曹乐村举行敬老团圆宴

2017 年 8 月 4 日，东莞市开展的文化惠民活动在曹乐村演出

乐村配合镇政府开展的文化调查工作，做好文化遗产的管理。邀请曹乐村老干部进行村志调查和座谈，完成村志编写。每年春节期间，分别在曹乐广场和太湖公园举办两场文化演出，并举办篮球赛及其他健康活动。

2019 年，为配合东莞市“基层文化百村示范工程”和全面艺术普及行动计划，曹乐村安排 3 场文艺培训，为青少年群体、妇女群体送上丰富多样的公益文艺培训。

（撰稿：朱和添）

附：2015—2019 年曹乐村党工委成员名录

书记：

朱赵球（2012—2017 年）

朱灿权（2017 年任）

副书记：

朱灿权（2012—2017 年）

朱汉棠（2017 年任）

委员：

朱金成、朱和添、朱亮

2015—2019 年曹乐村村委会成员名录

主任：

朱赵球（2012—2017 年）

朱灿权（2017 年任）

副主任：

朱灿权（2012—2017 年）

朱志清（2017 年任）

委员：

朱亮、朱映群、朱锦堂、朱志辉

2015—2019 年谢岗镇曹乐村主要情况表

表 61

年份	土地面积（平方千米）	户籍人口（人）	外来暂住人口（人）	企业及个体户（个）	其中工业企业（家）	资产总额（万元）	负债总额（万元）	资产负债率（%）	村组两级经营纯收入（万元）
2015	7.05	2281	10026	230	110	13878	1395	10.05	1151
2016	7.05	2380	9158	254	132	17829	1523	8.54	1201
2017	7.05	2458	8154	275	158	23853	2914	12.22	1186
2018	7.05	2528	7156	281	165	29329	4416	15.06	2256
2019	7.05	2557	7646	298	145	35831	4839	13.51	2424

稔子园村

【稔子园村概况】 稔子园村位于谢岗镇西部，东与赵林村相邻，西与曹乐村相接，南与樟木头镇相邻，北与桥头镇毗邻。稔子园村成长靴形状分布。东从谢岗镇赵林村大冚起，西至曹乐村萧沥，东西宽约1千米；南从樟木头镇小埂水库始，北至桥头镇沙沥，南北长约2.5千米，总面积2.4平方千米，占谢岗镇总面积的2.33%。2019年年底，全村户籍人口有罗、赖姓氏2个，户籍人口589人，外来暂住人口2850人。

【经济发展】 2015—2019年，稔子园村利用各种资源，大力发展经济，使村集体收入每年都呈现新增长，村民股份分红逐年增多。积极利用“以商引商、敲门招商、网上招商”等多种方式进行招商引资工作。5年间新增民营企业12家，投资额1000万元。至2019年年底，全村共有工业企业32家，其中外资企业3家，私营企业29家。另有个体户2户。村集体经营总收入1690万元，村集体纯收入1542万元。其中村总资产3.03亿元，总负债7646万元，资产负债率25.25%，村委会可支配收入1722万元，支出148万元。

【基础设施建设】2015—2019年，稔子园村每年投入31万元用于基础设施建设和维护。2015年，在公园增添健身器材、石板凳，设置校车接送学生上下点，对下水道进行改造，对各项设施进行维护等。2016年，借助市体育彩票公益金升级改造了村内篮球场。

【社会治安综合管理】 2015—2019年，稔子园村强化外来人员和出租屋管理，加大力度进行辖区巡逻，抓好“平安社区”的创建工作。2015年，对治安人员进行培训学习，制定治安管理制度，安装治安监控等，通过对辖区及周边加强巡逻，不定期对出租屋及商铺检查监督，发现问题及时处理。

【安全生产管理】 2015—2019年，稔子园村加强安全生产及食品安全工作。实行干部分片、分企业包干制度，所有干部下工厂企业实地检查，找出安全隐患，下发整改通知书，并记录在案，再次复查纠正。加强对商店、食品场所及养殖场所进行巡查，了解食品安全情况，发现不良现象责令改正。5年间，检查工厂企业3800家次，发现隐患1140处，整改隐患1140处 。未发生食品安全事故。

【环境卫生管理】2015—2019年，稔子园村加强对环境卫生的管理，环卫人员每天两次对街道进行清扫，对下水道、绿化带喷洒药物，抑制蚊虫滋生。5年间共出动工作人员2.35万人次，派出车辆1.34万车次，清理卫生区死角7056处，清理城市“牛皮癣”4704处，清理垃圾集聚点2450个，清理垃圾352吨，处理违法占道经营1200处，城市“六乱”现象得到有效的整治，村容村貌焕然一新。

【民生福利】 2015—2019年，稔子园村积极做好民生福利工作，每年投入数万元对困难群众实行帮扶。经常到敬老院探望老人，关爱老人，并在每年年底开展老年人聚餐活动，形成尊老爱老的氛围。

【文体活动】 2015—2019年，稔子园村每年投入10万元加强文化建设大力组织开展常规性文体活动，包括每月播放一场公益电影，5年间累计播放60场次，3000多人次观看；举办“文化惠民演出”5场次，85人次参与；村图书馆开展读书、手工活动120场次，2400人次参与；积极组织人员参加镇举办的各类文体活动。每年春节期间，

2020年，稔子园村在建厂房

举办拔河比赛、篮球比赛、登山比赛等。另外，还经常性地开展各类讲座，如知识讲座、关爱青少年成长讲座、健康讲座等，提高村民素质。

（撰稿：罗勇奇）

附：2015—2019 年稔子园村党工委成员名录

书记：

罗志通（任至 2018 年 3 月）

赖卓鹏（2018 年 3 月任）

委员：

罗良兴　谢焕英

罗淦文（2015 年任）

罗国洪（任至 2017 年）

2015—2019 年稔子园村委会成员名录

主任：

罗志通（任至 2018 年 3 月）

委员：

谢焕英　罗淦文（2015 年任）

2015—2019 年谢岗镇稔子园村主要情况表

表 62

年份	土地面积（平方千米）	户籍人口（人）	外来暂住人口（人）	企业及个体户（个）	其中工业企业（家）	资产总额（万元）	负债总额（万元）	资产负债率（%）	村组两级经营纯收入（万元）
2015	2.4	546	2180	26	23	15600	2783	17.84	847
2016	2.4	558	2330	30	28	22500	3671	16.32	1046
2017	2.4	591	2460	32	30	25663	3600	14.03	1221
2018	2.4	586	2640	37	35	29623	7539	25.45	1350
2019	2.4	589	2850	34	32	30282	7646	25.25	1542

黎村

【黎村概况】　黎村位于东莞市谢岗镇东部，是东莞市的“东大门”，与惠州市沥林镇接壤，莞惠公路、广梅汕铁路、莞惠城轨、潮莞高速、博深高速贯穿而过，地理区位优势明显。全村下辖 22 个村民小组，户籍村民 4398 人、近 1300 户人家，外来暂住人口 3400 人，是谢岗镇户籍人口最大村。黎村以“罗”姓为主，辖区总面积 12.8 平方千米。

2015—2019 年，黎村先后获谢岗镇荣誉第一名 6 次，第二名 2 次；2016 年，被民政部授予“全国综合减灾示范社区”称号；2017 年被住建部授予“全国 14 省区第一批绿色村庄”称号，被广东省人力资源和社会保障厅授予“广东省退休人员社会化管理服务示范点”称号。2019 年，被东莞市委、市政府授予“东莞市文明标兵村（社区）”称号，被广东省卫生健康委员会授

黎村鸟瞰图（摄于 2016 年）

2017 年 8 月，黎村新一届两委班子就职宣誓

予“广东省健康促进示范单位”称号；在东莞市宜居办和南方日报社开展的东莞市“十大美丽幸福村居”评选活动中，获网上投票第六名。

【经济发展】 2015—2019 年，黎村利用“以商引商、敲门招商、网上招商”等多种方式进行招商引资。至 2019 年年底，全村共有工业企业 148 家、个体户 238 户。

2015—2019 年，5 年村组两级经营总收入 2.1 亿元，村组两级纯收入 1.82 亿元，其中村集体经营总收入 9957 万元，村集体纯收入 7462 万元。2019 年，村组两级总资产 7.14 亿元，总负债 6557.5 万元，总资产负债率 9.19%，其中村级总资产 3.42 亿元，总负债 4024 万元，资产负债率 11.75%。

【安全生产管理】 2015—2019 年，黎村加强农村违章违建整治工作，加大日常巡查力度，接受群众投诉监督，发现违章违建苗头，及时配合政府相关部门集中查处。5 年间村组织、配合镇有关部门进行全面的大检查，每周落实排查安全隐患，发现隐患及时发出整改通知书，督促整改。2016 年 11 月，查处一处违法食品加工厂。配合有关部门整顿和规范市场经济秩序，打击制假售假、无牌无证、走私成品油等违法活动，有效保障村市场经济秩序的健康发展。5 年间检查工厂企业 2760 家次，发现隐患 2135 宗，整改隐患 2061 宗。积极开展消防安全生产大宣传、大培训活动，尤其对存在消防安全隐患的企业单位和“三小”场所人员搞好消防、安全生产培训；对辖区内直排式燃气热水器开展专项整治行动，保障人民群众的生命财产安全；深入开展辖区内安全生产、消防安全大排查大整治专项行动，对工厂企业堵塞走火通道、消防系统瘫痪、工人违规操作、“三小”场所违规住人等隐患进行督促整改；2019 年，排查企业 597 家次，排查隐患 492 项，整改 492 项。选择黎村站同福一街创建出租屋消防安全示范街，选择黎村站市场西门旁铺位建设“三小”场所消防安全教育体验点，并组织人员参加消防演练和参观体验点，领会火灾自救和火灾隐患自查要点，全面提升群众火灾防控水平。

【社会治安综合管理】 2015—2019 年，黎村强化外来人员和出租屋管理，加大力度进行辖区巡逻，抓好“平安社区”的创建工作，对治安黑点进行全面清查，有效预防罪犯案件的发生。定期组织治安员开展“治摩”、禁赌等专项重点整治，不定期组织人员在社区主干道设卡查车，遏制“双抢”案件的发生。加强对商铺、出租屋的巡查，全面

2019 年 11 月 22 日，黎村召开第七届村民（股东）代表大会

落实联防群治工作；在主干道、公共场所设岗放哨，加强对治安盲点的巡逻和监控力度，对抢、盗、聚赌等违法活动予以严厉打击。2015年，除了加强治安巡逻外，继续利用科技手段，提升村治安防控能力，在2013年在主要路口安装5套视频监控设备基础上，分别在崖山头下穿涵洞、村综合服务中心、村办公大楼各安装3套视频监控设备。2016年，在黎村大道与银丰路交叉口加装2个监控摄像头，进一步提升村治安防控能力。至2019年，没有发生重大犯罪案件和黑恶势力活动。

【环境卫生管理】 2015—2019年，黎村组织人员全面落实岗位责任制，加大宣传力度，增强群众环境卫生意识，派发门前三包责任书。5年间对辖区内卫生死角进行全面清理，发包村内绿化给专人管理、养护。加大整治“脏、乱、差”现象力度，由卫生巡查员每日不定时巡查监管，督导保洁员工作，确保村容村貌整洁。

【村务公开】 2015年，黎村村委会推进村务公开民主管理工作。完善村务公开、民主管理，重点健全完善村级重大事务决策程序，加强民主管理和民主监督，使村务运作有章可循。同时，定期开展接访群众和走访入户活动，每季度召开片区村民代表座谈会，听取社情民意。2019年，累计收集各类意见建议45条，对能够立即解决的立即解决，不能立即落实的，也研究制定落实方案。

【民生福利】 2015—2019年，黎村村组两级投入1176.62万元用于居民农医保和养老缴费；对居民就业创业给予补贴、优惠，5年间有400多名“4050”人员实现就业。

2017年起，对60岁以上户籍老人发放生活补助金、生果金共184.9万元。

2015年9月起，对户籍学生发放津贴，5年发放教育福利津贴共304.75万元；发放独生子女奖励补助金每户每年600元，5年间共发放26.58万元。村集体还向低保家庭每季度每户派发生活补助金500元，每季度对残疾人、低保户、困难老党员进行探访，了解他们的生活情况，帮助其解决一些实际困难。开展“明亮眼睛·幸福晚年”白内障筛查和“关爱长者，社区在行动”长者义诊活动，为65周岁以上居民免费检查身体。开展2019年残疾人免费体检活动，帮助残疾人预防疾病、治疗和康复。

【文体活动】 2015—2019年，黎村每年都举办春节运动会，组织开展常规性文体活动，组织人员参加镇举办的各类文体活动。

【基础设施建设】 2015年，黎村投入近277万元，把位于松毛顶的一栋旧厂房改建为村综合服务中心，设图书室、电子阅览室、康乐室等10多个功能室，并于2016年元旦正式投入使用，满足村民日益增长的公共服务需要。

2016年，投入18.5万元实施村委会会堂厨房及周围环境改造和会堂降温工程；为加强食用农产品进入批发、零售市场后的质量安全监督管理，利用市、镇提供8万元经费在黎村站农贸市场建设农贸市场快速检测室，保障群众舌尖上的安全。

2017年，投入近500万元建设黎村小学南路，投入近13万元建设黄边园停车场。投入近550万元建设美丽幸福村居项目—环窖贝塘亲水绿道一期工程。

2018年，投入近70万元建设新屋停车场、头圩公园。

2019年，投入约750万元实施美丽幸福村居项目环窖贝塘亲水绿道二期工程建设；投入19万元在三角码头路口、旧市场路口建成2座文化标识；投入近5万元实施崖山头太阳能LED路灯改造，方便群众出行。

（撰稿：罗柳静）

附：2015—2019年黎村党工委成员名录

书记：

罗炜强（2012年7月任）

副书记：

罗　海（2017年7月任）

委员：

罗刘辉（2005年任）

罗志成（2008年任）

罗连庆（2011年任）

罗浪文（2011年任）

罗金棠（2014年任）

罗伴娇（2017年任）

罗满宁（2019年任）

2015—2019年黎村村委会成员名录

主任：

罗炜强（2014年1月任）

副主任：

罗　海（2012年8月至2019年12月）

委员：

罗刘辉（2005年任）

罗金棠（2011年任）

罗伴娇（2011年任）

2015—2019年谢岗镇黎村主要情况表

表63

年份	土地面积（平方千米）	户籍人口（人）	外来暂住人口（人）	企业及个体户（个）	其中工业企业（家）	资产总额（万元）	负债总额（万元）	资产负债率（%）	村组两级经营纯收入（万元）
2015	12.8	4156	3800	372	136	52868	6532.6	12.36	2498.7
2016	12.8	4201	4200	352	127	54178	6494.2	11.99	3137.5
2017	12.8	4262	4200	393	139	28472	7413.4	12.68	3582.4
2018	12.8	4324	3600	378	136	59192.2	6163.2	10.41	4357.7
2019	12.8	4398	3400	386	148	71354.4	6557.5	9.19	4666.7

窑山村

【窑山村概况】 窑山村位于谢岗镇东部，西、北与黎村相接，东、南与惠州沥林镇毗邻，西南与南面、黎村相接，距虎（门）（谢）岗高速公路约3千米。莞惠公路从村境北部横穿而过，省道仁深高速公路从村境东部纵贯南北。离镇中心8千米，交通非常便利。2019年，全村总面积0.8平方千米，下辖3个村民小组，户籍人口591人，常住人口2033人。

【经济发展】 2015—2019年，窑山村积极利用“以商引商、敲门招商、网上招商”等多种方式进行招商引资工作。全村共有工业企业65家，其中外资企业7家，私营企业58家，个体户48家。至2019年12月，村组两级总资产5429万元，总负债1060万元，总资产负债率19.52%。

窑山村党群服务中心（摄于2019年）

【社会治安综合管理】 2015—2019年，窑山村坚持巡防监控机制，强化外来人员和出租屋管理，加大辖区治安巡逻力度，抓好“平安社区”的创建工作。通过加强扫黑除恶正面宣传教育，不定期在村委会、商业街、公园等人流密集的地方开展扫黑除恶专项行动宣传教育活动，营造扫黑除恶的良好氛围，全力打击黑恶违法犯罪，坚决遏制黑恶势力的滋生蔓延。5年间，共出动60人次，配合公安部门开展扫黑除恶专项行动3次；开展扫黑除恶专项行动宣传教育活动8次，发放各种宣传资料8000份。

【村务公开】 2015年起，窑山村委会推进村务公开民主管理工作。完善村务公开、民主管理，重点健全完善村级重大事务决策程序，加强民主管理和民主监督，使村务运作有章可循。

【民生福利】 2015—2019年，窑山村组两级投入160万元，用于居民农医保险缴费；对就读小学学生每人每学年发放650元伙食补贴；

2019 年 1 月 15 日，窑山村召开 2018 年年终股东代表大会

向 60 周岁以上户籍老人每月发放生果金 50 元；为积极完善农村医疗制度，对全村户籍人口免费购买一份重大疾病险；为进一步健全完善独生子女家庭保障制度，提高独生子女家庭的抗风险能力，为独生子女家庭购买计划生育家庭意外险保险每户每年 300 元。

【文体活动】 2015—2019 年，窑山村每年投入 18 万元组织开展各类文体活动，组织人员参加镇举办的各类文体活动，相继开展村级春节男子篮球活动。

（撰稿：温惠婷）

附：2015—2019 年窑山村党工委成员名录

书记：

谢润珍（2015 年任）

副书记：

谢锦培（2015 年任）

委员：

朱庆超（2015 年任）

廖文献（2015 年任）

廖带才（2015 年任）

温颂妹（2016 年离任）

2015—2019 年窑山村委会成员名录

主任：

谢润珍（2015—2016 年）

谢锦培（2017 年任）

委员：

廖文献（2017 年任）

廖带才（2015 年任）

温惠婷（2017 年任）

2015—2019 年谢岗镇窑山村主要情况表

表 64

年份	土地面积（平方千米）	户籍人口（人）	外来暂住人口（人）	企业及个体户（个）	其中工业企业（家）	资产总额（万元）	负债总额（万元）	资产负债率（%）	村组两级经营纯收入（万元）
2015	0.8	521	1828	105	54	4104	680	16.57	276
2016	0.8	536	1893	109	56	4509	887	19.67	301
2017	0.8	542	1910	112	58	4985	818	16.41	342
2018	0.8	573	1947	116	61	5315	921	17.33	384
2019	0.8	591	2033	113	65	5429	1060	19.52	409

赵林村

【赵林村概况】 赵林村位于谢岗镇中心区西北部。东与谢岗村相接，东北与惠州市沥林镇相连，西北与桥头镇相邻，西与稔子园村相邻，南与樟木头镇毗邻。谢（岗）常（平）公路从村境南部横穿而过。赵林村呈不规则形状分布。东从谢岗村龙牙陂起，西至稔子园村大冚，东西宽 1.4 千米，南从樟木头镇赤山始，北至桥头镇鲫鱼角，南北长 5 千米，总面积 7.1 平方千米，占谢岗镇总面积的 6.89%。截至 2019 年年底，全村户籍人口以赵姓为主，户籍人口 1952 人，外来暂住人口 4134 人。

【经济发展】 2015—2019 年，赵林村组两级经营总收入 1 亿元，村组两级纯收入 8639 万元，其中村集体经营总收入 6770 万元，村集体纯收入 5443 万元。村组两级总资产 15.88 亿元，总负债 12625 万元，总资产负债率 7.95%，其中村级总资产 9.74 亿元，总负债 9042 万元，资产负债率 9.28%，村委会可支配收入 9884 万元，经营性支出 1327 万元。

【整治违章建筑】 2015—2019 年，赵林村为打击非法占用集体土地和违法建设行为，加强组织领导，强化政策宣传，将打击违法建设摆上两会议程，先后召开村两委干部会议、党员会议、分社理事会议、村民代表会议，要求各分社理事、党员干部、村民代表在清理非法占用集体土地和违法建设中起表率作用，带头做好群众的思想工作，并派出工作人员加强巡防。至 2019 年年底，全部完成清拆面积 1.2 万平方米任务。

【社会治安综合管理】 2015—2019 年，赵林村积极开展新莞人服务与管理、预防青少年违法犯罪、刑释解教人员安置帮教和对社区矫正人员、吸毒人员的帮教管理；强化学校、企业、铁路及周边地区治安整治；推动国家安全人民防线建设、反邪教等工作，净化社会环境；组织指导督促辖区企业和群众广泛深入开展基层平安创建，营造了人人共创平安、人人共享平安的浓厚氛围和工作格局。积极配合派出所的治安巡逻工作，为其日夜巡逻提供有力保障，有效阻止和控制案件的发生。5 年间共接受综治等案件 15 宗次，成功调解 8 宗次，7 宗次调解不成送镇处理。

【环境卫生管理】 2015—2019 年，赵林村为整治城市“六乱”现象，改善人居环境，落实岗位责任制，加大宣传力度，落实党员“门前三包”责任，发挥党员先锋作用，带动群众自发做好自己的“门前三包”责任，同时通过举办“洁净城市”等志愿者活动，带动更多群众参与。2017 年共出动工作人员 352 人次，派出车辆 36 车次，清理卫生区死角 216 处，清理城市“牛皮癣”323 处，清理垃圾集聚点 17 个，清理垃圾约 35 吨，处理违法占道经营 173 处，处理“僵尸车”3 台，城市“六乱”现象得到有效整治。

【农业工作】 2015 年，赵林村于清明节期间投入 2.18 万元划分龙岗岭分火界（全长约 2300 米）清理两旁杂草，以及地面平整疏通流水沟；投入 1.68 万元将被国土卫片所拍的违法用地进行复绿，苗木包括铁刀木、枫树、水瓮、樟树、阴香共约 900 株；投入 2.6 万元将田心圆水渠进行改造，水渠约 28 米，包括水泥涵洞安装及覆盖 1 米高的泥土，水渠面花槽内种花一批；工业大道赵林四小桥位置联网污水管道发生穿漏，导致污水涌入赵林村生态园排灌渠，影响农田生产灌溉，为及时解决村生态园上千亩农田的灌溉用水问题，积极联同上级相关部门对污水管道进行维修，将菜农的损失减到最低。

【民生福利】 2015—2019 年，赵林村开展老年人集中义诊活动，5 年间约 500 名长者受益；开展白内障义诊，5 年间 238 人参与，其中 34 人前往光明医院进行手术；5 年间开展残疾人健体康复服务 23 场次，盲人定向训练 10 场次；村每年年底都举行老人节活动，邀请村老人欢聚一堂，观看歌舞表演，品尝佳肴，至 2019 年已举办 26 届老年节。

从 2018 年起，赵林村为 60 周岁（含）以上具有股东身份的股民购买“银龄安康”保险，为具有赵林村股东身份的全体股民购买“团体意外伤害”保险。

【文体活动】 2015—2019 年，赵林村着力完善村级公共文化服务建设，在金川文体广场健身长廊增添 3 张乒乓球台，完善沿路绿化，为村民创造健身好环境；大力组织开展常规性文体活动，包括每月播放一场公益电影，5 年间累计播放 60 场次，5000 多人次观看；举办“周末学堂”65 场次，1326 人次参与；5 年间村图书馆开展读书、手工活动 168 场次，3024 人次参与；积极组织人员参加镇举办的各类文体活动；相继获“东莞市文明村”“广东省健康促进示范单位”“万企帮万村热心企业”“党建＋生态文明知识竞赛优秀组织奖”“2015 年度征兵工作全优单位”“2015年度谢岗镇”“银龄安康行动”“工作达标优胜奖”“2018年度先进村”“2019年度先进村”等荣誉。

（撰稿：赵礼平）

附：2015—2019年赵林村党工委成员名录

书记：

赵汉洪（2015年任）

副书记：

赵桂洪（2017年5月任）

委员：

赵肖胜（2015年任）

赵凤茹（2015年任）

赵兴祥（2015年任）

赵健龙（2017年任）

2015—2019年赵林村委会成员名录

主任：

赵汉洪（2015年任）

成员：

赵肖胜　赵国雄

2015—2019年谢岗镇赵林村主要情况表

表65

年份	土地面积（平方千米）	户籍人口（人）	外来暂住人口（人）	企业及个体户（个）	其中工业企业（家）	资产总额（万元）	负债总额（万元）	资产负债率（%）	村组两级经营纯收入（万元）
2015	7.1	1754	5651	342	77	28265	1932	6.84	1439
2016	7.1	1802	5641	423	79	29869	2413	8.08	1551
2017	7.1	1869	5467	508	81	31653	2722	8.60	1638
2018	7.1	1913	2771	625	89	32328	2902	8.98	1764
2019	7.1	1952	4134	648	82	36700	2656	7.24	2247

人物·荣誉

人物简介

2019年在任领导简介

胡毅峰

胡毅峰，1986年8月至1999年1月，历任东莞市广播电视台播音员、编辑、记者、副主任、经理、主任。1999年1月至2003年1月，任东莞市广播电视局副科长、办公室主任（其间，2000年11月至2001年11月兼任东莞有线广播电视台副台长）。2003年1月至2011年6月，在东莞市委宣传部工作，历任办公室主任、副部长（其间，2005年8月至2008年11月任市文明办主任）。2011年6月至2011年8月，任谢岗镇党委副书记。2011年8月至2017年9月，任谢岗镇党委副书记、镇长。2017年9月，任谢岗镇党委书记。

李惠勤

李惠勤，1992年7月至2002年12月，在东莞市委办公室、东莞市信访局工作。2002年12月至2014年5月，在东莞市石龙镇、生态园工作。2014年5月至2019年3月，任厚街镇党委副书记。2019年3月至2019年4月，任谢岗镇党委副书记。2019年4月，任谢岗镇党委副书记、镇长。

罗树华

罗树华，1980年10月至1996年6月，在东莞市谢岗镇政府工作，历任办事员、副主任、副经理。1996年7月至2001年3月，在谢岗镇工作，历任副镇长、党委委员。2001年3月至2016年11月，任谢岗镇党委副书记（2005年7月至2006年12月兼任镇人大副主席）。2016年11月起，任镇人大主席。

罗满桥

罗满桥，1982年9月至1984年12月，在东莞县塘厦石潭布小学工作。1985年2月至1993年11月，在东莞市谢岗镇工作，历任聘用干部、办公室主任。1993年11月至2005年7月，历任谢岗镇党政办主任、副镇长、党委委员。2005年7月至2006年11月，任谢岗镇党委副书记。2006年11月至2016年11月，任谢岗镇党委委员、副镇长、镇人大副主席。2016年11月，任谢岗镇党委副书记。

谢伟平

谢伟平，1993年7月至2006年11月，在东莞市谢岗镇政府工作，历任办事员、科员、副主任、团委书记、主任（其间，2004年7月至2007年3月兼任谢岗村党支部书记、主任）。2006年11月至2016年8月，任谢岗镇副镇长。2016年8月至2016年11月，任谢岗镇党委副书记、副镇长、党政办主任。2016年11月至2017年4月，任谢岗镇党委副书记、党政办主任。2017年4月，任谢岗镇党委副书记。

黄景鹏

黄景鹏，1993年9月，在广东工业大学机械制造工艺与设备专业学习，1997年7月大学毕业。1997年7月至1998年7月，任东莞市常平镇农村合作基金会见习干部。1998年7月至2000年3月，任常平镇农村合作基金会干部。2000年3月至2003年5月，任常平镇党政办干部。2003年5月至2004年10月，任常平镇党政办副主任（科员）、镇人大办副主任。2004年10月至2006年11月，任常平镇党政办主任。2006年11月至2011年11月，任常平镇党委委员。2011年11月至2016年11月，任常平镇党委委员、镇人大副主席。2016年11月至2019年8月，任常平镇党委委员。2019年8月，任谢岗镇党委委员。

黄少雄

黄少雄，1982年11月至2011年8月，在东莞市樟木头镇工作，历任办事员、副主任、主任等。2011年8月，在谢岗镇工作，任党委委员。

吕 琳

吕琳，女，1998年7月至2002年3月，在中国建设银行东莞市塘厦支行工作。2002年7月至2011年8月，在谢岗镇政府工作，历任办事员、科员、团委副书记、妇联副主席、副主任、企工委副书记、主任。2011年9月至2014年9月，任谢岗镇党委委员。2014年9月，任谢岗镇党委委员、妇联主席。

刘俊全

刘俊全，1995年7月至2002年10月，在东莞市建筑材料进出口公司工作。2002年10月至2003年2月，在东莞市凯盈贸易有限公司工作。2003年2月至2009年7月，在寮步镇政府工作，历任科员、副主任、主任。2009年7月至2014年5月，在东莞市政府办公室工作，历任副科长、主任科员。2014年5月，任谢岗镇党委委员。

刘文锋

刘文锋，2001年8月至2014年12月，在东莞市谢岗镇政府工作，历任办事员、副主任、团委书记、纪委副书记、主任。2014年12月至2015年2月，任谢岗镇组织人事办主任。2015年2月至2016年8月，任谢岗镇政府副镇长。2016年8月至2016年11月，任谢岗镇党委委员、副镇长。2016年11月，任谢岗镇党委委员。

李一龙

李一龙，1985年7月至1993年3月，在重庆市万县市公安局工作。1993年3月至2014年12月，在东莞市公安局工作，历任副科长、科长、指挥中心副主任。2014年12月至2016年8月，任道滘公安分局政委。2016年8月，任谢岗镇党委委员、公安分局局长。

张桂标

张桂标，1989年7月至2001年8月，在广州白云山建筑设计院结构室工作。2001年8月至2002年5月，在东莞市建筑设计院工作，任审图室主任。2002年5月至2004年7月，在东莞市大业建筑技术咨询有限公司工作，任副总工程师。2004年7月至2006年7月，在东莞市墙体材料革新办公室，任副主任。2006年7月至2016年8月，东莞市墙材革新与建筑节能办公室，历任副主任、主任。2016年8月，任谢岗镇党委委员。

洪朝峰

洪朝峰，1993年7月至2012年3月，在东莞市公安局常平分局工作，历任民警、副队长、所长。2012年3月至2016年8月，在东莞市纪委监察局工作，先后任纪检监察员、第一纪检监察室副主任。2016年8月，任谢岗镇党委委员、纪委书记。

徐泽文

徐泽文，2003年8月至2016年8月，在东莞市信访局工作，历任办事员、科员、副科长、办公室主任。2016年8月，任谢岗镇党委委员。

赵灿文

赵灿文，1993年10月至2006年12月，在东莞市谢岗镇工作，历任办事员、副主任、纪委委员、主任。2006年12月至2007年5月，任谢岗镇人大副主席、人大办主任。2007年5月至2016年11月，任谢岗镇人大副主席、总工会主席。2016年11月，任谢岗镇副镇长、总工会主席。

杨景新

杨景新，2004年7月至2016年11月，在东莞市科技局工作，历任科员、办公室副主任、党委专职副书记。2016年11月，任谢岗镇副镇长。

刘爱文

刘爱文，1993年7月至1994年3月，在东莞市石龙镇西区工业公司任英文翻译。1994年3月至2002年12月，在东莞市对外劳动服务公司工作。2002年12月至2004年9月，任东莞市涉外就业服务中心副主任。2004年9月至2010年6月，在东莞市劳动局工作，历任办公室副主任、人事监察科科长。2010年6月至2011年6

月，任东莞市人力资源局石排分局局长。2011年6月至2016年4月，任东莞市机编办行政机构编制科科长。2016年4月至2018年2月，任东莞市事业单位登记管理局局长。2018年2月，任谢岗镇副镇长。

钟方明

钟方明，1994年7月至2017年1月，在东莞市公安局凤岗分局工作。2017年1月至2019年4月，任凤岗镇政法办专职副主任、综治办专职副主任、国安办主任。2019年4月，任谢岗镇副镇长。

谢润珍

谢润珍，1995年9月至1997年8月，在东莞市谢岗镇华南五金厂工作。1999年3月至2013年12月，任谢岗镇窑山村委支委，党支部副书记、书记。2014年1月至2016年11月，任谢岗镇窑山村党工委书记、村委会主任。2016年11月，任谢岗镇人大副主席、窑山村党工委书记。

省政府以上表彰及“五一劳动奖章”获得者简介

付金金

付金金，河南省正阳县人。2012年2月，入职东莞善募康科技有限公司，先后任副主任、科长。付金金入职以来，严格遵守公司的各项规章制度，积极学习相关业务知识，参加公司组织的各项活动。多次获得月度优秀员工、优秀管理者，年度最佳管理者等奖项。同时，他乐于助人，善于沟通，积极帮助有实际困难的同事等。2019年5月被广东省总工会授予“五一劳动奖章”。

陈钻佳

陈钻佳，女，东莞市万江街道胜利管理区龙湾村人。1997年10月至1999年9月在东莞飞达传呼台任传呼员；1999年11月至2001年5月在东莞市五星太阳能有限公司任出纳；2002年1月在东莞市谢岗镇南面村经营银峰新化肥农药代销店；2008年1月组织成立银峰荔枝专业合作社，任理事兼技术指导员；2013年9月成立东莞市谢岗镇环山石峡龙眼专业合作社，任社长兼技术指导员；同时成立东莞市谢岗镇群山蜂蜜专业合作社，任理事；2017年9月加入东莞市荔枝协会，任监事。2017年，陈钻佳被授予“全国巾帼建功标兵”称号，2018年，陈钻佳被评为广东省十大最美乡村女能手。

袁忠坚

袁忠坚，曾任谢岗镇信访办副主任。2016年4月至2019年5月派驻到南雄市帽子峰镇富竹村任驻村工作队队长（同时担任谢岗镇驻南雄市扶贫工作组组长）。3年间，帮助富竹村进行道路硬底化、雪亮工程、饮水工程等扶贫项目29个，蔬菜产业、中药材产业等帮扶项目5个，为富竹村带来巨大的变化，实现每户人均年增收千元以上，使村集体收入从2015年的2.4万元增至2018年的7.4万元。同时，他严守工作纪律，以饱满的热情，认真负责的态度开展驻村扶贫工作，用心用情用力开展各项帮扶，取得明显成效。富竹村共有贫困户42户112人，3年中带领村两委干部通过一户一策完成所有贫困户的脱贫工作。2016—2018年，被广东省授予“广东省脱贫攻坚工作先进个人”称号。

黄润波

黄润波，1986年8月参加工作，先后在谢岗镇、黄江镇政府就职，先后分管农业、资产、财政、金融、安全生产、消防安全、武装、城市综合执法、交通、旅游、文广、市外扶贫、工科信、市场监管、民营经济等工作。黄润波从一名合同职工做起，敬业奉献，无怨无悔，积极探索，创新思路，扎实开展各项工作，其中2000—2006年分管农业时，不分昼夜和节假日，忍受病痛带领农办、南面村等干部上银瓶山分割火界、炼山挖坑、植树造林、植保维护等工作，共造林绿化面积666.67公顷。先后6次被市政府授予“先进农业工作者”称号。2005年3月获得“全国绿化奖章”，2006年3月被授予“全国绿化先进工作者”称号。

先进单位名录

2015—2019年谢岗镇获国家级荣誉单位一览表

表66

年份	获奖单位	所获荣誉	授予单位
2016	谢岗镇黎村	全国综合减灾示范社区	民政部
2017	谢岗镇黎村	全国十四省区第一批绿色村庄	住建部
2017	谢岗镇	国家卫生镇（复审）	全国爱国卫生运动委员会
2018	谢岗振华学校	2018年全国青少年校园足球特色学校	教育部
2019	谢岗镇中心小学	2019年全国青少年校园足球特色学校	教育部
2019	谢岗镇中心小学	2019年全国生态文明教育特色学校	环境教育杂志社 中国环境文化教育专家委员会

2015—2019年谢岗镇获省级荣誉一览表

表67

年份	获奖单位	所获荣誉	授予单位
2015—2016	谢岗镇窑山村	广东省第二期“妇女之家”示范点	广东省妇女联合会
2015	谢岗镇赵林村	广东省“儿童友好示范社区”	广东省妇女联合会
2016	谢岗小学	在第九届广东省中小学“暑假读一本好书”活动中获优秀组织奖	广东省教育厅办公室
2016	谢岗镇黎村小学语文科组	广东省巾帼文明岗	广东省妇女联合会
2017	谢岗镇黎村	广东省退休人员社会化管理服务示范点	广东省人力资源和社会保障厅
2017	谢岗环山石峡龙眼专业合作社	广东省巾帼创业示范基地	广东省妇女联合会
2017	谢岗小学	在第十届广东省中小学“暑假读一本好书”活动中获优秀组织奖	广东省教育厅办公室

续表 67

年份	获奖单位	所获荣誉	授予单位
2018	谢岗镇文广中心	广东省群众文艺作品音乐类一等奖	广东省文化厅
2019	谢岗镇黎村	广东省健康促进示范村（社区）	广东省卫生健康委员会
2019	谢岗镇文广中心	广东省健康促进示范机关	广东省卫生健康委员会
2019	谢岗镇政府	广东省脱贫攻坚工作突出贡献集体	广东省扶贫开发领导小组
2019	谢岗镇税务分局纳税服务股	广东省青年文明号	共青团广东省委员会
2019	谢岗镇泰园社区居委会	广东省健康促进社区	广东省卫生健康委员会
2019	谢岗镇	广东省教育强镇（第二轮复评）	广东省教育厅
2018—2019	谢岗镇	广东省文明镇	中共广东省委

2015—2019 年谢岗镇获市级三等奖以上荣誉单位一览表

表 68

年份	获奖单位	所获荣誉	授予单位
2015	谢岗镇曹乐村综治信访维稳工作站	全市综治信访维稳平台建设工作先进集体	东莞市社会治安综合治理委员会、中共东莞市委政法委员会、东莞市创建平安东莞工作领导小组
2015	谢岗镇综治办	社会治安综合治理工作先进集体	东莞市社会治安综合治理委员会、中共东莞市委政法委员会、东莞市创建平安东莞工作领导小组
2015	谢岗镇武装部	征兵工作先进单位	东莞军分区
2015	谢岗镇武装部	标兵武装部	东莞军分区
2015	谢岗镇武装部	军事工作先进单位	东莞军分区
2015	谢岗镇护路办	铁路护路联防工作先进集体	东莞市社会治安综合治理委员会、中共东莞市委政法委员会、东莞市创建平安东莞工作领导小组
2015	谢岗镇泰园社区居委会	文明标兵社区（村）	东莞市精神文明建设委员会
2015	谢岗振华学校	东莞市少先队红旗大队	东莞市教育局等单位

续表 68

年份	获奖单位	所获荣誉	授予单位
2015	谢岗振华学校	器乐节目《泼水欢歌》获东莞市中小学生艺术展演活动小学组优秀奖	东莞市教育局
2015	东莞市工商行政管理局谢岗分局登记股	东莞市巾帼文明岗	东莞市妇女联合会
2015	谢岗镇黎村	东莞市儿童友好社区	东莞市妇女联合会
2015	谢岗镇谢岗村	东莞市儿童友好社区	东莞市妇女联合会
2015	谢岗镇窖山村	东莞市儿童友好社区	东莞市妇女联合会
2015	谢岗镇大龙村	东莞市儿童友好社区	东莞市妇女联合会
2015	谢岗镇文广中心	东莞市戏剧曲艺花会比赛优秀奖	东莞市文化广电新闻出版局
2016	谢岗镇	东莞市推进教育现代化先进镇	东莞市人民政府教育督导室、东莞市教育局
2016	谢岗镇综治办	社会治安综合治理工作先进集体	东莞市社会治安综合治理委员会、中共东莞市委政法委员会、东莞市创建平安东莞工作领导小组
2016	谢岗镇武装部	标兵武装部	东莞军分区
2016	谢岗镇武装部	军事工作先进单位	东莞军分区
2016	谢岗镇曹乐村综治信访维稳工作站	综治信访维稳平台建设工作先进集体	东莞市社会治安综合治理委员会、中共东莞市委政法委员会、东莞市创建平安东莞工作领导小组
2016	谢岗小学	葫芦丝独奏《金孔雀轻轻跳》获第九届少儿艺术花会音乐类铜奖	东莞市文广新局、东莞市教育局
2016	谢岗振华学校	第九届少儿艺术花会音乐类银奖	东莞市文化广电新闻出版局、东莞市教育局、东莞市妇女联合会
2016	谢岗振华学校	第九届少儿艺术花会书法类铜奖	东莞市文化广电新闻出版局、东莞市教育局、东莞市妇女联合会
2016	谢岗振华学校	小学生健康素养知识竞赛优秀奖	东莞市教育局
2016	谢岗振华学校少先队	东莞市少先队红旗大队	共青团东莞市委员会、东莞市教育局、少先队东莞市工作委员会
2016	谢岗镇妇联	镇街妇联工作优秀单位	东莞市妇女联合会
2016	谢岗镇妇联	“东莞市妇联工作创新奖——妙手生花”妇女生计项目	东莞市妇女联合会
2016	谢岗镇社区卫生服务中心计划免疫接种门诊	东莞市巾帼文明岗	东莞市妇女联合会
2016	谢岗镇南面村	东莞市儿童友好社区	东莞市妇女联合会
2016	谢岗镇大厚村	东莞市儿童友好社区	东莞市妇女联合会

续表 68

年份	获奖单位	所获荣誉	授予单位
2016	谢岗镇五星村	东莞市儿童友好社区	东莞市妇女联合会
2016	谢岗镇稔子园村	东莞市儿童友好社区	东莞市妇女联合会
2016	谢岗镇谢山村	东莞市儿童友好社区	东莞市妇女联合会
2016	谢岗镇图书馆	东莞第十二届读书节活动——组织奖	东莞读书节工作协调小组
2016—2017	谢岗镇国税分局	东莞市文明单位	东莞市精神文明建设委员会
2017	谢岗镇	命案零发案镇	东莞市社会治安综合治理委员会、中共东莞市委政法委员会、东莞市创建平安东莞工作领导小组
2017	谢岗镇	综合整治摩托车工作先进镇	东莞市社会治安综合治理委员会、中共东莞市委政法委员会、东莞市创建平安东莞工作领导小组
2017	谢岗镇	维护社会稳定工作先进集体	东莞市社会治安综合治理委员会、中共东莞市委政法委员会、东莞市创建平安东莞工作领导小组
2017	谢岗镇综治中心	综治平台建设工作先进集体	东莞市社会治安综合治理委员会、中共东莞市委政法委员会、东莞市创建平安东莞工作领导小组
2017	谢岗镇武装部	标兵武装部	东莞军分区
2017	谢岗镇武装部	军事工作先进单位	东莞军分区
2017	谢岗镇曹乐村综治中心	综治平台建设工作先进集体	东莞市社会治安综合治理委员会、中共东莞市委政法委员会、东莞市创建平安东莞工作领导小组
2016—2017	谢岗小学	东莞市优秀红领巾小社团	共青团东莞市委、东莞市教育局
2017	谢岗振华学校	东莞市中学生健康素养知识竞赛初中组优秀奖	东莞市教育局
2016—2017	谢岗振华学校	东莞市少先队先进中队	共青团东莞市委员会、东莞市教育局、少先队东莞市工作委员会
2017	谢岗镇司法分局	法律援助工作先进集体	东莞市司法局
2017	谢岗镇妇联	东莞市妇联工作创新奖——谢岗镇“幸孕有你”育龄妇女支持项目	东莞市妇女联合会
2017	谢岗镇妇联	镇街妇联工作优秀单位	东莞市妇女联合会
2017	中国邮政储蓄银行谢岗营业所	东莞市市巾帼文明岗	东莞市妇女联合会
2017	谢岗镇曹乐村	东莞市市妇联优秀白玉兰家庭服务室	东莞市妇女联合会
2017	谢岗镇文广中心	东莞市第二届群众音乐舞蹈花会比赛金奖	东莞市文化广电新闻出版局

续表 68

年份	获奖单位	所获荣誉	授予单位
2018	谢岗镇黎村	东莞市家庭文明建设试点	东莞市妇女联合会、东莞市精神文明建设委员会办公室
2018	谢岗镇宣传教育文体局	东莞市规范汉字书写优秀组织奖	东莞市语言文字工作委员会、东莞市教育局
2018	东莞市医保局谢岗分局	社会治安综合治理工作先进集体	中共东莞市委政法委员会、东莞市创建平安东莞工作领导小组
2018	东莞市公安局交警支队谢岗大队	综合整治摩托车工作先进集体	中共东莞市委政法委员会、东莞市创建平安东莞工作领导小组
2018	东莞市公安局谢岗分局	扫黑除恶专项斗争先进集体	中共东莞市委政法委员会、东莞市创建平安东莞工作领导小组
2018	谢岗镇武装部	标兵武装部	东莞军分区
2018	谢岗镇武装部	军事工作先进单位	东莞军分区
2018	谢岗镇大厚村委会	铁路护路联防工作先进集体	中共东莞市委政法委员会、东莞市创建平安东莞工作领导小组
2018	谢岗镇综治中心	综治平台建设工作先进集体	中共东莞市委政法委员会、东莞市创建平安东莞工作领导小组
2018	谢岗镇稔子园村综治中心	综治平台建设工作先进集体	中共东莞市委政法委员会、东莞市创建平安东莞工作领导小组
2018	谢岗小学	市立项课题“小学阅读教学有效拓展的策略研究”获市优秀教育教学成果三等奖	东莞市教育局
2018	谢岗小学	2018年东莞市第二届校园定向比赛丙组团队总分第四名	东莞市教育局
2017—2018	谢岗振华学校少先大队	东莞市少先队红旗大队	共青团东莞市委员会、东莞市教育局、少先队东莞市工作委员会
2017—2018	谢岗振华学校四中队	东莞市少先队先进中队	共青团东莞市委员会、东莞市教育局、少先队东莞市工作委员会
2018	谢岗振华学校英语科组	“幸福的事业”东莞校园表情包征集活动（动态组）三等奖	东莞市教育局
2018	谢岗振华学校	东莞市“诵经典华章，唱中国梦想”中华经典诵读比赛三等奖	东莞市语言文字工作委员会、东莞市教育局
2018	东莞东供花卉专业合作社	巾帼创业示范基地	东莞市妇女联合会
2019	谢岗镇	东莞市推进教育现代化先进镇(复评)	东莞市人民政府教育督导室、东莞市教育局
2019	谢岗镇宣传教育文体局	东莞中华诗词大会优秀组织奖	东莞市语言文字工作委员会、东莞市教育局、东莞广播电视电台
2019	谢岗镇	命案零发案镇	中共东莞市委政法委员会、东莞市创建平安东莞工作领导小组
2019	谢岗镇党委政法办	社会治安综合治理工作先进集体	中共东莞市委政法委员会、东莞市创建平安东莞工作领导小组
2019	谢岗镇综治中心	综治平台建设工作先进集体	中共东莞市委政法委员会、东莞市创建平安东莞工作领导小组
2019	谢岗镇谢岗村综治中心	综治平台建设工作先进集体	中共东莞市委政法委员会、东莞市创建平安东莞工作领导小组

续表 68

年份	获奖单位	所获荣誉	授予单位
2019	谢岗镇武装部	标兵武装部	东莞军分区
2019	谢岗镇武装部	军事工作先进单位	东莞军分区
2019	谢岗镇党政办公室	2018 年度全市督查工作先进单位	中共东莞市委办公室、东莞市人民政府办公室
2020	谢岗镇党政办公室	2019 年度全市督查工作先进单位	中共东莞市委办公室、东莞市人民政府办公室
2019	国家税务总局东莞市税务局谢岗税务分局纳税服务股	东莞市巾帼文明岗	东莞市妇女联合会
2019	谢岗镇泰园社区团支部	东莞市五四红旗团（总）支部	共青团东莞市委员会
2019	谢岗镇妇联	镇街妇联工作“创新项目”——“一村一特色”基层妇联组织建设项目	东莞市妇女联合会
2019	国家税务总局东莞市税务局谢岗税务分局纳税服务股	东莞市巾帼文明岗	东莞市妇女联合会
2019	东莞市谢岗镇谢岗村村委会	东莞市家庭文明建设试点	东莞市妇女联合会、东莞市精神文明建设委员会办公室
2019	东莞市谢岗镇黎村村委会	东莞市家教家风实践基地	东莞市妇女联合会、东莞市精神文明建设委员会办公室
2019	谢岗镇谢岗小学	《男生女生都可以》获市中小学性别平等教育优秀教学案例二等奖	东莞市妇女儿童工作委员会
2019	谢岗镇中心小学	《男女越平等世界越文明》获中小学性别平等教育优秀教学案例三等奖	东莞市妇女儿童工作委员会
2019	谢岗振华学校初中部	“招商银行 2019 东莞市诗词大会”总决赛获三等奖	东莞市语言文字工作委员会、东莞市教育局、东莞广播电视台
2019	谢岗医院	品质护理优秀奖	东莞市卫生健康局
2019	谢岗镇黎村	东莞市文明标兵村（社区）	东莞市委、市政府
2019	谢岗镇黎村	东莞市基层文化示范村	东莞市文化广电旅游体育局

先进个人名录

2015—2019 年谢岗镇获省以上机关表彰的先进个人一览表

表 69

姓 名	工作单位	所获荣誉	授予时间及单位
蓝春香	谢岗泰园社区居委会	广东省优秀共青团员	2015 年，共青团广东省委员会
蓝春香	谢岗泰园社区居委会	四星级志愿者	2015 年，广东省志愿者协会
邓淦文	谢岗振华学校	“我的中国梦”主题教育活动——粤疆学子“鸿雁传梦”主题书信文化活动三等奖	2015 年，广东省教育厅
张家龙	谢岗振华学校	“我的中国梦”主题教育活动——粤疆学子“鸿雁传梦”主题书信文化活动指导奖	2015 年，广东省教育厅
陈钻佳	谢岗环山石峡龙眼专业合作社	全国巾帼建功标兵	2017 年 4 月，全国妇女联合会
袁忠坚	谢岗镇信访办	广东省脱贫攻坚工作突出贡献个人	2019 年 2 月，广东省扶贫开发领导小组
付金金	东莞善慕康电子有限公司	广东省五一劳动奖章	2019 年 5 月，广东省总工会
张沛英	国家税务总局东莞市税务局谢岗税务分局	广东省优秀共青团员	2019 年 5 月，共青团广东省委员会
陈钻佳	谢岗环山石峡龙眼专业合作社	广东百名最美乡村女能手	2019 年 3 月，广东省妇女联合会、广东省农业农村厅
胡天可	谢岗振华学校	在“新时代好少年广东省青少年书画大赛”中获二等奖	2019 年，广东省教育系统关心下一代工作委员会
吴佳雪	谢岗振华学校	在“新时代好少年广东省青少年书画大赛”中获二等奖	2019 年，广东省教育系统关心下一代工作委员会
陈炫元	谢岗振华学校	在“新时代好少年广东省青少年书画大赛”中获三等奖	2019 年，广东省教育系统关心下一代工作委员会
苏瑞熙	谢岗振华学校	在“新时代好少年广东省青少年书画大赛”中获一等奖	2019 年，广东省教育系统关心下一代工作委员会
李峻熙	谢岗振华学校	第十二届广东省中小学“暑期读一本好书”小学组三等奖	2019 年，广东省教育厅办公室
周齐菊	谢岗振华学校	第十二届广东省中小学“暑期读一本好书”优秀指导教师	2019 年，广东省教育厅办公室
杨伟群	谢岗振华学校	第十二届广东省中小学“暑期读一本好书”优秀指导	2019 年，广东省教育厅办公室

续表 69

姓　名	工作单位	所获荣誉	授予时间及单位
贤娇芳	谢岗振华学校	第十二届广东省中小学“暑期读一本好书”中学组三等奖	2019 年，广东省教育厅办公室
徐佳静	谢岗振华学校	“扣好人生的第一粒扣子”主题教育活动之“抒写新时代”妙笔作文大赛小学组三等奖	2019 年，广东省教育厅
吴珊珊	谢岗振华学校	“新时代好少年”主题教育读书活动“我为祖国点赞”征文指导一等奖	2019 年，教育部关工委全国青少年“新时代好少年”主题教育读书活动组委会
吴韵婵	谢岗振华学校	“新时代好少年”主题教育读书活动“我为祖国点赞”征文一等奖	2019 年，教育部关工委全国青少年“新时代好少年”主题教育读书活动组委会
莫海珍	谢岗医院	最美助产士	2019 年，广东省助产协会
赵伟华	谢岗医院	优秀基层医师奖	2019 年，广东省医师协会
朱杰怡	谢岗医院	骨科护理优秀奖	2019 年，广东省护理学会
朱杰怡	谢岗医院	优秀成组计划奖	2019 年，广东省护理学会
朱杰怡	谢岗医院	护理病例三等奖	2019 年，广东省康复护理学会

2015—2019 年获市委、市政府表彰及“三等功”获得者一览表

表 70

姓　名	工作单位	所获荣誉	授予时间及单位
谢杰毅	泰园社区居委会	优秀村（社区）党组织书记	2015 年，中共东莞市委员会
罗炜强	黎村村委会	优秀村（社区）党组织书记	2015 年，中共东莞市委员会
黄炳荣	谢岗镇督查室	2018 年度全市督查工作先进工作者	2018 年，中共东莞市委办公室、东莞市人民政府办公室
范思思	谢岗镇督查室	2019 年度全市督查工作先进工作者	2019 年，中共东莞市委办公室、东莞市人民政府办公室
徐泽文	谢岗镇武装部	三等功	2019 年，东莞市军分区